Berit Sandberg · Klaus Lederer (Hrsg.)

Corporate Social Responsibility
in kommunalen Unternehmen

Berit Sandberg · Klaus Lederer (Hrsg.)

Corporate Social Responsibility in kommunalen Unternehmen

Wirtschaftliche Betätigung
zwischen öffentlichem Auftrag
und gesellschaftlicher Verantwortung

MÄNGELEXEMPLAR

VS VERLAG

Bibliografische Information der Deutschen Nationalbibliothek
Die Deutsche Nationalbibliothek verzeichnet diese Publikation in der
Deutschen Nationalbibliografie; detaillierte bibliografische Daten sind im Internet über
<http://dnb.d-nb.de> abrufbar.

Gedruckt mit freundlicher Unterstützung der Hans-Böckler-Stiftung.

1. Auflage 2011

Alle Rechte vorbehalten
© VS Verlag für Sozialwissenschaften | Springer Fachmedien Wiesbaden GmbH 2011

Lektorat: Dorothee Koch

VS Verlag für Sozialwissenschaften ist eine Marke von Springer Fachmedien.
Springer Fachmedien ist Teil der Fachverlagsgruppe Springer Science+Business Media.
www.vs-verlag.de

Umschlaggestaltung: KünkelLopka Medienentwicklung, Heidelberg
Redaktion: Sarah Fehrmann
Gedruckt auf säurefreiem und chlorfrei gebleichtem Papier
Printed in Germany

ISBN 978-3-531-17813-4

Vorwort

Wer mit einem Sammelband nach Corporate Social Responsibility (CSR) in kommunalen Unternehmen fragt, setzt die Sinnhaftigkeit einer solchen Frage voraus. CSR in kommunalen Unternehmen als ernsthaft zu erörterndes Phänomen zu betrachten, liegt jedoch nicht unbedingt auf der Hand. Sind öffentliche Unternehmen denn nicht gerade deshalb „öffentlich", weil sie Gemeinwohlverpflichtungen erfüllen? Weil sie bedarfswirtschaftliche Funktionen in einer dualen Wirtschaft und damit quasi ihrer Natur nach gesellschaftliche Verantwortung wahrnehmen? CSR in kommunalen Unternehmen zu untersuchen, heißt das nicht, über die weiße Farbe eines Schimmels zu fabulieren?

Trotz aller Kritik an Tendenzen einer Ökonomisierung und Managerialisierung kommunaler Unternehmen in der Öffentlichen Betriebswirtschaftslehre, in den Sozialwissenschaften, in der Rechtslehre und in der Unternehmenspraxis wird in der Diskussion „das Öffentliche" dieser Unternehmen immer noch weitgehend vorausgesetzt. Das ist wohl der entscheidende Grund, weshalb Überlegungen zur Wahrnehmung gesellschaftlicher Verantwortung im Sinne des CSR-Ansatzes in der einschlägigen Literatur bislang kaum zu finden sind. Die Relevanz von CSR für kommunale Unternehmen drängt sich nicht gerade auf.

Wir sind überzeugt, dass es fruchtbar ist, die Debattenstränge über Transformationsprozesse in der kommunalen Wirtschaft und über Defizite in der Steuerung kommunaler Unternehmen unter gravierend veränderten gesellschaftlichen Rahmenbedingungen mit der CSR-Diskussion zu verbinden, die sich bislang unterschiedslos auf alle Formen wirtschaftlicher Unternehmen bezieht. Wir wollen damit ein Feld der Kontroverse aufreißen, in dem sich sowohl neue Erkenntnisse für die Wissenschaft als auch nützliche Einsichten für die Praxis der Kommunalwirtschaft gewinnen lassen.

Unserem Vorhaben haben wir uns mit der Prämisse genähert, dass die Definition „des Öffentlichen" in kommunalen Unternehmen kein Selbstläufer, sondern das Ergebnis eines konfliktträchtigen Prozesses sozialer Interessen und Kräfteverhältnisse ist. Dieser Prozess spielt sich im Spannungsfeld zwischen den verschiedenen Anspruchsgruppen ab: Unternehmen und Unternehmensleitungen, Beschäftigte, Beteiligte im repräsentativ-demokratisch organisierten politisch-administrativen System, städtische Organisationen und Interessenverbände und nicht zuletzt die Bürgerinnen und Bürger – letztere sowohl als Kundinnen und Kunden als auch als mündige Akteure und Anspruchsberechtigte in der kommunalen Demokratie.

Ähnlich vielfältig wie das Spektrum der Anspruchsgruppen und ihrer Interessen sind die Perspektiven, aus denen Wahrnehmung gesellschaftlicher Verantwortung durch kommunale Unternehmen in diesem Sammelband beleuchtet werden. Wir sind unseren Autorinnen und Autoren zu großem Dank verpflichtet. Sie alle haben zu diesem Band mit mehr als nur professioneller Beteiligung beigetragen; sie alle haben aus einem sehr persönlichen Impuls und Engagement heraus mitgewirkt.

Florian Anthes, Rosemarie Folle und Susan Weide haben uns mit Anregungen und Rat geholfen, Caterina Jahnel und Markus Rottluff haben uns bei der Fertigstellung des Bandes unterstützt. Sarah Fehrmann hat die Manuskripte in eine druckfähige Fassung verwandelt. Diese Menschen seien stellvertretend und namentlich für all diejenigen mit Dank bedacht, die uns in sehr unterschiedlicher Weise die Herausgabe dieses Buches ermöglicht haben. Zu besonderem Dank sind wir der Hans-Böckler-Stiftung verpflichtet, ohne deren Förderung dieser Band nicht hätte publiziert werden können.

Dass das Thema Corporate Social Responsibility in der kommunalen Wirtschaft mit diesem Sammelband annähernd vollständig bearbeitet wäre, können und wollen wir nicht reklamieren. Was vorliegt, ist das Ergebnis eines gemeinsamen Diskussions- und Erkenntnisinteresses vieler Beteiligter, mit dem das Forschungsfeld erstmals systematisch beleuchtet und ein Teil des gegenwärtigen Debattenstands präsentiert wird. Lücken mussten bleiben oder werden erst dadurch offenbar – als Herausforderung für die Zukunft, für die Autorinnen und Autoren und für weitere Beteiligte. In diesem Sinne hoffen wir, dass es uns mit diesem Buch gelingt, Anstöße zu geben, die Diskussion zu beleben und sie ein wenig vorwärts zu treiben.

Berlin, im Mai 2011

Klaus Lederer und Berit Sandberg

Inhalt

Einführung – Corporate Social Responsibility (CSR) als Gegenstand der Öffentlichen Betriebswirtschaftslehre

Berit Sandberg

1   CSR im Blickfeld von Wissenschaft und Praxis
2   CSR-Definitionen und -Konzepte
3   Erklärungsansätze und Rahmenbedingungen für CSR
4   Eine CSR-Agenda für öffentliche Unternehmen
5   Konzeption des Bandes

1   CSR im Blickfeld von Wissenschaft und Praxis

Verantwortung – der Begriff öffnet ein weites semantisches Feld. Er berührt u. a. die Frage, welche Rollen und welche Rechte und Pflichten gesellschaftlichen Akteuren zugewiesen werden. Corporate Social Responsibility (CSR) wird im Allgemeinen als Wahrnehmung gesellschaftlicher Verantwortung durch Unternehmen interpretiert. Damit ist die Feststellung wie auch die Erwartung verbunden, dass sich Unternehmen an der Lösung gesellschaftlicher Problemlagen beteiligen.

CSR ist ein globales Phänomen, das in den 90er und Zweitausender Jahren einen bemerkenswerten Aufschwung genommen hat. Das Thema scheint mehr als ein kurzlebiger Trend zu sein, denn die Aufmerksamkeit, die es von Unternehmen, zivilgesellschaftlichen Organisationen, Regierungen und den Medien erfährt, ist kontinuierlich und nicht zu übersehen. CSR ist in den letzten zwanzig Jahren zu einem wichtigen Gegenstand der Unternehmenskommunikation geworden. Unternehmen institutionalisieren CSR, launchen aufwändige CSR-Kampagnen, berichten intensiver über die Wirkungen, die ihre Unternehmenspolitik auf ihr Umfeld hat, und beteiligen sich an Versuchen, CSR-Praktiken zu standardisieren und zu zertifizieren.[1]

Parallel zur steigenden Popularität von CSR in der Praxis wurde der akademische Diskurs mit zunehmender Intensität geführt, doch der Eindruck, dass es sich um ein neues Forschungsthema handelt, täuscht. Der Begriff CSR wurde

---

[1]   Vgl. Carroll (2008), S. 41 f.; Crane et al. (2008), S. 3-5; Crane et al. (2010), S. 65.

bereits in den 50er Jahren geprägt;[2] Pflichten von Unternehmen gegenüber der Gesellschaft waren schon früher thematisiert worden.[3]

Seit den 90er Jahren wurde CSR zu einem sichtbaren und dynamischen Forschungsfeld – trotz oder gerade wegen begrifflicher Unschärfen, konträrer Meinungen über Inhalte und Relevanz des Konstrukts und offensichtlicher Schwierigkeiten, es zu operationalisieren.[4] Kritiker merkten an, es handele sich um ein neues Label für vorhandene Konzepte und schlichtes „marketing of academic ideas".[5]

2 CSR-Definitionen und -Konzepte

Der Gegenstand ist geprägt von einem Nebeneinander alternativer wie komplementärer Begriffe, Konzepte und Themen, deren Abgrenzung es an Klarheit mangelt: Corporate Social Responsibility (CSR), Corporate Social Responsiveness (CSR_2), Corporate Social Performance (CSP) und Corporate Citizenship (CC).[6, 7]

Bis in die 70er Jahre wurde CSR im Wesentlichen als normativer Leitgedanke aufgefasst. Nach diesem Verständnis sollen sich Unternehmen als Teil der Gesellschaft an gesellschaftlichen Zielen und Werten orientieren. Als soziale Akteure haben sie Pflichten, die über ihre eigentliche Unternehmenstätigkeit hinausreichen.[8] Dieser Gedanke bildete die Grundlage für nachfolgende Konzepte.

Das Konzept der Corporate Social Responsiveness (CSR_2) kam Mitte der 70er Jahre auf und wurde später zum Issues Management erweitert. Im Mittelpunkt steht die Fähigkeit eines Unternehmens, auf gesellschaftliche Bedürfnisse zu reagieren. CSR wird als Prozess gedeutet und so zu einem strategischen Management-Konzept, zu einer Methode.[9]

Aus der gleichen Zeit stammt das Konzept der Corporate Social Performance (CSP), das die Wirkungen von CSR beleuchtet. Dazu gehören Ansätze

---

[2] Vgl. Bowen (1953); für weitere Quellen aus den 50er Jahren s. Carroll (2008), S. 25.

[3] Vgl. Carroll (2008), S. 24; Crane et al. (2008), S. 3-5.

[4] Vgl. Crane et al. (2008), S. 4, 6; Crane et al. (2010), S. 65.

[5] Crane et al. (2010), S. 70 mit Bezug auf ein CSR-Verständnis, das CSR nicht von Corporate Citizenship unterscheidet (s. S. 13).

[6] Für einen Überblick über die Entwicklung verschiedener Begriffe in den letzten 60 Jahren s. Loew et al. (2004), 19-23; Carroll (2008), S. 24-42; Melé (2008), S. 50-51.

[7] Für jüngere Ansätze, die sich nicht durchgesetzt haben, s. Loew et al. (2004), S. 22.

[8] Vgl. Bowen (1953); Davis (1960); Frederick (1960); McGuire (1963); Davis (1967).

[9] Vgl. Ackerman/Bauer (1976); Preston (1978); Wartick/Rude (1986); Frederick (1987); Jones (1980).

zur Unterscheidung verschiedener Dimensionen von CSR – wie z. B. die Differenzierung in ökonomische, rechtliche und ethische bzw. dem eigenen Ermessen unterliegende philanthropische Verpflichtungen – und Versuche, diese Teilbereiche in ein Modell zu integrieren.[10]

In den 90er Jahren wurde die CSR-Ideengeschichte von Corporate Citizenship (CC) geprägt,[11] in Deutschland auch als unternehmerisches bürgergesellschaftliches Engagement bezeichnet.[12] Zu unterscheiden sind drei unterschiedliche Konzepte von Corporate Citizenship: erstens eine beschränkte Sichtweise von Corporate Citizenship als strategischer Philanthropie, die Investitionen in das Gemeinwohl auf unternehmerisches Eigeninteresse zurückführt, zweitens eine Gleichsetzung mit CSR und schließlich drittens ein weitergehendes Verständnis von Corporate Citizenship als politischem Konzept. Letzteres kommt in der Metapher vom Unternehmen als (gutem) Bürger zum Ausdruck, der als Mitglied der Gesellschaft Rechte und Pflichten wahrzunehmen hat.[13]

Ferner werden seit den 90er Jahren zunehmend ökologische Fragestellungen im Kontext von CSR diskutiert. Die Weiterführung des Umweltschutzgedankens führte zum gesamtgesellschaftlichen Leitbild der Nachhaltigen Entwicklung, das 1992 auf der Konferenz der Vereinten Nationen über Umwelt und Entwicklung in Rio de Janeiro postuliert wurde. Nach der Definition der Brundtland-Kommission ist ein Entwicklungsmuster nachhaltig, wenn es gelingt, die Bedürfnisse aller gegenwärtig lebenden Menschen zu befriedigen, ohne dabei die Möglichkeiten zukünftiger Generationen, ihre Bedürfnisse zu befriedigen, zu gefährden.[14] Die Realisierung dieses Leitbildes der Generationengerechtigkeit setzt voraus, ökonomischen Erfolg, soziale Gerechtigkeit und ökologische Verträglichkeit miteinander in Einklang zu bringen.[15]

In der Folge wurden ernsthafte Versuche unternommen, dieses Leitbild für Unternehmen aufzugreifen.[16] Konzepte wie der Triple Bottom Line-Ansatz[17] und die Corporate Sustainability,[18] die sich in den 90er Jahren durchgesetzt haben, haben das Verständnis von CSR insofern beeinflusst, als CSR nunmehr drei Dimensionen von Verantwortung – ökonomische, soziale und ökologische – integrieren soll. Demnach kann CSR als Element einer nachhaltigen Unternehmensführung gesehen werden, deren Handlungsfelder im Kerngeschäft sich auf

---

[10] Vgl. Wood (1991); Schwartz/Carroll (2003); Carroll/Buchholtz (2006).
[11] Vgl. Westebbe/Logan (1995); Marsden/Andriof (1998).
[12] Vgl. Enquete-Kommission (2002), S. 28.
[13] Vgl. Crane et al. (2010), S. 65-70.
[14] Vgl. WCED (1987), S. 43.
[15] Vgl. Hansen/Schrader (2005), S. 375.
[16] Vgl. Loew et al. (2004), S. 64-67.
[17] Vgl. Elkington (1994); Elkington (1997).
[18] Vgl. Atkinson (2000); Schaltegger et al. (2002); van Marrewijk (2003).

Umweltschutz, Mitarbeiterinteressen, die Zulieferkette und die Produktverantwortung beziehen. Die Säulen Ökonomie, Soziales bzw. Gesellschaft und Ökologie sind dabei gleichermaßen zu berücksichtigen.[19]

Jenseits des akademischen Diskurses haben sich im politischen Raum Definitionen etabliert, die Kerngedanken von CSR, Corporate Citizenship und Nachhaltigkeit integrieren. Die Europäische Kommission definiert CSR als „Konzept,
das den Unternehmen als Grundlage dient, auf freiwilliger Basis soziale Belange
und Umweltbelange in ihre Unternehmenstätigkeit und in die Wechselbeziehungen mit den Stakeholdern zu integrieren."[20] Das englische „social" wird in der
deutschen Fassung mit „sozial" an Stelle von „gesellschaftlich" übersetzt. Diese
Ungenauigkeit verschleiert, dass die Bezugnahme auf die Gesellschaft Corporate
Citizenship definitorisch zu einem Teil von CSR macht.

Nicht unwesentlich ist der Aspekt der Freiwilligkeit. Nach der EU-Defini-
tion schließt CSR die Einhaltung von Rechtsvorschriften ein, geht aber über
Compliance hinaus, sei es durch zusätzliche Maßnahmen oder durch eine Über-
erfüllung von Mindeststandards:[21] „Sozial verantwortlich handeln heißt nicht
nur, die gesetzlichen Bestimmungen einhalten, sondern über die bloße Gesetzes-
konformität hinaus ‚mehr' investieren in Humankapital, in die Umwelt und in
die Beziehungen zu anderen Stakeholdern."[22] Dieser politische Umgang mit CSR
wird von Befürwortern staatlicher Intervention als „soft regulation" kritisiert,
weil sich Unternehmen staatlichem Zwang entziehen können, indem sie Probleme im Gemeinwesen freiwillig lösen. CSR erscheint demnach als eine Unter-
nehmensinitiative zur Förderung der Selbstregulierung und als Ersatz für eine
strengere und überprüfbare Gesetzgebung.[23]

Nichtsdestotrotz hat sich das Begriffsverständnis der EU, das die soziale
und ökologische Dimension von Nachhaltigkeit beinhaltet, in Europa durchgesetzt.[24, 25] In Deutschland wurde es vom Nationalen CSR-Forum aufgegriffen:
„CSR steht für eine nachhaltige Unternehmensführung im Kerngeschäft, die in
der Geschäftsstrategie des Unternehmens verankert ist."[26]

Als strategischer Ansatz erstreckt sich CSR auf die Wirkungsfelder
Umwelt, Arbeitsplatz, Markt und Gemeinwesen. Ein umfassendes Verständnis
von CSR bezieht die gesellschaftliche Verantwortung von Unternehmen auf

---

[19] Vgl. Matten/Crane (2005), S. 24.
[20] EU (2001), S. 8.
[21] Vgl. Wolff/Barth (2005), S. 15 f.
[22] EU (2001), S. 8.
[23] Vgl. Christian Aid (2004); Moon/Vogel (2008), S. 308.
[24] Zur Entwicklung von CSR in der EU s. Loew et al. (2004), S. 24-36.
[25] Viele der Beiträge in diesem Band zitieren die oben angeführte Definition.
[26] Nationales CSR-Forum (2009).

deren Kerngeschäft (interne Perspektive), auf das Gemeinwesen (externe Perspektive) und auf die Rahmenordnung.[27]

Die interne Perspektive umfasst Themen wie Umweltschutz, ökologisch verantwortungsvolle Produktion und Beschaffung, Schutz der Menschenrechte, Einhaltung von Arbeitsnormen, Arbeitsschutz und Diversity, Entwicklung nachhaltiger Produkte und Verbraucherschutz sowie Transparenz und Verzicht auf Korruption, und zwar sowohl im eigenen Unternehmen als auch bei Zulieferern.

Die externe Perspektive von CSR, Corporate Citizenship, ist auf das gesellschaftliche Umfeld des Unternehmens an seinen Standorten gerichtet. Corporate Citizenship hat durchaus einen Bezug zum Unternehmenszweck, geht aber mit Engagementformen wie Corporate Giving, Corporate Volunteering, Unternehmensstiftungen, Social Commissioning und Cause Related Marketing über die eigentliche Geschäftstätigkeit hinaus.[28]

Nach einem weit gefassten Begriffsverständnis bezieht sich die externe Dimension von CSR auch auf eine Beteiligung von Unternehmen an gesellschaftlichen Debatten und eine ordnungspolitische Mitverantwortung, die in Social Lobbying oder einer Beteiligung an Selbstregulierungen zum Ausdruck kommt. Eine zielgerichtete Einflussnahme auf politische Kommunikationsprozesse und Entscheidungen (Public Affairs) in Bezug auf gesellschaftliche Problemlagen ist allerdings selten und meist auf die kommunale Ebene beschränkt.[29]

CSR im Kerngeschäft und Corporate Citizenship sind eingebettet in ein umfassenderes Konzept unternehmerischer Verantwortung: Corporate Responsibility (CR).[30] Corporate Responsibility ist als Unternehmensphilosophie zu verstehen, die von fairem Umgang mit allen Stakeholdern, von ethischem Verhalten, von Transparenz und von der Verpflichtung zu ökonomischer, sozialer und ökologischer Wertschöpfung geprägt ist.[31] Corporate Responsibility umfasst sowohl CSR als auch Corporate Governance, d. h. den rechtlich normierten bzw. auf freiwilliger Selbstregulierung beruhenden Ordnungsrahmen für die verantwortungsvolle Führung und Überwachung von Unternehmen.

---

[27] Vgl. Hansen/Schrader (2005), S. 376 f.
[28] Vgl. Westebbe/Logan (1995), S. 17; für eine Übersicht über die verschiedenen Engagementformen s. Mutz/Korfmacher (2003), S. 51.
[29] Vgl. Hansen/Schrader (2005), S. 376; Crane et al. (2010), S. 65.
[30] Vgl. Blowfield/Murray (2008).
[31] Vgl. SustainAbility (2004), S. 4.

3 Erklärungsansätze und Rahmenbedingungen für CSR

Die Versuche, das Konstrukt CSR begrifflich zu fassen und zu operationalisieren, wurden in den 80er Jahren von Theorieentwicklung begleitet.[32] Die Erklärungsansätze für CSR sind vielfältig und nicht leicht zu systematisieren.[33] Folgende Theoriestränge sind von besonderer Bedeutung: der Ansatz der Corporate Social Performance, der in der Soziologie verwurzelt ist, die Shareholder Value Theorie, die auf der klassischen ökonomischen Theorie basiert, Stakeholder Theorie und Unternehmensethik und schließlich der politikwissenschaftliche Corporate Citizenship-Ansatz.[34]

Die Theorieansätze stehen für unterschiedliche Vorstellungen darüber, worin die gesellschaftliche Verantwortung privater Unternehmen besteht: in einem Beitrag zum Shareholder Value, d. h. zur Wertsteigerung des Unternehmens, in einer Antwort auf Markterfordernisse und in einer Reaktion auf Erwartungen der Stakeholder, in der Berücksichtigung sozialer und ethischer Normen nach freiem Ermessen des Unternehmens oder in einer politischen Verantwortung im Sinne einer Global Governance.[35]

Da in jeder Begriffsdefinition und in jedem Theorieansatz zugleich ein normativer Anspruch an die Rolle von Unternehmen in der Gesellschaft steckt,[36] spiegelt jedes CSR-Verständnis den wirtschaftlichen und gesellschaftlichen Kontext, in dem es entstanden ist.

Die Vorstellung, dass die gesellschaftliche Verantwortung von Unternehmen allein in der Gewinnmaximierung liegt, prägte die Shareholder Value-Diskussion der 80er Jahre und führte zu einer Ausrichtung gesellschaftsbezogener Aktivitäten am Kerngeschäft. Der Gedanke, dass Unternehmen eine breitere gesellschaftliche Verantwortung haben, gewann mit der zunehmenden Liberalisierung und der Globalisierung der Wirtschaft seit den späten 80er Jahren an Bedeutung. Die Corporate Citizenship-Bewegung ist u. a. eine Reaktion auf die Deregulierungs- und Privatisierungswelle dieser Ära. Der Nationalstaat verliert an Bedeutung und Steuerungsfähigkeit. Der Staat zieht sich bis heute sukzessive aus der Verantwortung für öffentliche Aufgaben zurück, was zu einer zunehmenden Bedeutung privater Akteure führt und mehr oder weniger explizit mit politischen Forderungen nach bürgergesellschaftlichem Engagement verknüpft ist.

---

[32] Vgl. Carroll (2008), S. 36.
[33] Vgl. Garriga/Melé (2004); Wolff/Barth (2005), S. 7-11.
[34] S. dazu im Einzelnen Melé (2008), S. 47-82.
[35] Vgl. Crane et al. (2008), S. 6 m.w.N.
[36] Vgl. Crane et al (2008), S. 6.

wird.[37] Auf der einen Seite gewinnen multinationale Konzerne an Macht,[38] auf der anderen Seite ist das Handeln von Unternehmen mit der Entwicklung neuer Informations- und Kommunikationstechnologien und neuer Medien transparenter geworden.[39] Eine kritische Öffentlichkeit erwartet von Unternehmen gesellschaftliche Verantwortung und Rechenschaft.

Die Erwartungen sind jedoch widersprüchlich. Schließlich werden nicht nur Erfolgsfaktoren von CSR diskutiert,[40] sondern die Motive für CSR-Politik werden kritisch hinterfragt. Überwiegt der unternehmerische Eigennutz (Business Case) oder der gesellschaftliche Nutzen (Social Case)? Führt CSR zu einer Win-Win-Situation für Unternehmen und Gesellschaft, gelten egoistische Motive als legitim.[41] Diese Legitimation erschöpft sich jedoch spätestens dann, wenn Unternehmensverantwortung nur suggeriert und CSR als Greenwashing enttarnt wird.[42]

Weitreichender sind kritische Stimmen, die sich auf die Rollenverteilung zwischen Staat, Wirtschaft und Gesellschaft richten. Das gilt vor allem im Hinblick auf unternehmerisches Engagement für das Gemeinwesen. „Corporate citizenship is a managerial and philanthropic ideology: a strategic doctrine and movement evolved by practitioners. ... It crafts an instrumental, self-serving view of the relationship between business and society."[43]

4 Eine CSR-Agenda für öffentliche Unternehmen

Politische Strategien zur Förderung von CSR umfassen politische Appelle, Erleichterungen (Rahmenbedingungen, Anreize, Information, Vorbildfunktion der öffentlichen Hand etc.) und Partnerschaften (Staat als Partner in Netzwerken).[44]

Multinationale Initiativen haben über Verhaltenskodizes die CSR-Aspekte Menschenrechte, Beschäftigungsbedingungen und Umweltschutz lanciert. Dazu gehören die Kernarbeitsnormen der Internationalen Arbeitsorganisation (ILO) von 1998, die Leitsätze für multinationale Unternehmen der OECD, die 1998

---

[37] Vgl. Logan (1998), S. 66 f.; Marsden/Andriof (1998), S. 334 f.; Windsor (2001), S. 43-44; Backhaus-Maul (2010), S. 58.
[38] Vgl. Logan (1998), S. 66 f.; Marsden/Andriof (1998), S. 335.
[39] Vgl. Beschorner (2010), S. 112.
[40] Vgl. Hansen/Schrader (2005), S. 383-387; Breidenbach et al. (2008), S. 11-27.
[41] Vgl. Windsor (2001), S. 41.
[42] S. dazu Müller (2007) mit Fallbeispielen aus den Branchen Energieversorgung und Verkehr.
[43] Vgl. Windsor (2001), S. 51.
[44] Vgl. Wolff/Barth (2005), S. 28; Moon/Vogel (2008), S. 312-314.

neu aufgelegt wurden, und der United Nations Global Compact, der 1999 initiiert wurde.

Im Zuge dessen hat die EU seit den späten 90er Jahren verschiedene Verlautbarungen und Berichte herausgegeben, die die Bedeutung von CSR betonen. In ihrem einflussreichen Grünbuch von 2001[45] hat sie Regierungen Wege zur Förderung von CSR aufgezeigt.

In Deutschland setzte die Diskussion um CSR in den 90er Jahren und damit vergleichsweise spät ein. CSR ist hierzulande erst vor wenigen Jahren auf der politischen Agenda erschienen.[46] Anders als in den USA oder europäischen Ländern wie Großbritannien befindet sich der CSR-Gedanke noch in einem vergleichsweise frühen Entwicklungsstadium. Die soziale Marktwirtschaft der Bundesrepublik ist von gesetzlich geregelten Pflichtleistungen und Sozialpartnerschaft geprägt. Unternehmen sind über die politischen Entscheidungs- und Gesetzgebungsprozesse an der Ausgestaltung der Arbeits- und Tarifpolitik sowie der sozialen Sicherung beteiligt.[47] All das gibt nicht unbedingt Anlass für darüber hinausgehende freiwillige Maßnahmen

Nach einem Multistakeholder-Forum im Jahr 2006 empfahl der Rat für Nachhaltige Entwicklung der Bundesregierung, den Ordnungsrahmen für CSR neu zu bestimmen. Der Nachhaltigkeitsrat richtete seine an die Wirtschaft adressierten Empfehlungen undifferenziert auch an öffentliche Unternehmen.[48] Ein von der Bundesregierung in Auftrag gegebenes Gutachten identifizierte 2008 eine CSR-bezogene Vorbildfunktion der öffentlichen Hand, die mit der irreführenden Metapher einer „Verantwortung als ‚Unternehmen Öffentliche Hand'"[49] umschrieben, aber weder konkret wurde noch umfassend oder institutionell differenziert angelegt war.[50]

Die Bundesregierung hat am 6. Oktober 2010 die Nationale Strategie zur gesellschaftlichen Verantwortung von Unternehmen beschlossen. Der sogenannte Aktionsplan CSR stützt sich auf Empfehlungen des vom Bundesministerium für Arbeit und Soziales (BMAS) Anfang 2009 einberufenen Nationalen CSR-Forums. Der Aktionsplan spricht auch öffentliche Einrichtungen bzw. öffentliche Verwaltungen als Adressaten an.[51] Öffentliche Unternehmen werden nur im Zusammenhang mit einem grundsätzlich erwünschten, aber einzelfallbezogenen Beitritt zum UN Global Compact explizit erwähnt.[52]

---

[45] Vgl. EU (2001).
[46] Zur Bedeutung von CSR in der Politik der Bundesregierung s. Loew et al. (2004), S. 40-44.
[47] Vgl. Habisch/Wegner (2005), S. 112; Heuberger (2008), S. 465-467; Backhaus-Maul (2010), S. 57.
[48] Vgl. RNE (2006), S. 11.
[49] o. V. (2008), S. 12.
[50] Vgl. o. V. (2008), S. 12, 55.
[51] Vgl. BMAS (2010), S. 9, 12.
[52] Vgl. BMAS (2010), S. 32.

Die genannten Dokumente spiegeln die Tatsache wider, dass eine Verantwortung öffentlicher Unternehmen im Sinne einer Corporate Social Responsibility im politischen Diskurs bisher kaum thematisiert wurde. Im Kontext von CSR scheint die Rolle öffentlicher Unternehmen weitgehend unklar. Dies ist u. a. auf die Funktion öffentlicher Unternehmen in der dualen Wirtschaft und auf daraus resultierende Begriffsinhalte von Verantwortung zurückzuführen.

Die Verantwortung öffentlicher Unternehmen für die Allgemeinheit ist ein zentraler Aspekt der Theorie der öffentlich-gemeinwirtschaftlichen Unternehmen des 20. Jahrhunderts. Die öffentliche Wirtschaft ist öffentlichen Aufgaben verpflichtet, die sich aus dem öffentlichen Interesse von Staat und Gesellschaft ableiten.

Insofern können öffentliche von privaten Unternehmen über die Wahrnehmung öffentlicher, d. h. staatlicher Aufgaben abgegrenzt werden.[53] Alternativ lässt sich das Adjektiv „öffentlich" auf die Eigentumsverhältnisse beziehen.[54] Demnach sind solche Unternehmen als öffentliche aufzufassen, deren Eigenkapital vollständig oder anteilig, direkt oder mittelbar von einer oder mehreren Gebietskörperschaften aufgebracht wurde, und zwar nach einem sehr weit gefassten Begriffsverständnis unabhängig von der Höhe des Kapitalanteils.[55]

In einer dualen Wirtschaftsordnung erfüllen öffentliche Unternehmen eine Regulierungsfunktion, indem sie die private Erwerbswirtschaft „durch am ,Gemeinsinn' orientiertes wirtschaftliches Handeln"[56] ergänzen. In der Theorie der Gemeinwirtschaft ist „sozial verantwortliches Marktwirtschaftsgeschehen ohne eine ergänzende Gemeinwirtschaft nicht möglich."[57] Gemeinwirtschaftliche Unternehmen dienen nicht den Interessen ihrer Eigentümer, sondern dem öffentlichen Interesse. Dies macht sie zu Instrumenten der Wirtschaftspolitik (Instrumentalthese).[58, 59]

So „haben öffentliche ... Unternehmen in der Regel einen institutionellen öffentlichen Auftrag zu erfüllen, der gemeinwohlorientiert ist und die Erbringung von Dienstleistungen von allgemeinem (öffentlichen) Interesse beinhaltet."[60] Aufgabenschwerpunkte öffentlicher Unternehmen liegen in der Sicherung der Infrastruktur, in Daseinsvorsorge, Monopolbewirtschaftung, Forschungsförderung und Technologieentwicklung. Entsprechende Aufgaben sind regelmäßig

---

[53] Vgl. Brede (2005), S. 26.
[54] Vgl. Eichhorn (1986), S. 16.
[55] Vgl. Brede (2001), S. 26.
[56] Thiemeyer (1986), S. 88.
[57] Thiemeyer (1986), S. 94.
[58] Vgl. Thiemeyer (1986), S. 89.
[59] Darüber hinaus galten öffentliche Unternehmen lange als Vorbilder und „soziale Musterbetriebe" für sozialpolitisch erwünschte Arbeitsbedingungen; vgl. Thiemeyer (1970), S. 230-232.
[60] Cox (2007), S. 77.

als öffentlicher Auftrag in Gesetzen und Unternehmensverfassungen rechtlich normiert.

Ausgehend von dieser besonderen Verpflichtung wird die Verantwortung öffentlicher Unternehmen in Deutschland in jüngster Zeit zum einen in Bezug auf Corporate Governance thematisiert,[61] so z. B. im Public Corporate Governance Kodex für Bundesunternehmen von 2009. Zum anderen wird die Diskussion über ordnungspolitische Fragestellungen und institutionelle Lösungen etwa im Zusammenhang mit Formen funktionaler Privatisierung geführt, wobei das Konzept der Verantwortungsstufung eine wichtige Rolle spielt.[62] Ethische Aspekte spielen in diesen Zusammenhängen eine untergeordnete Rolle, obwohl Fragen ethisch begründeter Unternehmensführung für öffentliche Unternehmen angesichts deren Gemeinwohlorientierung eine besondere Bedeutung haben.[63]

Die gesellschaftliche Verantwortung öffentlicher Unternehmen wurde bislang nicht im Kontext von CSR diskutiert. In der Literatur werden Aspekte von CSR in der öffentlichen Wirtschaft selten behandelt. Es sind bisher nur wenige Beiträge bekannt, die Fallstudien zu ausgewählten Branchen oder CSR in privatisierten, öffentlich gebundenen Unternehmen zum Gegenstand haben.[64]

In Bezug auf private Unternehmen ist die theoriegeleitete Frage nach dem „Warum?" ebenso offen wie die Frage, ob CSR ein Management-Trend ist, eine Form der Selbstregulierung oder ein Beitrag der Privatwirtschaft zur ökonomischen und sozialen Entwicklung.[65] Für die öffentliche Wirtschaft wurden solche Fragen bislang noch nicht einmal gestellt.

Die Forderung nach einer sozialen Verantwortung privater Unternehmen hat das Konzept der „Großunternehmung als quasi-öffentliche[r] Institution"[66] inspiriert. Die These, dass „der ... Drang oder Zwang, das ‚soziale Image' .. der privatwirtschaftlichen Unternehmen in der Öffentlichkeit zu pflegen, zu besonderem sozialen Verhalten ... zwingt, [das] .. die [sozialpolitische] Pionierrolle der gemeinwirtschaftlichen Unternehmen relativieren"[67] könnte, wurde schon vor 40 Jahren formuliert. Nähert sich die Privatwirtschaft mit CSR dem Vorbild öffentliche Wirtschaft an, was die Übernahme gesellschaftlicher Verantwortung angeht, oder kompensiert die öffentliche Wirtschaft mit CSR die zunehmende Ökonomisierung[68] des Sektors? Ist CSR angesichts einer erodierenden bedarfs-

---

[61] S. dazu Ruter (2005).
[62] Vgl. Reichard (1994), S. 40.
[63] Vgl. Brede (2007), S. 512.
[64] Vgl. Jones (2001); Bichta (2003); Heath/Norman (2004); Schlageter/Röderstein (2007).
[65] Vgl. Crane et al. (2008), S. 5.
[66] Vgl. Ulrich (1977), S. 222-227.
[67] Thiemeyer (1970), S. 232; vgl. Thiemeyer (1970), S. 254 f.
[68] Vgl. Harms/Reichard (2003), S. 16 f.

wirtschaftlichen Orientierung[69] der Versuch, die Existenzberechtigung öffentlicher Unternehmen zu untermauern? Oder ist das strategische Konzept, das CSR ausmacht, für öffentliche Unternehmen von vornherein so selbstverständlich, dass es abgesehen von seiner Bezeichnung weder neu ist noch einer eingehenden Betrachtung bedarf?

5 Konzeption des Bandes

Der vorliegende Sammelband soll Antworten auf diese Fragen geben. Ziel ist es zum einen, Potenziale und Grenzen von CSR in der kommunalen Wirtschaft vorzustellen und kritisch zu beleuchten. Zum anderen sollen die Beiträge Anregungen und Handlungsempfehlungen für den Umgang mit CSR vermitteln. Dabei wird CSR ausschließlich im Kontext kommunaler Unternehmen diskutiert, um deren Besonderheiten in Bezug auf die gesellschaftsbezogene Dimension von CSR deutlich zu machen. Eine Konzentration auf Unternehmen mit überwiegend lokalem Wirkungskreis scheint sinnvoll, denn es ist zu vermuten, dass – um nur einen Aspekt zu nennen – die Frage nach dem Verhältnis von öffentlichem Auftrag und CSR im kommunalpolitischen Zusammenhang anders zu beantworten ist als bei Bundes- und Landesunternehmen.

Die Problematik wird von den Autorinnen und Autoren[70] über unterschiedliche disziplinäre und methodische Ansätze erschlossen. Insgesamt vereinen die Beiträge

- politikwissenschaftliche, rechtswissenschaftliche, betriebswirtschaftliche, volkswirtschaftliche – darunter ordnungspolitische und finanzwissenschaftliche – sowie philosophische (ethische) Fragestellungen, was die Notwendigkeit eines inter- bzw. transdisziplinären Zugangs verdeutlicht.
- sowohl deskriptive als auch normative Aspekte. Mehrere Beiträge basieren auf einschlägigen (überwiegend qualitativen) empirischen Untersuchungen zum Themenfeld.
- unterschiedliche Positionen zur Reichweite der gesellschaftlichen Verantwortung öffentlicher Unternehmen, die zugleich unterschiedliche politische Standpunkte reflektieren.
- die akademische Perspektive und die Sichtweise von Praktikern.

---

[69] Vgl. Edeling (2005), S. 77.
[70] Zu Gunsten der besseren Lesbarkeit der Beiträge wurde bei Substantiven auf die feminine Form verzichtet. Maskuline Personenbezeichnungen gelten für beide Geschlechter.

Basis für die inhaltliche Konzeption des Bandes ist ein weit gefasstes Begriffsverständnis von Corporate Social Responsibility im Sinne der Definition der
Europäischen Kommission, das Corporate Citizenship einschließt und Überschneidungen zu Konzepten wie Nachhaltigkeit und Corporate Responsibility
(CR) aufweist.[71] Vor dem Hintergrund der Funktion öffentlicher Unternehmen in
der dualen Wirtschaft bzw. in der Gesellschaft werden in den fünf Teilen des
Bandes sowohl CSR im Kerngeschäft als auch CSR für das Gemeinwesen thematisiert.

Der erste Teil, CSR als Governance-Problem, reflektiert CSR im Kontext
der politischen Steuerung und Legitimation öffentlicher Unternehmen. *Lederer*
diskutiert die Frage, ob CSR die Chance eröffnet, die Instrumentalfunktion
kommunaler Unternehmen im Sinne einer Berücksichtigung gesellschaftlicher
Belange im politischen Prozess wiederzubeleben und damit einen Beitrag zur
Demokratisierung zu leisten. *Röber* stellt CSR in den Kontext von Public Governance, indem er den Citizen Value im Sinne einer Bürgerbeteiligung an öffentlichen Unternehmen interpretiert. Den Gedanken einer derartigen Repolitisierung
öffentlicher Unternehmen greift *Naumann* auf, indem er eine potenzielle Überle-
genheit öffentlicher Unternehmen in Bezug auf CSR als ein Argument für die
Rekommunalisierung öffentlicher Aufgaben identifiziert. *Harms* vertritt dagegen
die Auffassung, dass eine „eigenmächtige" CSR-Politik öffentlicher Unternehmen haushaltsrechtlich bedenklich, verteilungspolitisch problematisch und
nicht per se gerechtfertigt sei, und fordert darum ein ausdrückliches Mandat des
Trägers.

Der zweite Teil des Bandes spiegelt diese politische Diskussion aus Unternehmenssicht. In fünf Beiträgen wird die Bedeutung von CSR für das strategische Management kommunaler Unternehmen problematisiert. *Kramm* thematisiert Funktionen kommunaler Unternehmen für die Stadtentwicklung und deutet
den öffentlichen Auftrag nicht allein als Leistungsauftrag, sondern als Aufforderung, eine gesellschaftliche Verantwortung für die Kommune und eine gestaltende Rolle zu übernehmen. *Anthes* lotet am Beispiel der Berliner Stadtreinigung
die Bedeutung von CSR für die Legitimation öffentlicher Unternehmen aus und
zeigt anhand der Fallstudie den engen Bezug zwischen öffentlicher Aufgabe und
CSR. Diese Beobachtung untermauert *Sandberg* mit den Ergebnissen einer
quantitativen empirischen Studie zur CSR-Politik öffentlicher Unternehmen,
anhand derer sie die Relevanz theoriebasierter Erklärungsansätze für CSR für
den öffentlichen Sektor überprüft. Auch *Bielka* und *Schwerk* thematisieren die
strategische Bedeutung gesellschaftlicher Verantwortung für kommunale Unternehmen. Sie zeigen am Beispiel der kommunalen Wohnungswirtschaft, wie eine

---

[71] S. Abschnitt 2.

CSR-Strategie erfolgreich konzipiert und implementiert werden kann, und stellen ein Instrument zur Messung der Wirkung von CSR-Maßnahmen (Stadtrendite) vor. Einen weiteren Ansatz zur Erfassung und Bewertung von CSR, mit dem zugleich die europäische Perspektive geöffnet wird, präsentiert *Resch*: das CSR Label des European Centre of Employers and Enterprises providing Public Services (CEEP).

Die beiden folgenden Teile des Bandes stellen die unternehmensinterne und die externe Dimension von CSR gegenüber. Teil 3 ist CSR im Kerngeschäft gewidmet. *Schaltegger* arbeitet Gemeinsamkeiten und Unterschiede zwischen CSR und unternehmerischer Nachhaltigkeit (Corporate Sustainability) heraus und spricht dabei u. a. latente Zielkonflikte zwischen ökonomischen und gesellschaftlichen Zielen an. In welchem Spannungsfeld sich kommunale Unternehmen hier bewegen, unterstreicht *Lübben*, der am Beispiel der Hamburger Stadtreinigung Klimaschutz-Maßnahmen beschreibt und problematisiert. Die Brücke zwischen Ökologie und Sozialem schlagen die beiden folgenden Beiträge zur nachhaltigen Beschaffung im öffentlichen Sektor. *Gölnitz* untersucht die rechtlichen Grundlagen, während *Eßig* und *Vu Thi* Ergebnisse einer empirischen Studie zur Relevanz von umwelt- und sozialverträglichen Vergabekriterien vorstellen. *Vitols* befasst sich mit personalwirtschaftlichen Aspekten von CSR und zeigt sowohl interne Mitbestimmungspotenziale als auch Faktoren auf, die den Umfang des Engagements der Arbeitnehmervertretungen in kommunalen Unternehmen beeinflussen. *Kleinfeld* und *Kettler* nähern sich dem Thema aus dem Blickwinkel der Unternehmensethik. Sie stellen CSR in den Kontext von Corporate Governance und geben einen sozialwissenschaftlich fundierten Überblick über Handlungsfelder eines Compliance- bzw. Integritätsmanagements, das vor allem die Unternehmensbereiche Organisation und Personal anspricht.

Teil 4 beleuchtet die externe Dimension von CSR und zeigt, wie öffentliche Unternehmen mit Corporate Citizenship umgehen. *Krüger* gibt einen Überblick über die Bandbreite der Corporate Citizenship-Instrumente von Sponsoring über Unternehmensstiftungen bis hin zu Corporate Volunteering ab. Er diskutiert gesellschaftliches Engagement im Standortumfeld u. a. unter kommunal- und haushaltsrechtlichen Gesichtspunkten und steckt damit den rechtlichen Handlungsspielraum ab. *Schönberg* und *Jost* illustrieren am Beispiel der Stadtwerke Bochum, wie ein öffentliches Unternehmen mit verschiedenen Instrumenten die Idee des Good Corporate Citizen, des Unternehmens als „gutem Bürger", interpretiert und mit entsprechenden Erwartungen an das Unternehmen umgeht. Stiftungen sind ein Thema, das noch nicht viele öffentliche Unternehmen für sich entdeckt haben. Eine Ausnahme sind die Stiftungen der Sparkassen-Finanzgruppe, deren Bedeutung und Arbeitsweise *Blunck* in ihrem Beitrag vorstellt. *Warthun* und *Jammes* behandeln die Wirkung von Corporate Citizenship und konzentrieren sich dabei auf das Sponsoring. Ausgehend von methodischen Grundlagen der Wirkungsevaluation zeigen sie an einem Fallbeispiel aus der Energiewirtschaft, wie ein Sponsoring-Konzept das Unternehmensimage verändern kann.

Teil 5 greift Fragen der operativen Umsetzung von CSR auf und stellt Instrumente der Unternehmenssteuerung und -kommunikation vor. Ausgehend von Controlling-Ansätzen aus den Feldern Umwelt und Soziales entwerfen *Greiling* und *Ther* theoriebasierte Ansatzpunkte für ein integriertes CSR-Controlling, das über das klassische, rein ökonomisch ausgerichtete Controlling hinausgeht. *Kluge* und *Schramm* thematisieren die Berücksichtigung von Stakeholder-Interessen als Ausdruck gesellschaftlicher Verantwortung und geben einen Überblick über informelle Partizipationsmethoden, mit denen Bürger bzw. Kunden an Unternehmensentscheidungen beteiligt werden können. Das Thema Kommunikation wird in den folgenden Beiträgen mit Blick auf die Kommunikation von CSR-Aktivitäten weitergeführt. Zum Stichwort CSR-Reporting stellt *Brandl* ausgewählte Instrumente und Themenfelder einer CSR-Berichterstattung für kommunale Unternehmen vor. *Gebauer* greift diese Themenfelder in ihrer Inhaltsanalyse von Nachhaltigkeitsberichten kommunaler Versorgungsunternehmen auf. Ihre Studie liefert eine Einschätzung der Verbreitung und Qualität der CSR-Berichterstattung öffentlicher Unternehmen. Die Defizite bzw. das Verbesserungspotenzial, das diese Beiträge aufzeigen, führen zum abschließenden Artikel von *Taubken* und *Dietrich*. Die Autoren geben ausgehend von (besonderen) Anforderungen an die CSR-Kommunikation in der kommunalen Wirtschaft Empfehlungen zur Ausgestaltung einer Kommunikationspolitik, die die CSR-Politik öffentlicher Unternehmen glaubwürdig vermittelt.

Ausgehend von den vorliegenden Beiträgen arbeiten die Herausgeber in einem Fazit Diskursstränge und Positionen zu Corporate Social Responsibility in der öffentlichen Wirtschaft heraus und geben einen Ausblick auf die Entwicklung des Feldes, zu erwartende Debatten sowie offene Forschungsfragen.

Literatur

Ackerman, Robert W./Bauer, Raymond A. (1976): Corporate Social Responsiveness, Reston 1976

Atkinson, Giles (2000): Measuring Corporate Sustainability, in: Journal of Environmental Planning and Management, No. 2, 2000, S. 235-252

Backhaus-Maul, Holger (2010): Traditionspfad mit Entwicklungspotenzial, in: Backhaus-Maul, Holger et al. (Hrsg.), Corporate Citizenship in Deutschland, Gesellschaftliches Engagement von Unternehmen, Bilanz und Perspektiven, 2. akt. u. erw. Aufl., Wiesbaden 2010, S. 53-63

Beschorner, Thomas (2010): Corporate Social Responsibility und Corporate Citizenship, Theoretische Perspektiven für eine aktive Rolle von Unternehmen, in: Backhaus-Maul, Holger et al. (Hrsg.), Corporate Citizenship in Deutschland, Gesellschaftliches Engagement von Unternehmen, Bilanz und Perspektiven, 2. akt. u. erw. Aufl., Wiesbaden 2010, S. 111-130

Bichta, Constantina (2003): Corporate Social Responsibility, A Role in Government Policy and Regulation?, CRS Research Report 16, Bath 2003

Blowfield, Michael/Murray, Alan (2008): Corporate Responsibility, A Critical Introduction, New York 2008

(BMAS) Bundesministerium für Arbeit und Soziales (Hrsg.) (2010): Nationale Strategie zur gesellschaftlichen Verantwortung von Unternehmen (Corporate Social Responsibility – CSR), Aktionsplan CSR der Bundesregierung, Berlin 06.10.2010, Stand Oktober 2010, online unter URL: http://www.bmas.de/portal/48966/ [Stand 2010-12-21]

Bowen, Howard R. (1953): Social Responsibilities of the Businessman, New York 1953

Brede, Helmut (2001): Grundzüge der öffentlichen Betriebswirtschaftslehre, 1. Aufl., München/Wien 2001

Brede, Helmut (2005): Grundzüge der öffentlichen Betriebswirtschaftslehre, 2., überarb. u. verb. Aufl., München/Wien 2005

Brede, Helmut (2007): Ethisch verpflichtete Führung öffentlicher Unternehmen, in: Bräunig, Dietmar/Greiling, Dorothea, Stand und Perspektiven der Öffentlichen Betriebswirtschaftslehre II, Festschrift für Peter Eichhorn, Berlin 2007, S. 511-520

Breidenbach, Stephan et al. (2008): Erfolgreiche Corporate Social Responsibility (CSR), Berlin 2008

Carroll, Archie B. (1979): A Three-Dimensional Conceptual Model of Corporate Performance, in: Academy of Management Review, No. 4, 1979, S. 497-505

Carroll, Archie B. (2008): A History of Corporate Social Responsibility, Concepts and Practices, in: Crane, Andrew et al. (ed.), The Oxford Handbook of Corporate Social Responsibility, Oxford 2008, S. 20-46

Carroll, Archie B./Buchholtz, Ann K.(2008): Business and Society, Ethics and Stakeholder Management, 7th ed., Boston 2008

Christian Aid (ed.) (2004): Behind the Mask, The Real Face of Corporate Social Responsibility, London 2004, online unter URL: http://www.upj.de/Debatte.25.0.html [Stand 2010-12-21]

Cox, Helmut (2007): Von der Wirtschaftslehre öffentlicher Unternehmen zu einer Ökonomik der öffentlichen Dienstleistungen, in: Bräunig, Dietmar/Greiling, Dorothea, Stand und Perspektiven der Öffentlichen Betriebswirtschaftslehre II, Festschrift für Peter Eichhorn, Berlin 2007, S. 65-90

Crane, Andrew et al. (2008): The Corporate Social Responsibility Agenda, in: Crane, Andrew et al. (ed.), The Oxford Handbook of Corporate Social Responsibility, Oxford 2008, S. 3-15

Crane, Andrew et al. (2010): The Emergence of Corporate Citizenship – Historical Development and Alternative Perspectives, in: Backhaus-Maul, Holger et al. (Hrsg.), Corporate Citizenship in Deutschland, Gesellschaftliches Engagement von Unternehmen, Bilanz und Perspektiven, 2. akt. u. erw. Aufl., Wiesbaden 2010, S. 64-91

Davis, Keith (1960): Can Business Afford to Ignore Corporate Social Responsibilities?, in: California Management Review, No. 3, 1960, S. 70-76

Davis, Keith (1967): Understanding The Social Responsibility Puzzle, in: Business Horizons, No. 4, 1967, S. 45-51

Edeling, Thomas (2005): Die Korrumpierung bedarfswirtschaftlichen Handelns in öffentlichen Unternehmen, in: Maravic, Patrick von/Reichard, Christoph (Hrsg.), Ethik, Integrität und Korruption – Neue Herausforderungen im sich wandelnden öffentlichen Sektor?, Potsdam 2005, S. 75-88

Eichhorn, Peter (1986): Begriff, Bedeutung und Besonderheiten der öffentlichen Wirtschaft und Gemeinwirtschaft, in: Brede, Helmut/von Loesch, Achim (Hrsg.), Die Unternehmen der öffentlichen Wirtschaft in der Bundesrepublik Deutschland, Ein Handbuch, Baden-Baden 1986, S. 13-29

Elkington, John (1994): Towards the Sustainable Corporation: Win-win-win Business Strategies for Sustainable Development, in: California Management Review, No. 2, 1994, S. 90-100

Elkington, John (1997): Cannibals With Forks, The Triple Bottom Line of 21st Century Business, Oxford 1997

Enquete-Kommission „Zukunft des Bürgerschaftlichen Engagements" (2002): Bericht der Enquete-Kommission „Zukunft des Bürgerschaftlichen Engagements", Bürgerschaftliches Engagement: auf dem Weg in eine zukunftsfähige Bürgergesellschaft, 03.06.2002, BT-Drs. 14/8900

(EU) Europäische Kommission (2001): Europäische Rahmenbedingungen für die soziale Verantwortung der Unternehmen, Grünbuch, Brüssel 2001

Frederick, William C. (1960): The Growing Concern over Business responsibility, in: California Management Review, No. 4, 1960, S. 54-61

Frederick, William C. (1987): Theories of Corporate Social Performance, in: Sethi, S. Prakash/Falbe, Cecilia M. (ed.), Business and Society, Dimensions of Conflict and Cooperation, New York 1987, S. 142-16

Garriga, Elisabet/Melé, Domenèc (2004): Corporate Social Responsibility Theories, Mapping the Territory, in: Journal of Business Ethics, No. 1/2, 2004, S. 51-71

Habisch, André/Wegner, Martina (2005): Germany, Overcoming the Heritage of Corporatism, in: Habisch, André et al. (Hrsg.), Corporate Social Responsibility Across Europe, Berlin/Heidelberg 2005, S. 111-123

Hansen, Ursula/Schrader, Ulf (2005): Corporate Social Responsibility als aktuelles Thema der Betriebswirtschaftslehre, in: DBW, H. 4, 2005, S. 373-395

Harms, Jens/Reichard, Christoph (2003): Ökonomisierung des öffentlichen Sektors – eine Einführung, in: Harms, Jens/Reichard, Christoph (Hrsg.), Die Ökonomisierung des öffentlichen Sektors, Instrumente und Trends, Baden-Baden 2003, S. 13-17

Heath, Joseph/Norman, Wayne (2004): Stakeholder Theory, Corporate Governance and Public Management, What can the history of state-run enterprises teach us in the post-Enron era?, in: Journal of Business Ethics, No. 3, 2004, S. 247-265

Heuberger, Frank (2008): CC als Herausforderung an die Politik, in: Habisch, André et al. (Hrsg.), Handbuch Corporate Citizenship, Corporate Social Responsibility für Manager, Berlin/Heidelberg 2008, S. 465-475

Jones, Alan (2001): Social Responsibility and the Utilities, in: Journal of Business Ethics, No. 3/4, 2001, S. 219-229

Jones, Thomas M. (1980): Corporate Social Responsibility Revisited, Redefined, in: California Management Review, No. 3, 1980, S. 59-67

Kurucz, Elisabeth C. et al. (2008): The Business Case for Corporate Social Responsibility, in: Crane, Andrew et al. (ed.), The Oxford Handbook of Corporate Social Responsibility, Oxford 2008, S. 83-112

Loew, Thomas et al. (2004): Bedeutung der internationalen CSR-Diskussion für Nachhaltigkeit und die sich ergebenden Anforderungen an Unternehmen mit Fokus Berichterstattung, Berlin, Münster 2004, online unter URL: http://www.4sustainability.org/seiten/csr-publikationen.htm [Stand 2010-12-20]

Logan, David (1998): Corporate Citizenship in a Global Age, in: RSA journal, No. 5486, 1998, S. 64-71

Logan, David/Tuffrey, Michael (1999): Companies in Communities, Valuing the Contribution, Kent 1999

van Marrewijk, Marcel (2003): Concept and Definitions of CSR and Corporate Sustainability, Between Agency and Communion, in: Journal of Business Ethics, No. 2/3, 2003, S. 95-105

Marsden, Chris/Andriof, Jörg (1998): Towards an Understanding of Corporate Citizenship and How to Influence it, in: Citizenship Studies, No. 2, 1998, S. 329-352

Matten, Dirk/Crane, Andrew (2005): Corporate Citizenship, Toward an Extended Theoretical Conceptualization, in: Academy of Management Review, No. 1, 2005, S. 166-179

McGuire, Joseph W. (1963): Business & Society, New York 1963

Melé, Domènec (2008): Corporate Social Responsibility Theories, in: Crane, Andrew et al. (ed.), The Oxford Handbook of Corporate Social Responsibility, Oxford 2008, S. 47-82

Moon, Jeremy/Vogel, David (2008): Corporate Social Responsibility, Government, and Civil Society, in: Crane, Andrew et al. (ed.), The Oxford Handbook of Corporate Social Responsibility, Oxford 2008, S. 303-323

Müller, Ulrich (2007): Greenwash in Zeiten des Klimawandels, Wie Unternehmen ihr Image grün färben, Köln 2007, online unter URL: http://www.lobbycontrol.de/download/greenwash-studie.pdf [Stand 2010-12-20]

Mutz, Gerd/Korfmacher, Susanne (2003): Sozialwissenschaftliche Dimensionen von Corporate Citizenship in Deutschland, in: Backhaus-Maul, Holger/Brühl, Hasso (Hrsg.), Bürgergesellschaft und Wirtschaft, Zur neuen Rolle von Unternehmen, Berlin 2003, S. 45-62

Nationales CSR-Forum (2009): Gemeinsames Verständnis von Corporate Social Responsibility (CSR) in Deutschland, 28.04.2009, online unter URL: http://www.csr-in-deutschland.de /Hintergrund/Was ist CSR? [Stand 2010-12-20]

o. V. (2008): Die gesellschaftliche Verantwortung von Unternehmen (CSR) zwischen Markt und Politik, Studie erstellt von Pleon GmbH und IFOK GmbH, Berlin 2008, online unter URL: http://www.csr-in-deutschland.de /Aktuell/Eintrag vom 17.12.2008 [Stand 2010-12-21]

Preston, Lee E. (ed.) (1978): Research in Corporate Social Performance and Policy, Vol. 1, Greenwich 1978

Reichard, Christoph (1994): Umdenken im Rathaus, Neue Steuerungsmodelle in der deutschen Kommunalverwaltung, Berlin 1994, S. 33-64

(RNE) Rat für Nachhaltige Entwicklung (2006): Unternehmerische Verantwortung in einer globalisierten Welt, Ein deutsches Profil der Corporate Social Responsibility, Berlin 2006, online unter URL: http://www.nachhaltigkeitsrat.de/dokumente/ empfehlungen/ [Stand 2010-12-21]

Ruter, Rudolf X. et al. (2005): Public Corporate Governance, Ein Kodex für öffentliche Unternehmen, Wiesbaden 2005

Schaltegger, Stefan et al. (2002): Nachhaltigkeitsmanagement in Unternehmen, Konzepte und Instrumente zur nachhaltigen Unternehmensentwicklung, Bonn 2002

Schlageter, Karsten/Röderstein, Matthias (2007): Integrating Corporate Social Responsibility into Corporate Strategies of small and medium sized German Public Utilities, Conference paper, 3rd Workshop on Visualizing, Measuring, and Managing Intangibles and Intellectual Capital, Ferrara (Italy), 29th to 31st October 2007

Schwartz, Mark S./Carroll, Archie B. (2003): Corporate Social Responsibility, A Three-Domain-Approach, in: Business Ethics Quarterly, No. 4, 2003, S. 503-530

Sethi, S. Prakash (1975): Dimensions of Corporate Social Performance, An Analytical Framework, in: California Management Review, No. 3, 1975, S. 58-65

SustainAbility (2004): Gearing Up, From Corporate Responsibility to Good Governance and Scalable Solutions, London 2004

Swanson, Diane L. (1995): Addressing a Theoretical Problem by Reorienting the Corporate Social Performance Model, in: Academy of Management Review, No. 1, 1995, S. 43-64

Thiemeyer, Theo (1970): Gemeinwirtschaftlichkeit als Ordnungsprinzip, Grundlegung einer Theorie gemeinnütziger Unternehmen, Berlin 1970

Thiemeyer, Theo (1986): Öffentliche und gemeinwirtschaftliche Unternehmen in der politischen und wissenschaftlichen Diskussion, in: Brede, Helmut/von Loesch, Achim (Hrsg.), Die Unternehmen der öffentlichen Wirtschaft in der Bundesrepublik Deutschland, Ein Handbuch, Baden-Baden 1986, S. 77-97

Ulrich, Peter (1977): Die Großunternehmung als quasi-öffentliche Institution, Eine politische Theorie der Unternehmung, Stuttgart 1977

Wartick, Steven L./Cochran, Philip L. (1985): The Evolution of Corporate Social Performance Model, in: Academy of Management Review, No. 4, 1985, S. 758-769

Wartick, Steven L./Rude, Robert E. (1986): Issues Management, Corporate Fad or Corporate Function?, in: California Management Review, No. 1, 1986, S. 124-132

(WCED) World Commission on Environment and Development (1987): Our Common Future, Oxford 1987

Westebbe, Achim/Logan, David (1995): Corporate Citizenship, Unternehmen im gesellschaftlichen Dialog, Wiesbaden 1995

Windsor, Duane (2001): Corporate Citizenship, Evolution and Interpretation, in: Andriof, Jörg/McIntosh, Malcolm, Perspectives on Corporate Citizenship, Sheffield 2001, S. 37-52

Wolff, Franziska/Barth, Regine (2005): Corporate Social Responsibility, Integrating a Business and Societal Governance Perspective, The RARE Project's Approach, Berlin 2005, online unter URL: http://www.rare-eu.net /Documents [Stand 2010-21-20]

Wood, Donna J. (1991): Corporate Social Performance Revisited, in: Academy of Management Review, No. 4, 1991, S. 691-718

I CSR als Governance-Problem

Kommunalunternehmen mit gesellschaftlicher Verantwortung – CSR als Element der Re-Politisierung und Demokratisierung der Kommunalwirtschaft

Klaus Lederer

1 Einleitung: CSR in kommunalen Unternehmen?
2 Wandel öffentlicher Aufgaben: Legitimationsverlust der Kommunalwirtschaft
3 Öffentliche Unternehmen als Materialisierung lebendiger Demokratie?
4 Verfassungsbefehl: Legitimation kommunaler Wirtschaft durch demokratische Steuerung
5 CSR als Element eines Re-Politisierungsansatzes bei kommunalen Unternehmen

1 Einleitung: CSR in kommunalen Unternehmen?

Corporate Social Responsibility, mit der Europäischen Kommission verstanden als ein Konzept für Wirtschaftsunternehmen zur Integration gesellschaftlicher und Umweltbelange in ihre Unternehmenstätigkeit und in ihre Interaktion mit ihren Stakeholdern auf freiwilliger Basis,[1] zielt auf umfassende Berücksichtigung gesellschaftlicher Auswirkungen beim unternehmerischen Handeln. Insoweit ist der CSR-Ansatz eine Reaktion auf einen in den 1970er bis 1990er Jahren herrschenden Zeitgeist, der die nützlichste Wirkung wirtschaftlicher Unternehmungen für das Gemeinweisen in der ausschließlichen Fixierung auf die Gewinnmaximierung, auf die Formalzielerfüllung, gesehen hat – ohne Rücksichtnahme auf gesellschaftliche, soziale, ökologische Folgen.[2] Corporate Social Responsibility sollte also solchen Unternehmen die Beachtung der gesellschaftli-

---

[1] Vgl. EU (2001b), S. 7, in der englischen Fassung EU (2001a), S. 8.
[2] Der Aufstieg des CSR-Konzepts ist damit ambivalenter Ausdruck einerseits einer zunehmenden Kritik an der Shareholder-Dominanz wie – das merken Kritiker zutreffend an – eine Reaktion aus dem ökonomischen Sektor mit dem Ziel, durch Soft Regulation möglicherweise schärferen und vor allem zwingenden gesetzlichen Regulierungen vorzubauen bzw. positive Image-Aufladungen für ihre Marketing- und Absatzstrategien zu erzeugen, um damit Wettbewerbsvorteile zu generieren; vgl. Kinderman (2010).

chen Konsequenzen ihres Handelns zur Selbstverpflichtung erheben, die – dem zwingenden Interesse ihrer Kapitalgeber folgend – permanent alles unternehmen müssen, um die Kostenstrukturen ihrer Waren- und Dienstleistungsproduktion im internationalen Vergleich der Anbieter zu optimieren und ihre Wertschöpfungsketten in Bezug auf den Renditeoutput zu reorganisieren.

Kommunale Unternehmen dagegen sind ihrer Definition nach sachzieldominiert. Die Gemeinden, so heißt es in den Gemeindeordnungen und Kommunalverfassungen der Länder, dürfen sich wirtschaftlich nur betätigen, wenn das durch einen „(dringenden) öffentlichen Zweck" gerechtfertigt ist.[3] Was öffentlicher Zweck ist und was nicht, entscheiden die Gemeindevertretungen in Wahrnehmung des kommunalen Selbstverwaltungsrechts aus Art. 28 Abs. 2 GG. „Worin die Gemeinde eine Förderung des allgemeinen Wohls erblickt, ist hauptsächlich den Anschauungen und Entschließungen ihrer Organe überlassen und hängt von den örtlichen Verhältnissen, finanziellen Möglichkeiten der Gemeinde, Bedürfnissen der Einwohnerschaft und anderen Faktoren ab. Im Grunde handelt es sich um eine Frage sachgerechter Kommunalpolitik, die – wie jedes sinnvolle wirtschaftliche Handeln – in starkem Maße von Zweckmäßigkeitserwägungen bestimmt wird."[4] Dieses Zweckerfordernis schließt die reine Gewinnerzielungsabsicht als Legitimation wirtschaftlicher Betätigung aus.[5]

Das Primat der Politik, das Sachzielprimat, ist kommunalen Unternehmen also durch die Rechtsordnung verbindlich vorgeschrieben. Auch in der breiten Anschauung der Öffentlichkeit wird bei kommunalen Unternehmen gesellschaftlich nützliches Handeln gewissermaßen vorausgesetzt. Warum, drängt sich die Frage auf, sollte der strategische Ansatz von Corporate Social Responsibility für kommunale Unternehmen irgendeine Relevanz haben?

2 Wandel öffentlicher Aufgaben: Legitimationsverlust der Kommunalwirtschaft

Wenn wir über kommunale Wirtschaftstätigkeit sprechen, dann nehmen wir ein spezifisches Feld staatlicher Tätigkeit in den Fokus. Es geht um die Erfüllung öffentlicher Aufgaben. Staatliche Tätigkeit und gemeinwohlverpflichtetes Handeln werden im allgemeinen Verständnis gewissermaßen synonym gesetzt. Historisch betrachtet unterliegt die Institutionalisierung und der Aufgabenbestand staatlichen Handelns allerdings einem permanenten Wandel.[6] Es gibt keinen

---

[3] Vgl. Cronauge/Westermann (2006), S. 157 ff., Gern (2003), S. 465 f.
[4] BVerwGE 39, 329 (333).
[5] S. nur OVG Münster, NVwZ 2008, 1031; jetzt ausdrücklich § 91 Abs. 2 Nr. 1 KV Bbg.
[6] Dazu Kaufmann (1996), S. 15 ff., und Grimm (1996a), S. 613 ff.

fixen Aufgabenkanon des Staatshandelns. Was durch staatliche Institutionen (Public Authorities) an Aufgaben wahrgenommen werden soll und was nicht, unterliegt unterschiedlichen gesellschaftspolitischen und wissenschaftlichen Anschauungen und Interessen. Es wird beeinflusst durch die Sicht auf das Leistungsvermögen von demokratischen Strukturen, Bürokratien, öffentlicher Steuerung einerseits und von Markt, Wettbewerb und Privateigentum an Produktionsmitteln auf der anderen Seite, durch die herrschenden gesellschaftliche Vorstellungen von und Entscheidungen über das, was öffentliche Dienste bewerkstelligen sollen. Schließlich ist es Ausdruck der konkret wirkenden regulativen und ökonomischen Rahmenbedingungen, die gleichermaßen Ergebnis von politischen Entscheidungen wie von ökonomischen Dynamiken im globalen Maßstab sind.[7]

Staatsaufgabe ist all das, was der Staat in verfassungsrechtlich zulässiger Weise als Tätigkeitsfeld für sich in Anspruch nimmt, der Aufgabenbestand des Staates ist notwendigerweise offen.[8] Der Nachweis einer spezifischen Staatsfunktion lässt sich nur in einer konkreten raumzeitlichen Staatsordnung erbringen, das bedeutet: Staatsaufgaben lassen sich nicht deduktiv aus einem feststehenden Wesen oder Zweck des Staates ableiten.[9] Kommunale Leistungen der Daseinsvorsorge sind demnach hoheitlich oder wirtschaftlich erbrachte gemeinwohlorientierte Güter oder Dienstleistungen, die die Gemeinden aufgrund ihrer politischen Entscheidung erbringen. Soweit die Aufgabenerfüllung marktbezogen geschieht, handelt es sich hierbei um kommunale Wirtschaftsbetätigung.[10]

In der Vergangenheit wurden Leistungen der Daseinsvorsorge vorrangig durch staatliche Behörden oder durch öffentliche Unternehmen in den Rechtsformen des öffentlichen oder des privaten (Gesellschafts-)Rechts erbracht. Dabei spielte für die Wahl der jeweiligen Organisationsform keine ausschlaggebende Rolle, ob es sich um eine marktbezogene oder um eine nichtwirtschaftliche kommunale Betätigung handelte. An diesem Phänomen hat sich bis heute grundsätzlich nichts geändert, wenngleich sich das Verhältnis von Eigenerbringung und Gewährleistungsstaatlichkeit in den vergangenen dreißig Jahren heftig verschoben hat.[11] So werden marktbezogene Leistungen von Behörden der unmittelbaren Staatsverwaltung (in der Gestalt von Regie- oder Eigenbetrieben) genauso angeboten wie nichtwirtschaftliche Tätigkeiten von verselbständigten Verwaltungsträgern im öffentlich-rechtlichen oder privatrechtlichen „Gewand". Kulturelle und soziale Dienste, Jugendhilfe und Kindertagesstätten, Wissenschaft

---

[7] Vgl. Cox (2005), S. 19 f.
[8] Vgl. Ossenbühl (1971), S. 153 ff.
[9] Vgl. Grimm (1996b), S. 773; s. dazu ferner Jessop (1996), S. 43 ff.
[10] S. beispielhaft § 91 Abs. 1 S. 1 KV Bbg und § 107 Abs. 1 S. 3 GO NRW.
[11] Zu den kommunalen Strategien s. Libbe (2006), S. 197 ff.

und Forschung, Museen und Einrichtungen des Gesundheitswesens sind heute nicht selten verselbständigt oder sogar privatrechtlich organisiert, obgleich sie im Kern als nichtmarktbezogene Leistungen einzuordnen sind. Kita-Eigenbetriebe, Theater- oder Stadthallen-GmbH oder Unternehmen zur Erbringung verwaltungsinterner Dienstleistungen gehören heute zu vielen kommunalen Beteiligungsportefeuilles.

Die Grenzen zwischen „hoheitlicher" und „wirtschaftlicher" Staatstätigkeit sind fließend geworden. Mit der Ökonomisierung des öffentlichen Sektors[12] sind viele Verwaltungsaufgaben, die einstmals in bürokratisch-hierarchischer Form erbracht wurden, in verselbständigte Verwaltungsträger ausgelagert oder einer output-orientierten Steuerung unterworfen worden. Auslagerungen, Verselbständigungen und der fortgesetzte Hype bei der Nutzung privatrechtlicher Organisationsformen sind ein allgemeiner Trend der institutionellen Performance des Staates. Auch verselbständigte Verwaltungsträger in privater oder öffentlich-rechtlicher Rechtsform, die keine nach den Kommunalverfassungen oder Gemeindeordnungen als „wirtschaftlich" definierten Leistungen erbringen[13], sind insoweit „unternehmerisch" organisiert, als sie kostenrechnende Einheiten darstellen. Sie legen ihrer Tätigkeit Prinzipien kaufmännischen Handelns und Wirtschaftens zugrunde. Das wird von den Eigentümern, den Gemeinden, auch regelmäßig vorausgesetzt und erwartet.

Die Entscheidung über eine Verselbständigung oder eine formelle Privatisierung[14] von Verwaltungsaufgaben folgt nicht dem Dualismus „wirtschaftliche" vs. „nichtwirtschaftliche" Betätigung. Sie ist vielmehr eine Frage der sachgerechten *Institutional Choice* im öffentlichen Sektor bei der Wahrnehmung von öffentlichen Aufgaben unter ganz konkreten politischen, regulativen und ökonomischen Umweltbedingungen.[15] Wenn sich in der Verwaltungswissenschaft und in der Öffentlichen Betriebswirtschaftslehre die Diskussion um den Legitimationsverlust öffentlichen Wirtschaftens bzw. öffentlicher Unternehmen dennoch nach wie vor großer Zuwendung erfreut, dann gibt es hierfür eine Reihe von Gründen. Die wichtigsten werden wir hier kurz skizzieren, weil sie den in

---

[12] Vgl. Harms/Reichard (2003).
[13] Die kommunalrechtliche Einstufung von Leistungen als wirtschaftliche bzw. nichtwirtschaftliche kommunale Betätigung folgt bundesweit ohnehin keinen einheitlichen Kriterien. Sie variiert von Bundesland zu Bundesland und folgt zum Teil auch überkommenen Traditionen. So ist schwer nachzuvollziehen, weshalb die Wasserwirtschaft oft als wirtschaftliche, die Abwasserentsorgung dagegen als hoheitliche Tätigkeit betrachtet wird. Wohl deshalb hat beispielsweise Bayern diese Unterscheidung in der Gemeindeordnung mittlerweile vollständig aufgegeben und knüpft die regulativen Vorgaben für die Verselbständigung in unternehmerischen Einheiten ausschließlich bei der Nutzung der spezifischen Rechtsformen (Eigenbetrieb, Anstalt, GmbH oder AG) an.
[14] Zur rechtswissenschaftlichen Privatisierungsdiskussion nur Schuppert (1994), m. w. N.
[15] Vgl. Schuppert (2000), S. 544 ff.

den letzten 30 Jahren massiv veränderten Rahmen staatlichen Handelns markieren:

1. Eine der wichtigsten Triebkräfte für institutionelle Veränderungen in den Gemeindeverwaltungen, aber auch für die Steuerungsvorgaben gegenüber verselbständigten Verwaltungsträgern, war und ist ohne Zweifel der Fiskaldruck in den kommunalen Kassen.[16] Er zwingt, völlig unabhängig von den seitens der demokratischen Institutionen lokal identifizierten Interventions- und Handlungsnotwendigkeiten, zu einer Überlagerung der politischen Spielräume im kommunalen Gemeinwesen und letztlich zu ihrer faktischen Abschaffung. Platt gesprochen: Das Wort des Kämmerers gewinnt Priorität gegenüber allen anderen politischen und Ressorterwägungen. Öffentliche Aufgabenerfüllung steht unter dem permanenten Rechtfertigungszwang hinsichtlich ihres Nutzens und der verursachten Belastungen für das kommunale Budget. Das gilt gerade auch für kommunale Ver- und Entsorgungsleistungen, den Betrieb von lebenswichtigen, nicht duplizierbaren Netzen, Einrichtungen und Infrastrukturen. Die Kräfteverhältnisse zwischen Bürgerschaft, Vertretungskörperschaften und Verwaltung sind durch diese Entwicklung inzwischen massiv verschoben.[17] Die Frage ist nicht mehr, welche Aufgaben aufgrund politischer Entscheidungen zu welchen möglichst effektiven Konditionen erfüllt werden. Entscheidend ist, die Vielzahl von kommunalen Herausforderungen unter den Zwang der kommunalen Haushaltslage zu subsumieren. In der Konsequenz befördert das einen Trend der Entdemokratisierung des kommunalen Handelns in nahezu allen Handlungsfeldern und eine faktische Umkehr des Verhältnisses von Sachzielen und Formalzielen in der kommunalen Finanzwirtschaft.

2. Die Erbringung von Gütern und Dienstleistungen im kommunalen Gemeinwesen wurde in den vergangenen Jahrzehnten massiv von politisch-regulativen Steuerungsvorgaben auf globaler, europäischer und nationalstaatlicher Ebene verändert. Die Folge ist eine Egalisierung der Rahmenbedingungen für bedarfswirtschaftlich verpflichtete und erwerbswirtschaftlich orientierte Akteure.

    Am nachhaltigsten wirkt sich das in den Sektoren aus, in denen marktbezogene Leistungen erbracht werden, also in den großen Infrastrukturbereichen der Ver- und Entsorgung mit Basisdiensten (Energie, Verkehr, Wasser, Abwasser, Entsorgung usw.), die einstmals in wettbewerblichen Ausnahmebereichen stattgefunden haben. Für diese Dienstleistungen von allgemei-

---

[16] Vgl. Schuppert (1994), S. 546 f.
[17] Vgl. Bogumil/Holtkamp (2002); Kodolitsch (2002), S. 50 ff.

nem wirtschaftlichen Interesse bzw. Universaldienstleistungen gilt heute
aufgrund europäischer Vorgaben, unabhängig von der Trägerschaft in
öffentlicher Regie oder von erwerbswirtschaftlich motivierten und getriebe-
nen Unternehmen, das Prinzip der Gleichbehandlung.[18] Ausschlaggebend
ist, ob sich ein privater Akteur in gleicher Lage aus wettbewerblichem Kalkül in gleicher Weise verhalten würde, wie es durch die Einflussnahme des
öffentlichen Trägers intendiert wird. Ist das nicht der Fall, dann muss die
öffentliche Einflussnahme als Wettbewerbsverzerrung gekennzeichnet werden und unterbleiben.

Es liegt auf der Hand, dass sich die Logik der erwerbswirtschaftlichen
Betätigung auf Wettbewerbsmärkten nicht widerspruchsfrei auf die demo-
kratisch-politische Festlegung und Umsetzung von öffentlichen Aufgaben
übertragen lässt. Im Konfliktfall gilt aber das Primat der erwerbswirtschaftlichen Wettbewerbsperspektive, dem sich der demokratische Prozess unter-
zuordnen hat. Es ist klar, dass sich damit auch das Verhalten öffentlicher
und privater Akteure in Richtung einer erwerbswirtschaftlichen Betrachtung
der Aufgabenerfüllung angleicht. Es stellt sich dann automatisch die Frage,
weshalb die Gemeinden Leistungen überhaupt noch selbst erbringen sollten,
statt sie auf dem Markt einzukaufen.[19]

Diese Tendenz kann sich durchaus auf bislang als „hoheitlich" betrachtete
Bereiche des staatlichen Handelns ausweiten. Denn es wird „politisch entschieden, ob eine bestimmte Dienstleistung dem einen [marktbezogenen]
oder dem anderen [nichtwirtschaftlichen] Bereich zuzurechnen ist. So kann
künftig nicht ausgeschlossen werden, dass auch soziale Dienstleistungen,
Bildungsgüter oder andere, bisher nicht marktbezogene Dienste künftig den
Wettbewerbsregeln" unterliegen sollen.[20] Die Beziehungen und Steuerungs-
spielräume zwischen den politischen Gemeinwesen und ihren verselbständigten Verwaltungsträgern werden durch europäisches Wettbewerbsrecht,
Vergaberecht und Beihilferecht verengt und damit tendenziell ebenfalls ent-
demokratisiert.

3.   Mit einem höheren Maß und Umfang an Verselbständigung von
Verwaltungsträgern gewinnt das Problem ihrer Steuerung an Gewicht, noch
zumal diese Steuerung in einem stärker denn je marktgeprägten gesellschaftlichen Umfeld stattfindet. Insbesondere die Öffentliche Betriebswirtschaftslehre hat den Ursachen für Fehlsteuerungen öffentlicher Unterneh-

---

[18] S. zum Ganzen Cox (2005), S. 204 ff.; Weiß (2003), S. 91 ff.; zu den verbliebenen Spielräumen
Mann (2002), S. 822 ff.
[19] Vgl. Lüder (1996), S. 97.
[20] Vgl. Cox (2005), S. 22.

men ausgiebige Zuwendung gewidmet. Aber auch in der rechtswissenschaftlichen Literatur wurde dies thematisiert.[21] Als Ergebnis lässt sich festhalten, dass die frühere operative Übersteuerung bei strategischer Untersteuerung kommunaler „Trabanten" durch Kommunalverwaltung und -politik heute durch den Trend zur strategischen Untersteuerung[22] jenseits von Fiskalvorgaben des Eigentümers überlagert wird. Das Eigengewicht des Unternehmens und die starke Stellung des Managements in einem völlig gewandelten exogenen Feld sorgen tendenziell für eine Verdrängung der bedarfswirtschaftlichen Instrumentalisierung des Unternehmens durch quasi-erwerbswirtschaftliche Motivationen, Strategien, Zielsetzungen. Öffentliche Unternehmen „desertieren" aus der Bedarfswirtschaftlichkeit.[23] Auch das bewirkt im Ergebnis einen materiellen Entdemokratisierungstrend: Wenn das Unternehmen von den demokratisch-politischen Entscheidungen des Trägergemeinwesens abgekoppelt agiert, dann darf durchaus die Frage aufgeworfen werden, was eigentlich „das Öffentliche" (und damit eigentlich: „das Politische") am öffentlichen Unternehmen[24] ausmacht.

Thiemeyers Instrumentalthese[25], entwickelt als wirtschaftswissenschaftlicher Erklärungsansatz zur Legitimation von öffentlicher Wirtschaftstätigkeit in einer paradigmatisch auf Ökonomie in privater Verfügung und unter Wettbewerbssteuerung setzenden Ordnung, legt doch gerade zugrunde, dass der – seinerseits durch demokratische Verfasstheit gekennzeichnete und legitimierte – öffentliche Träger sein Unternehmen als Instrument zur Verfolgung besonderer vorgegebener öffentlicher Sachziele einsetzt. Die These von der Instrumentalfunktion läuft als fruchtbarer Begründungsansatz leer, wenn sich ihre Grundannahme nicht mehr mit der real „gelebten" öffentlichen Wirtschaftstätigkeit decken sollte.[26] Es ist der Trend der materiellen Entdemokratisierung und der – politisch gewollten und bewirkten – Entpolitisierung der öffentlichen Wirtschaft, der perspektivisch die Legitimation des öffentlichen Wirtschaftens zu untergraben droht.

Wir können dieses Legitimationsdilemma auch in den herrschenden Zeitgeistdiskurs spiegeln: Güter und Dienstleistungen können im Prinzip heute in öffentlicher wie privater Trägerschaft gleichermaßen erstellt werden. Und auch für grandioses Leistungsversagen gibt es Beispiele aus dem privaten genauso wie

---

[21] Vgl. statt vieler nur Spannowsky (1992); Britz (2001); Mann (2002)
[22] Vgl. Kolbe (2006), S. 63 f. m. w. N.
[23] Vgl. Edeling et. al. (2004), S. 14.
[24] Vgl. Edeling et. al. (2004), S. 9.
[25] Vgl. Thiemeyer (1975); ferner Cox/Kirchhoff (1981).
[26] Vgl. Cox (2005), S. 30.

aus dem öffentlichen Sektor. Das Scheitern der S-Bahn-Berlin GmbH oder das der Deutschen Bahn AG an zwei aufeinander folgenden Wintern mag gleichermaßen Ausdruck verfehlter und in der Öffentlichen Betriebswirtschaftslehre missbilligter politischer Fehlsteuerung sein wie das oligopolistische Preisgestaltungsgebaren des Staatskonzerns Vattenfall. Faktisch müssen wir zur Kenntnis nehmen: Beide Phänomene sind logische Folge des jeweils *politisch gewünschten und geforderten Verhaltens* dieser öffentlichen Unternehmen, nämlich ihrer Ausrichtung auf den Shareholder Value in – wiederum aufgrund politischer Entscheidung – wettbewerbsförmig organisierten Dienstleistungssektoren. Das können privatwirtschaftliche, formalzielorientierte Unternehmen unter den gleichen Bedingungen gleichermaßen gut oder eben schlecht. Wir dürfen uns nicht wundern, wenn daraus die Konsequenz abgeleitet wird, dass öffentliche Unternehmen zu privatisieren, öffentliche Leistungen im Wettbewerb zu vergeben seien, und sich, was die übrigen ungelösten Probleme und Output-Defizite bei solchen Leistungen anbetrifft, der Hoffnung auf sukzessive verbesserte Regulierung hingegeben wird.

3 Öffentliche Unternehmen als Materialisierung lebendiger Demokratie?

Das wäre dann freilich kein neuer Anfang, sondern der Gipfel des Entdemokratisierungstrends, der sich bereits unter öffentlicher Trägerschaft in „Eigenregie" in die Art und Weise der Aufgabenerfüllung einzuschreiben begonnen hat. Insbesondere im kommunalen Entscheidungsfeld wären die Auswirkungen drastisch.

Im urbanen Lebenszusammenhang ist das Funktionieren grundlegender Basisdienste geradezu konstitutiv für die Existenz der Gemeinwesen. Das Zusammenleben von Menschen ereignet sich ja im Alltag nicht nur und nicht einmal primär als ökonomischer Vorgang des Waren- oder Leistungstauschs an den Märkten, sondern als unmittelbarer, konflikthafter sozialer Vorgang der Aneignung und Auseinandersetzung mit der eigenen Lebensumwelt. Hier geht es um die Realisierung der existenziellen Bedürfnisse der Individuen: zu wohnen, zu arbeiten, zu leben, sich zu bilden, Kultur zu genießen und den direkten sozialen Austausch zu praktizieren. In der Stadt und dem Dorf gewinnt die demokratische und gemeinsame Gestaltung des Gemeinwesens ihre unmittelbarste Bedeutung für das alltägliche Dasein.

Die Idee der kommunalen Selbstverwaltung, aber auch das jahrzehntelang stabil praktizierte städtisch oder gemeindlich institutionalisierte Zusammenleben, bringt genau diese Dimension demokratisch gestalteter Freiheit und Teilhabe am gesellschaftlichen Leben zum Ausdruck. Selbst unter globalisierten Bedingungen, bei der Auflösung herkömmlicher raum-zeitlicher Lebensmuster, zunehmender Mobilität und kultureller Vielfalt, bei anhaltender ökonomischer Inwertsetzungstendenz in der täglichen Arbeits- und Lebensumwelt, stärkerer Loslösung der Individuen aus den Banden des überkommenen familiären und Arbeitszusammenhangs, abnehmender sozialer Absicherung durch das Gemeinwesen werden diese lokalen demokratischen Funktionen nicht obsolet. Im Gegenteil: Sie gewinnen an Bedeutung. Denn sie sind ein stabilisierendes Moment gegen die Erosion des gesellschaftlichen Zusammenhalts in einer zunehmend von kurzfristigen ökonomischen Interessen, Strategien, Ereignissen, Zwängen, Unsicherheiten und von sozialer und politischer Ungleichheit beherrschten sozialen Entwicklungsdynamik.[27]

Wenn das aber so ist, dann ist die Anforderung demokratischer Steuerung an alle Elemente und „Instrumente" des lokalen Gemeinwesens zu richten – einschließlich der kommunalen Unternehmen, gleich, ob sie marktbezogene oder nicht-marktbezogene Leistungen für die Einwohnerschaft erstellen. Es wäre dann die Frage aufzuwerfen, inwieweit kommunale Unternehmen derzeit in der Lage sind, Instrumente politischer Steuerung unter gravierend veränderten Umweltbedingungen zu sein, und wie wir sie gegebenenfalls besser in diese Lage versetzen können. Hierfür kann die Instrumentalthese fruchtbar gemacht werden, wenn sie nicht „rein von der Ökonomie her" gedacht wird. Es geht nicht um die ordnungspolitische Abgrenzung zwischen „Staat und Markt". Die Frage ist, in welchem konkreten lebensweltlichen Kontext und aufgrund welcher Steuerungsimpulse öffentliche Unternehmen ihre Leistungen erbringen, wenn Maß und Horizont gesellschaftlicher Verantwortung von Unternehmen vor dem Hintergrund der beschriebenen gesellschaftlichen Umwälzungsprozesse neu beleuchtet werden.

Ökonomische und politische Sphäre lassen sich nicht künstlich voneinander trennen, weshalb der Instrumentalcharakter, der „Bedarfswirtschaftlichkeits-Ansatz", öffentlicher und kommunaler Unternehmen weiter gefasst werden kann und muss. Er muss um seine demokratische Dimension ergänzt werden. Es geht nicht primär darum, inwieweit öffentliche Unternehmen in einer von globalen ökonomischen Zwängen und Interessen dominierten Ökonomie Wettbewerbsversagen ausgleichen können, strukturpolitisch fördernd agieren oder eine volkswirtschaftlich sinnvolle Marktstabilität in unvollkommenen Märkten tatsächlich bewirken können. Bedarfswirtschaftlichkeit bemisst sich nicht ausschließlich an der Qualität und dem Preis des angebotenen Produkts, der erbrachten Dienstleistung, an mehr „Konsumentendemokratie". Das Sachziel manifestiert sich nämlich nicht erst in einem Ergebnis des wirtschaftlichen Handelns, sondern

---

[27] Zur „Staatsbedürftigkeit" der Gesellschaft s. Vogel (2007); ferner Castel (2007).

bereits im Prozess der Erzeugung von Gütern und Dienstleistungen – gerade auch in Bezug auf seine „außerökonomischen" Impulse und Auswirkungen.

Der Blick wird damit auf die in der Wirtschaftswissenschaft oft so randständig behandelten und unterschätzten „externen Effekte" des Wirtschaftens, auf seine gesellschaftlichen Folgen gerichtet. Wie werden Umweltbelange in der Beschaffung und Produktion berücksichtigt? Wird mit eingesetzten Steuern, Entgelten und dem geschöpften Mehrwert transparent und verantwortungsvoll umgegangen? Gibt es eine offene Unternehmenskultur? Wie sind die Arbeitsbedingungen der Beschäftigten? Wie sieht der Beitrag zum kommunalen Klimaschutz aus? Was leistet das Unternehmen für den sozialen und kulturellen Zusammenhalt im Gemeinwesen? Ist es in der Lage, unter sich immer rasanter verändernden technischen Bedingungen eine zukunftsweisende Infrastrukturunterhaltung und -entwicklung zu bewerkstelligen? Kommuniziert das Unternehmen mit der Bürgerschaft und den städtischen Interessengruppen? Haben die Leitungen der Kommunalunternehmen ein „Gefühl" für die lokalen Besonderheiten, Notwendigkeiten, sozialen Probleme – und beziehen sie sie in ihr Handeln mit ein? Die Liste derartiger Fragen ließe sich mühelos fortsetzen.

4 Verfassungsbefehl: Legitimation kommunaler Wirtschaft durch demokratische Steuerung

Eingangs haben wir kommunale Wirtschaftstätigkeit als Staatstätigkeit identifiziert. Für ein in den Dualismen „Staat – Markt" oder „Bürokratie – Wettbewerb" gefangenes Denken mutet es eigentümlich an, dass wirtschaftliche Tätigkeit zugleich Staatstätigkeit sein soll. Es fordert die Entscheidung zwischen einem Element von beidem. Die Verfassung legt allerdings ein anderes Gesellschaftsverständnis zugrunde. Sie hält ökonomisches Handeln, dem Primat der Politik unterworfen, für möglich. In diesem Konzept ist dem demokratisch verantwortlichen Gesetzgeber die Entscheidung überantwortet, in welchem Maß, in welchen Verfahren und unter welchen Bedingungen sich dieses wirtschaftliche Handeln zu vollziehen habe: unter politisch gesetzten Rahmenbedingungen für private Akteure und bzw. oder durch „Eigenregie" mit staatlichen Unternehmen.

Die wirtschaftende Staatstätigkeit in „Eigenregie" bedarf nach unserer Verfassung einer demokratischen Legitimation. Sie ist an die Grundrechte und die Staatszielbestimmungen gebunden und muss durch die Gesetzgeber in den wesentlichen Grundzügen konditioniert werden. Jedes staatliche Handeln ist auf die Filterung der Interessenvielfalt im Gemeinwesen durch die demokratischen Organe und Prozesse verpflichtet. Die Verfassung markiert eine Reihe von „Planken" und Prozessanforderungen, die dem „Staat" zurechenbarem Handeln von Akteuren und Entscheidungen von öffentlichen Institutionen Konturen geben sollen: Achtung der Menschenwürde, Sozialstaatsprinzip, das Staatsziel Umweltschutz, Gleichbehandlungsgrundsatz, demokratisches Prinzip, aber auch der Grundsatz der Wirtschaftlichkeit und Sparsamkeit in der Staatstätigkeit, für die lokale Lebenswirklichkeit die kommunale Selbstverwaltung. Die Legitimation staatlichen Handelns in den Augen der Mitglieder des Gemeinwesens steht und fällt mit der Einlösung dieser Verfassungsversprechen im täglichen Leben – mit der Verfassungswirklichkeit. Sie ist am Ende, wenn die Vorgaben und der sozialgestaltende Anspruch der Verfassung in der Praxis zu einer faden Bemühenszusage verkommen. So betrachtet legitimieren sich kommunale Unternehmen heutzutage dadurch, dass sie sich bei der Erstellung von Gütern und Dienstleistungen als fähig erweisen, lokal rückgebunden, stakeholder- und umweltorientiert, transparent und demokratisch gesteuert – und nicht zuerst einem notwendig abstrakten Formalziel verpflichtet – umfassend gesellschaftlich verantwortlich zu handeln.

Verfassungsnormen verwirklichen sich natürlich nicht von selbst. Erst im politischen Prozess findet die konflikthafte Verarbeitung widerstreitender Interessen auf demokratischer Basis wirklich statt. Das gilt im bundesstaatlichen Maßstab wie für den kommunalen Rahmen. Mit dem durch seine Normen gesteckten Rahmen ist das Grundgesetz nichts anderes als die Aufforderung zur Demokratie.[28] Die Frage ist, ob die in der Verfassungswirklichkeit bestehenden Institutionen, Strukturen und Prozesse der demokratischen gesellschaftlichen Konfliktaushandlung in den zentralen Lebensbereichen genügen, um dem demokratischen Anspruch des Grundgesetzes gerecht zu werden. Ergänzend können wir fragen, ob Modus und Zielsetzungen der herrschenden ordnungspolitischen und fiskalpolitischen Linie die Verwirklichung dieses Anspruchs eher befördern oder eher hemmen.

1. Für den gesamten Bereich der Ökonomie lässt sich auf die oben getroffene Feststellung Bezug nehmen, dass die „Entbettungstendenz" wirtschaftlicher Aktivitäten aus ihrem gesellschaftlichen Rahmen[29] durch ökonomische Globalisierung und europäische Wettbewerbspolitik erheblich zugenommen hat. Das wirkt auf jegliche öffentliche Wirtschaftstätigkeit, gleich in welcher Rechtsform, zurück. Auch die Entwicklung der Finanzausstattung der Kommunen (Schuldenbremse, Steuerpolitik und Steuerverteilung im föderalen Staatswesen) erweitert den Rahmen für die Entwicklung lokaler und

---

[28] Das herrschende Verständnis des Demokratiebegriffs in Verfassungsrechtsprechung und Lehre verkürzt die demokratische Steuerung von Verwaltungsträgern dagegen auf eine sehr formale Dimension. Zur Kritik s. Blanke (1998).

[29] Vgl. Polanyi (1978).

demokratisch gesteuerter bedarfswirtschaftlicher und daseinsvorsorgerischer Netzwerke nicht. Wo unter diesen Bedingungen das Formalziel herrscht, ist für Demokratie kaum Raum. Obgleich diese Diskussion weit über die Tauglichkeit von CSR für eine Re-Politisierung der Kommunalwirtschaft hinausführt, muss sie nichtsdestotrotz geführt werden.

2. Unsere Rechtsordnung setzt mit der Unterscheidung zwischen Öffentlichem und Privatem die Existenz zweier getrennter Sphären voraus. Zivilrecht, Handels- und Gesellschaftsrecht sollen den Rahmen für den Rechtsverkehr zwischen gleichgeordneten, „unpolitischen" Akteuren im Wirtschaftsverkehr bereitstellen. Das öffentliche Recht, auch das Kommunalrecht, als „Sonderrecht" der Verwaltung ist Ausdruck des staatliches Handelns, das es bindet und strukturiert, und Instrument der Durchsetzung öffentlicher Interessen gegenüber Privaten. Wenn sich nun staatliche Akteure im „Gewand" des Privatrechts gesellschaftlich bewegen, sind sie den spezifischen Bindungen „des Öffentlichen" nicht mehr vollständig unterworfen. Dieses Phänomen ist für die öffentlichen Unternehmen in der Rechtswissenschaft unter den Stichworten „Flucht ins Privatrecht" bzw. Einwirkungspflicht des Trägergemeinwesens breit diskutiert worden:[30] Steuerungsansprüche des demokratischen Gemeinwesens und die Vorgaben des Gesellschafts- und Konzernrechts können kollidieren. Es ist weitgehend unbestritten, dass das Gesellschaftsrecht in einem solchen Fall Vorrang genießt. Für die Besonderheiten der öffentlichen und kommunalen Unternehmenstätigkeit ist es jedoch im Wesentlichen „blind". Sein teleologischer Kern ist die Optimierung der Shareholder-Interessen. Die Einflussnahme der Gemeinde auf das kommunale Unternehmen beschränkt sich hier auf die Kompetenzen, die Aktionäre und Gesellschafter bei einer AG und GmbH innehaben. Eine ungebrochene und nahtlose „Verlängerung" des politischen Willens des Trägergemeinwesens bis in seine Eigengesellschaft scheidet damit aus. Kommunale Organmitglieder einer Eigengesellschaft sind dem notwendig abstrakten Gesellschaftswohl verpflichtet und haben ihm im Konfliktfall den Vorrang zu gewähren. Transparenzregeln, Weisungsbefugnisse, Kontrollrechte – sie alle richten sich im Zweifel nach den gesellschaftsrechtlichen Anforderungen, nicht nach den Erfordernissen des Kommunalrechts oder dem Anspruch lebendiger Selbstverwaltung. Auch die jüngeren Diskussionen und Maßnahmen im Gefolge der Corporate Governance-Debatte verengen sich auf die bessere Wahrnehmung der Belange von Anteilseignern, Gläubigern und bestenfalls noch der Arbeitnehmer.[31] Auch dieses

---

[30] Vgl. statt vieler nur Püttner (1971); Spannowsky (1992); Mann (2002).
[31] Vgl. Schwintowski (2001); Kolbe (2006). Selbst für den kommunalen Bereich heben z. B. Dietrich/Struwe (2006) nur auf formale Effizienzgesichtspunkte ab.

Problem lässt sich kurzfristig mit dem CSR-Ansatz nicht lösen, sondern erfordert die Infragestellung der bestehenden gesellschaftsrechtlichen Konzeption und des Trends zur Privatrechtsform.

Muss deshalb auf den Anspruch einer Re-Politisierung und Demokratisierung öffentlicher Unternehmen verzichtet werden? Ist die Forderung nach einem Rückzug der öffentlichen Hand aus der wirtschaftlichen Betätigung dann logische oder gar verfassungsrechtlich gebotene[32] Folge? Keineswegs. Die trotz aller beschriebenen Tendenzen verbleibende Stärke öffentlicher Unternehmen ist ihre aufgrund von spezifischen öffentlichen Verfügungsrechten bestehende potenzielle Rückbindung an die Bedürfnisse und Interessen der breiten Bevölkerung, ihre potenzielle Fähigkeit, Instrumente lebendiger Demokratie zu sein. Damit könnten sie sich sogar als Schrittmacher erweisen, perspektivisch zur Entwicklung neuer Paradigmen und Regeln für „gutes Wirtschaften" überhaupt beitragen.

Gerade kommunale Unternehmen sind in besonderer Weise prädestiniert, als politischer Akteur eine gewichtige Rolle im demokratischen Netzwerk der Kommune zu spielen.[33] Sie müssen nicht qua ökonomischer Unterordnung unter die Formalzielinteressen der Eigner auf strikt kurzfristige betriebswirtschaftliche Strategien setzen. Das Formalziel kann dort ein Mittel sein zum Zweck der Erreichung eines vorgegebenen politisch definierten Ziels. Auch kommunalwirtschaftliche Unternehmen müssen effektiv sein, keine Frage. Sie hantieren mit dem Geld der Kunden und Steuerzahler. Aber sie unterliegen in Bezug auf die Rechenschaftslegung über die von ihnen zugrundegelegten Effektivitätskriterien der demokratischen Öffentlichkeit der Kunden und Steuerzahler, nicht dem eindimensionalen Maß der erzielten Rendite.

5 CSR als Element eines Re-Politisierungsansatzes bei kommunalen Unternehmen

Dass kommunale Unternehmen strategisch untersteuert sind, wird zu Recht seit Jahrzehnten beklagt. Es ist richtig zu erinnern, dass die Gemeinden die Pflicht haben, auf ihre öffentlichen Unternehmen steuernd einzuwirken und gegebenenfalls auch die gesellschaftsrechtlichen Spielräume zur Durchsetzung von öffentlichen Interessen zu nutzen. Auch jegliche Bemühungen um ein verbessertes Controlling, konkretere politische Zweckvorgaben des Eigentümers, Qualifizie-

---

[32] So im Ergebnis wohl Gersdorf (2000).
[33] S. dazu den Beitrag von Kramm, Abschnitt 6, in diesem Band.

rung von Aufsichtsräten und Kommunalpolitik in der Beteiligungssteuerung sind zu begrüßen und notwendig, um öffentliche Unternehmen an ihren öffentlichen Zweck zu erinnern. All das ist *conditio sine qua non* für die demokratische Steuerung öffentlicher Unternehmen, hat aber seine Grenze im unvermeidlichen Informationsgefälle sowie bei Kompetenzen und Zeitbudget ehrenamtlicher Gemeinderäte. Die umfassende Wahrnehmung gesellschaftlicher Verantwortung durch kommunale Unternehmen lässt sich nur erreichen, wenn sie im Unternehmen selbst als Herausforderung und Aufgabe begriffen und strategisch wie operativ mit konkreten Inhalten gefüllt wird. Es existiert eine faktische „Steuerungslücke", die auch durch eine noch so gut funktionierende Steuerung seitens des Trägergemeinwesens nicht zu schließen ist. Wie die dem Unternehmen gestellte Aufgabe konkret erfüllt wird, obliegt zur Entscheidung dem jeweiligen Management. Das ist, wenn das Unternehmen wirtschaftliche Maßstäbe zu beachten hat, auch richtig. Es ist der Sinn einer Verselbständigung, dem Management genau diesen Spielraum zu verschaffen.

CSR in kommunalen Unternehmen bietet in dieser zwangläufigen „Steuerungslücke" die Chance zur verbesserten demokratischen Einflussnahme auf die Unternehmenspolitik. Gewissermaßen als „Komplementärprozess" zu den gewährten unternehmerischen Freiräumen besteht die Pflicht zur Entwicklung von Leitlinien für eine den gesellschaftlichen Belangen verpflichtete und verantwortliche öffentliche Aufgabenerfüllung durch das Management, das seinerseits in Kommunikation mit den verschiedenen gesellschaftlichen Anspruchsgruppen steht und diese Kommunikation auch bewusst selbst sucht.[34] CSR ist dann nicht Ersatz fehlender Vorgaben durch das Trägergemeinwesen, sondern eigener unternehmerischer Anspruch: gemeinsam mit dem Eigentümer und den gesellschaftlichen Gruppen und Interessenvertretern zu entscheiden, welche Interessen für eine gedeihliche Entwicklung der Kommune in der Wirtschaftstätigkeit Berücksichtigung finden sollen und welche nicht. CSR sollte für ein Kommunalunternehmen der Anspruch sein, „das Öffentliche" wiederzuentdecken.

Parlamente und Vertretungskörperschafte, aber auch die steuernden Verwaltungen, haben hierbei eine entscheidende Rolle. Nur sie besitzen die unmittelbare demokratische Legitimation, in grundsätzlichen und ihnen durch die Rechtsordnung zugewiesenen Fragen abschließend zu entscheiden. Das werden sie – in Tarifangelegenheiten, bei der langfristigen strategischen Ausrichtung der Unternehmenspolitik, bei Investitionen, Personal und der Corporate Governance – auch weiterhin qualifiziert und noch besser tun müssen. Eine CSR kommunaler Unternehmen entlässt sie also keinesfalls aus ihrer Verantwortung.

---

[34] S. dazu den Beitrag von Kluge und Schramm in diesem Band.

Sie kann aber deren Wahrnehmung verbessern. Allerdings machen die neueren Trends direkter Demokratie deutlich, dass die Einwohnerinnen und Einwohner von Städten und Gemeinden mehr denn je den Anspruch erheben, auch jenseits des Wahlturnus zu gewichtigen kommunalen Angelegenheiten mitzusprechen. Es bleibt die Aufgabe von Parlamenten und Vertretungskörperschaften, auch hier neue und innovative Wege zu gehen. Sie müssen Prozesse und Instrumentarien entwickeln, um diesem Anspruch gerecht zu werden.

Das funktioniert allerdings nur, wenn nicht nur die Steuerungspolitik durch die Trägerkommune, sondern auch die unternehmerische Tätigkeit selbst – stärker als bisher üblich – diskutierbar, verhandelbar und entscheidbar gemacht wird. Das erfordert kommunale Unternehmen, die die Voraussetzungen eines solchen demokratischen Prozesses selbst aktiv mit bewirken. Gute kommunale Unternehmen wissen, dass ihre langfristige Akzeptanz darauf beruht, dass sie nicht einfach nur Produkte erzeugen, sondern einen identifizierbaren Beitrag zum Zusammenleben im Gemeinwesen leisten, also auch *politische Akteure* sind.[35] Begreifen wir die Kommune nicht als hierarchisch-bürokratischen Apparat, sondern „als ein Verhandlungssystem, ein Netzwerk, in dem öffentliche Unternehmen autonom agieren, zugleich aber über kommunale Verfügungsrechte veranlasst werden können, am Prozess der Definition öffentlicher Interessen teilzunehmen und sich in den eigenen Entscheidungen dadurch gebunden zu sehen",[36] dann ist die Herausforderung für die kommunalen Unternehmen recht deutlich umrissen. Wir dürfen nicht den Fehler begehen, das Kommunalunternehmen lediglich als Objekt am Ende einer demokratisch zurückgebundenen Legitimations-, Steuerungs- oder gar Weisungskette, zu betrachten. Es ist selbst Subjekt der Kommunalpolitik, indem es das kommunale Dasein mitgestaltet, seinerseits Ansprüche gegenüber dem „Eigentümer Gemeinde" formuliert, und bei all dem der Öffentlichkeit und den demokratischen Institutionen für sein Handeln zur Rechenschaft verpflichtet ist.

Damit ist auch klar, wo die prozesshafte Entwicklung von CSR-Leitlinien in kommunalen Unternehmen ansetzen muss: Zunächst bei der Entwicklung eines unternehmerischen Selbstverständnisses, dass die Rolle und Verantwortung eines kommunalpolitischen Akteurs einschließt. Weiterhin bei der Herstellung umfassender Transparenz über Mittelherkunft, Mittelfluss und Mittelverwendung (einschließlich der Information der Öffentlichkeit über die Vergütung von Management und Aufsichtsorganen) und wirtschaftlichen Verflechtungen und Beziehungen, bei der Offenlegung von unternehmerischen Entscheidungsmaßstäben zu grundlegenden Struktur- und Investitionsentscheidungen mit Auswir-

---

[35] S. dazu den Beitrag von Kramm, Abschnitt 6, in diesem Band.
[36] Edeling et al. (2004), S. 20.

kungen auf das kommunale Zusammenleben (und in der Bereitschaft, diese unternehmerischen Entscheidungsmaßstäbe öffentlicher Diskussion und Mitsprache auszusetzen), gegebenenfalls in der Entwicklung von Formen und Verfahren der öffentlichen Beteiligung an diesen Entscheidungen. Schließlich handelt es sich um die Verfügung über den im öffentlichen Auftrag im Unternehmen erwirtschafteten Mehrwert. Auch für möglicherweise höhere Preise, die durch gesellschaftlich verantwortliche Unternehmensführung entstehen, werden Kundinnen und Kunden, Bürgerinnen und Bürger, nur Verständnis entwickeln, wenn darüber Rechenschaft abgelegt und hierfür Legitimation hergestellt wird. Vergabepraxis, Beschaffungsmodalitäten, Arbeitsbedingungen, lokale Vernetzung und Investitionen außerhalb des klar durch den Träger definierten öffentlichen Auftrags, also des Kerngeschäfts, all das sind Aspekte öffentlicher Unternehmenstätigkeit, die sich nur schwer durch gesetzliche oder Trägersteuerung abschließend definieren oder gar determinieren lassen. Sie müssen aber – dem demokratischen Anspruch an staatliches Handeln entsprechend – im Legitimations- und Entscheidungssystem der Kommune zur Debatte stehen können.

CSR-Leitlinien für kommunale Unternehmen entstehen als Ergebnis der Interaktion zwischen Trägergemeinwesen, Management und Öffentlichkeit und werden in diesem Interaktionsprozess permanent weiter zu entwickeln sein. Dabei besteht eine besondere Herausforderung darin, diejenigen Interessen in den demokratischen Prozess einzubinden, deren Träger nur über ein schwaches oder über gar kein Organisationspotenzial verfügen.[37] Möglicherweise machen derartige Erfahrungen Schule für eine neue demokratische Architektur der Kommunalwirtschaft, die sich von der Vorstellung verabschiedet, dass kommunale Unternehmen (von zum Teil beträchtlichem Eigengewicht) allein durch turnusmäßige Wahlen, aktive Vertretungskörperschaften und gesetzliche Rahmensteuerung in ausreichender Weise zu einer gesellschaftlich verantwortlichen Wirtschaftspraxis veranlasst werden könnten.

Literatur

Blanke, Thomas (1998): Antidemokratische Effekte der verfassungsgerichtlichen Demokratietheorie, in: Kritische Justiz, 1998, S. 452-471

---

[37] Vgl. Kodolitsch (2002), S. 60.

Bogumil, Jens/Holtkamp, Lars (2002): Liberalisierung und Privatisierung kommunaler Aufgaben – Auswirkungen auf das kommunale Entscheidungssystem, in: Libbe, Jens et al. (Hrsg.), Liberalisierung und Privatisierung kommunaler Aufgabenerfüllung, Soziale und umweltpolitische Perspektiven im Zeichen des Wettbewerbs, Berlin 2002, S. 71-90

Britz, Gabriele (2001): Funktion und Funktionsweise öffentlicher Unternehmen im Wandel, Zu den jüngsten Entwicklungen im Recht der kommunalen Wirtschaftsunternehmen, in: NVwZ, 2001, S. 380-387

Castel, Robert (2007): Die Stärkung des Sozialen, Leben im neuen Wohlfahrtsstaat, 2. Aufl., Hamburg 2007

Cox Helmut/Kirchhoff, Ulrich (1981): Die Instrumentalfunktion öffentlicher Unternehmen, in: Wirtschaftsdienst, H. 61, 1981, S. 234-241

Cox, Helmut (2005): Strukturwandel der öffentlichen Wirtschaft unter dem Einfluss von Marktintegration und europäischer Wettbewerbsordnung, Berlin 2005

Cronauge, Ulrich/Westermann, Georg (2006): Kommunale Unternehmen, Eigenbetriebe – Kapitalgesellschaften – Zweckverbände, 5., überarb. Aufl., Berlin 2006

Dietrich, Mike/Struwe, Jochen (2001): Corporate Governance in der kommunalen Daseinsvorsorge, in: ZögU, H. 1, 2009, S. 1-23

Edeling, Thomas et al. (2004): Öffentliche Unternehmen zwischen Privatwirtschaft und öffentlicher Verwaltung, Eine empirische Studie im Feld kommunaler Versorgungsunternehmen, 1. Aufl., Wiesbaden 2004

(EU) Commission of the European Communities (2001a): Promoting a European framework for Corporate Social Responsibility, Green Paper, Brussels 2001

(EU) Europäische Kommission (2001b): Europäische Rahmenbedingungen für die soziale Verantwortung der Unternehmen, Grünbuch, Brüssel 2001

Gern, Alfons (2003): Deutsches Kommunalrecht, 3., neubearb. Aufl., Baden-Baden 2003

Gersdorf, Hubertus (2000): Öffentliche Unternehmen im Spannungsfeld zwischen Demokratie- und Wirtschaftlichkeitsprinzip, Eine Studie zur verfassungsrechtlichen Legitimation der wirtschaftlichen Betätigung der öffentlichen Hand, Berlin 2000

Grimm, Dieter (1996a): Der Wandel der Staatsaufgaben und die Zukunft der Verfassung, in: ders. (Hrsg.), Staatsaufgaben, Frankfurt a. M. 1996, S. 613-646

Grimm, Dieter (1996b): Staatsaufgaben – eine Bilanz, in: ders. (Hrsg.), Staatsaufgaben, Frankfurt a. M. 1996, S. 771-785

Harms, Jens/Reichard, Christoph (Hrsg.) (2003): Die Ökonomisierung des öffentlichen Sektors, Instrumente und Trends, Baden-Baden 2003

Jessop, Bob (1996): Veränderte Staatlichkeit, in: Grimm, Dieter (Hrsg.), Staatsaufgaben, Frankfurt a. M. 1996, S. 43-74

Kaufmann, Franz-Xaver (1996): Diskurse über Staatsaufgaben, in: Grimm, Dieter (Hrsg.), Staatsaufgaben, Frankfurt a. M. 1996, S. 15-41

Kinderman, Daniel (2010): Free us so we can do some Corporate Responsibility, in: Ökologisches Wirtschaften, H. 1, 2010, S. 19 f.

Kodolitsch, Paul von (2002): Liberalisierung und Privatisierung und der institutionelle Wandel in den Kommunen, in: Libbe, Jens et al. (Hrsg.), Liberalisierung und Privatisierung kommunaler Aufgabenerfüllung, Soziale und umweltpolitische Perspektiven im Zeichen des Wettbewerbs, Berlin 2002, S. 39-70

Kolbe, Peter (2006): Public Corporate Governance, Grundsätzliche Probleme und Spannungsfelder der Überwachung öffentlicher Unternehmen, in: Birkholz, Kai et al. (Hrsg.), Public Management, Eine neue Generation in Wissenschaft und Praxis, Festschrift für Christoph Reichard, Potsdam 2006, S. 61-74

Libbe, Jens (2006): Kommunale Daseinsvorsorge vor dem Hintergrund des europäischen Wettbewerbsregimes und veränderter Aufgabenwahrnehmung, in: Robert, Rüdiger/ Konegen, Norbert (Hrsg.), Globalisierung und Lokalisierung, Zur Neubestimmung des Kommunalen in Deutschland, Münster 2006, S. 193-212

Lüder, Klaus (1996): Triumph des Marktes im öffentlichen Sektor?, Einige Anmerkungen zur aktuellen Verwaltungsreformdiskussion, in: DÖV, 1996, S. 93-97

Mann, Thomas (2002): Öffentliche Unternehmen im Spannungsfeld von öffentlichem Auftrag und Wettbewerb, in: JZ, 2002, S. 819-826

Ossenbühl, Fritz (1971): Die Erfüllung von Verwaltungsaufgaben durch Private, in: Veröffentlichungen der Vereinigung Deutscher Staatsrechtslehrer, H. 29, 1971, S. 137-209

Polanyi, Karl (1978): The Great Transformation, Politische und ökonomische Ursprünge von Gesellschaften und Wirtschaftssystemen, Frankfurt a. M. 1978

Püttner, Günter (1975): Die Einwirkungspflicht, Zur Problematik öffentlicher Einrichtungen in Privatrechtsform, in: DVBl, 1975, S. 353-357

Schuppert, Gunnar Folke (1994): Zur Privatisierungsdiskussion in der deutschen Staatsrechtslehre, in: Staatswissenschaften und Staatspraxis, 1994, S. 541-564

Schuppert, Gunnar Folke (2000): Verwaltungswissenschaft; Verwaltung, Verwaltungsrecht, Verwaltungslehre, Baden-Baden 2000

Schwintowski, Hans-Peter (2001): Corporate Governance in öffentlichen Unternehmen, in: NVwZ, 2001, S. 607-612

Spannowsky, Willy (1992): Die Verantwortung der öffentlichen Hand für die Erfüllung öffentlicher Aufgaben und die Reichweite ihrer Einwirkungspflicht auf Beteiligungsunternehmen, in: DVBl, 1992, S. 1072-1079

Thiemeyer, Theo (1975): Wirtschaftslehre öffentlicher Betriebe, Reinbek 1975

Vogel, Berthold (2007): Die Staatsbedürftigkeit der Gesellschaft, Hamburg 2007

Weiß, Wolfgang (2003): Europarecht und Privatisierung, in: Archiv des öffentlichen Rechts, 2003, S. 91-133

Öffentliche Wirtschaft und Bürgergesellschaft

Manfred Röber

1   Einleitung

Öffentliche Aufgaben sind in der deutschen Verwaltungsgeschichte schon immer von einer Vielzahl öffentlicher und nicht-öffentlicher Organisationen wahrgenommen worden. In den letzten Jahren hat sich diese Tendenz verstärkt und zu einer weiteren Ausdifferenzierung des öffentlichen Sektors geführt. Auf der Grundlage des Subsidiaritätsprinzips ist die Arbeitsteilung zwischen Staat, Wirtschaft und Zivilgesellschaft erheblich verändert worden. Als konzeptioneller Bezugsrahmen zur Analyse dieser Entwicklungen hat sich das Gewährleistungsmodell herauskristallisiert. Das heißt, der Staat oder die Kommune stellt die Erfüllung eines bestimmten Angebots an öffentlichen Aufgaben sicher (über das politisch zu entscheiden ist), ohne dass diese Aufgaben notwendigerweise von öffentlichen Institutionen erbracht werden müssen. Damit steigen die Anforderungen an die Steuerungsfähigkeit von Politik und Verwaltung, weil sie bei der Erledigung bestimmter Aufgaben verstärkt mit Dritten kooperieren müssen. Dabei sind in zunehmendem Maße unterschiedliche Interessen zu berücksichtigen und ggf. auszugleichen. Das bedeutet, dass Politik und Verwaltung heutzutage andere Rollen als im traditionellen politisch-administrativen Handeln zu übernehmen und zum Teil gänzlich andere Aufgaben als im Zeitalter des traditionellen Ordnungs- und Obrigkeitsstaates wahrzunehmen haben, in dem es nahezu ausschließlich um Rechtsetzung und Rechtsanwendung ging.

Die mit den veränderten Staats- und Verwaltungsfunktionen verbundenen Fragen sind hauptsächlich in Bezug auf das Verhältnis von Politik und Verwaltung als Auftraggeber zu den öffentlichen und/oder privaten Durchführungsor-

ganisationen als Auftragnehmer unter Rückgriff auf die Principal-Agent-Theorie
diskutiert worden. Welche Veränderungen und Entwicklungen im Bereich
Durchführungsorganisationen erfolgt sind, hat hingegen wesentlich weniger
Aufmerksamkeit gefunden und ist in der Regel nicht Gegenstand der Analyse
gewesen. In den folgenden Ausführungen wird es – auch unter Berücksichtigung
der Aufgaben der öffentlichen Daseinsvorsorge – darum gehen, zunächst die
Rolle der öffentlichen Wirtschaft, die in der Vergangenheit einen Teil dieser
Aufgaben wahrgenommen hat, zu betrachten und dabei auf die besonderen
Anforderungen einzugehen, die sich für diese Unternehmen aus ihrem Auftrag
ergeben. Da sich für öffentliche Unternehmen allein schon auf Grund ihres spe-
ziellen Auftrages eine klare Gemeinwohlorientierung und eine ausgeprägte
gesellschaftliche Verantwortung ergeben, stehen gerade sie in einem besonderen
Spannungsverhältnis zwischen Wirtschaft und Politik, welches Gegenstand des
Diskurses über das Konzept der Corporate Social Responsibilty ist. In jüngster
Zeit haben im Zusammenhang mit der Einführung von Wettbewerb gerade im
Bereich der Daseinsvorsorge die kritischen Stimmen zugenommen,[1] die in der
öffentlichen Wirtschaft einen Trend zur Ökonomisierung und Kommerzialisie-
rung sehen, der zu Lasten des öffentlichen Nutzens und damit auch zu Lasten der
Bürger geht, die auf die Leistungen öffentlicher Unternehmen angewiesen sind.
Hieraus resultieren Forderungen nach einer direkteren Mitsprache der Bürger bei
der Entscheidung über öffentliche Aufgaben und nach einer stärkeren Mitwirkung der Bürger bei der Wahrnehmung dieser Aufgaben. Vor diesem Hintergrund wird im abschließenden Teil dieses Beitrages auf die zivilgesellschaftliche
Diskussion über veränderte Governance-Strukturen eingegangen, die zu neuen
Teilhabe- und Partizipationsstrukturen und einer stärkeren Einbeziehung von
Bürgern und bürgerschaftlichen Gruppen als Ko-Produzenten bei der Erbringung
öffentlicher Aufgaben führen sollen.

2   Corporate Social Responsibility im Kontext der Governance-Diskussion

Das Konzept der Corporate Social Responsibility (CSR) ist im deutschsprachigen Raum in der betriebswirtschaftlichen Forschung bislang nicht so intensiv
wie im angelsächsischen Bereich diskutiert worden.[2] Neben der CSR gibt es eine
Reihe von weiteren Konzepten, die sich mit Fragen der gesellschaftlichen Verantwortung von Unternehmen beschäftigen und die eine gewisse thematische

---

[1] S. z. B. Edeling (2002) und (2008).
[2] Zu den möglichen Gründen s. Hansen/Schrader (2005), S. 381-383.

Nähe zur Corporate Social Responsibility aufweisen. Hierzu zählen z. B. das Sustainable Management und das Corporate Citizenship.[3] Sustainable Management ist am Nachhaltigkeitsprinzip orientiert. Während in den Anfängen dieses Konzepts Umwelt- und Ressourcenfragen nahezu ausschließlich im Mittelpunkt der Überlegungen standen, hat sich die Perspektive inzwischen erweitert. Die aktuelle Diskussion bezieht sich nicht nur auf die ökologische, sondern in zunehmendem Maße auch auf die ökonomische und die soziale Dimension gesellschaftlicher Entwicklung, wobei sowohl die politische als auch die unternehmenspolitische Herausforderung darin besteht, diese drei Dimensionen zu integrieren.[4]

Corporate Citizenship wird in der deutschen Diskussion relativ eng abgegrenzt und ist sehr stark auf die Unterstützung zivilgesellschaftlicher Institutionen durch Unternehmen in Form des Corporate Giving und des Corporate Volunteering gerichtet.[5] Ein solch enges Verständnis wird aber in zunehmendem Maße kritisch gesehen und nicht mehr nur in dem Sinne verstanden, dass erwerbswirtschaftliche Unternehmen mit Nonprofit-Organisationen des sogenannten Dritten Sektors zusammenarbeiten bzw. diese unterstützen. Das sich inzwischen abzeichnende – sehr stark von angelsächsischen Entwicklungen geprägte – Verständnis von Corporate Citizenship zielt darauf ab, dass sich Unternehmen wie gute Staatsbürger „benehmen", die nicht nur auf ihre Rechte pochen, sondern sich ihrer Pflichten bewusst und darüber hinaus auch bereit sind, einen Beitrag zum Gemeinwohl zu leisten. „Damit gehört zu den Aufgaben eines Corporate Citizens auch die Einhaltung von Prinzipien wie sie der Global Compact vorschreibt, also die Sicherstellung umweltschonender Leistungserbringung, die Beachtung von Arbeitsnormen, der Schutz von Menschenrechten und der Verzicht auf Korruption."[6]

Insgesamt haben wir es demzufolge mit einer Situation zu tun, die sich durch eine gewisse begriffliche Unschärfe auszeichnet und terminologische Überlappungen aufweist, so dass es nicht so einfach ist, auf einen gesicherten Kanon von Erkenntnissen zurückzugreifen, mit denen das gesellschaftlich relevante Verhalten von Unternehmen beurteilt werden kann.

Für den europäischen Raum hat die Europäische Kommission im Follow-up zu ihrem Grünbuch "Europäische Rahmenbedingungen für die soziale Verantwortung der Unternehmen" eine Strategie zur Förderung der Corporate Social Responsibility vorgelegt und CSR als ein Konzept definiert, „das den Unternehmen als Grundlage dient, auf freiwilliger Basis soziale Belange und Umweltbe-

---

[3] Vgl. hierzu Hansen/Schrader (2005), S. 375 f.
[4] Vgl. hierzu grundlegend Enquete-Kommission (1998), S. 17 ff.
[5] Vgl. hierzu Hansen/Schrader (2005), S. 376 und Münstermann (2007), S. 12.
[6] Hansen/Schrader (2005), S. 376.

lange in ihre Tätigkeit und in die Wechselbeziehung mit den Stakeholdern zu integrieren."[7] CSR ist damit wesentlich mehr als freiwillige Wohltätigkeit in Form milder Gaben und Spenden. Es wird als integraler Bestandteil des Strategischen Managements interpretiert,[8] das sich sowohl auf das Kerngeschäft des Unternehmens als auch auf die Beeinflussung der Rahmenbedingungen des unternehmerischen Handelns bezieht und dabei auf ein umfassendes Verständnis von gesellschaftlicher Verantwortung gerichtet ist.

In der betriebswirtschaftlichen Diskussion steht angesichts des in dieser Disziplin vorherrschenden Erkenntnisinteresses die Frage nach den Erfolgswirkungen von CSR im Vordergrund, die schlicht so formuliert werden kann: „Was haben wir eigentlich davon, wenn wir freiwillig gesellschaftliche Verantwortung übernehmen?" Diese Frage nach dem Business Case wird in der wirtschaftswissenschaftlichen Literatur in Bezug auf zwei Aspekte diskutiert – nämlich die ökonomischen Erfolgswirkungen und die sogenannten vorökonomischen Erfolgswirkungen.[9] Untersuchungen über den Zusammenhang zwischen CSR und ökonomischem Erfolg (in der Regel gemessen über den Unternehmenswert, Umsatzentwicklung, Kostenverlauf und Entwicklung des Return on Investment) haben in der Regel keine eindeutigen Ergebnisse erbracht, so dass Aussagen hierüber angesichts hoch komplexer Ursache-Wirkungs-Ketten sehr spekulativ sind und manchmal nicht mehr als gut gemeinte Glaubensbekenntnisse oder schlichtweg Kaffeesatzleserei sind. Daneben werden die vorökonomischen Erfolgswirkungen betrachtet, die sich mittelbar auf den wirtschaftlichen Erfolg von Unternehmen auswirken können. Hierzu gehört vor allem der Reputations- oder Imagegewinn, der die Beziehungen eines Unternehmens zu seinen Stakeholdern positiv beeinflussen kann.

Ein solcher Reputations- oder Imagegewinn wird aber nur dann zu erzielen und zu sichern sein, wenn Reden und Handeln übereinstimmen. Deshalb ist immer kritisch zu fragen, ob die offiziellen Verlautbarungen und Dokumente wirklich das widergeben, was in dem Unternehmen und vom Unternehmen gelebt wird, oder ob es sich dabei im Wesentlichen um „window dressing" handelt, mit dem lediglich der Schein verantwortlichen Handelns erweckt werden soll. Wenn Reden und Handeln auseinanderklaffen, dann führt dies gleichsam automatisch zu erheblichen Glaubwürdigkeitsproblemen für Unternehmen.

Diese Dimension ist insbesondere für öffentliche Unternehmen wichtig, weil ihnen im Vergleich zu privaten Unternehmen von den Bürgern mehr Vertrauen entgegengebracht wird. Dies ist beispielsweise auch das Ergebnis einer Umfrage des dimap-Instituts im Auftrag des Bundesverbandes Öffentliche

---

[7] EU (2002), S. 5.
[8] S. Liebl (2011).
[9] S. hierzu Hansen/Schrader (2005), S. 383-386.

Dienstleistungen (BVöD) und des Verbandes kommunaler Unternehmen (VKU) gewesen, die sich bei den Aufgaben der Daseinsvorsorge (insbesondere bei Energie und Wasser) auf die Kriterien „Zuverlässigkeit", „Sicherheit", „Nachhaltigkeit", „Gemeinwohlorientierung" und „Förderung der Region" bezog.[10] Schon leiseste Zweifel an der Glaubwürdigkeit des Handelns öffentlicher Einrichtungen beeinträchtigen das Vertrauen erheblich. Überdies ist die Enttäuschung über öffentliches Fehlverhalten im Vergleich zu privatwirtschaftlichem Fehlverhalten in der Regel ungleich größer, weil man davon ausgeht, dass öffentliche Institutionen in besonderem Maße dem Ziel des korrekten und zuverlässigen Handelns verpflichtet sein sollten.

3 Öffentliche Wirtschaft und gesellschaftliche Verantwortung

Bevor auf die Frage der gesellschaftlichen Verantwortung öffentlicher Unternehmen eingegangen wird, ist zunächst darauf hinzuweisen, dass in den letzten Jahrzehnten im Zuge der „Agencification" auf der staatlichen Ebene und „Corporatization" auf der kommunalen Ebene immer mehr öffentliche Aufgaben aus der Kernverwaltung ausgelagert worden sind.[11] Dies geschah entweder auf der Grundlage des öffentlichen Rechts in Form von Eigenbetrieben und Anstalten oder auf der Grundlage des privaten Rechts in Form von Gesellschaften mit beschränkter Haftung und Aktiengesellschaften. Das Ziel, das mit den Auslagerungen verfolgt wurde, bestand darin, öffentliche Aufgaben effizienter, effektiver und bürgernäher ausführen zu lassen, weil die verselbständigten Durchführungsorganisationen von den zum Teil engen Fesseln des öffentlichen Haushalts- und Dienstrechts befreit arbeiten können und damit über eine größere Autonomie verfügen. Hieraus sind für öffentliche Unternehmen größere Handlungs- und Entscheidungsspielräume entstanden, die allerdings auch zu unübersichtlicheren Strukturen und Entscheidungsprozessen mit neuen Herausforderungen an die Steuerung und Kontrolle dieser Unternehmen geführt haben. Aus dieser Unübersichtlichkeit resultierten allerdings auch nicht-intendierte Effekte, weil einige politische Akteure unausgesprochen auch andere als die in der öffentlichen Wirtschaft im Vordergrund stehenden Sachziele verfolgten (wie z. B. die „heimliche" Bildung von Schattenhaushalten oder die Besetzung von lukrativen Positionen mit Personen des eigenen personalpolitischen Vertrauens).[12] Dies hat zu Glaubwürdigkeitsproblemen geführt. Zusätzlich standen öffentliche Unternehmen auf Grund ihrer traditionellen Stellung als Angebotsmonopolist und ihrer faktischen

---

[10] S. hierzu auch Röber (2009).
[11] Vgl. z. B. Reichard (2007) und Reichard/Röber (2010).
[12] S. hierzu Röber (2001).

Unsterblichkeitsgarantie unter dem Generalverdacht der Ineffizienz. Überdies hat es immer wieder – gerade von privatwirtschaftlicher Seite – den Vorwurf gegeben, dass öffentliche Unternehmen auch in den Fällen, in denen sie im Wettbewerb mit Privaten stehen, durch Wettbewerbsverzerrungen massiv bevorzugt werden. Diese Wettbewerbsverzerrungen resultieren hauptsächlich aus einem wenig transparenten System der Quersubventionierung, aber auch aus der Nutzung nicht ausgelasteter Kapazitäten, aus Bonitätsvorteilen bei der Kapitalbeschaffung und aus einer speziellen Nähe zu politischen Entscheidern.[13]

Zusätzlich haben sich in letzter Zeit die Rahmenbedingungen der öffentlichen Wirtschaft durch politische Entscheidungen auf der europäischen Ebene tiefgreifend verändert. Auf Grund der von der EU initiierten Liberalisierung auf dem Dienstleistungsmarkt,[14] die sich auch auf öffentliche Dienstleistungen erstreckt, sind immer mehr öffentliche Unternehmen einem wachsenden Wettbewerbsdruck ausgesetzt, der dazu führt, dass die traditionelle Monopolrente dieser Unternehmen in Form von „organizational slack" und Ineffizienz nicht mehr „erwirtschaftet" werden kann.

Die Steuerungs- und Managementdefizite mit nicht unerheblichen Auswirkungen auf die Haushalte von Gebietskörperschaften haben Fragen nach der Wirksamkeit der Kontrolle dieser Unternehmen, nach der Verantwortlichkeit für die Folgen von unternehmerischen Fehlentscheidungen und damit letztlich auch Fragen nach der gesellschaftlichen Verantwortung öffentlicher Unternehmen stärker in den Blickpunkt des öffentlichen Interesses gerückt.

Angesichts dieser Entwicklungen wird das weitere Vertrauen in die öffentlichen Unternehmen unter anderem davon abhängen, dass die Gebietskörperschaften in Zukunft ihrer Eigentümerfunktion dadurch besser gerecht werden, dass sie ihre Beteiligungen im Sinne der Instrumentalfunktion öffentlicher Unternehmen nicht nur verwalten, sondern im Rahmen eines Beteiligungsmanagements, das diesen Namen verdient, wirksam steuern.[15] Das heißt, dass konstatierte Managementdefizite abgebaut werden, ohne dass damit der Beitrag öffentlicher Unternehmen zum Gemeinwohl unterminiert oder gar in Frage gestellt wird. Damit stellt sich für öffentliche Unternehmen nicht nur die Frage nach dem „Business Case", sondern zugleich auch die Frage nach dem „Public Case". Dies gilt sowohl für öffentliche Unternehmen im Wettbewerb als auch für öffentlich-rechtliche Monopolunternehmen, die es nach wie vor geben wird. Auf Grund der unterschiedlichen Marktbedingungen, unter denen öffentliche Unternehmen zu arbeiten haben, wird es demzufolge nicht möglich sein, ein Corporate Social Responsibility-Konzept für alle öffentlichen Unternehmen im Sinne des

---

[13] Vgl. Henke et al. (2005), S. 31.
[14] Vgl. EU (2004).
[15] Vgl. hierzu auch Schaefer (2005).

„one-size-fits-all" zu erarbeiten. In der Praxis wird es unterschiedliche, an Sektoren orientierte Konzepte geben müssen, die zwischen den idealtypischen Extremen eines Konzepts für öffentliche Unternehmen, die sich im Wettbewerb mit anderen (öffentlichen und/oder privaten) Unternehmen behaupten müssen, und eines Konzepts für öffentliche Monopolunternehmen, deren politische Legitimation gesichert werden muss, liegen.[16]

Vor diesem Hintergrund ist es nicht überraschend, dass es seit einiger Zeit in Wissenschaft, Beratung und Praxis vielfältige Bemühungen gibt, für öffentliche Unternehmen Corporate Governance Kodizes als handlungsleitende Maxime zu entwickeln,[17] die sowohl zu einer besseren externen Steuerung und Kontrolle der öffentlichen Unternehmen in Bezug auf ihren gesellschaftlichen Auftrag als auch zu einer besseren internen Führung dieser Unternehmen beitragen können. Diese Vorschläge zeigen allerdings sehr klar, dass es wegen der Besonderheiten öffentlicher Unternehmen nicht um einen simplen Transfer im Verhältnis 1 : 1 vom privaten auf den öffentlichen Sektor gehen kann.

Dies liegt daran, dass wir es in der öffentlichen Wirtschaft mit im Vergleich zur Privatwirtschaft wesentlich komplexeren und „verdünnteren" Verfügungsrechten und daraus resultierenden mehrstufigen Prinzipal-Agent-Relationen und konfligierenden Interessenlagen zu tun haben[18] und dass die Unternehmenssteuerung deshalb nicht ausschließlich am Shareholder Value ausgerichtet werden kann. Im Prinzip geht es darum, öffentliche Unternehmen in Bezug auf die Interessen der Bürger als den eigentlichen Eigentümern dieser Unternehmen zu steuern und zu kontrollieren. Das bedeutet, dass sich sowohl der Shareholder Value als auch der Stakeholder Value als Maßstab für eine gute Unternehmensführung öffentlicher Unternehmen als zu eng erweisen. Stattdessen wird Public Corporate Governance daran ausgerichtet werden müssen, für die Bürger einen Mehrwert zu erwirtschaften („Citizen Value") und den Bürger nicht nur auf die Rolle des Eigentümers und Kunden zu reduzieren, sondern ihn als Staatsbürger mit seinen Rechten und Pflichten ernst zu nehmen.[19] Die politischen Interventionen auf dem Gebiet der öffentlichen Wirtschaft werden demzufolge auf institutionelle Arrangements gerichtet sein müssen, die die Wahrnehmung öffentlicher Aufgaben zum Wohle der Gesellschaft und der Bürger begünstigen und unterstützen, ohne dass dies zu Fehlallokationen, Effizienzeinbußen oder Machtmissbrauch führt.[20] Dabei kommt es darauf an, die richtige Balance zwischen politi-

---

[16] Zur Notwendigkeit einer Differenzierung vgl. auch Schwintowski (2001), S. 136 ff.
[17] Vgl. z. B. die Beiträge in Budäus (2005) und Ruter et al. (2005).
[18] Vgl. z. B. Mühlenkamp (2006) und Lenk/Rottmann (2007).
[19] Zur Grundidee des Citizen Value vgl. Beyer et al. (2001), S. 97; zum Citizen Value im Kontext der Debatte über Public Value Management vgl. auch Hill (2007), S. 374.
[20] Vgl. hierzu Beyer et al. (2001); Röber (2008), S. 58 f.

scher Steuerung und unternehmerischer Autonomie zu finden, um Fehlentwick-
lungen in Form der operativen Übersteuerung und der politisch-strategischen
Untersteuerung öffentlicher Unternehmen durch politische Akteure zu vermeiden.

Um allerdings zu verhindern, dass der Hinweis auf die Interessen der Bürger und auf den Citizen Value lediglich Lippenbekenntnis und politische Leerformel bleibt, müssen diese Interessen in politischen Diskursen und Entscheidungen inhaltlich bestimmt und operationalisiert werden. In diesen Diskurs- und
Entscheidungsprozessen verfügt das Management öffentlicher Unternehmen über
eine relativ starke Position, die es ihm – im institutionenökonomischen Sinne
interpretiert – ermöglicht, sein Handeln an eigenen Interessen zu orientieren und
sich als Agent dem politischen Prinzipal gegenüber opportunistisch zu verhalten.
Ein solches Verhalten ist durchaus realistisch, weil die Manager öffentlicher
Unternehmen (vor allem der Unternehmen, die im Wettbewerb stehen) in
zunehmendem Maße an betriebswirtschaftlichen Erfolgskriterien gemessen werden und weil den öffentlichen Unternehmen die Übernahme gesellschaftlicher
Verantwortung vom (politischen) Auftraggeber praktisch auferlegt ist. Dass
solche Auflagen von öffentlichen Managern angesichts des wachsenden
Wettbewerbsdrucks nicht unbedingt goutiert werden und dass es in Bezug auf
diese Aufträge nicht nur enthusiastische Commitments aus den öffentlichen
Unternehmen gibt, kann nicht ernsthaft überraschen.

Um den damit für das Gemeinwohl verbundenen Gefahren zu begegnen,
gibt es Überlegungen, den Citizen Value im Sinne „der Bürgerbeteiligung am
öffentlichen Unternehmen zur dauerhaften Sicherung und Legitimation der
Unternehmenszwecke und Ziele" zu interpretieren[21] und den Bürgern als den
eigentlichen Eigentümern öffentlicher Unternehmen über direkt-demokratische
Beteiligungsformen stärkere Einflussmöglichkeiten auf grundlegende unternehmenspolitische Entscheidungen zu eröffnen. Eine solche Interpretation wirft aber
die Frage auf, in welcher Weise direkt-demokratische Elemente in das auch für
die öffentliche Wirtschaft geltende System der repräsentativen Demokratie integriert werden können.[22]

---

[21] Schwintowski (2001), S. 133.
[22] S. den Beitrag von Kluge und Schramm in diesem Band.

4 Zivilgesellschaftliches Engagement in der Bürgergesellschaft – Direkte Formen der Partizipation als Ergänzung repräsentativer Entscheidungssysteme

In letzter Zeit ist zu beobachten, dass sich Bürger in verstärktem Maße um die Frage kümmern, in welcher Form öffentliche Leistungen – insbesondere auch auf dem Gebiet der Daseinsvorsorge – erbracht werden. Dies ist besonders deutlich geworden in den Städten, in denen Entscheidungen über Privatisierungs- oder Rekommunalisierungsvorhaben anstanden.

Durch die Möglichkeiten, die in den letzten Jahren mit der Einführung von direkt-demokratischen Entscheidungsformen auf der kommunalen Ebene geschaffen wurden, können die Bürger ihrem Willen mit Hilfe von Volksinitiativen, Volksbegehren und Volksentscheiden auch Ausdruck verleihen. So haben im Jahre 2002 bei der Frage „Soll die Stadt Münster alleinige Gesellschafterin der Stadtwerke Münster GmbH bleiben?" 65,4 % der Abstimmenden mit „ja" gestimmt (bei einer Wahlbeteiligung von 31,6 %). 2004 hatte in Hamburg eine Mehrheit von 76,8 % dafür votiert, dass das Land Hamburg Mehrheitseigner des Landesbetriebes Krankenhäuser (LBK) bleibt. (Der Senat der Freien und Hansestadt Hamburg veräußerte er seine Krankenhäuser gegen das Mehrheitsvotum der Bevölkerung, weil er verfassungsrechtlich nicht an dieses Votum gebunden war und die Vor- und Nachteile dieser Veräußerung anders einschätzte.) In Freiburg hat im Jahre 2006 bei einer Wahlbeteiligung von 39,9 % eine große Mehrheit der Bürgerinnen und Bürger (70,5 %) für den Erhalt der städtischen Wohnungen im Besitz der Stadt Freiburg gestimmt. Schließlich sei noch auf den Bürgerentscheid in Leipzig im Jahre 2008 verwiesen, in dem sich 87,4 % der Wähler (bei einer Wahlbeteiligung von immerhin 42 %) gegen eine Teilprivatisierung der Leipziger Stadtwerke aussprachen. Im Zuge dieser Entwicklung ist auch die Forderung erhoben worden, Bürger wesentlich stärker in die unternehmenspolitischen Entscheidungen öffentlicher Unternehmen einzubeziehen und ihnen auch größere Einfluss- oder Mitbestimmungsrechte in Angelegenheiten dieser Unternehmen einzuräumen.

Wenn es darum geht, den Bürger in seiner Rolle als Staatsbürger zu stärken, ihm größere Einflüsse auf die Entscheidungen in Politik, Verwaltung öffentlicher Wirtschaft zu geben und ihn nicht nur – im ökonomischen Sinne – als Kunden zu betrachten, dann werden die Möglichkeiten der Bürgerpartizipation weiter erhöht und das repräsentative System der Demokratie um weitere Elemente der direkten Demokratie ergänzt werden müssen.[23] In diesem Kontext geht es vor allem um die noch stärkere inhaltliche Einbindung der Bürgerschaft mit Hilfe von Volks-

---

[23] Zu den folgenden Ausführungen vgl. auch Röber/Redlich (2011).

begehren, Volksentscheiden und diversen Formen der Bürgerbeteiligung,[24] die unter der Bezeichnung „Bürgerkommune"[25] diskutiert werden. Die von der Grundidee des Kommunitarismus und der „Lokalen Agenda 21" beeinflussten Ansätze zur Mitwirkung der Bürger an kommunalen Angelegenheiten haben mittlerweile zu einer breiten Palette an Formen der direktdemokratischen Mitwirkung und Mitentscheidung geführt. Grundsätzlich können nach *Kranenpohl* dabei drei Haupttypen unterschieden werden:

- „Obligatorische Referenden: Ein vom Parlament verabschiedetes Gesetz tritt erst in Kraft, wenn die Mehrheit der Bürgerinnen und Bürger zugestimmt hat.

- Kassatorische Referenden: Ein vom Parlament verabschiedetes Gesetz wird auf Antrag einer Gruppe von Bürgern allen zur Abstimmung vorgelegt und kann so widerrufen („kassiert") werden (das „fakultative Referendum" der Eidgenossen ist die bekannteste Form).

- Initiativen: Eine Gruppe von Stimmbürgern entwickelt eine Gesetzesvorlage, über deren Inkrafttreten die Stimmbürger entscheiden."[26]

In den letzten Jahren haben sich politisch interessierte Bürger – vor allem jene, die kein großes Interesse am ritualisierten Parteienbetrieb haben – verstärkt dafür eingesetzt, diese direkt-demokratischen Mitbestimmungsmöglichkeiten zu nutzen und auszubauen.[27] Diese Bemühungen können als Reaktion auf das Gefühl einer zunehmenden Zahl von Bürgern interpretiert werden, dass ihre Anliegen von Politikern im Rahmen der repräsentativen Demokratie nicht hinreichend berücksichtigt werden.

Im Unterschied zum New Public Management als Reformparadigma liegt einer auf stärkere Demokratisierung der Gesellschaft gerichteten Reform eine gänzlich andere Steuerungslogik zugrunde. Mit dieser – im Vergleich zum Neuen Steuerungsmodell – „alternativen" Steuerungslogik wird versucht, der betriebswirtschaftlichen Verengung der Reform des öffentlichen Sektors zu begegnen und der nicht ganz unberechtigten Befürchtung Rechnung zu tragen, dass ökonomisch orientierte Reformen im hier zur Diskussion stehenden Bereich der öffentlichen Wirtschaft einseitig zugunsten des „Business Case" und zu Lasten des „Public Case" wirken und damit letztlich zu einem Abbau von bestehenden Beteiligungsmöglichkeiten und zu weniger Demokratie führen.

---

[24] Vgl. auch Wollmann (2000).
[25] Vgl. z. B. Banner (1998); Winkel (2004).
[26] Kranenpohl (2006), S. 32.
[27] Zur Entwicklung in Deutschland im Vergleich zu Österreich und der Schweiz vgl. Gabriel/Plasser (2010).

Die in diesem Zusammenhang entwickelten Ideen und Konzepte einer stärkeren Bürgerbeteiligung sind Bestandteil der Public Governance, die einen neuen Bezugsrahmen für die Steuerungsthematik im öffentlichen Sektor liefert. Als Kernelemente der Public Governance gelten:[28]

- neue Arbeitsteilung zwischen Staat, Wirtschaft und Zivilgesellschaft
- Staat als Anreger, Moderator und Gewährleister – anstelle des klassischen Obrigkeitsstaates
- Ergänzung der Steuerungsmodi „Hierarchie" und „Markt" um neue Formen der Steuerung, wie beispielsweise „Verhandlungen" und „Selbstkoordination"
- verschwimmende Grenzen und Verantwortlichkeiten zwischen öffentlichem und privatem Sektor
- Leistungserbringung in (informalen) öffentlich-privaten Netzwerken
- Bürger als Mitglied von Solidargemeinschaften und als Koproduzent öffentlicher Leistungen
- Stärkung des bürgerschaftlichen Engagements durch Schaffung der notwendigen Handlungsspielräume und Beteiligungsmöglichkeiten an Planungs- und Entscheidungsprozessen im öffentlichen Sektor (z. B. durch Bürgerbefragungen, -versammlungen oder -entscheide).

Das Konzept der Public Governance setzt demzufolge nicht – wie das New Public Management – an kunden- und wettbewerbsorientierten Dienstleistungsstandards, sondern an der demokratietheoretischen Dimension von Steuerungs- und Reformkonzepten für den öffentlichen Sektor an.[29]

Der Anspruch, Bürger sowohl als Koproduzenten öffentlicher Leistungen als auch als politische Mitentscheider zu betrachten, erstreckt sich inzwischen selbst auf die Mitwirkung bei solchen Entscheidungen, die bislang der direkten Einflussnahme entzogen waren und nicht Gegenstand von Referenden sein konnten. Hierzu gehört z. B. die Mitwirkung an Haushaltsentscheidungen, die international unter dem Stichwort „participatory budgeting" und in Deutschland unter dem Begriff „Bürgerhaushalt" diskutiert werden und die in den letzten Jahren sehr stark an Aufmerksamkeit gewonnen haben. Angesichts dieser Entwicklung ist nicht auszuschließen, dass für die Bürger Mitwirkungsmöglichkeiten bei grundlegenden unternehmenspolitischen Entscheidungen geschaffen werden, die sich hinsichtlich des Gegenstandes der Entscheidung an dem orientieren, was z. B. dem Aufsichtsrat einer GmbH in § 30j Abs. 5 GmbHG an grundlegenden Entscheidungskompetenzen zugebilligt wird. Dies könnte in Bezug auf (unter-

---

[28] Vgl. grundlegend Schuppert (2007); s. auch Benz/Dose (2010).
[29] Vgl. auch Klenk/Nullmeier (2003); Fürst (2010).

nehmens-)politische Entscheidungsprozesse zu einer Verzahnung von öffentlicher Wirtschaft und Bürgergesellschaft und damit zu einer neuen Balance des Kräftevierecks von Politik, Verwaltung, öffentlicher Wirtschaft und Bürgergesellschaft führen.

5 Abschließende Bemerkungen

Insgesamt wird man hinsichtlich der Erwartungen, dass Bürger in Angelegenheiten der öffentlichen Wirtschaft eine wesentlich stärkere Rolle als bislang spielen werden, aber sehr vorsichtig sein müssen. Die Unterschiede zwischen der öffentlichen Wirtschaft und der öffentlichen Verwaltung, für die die partizipativen und direkt-demokratischen Mitwirkungsmöglichkeiten konzipiert wurden, sind so beträchtlich, dass ein einfacher Transfer von Konzepten, Instrumenten und Erfahrungen nicht möglich ist. Außerdem muss man berücksichtigen, dass auch bei den bislang praktizierten Partizipationsmodellen organisations- und konfliktfähige Gruppen im Unterschied zu „normalen" Nutzern von Leistungen erhebliche Vorteile haben, weil deren Interessen zum Teil so heterogen sind, dass sie sich nicht wirkungsvoll organisieren lassen. Die Interessen dieser „normalen" Nutzer können allenfalls von „advocacy planners" vertreten werden – wie dies z. B. auch in der Debatte über den Citizen Value vorgeschlagen wird. Damit sollen die Folgen von Entscheidungen über öffentliche Unternehmen in den politischen Diskurs einbezogen werden. Außerdem soll auf diese Weise denjenigen eine Stimme gegeben werden, die ihre Interessen nicht selber wirksam vertreten können.

Vor dem Hintergrund der bisherigen Erfahrungen mit direkt-demokratischen Beteiligungsformen – insbesondere in Bezug auf die sozial-selektive Teilnahme und auf die damit einhergehende Dominanz sehr spezieller und häufig in Form von Verbänden und Vereinen organisierter Interessen – geht es in den meisten bisher praktizierten Ansätzen deshalb darum, die Verfahren der repräsentativen Demokratie durch neue Formen der Partizipation zu ergänzen. Die politische Gesamtverantwortung für öffentliche Aufgaben – und damit auch für öffentliche Unternehmen – bleibt damit in der Hand demokratisch legitimierter Gremien und Institutionen, die letztlich als Einzige berechtigt sind, Entscheidungen über die Entwicklung des Gemeinwesens zu treffen.

Literatur

Banner, Gerhard (1998): Von der Ordnungskommune zur Dienstleistungs- und Bürgerkommune, in: Der Bürger im Staat, H. 4, 1998, S. 179-186

Benz, Arthur/Dose, Nicolai (Hrsg.) (2010): Governance, Regieren in komplexen Regelsystemen, Eine Einführung, Wiesbaden 2010

Beyer, Rainer et al. (2001): Strategisches Management von Beteiligungen, in: Eichhorn, Peter/Wiechers, Matthias (Hrsg.), Strategisches Management für Kommunalverwaltungen, Baden-Baden 2001, S. 92-105

Budäus, Dietrich (Hrsg.) (2005): Governance von Profit- und Nonprofit-Organisationen in gesellschaftlicher Verantwortung, Wiesbaden 2005

Edeling, Thomas (2002): Stadtwerke zwischen Markt und Politik, in: Zeitschrift für öffentliche und gemeinwirtschaftliche Unternehmen (ZögU), H. 25, 2002, S. 127-139

Edeling, Thomas (2008): Institutionelle Umbrüche im öffentlichen Sektor, Das Ende der kommunalen Daseinsvorsorge, in: Sackmann, Reinhold et al. (Hrsg.), Demographie als Herausforderung für den öffentlichen Sektor, Wiesbaden 2008, S. 145-162

Enquete-Kommission (1998): Abschlußbericht der Enquete-Kommission „Schutz des Menschen und der Umwelt – Ziele und Rahmenbedingungen einer nachhaltig zukunftsverträglichen Entwicklung", Konzept Nachhaltigkeit, Vom Leitbild zur Umsetzung, BT-Drs. 13/11200, 26.06.1998

(EU) Kommission der Europäischen Gemeinschaften (2002): Mitteilung der Kommission betreffend die soziale Verantwortung der Unternehmen, Ein Unternehmensbeitrag zur nachhaltigen Entwicklung, Brüssel 02.07.2002, KOM (2002) 347 endgültig

(EU) Kommission der Europäischen Gemeinschaften (2004): Vorschlag für eine Richtlinie des Europäischen Parlaments und des Rates über Dienstleistungen im Binnenmarkt, Brüssel 25.02.2004, KOM (2004) 2 endgültig/2

Fürst, Dietrich (2010): Regional Governance, in: Benz, Arthur/Dose, Nicolai (Hrsg.): Governance, Regieren in komplexen Regelsystemen, Eine Einführung, Wiesbaden 2010, S. 49-68

Gabriel, Oscar W./Plasser, Fritz (2010): Deutschland, Österreich und die Schweiz im europäischen Vergleich, in: dies. (Hrsg.), Deutschland, Österreich und die Schweiz im neuen Europa, Bürger und Politik, Baden-Baden 2010, S. 265-300

Hansen, Ursula/Schrader, Ulf: Corporate Social Responsibility als aktuelles Thema der Betriebswirtschaftslehre, in: Die Betriebswirtschaft (DBW), H. 4, 2005, S. 373-395

Henke, Hans J. et al. (2005): Müssen öffentliche Unternehmen anders gesteuert werden als private Unternehmen?, in: Ruter, Rudolf X. et al. (Hrsg.), Public Corporate Governance, Ein Kodex für öffentliche Unternehmen, Wiesbaden 2005, S. 27-36

Hill, Hermann (2007): Public Value Management, in: Brüggemeier, Martin et al. (Hrsg.), Controlling und Performance Management im Öffentlichen Sektor, Ein Handbuch, Bern et al. 2007, S. 373-381

Klenk, Tanja/Nullmeier, Frank (2003): Public Governance als Reformstrategie, Düsseldorf 2003

Kranenpohl, Uwe (2006): Bewältigung des Reformstaus durch direkte Demokratie?, in: Aus Politik und Zeitgeschichte (Apuz), H. 10, 2006, S. 32-38

Lenk, Thomas/Oliver Rottmann (2007): Zur Effizienz kommunaler Privatisierungsentscheidungen öffentlicher Unternehmen aus Sicht der Transaktionskostenökonomik, in: Bräunig, Dietmar/Greiling, Dorothea (Hrsg.), Stand und Perspektiven der Öffentlichen Betriebswirtschaftslehre, Berlin 2007, S. 212-222

Liebl, Franz (2011): Corporate Social Responsibility aus Sicht des Strategischen Managements, in: Raupp, Juliana et al. (Hrsg.), Handbuch Corporate Social Responsibility; Kommunikationswissenschaftliche Grundlagen, disziplinäre Zugänge und methodische Herausforderungen, Wiesbaden 2011, S. 305-326

Mühlenkamp, Holger (2006): Öffentliche Unternehmen aus der Sicht der Neuen Institutionenökonomik, in: Zeitschrift für öffentliche und gemeinwirtschaftliche Unternehmen (ZögU), H. 4, 2006, S. 390-417

Münstermann, Matthias (2006): Corporate Social Responsibility, Ausgestaltung und Steuerung von CSR-Aktivitäten, Wiesbaden 2007

Reichard, Christoph (2007): Die Stadt als Konzern: „Corporatization" als Fortführung des NSM?, in: Bogumil, Jörg et al. (Hrsg.), Perspektiven kommunaler Verwaltungsmodernisierung, Praxiskonsequenzen aus dem Neuen Steuerungsmodell, Berlin 2007, S. 55-64

Reichard, Christoph/Röber, Manfred (2010): Verselbständigung, Auslagerung und Privatisierung, in: Blanke, Bernhard et al. (Hrsg.), Handbuch zur Verwaltungsreform, 4. Aufl., Wiesbaden 2010, S. 168-176

Röber, Manfred (2001): Das Parteibuch – Schattenwirtschaft der besonderen Art?, in: Aus Politik und Zeitgeschichte (Apuz), B 32-33, 2001, S. 6-14

Röber, Manfred (2008): Die Sphäre des Politischen – ein blinder Fleck in der Public Corporate Governance?, in: Schaefer, Christina/Theuvsen, Ludwig (Hrsg.), Public Corporate Governance, Rahmenbedingungen, Instrumente, Wirkungen, Zeitschrift für öffentliche und gemeinwirtschaftliche Unternehmen (ZögU), Beiheft 36, 2008, S. 57-68

Röber, Manfred (2009): Privatisierung adé?, Rekommunalisierung öffentlicher Dienstleistungen im Lichte des Public Managements, in: Verwaltung & Management (VM), H. 5, 2009, S. 227-240

Röber, Manfred (2011): Policy-Netze und Politikarenen in der öffentlichen Wirtschaft, in: Schaefer, Christina/Theuvsen, Ludwig (Hrsg.), Renaissance öffentlichen Wirtschaftens; Bestandsaufnahme, Kontexte, Perspektiven, Baden-Baden 2011 (in Vorbereitung)

Röber, Manfred/Redlich, Matthias (2011): Bürgerbeteiligung und Bürgerhaushalte in Deutschland, Österreich und der Schweiz – auf dem Weg vom Staatsbürger über den Kundenzum Mitentscheider und Koproduzenten?, in: Schröter, Eckhard et al. (Hrsg.), Zukunftsfähige Verwaltung?, Herausforderungen und Lösungsstrategien in Deutschland, Österreich und der Schweiz, Opladen 2011 (in Vorbereitung)

Ruter, Rudolf X. et al. (Hrsg.) (2005): Public Corporate Governance, Ein Kodex für öffentliche Unternehmen, Wiesbaden 2005

Schaefer, Christina (2005): Öffentliches Beteiligungscontrolling im Spannungsfeld zwischen politischem Handlungsdruck und nachhaltiger Daseinsvorsorge, in: Keuper,

Frank/Schaefer, Christina (Hrsg.), Führung und Steuerung öffentlicher Unternehmen, Berlin 2005, S. 331-353

Schuppert, Gunnar F. (2007): Was ist und wozu Governance?, in: Die Verwaltung, H. 4, 2007, S. 463-511

Schwintowski, Hans-Peter (2001): Corporate Governance und Beteiligungscontrolling im öffentlichen Unternehmen, in: Wallerath, Maximilian (Hrsg.), Kommunen im Wettbewerb, Baden-Baden 2001, S. 131-146

Winkel, Olaf (2004): Die Bürgerkommune als Rettungsanker der kommunalen Selbstverwaltung?, Ohne strukturelle Reformen zur Ausweitung kommunalpolitischer Handlungsräume nicht zu haben!, in: Gesellschaft, Wirtschaft, Politik (GWP), H. 4, 2004, S. 499-520

Wollmann, Hellmut (2000): Local government modernization in Germany – between incrementalism and reform waves, in: Public Administration (PA), No. 4, 2000, S. 915-936

Kommunale Unternehmen der Zukunft – Corporate Social Responsibility, öffentliche Unternehmen und die aktuelle Debatte um Rekommunalisierungen

Matthias Naumann

1   Einleitung

Nach fast zwei Jahrzehnten, die stark von Privatisierungen kommunaler Unternehmen und Einrichtungen geprägt waren, ist in jüngerer Zeit eine gegenteilige Entwicklung festzustellen: Städte und Gemeinden diskutieren zunehmend darüber, zuvor privatisierte Dienstleistungen wieder stärker an die Kommunen zu binden. Forderungen nach Rekommunalisierungen bleiben dabei keine utopischen Maximalforderungen von Privatisierungsgegnern, sondern sie werden, wie die Beispiele des neugegründeten kommunalen Energieversorgungsunternehmens „Hamburg Energie" oder die Rekommunalisierung der Abfallwirtschaft in Nordrhein-Westfalen belegen, durchaus zu realisierbaren Vorhaben der Kommunalpolitik. Zudem sind die zahlreichen Veranstaltungen zum Thema Ausdruck des wachsenden Interesses von Politik und Wissenschaft an der Thematik.[1]

Der folgende Beitrag gibt einen Überblick über die vielfältigen und teilweise sehr heterogenen Bemühungen um Rekommunalisierungen in der Bundesrepublik. Zentrales Anliegen des Beitrags ist es, zu diskutieren, welches Potential die Entwicklung und Realisierung von Strategien einer Corporate Social Respon-

---

[1] So fand im Juli 2009 am Kommunalwissenschaftlichen Institut der Universität Potsdam eine internationale Tagung „Re-Kommunalisierung und Partizipation" statt, und die Konrad-Adenauer-Stiftung führte im Oktober 2009 eine Tagung zum Thema „Quo Vadis Privatisierung?! Rekommunalisierung kommunaler Leistungen – Königsweg oder Sackgasse?!" durch.

sibility (CSR)[2] für die aktuellen Bemühungen um Rekommunalisierungen besitzt.

Hierfür wird zunächst der aktuelle Trend wieder hin zu öffentlichen Unternehmen überblicksartig dargestellt und anhand ausgewählter Beispiele skizziert. Daran folgt eine thesenhafte Zusammenstellung der Ansprüche, mit denen öffentliche bzw. rekommunalisierte Unternehmen konfrontiert werden. Abschließend werden einige Thesen zu den möglichen Implikationen von CSR-Strategien für erfolgreiche Rekommunalisierungen vorgestellt.

Aufgrund der Tatsache, dass Rekommunalisierungen eine sehr junge Entwicklung sind, können noch keine gesicherten Aussagen über die Ergebnisse von Rekommunalisierungen getroffen werden. Ebenso kann der Beitrag keine Abwägung der rechtlichen Möglichkeiten und Risiken von Rekommunalisierungen leisten. Was bereits jetzt dargestellt werden kann, sind die Motivationen und Erwartungen, mit denen städtische Akteure Rekommunalisierungen anstreben bzw. realisieren. Daran schließt eine grundsätzliche Diskussion darüber an, welche Möglichkeiten die Formulierung und Verankerung von CSR-Zielen für die „Wiederkehr" kommunaler Unternehmen bietet. Kann eine grundsätzliche Auseinandersetzung mit den Zielen und Praktiken einer nachhaltigen Unternehmensführung Impulse für die Neugründung bzw. -gestaltung kommunaler Unternehmen bieten?

2   Von kommunalen zu privaten Unternehmen – und wieder zurück?

Forderungen nach Rekommunalisierungen sind kein grundsätzlich neues Phänomen. So gab es in den letzten 150 Jahren immer wieder Pendelbewegungen zwischen Kommunalisierungen und Privatisierungen,[3] die sich beispielsweise in der Geschichte städtischer Infrastrukturen gegenseitig abwechselten.[4] In diesem Sinne ist es zu verstehen, wenn gegenwärtig davon gesprochen wird, dass „das Pendel wieder in Richtung Kommunalisierung ausschlägt."[5]

Demgegenüber waren die vergangenen zwei Jahrzehnte in ganz Europa von umfangreichen Liberalisierungen und Privatisierungen geprägt.[6] Es kam zu Privatisierungen vor allem in folgenden Bereichen: Wasserver- und Abwasserentsorgung, Gas- und Stromversorgung, Fernwärme, Abfallentsorgung, Kran-

---

[2] Der Beitrag bezieht sich hierbei auf die Definition von CSR im Grünbuch der Europäischen Kommission; vgl. EU (2001).
[3] Vgl. Röber (2009), S. 227.
[4] Vgl. Ambrosius (2003), S. 35.
[5] Röber (2009), S. 227.
[6] Vgl. Bieling et al. (2008); Edeling (2008); Rügemer (2008).

kenhäuser, Betriebe des öffentlichen Nahverkehrs, Wohnungsunternehmen, Friedhöfe, Träger der Gebäudewirtschaft und soziale Einrichtungen. Die Privatisierung öffentlicher Unternehmen ist als Materialisierung der veränderten Paradigmen städtischer Politik zu verstehen, die sich immer stärker und nahezu ausschließlich an unternehmerischen Kriterien orientierte und zu einer Ausdehnung von privatwirtschaftlichen Investitionen in bislang öffentlich dominierte Bereiche führte.[7] Die Bundesrepublik Deutschland weist im europäischen Vergleich zu „Privatisierungspionieren" (Großbritannien, Frankreich, Italien, Portugal) und „Privatisierungsverzögerern" (Schweden, Finnland, Norwegen, Irland) eine Art Mischform hinsichtlich der Veräußerung bislang staatlicher Unternehmen auf.[8] Jedoch war die Privatisierung dabei nur *ein* Trend, der die Entwicklung öffentlicher Unternehmen prägte. Technologischer Wandel, eine veränderte Nachfrage, klamme öffentliche Kassen etc. beeinflussten ebenfalls die Tätigkeit kommunaler Unternehmen.

Darüber hinaus haben nicht nur zahlreiche Public Private Partnerships zu einer „Entgrenzung von kommunalem und privatem Eigentum" beigetragen,[9] auch komplett in kommunaler Trägerschaft befindliche Unternehmen erfuhren umfangreiche Kommerzialisierungsprozesse. Diese Ökonomisierung, als eine zunehmende Ausrichtung des Handelns nach ökonomischen Kategorien, Werten und Prinzipien, beschränkt sich nicht allein auf die Wirtschaft im engeren Sinne, sondern betrifft auch andere gesellschaftliche Bereiche.[10] Beispiele hierfür wären das New Public Management als Leitbild für die öffentliche Verwaltung[11] oder eben auch kommunale Unternehmen. So hatten Wettbewerbs- und Privatisierungsdruck auf kommunale Unternehmen weitreichende Auswirkungen: „Um zu überleben, passen sich die kommunalen Unternehmen den veränderten Rahmenbedingungen an und werden damit in ihren Strukturen und Funktionen privaten Unternehmen immer ähnlicher."[12] Empirische Studien belegen den Wandel der Unternehmenskultur und das Selbstverständnis von Führungskräften in öffentlichen Unternehmen.[13] Diese Art des kommunalen Wirtschaftens machte es immer schwieriger, eine eindeutige Grenze zwischen öffentlicher und privater Wirtschaft zu ziehen.[14] Wenn es politische Zielvorgaben für die Geschäftsführungen kommunaler Unternehmen gab, so waren diese zumeist finanzieller Art, um die

---

[7] Vgl. Harvey (1989, 2004).
[8] Vgl. Lippert (2005).
[9] Vgl. Richter et al. (2006), S. 84.
[10] Vgl. Harms/Reichard (2003), S. 13.
[11] Vgl. Edeling (2008), S. 149; Reichard (2003).
[12] Gottschalk (2003), S. 203.
[13] Vgl. Edeling et al. (2004).
[14] Vgl. Harms/Reichard (2003), S. 17; Richter et al. (2006), S. 65.

angespannten kommunalen Haushalte zu entlasten.[15] Letztlich wurde durch die Kommerzialisierung öffentlicher Unternehmen deren Legitimationsgrundlage, „ihre Instrumentalfunktion für die Erfüllung öffentlicher Ziele",[16] untergraben und damit zumindest langfristig die Daseinsberechtigung einer kommunalen Wirtschaft in Frage gestellt. Ziele einer nachhaltigen Unternehmenstätigkeit wurden im Zuge umfassender Liberalisierung, Privatisierung und Kommerzialisierung betriebswirtschaftlichen Effizienzkriterien untergeordnet.

Der Entwicklung des Verkaufs, der Ausgliederung und der kommerziellen Umstrukturierung kommunaler Unternehmen stehen seit einigen Jahren Bemühungen der Rekommunalisierung von Unternehmen und Aufgaben entgegen. Rekommunalisierungen haben sich dabei von zu vernachlässigenden Einzelfällen zu einem belastbaren Trend entwickelt. Doch was ist unter Rekommunalisierung genau zu verstehen? Ganz allgemein umfasst der Begriff Rekommunalisierung Bestrebungen, zuvor ausgelagerte Dienstleistungen, Anlagen und Einrichtungen in kommunale Trägerschaft zurückzuführen. Dazu zählen verschiedene Möglichkeiten wie etwa:[17]

1. Der Rückkauf von an private Unternehmen veräußerten Anteilen an Versorgungsunternehmen. Die Stadt Dresden hat begonnen, die privaten Anteile an den Stadtwerken wieder zurückzukaufen.[18] Auch in anderen Städten sind Rekommunalisierungen im Gespräch. So fordert das Bündnis „Berliner Wassertisch", die an private Investoren verkauften Anteile an den Berliner Wasserbetrieben zurückzukaufen.
2. Die Beendigung von Verträgen zur Übernahme der Betriebsführung. Exemplarisch stehen hier die Entscheidungen von Kommunen in Nordrhein-Westfalen, die Abfallentsorgung und die Gebäudereinigung wieder in eigener Verantwortung durchzuführen.
3. Die Bewerbung von Kommunen um Konzessionen, wie etwa die Initiative „Unser Hamburg – Unser Netz", die sich nach Auslaufen der Konzessionsverträge mit den privaten Betreibern um eine Rückübertragung der Strom-, Gas- und Fernwärmenetze in die öffentliche Hand bemüht.
4. Die Neugründung von kommunalen Unternehmen, die auf liberalisierten Märkten gemeinsam mit privaten Anbietern um Kunden konkurrieren. Ein Beispiel hierfür ist wieder das Energieversorgungsunternehmen „Hamburg Energie".

---

[15] Vgl. Bremeier et al. (2006b), S. 65.
[16] Edeling (2008), S. 160.
[17] Vgl. Libbe/Hanke (2011).
[18] Vgl. Landeshauptstadt Dresden (2009).

Was sind die Gründe dafür, dass Rekommunalisierungen nach mehreren Jahrzehnten umfassender Privatisierungen wieder politisch mehrheitsfähig und realisierbar geworden sind? Ist eine Rückkehr des „produzierenden Staates"[19] festzustellen?

Rekommunalisierung ist eine relativ junge Entwicklung, noch vor wenigen Jahren gab es kaum Hinweise auf ein Umdenken kommunalpolitischer Akteure hinsichtlich des Privatisierungstrends.[20] Ein zentrales Moment für die Initiierung vieler Rekommunalisierungsvorhaben waren jedoch gerade die ausbleibenden Erfolge von Privatisierungsprojekten. Privatisierungsgegner argumentieren vor allem damit, dass durch Privatisierungen öffentliche Verfügungsrechte eingeschränkt und die Gewinne privatisiert werden, während die Verluste aus nicht privatisierungsfähigen Betrieben bei den Kommunen verbleiben.[21] Weiterhin wird davon ausgegangen, dass Privatisierungen auf räumliche Disparitäten tendenziell verstärkend wirken.[22] Zahlreiche Umfragen, aber auch Volksbegehren und -entscheide gegen geplante Privatisierungen wie in Münster, Freiburg, Hamburg, Heidelberg, Dessau, Rostock und Leipzig, die mit deutlichen Mehrheiten für die Gegner von Privatisierungen endeten, belegen die sinkende Akzeptanz von Privatisierungsprojekten.[23] Größere Privatisierungsvorhaben, wie etwa der Börsengang der Deutschen Bahn, wurden verschoben, und zahlreiche Kommunen haben Cross Border Leasing-Verträge wieder aufgelöst.[24] Mittlerweile sprechen Autoren bereits von einer „Krise der Privatisierung",[25] die durchaus internationale Dimensionen hat.[26] So gibt es auch zahlreiche Beispiele für Rekommunalisierungen im Ausland, wie etwa im Falle der neuseeländischen Eisenbahn oder der Wasserversorgung in Paris.[27]

Der Rekommunalisierungstrend kann darüber hinaus in übergreifende Debatten eingeordnet werden, bei denen es um Fragen des Gemeinwohls für Städte und Regionen geht,[28] Bezüge bestehen aber durchaus auch zu den Arbeiten von *Elinor Ostrom* zu Gemeinschaftsgütern (commons) und den Thesen von *Michael Hardt* und *Antonio Negri* zum Ende des Eigentums in Zeiten immaterieller Produktion.[29]

---

[19] Ambrosius (2003).
[20] Vgl. Bremeier et al. (2006a), S. 53.
[21] Vgl. Edeling (2008), S. 154.
[22] Vgl. Moss et al. (2008).
[23] Vgl. Candeias (2009), S. 12 f.
[24] Vgl. Hänsgen/Miggelbrink (2009).
[25] Candeias (2009).
[26] Vgl. Wainwright/Little (2009).
[27] Auf der Webseite http://www.remunicipalisation.org werden internationale Beispiele für Rekommunalisierungen im Wasserbereich dokumentiert.
[28] Vgl. Bernhardt et al. (2009).
[29] Vgl. Hardt/Negri (2010).

Vor diesem Hintergrund der Infragestellung von Privatisierungen und Kommerzialisierungen sowie der Wiederentdeckung von Gemeinwohlfragen kommt es zu Rekommunalisierungen in verschiedenen Städten der Bundesrepublik, die im Folgenden exemplarisch vorgestellt werden sollen.

3   Rekommunalisierungen in der Bundesrepublik

Wie bereits im Falle der Privatisierungen, gibt es auch bei Rekommunalisierungen keine gesicherten statistischen Auswertungen von an die Kommunen wieder rückübertragenen Unternehmen. Die „Wirtschaftswoche" formuliert zwar zugespitzt: „Die Privatisierungseuphorie ist vorbei – kommunal ist wieder in",[30] systematische empirische Überprüfungen dieser These stehen aber bisher noch aus. So gibt es allenfalls vage Schätzungen über geplante und bereits realisierte Rekommunalisierungen. Nach einer Studie der Gecon GmbH von 2008 planen 10 % der Städte mit über 20.000 Einwohnern, privatisierte Bereiche wieder zu rekommunalisieren,[31] und der Mannheimer Beratungsgesellschaft TIM Consult zufolge haben mittlerweile rund 100 Städte und Landkreise ihre Abfallentsorgung wieder in kommunale Organisationseinheiten eingegliedert.[32] Damit können nur zu ausgewählten Sektoren bzw. Kommunen Aussagen über Rekommunalisierungen getroffen werden. Im Folgenden sollen am Beispiel der Abfallentsorgung in Nordrhein-Westfalen und der Stromversorgung in Hamburg einige Motive für Rekommunalisierungen und die damit verknüpften Erwartungen untersucht werden.

Bereits sehr frühzeitig wurde die Abfallentsorgung in den Kreisen Aachen, Düren sowie in der Stadt Bergkamen in Nordrhein-Westfalen rekommunalisiert.[33] Die Motive für diese Entscheidungen waren das Aufbrechen monopolartiger Strukturen privater Anbieter, das Schaffen von Möglichkeiten der kommunalen Gebührensteuerung, die Sicherung und Schaffung von Arbeitsplätzen vor Ort, die Vermeidung von Lohndumping und die Einhaltung von Sozialstandards sowie die Gewährleistung weiterreichenden kommunalpolitischen Einflusses und rentierlicher Investitionen in die Anlagen.[34] Ein grundsätzlicher Vorteil der Kommunen wird darin gesehen, dass diese im Gegensatz zu privatwirtschaftlichen Unternehmen keinen Gewinn generieren müssen. Dies führte in den erwähnten nordrhein-westfälischen Kommunen dazu, dass Kostenersparnisse

---

[30] Wildhagen/Patzkowsky (2010).
[31] Vgl. Röber (2009), S. 232.
[32] Vgl. Engartner (2009), S. 342.
[33] Vgl. Engartner (2009), S. 342.
[34] Vgl. Engartner (2009), S. 342.

erreicht wurden, die durch Gebührensenkungen an die Bürger weitergegeben wurden. Darüber hinaus beschreibt der Bürgermeister der Stadt Bergkamen einen Wandel in der Unternehmenskultur als „Schritt vom Prinzip des Shareholder Value zu dem des Citizen Value."[35] Diese Erfahrungen der Rekommunalisierung können auch in anderen Kommunen beobachtet werden. Der niedersächsische Landkreis Soltau-Fallingbostel übertrug die Abfallentsorgung ebenso wieder in öffentliche Trägerschaft wie der Landkreis Uckermark in Brandenburg und die Stadt Saarbrücken.[36]

Weitere Beispiele für Rekommunalisierungen sind im Stromsektor zu beobachten. Nach Liberalisierung der Strommärkte wurde den zahlreichen Stadtwerken ein baldiges Ende vorhergesagt. Das „Sterben der Stadtwerke" trat jedoch nicht ein, stattdessen konnten die Stadtwerke mit dem Multi Utility-Konzept der Versorgungszweige, der Nähe zum Kunden, dem hohe Bekanntheitsgrad vor Ort sowie dem Vertrauen der Kunden in ihren langjährigen Lieferanten durchaus Wettbewerbsvorteile gegenüber überregionalen privaten Anbietern generieren.[37] Darüber hinaus kam es zur Neugründung von kommunalen Unternehmen, die sich explizit in der Tradition der Stadtwerke sehen. Ein Beispiel hierfür ist „Hamburg Energie". Das Unternehmen „Hamburg Energie" wurde im Mai 2009 als eine Tochtergesellschaft des kommunalen Unternehmens „Hamburg Wasser" gegründet und bietet Strom aus erneuerbaren Energieträgern an. Seit 2010 ist „Hamburg Energie" auch als Gasanbieter tätig.[38] „Hamburg Energie" bezieht sich ausdrücklich auf die Stadt Hamburg und versucht damit, sich vom Image des „Global Player" des auch in Hamburg tätigen Energieversorgungsunternehmen „Vattenfall" abzugrenzen.[39] Das Beispiel von „Hamburg Energie" ist kein Einzelfall. Auch andere Kommunen planen, die Energieversorgung wieder öffentlichen Unternehmen zu übertragen. So beabsichtigt das Land Berlin, ein Energieversorgungsunternehmen in kommunaler Verantwortung zu gründen.[40] Bereits im Herbst 2009 wurde die E.ON-Tochter Thüga von einem Konsortium kommunaler Energieversorger gekauft. Darüber hinaus kommt es zu Zusammenschlüssen kommunaler Unternehmen aus dem Energiebereich, wie z. B. „Trianel" mit 47 verschiedenen Kommunalunternehmen oder „energieGUT", eine Kooperation für den Vertrieb von 18 Stadtwerken. Ein zentrales Motiv für das kommunale Engagement im Energiesektor besteht darin, die Entwicklung der Energiewirtschaft „nicht allein den Kräften des Marktes" zu überlassen.[41]

---

[35] Engartner (2009), S. 344.
[36] Vgl. Röber (2009), S. 231; Sattler (2008); Ver.di (2010).
[37] Vgl. Becker (2010); Gottschalk (2003), S. 204; Spohr (2009).
[38] Vgl. Hamburg Energie (2010).
[39] Vgl. Kammer/Naumann (2010).
[40] Vgl. Wolf (2010).
[41] Vgl. Wolf (2010).

Den Stadtwerken kommt dabei als „Trägern des Umbaus der Energiewirtschaft vor Ort" eine Pionierfunktion zu.[42] Das Vorhaben, in Berlin einen kommunalen Energieversorger zu gründen, wird mit Zielen wie dem Ausbau der lokalen Stromerzeugung, einer Öffnung für kleinere Einspeiser, der Energieeffizienzsteigerung und der CO_2-Reduzierung verbunden.[43] Sowohl in Hamburg als auch in Berlin ist langfristig geplant, die kommunale Unternehmenstätigkeit über den Energiebereich hinaus auszudehnen und wieder Stadtwerke als Querverbundunternehmen zu gründen.[44]

Rekommunalisierungen betreffen unterschiedliche Sektoren und sind sowohl in Großstädten wie Berlin und Hamburg als auch in ländlich geprägten Kreisen festzustellen. Im Vergleich zu Privatisierungen kann jedoch nicht von einer völligen Trendwende gesprochen werden, sondern lediglich von einer Verschiebung der Gewichte zwischen den Trägern der Daseinsvorsorge zugunsten staatlicher und kommunaler Institutionen.[45] Privatisierungen sind damit nicht komplett passé, sie werden jedoch anders in der Öffentlichkeit vertreten, z. B. als Public Private Partnership. Ob und unter welchen Voraussetzungen Rekommunalisierungen eine dauerhafte Entwicklung darstellen werden, wird entscheidend davon abhängen, wie es gelingt, CSR-Ziele in rekommunalisierten Unternehmen zu verankern und in deren Praxis umzusetzen. Wie die skizzierten Beispiele deutlich machen, war es bei Rekommunalisierungen entscheidend, die bisherigen, zumeist auf Maximierung der Rendite oder Haushaltssanierung ausgerichteten Unternehmensziele um weitere Ziele, wie etwa die sozialverträgliche Gestaltung der Gebühren oder den ökologischen Umbau der Energieversorgung, zu erweitern. Eine glaubwürdige und wirkungsvolle Bezugnahme auf CSR kann daher in erheblichem Maße die Legitimation von rekommunalisierten bzw. neu gegründeten kommunalen Unternehmen stärken. Der Erfolg oder Misserfolg von Rekommunalisierung muss sich daher an der Implementierung der Corporate Social Responsibility in kommunalen Unternehmen messen lassen. Voraussetzung hierfür ist, so die These des Beitrags, eine dauerhafte Politisierung von kommunalen Unternehmen, deren Zielen, Strukturen und Praxis. Die Frage, welche Aufgaben kommunale Unternehmen über ihr Kerngeschäft hinaus zu erfüllen haben, ist dabei heftig umstritten. Im Folgenden sollen einige dieser Ansprüche und deren Bezug zu CSR zusammengefasst werden.

---

[42] Vgl. Herter (2008), S. 35.
[43] Vgl. Wolf (2010).
[44] Vgl. Kammer/Naumann (2010); Lederer/Wolf (2010).
[45] Vgl. Röber (2009), S. 229.

4   Ansprüche an kommunale Unternehmen

Die unterschiedlichen Ansprüche der Kommunalpolitik an kommunale Unternehmen bzw. die Bedeutung von kommunalen Unternehmen für unterschiedliche Aspekte der Stadtentwicklung wurden in den bisherigen Debatten um Privatisierungen und Rekommunalisierungen kaum systematisch thematisiert. Obwohl in vielerlei Hinsicht die Effekte kommunaler Unternehmen auf die Entwicklung, Planung und Steuerung von Städten naheliegend sind, wurden diese zumeist implizit vorausgesetzt und nicht grundsätzlich thematisiert. Häufig wird verkannt, dass „kommunale Dienstleistungen zentrale Ziele der Wirtschafts- und Sozialpolitik umfassen: die Sicherung von Beschäftigung, die Stabilisierung der Wirtschaftsentwicklung, die Gewährleistung der Versorgungssicherheit und die Begrenzung sozialer Ungleichheiten auf personeller und räumlicher Ebene."[46] Diese Möglichkeiten kommFunaler Unternehmen für die Stadtentwicklung werden durch die kommunalpolitischen Entscheidungsträger oft nicht wahrgenommen, „sie können auch deshalb nicht wahrgenommen werden, weil kein ausgebildetes Verständnis für diese Möglichkeiten vorhanden ist und weil geeignete Instrumente zur Entwicklung dieser politischen Potenziale nicht vorhanden sind oder nicht genutzt werden."[47] Andererseits werden kommunale Unternehmen aber auch als „Schattenhaushalte" von Kommunen kritisiert.[48]

Demgegenüber unterstützt dieser Beitrag die Einschätzung, dass kommunale Unternehmen „neben der Erledigung der eigentlichen Aufgabe häufig eine die Entwicklung der Stadt und der Region stark mitbestimmende Rolle"[49] haben. Der Sektor der Kommunalwirtschaft kann beispielhaft CSR in der Unternehmenstätigkeit verankern – mit einem ausdrücklichen Bezug auf die Kommune bzw. die Region. Die Elemente von CSR-Aktivitäten wie Corporate Giving, Corporate Volunteering etc.[50] können – so zumindest besteht der Anspruch – in der Praxis kommunaler Unternehmen umgesetzt werden.

Auch wenn kommunale Unternehmen in der Gesamtwirtschaft nur eine marginale Rolle spielen, sind sie gerade in wirtschaftlich schwachen Regionen als Arbeitgeber, Steuerzahler und Investor ein wichtiger Rückhalt für kommunalpolitische Gestaltungsmöglichkeiten.[51] Beispielsweise erreichen kommunale Unternehmen zusammen mit den öffentlichen Einrichtungen des Bundes, der Länder und der Kommunen in Brandenburger Gemeinden fast dieselbe Bedeu-

---

[46] Engartner (2009), S. 354.
[47] Bremeier et al. (2006b), S. 91.
[48] Vgl. Haug (2009).
[49] Bremeier et al. (2006b), S. 91.
[50] Vgl. Hansen/Schrader (2005).
[51] Vgl. Bär et al. (2007); Edeling (2008), S. 155.

tung wie die Privatwirtschaft.[52] Insgesamt liegt der Anteil der kommunalen
Arbeitgeber in den neuen Bundesländern um ca. ein Drittel höher als in den alten
Bundesländern.[53] Darüber hinaus gelten öffentliche Unternehmen als „Schrittmacher bei der Einführung fortgeschrittener Technologien."[54] Die Variante des
Querverbundes in der Organisationsform öffentlicher Unternehmen ermöglicht
es zudem, mit profitablen Bereichen, wie der Stromversorgung, chronisch defi-
zitäre Bereiche, wie den ÖPNV oder Bäderbetriebe, quer zu subventionieren.
Schließlich bieten öffentliche Unternehmen als Sponsoren von Kultur, Sport und
weiteren sozialen Aktivitäten gerade für Kommunen, die gezwungen sind, alle
freiwilligen Leistungen auf den Prüfstand zu stellen, einen der letzten Spielräume für die Unterstützung sozialer und kultureller Aktivitäten.[55] Zusammengefasst besteht die Möglichkeit, „mit Kommunalunternehmen Städte (zu) entwickeln."[56]

Diese Potentiale kommunaler Unternehmen für die Realisierung von CSR-
Zielen sind jedoch auch damit verbunden, dass unterschiedliche Interessengruppen Ansprüche an kommunale Unternehmen formulieren. Dazu zählen:[57]

- *Strukturpolitische Ziele*: Von der Tätigkeit öffentlicher Unternehmen
  versprechen sich Kommunen, Mittelstand, Gewerkschaften und andere
  Impulse für die lokale Wirtschaft. Investitionen, Innovationen und Auf-
  tragsvergaben an Unternehmen vor Ort sollen die regionale Wertschöpfung
  anregen.
- *Sozialpolitische Ziele*: Öffentliche Unternehmen sollen allen Einwohnern
  einen gleichberechtigten Zugang zu ihren Angeboten ermöglichen und
  dabei gegebenenfalls auch einen Ausgleich sozialer Benachteiligungen
  durch angepasste Preis- und Angebotsstrukturen sichern.
- *Haushaltspolitische Ziele*: Die Tätigkeit öffentlicher Unternehmen soll
  möglichst zur Entlastung öffentlicher Haushalte beitragen. Die kommunalen
  Institutionen erwarten daher finanzielle Stabilität, Kostendeckung und einen
  sorgsamen Umgang mit Zuschüssen.
- *Demokratiepolitische Ziele*: Bürgerschaft, Interessenverbände etc. erwarten
  politische Partizipation bei der Zielbestimmung und Tätigkeit der öffentlichen Unternehmen. Diese sollen Orte lokaler Demokratie und Teilhabe
  sein.

---

[52] Vgl. Edeling (2008), S. 157.
[53] Vgl. Mersmann et al. (2007), S. 53.
[54] Bremeier et al. (2006b), S. 91.
[55] Vgl. Herter (2008), S. 36.
[56] Kastner (2008).
[57] Vgl. Lederer/Naumann (2010).

- *Beschäftigungspolitische Ziele*: Öffentliche Unternehmen sollen angemessen entlohnte, gute und qualifizierte Arbeit schaffen und damit für die gesamte Wirtschaft eine Vorbildfunktion hinsichtlich von Tarif- und Arbeitsbedingungen ausüben.

- *Umweltpolitische Ziele*: Bei der Angebotspalette, der ökologischen Optimierung von Produktions- und Geschäftsabläufen sowie bei der Vergabepolitik sollen öffentliche Unternehmen eine Vorreiterrolle im Umweltschutz einnehmen.

- *Verbraucherpolitische Ziele*: Die Nähe zu den Kunden soll als entscheidender Vorteil öffentlicher Anbieter im Wettbewerb mobilisiert werden. Öffentliche Unternehmen sollen auch hinsichtlich des Verbraucherschutzes eine Vorbildfunktion wahrnehmen.

- *Lokaler Zusammenhalt und Identifikation:* Von funktionierenden öffentlichen Unternehmen versprechen sich lokale Akteure eine stärkere Identifikation der Bürger mit ihrem Gemeinwesen. Ebenso können öffentliche Unternehmen auch einen Beitrag zur interkommunalen Kooperation leisten, etwa in Form von Verkehrsverbünden oder Zweckverbänden.

Diese Ansprüche werden an Unternehmen gestellt, die sich hinsichtlich ihrer Größe, ihrer wirtschaftlichen Leistungsfähigkeit und ihrer Organisationsform stark unterscheiden. Den vielfältigen Ansprüchen an kommunale Unternehmen bzw. an die Rekommunalisierung steht das Problem entgegen, dass „viele Gebietskörperschaften mit der Wahrnehmung rekommunalisierter Aufgaben der Daseinsvorsorge konzeptionell, technologisch, finanziell und personell überfordert sind."[58] Bereits jetzt ist die Steuerung kommunaler Unternehmen ein Problem, dem viele kleinere Kommunen nicht gewachsen sind.[59] Zudem stellt die massive Verschuldung vieler Kommunen für Rekommunalisierungen ein ganz praktisches Hindernis dar: „Vielen der mehr als 12.000 Kommunen wird es auf absehbare Zeit nicht gelingen, die für eine nachhaltige Haushaltskonsolidierung bedrohlichen Kassenkredite zurückzufahren oder Kreditmarktschulden zu tilgen, so dass ihre Möglichkeiten zum Rückkauf privatisierter Einrichtungen oder Dienstleistungen äußerst begrenzt sind."[60] Hier kann die verbindliche Festlegung von CSR-Standards Entscheidungskriterien liefern, um die Ansprüche an kommunale Unternehmen zu gewichten. Die Formulierung von CSR-Strategien für kommunale Unternehmen kann darüber hinaus eine grundsätzliche Auseinandersetzung über die Ziele der Unternehmen anregen und so zu einer Repolitisierung der Kommunalwirtschaft beitragen.

---

[58] Röber (2009), S. 237.
[59] Vgl. Bremeier et al. (2006b), S. 20, 42 f.
[60] Engartner (2009), S. 353.

5   Corporate Social Responsibility-Strategien als Teil einer Repolitisierung kommunaler Unternehmen

Grundsätzlich ist eine gesunde Skepsis angebracht, wenn statt privaten Unternehmen nun wieder öffentliche Unternehmen als „Allheilmittel" angepriesen werden. Kommunale Unternehmen sind nicht *per se* der Corporate Social Responsibility verpflichtet. So weist *Manfred Röber* auf die Gefahr der „romantischen Verklärung der öffentlichen Wirtschaft"[61] hin. Demnach reicht es nicht aus, „einfach die Eigentumsschraube zurückzudrehen",[62] sondern es ist darüber hinaus notwendig, mit Rekommunalisierungen „eine weitgehende Demokratisierung, Dezentralisierung und Effektivierung des Öffentlichen mit Blick auf die Bedürfnisse der Nutzer und der unmittelbaren Produzenten"[63] zu verbinden. Weiterhin sind auch rekommunalisierte Unternehmen gezwungen, auf aktuelle Herausforderungen der öffentlichen Daseinsvorsorge wie etwa den Investitionsstau bei der Modernisierung und Sanierung, den demographischen Wandel, den Klimawandel oder auch die Ausdifferenzierung der Nachfrage nach öffentlichen Dienstleistungen, Antworten zu finden. Anhand der Bewältigung dieser konkreten Anforderungen muss sich der „Mehrwert" öffentlicher Unternehmen beweisen.

CSR kann hierbei das zentrale Unterscheidungsmerkmal zwischen kommunalen und privaten Unternehmen darstellen. Wenn es kommunalen Unternehmen gelingt, sich als glaubwürdige Vertreter von CSR zu profilieren, wäre das ein entscheidender „Mehrwert" von Unternehmen in kommunaler Verantwortung.

Erfolgreiche Rekommunalisierungen werden letztlich entscheidend davon abhängen, wie es gelingt, die Einwohner von Kommunen dauerhaft für ihre kommunalen Unternehmen zu interessieren. Hierbei ist zu überlegen, wie das Interesse der Bürger auch für weniger spektakuläre Bereiche, wie etwa Friedhofsverwaltungen oder Bauhöfe, auf Dauer gewonnen werden kann.

Das Potential der CSR-Debatte für Rekommunalisierungen besteht darin, die Ziele öffentlicher Unternehmen – unabhängig von deren Rechts- und Eigentumsform – wieder grundlegend zu bestimmen. Indem öffentliche Unternehmen explizit als ein Instrument für CSR thematisiert werden, können Kriterien für diese Unternehmen abgeleitet werden, die zu einer Versachlichung der Diskussionen um Privatisierungen beitragen werden. Dies impliziert einen grundlegenden Paradigmenwechsel weg von der „Logik des Sachzwangs" hin zu einer Repolitisierung öffentlicher Unternehmen. Diese Repolitisierung kann nur dann von Dauer sein, wenn es gelingt, wieder ein Bewusstsein nicht nur für die

---

[61] Röber (2009), S. 230.
[62] Röber (2009), S. 230.
[63] Candeias (2009), S. 23.

Eigentumsform, sondern auch für die Ziele und Funktionen öffentlicher Unternehmen zu schaffen. Rekommunalisierungen können dabei ein erster Schritt für die inhaltliche Neubestimmung öffentlicher Unternehmen sein.

Literatur

Ambrosius, Gerold (2003): Das Verhältnis von Staat und Wirtschaft in historischer Perspektive – vornehmlich im Hinblick auf die kommunale Ebene, in: Harms, Jens/Reichard, Christoph (Hrsg.), Die Ökonomisierung des öffentlichen Sektors, Instrumente und Trends, Baden-Baden 2003, S. 29-46

Bär, Tina et al. (2007): Kommunale Wirtschaft in Brandenburg, in: Richter, Peter (Hrsg.), Die Bedeutung der kommunalen Wirtschaft, Eine vergleichende Ost-West-Analyse, Berlin 2007, S. 37-46

Becker, Sven (2010): ReKommunalisierung – ohne Netz mit doppeltem Boden, Vortrag auf der Konferenz Öffentliche Unternehmen führen und steuern 2010 am 14.04.2010 in Köln

Bernhardt, Christoph et al. (Hrsg.) (2009): Im Interesse des Gemeinwohls, Regionale Gemeinschaftsgüter in Geschichte, Politik und Planung, Frankfurt a. M./New York 2009

Bieling, Hans-Jürgen et al. (Hrsg.) (2008): Liberalisierung und Privatisierung in Europa, Die Reorganisation der öffentlichen Infrastruktur in der Europäischen Union, Münster 2008

Bremeier, Wolfram et al. (2006a): Kommunale Unternehmen in kleinen und mittelgroßen Kommunen sowie in Landkreisen, in: Killian, Werner et al. (Hrsg.), Ausgliederung und Privatisierung in Kommunen, Empirische Befunde zur Struktur kommunaler Aufgabenwahrnehmung, Berlin 2006, S. 25-53

Bremeier, Wolfram et al. (2006b): Public Governance kommunaler Unternehmen, Düsseldorf 2006

Candeias, Mario (2009): Krise der Privatisierung, in: Candeias, Mario et al. (Hrsg.), Krise der Privatisierung – Rückkehr des Öffentlichen, Berlin 2009, S. 9-24

Edeling, Thomas (2008): Institutionelle Umbrüche im öffentlichen Sektor: Das Ende der kommunalen Daseinsvorsorge?, in: Sackmann, Reinhold et al. (Hrsg.), Demographie als Herausforderung für den öffentlichen Sektor, Wiesbaden 2008, S. 145-162

Edeling, Thomas et al. (2004): Öffentliche Unternehmen zwischen Privatwirtschaft und öffentlicher Verwaltung, Eine empirische Studie im Feld kommunaler Versorgungsunternehmen, Wiesbaden 2004

Engartner, Tim (2009): Kehrt der Staat zurück?, Rekommunalisierungen in den Aufgabenbereichen Entsorgung und Gebäudereinigung, in: Zeitschrift für öffentliche und gemeinwirtschaftliche Unternehmen, H. 4, 2009, S. 339-355

(EU) Europäische Kommission (2001): Grünbuch, Europäische Rahmenbedingungen für die soziale Verantwortung der Unternehmen, Brüssel 2001

Gottschalk, Wolf (2003): Auswirkungen von Liberalisierung und Privatisierung, Kommerzialisierung kommunaler Unternehmen, in: Harms, Jens/Reichard, Christoph (Hrsg.), Die Ökonomisierung des öffentlichen Sektors, Instrumente und Trends, Baden-Baden 2003, S. 201-212

Hamburg Energie (2010): Der neue städtische Energie-Versorger, online unter URL: http://www.hamburgenergie.de/ueber-uns/unternehmen.html [Stand 2010-07-09]

Hansen, Ursula/Schrader, Ulf (2005): Corporate Social Responsibility als aktuelles Thema der Betriebswirtschaftslehre, in: Die Betriebswirtschaft, H. 4, 2005, S. 373-395

Hänsgen, Dirk/Miggelbrink, Judith (2009): Cross Border Leasing, in: Nationalatlas aktuell, H. 9, o. S.

Hardt, Michael/Negri, Antonio (2010): Common Wealth. Das Ende des Eigentums, Frankfurt a. M./New York 2010

Harms, Jens/Reichard, Christoph (2003): Ökonomisierung des öffentlichen Sektors – eine Einführung, in: Harms, Jens/Reichard, Christoph (Hrsg.), Die Ökonomisierung des öffentlichen Sektors, Instrumente und Trends, Baden-Baden 2003, S. 13-17

Harvey, David (1989): From Managerialism to Entrepeneurialism – the transformation in urban governance in late capitalism, in: Geografiska Annaler Series B – Human Geography, No. 1, 1989, S. 3-17

Harvey, David (2004): Die Geographie des „neuen" Imperialismus, Akkumulation durch Enteignung, in: Zeller, Christian (Hrsg.), Die globale Enteignungsökonomie, Münster 2004, S. 183-215

Haug, Peter (2009): Kommunale Unternehmen als Schattenhaushalte, Wie sieht die tatsächliche Haushaltssituation der deutschen Kommunen aus?, in: Wirtschaft im Wandel, H. 5, 2009, S. 220-228

Herter, Marc (2008): Gut für die Entwicklung vor Ort, Der Stellenwert öffentlicher Unternehmen in der sozialdemokratischen Kommunal- und Regionalpolitik, in: Zeitschrift für sozialistische Politik und Wirtschaft (spw), H. 166, 2008, S. 34-37

Kammer, Johannes/Naumann, Matthias (2010): Wandel der Energiewirtschaft – Chance für regionale Profilbildung, in: RaumPlanung, H. 149, 2010, S. 11-15

Kastner, Norbert (2008): Kommunalwirtschaft 3.0, Mit Kommunalunternehmen Städte entwickeln, in: Zeitschrift für sozialistische Politik und Wirtschaft (spw), H. 166, 2008, S. 26-29

Landeshauptstadt Dresden (2009): Dresden startet den Rückkauf der Stadtwerke DREWAG, Pressemitteilung, Dresden 2009

Lederer, Klaus/Naumann, Matthias (2010): Öffentlich, weil es besser ist?, Politische Gemeinwohlbestimmung als Voraussetzung einer erfolgreichen Kommunalwirtschaft, in: Berliner Debatte Initial, H. 4, 2010, S. 105-116

Lederer, Klaus/Wolf, Harald (2010): Berlins Unternehmen der Daseinsvorsorge, Öffentlichen Einfluß wiedergewinnen und erhöhen, Berlin 2010

Libbe, Jens/Hanke, Stefanie (2011): Rekommunalisierung, Neue alte Wege der öffentlichen Daseinsvorsorge, in: Der Gemeindehaushalt, H. 1, 2011 (in Vorbereitung)

Lippert, Inge (2005): Öffentliche Dienstleistungen unter EU-Einfluss, Berlin 2005

Mersmann, Florian et al. (2007): Kommunale Wirtschaft im regionalen Vergleich, in: Richter, Peter (Hrsg.), Die Bedeutung der kommunalen Wirtschaft, Eine vergleichende Ost-West-Analyse, Berlin 2007, S. 47-57

Moss, Timothy et al. (Hrsg.) (2008): Infrastrukturnetze und Raumentwicklung, Zwischen Universalisierung und Differenzierung, München 2008

Reichard, Christoph (2003): ,New Public Management' als Auslöser zunehmender Ökonomisierung der Verwaltung, in: Harms, Jens/Reichard, Christoph (Hrsg.), Die Ökonomisierung des öffentlichen Sektors, Instrumente und Trends, Baden-Baden 2003, S. 119-143

Richter, Peter et al. (2006): Kommunale Betriebe in größeren Städten, Ergebnisse einer empirischen Analyse der Beteiligungen deutscher Städte über 50.000 Einwohner, in: Killian, Werner et al. (Hrsg.), Ausgliederung und Privatisierung in Kommunen, Empirische Befunde zur Struktur kommunaler Aufgabenwahrnehmung, Berlin 2006, S. 55-84

Röber, Manfred (2009): Privatisierung adé?, Rekommunalisierung öffentlicher Dienstleistungen im Lichte des Public Managements, in: Verwaltung & Management, H. 5, 2009, S. 227-240

Rügemer, Werner (2008): Privatisierung in Deutschland, Eine Bilanz, Münster 2008

Sattler, Karl-Otto (2008): Vorwärts in die Vergangenheit, Das Parlament, 29.09.2008

Spohr, Guido (2009): Rekommunalisierung der Energieversorgung, Revival der Stadtwerke, in: Planerin, H. 6, 2009, S. 16-18

Ver.di (2010): Wieder unter das kommunale Dach, Immer mehr Städte und Gemeinden holen Dienstleistungen zurück, online unter URL: http://kommunalverwaltung. verdi.de/themen/rekommunalisierung [Stand 2010-07-08]

Wainwright, Hilary/Little, Mathew (2009): Public Service Reform ... but not as we know it!, Hove 2009

Wildhagen, Andreas/Patzkowsky, Tobias (2010): Warum die Kommunen ihre Stadtwerke aufrüsten, online unter URL: http://www.wiwo.de/unternehmen-maerkte/warum-die-kommunen-ihre-stadtwerke-aufruesten-419688/ [Stand 2010-04-29]

Wolf, Harald (2010): Energie 2020 – die Berliner Linie, Berlin 2010

Corporate Social Responsibility (CSR) als Aufgabe öffentlicher Unternehmen? – Betrachtungen aus ökonomischer und haushaltsrechtlicher Sicht

Jens Harms

1   Staatlicher Interventionismus

Öffentliche (kommunale) Unternehmen[1] haben eine Instrumentalfunktion. Sie haben die Aufgabe, einen Beitrag zur Realisierung gesellschaftlicher Ziele zu leisten.[2]

Die Finanzwirtschaft des Staates hat im Wesentlichen drei Funktionen:

---

[1] Zwischen „kommunalen" und „öffentlichen" Unternehmen wird in dem Beitrag nicht unterschieden, da ihre Funktionsbedingungen im Wesentlichen identisch sind. Der Bereich der Sparkassen – obwohl öffentliche Unternehmen – bleibt ob seiner Besonderheiten unberücksichtigt.
[2] Vgl. Eichhorn (2000), S. 171 ff.

1. die Allokationsfunktion: Korrektur von Marktversagen sowie optimale Ausstattung der Gesellschaft mit meritorischen und reinen öffentlichen Gütern,[3]
2. die Distributionsfunktion: Umverteilung der Primäreinkommen durch Steuern und Einkommenstransfers,
3. die Stabilisierungsfunktion: Glättung des Konjunkturzyklus und Sicherung eines befriedigenden Wachstums.

Ausgehend von diesen Aufgaben der Fiskalpolitik haben öffentliche Unternehmen insbesondere dazu beizutragen, durch die Bereitstellung von meritorischen Gütern die Faktorallokation und die Einkommensverteilung entsprechend der gesellschaftlichen Zielsetzungen zu beeinflussen.[4]

Öffentliche Unternehmen dienen einem satzungsmäßigen (gesetzlichen) Zweck, mit dem die primären Ziele des unternehmerischen Engagements festgelegt werden. Dieses Engagement erstreckt sich insbesondere auf Leistungen der Sparten Energie, Wasser (Versorgung/Entsorgung), Abfallwirtschaft, Verkehr (ÖPNV), Wohnungswirtschaft, Wirtschaftsförderung und Gesundheit (Krankenhäuser).[5]

Mit der Verfolgung ihrer primären Ziele dienen öffentliche Unternehmen der Daseinsvorsorge. Sie erbringen Leistungen, die (womöglich) ohne ihre Existenz auf einem quantitativ, qualitativ und/oder preislich unbefriedigendem Niveau angeboten werden würden. Das gesellschaftliche Versorgungsniveau wird somit optimiert. Insbesondere eine moderate Preisgestaltung öffentlicher Leistungen zielt darauf ab, allokationspolitische und distributionspolitische Ziele uno actu zu realisieren.

Neben den primären Zielen können von öffentlichen Unternehmen sekundäre Ziele verfolgt werden. Dazu zählen die Leistungen im Rahmen der Corporate Social Responsibility. Sie können unter anderem darin bestehen, besonders energiesparende und umweltschonende Produktionsverfahren anzuwenden, kulturelle, soziale oder sportliche Aktivitäten zu fördern (z. B. durch Sponsoring) sowie strukturpolitische Vorhaben (Regionalpolitik) zu unterstützen. Solche Zusatzleistungen werden von öffentlichen Unternehmen aufgrund von Eigeninitiative erbracht, können aber auch dem Unternehmen vom öffentlichen Gesell-

---

[3] Die Unterscheidung zwischen meritorischen und reinen öffentlichen Gütern stammt von Musgrave. Meritorische Güter könnten im Grunde auch privatwirtschaftlich „erzeugt" werden; dies würde jedoch wahrscheinlich zu einer suboptimalen Ausstattung der Gesellschaft mit diesen Gütern führen; vgl. Musgrave (1973), S. 52 ff.

[4] Vgl. Mühlenkamp (1999), S. 27 ff.; van der Bellen (1977); S. 18 ff.

[5] Aktivitäten öffentlicher Unternehmen finden sich – wenn auch weniger bedeutend – in anderen Bereichen; so z. B. Soziales, Kultur und Wissenschaft.

schafter/Eigentümer abverlangt werden.[6] Nicht zuletzt kann sich die Kommune durch solche Aktivitäten budgetär entlasten.

2 Wirtschaftlichkeit als Handlungsprinzip

2.1 Sach- und Formalziele

Öffentliche Unternehmen dienen gesellschaftlichen Zielen (Sachziele). Sie finden ihren Niederschlag in der für das Unternehmen konstitutiven Satzung. Über die Errichtung öffentlicher Unternehmen entscheiden die in den Haushaltsordnungen/Gemeindeordnungen genannten zuständigen Organe; dies sind in der Regel die Organe der Exekutive. Berlins Haushaltsordnung sieht außerdem vor, dass das Abgeordnetenhaus einer Unternehmensgründung seine Einwilligung erteilen muss (§ 65 Abs. 6 Landeshaushaltsordnung/LHO-Berlin). In Kommunen sind die Gemeindevertretungen von den Gemeindevorständen über Chancen und Risiken einer beabsichtigten unternehmerischen Betätigung zu unterrichten (vgl. § 121 Abs. 6 Hessische Gemeindeordnung/HGO).

Die Realisierung der Sachziele erfolgt unter Berücksichtigung des Formalziels der Wirtschaftlichkeit.[7] Dieses Prinzip gilt für jedes staatliche Handeln (Art. 114 Abs. 2 Grundgesetz, § 6 Abs. 1 Haushaltsgrundsätzegesetz/HGrG). Außerdem verlangen sowohl Haushalts- als auch Gemeindeordnungen, dass sich die Gebietskörperschaften nur dann unternehmerisch betätigen dürfen, wenn sich der angestrebte Zweck nicht „ebenso gut und wirtschaftlich durch einen privaten Dritten" (§ 121 Abs. 1 HGO) oder „nicht besser und wirtschaftlicher auf andere Weise" (§ 65 Abs. 1 LHO-Berlin) erreichen lässt.

Die primären und sekundären Sachziele sowie die Sach- und Formalziele können jeweils in einem harmonischen, aber auch in einem konkurrierenden Verhältnis stehen. Zwischen dem primären und dem sekundären (CSR) Ziel wird insbesondere dann ein konkurrierendes Verhältnis bestehen, wenn die Kosten der CSR-Maßnahmen auf das Primärprodukt überwälzt werden, während es das Ziel des Unternehmens ist, seine Kunden mit einer auch preisgünstigen Leistung (z. B. Wasser, Müllabfuhr, Wohnraum) zu versorgen. Das CSR-Engagement wird zudem im Allgemeinen die Wirtschaftlichkeit des Primärproduktes negativ

---

[6] Das Berliner Betriebe-Gesetz vom 14. Juli 2006, das für Berlins rechtsfähige Anstalten des öffentlichen Rechts einschlägig ist, sieht in § 3 Abs. 1 vor: „Die Aufgaben sind von den Anstalten im Rahmen ihrer Geschäftstätigkeit unter Berücksichtigung sozial-, umwelt- und strukturpolitischer Grundsätze zu erfüllen." Dabei bleibt offen, inwieweit solche Aktivitäten Zusatzleistungen sind, bzw. ob damit lediglich die Erfüllung der rechtlichen Standards gemeint ist. Sofern dies der Fall sein sollte, würde der Programmsatz nicht mehr als eine Leerformel sein.

[7] Vgl. Budäus (1999), S. 55-65.

beeinflussen. Dies wird nur dann nicht der Fall sein, wenn das Engagement längerfristig zu einer erhöhten Nachfrage und sich daraus ergebenden Kostensenkungen (Economies of Scale) führt oder wirtschaftlichere Technologien zum Einsatz kommen, wovon die Konsumenten des Produktes auch profitieren. Ein solches harmonisches Verhältnis zwischen Sach- und Formalziel wird jedoch der Ausnahmefall sein.

2.2 Allokation und Verteilung

Die Entscheidung einer Gebietskörperschaft, sich unternehmerisch zu engagieren, hat sowohl allokative als auch distributive Folgen. Sie sind abhängig von den Marktgegebenheiten, Finanzierungsarten und politischen Entscheidungen.

Die Tätigkeit des Staates und seiner öffentlichen Unternehmen führt – aus der Perspektive der neoklassischen Wohlfahrtsökonomie[8] – dann zu Wohlfahrtsverlusten, wenn das marktwirtschaftliche Wettbewerbsprinzip durch die Staatstätigkeit eingeschränkt wird. Dies muss auch bei meritorischen öffentlichen Gütern nicht der Fall sein, sofern die Leistungen annähernd zu Marktpreisen angeboten werden. Darüber hinaus kann das öffentliche Angebot meritorischer Güter einen positiven Einfluss auf den gesellschaftlichen Wohlstand haben, wenn die Existenz öffentlicher Unternehmen eine Intensivierung des Wettbewerbs zur Folge hat.[9]

Die Auswirkungen, die CSR-Aktivitäten auf die Faktorallokation haben, sind abhängig von Marktgegebenheiten (insbesondere der Preiselastizität der Nachfrage) sowie der Finanzierungsart dieser Leistungen (durch Preissteigerungen oder aus Gewinnen). Sofern die durch CSR entstehenden Kosten auf die Preise der Primärprodukte überwälzt werden, reduziert dies – bei elastischer Nachfrage – nachgefragte Mengen und Erträge. Bei unelastischer Nachfrage steigen jedoch – bei geringer zurückgehenden Mengen – die Erträge. Schließlich bleiben – bei einer Elastizität von Null – die nachgefragten Mengen konstant, während die Erträge kräftig steigen. Im ersten Fall wird es aufgrund von CSR-bedingten Preissteigerungen beachtliche Folgen für den Produktionsprozess geben, im zweiten Fall moderate und im dritten Fall kommt es zu keiner Änderung der eingesetzten Produktionsfaktoren. Preiserhöhungen haben – in Abhängigkeit von der Preiselastizität – Einfluss auf die Primärproduktion, dem eigentlichen Zweck des öffentlichen Unternehmens.

---

[8] Vgl. Graaff (1967).
[9] In Berlin kann davon ausgegangen werden, dass ca. 270.000 Wohneinheiten, die in der Hand landeseigener Wohnungsbaugesellschaften sind, einen positiven Wettbewerbseffekt haben.

Alternativ zu einer Überwälzung von CSR-Kosten auf Preise, ist eine Finanzierung solcher Leistungen aus Gewinnen des Unternehmens. Diese Finanzierungsart beeinflusst nicht die Primärproduktion. Problematisch ist allerdings die Verringerung der abgeführten Gewinne an den jeweiligen Haushalt, zumal die Zuführungen an den öffentlichen Trägerhaushalt eine adäquate Verzinsung des eingesetzten Kapitals umfassen sollte. Letztlich beinhaltet ein solches Vorgehen ein Rückgriff auf Haushaltsmittel, der dann inakzeptabel ist, wenn dieser ohne demokratisches Entscheidungsverfahren vonstattengehen würde.

CSR-Aktivitäten können auch zu einem Ungleichgewicht zwischen Kostenträgern und den Begünstigten solcher Leistungen, die davon einen Nutzen haben, führen. Während bei Preiserhöhungen die Zahlungsströme durch individuelle Güter-Nachfrage ausgelöst werden, realisiert sich der Nutzen der CSR-Leistungen gesellschaftlich. Die dadurch ausgelösten Umverteilungseffekte werden umso größer sein, je weniger deckungsgleich die „Menge" der für Primärleistungen Zahlenden und die „Menge" jener ist, die von den gesellschaftlichen Engagements des öffentlichen Unternehmens profitieren.

2.3 Betriebswirtschaftliche Effizienz

Öffentliche Unternehmen dienen dem Gemeinwohl. Da es sich bei ihren „Produkten" vorwiegend um meritorische Güter handelt, muss sich das öffentliche Unternehmen sowohl den staatlichen/kommunalen Vorgaben als auch den Bedingungen des Marktes anpassen.

Wird das Produktionsniveau auf Grundlage des gesellschaftlichen Bedarfs vom Träger des öffentlichen Unternehmens definiert, so ist es dann die Aufgabe der Unternehmensleitung, den Produktionsprozess wirtschaftlich zu gestalten. Bei der Lösung des betriebswirtschaftlichen Effizienzproblems unterscheidet sich das öffentliche Unternehmen vom privatwirtschaftlichen Unternehmen dadurch, dass ersteres bei definiertem Output den Input minimiert (Leistungskonzeption), während bei letzterem die produzierte Menge selbst variabel ist und strategisch eingesetzt wird, um das Ziel der Gewinnmaximierung zu erreichen (Finanzierungskonzeption).

Dem unterschiedlichen Charakter von primären und sekundären Leistungen entsprechend, ist davon auszugehen, dass das öffentliche Unternehmen im Hinblick auf die Erstellung von Primärgütern eine Kostenminimierung praktiziert, während bei sekundären (CSR) Gütern das ansonsten privatwirtschaftliche Prinzip der Gewinnmaximierung angewendet wird. Entscheidend dafür ist, dass CSR-Aktivitäten nur dann für das Unternehmen sinnvoll sind, wenn sie die

Ertragslage verbessern:[10] einerseits durch vermehrten Absatz des primären Produktes, andererseits durch verstärkte Kundenbindung und der damit gegebenen Möglichkeit steigender Preise. Insoweit CSR-Maßnahmen mit der Zielsetzung der Gewinnmaximierung konzipiert werden, und nur das wäre betriebswirtschaftlich sinnvoll, hat „gesellschaftliche Verantwortung" eine instrumentelle Funktion. Da dieses Verhalten zum privatwirtschaftliche Selbstverständnis gehört und zunehmend Akzeptanz des Managements öffentlicher Unternehmen findet, kann – zumindest diesbezüglich – von einem konvergenten Prozess der beiden Unternehmenstypen gesprochen werden.[11]

2.4 CSR und die Legitimation des unternehmerischen Handelns

Die CSR-Aktivitäten, egal ob sie von privatwirtschaftlichen oder öffentlichen Unternehmen durchgeführt werden, dienen ihrer gesellschaftlichen Legitimation.[12] Wie der Verband kommunaler Unternehmen (VKU) ausführt, hat die „gesellschaftliche Unternehmensverantwortung" die Aufgabe „unter Beweis" zu stellen, „dass ihr Geschäft in ethischer, ökologischer und sozialer Hinsicht verantwortlich geführt wird."[13] Auch wenn das Zitat von kommunaler Seite stammt, stellt sich die Frage, ob es bei öffentlichen (kommunalen) Unternehmen – trotz ihrer demokratischen Legitimation – Legitimationsdefizite gibt.

Die öffentliche Hand – Kommunen wie auch andere Gebietskörperschaften – dürfen sich wirtschaftlich nur betätigen, wenn ein öffentlicher Zweck dies rechtfertigt und der Zweck nicht ebenso gut und wirtschaftlich durch einen privaten Dritten erfüllt werden kann (vgl. § 121 Abs. 1 HGO, § 65 LHO). Die Entscheidung über die Produktionstätigkeit eines öffentlichen Unternehmens beruht auf demokratischen Verfahren, die eine legitime Grundlage für die unternehmerische Tätigkeit darstellen. Inwieweit das unternehmerische Handeln zweckmäßig und wirtschaftlich ist, muss dabei laufend überprüft werden; und dies von der Exekutive selbst sowie von den zuständigen Kontrollorganen.

Die Diskussion um die Bedeutung von CSR geht davon aus, dass auch öffentliche Unternehmen wie private Legitimationsdefizite haben. Dies ist unzu-

---

[10] Deutlich drückt dies das Beratungsunternehmen IFOK aus, das auch die Bundesregierung in Sachen CSR berät: „Verantwortungsvolles Handeln von Unternehmern ist nicht nur gut für die Gemeinschaft. Es muss auch gut für das Geschäft sein."; IFOK (2010), S. 1.

[11] Vgl. Reichard (2000), S. 15-24. Reichard weist auf den Anpassungsdruck der öffentliche Wirtschaft zu einem stärker privatwirtschaftlichen Verhalten hin. Bezüglich der zunehmend privatwirtschaftlichen Orientierung des Managements öffentlicher Unternehmen s. Edeling (2003), S. 235-254.

[12] Vgl. Kuhlen (2005), S. V ff.

[13] VKU/PLEON (2005), S. 5.

treffend, denn die Tätigkeit des öffentlichen Unternehmens ist explizit legitimiert. Daher kann das empfundene Legitimationsdefizit nur ein Kommunikationsdefizit sein, welches als solches zu lösen wäre. Werden über die tägliche Zweckerfüllung hinaus (kostenträchtige) CSR-Aktivitäten aus Gründen der Legitimation vorgenommen, so bedeutet dies eine legitimatorische Überdeterminierung. Das hat das öffentliche Unternehmen nicht nötig.

3 Zur Preisbildung öffentlicher Unternehmen

3.1 Monopolistischer Wettbewerb

Die Marktsegmente, in denen sich öffentliche Unternehmen betätigen, sind regelmäßig monopolistisch/oligopolistisch strukturiert. Handelt es sich bei solchen Unternehmen um Monopolisten (was vorwiegend in Bereichen Versorgung/Entsorgung und Verkehr der Fall ist), so beruht die Preisbildung in erster Linie auf den Kosten (Vollkosten) sowie auf politischen Präferenzen.

Der Preisbildungsprozess auf oligopolistischen Märkten ist indeterminiert.[14] Oligopolistische Marktteilnehmer müssen einerseits bei der Preisbildung die Marktgegebenheiten berücksichtigen, entwickeln aber gleichzeitig komplexe preispolitische Strategien, in denen Kosten, politische Präferenzen, aber auch Instrumente der aktiven Marktbeeinflussung durch Werbung, Public Relations (PR) oder CSR eine Rolle spielen können.

Während bei Monopol-Anbietern die Kundenbindung per se gegeben ist, stärkt das Duopol oder das oligopolistische Unternehmen seine Wettbewerbsposition durch entsprechende Markt beeinflussende Aktivitäten. Dabei ist es ein vorrangiges Ziel, die Preiselastizität der Nachfrage so zu beeinflussen, dass sie so gering wie möglich wird (im Extremfall: Null). Dies stärkt die Macht des Unternehmens über seine Kunden und ermöglicht es, eine zunehmende Unabhängigkeit in der Preisgestaltung zu erlangen. Unternehmen werden daher umso mehr „gesellschaftliche Verantwortung" kommunizieren, je oligopolistischer der Markt strukturiert ist.

3.2 Anschluss- und Benutzungszwang

Öffentliche Unternehmen als Anbieter von Leistungen der Daseinsvorsorge befinden sich ihren Nachfragern gegenüber vielfach in der Position eines exklu-

---

[14] Zur Politischen Ökonomie der Oligopolpreisbildung s. Rothschild (1947), S. 299 ff.

siven Lieferanten. Dadurch sind die Konsumenten praktisch einem Anschluss-
und Benutzungszwang ausgesetzt. Dies gilt besonders für Versorgungs- und Entsorgungsleistungen, aber auch für die Leistungen des ÖPNV, da für viele Nutzer
das öffentliche Verkehrsmittel praktisch alternativlos ist.[15]

Anschluss- und Benutzungszwang bedeutet, dass die Preiselastizität der
Nachfrage (fast) gleich Null ist, also eine Preiserhöhung zu (fast) keiner Reduk-
tion der nachgefragten Menge führt. Für ein CSR-Engagement eines öffentlichen
Unternehmens bedeutet dies, dass die aus diesem Engagement entstehenden
Kosten ohne Problem auf den Preis des Primärproduktes überwälzt werden kann.

3.3 Externe Erträge und Pigou-Preise

In seiner „Economics of Welfare" hat *A.C. Pigou* bereits im Jahre 1920 darauf
hingewiesen, dass die privaten und sozialen Kosten der Produktion differieren
können, weshalb die auf der Grundlage von privaten Kosten ermittelten Preise zu
niedrig (externe Kosten) oder zu hoch (externe Erträge) sein können. Es wäre
daher – unter Berücksichtigung von externen Effekten – ökonomisch gerechtfertigt, externe Kosten durch eine Besteuerung der Verursacher sowie externe
Erträge durch Ausgleichszahlungen zu kompensieren, um die „richtigen Preise"
(Pigou-Preise) zur Grundlage der Produktionsentscheidungen zu machen.[16]

Falls den CSR-Aktivitäten (Sekundärprodukte) keine entsprechenden
Erträge gegenüber stehen und die Kosten durch Einnahmen aus anderen Leistungen gedeckt werden, führen „falsche" Preise zu suboptimalen Allokationsent-
scheidungen. Da die Tätigkeit im unternehmerischen Sekundärbereich nicht zur
Aufgabe des öffentlichen Unternehmens gehört, diese Tätigkeit aber negative,
d. h. wohlfahrtsbeeinträchtigende Folgen hat, sollte das öffentliche Unternehmen
sein Engagement in diesem Bereich aufgeben.

Sofern aber ein gesellschaftliches, staatliches oder kommunales Interesse an
solchen „Produkten" besteht, sollte der Staat die entsprechenden Leistungen des
Unternehmens kaufen (Leistungsentgelte) oder ihm für die gewünschte Tätigkeit
eine pauschale Ausgleichszahlung zukommen lassen. Die Entscheidungen darüber dürfte jedoch nicht das Unternehmen selbst treffen, vielmehr müsste dies
durch die üblichen demokratischen Verfahren vonstatten gehen.

---

[15] Weniger gilt dies für öffentliche Unternehmen der Gesundheits- oder der Wohnungswirtschaft, da
aufgrund der Vielfalt des Angebots der Konsument Alternativen hat.
[16] Vgl. Woll (1996), S. 176 ff.

4 Öffentliche Unternehmen und die Finanzkontrolle

4.1 Aufgabe und Steuerung öffentlicher Unternehmen

Bund, Länder und Gemeinden müssen in ihrer gesamten Haushaltswirtschaft die Grundsätze der Wirtschaftlichkeit beachten (§ 6 Abs. 1 HGrG), wobei dies auch das wirtschaftliche Handeln öffentlicher Unternehmen impliziert.

Zunächst einmal liegt es in der Verantwortung der Unternehmensorgane, dass das Unternehmen wirtschaftlich arbeitet. Bei öffentlichen Unternehmen hat die Exekutive dafür zu sorgen, dass die jeweilige Gebietskörperschaft einen angemessenen Einfluss, insbesondere im Aufsichtsrat oder einem entsprechenden Überwachungsorgan, erhält (s. z. B. § 65 Abs. 1 Ziff. 3 LHO-Berlin). Dieser Einfluss lässt sich regelmäßig in der GmbH und der rechtsfähigen Anstalt des öffentlichen Rechts sicherstellen. Eine versuchte Einflussnahme kann jedoch zu Problemen bei der Aktiengesellschaft führen, weil die Hauptversammlung kein operatives Durchgriffsrecht auf den Vorstand hat und dem Aufsichtsrat Maßnahmen der Geschäftsführung nicht übertragen werden können (§ 111 Abs. 4 Aktiengesetz/AktG). Es ist allein Aufgabe des Vorstands die Gesellschaft unter eigener Verantwortung zu leiten (§ 76 Abs. 1 AktG).[17]

Die laufende Überwachung der Geschäftstätigkeit öffentlicher Unternehmen obliegt der Beteiligungsverwaltung. Sie überprüft mit ihrem Beteiligungscontrolling, ob die Unternehmen den ihnen aufgetragenen Zwecken (§ 65 LHO, § 121 HGO) dienen und die Leistungserstellung wirtschaftlich erfolgt. Dabei darf sich die Tätigkeit des öffentlichen Unternehmens nur auf solche Zwecke erstrecken, die im Gesetz (Anstalt des öffentlichen Rechts) oder der Satzung bzw. dem Gesellschaftsvertrag (AG, GmbH) ausgewiesen sind. Das umfasst einerseits den unmittelbaren Gegenstand des Unternehmens, andererseits auch Geschäfte und Maßnahmen, die geeignet erscheinen, der Zweckerfüllung des Unternehmens zu dienen.[18]

Die Verfolgung sekundärer Ziele ist nur dann und soweit möglich, wie dadurch die Erfüllung des eigentlichen Gegenstands des Unternehmens befördert wird. Abgrenzungskriterium für die – legitimierte – Produktionstätigkeit ist dabei ausschließlich der Gesellschaftsvertrag (GmbH) bzw. bei juristischen Personen des öffentlichen Rechts das jeweilige Errichtungsgesetz. Dass bei der Leistungserstellung die einschlägigen Gesetze zu beachten sind (Umweltrecht, Arbeits- und Sozialrecht etc.), ist selbstverständlich; darüber hinaus gehende Aktivitäten bedürfen dem Gesellschafter gegenüber einer besonderen Begründung.

---

[17] Vgl. Greiling (1999), S. 158 ff.
[18] Vgl. Senatsverwaltung für Finanzen (2009), hier: Mustersatzung § 2 Abs. 2.

4.2 Die öffentliche Finanzkontrolle

Es ist zunächst die Aufgabe der Exekutive darauf acht zu geben, dass das öffentliche Unternehmen seinem Zweck dient sowie wirtschaftlich arbeitet. Dem Parlament gegenüber wird im Rahmen einer Beteiligungsberichterstattung über den Stand des unternehmerischen Engagements bzw. das anhaltende Interesse der Gebietskörperschaft an der jeweiligen Beteiligung Rechenschaft abgelegt.

Aufgrund von § 44 Abs. 1 HGrG ist die gesamte Haushalts- und Wirtschaftsführung des Bundes und der Länder einschließlich ihrer Sondervermögen und Betriebe von Rechnungshöfen zu prüfen. Für kommunale Gebietskörperschaften gilt diese Regelung entsprechend.

Nach §§ 44 und 48 HGrG gilt die Prüfungspflicht für Unternehmen des privaten und öffentlichen Rechts gleichermaßen, wobei bei den Unternehmen des privaten Rechts die Erhebungen bei der Beteiligungsverwaltung erfolgen, während bei den Unternehmen des öffentlichen Rechts die Prüfungen direkt vor Ort stattfinden können. Allerdings sind solche unmittelbaren Prüfungen bei den Unternehmen des privaten Rechts dann möglich, wenn dies entsprechend § 54 HGrG in der Unternehmenssatzung vorgesehen ist bzw. aufgrund von § 104 Abs 1 Nr 3 LHO zwischen Unternehmen und Rechnungshof vereinbart ist.

Rechnungshöfe[19] und – soweit vorgesehen – die Rechnungsprüfungsämter der Kommunen prüfen die Ordnungsmäßigkeit und Wirtschaftlichkeit der öffentlichen/kommunalen Unternehmen, bzw. ob und inwieweit die Beteiligungsverwaltung die Beachtung der haushaltsrechtlichen Vorgaben bei ihren Unternehmen durchsetzt.[20] Im Einzelnen muss bei der Prüfung durch das zuständige Organ der Finanzkontrolle untersucht werden, ob

a. die jeweilige unternehmerische Betätigung dem in der Satzung definierten Zweck dient und das öffentliche Interesse die Betätigung weiterhin rechtfertigt;
b. die erbrachten CSR-Leistungen für die Realisierung des primären Ziels zweckdienlich sind (Zweckkongruenz);
c. CSR-Aktivitäten – soweit keine Zweckkongruenz gegeben ist – nachweisbar die Wirtschaftlichkeit der primären Aufgabe verbessern;
d. die Verteilungswirkungen, die durch eine Übertragung der Kosten der CSR-Leistungen auf die Primärleistungen bedingt sind, vom Gesellschafter/ Eigentümer gewollt werden.

---

[19] Eine – hinsichtlich CSR – abgestimmte Position von Rechnungshöfen gibt es bisher nicht.
[20] In vielen Ländern haben die Rechnungshöfe auch die Aufgabe der überörtlichen Kommunalprüfung, in deren Rahmen sie insbesondere auch die Betätigung von Gemeinden in kommunalen Unternehmen prüfen.

Eine haushaltsrechtliche Bewertung[21] von CSR-Ausgaben fällt kritisch aus. Aufgrund von § 65 LHO und den entsprechenden Formulierungen in den Gemeindeordnungen der Länder (vgl. § 121 HGO), muss sichergestellt werden, dass der in den Gesellschaftsverträgen formulierte Zweck der unternehmerischen Betätigung wirtschaftlich realisiert wird. Sofern die CSR-Aktivitäten nicht zum primären Zweck der Betätigung gehören und aufgrund des Anschluss- und Benutzungszwangs die Kosten der CSR auf die Primärleistungen übertragen werden, ergibt sich hinsichtlich der Belastung der Konsumenten der primären Leistungen ein Wirtschaftlichkeitsproblem. Die Verbraucher dieser Leistungen werden mit Kosten belastet, die von ihnen nicht verursacht sind und durch die sie keinen ausschließlichen Nutzen haben.

Sollte ein Rechnungshof Verstöße gegen das Haushaltsrecht, insbesondere auch gegen das Wirtschaftlichkeitsprinzip feststellen, unterrichtet er nach § 96 LHO die für die Betätigung zuständige Verwaltung. Sofern die Verwaltung die mit den Monita kritisierten Sachverhalte nicht abstellt und falls die Ergebnisse der Prüfung für die Entlastung der Exekutive von Bedeutung sein können, teilt der Rechnungshof seine Prüfungserkenntnisse nach § 97 LHO in seinem jährlichen Bericht dem Parlament mit. Dieses berät die Hinweise des Rechnungshofs und kann durch Auflagenbeschlüsse der Exekutive aufgeben, die beanstandeten Sachverhalte abzustellen. Insofern würde auch in CSR-Angelegenheiten das Parlament gegebenenfalls darüber zu entscheiden haben, ob eine haushaltsrechtlich nicht unproblematische, jedoch sich ausweitende Praxis öffentlicher Unternehmen – so aufrecht erhalten werden soll.

5 Situationsbezogene Entscheidungen

Privatwirtschaftliche Unternehmen verfolgen primär ein Formalziel. Erfolgreich ist ein solches Unternehmen, wenn es die Eigenkapitalrentabilität maximiert und gleichzeitig seine langfristige Existenz sichert. Um seine Ziele zu erreichen, bedarf ein Unternehmen Akzeptanz bei seinen Stakeholdern. Aus diesem Grunde entwickeln privatwirtschaftliche Unternehmen differenzierte Reputations-Strategien: auf verschiedenen Wegen zeigen sie Corporate Social Responsibility,[22] soweit dies die betriebswirtschaftliche Rationalität gebietet.

Öffentliche/kommunale Unternehmen verfolgen primär ein Sachziel; ihnen liegt ein öffentliches Interesse (bürgerschaftliche Bedürfnisse) zugrunde, über

---

[21] S. dazu den Beitrag von Anthes, S. 123, in diesem Band.

[22] Kuhlen zeigt auf, dass CSR soziale, ökologische und ökonomische Bestandteile hat, die möglichst so zu kombinieren sind, dass sich daraus eine Win-Win-Situation ergibt, was zu Image-Vorteilen des Unternehmens führt; s. Kuhlen (2005), S. 24 f.

dessen Befriedigung im politischen Verfahren entschieden wird. Ist das Sachziel als Zweck eines öffentlichen Unternehmens fixiert, so findet seine unternehmerische Umsetzung unter Beachtung des Formalziels der Kostenminimierung statt. Somit unterliegen auch öffentliche Unternehmen der betriebswirtschaftlichen Rationalität, so dass ihr so bestimmtes zweckrationales Handeln nicht beliebig ist.[23]

Was gesellschaftlich wünschenswert sein kann und unternehmerisch machbar, muss aus ökonomischer (Allokation, Distribution) und haushaltsrechtlicher Perspektive weder vernünftig noch rechtens sein. Dies betrifft auch Aktivitäten der Corporate Social Responsibility öffentlicher Unternehmen. Das eigentliche Ziel von CSR, gesellschaftliche Legitimation für unternehmerisches Handeln zu gewinnen, spielt bei öffentlichen Unternehmen keine Rolle. Daher sollte jede „öffentliche" CSR-Aktivität einer genauen Wirkungsanalyse unterzogen werden, bevor die Entscheidungsträger ihr situationsbezogen, d. h. orientiert am öffentlichen Auftrag des jeweiligen Unternehmens sowie am Nutzen für die Gesellschaft, zustimmen können.

Literatur

van der Bellen, Alexander (1977): Öffentliche Unternehmen zwischen Markt und Staat, Köln 1977

Budäus, Dietrich (1994): Prozesskostenrechnung in öffentlichen Unternehmen, in: Eichhorn, Peter/Engelhardt, Werner Wilhelm (Hrsg.), Standortbestimmung öffentlicher Unternehmen in der Sozialen Marktwirtschaft, Gedenkschrift für Theo Thiemeyer, Baden-Baden 1994, S. 247-258

Budäus, Dietrich (1999): Von der Dominanz der Sachziele im öffentlichen Sektor zum System von Formalzielen als Grundlage zukünftiger Reformentwicklungen, in: Bräunig, Dietmar/Greiling, Dorothea (Hrsg.), Stand und Perspektiven der öffentlichen Betriebswirtschaftslehre, Festschrift für Prof. Dr. Peter Eichhorn, Berlin 1999, S. 55-65

Edeling, Thomas (2003): Rollenverständnis des Managements im kommunalen Unternehmen, in: Harms, Jens/Reichard, Christoph (Hrsg), Die Ökonomisierung des öffentlichen Sektors, Instrumente und Trends, Baden-Baden 2003, S. 235-254

Eichhorn, Peter (2000): Gemeinwohl unter Wettbewerbsdruck, Thesen zur zukünftigen Entwicklung der kommunalen Wirtschaft, in: Eichhorn, Peter et al. (Hrsg.), Kommunale Wirtschaft im Wandel, Chancen und Risiken, Baden-Baden 2000, S. 171-175

---

[23] Budäus hat bereits vor Jahren für eine betriebswirtschaftliche Rationalität in öffentlichen Unternehmen plädiert und eine differenzierte Prozesskostenrechnung gefordert, mit der die kostenmäßige Belastung der Primärleistungen korrekt abgebildet werden kann. S. Budäus (1994), S. 247 ff.

Graaf, John. de V. (1967): Theoretical Welfare Economics, Cambridge 1967

IFOK (2010): Talente entwickel, CSR der Zukunft, online unter URL: http://www.ifok.de/projekt/detail/csr-der-zukunft/ [Stand 2010-11-27]

Kuhlen, Beatrix (2005): Corporate Social Resposibility (CSR), Die ethische Verantwortung von Unternehmen für Ökologie, Ökonomie und Soziales, Baden-Baden 2005

Mühlenkamp, Holger (1999): Eine ökonomische Analyse ausgewählter institutioneller Arrangements zur Erfüllung öffentlicher Aufgaben, Baden-Baden 1999

Musgrave, Richard A./Musgrave, Peggy B. (1973): Public finance in theory and practice, Tokyo et al. 1973

Püttner, Günter (2000): Rechtliche Vorgabe für kommunale Unternehmen, Bremse oder Wettbewerbsvorteil, in: Eichhorn, Peter et al. (Hrsg.): Kommunale Wirtschaft im Wandel, Chancen und Risiken, Baden-Baden 2000, S. 27-39

Reichard, Christoph (2000): Kommunale Wirtschaft unter Anpassungsdruck, in: Eichhorn, Peter et al. (Hrsg.): Kommunale Wirtschaft im Wandel, Chancen und Risiken, Baden-Baden 2000, S. 24

Rothschild, Kurt W. (1947): Price Theory and Oligopoly, in: Economic Journal, 1947, S. 299-320

Senatsverwaltung für Finanzen (2009): Hinweise für Beteiligungen des Landes Berlin an Unternehmen (Beschluss des Senats von Berlin vom 17. Februar 2009), Berlin 2009

VKU/PLEON (2005): Ergebnisse einer Umfrage unter Mitgliedern des Verbandes kommunaler Unternehmen (VKU) zum Thema Corporate Social Responsibility (CSR), Köln 2005

Woll, Artur (1996): Allgemeine Volkswirtschaftslehre, München 1996

II Die strategische Dimension von CSR

Strategische Verankerung von CSR in kommunalen Unternehmen

Lothar Kramm

1 Unternehmenskontext: das Verstehensproblem

Ein beliebiges Beispiel. Der finnische Mobilfunkhersteller Nokia[1] beschloss Anfang 2008, seinen Standort Bochum aufzugeben und seine Fertigung von dort nach Rumänien zu verlagern. Eigentlich ein normaler Vorgang und soweit nicht zu beanstanden. Denn dass Nokia als ein weltweit agierendes Unternehmen in einer Branche mit hoher Wettbewerbsintensität konstant seine Standorte auf ihre Produktionskosten hin analysiert und dabei auch das Recht haben muss, dauerhaft unrentable Standorte zu schließen, ist unstreitig.

Im Hinblick auf Bochum war die Unternehmensleitung zu dem Urteil gekommen, Rentabilitätsnachteile im Vergleich zu anderen Standortmöglichkeiten ihren Aktionären nicht länger zumuten zu können. Das sprengt prinzipiell nicht den in unserer Gesellschafts- und Wirtschaftsordnung gesetzten Handlungsrahmen. Die Frage ist nur: Geht es hier nur um die Aktionäre oder nicht auch um die Arbeitnehmer/innen, um die Stadt Bochum und um die (Landes-) Politik, die zuvor Nokia für den Standort erhebliche Fördermittel bewilligt hatte? Für Nokia war die Sache klar: Es geht nur um die Aktionäre, nur ihnen fühlte man sich verantwortlich. Daher waren im Vorfeld weder die Belegschaften noch die Politik einbezogen worden, um etwa eigene Vorschläge zur Rentabilitätsverbesserung zu machen. Ein Vermittlungsversuch wurde gar nicht erst unternommen, sondern von Helsinki aus wurde die Entscheidung als Nachricht verkündet. Aus.

---

[1] S. dazu den Beitrag von Schönberg und Jost in diesem Band.

Das Management hatte bei seiner Entscheidung auf die Überzeugungskraft der Rationalität der Schließung angesichts der ja doch nach seiner Ansicht nachvollziehbaren Gründe vertraut. Warum da noch groß argumentieren und kommunizieren? Die Sache sprach doch für sich. Und dann das. In Deutschland gab es einen Sturm der Entrüstung. Die Arbeitnehmer und ihre Vertreter waren wütend darüber, nicht im Vorfeld der Entscheidungen mit einbezogen worden zu sein. Die Politik war wütend, weil sie vor vollendete Tatsachen gestellt worden war und damit ihre Ohnmacht offenbar wurde. Und in den Medien zeigte sich allgemeine Entrüstung darüber, dass hier ein internationaler Konzern ein Beispiel von Arroganz der Macht gezeigt habe, die sich gegen die Belange anderer von der Entscheidung Getroffener gleichgültig zeigt. Boykottaufrufe wurden laut. Und auch wenn die Unternehmensleitung anschließend versuchte, kommunikativ und finanziell nachzubessern: das Renommee der Marke Nokia hat in einem wichtigen Markt nachhaltig Schaden genommen.

Wie konnte es dazu kommen? Ohne hier weiter in Details zu gehen, zeigt der Fall bei dem Nokia-Management erhebliche Defizite auf zwei unterschiedlichen Ebenen. Die eine Ebene betrifft das Thema Verantwortung. Die Frage ist: Hat das Management ein ausreichend umfassendes Verständnis davon, wem gegenüber es wofür und aus welchen Gründen verantwortlich ist? Die zweite Ebene betrifft das Thema Verstehen. Hier lautet die Frage: Versteht das Management das gesellschaftlich-kulturelle Umfeld, in dem sich sein Handeln abspielt?

Im Falle Nokia Bochum kann man davon ausgehen, dass das Management die Komplexität seines relevanten gesellschaftlichen Umfeldes nicht verstanden hat mit der Folge einer massiven Schädigung der Marke.

Nokia ist kein Einzelfall. Es genügt, auf Shell und Brent Spar, auf Roche und Seveso, auf BenQ und Siemens oder – jüngstens – auf Stuttgart 21 und die Deutsche Bahn hinzuweisen, deren Vorstandsvorsitzender doch allen Ernstes verkündet hatte, der Widerstand gegen das Projekt würde in dem Moment abflauen, in dem die Bäume gefällt würden, die der Umsetzung des Projektes buchstäblich im Wege standen!

Allen Beispielen ist gemeinsam ein verkürztes Verantwortungsverständnis. Verantwortung wird selbstreferentiell definiert, bezogen letztlich auf optimale Kapitalverwertung und auf über Börse und Aktionärsinteressen beeinflusste Überlebenschancen des Top-Managements. Darin haben die Interessen anderer Stakeholder allenfalls taktisch einen Platz, aber nicht Langfristwirkungen von Entscheidungen im Hinblick auf gesellschaftliche oder ökologische Folgen.

2 Verantwortung: die neue Lage

„Corporate Social Responsibility – Unternehmen stellen sich ihrer gesellschaftlichen Verantwortung. Unter dieser Überschrift gibt es seit einiger Zeit eine explosionsartig anschwellende Zahl von Publikationen, Kongressen, Beratungsangeboten, Unternehmensbroschüren und Stabsabteilungen. Dabei ist eigentlich nicht neu, dass Unternehmen prinzipiell in gesellschaftlicher Verantwortung stehen. Schon Rollen wie Arbeitgeber oder Steuerzahler weisen darauf hin. Und auch schon früher haben Unternehmen, in unterschiedlicher sozialer Akzentuierung, dazu gestanden. Und doch hat mit CSR eine neue Qualität des Bewusstseins von und des Umgangs mit sozialer Verantwortung Einzug gehalten.

Neu ist auch an den angeführten Beispielen nichts. Denn was wäre daran neu? Dass die Industrie zum Umweltschutz ein distanziertes Verhältnis hat? Dass Sicherheit und Gesundheitsschutz mit der Kostenbrille betrachtet werden? Dass Arbeitnehmer über ihre wahre Lage getäuscht werden? Solche Verhaltensweisen haben eine lange Tradition, und es wäre naiv zu glauben, sie wären in der Zukunft nur noch Gegenstand von historischen Betrachtungen. Zu gebieterisch ist im Wettbewerb der Druck auf die Kapitalverwertung oder, weniger fein ausgedrückt, die Gier nach höheren Profiten.

Neu sind also nicht die Verhaltensweisen. Neu ist auch nicht, dass die Opfer, dass die Verlierer sich wehren. Neu aber ist, dass sie unvergleichlich höhere Chancen haben als früher, Waffengleichheit herzustellen oder gar die Täter existentiell zu bedrohen. Ihr Instrument ist Öffentlichkeit!

Und neu ist auch, dass diese Öffentlichkeit nicht mehr nur die Dinge zur Kenntnis nimmt, sondern Rechenschaft fordert, Verantwortung einklagt und zunehmend ein Gegenhandeln auslöst, bei Käufern bis hin zum Gesetzgeber. Das hat mit seinen Folgen zu tun, die insbesondere bei den großen Konzernen ein Ausmaß erreicht haben, das nicht mehr als minderes, allenfalls lokal interessierendes Ereignis abgetan werden kann. Die Atomwirtschaft ist hier das vielleicht herausragende Beispiel. Solcherart massive Folgen für Gesellschaft und Umwelt mit inzwischen globaler Dimension erlauben es nicht mehr, den gesellschaftlichen und ökologischen Kontext unternehmerischer Verantwortung zu übergehen, – bei Strafe unter Umständen massiver Schädigung des eigenen Geschäfts bis hin zur Gefahr des Verlusts der licence to operate.

3 Folgen für die Strategie

Ob ein Unternehmen mit der neuen Lage zurechtkommt, hängt entscheidend von der Antwort auf zwei Fragen ab:

1. Überblickt es die Weite des Kontexts, den seine Entscheidungen betreffen und kann es sie im Hinblick auf dessen antizipierte Reaktionen gewichten?
2. Akzeptiert es prinzipiell die Existenz von Stakeholdern, die ihre Legitimation aus anderen als den primären Interessen an Unternehmen – also diejenigen von Kapitalgeber, Mitarbeiter und Gesetzgeber – speisen?

Die beiden Fragen hängen natürlich zusammen, sind aber nicht identisch. Von der Antwort auf Frage 2 hängt ab, ob der Blick auf einen weiteren verpflichtenden Kontext überhaupt zugelassen wird. Wer glaubt, das sei selbstverständlich, dem sei ein Blick in die einschlägigen Lehrbücher der Betriebswirtschaftslehre empfohlen. Wo das prinzipiell der Fall ist, ist damit aber noch nicht determiniert, dass der relevante Kontext und dessen Interessen- und Wertehorizont richtig verstanden und in den eigenen Entscheidungshorizont eingeordnet wird.

Das fällt umso schwerer, je weiter und unübersichtlicher der Kontext ist. Das leuchtet sofort ein bei international operierenden Unternehmen. Wer auf fremden Märkten unterwegs ist, muss etwas verstehen von Geschichte und Kultur des jeweiligen Landes, von den Rechtsverhältnissen und den je spezifischen Formen der Unternehmensführung, von Kundenverhalten usw. Hier herauszufinden, was soziale Verantwortlichkeit gebietet, wem gegenüber und wie gewichtet und wie sie sich im eigenen unternehmerischen Handeln widerspiegeln muss, ist eine große Herausforderung. Stichworte wie Lohnfertigung in Asien, Probleme deutsch-französischer Gemeinschaftsunternehmen wie z. B. EADS oder das angeführte Nokia-Beispiel mögen zur Illustration genügen. Sie zeigen zugleich, dass ein Unternehmen mit solchen Herausforderungen nur fertig wird, wenn es sie erkennt, in ihrer Bedeutung antizipiert und die eigene Strategie darauf ausrichtet. Mit anderen Worten: es ist eine Herausforderung an eine zureichende Unternehmensstrategie.

4   Der Kontext Stadt

So groß die strategische Herausforderung an ein umfassend global tätiges Unternehmen ist wie z. B. BASF oder Siemens, so gering scheint sie zu sein bei Unternehmen, die eher lokal und damit in einem wohl definierten Rahmen agieren, der an Verstehen und Antizipationsfähigkeit von Kontextverhalten weniger Ansprüche stellt. Geradezu als ein Gegenpol zu einer BASF scheinen die kommunalen Unternehmen zu sein. Wo ist das Kontextproblem für ein kommunales Wohnungsbauunternehmen, für ein Stadtwerk, für den örtlichen Entsorger oder den Bäderbetrieb? Sprache, Kultur, Rechtsverhältnisse, Machtstrukturen, Entscheidungsträger, Medien – alles bekannt. Ist damit alles klar und das strategische Problem gelöst? Oder taucht hier die strategische Herausforderung einer Kontextverantwortlichkeit nur in einem anderen Gewand auf?

Erst einmal scheint die Sache einfach. Eigentümer des kommunalen Unternehmens ist – selbstverständlich – die Stadt, vertreten durch ihre – demokratisch legitimierten – Organe. Er weist seinen Unternehmen ihre ja spezifische Aufgabe – zumeist im Rahmen der Daseinsvorsorge – zu und überwacht die Erfüllung. Die Unternehmensleitungen orientieren sich an den gesetzten Aufgaben und richten sich strategisch daran aus. Der Kontext wirft weiter keine spezifischen Verstehensprobleme auf. Fertig.

Wirklich? Die entscheidende Frage ist, welche Rollenerwartungen von welchen Anspruchsberechtigten – die oft genug konfligierend sind – muss das Unternehmen erfüllen und in seine Strategie einbauen? Reicht der Hinweis auf den kommunalen Eigentümer wegen dessen umfassender demokratischer Legitimation? Haben kommunale Unternehmen tatsächlich nur die passive Rolle von Funktionserfüllung, eben wegen der demokratisch abgesicherten Legitimation ihres Eigentümers, oder verbirgt sich hinter diesem einfachen Rollenmodell ein verkürztes Verständnis von Stadt? Daher die weitere Frage: Ist Stadt etwas Spezifisches, aus dem heraus die Rolle eines kommunalen Unternehmens anders verstanden werden und dann in dessen strategischer Positionierung enthalten sein muss als bei einem normalen, mit Gewinnerzielungsabsicht agierenden privaten Unternehmen? Und wenn ja, was wäre dieses Spezifische, das dann auch dem kommunalen Unternehmen etwas Spezifisches zuwiese? Was eigentlich ist „Stadt"?

Historisch ist die europäische Stadt entstanden als ein – von Mauern umwehrter – Schutzraum, der zugleich eigenverantwortlicher Herrschafts- und Sozialraum war. Funktional sind die wesentlichen Stichworte: Autonomie, Subsistenzerhalt, Daseinsvorsorge, Fürsorge, Bildung.

Erfüllte die Stadt ihre Funktion, war der Schutz- und Herrschaftsraum zugleich Friedensraum. Voraussetzung dafür war die Dialog- und Konsensfähigkeit der wesentlichen Träger der Funktionalordnung.

Stadt heute hat ein stark verändertes Gesicht. Sie ist immer weniger autonomer Träger ihrer Funktionalordnung und so auch immer weniger autonomer Gestalter eines Schutz- und Herrschaftsraumes. Es kommt für die Stadt immer mehr darauf an, was in der Stadt passiert als darauf, ob die Stadt autonom ihre Geschicke selber bestimmen kann.

Wir befinden uns in der – demokratietheoretisch – paradoxen Situation, dass die Bürger einer Stadt immer weniger Einfluss haben auf das, was sich immer stärker in ihren „Mauern" abspielt. Als Beispiel sei nur die Zusammenhalt und Friedenssicherung beeinflussende Migrationsbewegung erwähnt. Dass es größeren politischen Verbänden – Länder, Nationen, Großgebilde wie der EU – nicht prinzipiell anders geht, unterstreicht die Problematik.

Trotzdem bleibt es dabei: In der Stadt entscheiden sich wesentliche Aspekte menschlichen Lebens und Zusammenlebens. Sie bleibt der Ort von Existenzsicherung, wirtschaftlich und sozial, der Ort von Bildung und geistiger Auseinandersetzung, der Ort von Geschehen, die zu Auseinandersetzung und Widerspruch und neuen Zielen drängen. Zwar nimmt die Mobilität zu. Es ist für den Einzelnen nicht schwer, die Stadt zu wechseln. Aber er wird immer wieder in der Stadt ankommen. Und die Entwicklung der Städte, der Metropolen zumal, wird einander in wichtigen Merkmalen immer ähnlicher. Wir entkommen der Stadt nicht.

Stadt – oder genauer: europäische Stadt – ist etwas anderes als ein Häusermeer, als eine Zusammenballung von Menschen. Stadt ist nicht nur Lebensraum, sie ist gestalteter Lebensraum, gestaltet durch ihre Bewohner, die dadurch zu Bürgern werden. Das gilt so auch unter heutigen Bedingungen, die direkte Gestaltung weniger zulassen, weil Zuständigkeiten an Andere abgegeben oder von diesen usurpiert wurden.

Die Stadt ist heute nicht mehr autonomer Träger ihrer Funktionalordnung. Sie wird es auch nicht mehr werden. Und doch bleibt sie der Ort, wo sich entscheidet, ob eine Funktionserfüllung gelingt, die sie als Schutz-, Freiheits- und Friedensraum erfahrbar macht.

Das gibt es nicht konfliktfrei. Stadt ist immer auch der Ort von Auseinandersetzungen, die ja nie endgültig und von allen einvernehmlich beendet werden können, solange die Mittel zur Befriedigung gestellter Ansprüche knapp sind. Dabei müssen Ansprüche einbezogen werden auch von solchen, die zu einer Eigenvertretung (noch) nicht in der Lage sind. Das gilt vor allem für die kommenden Generationen. Das gilt aber auch für Natur, wenngleich man das unter die Sachverwaltung für die kommenden Generationen subsumieren könnte, denen man ja ein existentielles Interesse an einer intakten und ihre Lebensgrundlage sichernden natürlichen Umwelt zuschreiben muss.

Damit ist die Dimension umrissen, die Weite des Kontexts, die prinzipiell im Auge haben muss, wer in und für die Stadt handelt. Dahinter steckt weniger, wie man vielleicht vermuten könnte, ein normatives Verständnis, jedenfalls dann nicht, wenn man diese Dimension von Stadt an die Frage nach der – zureichenden – Strategie eines kommunalen Unternehmens anlegt. Für kommunale Unternehmen ist diese Dimension im Kern raison d' être ihrer Existenz.

5 Warum kommunale Unternehmen?

Vorgeschaltet die Gretchenfrage: Warum sollte sich eine Kommune überhaupt Unternehmen halten (im Folgenden immer eine entsprechende Größe vorausgesetzt)? Es gibt heute keinen Unternehmensgegenstand, der nicht im Prinzip privatwirtschaftlich erledigt werden könnte, Ja, es gibt heute immer weniger bislang öffentliche Betätigungsfelder, die nicht als privater Unternehmenstätigkeit zugänglich erachtet werden. Gewissermaßen schlagende Beispiele sind privatwirtschaftlich geführte Gefängnisse oder das Wiederaufkommen von Söldnerarmeen. Es ist immer weniger die Natur der Tätigkeit, die aus sich heraus bestimmt, ob sie in öffentlicher oder privatwirtschaftlicher Regie betrieben werden sollte.

Also noch einmal die Gretchenfrage: Warum überhaupt kommunale Unternehmen? Die Natur der Tätigkeit an sich ist es nicht. Unter den Bedingungen einer marktwirtschaftlichen Ordnung kann es auch nicht allein die Gewinnerzielungsabsicht sein. Erstens vom Grundsatz her: Öffentliche Gemeinwesen finanzieren sich über Steuern und Abgaben. Sie finanzieren sich nicht gleichermaßen über Unternehmen, die mit über Steuern erworbenes Kapital ausgestattet nur den Zweck haben, Gewinne zu erwirtschaften, sei es über ein eingerichtetes Monopol, sei es im Wettbewerb mit privater Konkurrenz. Zweitens aus Gründen lebensnaher praktischer Betrachtung: denn wenn es um Wirtschaftlichkeit in Form von Optimierung der Kapitalrendite alleine geht, sind privatwirtschaftlich verfasste Unternehmen den öffentlichen in aller Regel überlegen.

Selbstverständlich muss auch ein kommunales Unternehmen wirtschaftlich geführt werden. Effizienz im Mitteleinsatz und Verantwortlichkeit im Umgang mit den anvertrauten öffentlichen Mitteln sind beherrschende Spielregeln. Sie werden heute auch überwiegend beherzigt. Da brauchen sich die kommunalen Unternehmen nicht zu verstecken. Es gibt im Übrigen auch keinen systematischen Grund, warum ein kommunales Stadtwerk, ein Wohnungsbauunternehmen oder ein kommunaler Verkehrsbetrieb nicht sogar rein nach Renditegesichtspunkten geführt werden könnte, mit dem Kämmerer als gewissermaßen geborenem Aufsichtsratsvorsitzenden.

Wohl aber gibt es einen systemischen Grund. Der liegt weniger in Fällen von Marktversagen, obwohl das eine Rolle spielen kann. Wenn aus spezifischen Gründen eine bestimmte Tätigkeit nur als Monopol ausgeführt werden kann oder sollte, dann ist ein öffentliches Monopol allemal besser als ein privates. Es gibt auch Produkte und Dienstleistungen, wo über die Märkte ein solcher Kostendruck aufgebaut wird, dass die Versuchung gegeben ist – und ihr auch häufig nachgegeben wird – Rechtsregeln, Produktqualität und den Umgang mit Mitarbeitern oder der Natur nur noch als abhängige Variable von Möglichkeiten zur

Kostenentlastung zu sehen. Wo dieser Druck besteht – der natürlich auch durch reine Profitgier aufgebaut werden kann – und das Marktsegment von kommunalem Belang ist, kann auch von der Marktverfassung her ein guter Grund bestehen, hier kommunalwirtschaftlich tätig zu werden.

Der letzte Grund ist Bestandteil einer systemischen Begründung von kommunalen Unternehmen. Systemisch beantwortet sich die Frage, was wirtschaftlich von kommunalem Belang derart ist, dass eine eigenwirtschaftliche Betätigung geboten erscheint, aus der Dimension von Stadt, wie sie oben hergeleitet worden ist. Wenn Stadt den Ort beschreibt, der konkret und unmittelbar als Schutz-, Freiheits- und Friedensraum fungiert bzw. darin seine normative Idee hat, dann sind es seine Gefährdungen, die den Träger der kommunalen Funktionsordnung zu abwehrendem Handeln veranlassen. Für unseren Zusammenhang handelt es sich dabei um Gefährdungen, soweit sie aus unternehmerischer Tätigkeit erwächst, die sich rein oder primär am Ziel optimaler privater Kapitalverwertung orientiert.

Dazu einige erläuternde Beispiele, die Grundbedürfnisse betreffen:

▪ Eines dieser Grundbedürfnisse ist bezahlbarer Wohnraum. In großen Mieterstädten wie z. B. Berlin mit seinem vergleichsweise hohen Anteil an einkommensschwachen Bevölkerungsschichten darf Miete keine reine Funktion von optimaler Kapitalverwertung sein. Es ist die Schutzfunktion, die verlangt, dass nicht die Kapitalrendite letztlich entscheidet, ob ausreichend und einkommensabhängig bezahlbarer Wohnraum existiert. Die Antwort ist die Existenz kommunaler Wohnungsbauunternehmen.

▪ Ein weiteres Grundbedürfnis ist Mobilität mit ihrer Erwerbs-, Kommunikations- und Umweltschutzfunktion. Hier dürfen Sicherheitsstandards, Netz und Fahrplan nicht in die Abhängigkeit von Gewinnerwartungen geraten. Sicher steuerbar ist das nur bei einem kommunalen Nahverkehrsunternehmen. Stadt als Friedensraum bedingt besonders bei sozialen Brennpunkten eine aktive Gestaltung des Wohnumfeldes. Wohnungsbauunternehmen haben hier eine enorme Verantwortung. Es darf nicht von der Kapitalrendite oder Börsenplänen abhängen, ob sie ihr gerecht werden können.

Soziale Freiheitsräume öffnen sich – oder werden nicht zugelasse – in Unternehmen, z. B. bei dem schwierigen, aber eminent wichtigen Thema der Vereinbarkeit von Familie und Beruf: Freiheit zur Lebensgestaltung unabhängig von der Notwendigkeit einer Erwerbsarbeit.

Die Beispiele ließen sich leicht vermehren. Hier kommt es nur darauf an zu zeigen, dass es in keinem Fall die Natur der Sache selbst ist, die gewissermaßen kategorisch die kommunale wirtschaftliche Bestätigung verlangt – das gilt erkennbar auch für die angeführten Beispiele. Es ist auch in aller Regel nicht die Marktverfassung. Es ist vielmehr das Grundverständnis der Funktion von Stadt, das kategorial entscheidungsbezogene Kriterien zu ob, was und wie von kommunalen Unternehmen zu ermitteln erlaubt. Das bricht sich dann herunter in eine konkrete kommunalpolitische Programmatik, in der dann kommunalen Unternehmen ein Platz zugewiesen wir – oder eben nicht.

6   CSR: der strategische Kern

Aus der systemischen Begründung für die Existenz kommunaler Unternehmen ergibt sich die Antwort auf den Stellenwert von CSR für deren Strategie. Ihre Leistungen lassen sich prinzipiell auch privatwirtschaftlich erbringen. Die Marktverfassung spricht nur in Ausnahmefällen dagegen. Und reine Renditeerwägungen sprechen eher gegen ein kommunales Modell. Kommunale Unternehmen müssen also ein aliud, ein Anderes bieten, und dieses Andere ist der Beitrag zur Funktionserfüllung von Stadt über die Rolle als Gewerbesteuerzahler und Arbeitgeber hinaus. Es ist für ein kommunales Unternehmen zentral.

Nun ist es ja nicht so, dass privatwirtschaftliche Unternehmen gegenüber den Forderungen nach sozialer Verantwortlichkeit völlig stumpf wären. Aber bei ihnen gehört CSR zu den strategischen Randbedingungen. Es ist klar: man darf die Anforderungen, die das soziale Umfeld an das Geschäftsgebaren stellt, nicht ignorieren. Umsatzeinbußen, Beschädigung der Marke, Rückgang der Attraktivität als Arbeitgeber usw. könnten die Folge sein und sehr weh tun. Aber im Kern der Strategie liegt die Ausrichtung auf Produkt und Markt, auf Wettbewerb, Kosten und Rendite – und eben nicht auf die Verantwortlichkeit gegenüber dem Gemeinwesen. CSR findet hier auf freiwilliger Basis statt.

Anders bei einem kommunalen Unternehmen. Hier bindet schon die Natur des Eigentümers die Verantwortlichkeit des unternehmerischen Handelns an den kommunalpolitisch bestimmten Zweck seiner Existenz. Es dürfte zu den absoluten Ausnahmen von – an bizarren Beispielen durchaus reichen – kommunalen Unternehmensgründungen gehören, wo Kapitalvermehrung das Ziel unabhängig von einem spezifischen Leistungsprozess ist. Wo jedes private Unternehmen seinen Geschäftsgegenstand jederzeit nach Belieben ändern kann, wenn es in anderen Branchen seine Kapitalinteressen besser glaubt vertreten zu können, geht das bei einem kommunalen Unternehmen nicht. Die städtische Sparkasse mutiert nicht zu einem Investmenthaus. Der Nahverkehr wird nicht zum Flughafenbetreiber, das Wohnungsbauunternehmen nicht zum Automobilzulieferer, die Müllabfuhr nicht zum Softwareanbieter. Die Existenz bestimmt den Zweck und der Zweck erfüllt sich in der auf ihm bezogenen Leistung: Betreuung der Sparer und Geldversorgung von Handel und Gewerbe; Unterhalt von Wohnraum; Beitrag zur Stadthygiene und ökologisch verantwortbare Abfallentsorgung. Der Leistungszweck ist nicht relativ zu den Interessen einer optimalen Kapitalverwertung.

Damit ist der entscheidende Unterschied bei dem strategischen Ausgangspunkt von kommunalen und privaten Unternehmen beschrieben. Zwar eint sie das fundamentale Interesse jeder Organisation an der Sicherheit ihrer Existenz. Aber anders als das private Unternehmen, dessen Strategie dafür die Erfüllung der Kapitalinteressen gewährleisten muss, hat das kommunale Unternehmen die strategische Hauptaufgabe darin, unter der Beachtung wirtschaftlicher Grundsätze als Nebenbedingung den zweckgerichteten Leistungsumfang zu bestimmen und als Leistungsauftrag gegen widerstreitende Interessen abzusichern.

Dass es ein städtisches Wohnungsbauunternehmen usw. gibt, ist ein Akt kommunalpolitischer Willensbildung. Dahinter stehen bestimmte Vorstellungen von Stadt und ihren Funktionen, zu deren Erfüllung in dieser Vorstellung eben eine solche kommunalwirtschaftliche Tätigkeit als je spezifischer Leistungsauftrag gehört. Wie sicher seine Existenz ist, hängt natürlich einmal davon ab, ob die gesellschaftliche und politische Zustimmung erhalten bleibt. Hier können gegenläufige – etwa ordnungspolitische, aber auch interessensgeleitete – Vorstellungen die Oberhand gewinnen. Aber, und das ist für die Strategie entscheidend, das Unternehmen ist dem nicht einfach als Objekt fremder Willensbildung ausgesetzt. Es ist hier durchaus auch Subjekt. Es liegt ganz wesentlich auch an ihm selbst, ob es sich seinen Leistungsauftrag erhält oder ihn an Private verliert.

Mit einer klar formulierten, nach innen und außen stimmig kommunizierten und auch kontinuierlich umgesetzten Strategie wird das Unternehmen selbst Akteur bei der kommunalen Willensbildung. Es hängt entscheidend davon ab, wie es seine Leistung erbringt, ob ihm der Auftrag erhalten bleibt. Dabei ist nicht der Inhalt des Leistungsauftrags Gegenstand der Strategie. Der steht mit dem Unternehmenszweck mehr oder minder fest. Zwar gibt es auch hier über die Zeit Veränderungen. Sie finden aber mehr an den Rändern des Unternehmensgegenstandes statt, ohne ihn im Kern zu verändern. Das kommunale Entsorgungsunternehmen ist heute von einem reinen Beseitiger von Müll zu einem Produzenten von Sekundärrohstoffen und einem „Nebenversorger" als Erzeuger und Anbieter von Energie geworden. Das ändert aber nichts an dem Zweck des Unternehmens: Müll einzusammeln und gefahrlos zu verbringen, heute aber unter anderen ökologischen und wirtschaftlichen Bedingungen als früher.

Entscheidend ist also das Wie der Erfüllung des Leistungsauftrags und dabei letztlich Erwerb und Erhalt von Vertrauen. Vertrauen schlägt sich dann nieder in der Überzeugung, dass es für die Stadt gut ist, das kommunale Unternehmen mit der Leistung betraut zu haben.

Was ist für die Stadt gut? Das zu wissen bzw. auf diese Frage eine Antwort zu haben, ist nicht nur eine Sache der Kommunalpolitik. Es ist ganz eminent auch eine Sache des Managements des Unternehmens. Es beschreibt nämlich seine strategische Aufgabe. Das Management kann sich nicht darauf verlassen, die Antwort vom Eigentümer geliefert zu bekommen. Dafür ist „Stadt" als Eigentümer viel zu heterogen. Rat, Verwaltung, Parteien, Medien, sonstige Öffentlichkeit, Interessengruppen: alle treten sie mehr oder minder stark mit dem Anspruch auf, die Stadt zu vertreten, unterschiedlich akzentuiert, häufig konfligierend. Und das Unternehmen als ein Teil der Stadt, als Teil seiner Funktionalordnung ist damit selbst Gegenstand konfligierender Beurteilung hinsichtlich seines Beitrages zu dem, was „gute Stadt" ist.

Das Management könnte sich angesichts der Komplexität dieser Gemengelage darauf zurückziehen – und tut das auch oft –, es nur zu tun zu haben mit der Qualität der Leistung und deren Wirtschaftlichkeit. Natürlich muss die Leistung stimmen und die Kosten müssen Vergleichen standhalten. Das ist aber nur die notwendige, noch nicht die hinreichende Bedingung für eine überzeugende Strategie. Denn, um das nochmals aufzugreifen, bei einer Beschränkung rein auf Leistung und Kosten haben öffentliche im Wettbewerb mit privaten Unternehmen schlechte Karten. Es genügt, an das öffentliche Dienstrecht, partnerschaftliche Strukturen, Anbindung an politische Vorgaben usw. zu erinnern, um den Befund augenfällig zu machen. Das kommunale Unternehmen muss mehr und anderes können, letztlich zweierlei:

1. Es muss den für sein Handeln relevanten gesellschaftlichen Kontext kennen. Es muss ihn beurteilen und Konflikte antizipieren können. Es muss Ansprüche aus diesem Kontext an sein Handeln als im Prinzip legitim anerkennen und mit ihnen umgehen können. Es muss wissen, dass es diesen Kontext nicht hierarchisch dominieren kann, sondern den Umgang mit ihm, also z. B. die Abwehr von Ansprüchen, kommunikativ gestalten muss.

2. Gerade weil das Meinungsbild des Kontextes uneinheitlich ist, die Ansprüche an das Unternehmen häufig konfligierend sind, ein Rückzug auf „reine" Wirtschaftätigkeit nach Vorbild eines Privatunternehmens kein Ausweg ist, muss das Unternehmen eine eigene Vorstellung entwickeln von dem, was sein Beitrag zur „guten Stadt" ist, diese Vorstellung in Ansprüche an den Kontext, weil ein Teil desselben, umwandeln und kommunikativ durchsetzen können. Es wird insoweit Subjekt seines Handelns.

Eine zureichende Strategie beruht auf der Integration der beiden Punkte in eine eigene Vorstellung von „guter Stadt" unter den Bedingungen der je konkreten gesellschaftlichen Ziele und Werte zu einer gegebenen Zeit.

Noch einmal: auch das kommunale Unternehmen ist in erster Linie ein Wirtschaftsunternehmen und muss wirtschaftlich geführt werden. Leistung, Produkte, Preise, Ergebnisse usw. müssen stimmen und prinzipiell wettbewerbsfähig sein. Das ist aber „nur" die notwendige Bedingung, die jede Strategie im Fokus haben muss. Ausreichend ist die strategische Orientierung erst, wenn sich das Unternehmen der gesellschaftlichen Dimension bewusst ist, in die seine Tätigkeiten eingebettet ist, und daraus zureichende Handlungsimperative abzuleiten in der Lage ist. Insoweit kann man sagen, dass CSR ein integrativer Bestandteil jeder Strategie eines kommunalen Unternehmens sein muss.

Die gesellschaftliche Dimension, die CSR umgreift, differenziert sich im Wesentlichen in drei Bereiche aus, in denen sie sich dann konkretisiert:

1. die ökologische Verantwortung,
2. die Humanverantwortung,
3. die politische Verantwortung.

Die Unternehmensstrategie muss sich zu allen drei Verantwortungsbereichen explizit verhalten und sie in den Teil ihrer Strategie integrieren, der ihre Verantwortung für den wirtschaftlichen Umgang mit den ihm anvertrauten Ressourcen betrifft. Wie sich die Strategie konkretisiert und wie viel Ressourcen für ihre Realisierung aufgewendet werden, ist je nach Unternehmen und Wirtschaftszweig verschieden, differiert auch nach je unterschiedlichen politischen und gesellschaftlichen Bewusstseins- und Problemlagen einer Stadt. Aber für jede konkrete Stadt führt das Durchdenken der Konsequenzen aus einer affirmativen Haltung zu CSR zu konkreten Strategien. CSR hat insoweit eine erkenntnisleitende Funktion, und wo sie affirmativ begriffen wird, fungiert sie zugleich als der Versuch, Stadt als „gute Stadt" im Rahmen der eigenen Verantwortlichkeit zu realisieren. CSR wird hier insoweit durchaus als normativ begriffen auch zur Selbstlegitimation.

Bei allen Unterschieden ist nicht schwer zu sehen, was die oben ausdifferenzierten drei Verantwortungsbereiche konkret bedeuten:

1. In der ökologischen Verantwortung drückt sich aus die Selbstverpflichtung zum Nachhaltigkeitsprinzip und damit zur Verantwortung gegenüber den nachkommenden Generationen, aber auch der Respekt gegenüber einem Eigenrecht der Natur. Die Konsequenz:
    Die Strategie eines kommunalen Stadtwerks realisiert sich nicht in Umsatz- und Gewinnwachstum, sondern als Energiesparwert.
    Der kommunale Entsorger orientiert seine gesamte Prozesskette von der Erfassung des Abfalls bis zur letzten Stufe möglicher Wiederverwertung an

den ökologischen Zielen Klimaschutz, Energieeinsparung, Ressourcenschutz durch Recycling, etc. aus. Sein Renditeziel ist eher die Ökorendite als der monetäre Jahresüberschuss.
Die kommunale Bank fordert Nachhaltigkeitsnachweise bei der Investitionsfinanzierung.

2. Die Humanverantwortung beschreibt die Verantwortung gegenüber den Menschen in seinen Rollen als Mitarbeiter, Familienmitglied, Bürger, kurz: als gesellschaftliches Wesen einzeln und in der Verfasstheit in Organisationen. Die Konsequenz:
Im kommunalen Unternehmen haben nicht nur Platz, sondern werden aktiv gefördert Mitbestimmung und Mitverantwortung der Mitarbeiter, Ermöglichung der Vereinbarkeit von Familie und Beruf, Frauenförderung, präventiver Gesundheitsschutz, Anstrengungen zur Integration benachteiligter Minderheiten usw. Der Mensch ist nicht primär Kostenfaktor und auch seine Kreativität wird nicht nur unter dem Gesichtspunkt des Beitrags zur Renditeverbesserung gesehen.
Gestaltung von und Mitarbeit bei sozialen Projekten wie Umwelterziehung an Schulen, Jugendsport, Fördermaßnahmen zur Ausbildungsreife, Gewaltprävention etc.

3. Die politische Verantwortung dokumentiert sich in einer klaren Rollenzuschreibung im Kontext des politischen Ordnungsrahmens und der ihn fundierenden Werte. Die Konsequenz:
Das Unternehmen akzeptiert nicht nur, sondern fordert von den politisch legitimierten Körperschaften (Senat/Rat) eine Funktionszuweisung über den monetären Beitrag zum Haushalt hinaus. Es verlangt gewissermaßen verfassten Bürgerstatus. In Berlin hat diese Forderung eine erste Gestalt gewonnen in der mehrwert-Initiative von kommunalen Unternehmen, die mit „mehrwert" ausdrücken wollen, dass sie in ihrem Unternehmenszweck „mehr Wert" verfolgen als nur den monetären Wertzuwachs.
Das Unternehmen reflektiert in seiner inneren Verfassung das demokratische Ordnungsprinzip und die es tragenden Grundrechte (insbesondere den Gleichheitsgrundsatz unabhängig von funktional bestimmten Hierarchien).
Das Unternehmen fördert politische Partizipation im Rahmen seiner Organisationsmöglichkeiten.

Eine Strategie aus diesem Verständnis ist konfliktgeladen. Man kann auch sagen: CSR ist – konsequent verfolgt – konfliktgeladen! Es gibt konfligierende Machtansprüche. Es gibt konfligierende Ordnungsvorstellungen. Es gibt konfligierende Ansprüche an die Ressourcenverteilung. Das Unternehmen muss solche Konflikte aushalten können. CSR lässt Feigheit nicht zu. Sie lässt aber auch eine

Strategie nicht zu, die mit dem Kopf durch die Wand will. Sie erfordert ein kluges Management, das seinen strategischen Weg durch die konfligierenden Ansprüche findet, ohne seinen Kompass zu verlieren: ein selbstbewusstes Subjekt zu sein zur Formulierung und praktischen wie kommunikativen Durchsetzung von Strategien zur Verwirklichung der Idee einer „guten Stadt".

Besonderheiten von Corporate Social Responsibility in öffentlichen Unternehmen am Beispiel der Berliner Stadtreinigung (BSR)

Florian Anthes

> „Gesellschaftliche Verantwortung liegt einem Unternehmen, das auf die Erfüllung eines öffentlichen Zwecks ausgerichtet ist, quasi in den Genen."[1]
> (Berliner Stadtreinigungsbetriebe)

1 Einleitung

Corporate Social Responsibility (CSR)[2] und die darunter verstandene Wahrnehmung gesellschaftlicher Verantwortung durch Unternehmen ist, wie bereits 2001 im Grünbuch der Europäischen Union festgestellt wird, nicht nur ein Konzept für

---

[1] Berliner Stadtreinigungsbetriebe (2009), S. 75.

[2] Im Unternehmensalltag trifft man auf eine Vielzahl von unterschiedlichen Begriffen, die im Zusammenhang mit der Wahrnehmung gesellschaftlicher Verantwortung durch Unternehmen verwendet werden. Für Hansen und Schrader ist aber erkennbar, dass sich der Begriff Corporate Social Responsibility mehr und mehr durchzusetzen scheint (vgl. Hansen/Schrader (2005), S. 376), so dass in diesem Beitrag dieses Begriffsverständnis zugrunde gelegt wird. Die Europäische Union definiert in ihrem Grünbuch Corporate Social Responsibility als: „Ein Konzept, das den Unternehmen als Grundlage dient, auf freiwilliger Basis soziale Belange und Umweltbelange in ihre Unternehmenstätigkeit und in die Wechselbeziehung mit den Stakeholdern zu integrieren"; Europäische Kommission (2001), S. 8.

private, sondern auch für öffentliche Unternehmen.[3, 4] Ungeachtet dieser Beurteilung treten öffentliche Unternehmen in der Diskussion um gesellschaftliche Verantwortung aber bisher kaum oder gar nicht in Erscheinung. So zeigt die Durchsicht der aktuellen CSR-Literatur, dass sich die wissenschaftliche Bearbeitung dieses Themenfeldes weitgehend auf die Untersuchung des privatwirtschaftlichen Raums beschränkt. Eine fundierte Betrachtung gesellschaftlicher Verantwortung von öffentlichen Unternehmen – vor allem unter dem Begriff CSR – sucht man in der Fachliteratur vergebens. Dabei scheint das Thema im Alltag vieler öffentlicher Unternehmen eine nicht unwesentliche Rolle zu spielen, wie eine erkennbare Zunahme der Nachhaltigkeitsberichterstattung[5] – z. B. der Stadtreinigung Hamburg, der Berliner Stadtreinigung oder der Kommunalen Wasserwerke Leipzig – vermuten lässt.

Der Europäischen Kommission nach muss die Politik, wenn es um die Ermutigung von Unternehmen zur Übernahme sozialer Verantwortung geht, eine bedeutende Rolle spielen.[6] Das lässt grundsätzlich nicht nur die Frage zu, wie die Politik dies durch die Schaffung von geeigneten Rahmenbedingungen (z. B. Aktionsplan CSR der Bundesregierung) fördern kann, sondern – und das wird in den folgenden Ausführungen im Speziellen interessieren – wie sie dies durch ihr eigenes institutionelles Instrumentarium vorleben kann. Auch wenn der Staat mehr und mehr auf Gestaltungsspielräume verzichtet, ist er über institutionelle Arrangements angehalten, Verantwortung für die Gesellschaft zu übernehmen. Werden die Wesensmerkmale öffentlicher Unternehmen einerseits mit jenen von privaten Unternehmen, andererseits mit den Merkmalen von Corporate Social Responsibility in Verbindung gebracht, ist festzustellen, dass zentrale Besonderheiten in der Erfüllung von CSR zwischen privaten und öffentlichen Unternehmen zu identifizieren sind, die weitgehend aus der öffentlichen Stellung resultieren. Öffentliche Unternehmen dienen durch ihren Auftrag einem öffentlichen Zweck, der häufig über eine rein betriebswirtschaftliche Dimension hinaus geht. Eine erweiterte Betrachtung öffentlicher Unternehmen unter dem Blickwinkel CSR scheint daher nicht nur für die gesamte Nachhaltigkeitsdiskussion interessant, sondern auch für die zukünftige Rolle des Staates und der damit verbundenen Stärkung oder Schwächung bestimmter institutioneller Instrumente. Wurden bisherige Legitimationsdiskussionen oft auf ökonomische Argumente reduziert,

---

[3] Öffentliche Unternehmen definieren sich als „Einzelwirtschaft[en], deren Eigenkapital- oder Ausstattung mit Sachgütern, Personal- und Finanzmittel ganz oder teilweise, direkt oder indirekt von einer oder mehreren öffentlich-rechtlichen Körperschaften aufgebracht worden ist und deren erstellte Güter oder Dienstleistungen marktgängig sind"; Brede (2001), S. 26.
[4] Vgl. Europäische Kommission (2001), S. 4.
[5] S. dazu die Beiträge von Brandl und Gebauer in diesem Band.
[6] Vgl. Europäische Kommission (2001), S. 6.

wird der Blickwinkel zunehmend um gesellschaftliche Funktionszusammen-
hänge erweitert.

Im Rahmen dieses Beitrages soll daher die Frage beantwortet werden, welche Rolle Corporate Social Responsibility in öffentlichen Unternehmen ein-
nimmt und welche Bedeutung sich daraus für die Legitimation öffentlicher
Unternehmen ableiten lässt. Hierfür wird eruiert, woraus sich die CSR eines
öffentlichen Unternehmens begründet, welchen Einfluss diese Begründung auf
die Ausgestaltung von Unternehmensstrategien haben kann und welche Spannungsfelder bei der Umsetzung aufgrund der Wesensmerkmale öffentlicher
Unternehmen entstehen können. Abschließend wird eine Verbindungslinie zwischen der gesellschaftlichen Verantwortung und einer sich abzeichnenden
Bedeutung dieser für zukünftige Entscheidungen der öffentlichen Hand (privat
vs. öffentlich) gezogen. Dabei wird die Diskussion der aufgeworfenen Fragen
anhand eines Beispiels, der Berliner Stadtreinigung (BSR)[7], konkretisiert.

2 Gesellschaftliche Verantwortung als Teil des öffentlichen Auftrages

Während private Unternehmen ihre Formal- und Sachziele und damit den
Gegenstand ihrer Tätigkeit weitgehend selbst bestimmen können, erfüllen
öffentliche Unternehmen einen gesetzlichen, satzungsmäßigen bzw. trägerindu-
zierten öffentlichen Auftrag.[8] Die öffentliche Hand bestimmt als Träger eines
öffentlichen Unternehmens dessen Zweck und legt fest, welche Aufgaben im
Rahmen dieses öffentlichen Zwecks zu erbringen sind und welche Rolle das
öffentliche Unternehmen in der Marktwirtschaft spielen soll.[9] Anders als bei privatwirtschaftlichen Unternehmen ist dieser Auftrag nicht durch die Geschäftsführung oder die Anteilseigner determiniert, sondern ist durch ein öffentliches

---

[7] Nicht nur als eines der größten kommunalen Entsorgungsunternehmen in Europa und einer 130-
jährigen Unternehmensgeschichte, sondern auch da sie mit ihren „Dienstleistungen unter Umwelt-
aspekten zu einer 'kritischen' Branche zählt" – (Berliner Stadtreinigungsbetriebe (2009), S. 18.) –,
soll die Berliner Stadtreinigung als Beispielunternehmen für die Betrachtung von Corporate Social
Responsibility in öffentlichen Unternehmen dienen. Dabei ist die BSR als öffentliches Einzelunter-
nehmen zu 100 % im Besitz des Landes Berlin und agiert in der Rechtsform einer Anstalt des
öffentlichen Rechts; s. zu den Merkmalen dieser Rechtsform Mühlenkamp (1994), S. 25 f. Zum
Kerngeschäft gehören hoheitliche Aufgaben (öffentlich-rechtlich, ordnungsrechtlich) wie: Samm-
lung, Verwertung und Beseitigung von Siedlungsabfällen sowie die flächendeckende Straßenreinigung (einschließlich Verkehrssicherheitspflichten durch den Winterdienst); vgl. dazu Berliner
Stadtreinigungsbetriebe (2008), S. 30.
[8] Vgl. Eichhorn (2004), S. 51.
[9] Vgl. Graef (2001), S. 35.

Interesse,[10] resultierend aus öffentlichen Zielen, abgeleitet.[11] Diese Ziele finden
in daraus folgenden Handlungsanweisungen (öffentliche Aufgaben) ihre Konkretisierung[12] und werden durch Gesetzgebung, Regierung sowie Administration
bzw. Gemeindevertretung und -verwaltung formuliert.[13] Demnach treffen
öffentliche Unternehmen auftragsbestimmte Entscheidungen, die zwar oft durch
eine privatwirtschaftlich orientierte Geschäftspolitik bestimmt sind, aber immer
unter Beachtung der öffentlichen Aufgabenstellung getroffen werden.[14]

Durch die Formulierung des Auftrages aus einem öffentlichen Interesse
heraus, kann die Legitimation eines öffentlichen Unternehmens nicht allein auf
die betriebliche Betätigung reduziert werden. Es bedarf daher einer zusätzlichen
Betrachtung jener Wirkungen, die sich außerhalb von Märkten vollziehen und
die Organisationsumwelt begünstigen (sozialer Nutzen) oder belasten (soziale
Kosten).[15] Diese externen Effekte stellen aber mehr als eine ausschließliche
Nebenbedingung dar. Denn die Verbesserung der Organisationsumwelt kann
nicht nur per se als Teil des unternehmerischen Entscheidungshorizontes angesehen werden,[16] sondern „die aktive Integration externer Effekte in die Entschei-
dungskalküle"[17] kann zudem als ein Wesensmerkmal öffentlicher Unternehmen
interpretiert werden. So enthält nach *Eichhorn* das Zielsystem öffentlicher
Unternehmen neben den wirtschaftlichen Aspekten vor allem politische (d. h.
außerökonomische) Ziele, die in umweltpolitische (z. B. Entsorgungssicherheit)
und gesellschaftspolitische Ziele (z. B. Chancengleichheit) unterschieden werden
können.[18]

Im Ziel- und Entscheidungssystem von privatwirtschaftlichen Unternehmen
wird davon abweichend eher dem Erhalt der Wettbewerbsfähigkeit und der langfristigen Gewinnerzielung eine übergeordnete Funktion zugeschrieben.[19] Gesellschaftlich relevante Betätigungen werden als Nebenbedingung auf einer zweiten
Zielfunktionsebene eingeordnet. Die Beweggründe privater Unternehmen, nachhaltig und verantwortlich zu handeln, reichen aufgrund der unterschiedlichen

---

[10] Interesse, welches kein starr festgeschriebenes Interessenbündel darstellt, sondern durch verschiedene Interessengruppen und gesellschaftspolitische Strömungen, aber auch durch verschiedene
Werthaltungen, Idealbilder, Modeerscheinungen, Trends oder politische Grundhaltungen eines
Landes seine Definition findet; vgl. Graef (2001), S. 23 f.
[11] Vgl. Graef (2001), S. 23.
[12] Vgl. Graef (2001), S. 24.
[13] Vgl. Eichhorn (1997), S. 112.
[14] Vgl. Eichhorn (2004), S. 47.
[15] Vgl. Eichhorn (1997), S. 114.
[16] Nach Eichhorn dürfen die Leistungsabgabe, aber auch die Leistungserstellung und Beschaffung
hinsichtlich der Organisationsumwelt nicht indifferent bleiben; vgl. Eichhorn (1997), S. 115.
[17] Eichhorn (1997), S. 117.
[18] Vgl. Eichhorn (2001), S. 120.
[19] Vgl. Münstermann (2007), S. 31.

Wertgerüste der Unternehmen „vom paternalistischen Selbstverständnis bis hin zu rein profitorientierten Beweggründen."[20] Die Übernahme von freiwilliger gesellschaftlicher Verantwortung wird als sogenannter Business Case verstanden und ist demnach nicht nur für die Gesellschaft lohnend, sondern auch wirtschaftlich sinnvoll für das jeweilige Unternehmen.[21]

Dem öffentlichen Auftrag kommt neben der Erfüllung der definierten Aufgaben folglich eine Instrumentalfunktion zu.[22] Hierbei werden den öffentlichen Unternehmen eine Reihe von Funktionen zugewiesen, die nicht explizit festgeschrieben sind, „sondern auch implizit aus der besonderen Stellung der öffentlichen Unternehmertätigkeit resultieren."[23] Zu diesen über den eigentlichen Auftrag hinausgehenden Funktionen zählen neben raumordnungspolitischen, konjunkturpolitischen, strukturpolitischen und wettbewerbspolitischen Aufgaben zentral auch sozialpolitische Funktionen.[24] Öffentliche Unternehmen müssen somit einen bewussten Beitrag zur Lösung gesellschaftlicher Probleme – dem sogenannten Social Case – leisten.

Diese Anforderung lässt sich am Beispiel der Berliner Stadtreinigung (BSR) dahingehend konkretisieren, dass das Berliner Betriebe-Gesetz (BerlBG) – die gesetzliche Grundlage der BSR – nicht nur die zu erfüllenden Aufgabenbereiche enthält, sondern auch vorsieht, dass die betreffenden Anstalten des öffentlichen Rechts ihre Aufgaben unter Berücksichtigung sozialer, umwelt- und strukturpolitischer Aspekte zu erfüllen haben (§ 3 BerlBG). Die Wahrnehmung gesellschaftlicher Verantwortung liegt, so das diesem Beitrag vorangestellte Zitat, einem öffentlichen Unternehmen bereits in den Genen – also im öffentlichen Auftrag. Dadurch sind öffentliche Unternehmen, auch wenn es begrifflich nicht so bezeichnet wird, zu Corporate Social Responsibility-Maßnahmen (politisch, gesetzlich) verpflichtet und finden darin ihre grundsätzliche Legitimation für die Wahrnehmung gesellschaftlicher Verantwortung.[25]

Die Feststellung dieser „genetischen" Bedeutung des öffentlichen Auftrages für die CSR-Aktivitäten öffentlicher Unternehmen wirft weiterführend eine grundsätzliche Frage auf, die mit dem substanziellen Aspekt der „Freiwilligkeit" in den Definitionen von Corporate Social Responsibility in Verbindung steht.[26] So fokussiert beispielsweise das CSR-Konzept der Europäischen Union eine freiwillige, über die gesetzlichen Bestimmungen hinausgehende Erfüllung

---

[20] Münstermann (2007), S. 5.
[21] Vgl. Hansen/Schrader (2005), S. 374; Hansen (2004), S. 69.
[22] Vgl. Graef (2001), S. 47-58.
[23] Graef (2001), S. 44.
[24] Vgl. Graef (2001), S. 59-68.
[25] S. dazu den Beitrag von Sandberg, S. 131 ff., in diesem Band.
[26] S. dazu die Einführung von Sandberg, S. 14, in diesem Band.

gesellschaftlicher Verantwortung durch Unternehmen.[27] Dies steht in einem klaren Gegensatz zu dem oben herausgearbeiteten Zusammenhang zwischen der gesellschaftlichen Verantwortung und dem gesetzlichen/trägerinduzierten öffentlichen Auftrag. Somit muss an dieser Stelle die Frage gestellt werden, inwieweit der Aspekt der „Freiwilligkeit" für öffentliche Unternehmen aufrechterhalten werden kann und/oder es dadurch nicht einer Weiterentwicklung der teilweise noch recht uneinheitlichen[28] CSR-Definitionen bedarf. Umgekehrt kann auch gefragt werden, ob die gesellschaftliche Verantwortung von öffentlichen Unternehmen in Folge dessen überhaupt unter das Verständnis von CSR gezählt werden kann oder vielleicht sogar eine andere Begrifflichkeit erarbeitet werden muss.

3 CSR in den Strategien öffentlicher Unternehmen

Welche Bedeutung diese Aspekte in der konkreten Ausgestaltung von Strategien öffentlicher Unternehmen haben können und welche Spannungsfelder dadurch entstehen (Abschnitt 4), soll im Folgenden am Beispiel der Berliner Stadtreinigung entwickelt werden.

Grundsätzlich hat die BSR im Rahmen der öffentlichen Daseinsvorsorge die Aufgabe, Abfälle zu niedrigen Gebühren umweltgerecht zu beseitigen und zu verwerten. Zur Erfüllung dieses, durch den öffentlichen Auftrag festgeschriebenen Kerngeschäftes, bildet der Compliance-Ansatz (Sicherstellung und Überwachung der Regelkonformität) den grundsätzlichen Rahmen gesellschaftlicher Verantwortung der BSR. Ähnlich wie es das CSR-Konzept der Europäischen Union vorsieht, stellt das Einhalten von verbindlichen Normen das Gerüst für alle darüber hinausgehenden Aktivitäten dar.[29] Ein wichtiges Element dieses Compliance-Ansatzes ist hierbei auch der mit dem Land Berlin geschlossene Corporate Governance Kodex,[30] welcher neben dem Zusammenwirken der Organe auch die Mitbestimmungsgrundsätze regelt.[31]

---

[27] S. dazu u. a. Europäische Kommission (2001), S. 4; Loew et al. (2004) S. 11; Hansen/Schrader (2005), S. 375.
[28] Vgl. Münstermann (2007), S. 4, 31; Hansen/Schrader (2005), S. 373; Loew et al. (2004), S. 12 ff.
[29] Vgl. Berliner Stadtreinigung (o. J.), S. 6.
[30] Gestaltung der Gesamtheit der Beziehungen zwischen dem Management, dem Aufsichtsrat, den Anteilseignern und den anderen Stakeholdern eines Unternehmens. Die Corporate Governance gibt auch eine Struktur vor, in deren Rahmen die Unternehmensziele, die Mittel zur Erreichung dieser Ziele und die Überwachung der Unternehmensleistung festgelegt bzw. geregelt werden; vgl. Europäische Kommission (2001), S. 28.
[31] Vgl. Berliner Stadtreinigung (o. J.), S. 6.

Eine nachhaltige Unternehmensführung (Corporate Sustainability[32]) berücksichtigt grundsätzlich alle „Beiträge eines Unternehmens zu den sozialen, ökologischen und ökonomischen Nachhaltigkeitsanforderungen."[33] Diese drei Nachhaltigkeitsdimensionen sollen durch eine darauf ausgerichtete Unternehmensführung systematisch optimiert werden.[34] Bei der Betrachtung der Kernaufgaben der BSR wird deutlich, dass bereits wesentliche Elemente dieser nachhaltigen Unternehmensführung (nämlich Ökonomie und Ökologie) im Kerngeschäft verankert sind. Einerseits ist die umweltschonende Beseitigung und Verwertung jeglicher Art von Müll eine zentral die ökologische Dimension betreffende Handlung. Andererseits ist der ökonomische Aspekt, durch ein gutes Preis-/Leistungsverhältnis (niedrige Gebühren), die Basis für den Erhalt des öffentlichen Auftrages.[35]

Corporate Social Responsibility stellt dagegen ein Konzept dar, das „alle Beiträge des Unternehmens zur Nachhaltigkeit betrachtet, unabhängig davon, ob sie Teil der ... gewöhnlichen Geschäftstätigkeit sind oder über die eigentliche Geschäftstätigkeit hinaus gehen."[36] Wie bereits festgestellt, beruht das Konzept auf einer freiwilligen, über die gesetzlichen Bestimmungen (Compliance) hinausgehende Erfüllung gesellschaftlicher Verantwortung durch Unternehmen und bedeutet die Erweiterung der unternehmerischen Aktivitäten über den rein wirtschaftlichen Bereich hinaus.[37] Es soll mehr in Humankapital, in die Umwelt und in die Beziehungen zu internen und externen Stakeholdern (z. B. Arbeitnehmer, Kunden, Behörden, NPOs etc.) investiert werden.[38] Entgegen der drei genannten Dimensionen nachhaltiger Unternehmensführung, zielt CSR im engeren Sinne nur auf die soziale und ökologische Verantwortung.[39] Die dritte Dimension, der wirtschaftliche Erfolg (Ökonomie), wird hier eher als Folge der Wahrnehmung gesellschaftlicher Verantwortung gesehen und weniger als Bestandteil.[40] Daher ist CSR (nur) als ein Element nachhaltiger Unternehmensführung zu sehen, welche ganzheitlich alle drei Dimensionen berücksichtigt.[41]

---

[32] S. dazu den Beitrag von Schaltegger in diesem Band.
[33] Loew et al. (2004), S. 13.
[34] Vgl. Loew et al. (2004), S. 13.
[35] Vgl. Gespräch mit A. Scholz-Fleischmann vom 26.05.2009.
[36] Loew et al. (2004), S. 10.
[37] Vgl. Hansen/Schrader (2005), S. 375.
[38] Vgl. Europäische Kommission (2001), S. 8.
[39] Vgl. Europäische Kommission (2001), S. 8.
[40] Vgl. Hansen/Schrader (2005), S. 376.
[41] Vgl. Loew et al. (2004), S. 11.

Abbildung 1:   Unternehmenstrategie der Berliner Stadtreinigung (BSR)

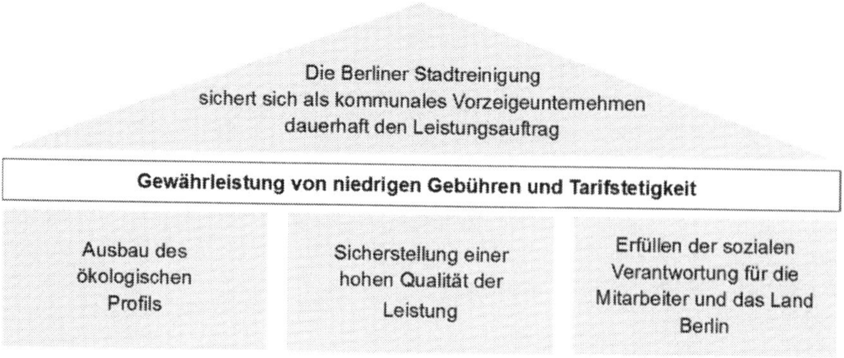

Die Berliner Stadtreinigung
sichert sich als kommunales Vorzeigeunternehmen
dauerhaft den Leistungsauftrag

Gewährleistung von niedrigen Gebühren und Tarifstetigkeit

Ausbau des ökologischen Profils

Sicherstellung einer hohen Qualität der Leistung

Erfüllen der sozialen Verantwortung für die Mitarbeiter und das Land Berlin

Quelle: Berliner Stadtreinigungsbetriebe (2009), S. 18.

Wie ist Corporate Social Responsibility nun konkret in die Unternehmensstrategie der Berliner Stadtreinigung eingegliedert (s. Abbildung 1)? Das oberste Unternehmensziel lautet: „Die Berliner Stadtreinigung sichert sich als kommunales Vorzeigeunternehmen dauerhaft den Leistungsauftrag,"[42] d. h. Ziel ist der Erhalt des öffentlichen Auftrages und damit der Erhalt der BSR als ein öffentliches Unternehmen.[43] Die zur Erreichung des Ziels bestehende Unternehmensstrategie baut auf drei Säulen auf:

1.   Ausbau des ökologischen Profils,
2.   Sicherstellung einer hohen Qualität der Leistung und
3.   Erfüllung der sozialen Verantwortung für die Mitarbeiter und das Land Berlin.[44]

Demnach ist Corporate Social Responsibility zentrales Standbein der Unternehmensstrategie, da zwei der drei Strategiesäulen die beiden CSR-Dimensionen Ökologie und Soziales explizit betreffen. Aber auch die dritte Säule der Unternehmensstrategie („Sicherung einer hohen Qualität der Leistung") kann hier als ein wichtiger Teil einer CSR-Strategie interpretiert werden. Das Preis-/Leistungsverhältnis und die damit verbundene hohe Qualität der Leistungen

---

[42] Berliner Stadtreinigungsbetriebe (2009), S. 18.
[43] Wobei hier die Frage gestellt werden muss, ob der Selbsterhalt wirklich Ziel eines öffentlichen Unternehmens sein darf.
[44] Vgl. Berliner Stadtreinigungsbetriebe (2009), S. 18.

öffentlicher Unternehmen sind entscheidend für deren Fortbestand.[45] Nur das sichert den öffentlichen Auftrag, welcher der Ausgangspunkt für die CSR-Aktivitäten ist. In der Schlussfolgerung ergibt sich die gesellschaftliche Verantwortung als logische Folge des eigenen Qualitätsanspruchs der Berliner Stadtreinigung. Sie berücksichtigt in ihren unternehmerischen Aktivitäten neben den für Corporate Social Responsibility zentralen ökologischen und sozialen Faktoren als Folgewirkung auch die ökonomische Dimension.

„Im Grunde ist CSR ein Sockel unserer Unternehmensstrategie",[46] stellt *Andreas Scholz-Fleischmann*, Mitglied des Vorstandes der Berliner Stadtreinigung, fest.[47] Die BSR steht für Entsorgungssicherheit, Sauberkeit, soziale Verantwortung und Umweltschutz.[48] Daraus resultierend ist ein (gesellschaftlicher) Sinn ihrer Produkte bzw. Dienstleistungen erkennbar. Sie ist ein Umweltschutzunternehmen, wodurch die ökologische Dimension bereits durch das Tagesgeschäft maßgeblich berührt wird. Der Sinn eines Produktes ist bei privatwirtschaftlichen Unternehmen nicht immer vorhanden, so dass diese ihren Produkten durch bestimmte CSR-Aktivitäten, die als Marketing-Maßnahmen zu werten sind, einen gewissen Sinn geben müssen.[49, 50] Bei der Berliner Stadtreinigung sind dagegen die CSR-Dimensionen zum Teil im Kerngeschäft enthalten, so dass nach dem eigenen Selbstverständnis Corporate Social Responsibility sogar zum Produkt der Berliner Stadtreinigung gehört.[51]

4 CSR im Spannungsfeld von Verantwortung und Rechenschaft

Öffentliche Unternehmen müssen sich vergleichen lassen, mit ihren Leistungen und Kosten, aber auch mit ihren Preisen und Gebühren, da sie mit öffentlichen Geldern umgehen.[52] Sie unterliegen größerer öffentlicher Aufmerksamkeit als privatwirtschaftliche Unternehmen. Folglich müssen öffentliche Unternehmen verdeutlichen, „inwieweit sie durch ihre unternehmerische Betätigung der in sie

---

[45] Vgl. Gespräch mit A. Scholz-Fleischmann vom 26.05.2009.
[46] Gespräch mit A. Scholz-Fleischmann vom 26.05.2009.
[47] Andreas Scholz-Fleischmann ist Vorstand für Personal, Soziales und technische Dienstleistungen bei der Berliner Stadtreinigung und dort für Corporate Social Responsibility zuständig. Der Verfasser hat mit Andreas Scholz-Fleischmann ein Experteninterview geführt, auf das im Folgenden mehrfach Bezug genommen wird.
[48] Vgl. Berliner Stadtreinigungsbetriebe (2009), S. 19.
[49] Vgl. Gespräch mit A. Scholz-Fleischmann vom 26.05.2009.
[50] So z. B. das Krombacher Regenwaldprojekt, ein Beispiel für Cause Related Marketing.
[51] Vgl. Gespräch mit A. Scholz-Fleischmann vom 26.05.2009.
[52] Vgl. Gäde-Butzlaff (2009), S. 2.

gesetzten ökonomischen, sozialen, ökologischen und gesellschaftlichen Verantwortung gerecht geworden sind."[53]

Die Berliner Stadtreinigung ist aufgrund ihres öffentlichen Auftrages weitestgehend gebührenfinanziert.[54] Sie kann keine Preise für ihre Produkte bzw. Dienstleistungen am Markt nehmen und Kunden können aufgrund der Monopolstellung der BSR keine Marktentscheidungen[55] treffen. Dementsprechend muss sie – wie andere öffentliche Unternehmen auch – über die Verwendung der eingezogenen Gebühren Auskunft geben. Dies soll die parlamentarische Kontrolle der Exekutive erleichtern und die Öffentlichkeit informieren.[56] Diese von den Rechnungshöfen, Parlamenten oder Aufsichtsräten wahrgenommene Kontrollfunktion[57] wirkt aber nicht nur auf die unternehmerischen Handlungen im Rahmen des Kerngeschäftes, sondern beeinflusst die konkrete Ausgestaltung der Umsetzung von Corporate Social Responsibility. Andreas Scholz-Fleischmann sagt: „Jeder, der einen Marktpreis erzielt, kann im Grunde in seiner gesellschaftlichen Verantwortung machen was er für richtig hält, beispielsweise Fußballclubs sponsern. Das können wir nicht, da wir Gebühren einziehen."[58] Der Kunde eines erwerbswirtschaftlichen Unternehmens kann bei Missbilligung von bestimmten CSR-Aktivitäten das Produkt bzw. das Unternehmen wechseln. Aufgrund des Zwangscharakters (Anschluss- und Benutzungszwang) der Leistungen öffentlicher Unternehmen ist dies in der Regel hier nicht möglich, so dass der ökonomische aber auch gesellschaftliche Rechtfertigungsgrund grundsätzlich stärker als bei privaten Unternehmen sein muss.

Aus diesem Zusammenhang heraus definiert die Berliner Stadtreinigung denkbare CSR-Handlungsfelder sehr eng anhand ihres öffentlichen Auftrages und ihrem Kerngeschäft.[59] Das CSR-Portfolio umfasst vor allem Aktivitäten die einen Entsorgungsschwerpunkt (z. B. Energiegewinnung aus Müllverbrennung) haben oder im weiteren Sinne zur Umweltschutzthematik (z. B. Fotovoltaikanlagen, Aufbau eines umweltschonenden Fuhrparks, sparsamer Umgang mit Ressourcen etc.) gezählt werden können. Diese Aktivitäten leisten einen Beitrag zur ökologischen, aber (durch Kostensenkungen) auch zur ökonomischen Bilanz der

---

[53] Graef (2001), S. 99.
[54] Soweit öffentliche Unternehmen hoheitliche Aufgaben wahrnehmen bzw. Leistungen erbringen oder die Kommunen das sogenannte „Benutzungsverhältnis" der Unternehmen öffentlich-rechtlich gestalten, werden Gebühren genommen; vgl. Mühlenkamp (1994), S. 162f. Bei der BSR macht die Gebührenfinanzierung dabei nahezu 90 % des Gesamtumsatzes aus; vgl. Gäde-Butzlaff (2009), S. 2.
[55] S. dazu den Beitrag von Harms, Abschnitt 3.2, in diesem Band.
[56] Vgl. Mühlenkamp (1994), S. 51.
[57] S. dazu den Beitrag von Harms, Abschnitt 4.1, in diesem Band.
[58] Gespräch mit A. Scholz-Fleischmann vom 26.05.2009.
[59] Vgl. Gespräch mit A. Scholz-Fleischmann vom 26.05.2009.

BSR[60] und sind daher eher im Sinne eines Business Case zu interpretieren. Andererseits zielt der CSR-Maßnahmenkatalog auf die eigenen Mitarbeiter (z. B. Maßnahmen zur Arbeitssicherheit, betriebliche Gesundheitsvorsorge und -nachsorge) und im Rahmen einer nach außen gerichteten Sichtweise auf die Gestaltung des öffentlichen Raums.[61] Zu letzterem zählen vor allem Kinder- und Jugendprojekte (z. B. Sprachförderung von Vorschulkindern mit Migrationshintergrund, Integration junger Menschen mit Lernschwierigkeiten in die Arbeitswelt) aber auch die Ausbildung von Jugendlichen über den eigenen betrieblichen Bedarf hinaus. Diesen Maßnahmen kann eher ein gesellschaftlicher als betrieblicher Nutzen zugeschrieben werden (Social Case).

Aus Sicht der BSR sind solche Aktivitäten klar mit dem öffentlichen Auftrag vereinbar, worüber allerdings diskutiert werden kann.[62] Der Berliner Rechnungshof und die BSR sind sich oft uneins, welche dieser Aktivitäten wirklich vereinbar mit dem öffentlichen Auftrag sind.[63] Gerade wenn konkrete Maßnahmen ihre Umsetzung durch Instrumente wie Spenden oder Sponsoring (im weiteren Sinne Corporate Citizenship) finden, gehen die Meinungsbilder auseinander. Der Berliner Rechnungshof[64] definiert weder monetäre Grenzwerte[65] noch denkbare Handlungsfelder für Corporate Citizenship gegenüber der BSR. Er ist eher grundsätzlich der Auffassung, dass öffentliche Unternehmen solche Aktivitäten nicht verfolgen sollten.[66] Der Verband kommunaler Unternehmen (VKU) sieht dagegen in seinem CSR-Leitfaden für Stadtwerke in Spenden und Sponsoring durchaus zulässige Instrumente zur Realisierung von gesellschaftlichem Engagement.[67] Die Beteiligungshinweise des Landes Berlin zeigen in diesem Zusammenhang, dass das Land als Träger öffentlicher Unternehmen solchen Vorhaben gegenüber, unter der Maßgabe von Kontrollmöglichkeiten und Genehmigungsvorbehalten durch den jeweiligen Aufsichtsrat und damit indirekt des öffentlichen Trägers, ebenfalls nicht verschlossen zu sein scheint. In einer vom Land Berlin veröffentlichten Mustersatzung heißt es unter § 7 Zustimmungsbedürftige Geschäfte, Ziffer 7 sinngemäß, dass die Gewährung von Spenden, Schenkungen und sonstigen Zuwendungen mit vorheriger Zustimmung des Aufsichtsrates vorgenommen werden dürfen. Sponsoring zugunsten von politischen Parteien, ihrer Mandatsträger sowie sonstiger Mitglieder werden dagegen in der Mustersatzung

---

[60] Vgl. Berliner Stadtreinigungsbetriebe (2010), S. 40.
[61] Vgl. Gespräch mit A. Scholz-Fleischmann vom 26.05.2009; Berliner Stadtreinigungsbetriebe (2010), S. 16 ff.
[62] Vgl. Gespräch mit A. Scholz-Fleischmann vom 26.05.2009.
[63] Vgl. Gespräch mit A. Scholz-Fleischmann vom 26.05.2009.
[64] S. dazu den Beitrag von Harms, Abschnitt 4.1, in diesem Band.
[65] Im Sinne von Höchstwerten die gespendet oder gesponsert werden dürfen.
[66] Vgl. Gespräch mit A. Scholz-Fleischmann vom 26.05.2009.
[67] Vgl. Verband kommunaler Unternehmen (o. J.), S. 4, 6, 8 ff.

komplett ausgeschlossen. Darüber hinaus erlauben die Beteiligungshinweise den Kontrollorganen bestimmte Wertgrenzen zu definieren, innerhalb derer Spenden und Sponsoring[68] durch das Unternehmen auch ohne vorherige Zustimmung möglich sind.[69]

Zur Schaffung eines verbindlichen Handlungsrahmens sind solche Regelungen unabdinglich. Ungeachtet dessen sind diese aber einerseits innerhalb des eigenen ideologisch-politischen Verständnisses über die Rolle des Staates und andererseits von den jeweiligen öffentlichen Unternehmen im Rahmen der Interpretation ihrer eigenen Rolle im gesellschaftlichen System zu hinterfragen. Warum muss der Staat – vor allem wenn es sich in der Umsetzung nicht um selbst erwirtschaftete Mittel der öffentlichen Unternehmen handelt – (öffentliche) Gelder über das Instrument des öffentlichen Unternehmens an die Gesellschaft zurückführen und tut dies nicht direkt[70] über öffentliche Zuwendungen oder im Sinne des aktivierenden bzw. gewährleistenden Staates durch die Ermunterung zivilgesellschaftlicher Organisationen? Oder ist die Rolle der öffentlichen Unternehmen im Sinne dieses aktivierenden Staates und im Rahmen von Corporate Social Responsibility dahingehend zu interpretieren, dass sie eine Vorbildfunktion gegenüber privatwirtschaftlichen Unternehmen sowie zivilgesellschaftlichen Organisationen einnehmen und damit einen effektiveren Beitrag für die Entwicklung der Zivilgesellschaft leisten können als die Politik?

Dieses Spannungsverhältnis zwischen Feststellung, Gebührenfinanzierung, öffentlichem Auftrag, Rechenschaft und der eigenen Rolle im Kontext der Zivilgesellschaft macht deutlich, welchen fremd- und selbstgesetzten Beschränkungen ein öffentliches Unternehmen in der Ausgestaltung von Corporate Social Responsibility unterlegen ist. Zwar sind erwerbswirtschaftliche Unternehmen durch die Kontrolle ihrer Eigentümer ebenfalls an bestimmte Restriktionen gebunden, öffentliche Unternehmen sind dies durch die Verwendung von öffentlichen Geldern aber in einem stärkeren Maße. Darüber hinaus hat sich gezeigt, dass es bisher keinen klar definierten Handlungsrahmen für öffentliche Unternehmen im Zusammenhang mit CSR gibt. In der Schlussfolgerung wächst damit die Notwendigkeit eines bewussteren und systematischeren Umgangs mit gesellschaftlicher Verantwortung durch die öffentlichen Unternehmen als Instrument des Staates, der öffentlichen Hand als Träger und den Rechnungshöfen als Kontrollorganen.

---

[68] S. dazu den Beitrag von Krüger, Abschnitte 2.1 und 2.2, in diesem Band.
[69] Vgl. Berliner Senatsverwaltung für Finanzen (2009), S. 12, 24 f. (Anlage 1).
[70] Zu Umverteilungseffekten von CSR in öffentlichen Unternehmen s. den Beitrag von Harms, Abschnitt 2.2, in diesem Band.

5 CSR als Legitimation öffentlicher Unternehmen

Angesichts der in den 1980er und 1990er Jahren vollzogenen Privatisierungswelle öffentlicher Unternehmen – zunächst vor allem des Bundes, zunehmend dann aber auch der Länder – ist eine schwindende politische Legitimation der Existenz öffentlicher Unternehmen erkennbar,[71] wobei sich diese durch die aktuellen Bestrebungen und Diskussionen zur Rekommunalisierung an der einen oder anderen Stelle wieder zu erhöhen scheint. Unabhängig der jeweiligen Zielrichtung (Privatisierung vs. Rekommunalisierung) zählen solche Überlegungen zu den grundlegendsten Entscheidungen, die im öffentlichen Bereich zu treffen sind.[72] Dementsprechend sind die verschiedensten Anspruchsgruppen (Stakeholder) am Prozess interessiert: sei es die öffentliche Verwaltung, die private Wirtschaft, die Bürger (als Steuerzahler und Abnehmer der Leistungen), die Politiker (als Entscheidungsträger), die Gewerkschaften oder die Mitarbeiter des jeweiligen öffentlichen Unternehmens.[73] Eine breite Öffentlichkeit ist also an der Meinungsbildung darüber, inwieweit ein Unternehmen öffentlich oder privatwirtschaftlich betrieben werden soll, beteiligt. Entspricht ein Unternehmen den Verhaltensvorstellungen dieser Stakeholder, kann dies zu seiner Zielerfüllung einen entscheidenden Beitrag leisten.[74] Öffentlichen Unternehmen geht es in diesem Zusammenhang einerseits um die Erfüllung, andererseits um den Erhalt des öffentlichen Auftrages. So möchte beispielsweise die Berliner Stadtreinigung ihren Leistungsauftrag auch über das Jahr 2015 erhalten, der ihr durch eine mit dem Land Berlin geschlossene Zielvereinbarung den öffentlichen Status sichert.[75] Inwieweit dieser Status auch über das Jahr 2015 erhalten bleiben kann, muss gesellschaftlich verhandelt und politisch entschieden werden.[76]

Die Ausführungen haben gezeigt, dass Corporate Social Responsibility ein Aspekt der Unternehmertätigkeit der öffentlichen Hand ist (Mikroebene). Weiterführend soll nun eruiert werden, welchen Einfluss CSR darüber hinaus auf den beschriebenen Entscheidungsprozess sowie die Verhaltensvorstellungen der Stakeholder haben kann. Der Verband kommunaler Unternehmen stellt in seinem CSR-Leitfaden fest, dass Corporate Social Responsibility eine nicht unwesentliche politische Ausstrahlungskraft zugeschrieben werden kann.[77] Der politischen Ebene ist aber teilweise gar nicht bewusst, dass öffentliche Unternehmen neben den zu erstellenden Dienstleistungen zusätzlich auch eine Reihe von

---

[71] Vgl. Edeling (2001), S. 9.
[72] Vgl. Brede (2001), S. 39; zu Formen der Privatisierung s. Brede (2001), S. 39-45.
[73] Vgl. Brede (2001), S. 46.
[74] Vgl. Machura (2005), S. 122.
[75] Vgl. Berliner Stadtreinigungsbetriebe (2009), S. 18; AGH-Drucks. 14/562.
[76] Daneben gibt es weitere Entscheidungsfaktoren und Motive; s. dazu Brede (2001), S. 46-51.
[77] Vgl. Verband kommunaler Unternehmen (o. J.), S. 6.

gesellschaftlichen sowie sozialen Verpflichtungen wahrnehmen[78] und folglich eine Instrumentalfunktion besitzen. Geht es nach den öffentlichen Unternehmen, sollen die unter wirtschaftlichen Bedingungen erstellten Leistungen nicht mehr nur auf Basis ihrer Produkteigenschaften beurteilt werden, sondern muss auch der weitere soziale Funktionszusammenhang Beachtung finden.[79]

Um diesen Zusammenhang in die öffentliche Diskussion zu tragen und auf die politische Agenda zu setzen, haben sich in den letzten Jahren verschiedenste Initiativen, Kampagnen und Zusammenschlüsse formiert. Neben der sogenannten „Citizen Value Kampagne"[80] mehrerer kommunaler Abfallwirtschaftsunternehmen[81] in Deutschland, ist hier aufgrund ihrer politischen Brisanz vor allem die Initiative „mehrwert Berlin" zu erwähnen. Mit Hilfe dieser Initiative versuchen seit dem Jahr 2009 zwölf öffentliche Unternehmen[82] des Landes Berlin, die politischen Entscheidungsträger gemeinsam von ihren Vorzügen zu überzeugen. Zwar handelt es sich um Unternehmen ganz unterschiedlicher Branchen (z. B. Ver- und Entsorgung, Personennahverkehr, Luftverkehr, Wohnungswirtschaft sowie Freizeit), die sich aber durch ihre Verantwortung und das Engagement für die Stadt miteinander verbunden sehen.[83] In der mehrwert-Broschüre heißt es dazu: „Bei den uns übertragenen Aufgaben arbeiten wir nicht nur ertragsorientiert, sondern wir engagieren uns darüber hinaus intensiv und langfristig auf verschiedenen ökonomischen, ökologischen und gesellschaftspolitischen Feldern."[84]

Es ist beinahe ein Novum,[85] dass dabei gezielt ein Zusammenhang zwischen CSR und einer Legitimationsbegründung für den öffentlichen Status in den Vordergrund gestellt wird. Es geht den öffentlichen Unternehmen nicht mehr allein darum, die Politik von wirtschaftlichen Aspekten, also mit den Leistungen selbst,

[78] Vgl. Gespräch mit A. Scholz-Fleischmann vom 26.05.2009.
[79] Vgl. Gäde-Butzlaff (2009), S. 3.
[80] Ziel der Kampagne ist die Darstellung des ökonomischen, ökologischen und gesellschaftlichen Mehrwerts der darin zusammengeschlossenen Abfallwirtschaftsbetriebe für das Gemeinwesen (Bürgerinnen und Bürger). In der Informationsbroschüre heißt es darüber hinaus: „Wir nennen das Citizen Value, Bürger-Wert, als Gegenpol zur Gewinnmaximierung im Interesse privater Anteilseigner und einer anonymen Kapitalverwertung. Unsere Unternehmen sind in öffentlicher Hand und unterliegen der Kontrolle durch kommunalpolitische Gremien. Und das ist gut so."; vgl. Die Guerillas (o. J.).
[81] AWA Entsorgung GmbH, AWB Abfallwirtschaftsbetriebe Köln GmbH & Co. KG (AWB Köln), Abfallwirtschaftsgesellschaft mbH Wuppertal (AWG), Eigenbetrieb Abfallwirtschaft und Stadtreinigung der Stadt Darmstadt, Entsorgungs- und Baubetrieb der Stadt Bamberg, Rhein-Sieg-Abfallwirtschaftsgesellschaft mbH, Wirtschaftsbetriebe Duisburg – AöR.
[82] Berliner Bäder-Betriebe (BBB), Berliner Flughäfen, Berliner Stadtreinigung (BSR), Berliner Verkehrsbetriebe (BVG), Berliner Wasserbetriebe, Degewo, Gesobau, Gewobag, Howoge Wohnungsbaugesellschaft, Stadt und Land, Vivantes, Wohnungsbaugesellschaft Berlin-Mitte.
[83] Vgl. Berliner Bäder-Betriebe et al. (2009), S. 7.
[84] Berliner Bäder-Betriebe et al. (2009), S. 7.
[85] Vgl. Gäde-Butzlaff (2009), S. 1.

zu überzeugen.[86] Das können private Unternehmen in der Regel auch, wird eingeräumt.[87] Vielmehr geht es bei der Argumentation um die Frage, welche außerökonomischen Unterschiede bestehen. Hierbei soll der gesellschaftliche Nutzen, den die öffentlichen Unternehmen schaffen, in den Vordergrund gerückt werden. Also jene Dinge, „die ein privatwirtschaftliches Unternehmen nie so machen würde, da das nicht deren Zweck ist."[88] Es soll mit Hilfe dieser Initiative kommuniziert werden, dass die Leistungen öffentlicher Unternehmen einen gesellschaftlichen Mehrwert enthalten, dessen sich die Bürger aber auch die Politik bewusst werden müssen. Insofern ist die gesellschaftliche Verantwortung ein zentraler Teil der Legitimation der Berliner Stadtreinigung als ein öffentliches Unternehmen.[89] In der Eröffnungsrede zur Initiative geht die Vorstandsvorsitzende der Berliner Stadtreinigung, *Vera Gäde-Butzlaff*, sogar soweit zu fordern, dass über die Möglichkeiten einer stärkeren Einbindung der öffentlichen Unternehmen in den kommunalen Entwicklungsprozess gesprochen werden sollte.[90] Darüber hinaus kann sie sich vorstellen, dass das Land Berlin noch intensiver vom Instrument des öffentlichen Unternehmens Gebrauch macht.[91]

6 Fazit

Corporate Social Responsibility ist nicht nur ein Konzept für privatwirtschaftliche Unternehmen, sondern ist wesentlicher Bestandteil der Strategien öffentlicher Unternehmen. In der Erfüllung von CSR gibt es allerdings zentrale Unterschiede zwischen privaten und öffentlichen Unternehmen, die weitgehend aus der Bedeutung des öffentlichen Auftrages resultieren. Der öffentliche Auftrag ist die Grundlage für alle unternehmerischen Handlungen und bildet die Legitimationsberechtigung für ein öffentliches Unternehmen. Dieser enthält grundsätzlich jene Aufgaben, die im Rahmen des Kerngeschäftes zu erfüllen sind, aber auch jene, die eine soziale und gesellschaftliche (Instrumental-)Funktion einnehmen. Auch wenn der öffentliche Auftrag die von öffentlichen Unternehmen gelebte gesellschaftliche Verantwortung nicht zwangsläufig unter dem „neumodischen" Label Corporate Social Responsibility fasst, ist er doch der Ausgangspunkt und die zentrale Besonderheit in der Wahrnehmung gesellschaftlicher Verantwortung.

---

[86] Auch wenn diese für die Legitimation nicht unwichtig sind; vgl. Gäde-Butzlaff (2009), S. 2; Berliner Bäder-Betriebe et al. (2009), S. 11-14.
[87] Vgl. Gespräch mit A. Scholz-Fleischmann vom 26.05.2009.
[88] Gespräch mit A. Scholz-Fleischmann vom 26.05.2009.
[89] Vgl. Gespräch mit A. Scholz-Fleischmann vom 26.05.2009.
[90] Vgl. Gäde-Butzlaff (2009), S. 2.
[91] Vgl. Gäde-Butzlaff (2009), S. 2, 8.

Das Konzept von Corporate Social Responsibility beruht auf einem freiwilligen Engagement. Der öffentliche Auftrag dagegen, verpflichtet öffentliche Unternehmen politisch zu einem gewissen Maß an gesellschaftlicher und sozialer Vorausschau („genetische" Bedeutung von CSR). Dies begründet eine schärfere Rechenschaft gegenüber dem Eigentümer und der Öffentlichkeit. Infolgedessen ist zwar ein begrenzter Handlungsrahmen in den CSR-Aktivitäten auszumachen, welcher aber vom Träger bzw. den Kontrollorganen bisher nicht eindeutig definiert wurde. Die Einordnung von CSR am Beispiel der Berliner Stadtreinigung macht zudem deutlich, dass aufgrund der besonderen Wesensmerkmale öffentlicher Unternehmen Corporate Social Responsibility nicht nur Teil der Unternehmensstrategie ist, sondern auch als Teil des Produktes eines öffentlichen Unternehmens interpretiert werden kann.

Die Ausführungen haben gezeigt, welcher Zusammenhang zwischen Corporate Social Responsibility und der Legitimation öffentlicher Unternehmen besteht. Öffentliche Unternehmen haben eine öffentliche Aufgabe wahrzunehmen und sind daher stärker als private Unternehmen von der öffentlichen Meinungsbildung berührt.[92] Ihre Existenz ist durch ein öffentliches Interesse begründet. Insofern ist die öffentliche Meinung nicht zuletzt die Legitimationsgrundlage und eine Schlüsselgröße für den Fortbestand öffentlicher Unternehmen. Die Öffentlichkeit und deren Meinung bilden quasi den Absatzmarkt öffentlicher Unternehmen.[93] Sind die Bürger unzufrieden mit den Leistungen kommunaler Unternehmen, wird dies auch auf die Politik übergehen und schließlich in einer Privatisierungsdiskussion münden. Für eine positive Wahrnehmung in der Öffentlichkeit ist aber nicht nur eine hohe Qualität der Leistungen wichtig, sondern auch die mit dem öffentlichen Auftrag verbundene gesellschaftliche und soziale Verantwortung.[94] Dies hat politische Ausstrahlungskraft und stellt für die öffentlichen Unternehmen zunehmend ein wichtiges Element zur Sicherung ihres Auftrages sowie ihrer Legitimation als ein öffentliches Unternehmen dar.

Öffentliche Unternehmen arbeiten nach einem anderen Ziel- und Entscheidungssystem als privatwirtschaftliche Unternehmen. Damit ist zugleich auch der Ursprung von Corporate Social Responsibility unterschiedlich. Es lässt sich aber abschließend festhalten, dass letztlich vergleichbare Wirkungsziele zu identifizieren sind. Zielt nämlich die gesellschaftliche Verantwortung von privaten Unternehmen – hier sehr reduziert betrachtet[95] – auf ein besseres Image, höhere Verkaufszahlen und am Ende auf einen steigenden Aktienkurs bzw. Unterneh-

---

[92] Vgl. Graef (2001), S. 5; Machura (2005), S. 121-130; Gäde-Butzlaff (2009), S. 2.
[93] Vgl. Machura (2005), S. 122.
[94] Vgl. Berliner Stadtreinigungsbetriebe (2009), S. 9.
[95] Ohne Frage gibt es bei privatwirtschaftlichen Unternehmen oft auch philanthropische Motivationen für CSR.

menswert, handeln öffentliche Unternehmen aus einer übertragbaren Motivation heraus. Denn sowohl private als auch öffentliche Unternehmen versuchen sich mit Hilfe von CSR in ihrer Legitimation gegenüber ihren Eigentümern zu stärken. Private Unternehmen gegenüber ihren Aktionären/Gesellschaftern sowie im weiteren Sinne Stakeholdern. Öffentliche Unternehmen gegenüber der öffentlichen Hand und im weiteren Sinne den Bürgern.

Unabhängig davon, welche Rolle öffentliche Unternehmen in den eigenen ideologisch-politischen und marktwirtschaftlichen Vorstellungen einnehmen, wird eine weiterführende und vertiefende Betrachtung dieser unter CSR-Aspekten notwendig sein, um den zunehmenden gesellschaftlich gewünschten Nachhaltigkeitserfordernissen in den politischen und unternehmerischen Entscheidungen gerecht zu werden.

Literatur

Berliner Bäder-Betriebe et al. (Hrsg.) (2009): Mehrwert Berlin, Die öffentlichen Unternehmen (Broschüre), Berlin 2009

Berliner Senatsverwaltung für Finanzen (2009): Hinweise für Beteiligungen des Landes Berlin an Unternehmen, online unter URL: http://www.berlin.de/sen/finanzen/ vermoegen/beteiligungen/bmc.html [Stand 2010-12-30]

Berliner Stadtreinigungsbetriebe (o. J.): Strategiepapier, Wertorientierte Unternehmensführung, Corporate Social Responsibility bei der BSR, Berlin (unveröffentlicht)

Berliner Stadtreinigungsbetriebe (Hrsg.) (2008): Geschäftsbericht 2007, Orange, Wir in Berlin, Berlin 2008

Berliner Stadtreinigungsbetriebe (Hrsg.) (2009): 1. Bericht zur Nachhaltigkeit und Verantwortung, Verantwortung für die Zukunft, Berlin 2009

Berliner Stadtreinigungsbetriebe (Hrsg.) (2010): Mehr, Bericht über das Geschäft der BSR 2009, Berlin 2010

Brede, Helmut (2001): Grundzüge der Öffentlichen Betriebswirtschaftslehre, München.

Die Guerillas (Hrsg.) (o. J.): Hier geblieben!, Abfall: Wertvoll für uns alle, Der Citizen Value-Report, online unter URL: http://www.citizen-value-report.de/assets/files/ CV_Report_011010.pdf [Stand 2011-01-02]

Edeling, Thomas (2001): Grenzen als Problem, Öffentliche Unternehmen zwischen Markt und Politik, in: Edeling, Thomas et al. (Hrsg.), Öffentliche Unternehmen, Entstaatlichung und Privatisierung, Opladen 2001, S. 9-16

Eichhorn, Peter (1997): Öffentliche Betriebswirtschaftslehre, Beiträge zur BWL der öffentlichen Verwaltung und öffentlichen Unternehmen, Berlin 1997

Eichhorn, Peter (2001): Öffentlicher Auftrag und Zielsystem für ein kommunales Unternehmen am Beispiel von Stadtentsorgungsbetrieben, in: Edeling, Thomas et al. (Hrsg.), Öffentliche Unternehmen, Entstaatlichung und Privatisierung, Opladen 2001, S. 113-124

Eichhorn, Peter (2004): Der Beitrag der Öffentlichen Betriebswirtschaftslehre zum Gemeinwohl, in: Schneider, Ursula/Steiner, Peter (Hrsg.): Betriebswirtschaftslehre und gesellschaftliche Verantwortung, Mit Corporate Social Responsibility zu mehr Engagement, Wiesbaden 2004, S. 45-58

Europäische Kommission (2001): Grünbuch, Europäische Rahmenbedingungen für die soziale Verantwortung der Unternehmen, KOM(2001) 366 endgültig, 18.07.2001, Brüssel 2001

Gäde-Butzlaff, Vera (2009): Mehrwert Berlin, Die öffentlichen Unternehmen, Rede zur Auftaktveranstaltung in Berlin am 04.03.2009

Gesellschaft für öffentliche Wirtschaft (1994): Privatisierungsdogma widerspricht Sozialer Marktwirtschaft, Öffentliche Unternehmen sind unverzichtbar zur Erfüllung öffentlicher Aufgaben, Stellungnahme des Wissenschaftlichen Beirats der Gesellschaft für öffentliche Wirtschaft, in: Zeitschrift für öffentliche und gemeinwirtschaftliche Unternehmen (ZögU), H. 2, 1994, S. 195-215

Graef, Michael (2001): Der öffentliche Auftrag in den Geschäftsberichten öffentlicher Unternehmen, Baden-Baden 2001

Hansen, Ursula (2004): Gesellschaftliche Verantwortung als Business Case, in: Schneider, Ursula/Steiner, Peter (Hrsg.), Betriebswirtschaftslehre und gesellschaftliche Verantwortung, Mit Corporate Social Responsibility zu mehr Engagement, Wiesbaden 2004, S. 59-84

Hansen, Ursula/Schrader, Ulf (2005): Corporate Social Responsibility als aktuelles Thema der Betriebswirtschaftslehre, in: Die Betriebswirtschaft (DBW), 2005, S. 373-395

Loew, Thomas et al. (2004): Bedeutung der CSR-Diskussion für Nachhaltigkeit und die Anforderungen an Unternehmen, Projektbericht, Kurzfassung, Münster/Berlin 2004

Machura, Stefan (2005): Politik und Verwaltung, Wiesbaden 2005

Mühlenkamp, Holger (1994): Öffentliche Unternehmen, Einführung unter Berücksichtigung betriebswirtschaftlicher, volkswirtschaftlicher und rechtlicher Aspekte, München/Wien 1994

Münstermann, Matthias (2007): Corporate Social Responsibility, Ausgestaltung und Steuerung von CSR-Aktivitäten, Wiesbaden 2007

Verband kommunaler Unternehmen (Hrsg.) (o. J.): CSR-Leitfaden, Stadtwerke als „gute Bürger", Ein Leitfaden für das gesellschaftliche Engagement kommunaler Unternehmen, Köln

CSR-Politik zwischen öffentlichem Auftrag und Stakeholder-Erwartungen – Eine empirische Studie zum Selbstverständnis öffentlicher Unternehmen

Berit Sandberg

1 CSR in kommunalen Unternehmen – Pflicht oder Kür?

„The social responsibility of business is to increase its profits"[1] – eine berühmte These, die sich für öffentliche Unternehmen allein mit dem Argument Sachzieldominanz leicht entkräften lässt. Dennoch ist die Frage nach Inhalt und Bedeutung gesellschaftlicher Verantwortung im öffentlichen Sektor nur auf den ersten Blick trivial.

Wenn ein Stadtwerk ein Heizkraftwerk modernisiert und so den CO_2-Ausstoß verringert, ist das Corporate Social Responsibility (CSR) oder ist es Compliance, d. h. eine Reaktion auf eine gesetzlich verankerte öffentliche Aufgabe und eine umweltrechtlich notwendige Tugend? Wenn ein kommunales Wohnungsunternehmen Kultur- und Bildungsprojekte in städtischen Quartieren mit besonderem Entwicklungsbedarf fördert, liefert es damit ein Beispiel für Corporate Citizenship oder erfüllt es „nur" einen öffentlichen Auftrag? Wenn die Mitarbeiterinnen und Mitarbeiter eines Wasserversorgers als Helfer bei einer Aktion mitwirken, bei der Erstklässler eine gesunde Frühstücksbox erhalten, und das Unternehmen dazu Trinkwasserflaschen beisteuert, steht dann der Business Case, das ökonomische Interesse, im Vordergrund oder das uneigennützige gesellschaftliche Engagement?

Hinter diesen Fragen steckt mehr als eine begriffliche Einordnung. Sie berühren das Selbstverständnis öffentlicher Unternahmen und ihre Rolle in der dualen Wirtschaft. Tragen öffentliche Unternehmen mehr gesellschaftliche Ver-

---

[1] Friedman (1970).

antwortung als private? Pusht der zunehmende Wettbewerb mit privaten Unternehmen das Thema CSR im öffentlichen Sektor? Nähern sich private Unternehmen den öffentlichen an, was die Übernahme gesellschaftlicher Verantwortung angeht, oder ahmt die öffentliche Wirtschaft einen Trend in der Unternehmenspolitik der Privaten nach? In der subjektiven Wahrnehmung häufen sich die Fälle von gesellschaftlichem Engagement öffentlicher Unternehmen, genau beziffern lassen sie sich nicht.

Einen ersten Versuch, das Phänomen empirisch zu erfassen, unternahm 2005 der Verband kommunaler Unternehmen. Er befragte 165 Stadtwerke zu ihren gesellschaftsbezogenen Aktivitäten. 90 % der Stadtwerke sahen sich in ihrer Kommune in einer besonderen gesellschaftlichen Verantwortung.[2] Ein verbandspolitisch hoch willkommenes Ergebnis und ein hehrer Anspruch, der im lokalen Umfeld rein quantitativ gesehen von vielen Unternehmen eingelöst wurde, während die dokumentierten Aktivitäten in der internen Dimension von CSR (u. a. zur Nachhaltigkeit) vergleichsweise bescheiden ausfielen.[3]

Vor diesem Hintergrund entstand eine explorative Studie zur CSR-Politik kommunaler Unternehmen, deren Ergebnisse im Folgenden vorgestellt werden.[4]

Die vorliegenden empirischen Befunde basieren auf einer Vollerhebung unter den Berliner Landesunternehmen, die vom 15. Juni bis 4. August 2010 als Online-Umfrage durchgeführt wurde. Das Land Berlin war zu diesem Zeitpunkt an 52 Unternehmen unmittelbar beteiligt. Diese Unternehmen wurden jeweils über ein persönliches Anschreiben an ein Mitglied des Vorstandes bzw. der Geschäftsführung postalisch und zugleich per E-Mail kontaktiert. Die Ansprache wurde durch ein Empfehlungsschreiben der Senatsverwaltung für Finanzen mit der Bitte um Unterstützung der Studie komplettiert. Während der Laufzeit der Erhebung wurden ein persönlich adressierter E-Mail-Reminder und eine telefonische Nachfassaktion platziert.

35 Unternehmen haben sich an der Umfrage beteiligt, was einer Responsequote von 67 % entspricht. Der Teilnehmerkreis spiegelt die Vielfalt des öffentlichen Sektors. Unter den Befragten sind Unternehmen aller Branchen der öffentlichen Wirtschaft vertreten: Dienstleistungen, Kultur und Freizeit, Wohnungswirtschaft, Wissenschaft und Ausbildung, Landesentwicklung und Grundstücksverwaltung, Ver- und Entsorgungswirtschaft und Verkehr. Die Unternehmen unterscheiden sich im Hinblick auf den Umfang der Kapitalbeteiligung und

---

[2] Vgl. VKU (2005), S. 23.
[3] Vgl. VKU (2005), S. 17-20.
[4] Auf eine Darstellung der Umfrageergebnisse zum Umfang verschiedener Aktivitäten in den Feldern Umwelt, Soziales (Mitarbeiter, Kunden) und Gesellschaft wird verzichtet, da der Begriff CSR in der Umfrage vermieden wurde und sich folglich nicht durchweg identifizieren lässt, inwieweit es sich um CSR-Maßnahmen im Sinne eines freiwilligen Engagements handelt.

die Höhe der Zuführungen des Trägers ebenso, wie hinsichtlich der Mitarbeiterzahl, die von 10 bis 9.800 reicht.[5] Der Online-Fragebogen wurde zu 57 % von Mitgliedern der Geschäftsführung bearbeitet und zu 14 % von Vorstandsmitgliedern. Die quantitative Erhebung wurde um vier Tiefeninterviews mit hochrangigen Unternehmensvertretern ergänzt.

Auf der Grundlage der erhobenen Daten werden in diesem Beitrag die Funktionen von CSR in der kommunalen Wirtschaft identifiziert und diskutiert. Zugleich soll untersucht werden, inwieweit verschiedene theoretische Ansätze insbesondere solche der Stakeholder-Theorie, die in der Konzeptualisierung von CSR eine maßgebliche Rolle spielt,[6] geeignet sind, den Stellenwert von CSR in kommunalen Unternehmen zu begründen. Geht es um das Erreichen von Unternehmenszielen zu Gunsten der Shareholder – die Perspektive des Trägers –, um eine Reaktion auf Stakeholder-Erwartungen oder basiert die CSR-Politik öffentlicher Unternehmen statt auf strategischem Kalkül auf einer ethischen Haltung?[7]

2   Unternehmensverantwortung und öffentlicher Auftrag

„Öffentliche Unternehmen tragen eine größere Verantwortung gegenüber der Gesellschaft als private Unternehmen." Dieser These stimmen 43 % der befragten Berliner Landesunternehmen vollkommen zu, weitere 20 % neigen dazu, diese Aussage zu unterstützen.

Dieses Selbstverständnis liegt offenbar in der besonderen Rolle und Aufgabenstellung öffentlicher Unternehmen begründet. Öffentliche Unternehmen sagen von sich, ihnen läge „eine gesellschaftliche Verantwortung im Blut."[8] Allerdings gehen sie dabei von einem weit gefassten Verständnis von gesellschaftlicher Verantwortung aus, denn 63 % der Befragten betrachten die Erfüllung der öffentlichen Aufgabe selbst uneingeschränkt als eine Form, Verantwortung für die Allgemeinheit zu übernehmen. Weitere 17 % schließen sich dieser Auffassung tendenziell an. Unternehmen, die diese Meinung nicht teilen, sind Einzelfälle (s. Abbildung 1).

Öffentliche Unternehmen interpretieren Verantwortung für die Gesellschaft also nach anderen Maßstäben als denjenigen, die in der Privatwirtschaft angelegt werden. Privaten Unternehmen wird erst dann bescheinigt, dass sie gesellschaft-

---

[5] Die entsprechenden Daten wurden erhoben und ausgewertet, lassen jedoch aufgrund der zu niedrigen Fallzahlen keine belastbare Analyse von Zusammenhängen zwischen CSR-Politik und Unternehmensmerkmalen zu.

[6] Vgl. Matten et al. (2003), S. 111.

[7] Für eine Übersicht über Beiträge der Stakeholder-Theorie zum CSR-Diskurs s. Branco/Rodrigues (2007).

[8] Vorstandsmitglied eines Berliner Landesunternehmens im Gespräch am 17.12.2010.

liche Verantwortung übernehmen, wenn ihr Handeln einen Nutzen für die Allgemeinheit hat, der sich nicht unmittelbar aus ihrer Geschäftstätigkeit bzw. dem eigentlichen Unternehmensgegenstand ergibt.[9] Nach dieser Sichtweise wären beispielsweise Erzeugung und Vertrieb von Ökostrom kein Ausdruck gesellschaftlicher Verantwortung, ganz gleich, ob es sich um einen öffentlichen oder einen privaten Anbieter handelt.

Dagegen sehen öffentliche Unternehmen einen unmittelbaren Zusammenhang zwischen gesellschaftlicher Verantwortung und öffentlichem Auftrag.[10] Dabei schätzen die befragten Unternehmen die Reichweite ihres öffentlichen Auftrages unterschiedlich ein. Die meisten sehen einen Bezug zwischen öffentlichem Auftrag und Aktivitäten, die zu den Handlungsfeldern von CSR im Kerngeschäft gehören wie Umweltschutz, Mitarbeiterinteressen, Zulieferkette und Produktverantwortung.

Allerdings ist zunächst fraglich, inwieweit umweltbezogene und soziale Maßnahmen als CSR im Sinne eines freiwilligen Engagements zu werten sind,[11] denn rechtliche Anforderungen sind die wichtigsten Treiber (s. Abbildung 3). 81 % der Unternehmen führen ihre Aktivitäten auf Rechtsnormen zurück, wobei damit nicht nur die Unternehmensverfassung angesprochen ist, sondern z. B. umwelt- oder arbeitsrechtliche Vorgaben. Unabhängig davon spielt der öffentliche Auftrag für die CSR-Politik eine große Rolle.

Die Förderung einer umweltverträglichen Produktion und Beschaffung ergibt sich für 65 % der Unternehmen aus ihrem öffentlichen Auftrag. Freiwillige soziale Leistungen für Mitarbeiterinnen und Mitarbeiter sind für 47 % der Befragten im öffentlichen Auftrag angelegt. Drei Viertel der Unternehmen, für die umweltbezogene und soziale Maßnahmen im Kerngeschäft Bestandteil des öffentlichen Auftrages ist, reagieren mit ihren Aktivitäten auf rechtliche Anforderungen. Das lässt darauf schließen, dass die meisten öffentlichen Unternehmen diese Handlungsfelder tatsächlich aus dem öffentlichen Auftrag ableiten. Auf der anderen Seite verneint jedes vierte Unternehmen, dass eine umweltverträgliche Produktion und Beschaffung ausdrücklich zu seinen Aufgaben gehört. In Bezug auf freiwillige Angebote für Mitarbeiterinnen und Mitarbeiter sind es 38 %.

Das folgende Meinungsbild fasst diese Einschätzungen zusammen. „Unser öffentlicher Auftrag definiert die zu erbringende Leistung, verpflichtet unser Unternehmen aber nicht unbedingt zu sozialen oder umweltbezogenen Maßnahmen." Dieser Aussage stimmt jedes zweite Unternehmen zu (47 %, davon 21 % mit voller Zustimmung). Der Antithese, dass der öffentliche Auftrag das betref-

---

[9] Vgl. Galonska et al. (2007), S. 14.
[10] S. dazu den Beitrag von Anthes, Abschnitt 2, in diesem Band.
[11] S. dazu den Beitrag von Anthes, S. 117, in diesem Band.

fende Unternehmen zu verantwortlichem Handeln in den Feldern Umwelt und Soziales verpflichtet, stimmen 29 % zu (s. Abbildung 1).

Abbildung 1:   CSR und öffentlicher Auftrag

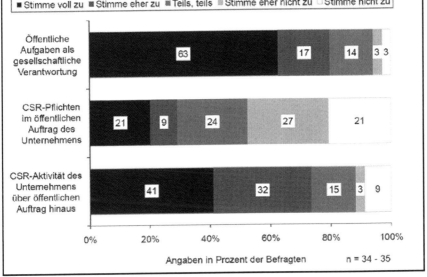

Unternehmen, die diese Themen nicht als Teil ihres öffentlichen Auftrages begreifen, fühlen sich dementsprechend nicht in der Pflicht, entsprechende Maßnahmen zu ergreifen und umgekehrt. Abgesehen davon erscheinen die Aussagen teilweise widersprüchlich. Die Anzahl der Unternehmen, die einschlägige Aktivitäten auf ihren öffentlichen Auftrag zurückführen, ist größer als die Anzahl derjenigen, die im öffentlichen Auftrag eine diesbezügliche Verbindlichkeit sehen. Ungefähr jedes vierte Unternehmen sieht sich durch den öffentlichen Auftrag nicht zu einschlägigen Aktivitäten gezwungen, obwohl es umweltbezogene bzw. soziale Maßnahmen aus seinem öffentlichen Auftrag ableitet.

Daraus lässt sich folgern, dass rechtliche Grundlagen als Soll-Vorschriften bzw. eher vage formuliert sind und den Unternehmen einigen Interpretations- und Handlungsspielraum lassen. Der rechtliche Rahmen liefert weder einen Katalog von Instrumenten noch messbare Zielvorgaben. Ein Beispiel dafür ist § 3 Abs. 1 Berliner Betriebe-Gesetz (BerlBG): „Die Aufgaben sind von den Anstalten im Rahmen ihrer Geschäftstätigkeit unter Berücksichtigung sozial-, umwelt- und strukturpolitischer Grundsätze zu erfüllen. Die Durchführung ihrer

Aufgaben erfolgt mit dem Ziel einer kostengünstigen, kunden- und umweltfreundlichen Leistungserbringung." In Satzungen wird ein Thema wie Umweltschutz, wenn überhaupt, im Zusammenhang mit dem Unternehmenszweck
explizit thematisiert, allerdings in ähnlich knapper Form. In den Beteiligungs-
hinweisen des Landes Berlin finden sich dazu keine Anhaltspunkte.[12]

Bemerkenswert ist die Tatsache, dass 86 % der Befragten von öffentlichen
Unternehmen im Allgemeinen CSR-Aktivitäten im Kerngeschäft erwarten, auch
wenn der öffentliche Auftrag das nicht ausdrücklich vorsieht (s. Abbildung 2).

Abbildung 2: Anforderungen an CSR-Politik ohne expliziten öffentlichen
Auftrag

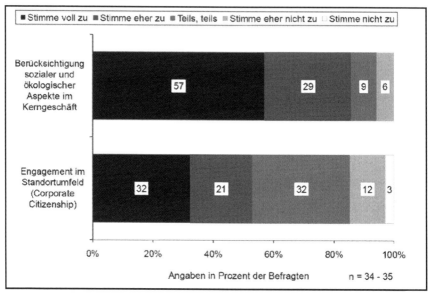

Der öffentliche Auftrag ist für die meisten Unternehmen der Ausgangspunkt für
CSR, doch die Bereitschaft zu verantwortlichem Handeln jenseits des öffentlichen Auftrages ist groß. Drei Viertel der Unternehmen ergreifen umweltbezogene und soziale Maßnahmen, um über ihren rechtlich normierten öffentlichen
Auftrag hinauszugehen (74 %). Nur 12 % lehnen dies klar ab, 15 % sind unent-
schlossen (s. Abbildung 1).

---

[12] Vgl. SenFin (2009).

63 % der Unternehmen, die eine umweltfreundliche Produktion und Beschaffung nicht als Teil ihres öffentlichen Auftrages betrachten, wollen sich dennoch dafür einsetzen. 90 % der Unternehmen, die diesen Aspekt als Bestandteil ihres öffentlichen Auftrages sehen, wollen mit ihren Aktivitäten über diesen Rahmen hinausgehen, z. B. im Sinne einer Best Practice. Die, die nicht mehr tun, als ihnen ihr öffentlicher Auftrag vorschreibt, sind Einzelfälle. Im Feld Soziales sind die Verhältnisse ähnlich.

In Bezug auf Corporate Citizenship und die Rolle öffentlicher Unternehmen als „guter Bürger"[13] sind die Einschätzungen verglichen mit der Zustimmung, die die Felder Umwelt und Soziales erfahren, zurückhaltender. Nur jedes zweite Unternehmen hält gesellschaftsbezogene Aktivitäten jenseits des Kerngeschäfts für eine Aufgabe der öffentlichen Wirtschaft und erwartet, dass sich kommunale Unternehmen in ihrem lokalen und regionalen Umfeld für gemeinwohlorientierte Projekte engagieren (53 %) (s. Abbildung 2). In Bezug auf das eigene Unternehmen interpretieren 62 % der Befragten gesellschaftliches Engagement als Teil des öffentlichen Auftrages. Jedes fünfte Unternehmen klammert dies aus (21 %). Dennoch ist unter den Befragten nur ein einziges Unternehmen, das überhaupt keine Aktivitäten entfaltet, die sich auf das gesellschaftliche Umfeld beziehen. Für fast drei Viertel der Befragten ist es ein (sehr) wichtiges Unternehmensziel, die Lebensqualität im Umfeld ihres Betriebsstandortes zu erhalten bzw. zu verbessern.

Es ist zu vermuten, dass für viele Unternehmen das gesellschaftliche Engagement unmittelbar im Zusammenhang mit der öffentlichen Aufgabe bzw. dem Unternehmenszweck steht, also von den Unternehmen selbst nicht als Corporate Citizenship, sondern als CSR im Kerngeschäft eingestuft wird. Beispielsweise findet die Forderung nach umfeldbezogenem Engagement in der Wohnungswirtschaft und im Bereich Kultur und Freizeit, deren Geschäftstätigkeit eine gewisse Nähe zu typischen Engagementfeldern wie Bildung und Soziales aufweist, eher Unterstützung als in anderen Branchen.[14] Die interne Dimension von CSR, d. h. der Bezug zum Kerngeschäft ist bei öffentlichen Unternehmen ausgeprägter als die externe Dimension.

Die Zurückhaltung gegenüber Corporate Citizenship lässt sich auf das Verständnis der öffentlichen Aufgabe zurückführen. Die Frage, welche Barrieren öffentliche Unternehmen in Bezug auf CSR sehen, wurde u. a. damit beantwortet, dass gesellschaftliches Engagement keine Aufgabe für ein öffentliches Unternehmen sei. Mehrere Unternehmen begründeten ihre Zurückhaltung damit,

---

[13] S. dazu den Beitrag von Schönberg und Jost in diesem Band.
[14] Anders als bei der Frage, ob öffentliche Unternehmen mit CSR über den öffentlichen Auftrag hinausgehen sollten, zeichnen sich hier Branchenunterschiede ab. Die Ergebnisse sind allerdings nicht belastbar.

dass sie Leistungsentgelte nur unmittelbar zweckbezogen einsetzen würden, um den Erwartungen ihrer Kunden gerecht zu werden.

Zwei Einrichtungen, die nicht an der Umfrage teilgenommen haben, begründeten dies mit dem gemeinwohlorientierten Charakter ihrer Geschäftstätigkeit. In ihren Argumenten kommt eine vermeintliche Beschränkung auf den Unternehmenszweck und ein Verständnis von CSR als Corporate Citizenship zum Ausdruck: „Wir sind als gemeinnützige GmbH ja selber dem Gemeinwohl verpflichtet, dürfen aber keine anderen Zwecke verfolgen, als die uns zum Ziel gesetzten. ... Deshalb nehmen wir an Ihrer Studie, die eher auf Wirtschaftsunternehmen ... passt, nicht teil." „Da wir ein gemeinnütziges Unternehmen sind, geht diese Befragung an unserer Tätigkeit vorbei."

3   Motive für die CSR-Politik kommunaler Unternehmen

Jenseits bloßer Compliance ist die CSR-Politik öffentlicher Unternehmen zum einen von betriebswirtschaftlichen Anforderungen und zum anderen von Erwartungen der Stakeholder geprägt. In den meisten Unternehmen lösen betriebswirtschaftliche Faktoren CSR-Maßnahmen aus (69 %) (s. Abbildung 3).

Die Gewinnsituation des Unternehmens zu verbessern, ist nur für jedes zweite Unternehmen ein (sehr) wichtiges Motiv für CSR (53 %). Im Zusammenhang mit CSR sind die Nachfrage nach Leistungen des Unternehmens und Kostensenkungen wichtigere Zielgrößen (75 % bzw. 69 %).

Kundenerwartungen gehören zu den wichtigsten Treibern für CSR (s. Abbildung 3). Drei Viertel der Unternehmen beziehen gesellschaftliche Verantwortung auf ihre Kunden (75 %) und vermitteln Informationen über umweltfreundliches Konsumentenverhalten (77 %), auch wenn dies z. B. in der Ver- und Entsorgungswirtschaft eher nachfragesenkend wirkt. Die Monopolstellung mancher öffentlicher Unternehmen mag ein Grund dafür sein, dass anders als in der Privatwirtschaft[15] nicht für alle Unternehmen die Verantwortung gegenüber den Kunden an erster Stelle steht. Potenzieller Druck von Verbraucherinitiativen und anderen Nonprofit-Organisationen ist übrigens nur für jedes vierte Unternehmen relevant und damit der schwächste Treiber.

In den Einstellungen spiegeln sich ein vergleichsweise geringes Bestandsrisiko kommunaler Unternehmen und die für die öffentliche Wirtschaft charakteristische Sachzieldominanz wider. Anders als zu erwarten wäre, reagiert aber nur jedes zweite Unternehmen mit CSR auf Anforderungen des Trägers (53 %). CSR wird von den meisten Unternehmen nicht unbedingt als Instrument gesehen, das

---

[15] Vgl. Bertelsmann Stiftung (2006), S. 7.

geeignet wäre, Unternehmensrisiken zu mindern oder die Finanzierung durch den Träger zu sichern.[16] Damit ist das Land Berlin – abgesehen von anderen staatlichen Anteilseignern und unabhängig von politischen Programmen zur Förderung bürgergesellschaftlichen Engagements – nicht unbedingt die treibende Kraft, was gesellschaftliches Engagement in der kommunalen Wirtschaft angeht. Die meisten Landesunternehmen reagieren mit CSR schlicht auf Wettbewerbsdruck. 80 % versuchen, mit CSR Alleinstellungsmerkmale zu entwickeln.

Abbildung 3:   CSR-Treiber

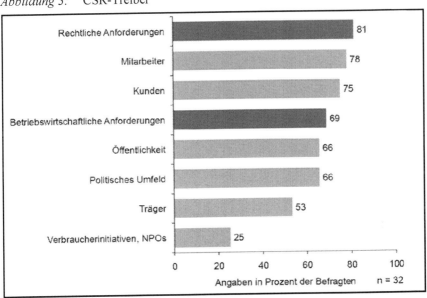

Die Wirkung von CSR auf das Erreichen von Formalzielen wird folglich von Motiven dominiert, die sich auf psychographische und eher mittelbare, langfristige Wirkungen beziehen (Einstellungen zum Unternehmen). Diejenigen Stakeholder, auf die kommunale Unternehmen mit CSR am intensivsten reagieren,

---

[16] Die These, dass die Stärke des Motivs, mit CSR die finanzielle Unterstützung des Trägers zu sichern, von der Höhe der Zuführung abhängt, lässt sich anhand der (wenigen) vorliegenden Daten nicht bestätigen. Dieses Motiv hat bei allen Unternehmen unabhängig von der Höhe der Zuführung durch das Land Berlin einen ähnlichen Stellenwert. Zwei Unternehmen, die mit mehr als 10 Mio. Euro p. a. subventioniert werden, geben an, dass die Sicherung der finanziellen Unterstützung durch den Träger als CSR-Motiv überhaupt keine Rolle spielt.

sind ihre Mitarbeiterinnen und Mitarbeiter. Für die meisten Unternehmen sind sie die wichtigsten Auslöser (78 %).

Darum gehen alle befragten Unternehmen in Bezug auf Mitarbeiterinteressen über die rechtlichen Anforderungen hinaus. Öffentliche Unternehmen wollen mit CSR vor allem erreichen, das sich ihre Mitarbeiterinnen und Mitarbeiter mit dem Unternehmen identifizieren und daraus eine erhöhte Arbeitsmotivation ableiten (85 %). Gesellschaftliches Engagement und die damit idealerweise verbundene Anerkennung, die das Unternehmen und seine Angehörigen dadurch in der Öffentlichkeit und von den Kunden erfahren, sollen die Unternehmen zu attraktiven Arbeitgebern machen (77 %). Zwei Drittel der Unternehmen reagieren mit CSR auf Erwartungen der allgemeinen Öffentlichkeit (66 %). Drei Viertel meinen, dass die Öffentlichkeit von öffentlichen Unternehmen zu Recht erwartet, dass sie soziale und umweltbezogene Aspekte berücksichtigen (74 %), nur wenige Unternehmen halten solche Ansprüche für unberechtigt (6 %). Darum ist es für fast alle kommunalen Unternehmen das wichtigste Ziel ihrer CSR-Politik, in der Öffentlichkeit ein positives Unternehmensimage[17] zu schaffen (91 %).

4   Funktionen von CSR in der kommunalen Wirtschaft

Das Bild von CSR, das sich anhand der Untersuchungsergebnisse abzeichnet, wird im Folgenden erweitert und drei Erklärungsansätzen für CSR gegenübergestellt, die mit verschiedenen Sichtweisen der gesellschaftlichen Rolle von Unternehmen und verwandten Theorieansätzen korrespondieren:[18]

1. Unternehmerisches Engagement wird für die Interessen der Eigentümer instrumentalisiert und dient daher allein unternehmerischen Interessen (neoklassische ökonomische Theorie).
2. CSR ist eine Reaktion auf Erwartungen der Stakeholder (instrumentelle Stakeholder-Theorie).
3. CSR beruht nicht auf Interessen der Eigentümer oder anderer Stakeholder, sondern folgt ethischen Prinzipien und beruht auf intrinsischer Motivation (normative Stakeholder-Theorie).

Besteht die Verantwortung eines erwerbswirtschaftlichen Unternehmens darin, den Gewinn seiner Eigentümer zu maximieren, sind im Sinne der neoklassischen

---

[17] S. dazu den Beitrag von Resch, Abschnitt 4, in diesem Band.
[18] Vgl. Donaldson/Preston (1995), S. 71-72; Garriga/Melé (2004), S. 53-61.

ökonomischen Theorie CSR-Maßnahmen nicht gerechtfertigt,[19] bzw. nur dann, wenn sie zur Gewinnerzielung bzw. Wertsteigerung des Unternehmens beitragen.[20] Eine Parallele zu dieser Argumentation wäre die These, dass der ausschließliche Zweck öffentlicher Unternehmen in der Erfüllung des öffentlichen Auftrages liegt und ihre Verantwortung allein eine Verpflichtung gegenüber ihren Trägern ist. Jenseits der öffentlichen Aufgabe, deren Erfüllung das Zielsystem dominiert, wäre kein Raum für CSR.[21] Diese Sichtweise wird der beobachtbaren CSR-Politik öffentlicher Unternehmen nicht gerecht; öffentliche Unternehmen engagieren sich freiwillig und über ihren Auftrag hinaus.

Instrumentelle Ansätze zur Erklärung von CSR betonen den langfristigen Nutzen, den das gesellschaftliche Engagement für das Unternehmen selbst erbringt. Das Argument für CSR ist unternehmerischer Eigennutz, der sogenannte Business Case.[22] Demnach engagieren sich Unternehmen nur dann für gesellschaftliche Belange, wenn sie damit originäre Geschäftsinteressen befriedigen können, sei es in Form von Reputationsgewinn, Wettbewerbsvorteilen oder Mitarbeiterbindung.[23] So verstanden leistet CSR einen Beitrag zur Wertschöpfung des Unternehmens.[24] Der Nutzen für das Unternehmen (Business Case) bewirkt zugleich einen Nutzen für die Gesellschaft (Social Case).[25]

Der Nutzen für das Unternehmen kann zum einen in einem Beitrag von CSR zum Unternehmenserfolg liegen, womit in erster Linie die Interessen der Eigentümer angesprochen sind. Zum anderen ergibt sich ein Nutzen aus der Befriedigung der Interessen anderer Stakeholder. Daraus folgen zwei Erklärungsansätze: CSR als Beitrag zum Unternehmenserfolg und CSR als Antwort auf Stakeholder-Erwartungen.[26] Inwieweit erklären diese Ansätze die CSR-Politik öffentlicher Unternehmen?

Als potenzieller Beitrag zum Unternehmenserfolg wird CSR in der öffentlichen Wirtschaft nicht unbedingt wahrgenommen. Wirtschaftlichkeitsüberlegungen stehen nicht im Vordergrund. Der These, dass CSR-Maßnahmen nur gerechtfertigt sind, wenn sie zur Wirtschaftlichkeit des Unternehmens beitragen, stimmt ein Drittel der Berliner Landesunternehmen zu (35 %). 40 % meinen, dass solche Aktivitäten unabhängig von der wirtschaftlichen Vorteilhaftigkeit sein sollten. 25 % sind unentschieden.

---

[19] Vgl. Friedman (1970).
[20] Vgl. Jensen (2001), S. 11.
[21] So Harms in diesem Band.
[22] Vgl. Branco/Rodrigues (2007), S. 13.
[23] Vgl. Lang/Solms-Nebelung (2006), S. 16.
[24] Vgl. Habisch (2006), S. 37.
[25] Vgl. Lang/Solms-Nebelung (2006), S. 5.
[26] Vgl. Branco/Rodrigues (2007), S. 13.

Einerseits gehört es für kommunale Unternehmen zu den wichtigsten CSR-Motiven, sich im Wettbewerb zu positionieren.[27] Andererseits stimmt nur jedes zweite Unternehmen, das CSR betreibt, um sich im Wettbewerb zu positionieren, eindeutig der These zu, dass soziale und umweltbezogene Maßnahmen dazu beitragen. Kommunale Unternehmen verbinden mit CSR die Erwartung, dass gesellschaftliche Verantwortung in der Wahrnehmung der Kunden ein Bild des Unternehmens schafft, das das Konsumverhalten beeinflusst und von (privaten) Konkurrenten auf Dauer schwer nachzuahmen ist. Doch nicht alle sind davon überzeugt, dass diese Hoffnung tatsächlich eintritt. 43 % sehen in gesellschaftlichem Engagement einen Wettbewerbsvorteil, 31 % bezweifeln das (s. Abbildung 4).

Die Meinungen darüber, ob CSR-Maßnahmen das Unternehmensrisiko verringern, sind ebenfalls geteilt. 40 % der Befragten bestreiten dies; ähnlich viele Unternehmen sehen das genau umgekehrt. Insgesamt gehen die Meinungen darüber, ob CSR ein Erfolgsfaktor ist, auseinander. Jeder Zweite sieht in CSR einen Beitrag zum wirtschaftlichen Erfolg des Unternehmens (50 %), 23 % sehen einen solchen Beitrag nicht (s. Abbildung 4). Dieses Meinungsbild dürfte u. a. auf Schwierigkeiten mit der Erfolgsmessung zurückzuführen sein. Empirische Nachweise für einen Zusammenhang zwischen unternehmerischem Engagement und Unternehmenserfolg im öffentlichen Sektor fehlen. Die Befunde sind widersprüchlich.[28]

Es wurde gezeigt, dass in der öffentlichen Wirtschaft auch der Umgang mit CSR von Sachzieldominanz geprägt ist. Kommunale Unternehmen sehen ihre gesellschaftliche Verantwortung bereits im Versorgungsauftrag. Ihr Verständnis von gesellschaftlicher Verantwortung ist deutlich an ihrem Unternehmenszweck ausgerichtet. CSR im Sinne eines freiwilligen Engagements orientiert sich maßgeblich an der öffentlichen Aufgabe, die der Ausgangspunkt für die CSR-Politik ist. CSR-Aktivitäten haben einen starken Bezug zum Kerngeschäft.

Der Business Case dominiert also den Social Case. Allerdings ist die Bezeichnung Business Case für den öffentlichen Kontext ungeeignet, denn im Unternehmenszweck ist eine gemeinwohlorientierte Zwecksetzung verankert, die typisch erwerbswirtschaftliche Erfolgsgrößen dominiert. Der Business Case öffentlicher Unternehmen ist im Grunde ein Non-Business Case. Daher wird hier für die öffentliche Wirtschaft ein Begriff vorgeschlagen, in dem das öffentliche Interesse zum Ausdruck kommt: Public Case.

---

[27] Mit Hilfe von Fallstudien von Energieversorgungsunternehmen beschreiben Schlageter und Röderstein CSR als strategischen Ansatz zur Differenzierung im Wettbewerb; vgl. Schlageter/Röderstein (2007), S. 11-15.

[28] S. dazu Filbeck/Gorman (2004), S. 153.

Abbildung 4:   CSR als Public Case

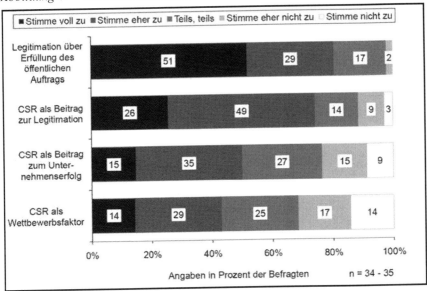

Mit dem – im Hinblick auf die öffentliche Wirtschaft schwachen – Argument, CSR sei ein Erfolgsfaktor, lässt sich die Dominanz des Public Case im CSR öffentlicher Unternehmen allerdings nicht erklären. CSR wird von öffentlichen Unternehmen nicht durchweg als Instrument gesehen, traditionelle Unternehmensziele zu erreichen.[29] Ein Beitrag zum Unternehmenserfolg ist keine hinreichende Erklärung für die CSR-Politik. Ist CSR in kommunalen Unternehmen also in erster Linie als Reaktion auf Stakeholder-Erwartungen zu deuten?

Im öffentlichen Sektor erscheint CSR vor allem als Legitimationsinstrument.[30] Öffentliche Unternehmen ziehen ihre Existenzberechtigung aus der Erfüllung der öffentlichen Aufgabe. 80 % der Berliner Landesunternehmen stimmen der Aussage zu, dass sie sich primär über die Qualität der Leistungserbringung legitimieren. Jedes fünfte Unternehmen bestreitet das (17 %). Drei Viertel der Unternehmen sind der Auffassung, dass CSR zur Legitimation

---

[29] Nach der Studie des VKU sahen 34 % der Stadtwerke in gesellschaftlichem Engagement wirtschaftliche Vorteile. Der Verband schließt daraus, dass wirtschaftliche Vorteile für Stadtwerke nur eine geringe Bedeutung hätten. Dabei wurde die Bandbreite der Erfolgsfaktoren ausgeblendet; vgl. VKU (2005), S. 23 f.

[30] S. dazu den Beitrag von Anthes, Abschnitt 5, in diesem Band.

öffentlicher Unternehmen beiträgt (74 %). Nur wenige schließen sich dem nicht an (11 %) (s. Abbildung 4).

Bei der Legitimation geht es vor allem um die Rechenschaft gegenüber Kunden und Öffentlichkeit.[31] Für Unternehmen, deren Kunden ausschließlich Institutionen sind, scheint eine Legitimationsfunktion von CSR keine Bedeutung zu haben. Bei den Landesunternehmen, die mit CSR auf Kundenerwartungen bzw. auf Erwartungen der Öffentlichkeit reagieren, ist die Meinung, dass CSR zur Legitimation beiträgt, verbreiteter als bei Unternehmen, für die andere Treiber wichtiger sind. Angesichts des Wettbewerbsdrucks, den Landesunternehmen auch beim Thema CSR im Blick haben, geht es aber offenbar nicht nur um die Legitimation einzelner Maßnahmen des Unternehmens, sondern um die Legitimation des Unternehmens und seiner öffentlichen Trägerschaft.

Gesellschaftliches Engagement öffentlicher Unternehmen ist also eine Mischung aus Erfolgsstreben und Reaktion auf Stakeholder-Interessen. Insgesamt erscheint CSR als strategisches Instrument des Managements von Stakeholder-Sichtweisen und Einstellungen gegenüber dem Unternehmen.[32] Die CSR-Politik der Berliner Landesunternehmen orientiert sich nach eigenen Angaben überwiegend an den Unternehmensleitbildern und folgt klaren Zielen. Die Unternehmen achten darauf, dass die Projekte bzw. Maßnahmen zum Unternehmensgegenstand passen. Der hohe Stellenwert von CSR kommt auch in seiner organisatorischen Verankerung zum Ausdruck. Die Verantwortung für das Thema liegt zu 77 % bei der Geschäftsführung und zu 24 % beim Vorstand.

Bemerkenswert ist, dass sich ein Drittel der Unternehmen bei umweltbezogenen und sozialen Themen in der Rolle des Vorreiters sieht, der Trends und Branchenstandards setzt; ein weiteres Drittel sieht sich in einer Führungsrolle (jeweils 36 %). Keines der Unternehmen, das CSR-Maßnahmen ergreift, sagt von sich, dass es nur das Nötigste tut. Öffentliche Unternehmen haben damit einen höheren Anspruch an CSR als private Unternehmen.[33]

Eine proaktive CSR-Politik öffentlicher Unternehmen, die Erwartungen übertreffen will, obwohl unmittelbare ökonomische Vorteile für das Unternehmen nicht nachweisbar sind, ist mehr als reaktives Stakeholder-Management. Sie ist ein Indiz für einen moralischen Anspruch, der aus einer Art intrinsischer Motivation des Unternehmens erwächst. Diese normative Sichtweise, die eine Gegenposition zum instrumentellen Ansatz bildet, begründet CSR mit ethischen Prinzipien. Demnach sollten Unternehmen gesellschaftlich verantwortlich han-

---

[31] Dies erklärt die Tatsache, dass die Berliner Landesunternehmen ihr gesellschaftliches Engagement hauptsächlich mit Hilfe klassischer Instrumente der Öffentlichkeitsarbeit kommunizieren.
[32] Vgl. Maignan/Ralston (2002), S. 498.
[33] 20 % der privaten Unternehmen schätzen ihre CSR-Politik als proaktiv ein, 61 % als aktiv; vgl. Bertelsmann Stiftung (2006), S. 14 f.

deln, weil dies moralisch korrekt ist. CSR wird zur ethischen Verpflichtung. Es ist Ausdruck einer Fürsorgepflicht gegenüber den Stakeholdern des Unternehmens.[34]

Diese Indizien für eine ethische Verpflichtung öffentlicher Unternehmen werden dadurch relativiert, dass die Berliner Landesunternehmen zwar freiwillig, verbindlich und vorbildlich agieren wollen, sich aber regelmäßig an der Lösung von Problemen beteiligen, die in ihrem originären Aufgabenbereich liegen, und daraus einen Nutzen für das Unternehmen ziehen. Zu klären wäre ferner, ob gewinnmindernde CSR-Maßnahmen im öffentlichen Sektor nicht weniger eine ethische Haltung demonstrieren als vielmehr eine Form von Rent Seeking der verantwortlichen Vorstände und Geschäftsführer darstellen.

Festzuhalten bleibt, dass öffentliche Unternehmen mit ihrer CSR-Politik eine Vorbildfunktion erfüllen. Das Bild vom öffentlichen Unternehmen als „Hecht im Karpfenteich", das auf die Rolle bestimmter öffentlicher Unternehmen im Wettbewerb mit privaten Anbietern anspielt,[35] passt auch zum Thema CSR. Öffentliche Unternehmen scheinen private zur Übernahme gesellschaftlicher Verantwortung animieren zu wollen.

5   Fazit

Die explorative Analyse der CSR-Politik Berliner Landesunternehmen liefert die Grundlage für Thesen zur Bedeutung von CSR in der kommunalen Wirtschaft, die mit weiteren empirischen Arbeiten zu prüfen wären, und zwar auch in Bezug auf ihre Relevanz für Bundesunternehmen.

Wie in der Privatwirtschaft sind Mitarbeiter und Kunden diejenigen Stakeholdergruppen, auf die Unternehmen am stärksten reagieren. Die Motivation der Mitarbeiter und die Verbesserung der Reputation des Unternehmens in der Öffentlichkeit sind wie bei privaten Unternehmen die wichtigsten CSR-Motive. Ökonomische Ziele sind sowohl in der öffentlichen als auch in der privaten Wirtschaft im Zusammenhang mit CSR nachrangig. Und ähnlich wie bei privaten Unternehmen hat gesellschaftliche Verantwortung einen engen Bezug zur Geschäftätigkeit.[36]

Bei öffentlichen Unternehmen dominiert der Public Case als sektorspezifische Variante des Business Case die CSR-Politik. CSR erscheint in der kommunalen Wirtschaft als eine Mischung aus dem Umgang mit Stakeholder-Erwartun-

---

[34] Vgl. Freeman (1984).
[35] Vgl. Thiemeyer (1970), S. 232.
[36] Vgl. Forsa (2005), S. 23 f. und Bertelsmann Stiftung (2006), S. 6 u. 16 mit teilweise widersprüchlichen Ergebnissen; vgl. ferner Bader et al. (2007), S. 37 f.

gen und der Verfolgung ökonomischer Ziele. Diese instrumentellen Ansätze erklären jedoch nicht den normativen Anspruch, der im Selbstverständnis öffentlicher Unternehmen in Bezug auf CSR zumindest ansatzweise zum Ausdruck kommt. Letztlich sind in der CSR-Politik öffentlicher Unternehmen rechtliche Anforderungen, die sich u. a. aus dem öffentlichen Auftrag ergeben (Compliance), eine ökonomische Verantwortung (Public Case) und eine potenzielle ethische Dimension von CSR (das öffentliche Unternehmen als „guter Bürger") nicht klar voneinander zu trennen.[37] Diese drei Dimensionen von CSR wurden mit unterschiedlich intensiver Ausprägung auch für private Unternehmen empirisch nachgewiesen.[38]

In der Übernahme gesellschaftlicher Verantwortung unterscheiden sich öffentliche Unternehmen jenseits des öffentlichen Auftrages von privaten, indem sie eine Rolle als Vorbild einnehmen. Das Öffentliche kreiert in kommunalen Unternehmen explizite (Leitbild) sowie implizite Normen und Werte, die gesellschaftlicher Verantwortung einen besonderen Stellenwert verleihen. Auch wenn öffentliche Unternehmen ihre(n) staatlichen Träger und die Politik in Bezug auf CSR nicht als dominierende Anspruchsgruppen empfinden, prägen der Einfluss der öffentlichen Hand und die bedarfswirtschaftliche Orientierung ihre CSR-Politik.

Erfahrungen in Großbritannien zeigen, dass privatisierte Staatsbetriebe vor allem im Bereich Umwelt über rechtliche Anforderungen nicht hinausgehen und damit keine Beispiele für CSR liefern.[39] Regulierungsmaßnahmen erscheinen in einem solchen Kontext kontraproduktiv, weil sie als rechtliche Anforderungen Unternehmen nicht zu echter gesellschaftlicher Verantwortung animieren.[40] Gesellschaftliche Verantwortung als ethisches Prinzip lässt sich scheinbar nicht so ohne weiteres privatisieren wie die Durchführungsverantwortung für die Erfüllung öffentlicher Aufgaben.

Literatur

Bader, Nils et al. (2007): Corporate Social Responsibility (CSR) bei kleinen und mittelständischen Unternehmen in Berlin, o. O. 2007

Bertelsmann Stiftung (2006): Die gesellschaftliche Verantwortung von Unternehmen, Dokumentation der Ergebnisse einer Unternehmensbefragung der Bertelsmann Stiftung, Detailauswertung, Gütersloh 2006

---

[37] Vgl. hierzu das Modell von Schwartz und Carroll; Schwartz/Carroll (2003).
[38] Vgl. Maignan/Ralston (2002), S. 498.
[39] Vgl. Bichta (2003), S. 86-87.
[40] Vgl. Jones (2001), S. 224.

Bichta, Constantina (2003): Corporate Social Responsibility, A Role in Government Policy and Regulation?, CRS Research Report 16, Bath 2003

Branco, Manuel Castelo/Rodrigues, Lúcia Lima (2007): Positioning Stakeholder Theory within the Debate on Corporate Social Responsibility, in: Electronic Journal of Business Ethics and Organization Studies, No. 1, 2007, S. 5-15

Donaldson, Thomas/Preston, Lee E. (1995): The Stakeholder Theory of the Corporation, Concepts, Evidence, and Implications, in: Academy of Management Review, No. 1, 1995, S. 65-91

Filbeck, Greg/Gorman, Raymond F. (2004): The Relationship between the Environmental and Financial Performance of Public Utilities, in: Environmental and Resource Economics, No. 2, 2004, S. 137-157

Forsa (2005): „Corporate Social Responsibilty" in Deutschland, Berlin 2005

Freeman, R. Edward (1984): Strategic Management, A Stakeholder Approach, Boston 1984

Friedman, Milton (1970): The social responsibility of business is to increase its profits, in: The New York Times Magazine, 13.09.1970

Galonska, Christian et al. (2007): Einleitung, in: Imbusch, Peter/Rucht, Dieter (Hrsg.), Profit oder Gemeinwohl, Fallstudien zur gesellschaftlichen Verantwortung von Wirtschaftseliten, Wiesbaden 2007, S. 9-29

Garriga, Elisabet/Melé, Domènec (2004): Corporate Social Responsibility Theories, Mapping the Territory, in: Journal of Business Ethics, No. 1/2, 2004, S. 51-71

Habisch, André (2006): Die Corporate-Citizenship-Herausforderung, Gesellschaftliches Engagement als Managementaufgabe, in: Gazdar, Kaevan et al., Erfolgsfaktor Verantwortung, Corporate Social Responsibility professionell managen, Berlin/Heidelberg 2006, S. 35-49

Jensen, Michael C. (2001): Value Maximization, Stakeholder Theory, and the Corporate Objective Function, in: Journal of Applied Corporate Finance, No. 3, 2001, S. 8-21

Jones, Alan (2001): Social Responsibility and the Utilities, in: Journal of Business Ethics, No. 3/4, 2001, S. 219-229

Lang, Susanne/Solms-Nebelung, Frank (2006): Geschäftsstrategie Verantwortung, Corporate Citizenship als Business Case, betrifft: Bürgergesellschaft Nr. 4, Bonn 2006

Maignan, Isabelle/Ralston, David A. (2002): Corporate Social Responsibility in Europe and the U.S., Insights from Businesses' Self-presentations, in: Journal of International Business Studies, No. 3, 2002, S. 497-514

Matten, Dirk et al. (2003): Behind the Mask, Revealing the True Face of Corporate Citizenship, in: Journal of Business Ethics, No. 1/2, 2003, S. 109-120

Schlageter, Karsten/Röderstein, Matthias (2007): Integrating Corporate Social Responsibility into Corporate Strategies of small and medium sized German Public Utilities, Conference paper, 3rd Workshop on Visualizing, Measuring, and Managing Intangibles and Intellectual Capital, Ferrara (Italy), 29th to 31st October 2007

Schwartz, Mark S./Carroll, Archie B. (2003): Corporate Social Responsibility, A Three-Domain-Approach, in: Business Ethics Quarterly, No. 4, 2003, S. 503-530

(SenFin) Senatsverwaltung für Finanzen (2009): Hinweise für Beteiligungen des Landes Berlin an Unternehmen, Beschluss des Senats von Berlin vom 17.02.2009

Thiemeyer, Theo (1970): Gemeinwirtschaftlichkeit als Ordnungsprinzip, Grundlegung einer Theorie gemeinnütziger Unternehmen, Berlin 1970

(VKU) Verband kommunaler Unternehmen (2005): Kommunale Unternehmen mit Verantwortung, Ergebnisse einer Umfrage unter Mitgliedern des Verbands kommunaler Unternehmen (VKU) zum Thema Corporate Social Responsibility (CSR), Köln 2005

Fünf Thesen zur strategischen Einbettung von CSR in das Unternehmen am Beispiel der degewo

Frank Bielka und Anja Schwerk

Der Begriff Corporate Social Responsibility (CSR) ist vor allem aufgrund der Globalisierung und der damit einher gehenden Probleme populär geworden. Doch auch oder gerade für regional agierende und kommunale Unternehmen ist die gesellschaftliche Verantwortung seit jeher ein wichtiges Thema.

Im vorliegenden Beitrag werden zunächst das Verständnis und die Bedeutung von gesellschaftlicher Verantwortung für kommunale Unternehmen beleuchtet. In Theorie und Praxis wird wiederholt von strategischer Verankerung von CSR im Kerngeschäft gesprochen. Eine genaue Beschreibung der notwendigen Voraussetzung und des Prozesses der Verankerung findet sich jedoch selten. Daher werden im zweiten Teil des Beitrags die Voraussetzungen und Erfolgsfaktoren einer CSR-Strategie und deren Implementierung beschrieben. Der Fokus liegt dabei auf fünf Thesen:

1. Die Basis gesellschaftlicher Verantwortung ist eine Unternehmensstrategie mit klaren ökonomischen, ökologischen und sozialen Zielen und einer überschaubaren Anzahl strategischer Projekte.
2. Eine erfolgreiche Implementierung von CSR braucht ein klares Committment der Unternehmensleitung, gleichzeitig müssen jedoch auch alle Mitarbeiter gesellschaftliche Verantwortung leben.
3. CSR kann nicht isoliert gedacht werden, sondern erfordert eine dauerhafte Interaktion mit den relevanten Interessengruppen (Stakeholdern) des Unternehmens.
4. „You cannot manage what you do not measure." Eine CSR-Strategie lässt sich nur erfolgreich implementieren, wenn es im Unternehmen entsprechende Erfolgsmaße (Key Performance Indicators) und Anreizsysteme gibt.

5. Eine gute CSR-Strategie ist kein Verlustgeschäft, sondern bedeutet sowohl für das Unternehmen, als auch für die Gesellschaft Vorteile.

Im dritten Teil des Beitrages soll am Beispiel der degewo, dem größten kommunalen Wohnungsunternehmens Berlins, gezeigt werden, wie sich die Thesen in der Unternehmenspraxis umsetzen lassen.

Das Fallbeispiel der degewo zeigt, dass die erfolgreiche Verankerung von CSR im Unternehmen einen Prozess darstellt, der nicht von heute auf morgen vollzogen werden kann und der Veränderungen im gesamten Unternehmen und im Unternehmensumfeld voraussetzt. Nur wenn Unternehmen diesen Weg konsequent beschreiten, ist CSR nicht nur ein Lippenbekenntnis, sondern wird zur gelebten Verantwortung.

1   Bedeutung und Verständnis von gesellschaftlicher Verantwortung von Unternehmen

Die Begriffe „gesellschaftliche Verantwortung von Unternehmen" oder angelsächsisch „Corporate Social Responsibility – CSR" und „Nachhaltigkeit" sind in aller Munde. Über die Hälfte der 100 größten deutschen Unternehmen erstellen heute Nachhaltigkeitsberichte, bei den DAX 30 Unternehmen sind es bereits etwa 80 %.[1] Die Bundesregierung arbeitet unter Federführung des Bundesministerium für Arbeit und Soziales an einer Nationalen CSR-Strategie.[2] Wissenschaftliche Tagungen und Veröffentlichungen zu dem Thema nehmen von Jahr zu Jahr zu. So veranstaltete die Humboldt-Universität zu Berlin im September 2010 bereits die 4. Internationale CSR-Konferenz mit 600 Teilnehmern. Es existieren diverse Standards und Leitfäden, wie z. B. die Global Reporting Initiative, der am weitesten verbreitete Standard zur Nachhaltigkeitsberichterstattung oder der Leitfaden zur gesellschaftlichen Verantwortung von Organisationen, ISO 26000, der im November 2010 von der International Organisation for Standardization verabschiedet wurde.[3] Die Presse gibt in regelmäßigen Abständen CSR-Beilagen heraus.[4] Häufig stehen dabei die großen, global agierenden und börsennotierten Unternehmen im Fokus. Doch auch die deutschen klein- und

---

[1] Vgl. KPMG (2009).
[2] Vgl. BMAS (2010).
[3] Vgl. International Organization für Standardization (2010).
[4] Beilagen zum Thema CSR und Nachhaltigkeit veröffentlichten z. B. die Financial Times Deutschland im November 2006 und Juni 2008, die F.A.Z. am 9.06.2010 und am 5.11.2010. Im Dezember 2010gab es im Berliner Tagesspiegel eine Beilage mit dem Titel „Verantwortungsvolle Unternehmensführung". Die F.A.Z wird außerdem im Mai 2011 eine CSR-Beilage veröffentlichen.

mittelständischen und unter ihnen insbesondere die kommunalen Unternehmen brauchen sich in punkto Verantwortung gegenüber den großen nicht zu verstecken.

Auch wenn CSR immer stärker aus der Managementperspektive betrachtet wird, bleiben in der Praxis noch viele Fragen offen: Allgemeiner Konsens herrscht mittlerweile darüber, dass CSR nicht mit Philanthropie bzw. reinem Spendenwesen oder Mäzenatentum gleichzusetzen ist, sondern strategisch umgesetzt werden muss.[5] Doch was bedeutet das in der Managementpraxis? Da es keinen „one size fits all"-Ansatz gibt,[6] muss jedes Unternehmen seinen individuellen Weg finden, um CSR in die Unternehmensstrategie und -struktur zu integrieren. Im vorliegenden Beitrag soll am Beispiel eines kommunalen Unternehmens gezeigt werden, wie CSR strategisch verankert werden kann und welche Faktoren zum Erfolg einer CSR-Strategie beitragen.

In Anlehnung an die Definition der Europäischen Kommission wird in diesem Beitrag unter CSR folgendes verstanden:[7] Corporate Social Responsibility bezeichnet ein integriertes nachhaltiges und dynamisches Unternehmenskonzept, das alle freiwilligen[8] sozialen, ökologischen und ökonomischen Beiträge eines Unternehmens zur Lösung gesellschaftlicher Herausforderungen beinhaltet. CSR steht für verantwortliches unternehmerisches Handeln im eigentlichen Kerngeschäft und beinhaltet eine strategische Komponente, die sowohl die aktive Nutzung sich bietender Chancen als auch die Minimierung auftretender Risiken in diesen drei Bereichen einschließt. Basis bilden transparente Unternehmenswerte und die Berücksichtigung der Erwartungen der durch die Unternehmensaktivitäten direkt und indirekt betroffenen Stakeholder durch einen transparenten Dialog. Unternehmen kommen demnach ihrer Verantwortung nach, wenn sie

- einerseits ihren internen Unternehmensprozess verantwortungsvoll gestalten, z. B. durch die Zahlung fairer Löhne, gute Arbeitsbedingungen und die Gewährleistung einer Ausgewogenheit zwischen Privatleben und Beruf.
- andererseits die negativen Auswirkungen der Unternehmenstätigkeit auf die Gesellschaft und die Umwelt möglichst gering halten. Hierzu gehören z. B. die Reduzierung von Lärm, Abfall oder Energieverbrauch.

---

[5] Vgl. Porter/Kramer (2006).
[6] Vgl. Smith (2003).
[7] Vgl. Europäische Kommission (2001)
[8] Die Übernahme von Verantwortung erfolgt freiwillig, über die gesetzlichen Bestimmungen hinaus. Wobei sie die Befolgung von gesetzlichen Regelungen einschließt. Allerdings gibt es Fälle, in denen verantwortungsvolles Handeln vorliegt, obwohl gesetzliche Vorgaben nicht erfüllt werden. Es gibt Länder, in denen offiziell strenge Arbeitnehmerrechte vorgeschrieben sind, jedoch von der lokalen Regierung nicht durchgesetzt werden. In diesen Ländern handeln Unternehmen bereits verantwortlich, wenn sie versuchen, die gesetzlichen Regelungen zumindest annähernd umzusetzen.

- ihre Kernkompetenzen nutzen, um gesellschaftliche Probleme zu lösen, z. B. durch Maßnahmen gegen die soziale Entmischung von Stadtteilen oder durch die Entwicklung von Technologien zu umweltverträglicher Produktion.

- offen gegenüber unterschiedlichen Erwartungen ihrer Stakeholder sind. Ein verantwortungsvolles Stakeholder-Management basiert entsprechend auf transparenten Werten und Unternehmensentscheidungen sowie wiederholtem Austausch mit den betroffenen Stakeholdern. Verantwortungsvoll handeln heißt damit sowohl Erträge für die Anteilseigner zu erwirtschaften (Business Case) als auch gesellschaftlichen ökologischen und sozialen Mehrwert zu erzeugen (Social Case).

Abbildung 1 verdeutlicht die Bestandteile der CSR noch einmal grafisch.

Abbildung 1:   Elemente der Corporate Social Responsibility

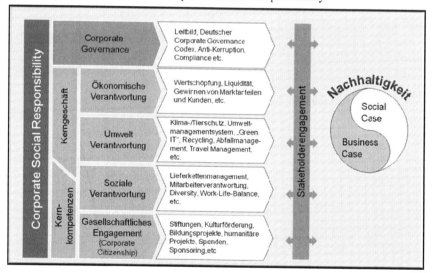

Eine gute Corporate Governance ist Voraussetzung für verantwortliches Handeln. CSR findet in Form ökonomischer, ökologischer und sozialer Verantwortung im Kerngeschäft des Unternehmens statt. Zusätzlich setzt das Unternehmen seine Kernkompetenzen ein, um sich gesellschaftlich zu engagieren (Corporate Citizenship). Durch eine permanente Interaktion mit den unterschiedlichen Interessengruppen (Stakeholder-Management) wird gewährleistet, dass CSR sowohl zum Unternehmenserfolg (Business Case) als auch zum gesellschaftlichen Mehrwert (Social Case) beiträgt.

2 Fünf Thesen zur strategischen Integration von CSR in das Unternehmen

Wie können Unternehmen CSR erfolgreich umsetzen? Viele Unternehmen haben schon immer verantwortungsvoll gewirtschaftet und sich im Umfeld engagiert. Da die Erwartungen der Stakeholder jedoch parallel zu den gesellschaftlichen globalen Herausforderungen zugenommen haben, müssen sich Unternehmen sichtbar engagieren und vermehrt über ihre Aktivitäten Rechenschaft ablegen. Zu den gesellschaftlichen Herausforderungen in der Wohnungswirtschaft gehören z. B. die Ballung sozial benachteiligter Gruppen in einzelnen Quartieren, insbesondere in Großstädten, und die Gefahr der sozialen Spaltung. Staatliche Institutionen sind finanziell und personell häufig überfordert. Daher müssen neue Formen der Zusammenarbeit zwischen Staat, Unternehmen und Zivilgesellschaft gefunden werden; denn ein Akteur allein, kann die Probleme nicht lösen.

Aufgrund knapper Ressourcen sind Unternehmen gezwungen, sehr sorgfältig über die Auswahl ihrer CSR-Maßnahmen und -Projekte nachzudenken. In den letzten Jahren ist es dementsprechend zu einer Professionalisierung des CSR-Managements gekommen. CSR kann nicht neben der eigentlichen Geschäftstätigkeit als Beiprodukt erfolgen, sondern muss in den gesamten Geschäftsprozess und die einzelnen Funktionsbereiche integriert werden. Zusätzlich müssen Unternehmen sowohl gegenüber ihren Shareholdern als auch gegenüber den übrigen Stakeholdern nachweisen, dass die CSR-Aktivitäten nicht nur sogenanntes „Window Dressing" sind, sondern zu mehr Nachhaltigkeit beitragen.

Im Folgenden werden einige zentrale Thesen formuliert und erläutert, welche die Voraussetzung für ein erfolgreiches CSR-Management bilden. Anschließend wird am Beispiel der degewo, dem führenden Berliner Wohnungsunternehmen, gezeigt, wie die Thesen in der Praxis umgesetzt werden können.

1. These: Die Basis gesellschaftlicher Verantwortung ist eine Unternehmensstrategie mit klaren ökonomischen, ökologischen und sozialen Zielen und einer überschaubaren Anzahl strategischer Projekte. Bei der Integration von CSR in die Unternehmensstrategie muss sich ein Unternehmen einerseits fragen, wo die Ansatzpunkte für die Minimierung möglicher negativer externer Effekte sind, andererseits welche CSR-Maßnahmen die Ziele des Unternehmens unterstützen könnten. Neben dem Risikomanagement kann CSR im Idealfall als Differenzierungsfaktor und damit zur Generierung von Wettbewerbsvorteilen genutzt werden. Besonders in Branchen mit homogenen Produkten, wie z. B. der

Wohnungswirtschaft, kann CSR zur Abgrenzung vom Wettbewerber eingesetzt werden. Voraussetzung ist jedoch, dass ein Unternehmen seine Kernkompetenzen nutzt und sich auf eine überschaubare Anzahl von CSR-Projekten und -Maßnahmen konzentriert. Denn nur dann kann überprüft werden, ob die CSR-Maßnahmen zu den übergeordneten Unternehmenszielen beitragen und gleichzeitig gesellschaftlichen Mehrwert schaffen.

Ein idealtypischer Prozess der CSR-Integration in die Unternehmensstrategie umfasst dementsprechend die folgenden Schritte (s. auch Abbildung 2):

- Definition von Werten und der Vision bzw. des Leitbildes und dem übergeordneten Unternehmensziel,
- Analyse der gesellschaftlichen Herausforderungen und der Stakeholder,
- Analyse der einzelnen Unternehmensbereiche (Wertkette) und bestehender CSR-Aktivitäten,
- Ableitung einer CSR-Strategie und -Struktur durch die Definition von strategischen Themen und Projekten, die zum Unternehmensziel beitragen,
- Implementierung und Kommunikation der integrierten CSR-Projekte,
- Messung und Reporting.

Die degewo durchläuft gegenwärtig diesen Prozess und adaptiert ihn auf ihre Bedingungen. Denn in der Praxis findet er meist nicht in der idealtypischen Form statt. Branchenspezifische und länderspezifische Bedingungen sowie personen- und unternehmensspezifische Besonderheiten beeinflussen den Prozess. Außerdem braucht er Zeit. Häufig werden die Schritte wiederholt oder Entscheidungen aufgrund veränderter Umfeldbedingungen revidiert und neu getroffen.

2. These: Eine erfolgreiche Implementierung von CSR braucht ein klares Committment der Unternehmensleitung, gleichzeitig müssen alle Mitarbeiter gesellschaftliche Verantwortung leben. Auf lange Sicht kann eine CSR-Strategie nur erfolgreich sein, wenn die Unternehmensleitung dahinter steht. Das heißt nicht, dass in einigen Unternehmen CSR nicht auch bottom-up, also durch bestimmte Mitarbeiter forciert wird. Die notwendigen Ressourcen und Glaubhaftigkeit nach innen und außen sind jedoch nur gewährleistet, wenn der Vorstand sich dafür engagiert. Zusätzlich müssen die Mitarbeiter die CSR-Strategie umsetzen. Sie sind das Bindeglied zu den externen Stakeholdern. Bevor nicht jeder Mitarbeiter im Unternehmen verstanden hat, was CSR für das Unternehmen und vor allem für seinen Bereich bedeutet, kann eine vollständige Integration nicht stattfinden.

3. These: CSR kann nicht isoliert gedacht werden, sondern erfordert eine dauerhafte Interaktion mit den relevanten Interessengruppen (Stakeholdern) des Unternehmens. Neben der genauen Kenntnis der eigenen Kernkompetenzen spielt das sogenannte Stakeholder-Management (oder auch Stakeholder-Engagement) eine entscheidende Rolle bei der Formulierung einer CSR-Strategie. Eine gute CSR-Strategie orientiert sich an gesellschaftlichen Herausforderungen. Diese Herausforderungen werden durch die Stakeholder an das Unternehmen herangetragen. Stakeholder sind die Gruppen oder Individuen, welche die Zielerreichung des Unternehmens beeinflussen oder von ihr beeinflusst werden.[9] Die Interaktion mit den Stakeholdern ermöglicht es dem Unternehmen einerseits, über die gegenwärtigen und zukünftigen Herausforderungen informiert zu sein. Andererseits kann durch verschiedene Formen der Interaktion das gegenseitige Verständnis gefördert werden. Denn kein Unternehmen wird dazu in der Lage sein, alle konfligierenden Stakeholder-Interessen zu erfüllen. Unternehmen sollten daher einen Prozess installieren, bei dem Stakeholder wiederholt analysiert und priorisiert werden, um auf dieser Basis entsprechende Interaktionsstrategien abzuleiten (einseitige Kommunikation, Dialoge, Workshops, öffentliche Anhörungen, Vortragsabende etc.).[10, 11]

4. These: „You cannot manage what you do not measure." Eine CSR-Strategie lässt sich nur erfolgreich implementieren, wenn es im Unternehmen entsprechende Erfolgsmaße (Key Performance Indicators[12]) und damit verknüpfte Anreizsysteme gibt. Nur wenn die Wirkung der CSR-Aktivitäten auch tatsächlich gemessen wird, kann über den Erfolg der CSR-Strategie sowohl für das Unternehmen selbst als auch für die Gesellschaft bzw. die Stakeholder eine Aussage getroffen werden. Im Rahmen einer CSR-Strategie gesetzte Ziele können „gemanaged" werden, wenn sie regelmäßig überprüft werden.[13] Allerdings ist die Messung der Wirkung von CSR-Maßnahmen nicht einfach. Besonders der Effekt auf den Unternehmenserfolg (Business Case) ist schwer nachweisbar.[14] Empirische Studien zeigen gemischte Resultate, wobei Studien, die einen positiven Effekt auf den Unternehmenserfolg zeigen, überwiegen.[15] Ein Grund dafür ist, dass die Wirkung von CSR häufig erst langfristig und indirekt eintritt, die Effekte häufig qualitativer Natur sind und es keine standardisierten Messmethoden gibt. Der Effekt bestimmter Maßnahmen auf die Gesellschaft (Social Case) ist ebenfalls nicht immer einfach zu erfassen. Teilweise müssen Indikatoren bzw. Schätzwerte gefunden werden, um die gesellschaftliche Wirkung eines CSR-Projekts zu messen. Ein Beispiel ist die Erfolgsmessung von Corporate Volun-

---

[9] Vgl. Freeman (1984), S. 46.
[10] Vgl. Preble (2005).
[11] S. dazu den Beitrag von Kluge und Schramm in diesem Band.
[12] S. dazu den Beitrag von Brandl, Abschnitt 2, in diesem Band.
[13] S. dazu den Beitrag von Greiling und Ther in diesem Band.
[14] Vgl. Bonini et al. (2009), S. 11.
[15] Vgl. Margolis/Walsh (2001).

teering-Programmen. Beim Corporate Volunteering fördert das Unternehmen das Mitarbeiterengagement in der Gesellschaft.[16] Das Unternehmen profitiert z. B. durch die erhöhte Motivation der Mitarbeiter oder die stärkere Identifikation der Mitarbeiter mit dem Unternehmen sowie eine verbesserte Reputation in der Gesellschaft.[17] Auch die Gesellschaft profitiert. Gehen die Mitarbeiter z. B. in Schulen und unterstützen Schüler durch Bewerbungstraining, so wie es die degewo praktiziert, steigen gegebenenfalls die Chancen der Schulabgänger im Bewerbungsprozess. Die Motivation der Mitarbeiter und der Erfolg der Schulabgänger lassen sich jedoch nicht ohne weiteres messen.

Damit CSR zu einem messbaren Erfolg führt, müssen im Unternehmen entsprechende Anreizsysteme geschaffen werden. Beispielsweise wird eine nachhaltige Einkaufsstrategie eines Unternehmens nur zum Erfolg führen, wenn die Einkäufer auch entsprechende Anreize haben, diese umzusetzen.[18] Wird die Leistung des Einkäufers weiterhin nur daran gemessen, wie preisgünstig er einkauft, werden andere Kriterien bei der Lieferantenwahl, wie umweltfreundliches Material oder gute Arbeitsbedingungen, keine Rolle spielen.

5. These: Eine gute CSR-Strategie ist kein Verlustgeschäft, sondern bedeutet sowohl für das Unternehmen als auch für die Gesellschaft Vorteile. Nicht jedes Unternehmen kann in gleichem Maße von CSR-Maßnahmen profitieren. Ein Unternehmen muss seine CSR-Ziele permanent überprüfen. Lernprozesse aus der Stakeholder-Interaktion gehen in die strategischen Überlegungen ein. Einige Unternehmen können durch CSR zusätzliche Kunden gewinnen, bei anderen Unternehmen steht das Risikomanagement im Vordergrund. Auch wenn CSR-Maßnahmen vorübergehend höhere Kosten bedeuten, sollten sie sich, wie jede andere Investition, in der Zukunft für das Unternehmen auszahlen. CSR sollte zwar nicht in der Kommunikationsabteilung beginnen, eine gute Kommunikationsstrategie ist jedoch ein wichtiger Erfolgsfaktor. Nur wenn CSR-Projekte dem Unternehmen *und* der Gesellschaft nutzen, sind sie nachhaltig bzw. fallen nicht durch Budgetkürzungen der nächsten Finanzkrise zum Opfer.

---

[16] Vgl. Visser et al. (2007), S. 488.
[17] Vgl. Lakin/Scheubel (2010), S, 178.
[18] Vgl. Schneider/Schwerk (2010, S. 56.

3   Strategische Integration von CSR am Beispiel der degewo

Die degewo ist mit annähernd 71.000 eigenen und verwalteten Wohnungen und 585 Mitarbeitern das größte kommunale Wohnungsunternehmen Berlins. Sie kann auf eine Tradition bis ins Jahr 1924 zurückblicken und gehört seit ihrer Gründung zu den Protagonisten des Sozialen Wohnungsbaus und der Stadtentwicklung in Berlin. Der Bau der Gropiusstadt oder der Autobahnüberbauung Schlangenbader Straße sind wichtige Marksteine der städtebaulichen Entwicklung der Hauptstadt. Mit dem Stadtumbau-Ost-Programm in Marzahn, dem neuen Quartierskonzept für das Brunnenviertel und umfänglichen Maßnahmen zur Reduzierung des CO_2-Ausstoßes setzte das Unternehmen in den vergangenen Jahren deutliche Zeichen für ein verantwortungsbewusstes innovatives Handeln. Das Ziel heißt: mehr Lebensqualität für Berlin.

Das originäre Kerngeschäft der degewo umfasst die Vermietung, Verwaltung und Bewirtschaftung, Instandhaltung und Modernisierung des Immobilienbestandes, die Verwaltung für Dritte sowie den Neubau und die Projektentwicklung.

Bei dem „Produkt Wohnung" handelt es sich um ein relativ homogenes Gut. Auf dem Berliner Markt agieren kommunale und genossenschaftliche Wohnungsunternehmen neben privaten Wohnungseigentümern. Sie wenden sich mit ihren grundsätzlich vergleichbaren Produkt- und Serviceleistungen an ähnliche Zielgruppen. Deswegen hat der Wettbewerb um Mieter und Käufer neue Dimensionen angenommen. Die degewo verfolgt seit einiger Zeit neue Strategien zur Mietergewinnung und -bindung. Sie setzt u. a. auf eine ganzheitliche integrative Quartiersentwicklung, der ein hohes Maß gesellschaftlicher Verantwortung eigen ist.

CSR-Maßnahmen werden somit von der degewo als Differenzierungsfaktor genutzt. Denn auch wenn der Markt in den letzten Jahren wieder mehr in Richtung Anbietermarkt tendiert, gibt es nach wie vor Wohnlagen, in denen das Angebot die Nachfrage übersteigt bzw. soziale Konflikte an der Tagesordnung sind. Zwar ist die Leerstandsquote von durchschnittlich 5 %[19] angesichts der gegenwärtigen Wohnungssituation in Berlin nicht besonders hoch. Trotzdem besteht die Gefahr, dass der soziale Frieden in einigen Quartieren langfristig gefährdet ist.

Für die Wahl einer CSR-Strategie sind die besonderen branchen-, länder- und organisationsspezifischen Bedingungen entscheidend (s. auch Abbildung 3). Besondere Herausforderungen stellen z. B. die Demografie (Altersstruktur,

---

[19] Zu aktuellen Entwicklungen des Berliner Wohnungsmarktes aus der Perspektive der städtischen Gesellschaften vgl. BBU (2010).

Familienentwicklung und Haushaltsstruktur) und die Ausdifferenzierung der Gesellschaft (Einkommen/Kaufkraft, Bildungsniveau, moralische und ethische Sichtweisen) dar. Bei seinen CSR-Maßnahmen orientiert sich das Unternehmen daher einerseits an diesen Herausforderungen und den Erwartungen seiner Stakeholder, andererseits an den eigenen Kernkompetenzen wie langjährige Erfahrungen auf dem Berliner Wohnungsmarkt und Ortskenntnis, intensive Verbindungen zu den Bewohnern, Kontakte zu wichtigen Akteuren im Gebiet und die Einbindung in die politischen und verwaltungstechnischen Strukturen.

Umsetzung der These 1: Integration von CSR in die Unternehmensstrategie. Der Weg zu einer Integration von CSR in die Unternehmensstrategie und -struktur ist ein längerer Prozess und kann nicht von heute auf morgen umgesetzt werden. Vielmehr erfolgt die CSR-Integration bei den meisten Unternehmen schrittweise bzw. in Phasen.[20] Ein Unternehmen kann z. B. über ein sehr ausgereiftes nachhaltiges Zulieferkettenmanagement verfügen, hat jedoch noch Defizite in der Diversity- oder Work-Life-Balance-Politik.

Auch bei der degewo ist der Prozess einer vollintegrierten CSR-Strategie noch nicht abgeschlossen. Das liegt u. a. daran, dass die degewo im Jahre 2009 mithilfe der Methode der Balanced Scorecard einen Strategieprozess gestartet hat.[21] In mehrtägigen Workshops haben sich Führungskräfte und Mitarbeiter die Frage gestellt, wie die degewo sich in der Zukunft positionieren soll. Das Leitbild der degewo, das führende Wohnungsunternehmen in Berlin zu sein, wurde bestätigt und durch die Unterziele „Höchste Dienstleistungsqualität", „Ertragsoptimierung" und „Verantwortung für Berlin" konkretisiert. In einem ersten Schritt wurden zunächst die wichtigsten strategische Themen für die degewo identifiziert. Hierzu zählte z. B. eine gesteigerte Kundenbindung und Dienstleistungsorientierung. Gleichzeitig wurden die Stakeholder bzw. Zielgruppen mit ihren Erwartungen an die degewo analysiert. In einem nächsten Schritt wurden sogenannte „strategische Projekte" definiert, für die wiederum Ziele und Kennzahlen entwickelt wurden. So gibt es z. B. das Projekt „Quartiersentwicklung als Unternehmensaufgabe" oder „Nachhaltigkeit". Ziele des Nachhaltigkeitsprojekts sind u. a. die Erhöhung des Nachhaltigkeitsbewusstseins bei allen Stakeholdern und Energieeinsparung. Für jedes definierte Projekt wurden Projektleiter und Teams bestimmt, die für die Umsetzung verantwortlich sind.

Der Strategieprozess der degewo entspricht einem idealtypischen Vorgehen der CSR-Integration, wie er bereits im zweiten Abschnitt beschrieben wurde. Abbildung 2 fasst den Prozess noch einmal zusammen.

---

[20] Vgl. Mirvis/Googins (2006).
[21] Die Methode der Balanced Scorecard wurde ursprünglich von Kaplan und Norton entwickelt; vgl. Kaplan et al. (1997). Es handelt sich um ein weltweit anerkanntes Konzept zur Erarbeitung und Umsetzung von Unternehmensstrategien. Für weitere Informationen s. Friedag/Schmidt (2007).

Abbildung 2:   Strategischer Prozess der Integration von CSR in das
Unternehmen am Beispiel der degewo

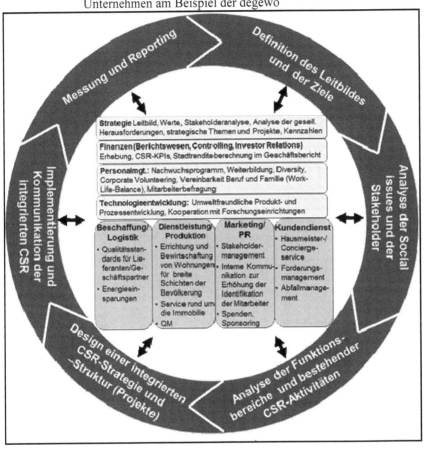

Der äußere Kreis stellt den Prozess der Strategieerarbeitung und Umsetzung dar.
Im Inneren befindet sich das Unternehmen mit seinen unterstützenden Bereichen
(Strategie, Finanzen, Personalmanagement und Technologienentwicklung) und
den primären Unternehmensaktivitäten (Beschaffung/Logistik, Produktion bzw.
Dienstleistung, Marketing/PR/Kommunikation und Kundendienst). In den einzelnen Bereichen sind beispielhaft die CSR-relevanten Themen aufgeführt.
Durch den Strategieprozess bei der degewo wurden bestimmte bereichsübergrei-
fende Themen und Projekte definiert. Die Teams, die für die Implementierung
der Projekte verantwortlich sind, stammen auch aus unterschiedlichen Unter-

nehmensbereichen. Damit wird deutlich, dass CSR-Integration gleichzeitig Schnittstellenmanagement zwischen mehreren Bereichen bedeutet. Das strategische Projekt „Nachhaltigkeit" tangiert z. B. fast alle Unternehmensbereiche. Das Projekt „Quartiersentwicklung" tangiert vorrangig die primären Unternehmensaktivitäten Beschaffung, Dienstleistung, Marketing und Kundendienst.

Umsetzung These 2: Klares Committment der Unternehmensleitung und die Einbeziehung der Mitarbeiter. Kommunale Unternehmen sind in der Regel bereits durch ihre Satzung verpflichtet, gesellschaftliche Verantwortung zu übernehmen. Besonders kommunale Wohnungsunternehmen sind damit häufig sowohl dem Druck ausgesetzt, ihrer gesellschaftlichen Verantwortung über das Maß eines privaten Unternehmens hinaus gerecht zu werden und gleichzeitig, dem öffentlichen Eigentümer eine ansprechende Finanzrendite zu bescheren. Der Vorstand der degewo hat dem Druck auch in Krisenzeiten, in denen der Verkauf öffentlicher Wohnungsunternehmen drohte, standgehalten. Die Verantwortungsübernahme wurde weiterhin als Kernaufgabe gesehen. Durch das Projekt Stadtrendite, das 2006 beim Institut für Management an der Humboldt-Universität zu Berlin in Auftrag gegeben wurde, wurde in Euro und Cent gezeigt, was die degewo über die Finanzrendite hinaus leistet.[22] Der Vorstand hat damit eine der ersten Berechnungsmethoden der Wirkung von CSR überhaupt initiiert.

Der bereits geschilderte Strategieprozess und mit ihm die Integration von CSR in das Unternehmen wurden ebenfalls vom Vorstand initiiert und aktiv begleitet. Dabei wurden die Mitarbeiter zu jeder Zeit eingebunden, indem sie an der Definition von strategischen Themen und Projekten beteiligt wurden.

Als kommunales Unternehmen achtet die degewo ganz besonders auf eine gute Corporate Governance (CG). Unter einer guten CG wird eine Unternehmensführung verstanden, welche die Interdependenz bzw. gegenseitige Abhängigkeit von Unternehmen und Gesellschaft erkennt und Entscheidungen trifft, die langfristig beiden Seiten nutzt.[23] Zu einer guten CG gehört auch eine konsequente Corporate Compliance, also das regelkonforme Verhalten eines Unternehmens und seiner Mitglieder sowohl bezüglich gesetzlicher Vorgaben als auch gesellschaftlicher Richtlinien und Wertvorstellungen. Bereits vor Jahren hat sich die degewo mit dem Thema Korruption beschäftigt und einen Verhaltenskodex verabschiedet. Der Compliance-Beauftragte prüft die Einhaltung des Kodexes.

Umsetzung These 3: Dauerhafte Interaktion mit den relevanten Interessengruppen (Stakeholdern) des Unternehmens. Die degewo hat es mit einer Reihe von Interessengruppen zu tun, die teilweise unterschiedliche Erwartungen an das Unternehmen haben. Bei kommunalen Unternehmen kommt häufig erschwerend

---

[22] Vgl. Schwalbach et al, (2006).
[23] Vgl. Schwerk (2008).

hinzu, dass der Eigentümer, im Fall der degewo die Stadt Berlin, keine homogene Gruppe darstellt. So kann es z. B. vorkommen, dass der Finanzsenator andere Erwartungen an die degewo hat als die Senatorin für Stadtentwicklung. Kommunale Unternehmen stehen außerdem häufig im Fokus der Öffentlichkeit. Für die Unternehmen sind daher eine genaue Analyse und ein Management der Stakeholder besonders wichtig. Die Abbildung 3 zeigt die degewo mit ihren Stakeholdern, den entsprechenden CSR-Aktivitäten und den Einflussfaktoren.

Abbildung 3:   Stakeholdermanagement, CSR-Aktivitäten und Einflussfaktoren

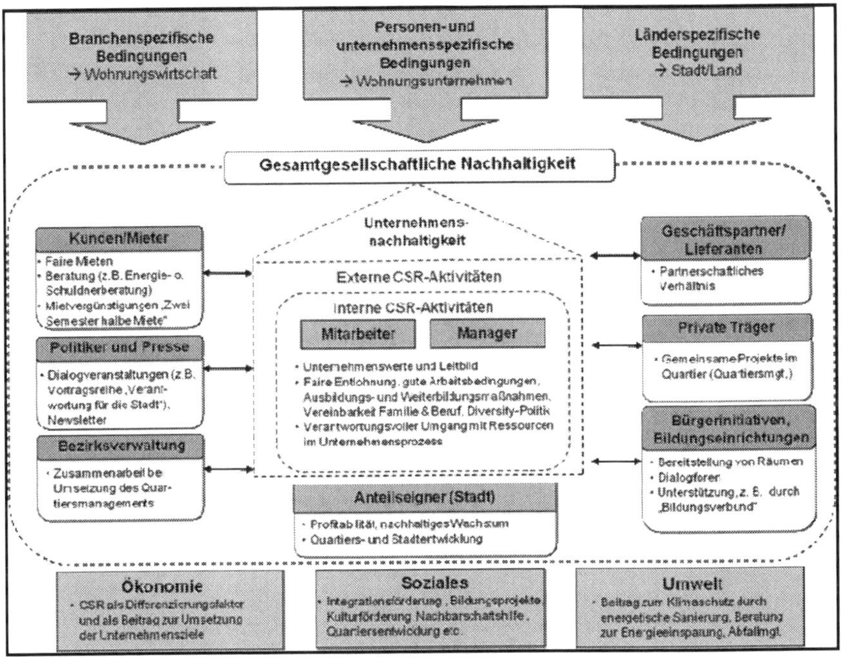

Im Rahmen ihres Strategieprozesses haben Unternehmensleitung und Mitarbeiter Ideen für Projekte gesammelt, die dem Unternehmensziel dienen und gleichzeitig die Erwartungen wesentlicher Stakeholder erfüllen sowie Kernkompetenzen des Unternehmens nutzen. Nicht alle CSR-Aktivitäten oder -Projekte mussten neu erdacht werden, einige wurden bereits vor Jahren ins Leben gerufen. Andere Maßnahmen, speziell im Bereich Sponsoring und Spenden, wurden einer Prüfung unterzogen und gegebenenfalls nicht fortgeführt. Interne CSR-Aktivitäten richten sich in erster Linie an die Mitarbeiter oder sind auf die umweltbezogene

Verbesserung des Dienstleistungsprozesses ausgerichtet. Externe Maßnahmen adressieren die Stakeholder außerhalb des Unternehmens. Einige Beispiele für interne und externe Projekte werden im Folgenden vorgestellt:

Mitarbeiter: Ein Unternehmensziel der degewo ist es, Kundenbedürfnisse zu erkennen und zu nutzen. Eng verknüpft mit der Kundenzufriedenheit ist die Zufriedenheit der Mitarbeiter. Ein besonderes Anliegen der degewo ist die Vereinbarkeit von Familie und Beruf. Auf Initiative eines Mitarbeiters hat die degewo an verschiedenen Standorten Eltern-Kind-Zimmer eingerichtet. Sollten degewo-Mitarbeiter vorübergehend keine Betreuungsmöglichkeit für ihre Kinder haben, haben sie die Möglichkeit, die Kinder mit zur Arbeit zu nehmen. In den Räumen gibt es eine Spielecke, für die Eltern Schreibtisch, Telefon und Computer. Die degewo kooperiert außerdem mit dem pme-Familienservice, einem Partner für Mitarbeiter-Entwicklung. Der Service berät die Mitarbeiter kostenfrei zur Vereinbarkeit von Familie und Beruf und der Betreuung pflegebedürftiger Angehöriger. Seit Juni 2009 trägt die degewo das Zertifikat des Audits Beruf und Familie der gemeinnützigen Hertie-Stiftung. Neben vielfältigen Weiterbildungsmöglichkeiten, z. B. im Bereich soziale Kompetenz bei Mitarbeitern im Kundenkontakt, wurde Anfang 2007 ein Entwicklungsprogramm für Nachwuchskräfte ins Leben gerufen. Das Programm erstreckt sich jeweils über zwei Jahre und beinhaltet 22 Seminare zu spezifischen Themen und begleitende Projektarbeit.

Mieter/Kunden: Die degewo hat es sich zum Ziel gesetzt, die CO_2-Emissionen ihrer Wohnungen durch energetische Sanierung zu reduzieren. Seit der Wende 1990 hat die degewo durch verschiedene Maßnahmen eine CO_2-Reduktion von mehr als 50 % erreicht. Eine energetische Gebäudesanierung, der Einbau effizienterer Heizungstechnik und die Umstellung auf andere Energieträger trugen entscheidend dazu bei. Zusätzlich betreibt die degewo konsequentes Abfallmanagement. Durch Nachsortierung des Restmülls können enorme Einsparpotentiale erwirkt werden. Der Restmüll geht in Verbrennungsanlagen, Wertstoffe hingegen werden recycelt und einer Wiederverwendung zugeführt. Daher ist die Nachsortierung nicht nur ein Beitrag zur Betriebskostensenkung der Mieter, sondern auch zum Umweltschutz. Zusätzlich bietet die degewo in Kooperation mit der Verbraucherzentrale eine kostenlose Energieberatung für interessierte Mieter an. Ein weiteres Angebot ist das Carsharing, das in Zusammenarbeit mit einer Autovermietung zu Sonderkonditionen in drei Quartieren angeboten wird.

Zur Erhöhung der Kundenbindung und Mieterzufriedenheit hat die degewo ein umfangreiches Maßnahmenpaket zusammengestellt. Es reicht von der Bereitstellung von Gästewohnungen über einen komfortablen Umzugsservice, reduzierte Eintrittskarten für Berliner Parks- und Gartenanlagen, günstige Versicherungskonditionen bis hin zu einem jährlichen Mieterfest. Dazu gehören aber auch spezielle Vermietungsangebote wie z. B. „Zwei Semester halbe Miete" für Studierende und Auszubildende, über die seit 2004 rund 700 Wohnungen in fast allen Stadtteilen vermietet wurden und die durch den Zuzug junger Mieter die Quartiersentwicklung fördern. Mit SOPHIA, einem Rund-um-Service für älter werdende Menschen, garantiert die degewo ihren Mietern das Alt-Werden in der vertrauten Wohnumgebung und stabilisiert auf diese Weise ebenfalls die Quartiere.

Da viele Mieter angenehmes Wohnen mit einem guten Sicherheitsgefühl verbinden, organisiert die degewo in bestimmten Quartieren sogenannte Kiezstreifen. Dadurch werden von vorherein nicht wenige Nachbarschaftskonflikte verhindert. Rund 80 % der Fälle lösen die Zweierteams gütlich. Auch Polizeieinsätze werden so umgangen.

Sehr viel Wert legt die degewo auf eine kontinuierliche Kommunikation mit ihren Mietern, sei es über Briefe, Aushänge in den Häusern oder durch das aufwändig gestaltete und Mieter aller Stadtteile verbindende Mietermagazin „stadtleben".

Bürgerinitiativen/Bildungseinrichtungen, private Träger und Bezirksämter: Im Frühjahr 2005 setzte die degewo mit finanziellen Mitteln und intensivem Engagement einen Prozess in Gang, der den Schulen im Brunnenviertel helfen sollte, die besonderen Herausforderungen des Quartiers mit seinem hohen Migrantenanteil und der großen Anzahl von finanziell und sozial belasteten Familien zu bewältigen. Ziel war es, den Erfahrungsaustausch der Schulen anzuregen, um das gegenseitige Lernen zu fördern. Bei den regelmäßigen Treffen sind mittlerweile neben Schulen und Kitas, Vertreter der Bezirksverwaltung, von Vereinen und Organisationen, das Quartiersmanagement und natürlich die Stadtteilmanagerin der degewo dabei. Was im Brunnenviertel begann, strahlte auf die Gropiusstadt aus. Auch dort initiierte die degewo erfolgreich einen Bildungsverbund. Ein weiterer gründet sich gerade im benachbarten Marienfelde. Über diesen Bildungsverbund werden zahlreiche Schülerprojekte angestoßen und gemeinsam mit der degewo umgesetzt. Die künstlerische Gestaltung eines unansehnlichen Hausdurchganges mit bemalten Keramikfliesen gehört ebenso dazu wie die Kreation von Fahnen als Markenzeichen für die Schulen.

Ein weiteres Projekt ist die Unterstützung freier sozialer Trägervereine durch finanzielle Mittel und kostenlose Räume. Schwerpunkt ist die Vorbereitung junger Menschen auf den Arbeitsmarkt z. B. durch Bewerbungstraining und Praktika. Zusätzlich arbeiten die degewo-Stadtteilmanagerinnen eng mit Sportorganisationen und seit neuestem mit dem Konzerthaus Berlin zusammen. So wird in der Gropiusstadt zurzeit ein Musikprojekt mit dem Konzerthaus Berlin

vorbereitet, bei dem Grundschulkindern ein Zugang zu klassischer Musik vermittelt werden soll.

Die degewo bemüht sich außerdem, Nachbarschaftsprobleme, die in
bestimmten Quartieren gehäuft auftauchen, durch neue Wege der Konfliktlösung
zu minimieren. Sie kooperiert eng mit dem Sozialpsychiatrischen Dienst der
Bezirksämter und öffentlichen Schiedsstellen und auch mit Mediatoren.

Städtischer Eigentümer: Der Berliner Senat erwartet von der degewo die
wirtschaftliche Konsolidierung bei einer an die Leistungsfähigkeit der Mieter
angepassten Mietpolitik. Außerdem fordert er eine Vorreiterfunktion beim Einsatz energiepolitischer Maßnahmen und sieht die degewo als Partner bei der
sozialen Stadtentwicklung und der Stabilisierung bedrohter Nachbarschaften und
der Aufwertung von Großsiedlungen. Um diesen Anforderungen gerecht zu werden, verfolgt die degewo einen integrierten und ganzheitlichen Ansatz bei der
Quartiersentwicklung.

Als Beispiel kann das Projekt Brunnenviertel genannt werden.[24] Das Viertel
wurde Mitte der 1970er Jahre vom Berliner Senat zum Sanierungsgebiet erklärt,
da sich das ursprüngliche Arbeiterviertel in einer stetigen Abwärtsspirale befand.
Die degewo, die in dem Viertel einen wesentlichen Anteil der Wohnungen
besitzt und verwaltet, erkannte schnell, dass die Problemvielfalt nicht allein,
sondern nur durch die Koordination verschiedener Akteure lösbar ist. Sie initiierte eine enge Zusammenarbeit mit dem lokalen Quartiersmanagement, der
Bezirksverwaltung und Nachbarschaftsinitiativen. Durch eine gezielte Vermie-
tungsstrategie und ein zielgruppenorientiertes und umweltgerechtes Baukonzept
konnte eine ausgewogene Bewohnerstruktur geschaffen werden. Flankierend
wurden diverse CSR-Maßnahmen durchgeführt: Die Kiezstreife und eine
Diensthundestreife mit ausgebildetem Drogenhund erhöhten das Sicherheitsemp-
finden der Bewohner. Den Schulen im Brunnenviertel wurden durch die Initiierung des Bildungsverbundes neue Impulse gegeben. In Kooperation mit der
Deutschen Olympischen Gesellschaft wurde in einer Kita ein ganz neuer Sport-
und Bewegungsraum eingerichtet, der auch von umliegenden Kindertagesstätten
genutzt werden kann.

Um einerseits messbare Ziele zu entwickeln und andererseits dem Eigentümer die Vorteile des ganzheitlichen Ansatzes der degewo auch quantitativ nachzuweisen, wurde die „Stadtrendite" berechnet.

Umsetzung These 4: „You cannot manage what you do not measure." Es
gibt bislang kein Unternehmen, das die Wirkung von CSR-Maßnahmen auf den

---

[24] Vgl. Bielka (2010).

Unternehmenserfolg und die Gesellschaft umfassend misst. Es gibt jedoch einige Ansätze, bei denen die Wirkung einzelner Projekte gemessen wird.[25] Die degewo hat Pionierarbeit geleistet, indem sie mit Unterstützung des Instituts für Management der Humboldt-Universität zu Berlin ein Berechnungsmodell für die Stadtrendite entwickelt hat. Die Stadtrendite misst die Wirkung von CSR-Maßnahmen auf die Unternehmensperformance und die Gesellschaft. Die ursprüngliche Motivation zur Errechnung der Stadtrendite beruhte auf der Tatsache, dass eine betriebswirtschaftliche Kennzahl wie die Finanzrendite allein nicht die Leistungen des Unternehmens für die Gesellschaft widerspiegelt. Die Stadtrendite misst entsprechend den Nutzen, den ein Unternehmen für die Gesellschaft erbringt.

Bei der Berechnung der reinen betriebswirtschaftlichen Rendite wird der Jahresüberschuss eines Unternehmens in Beziehung zum eingesetzten Kapital gesetzt. In die Berechnung der Stadtrendite gehen darüber hinaus weitere Bestandteile als nur der Jahresüberschuss ein. Addiert werden die Ausgaben bzw. Leistungen für umfeld- und umweltrelevante Maßnahmen sowie alle langfristigen Erträge für die Stadt, die in der Gewinn- und Verlustrechnung nicht erscheinen. Die Annahme ist, dass die Ausgaben, die die degewo im Rahmen ihrer Unternehmensstrategie tätigt, gleichzeitig gesellschaftlichen Zielen dienen und Ersparnisse für die Stadtkasse bzw. den Eigentümer darstellen. Gesellschaftliche Folgeerträge sind Erträge für die Stadt, die infolge von Investitionen der degewo entstehen und der Stadt Gewinne bringen.[26]

Ein Beispiel soll die Stadtrendite-Berechnung verdeutlichen: Seit sechs Jahren fördert die degewo in Kooperation mit dem lokalen Quartiersmanagement ein Kulturprojekt: die Kolonie Wedding. Sie ist im Soldiner Kiez ansässig, einem Stadtteil, der als Problemkiez gilt. Drogenhandel und Gewalt und damit ein erhöhtes Polizeiaufkommen waren an der Tagesordnung. Im Zuge des Projekts stellte die degewo kostenlose Räume zur Verfügung. Das Quartiersmanagement suchte Künstler, die die Räume für Ausstellungen und als Ateliers nutzen und durch kulturelle Veranstaltungen beleben sollten. Aus der Kolonie Wedding ist ein lebendiger Kultur-Cluster geworden, um den sich immer mehr Künstler ansiedeln. Ein selbstständiger Verein, führt einmal im Monat Kulturführungen durch das Viertel durch. Die Stadtrendite entsteht dadurch, dass die Förderung der degewo die unmittelbaren Kulturausgaben der Stadt vermindert. Der Stadt entstehen weiterhin weniger Folgekosten, denn die Kulturförderung

---

[25] Hier ist z. B. das Modell der London Benchmark Group zu nennen (s. http://www.lbg-online.net), die Methode des Social Return on Investment – vgl. Clark et al. (2004) – und die iooi-Methode, die von einer Unternehmensgruppe unter Mitwirkung der Bertelsmann Stiftun entwickelt wurde; vgl. Bertelsmann Stiftung (2010).
[26] Für eine ausführliche Darstellung der Berechnungsmethode s. Schwalbach et al. (2006).

spielt für eine ausgewogene Stadtentwicklung und das soziale Klima eine wichtige Rolle. Durch das Engagement werden sogenannte Behebungskosten – Kosten für Polizeieinsätze, Strafanstalten, Suchtbehandlung –, die sonst die Stadt hätte tragen müssen, vermieden. Gleichzeitig werden Mehreinnahmen für die Stadt generiert. Denn durch die Kulturförderung steigt die Attraktivität des Quartiers und der ganzen Stadt für Touristen und potenzielle Zuzügler. Diese Effekte sind erkennbar und in der Summe der Maßnahmen substanziell. Beides stellt eine Einnahmequelle für die Stadt dar. Die degewo profitiert infolge der CSR-Maßnahmen von einer höheren Attraktivität ihrer Wohnanlagen und einem niedrigeren Leerstand.

Die Stadtrendite-Berechnung bei der degewo hat dazu beigetragen, dass für die verschiedenen CSR-Projekte Ziele gesetzt und regelmäßig überprüft werden. Dabei werden sowohl die Wirkungen für das Unternehmen als auch die Gesellschaft erhoben.

Abbildung 4:   Stadtrendite-Berechnung

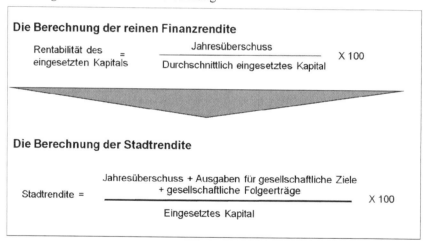

Kennzahlen, die im Rahmen der Stadtrendite-Berechnung und darüber hinaus erhoben werden sind z. B.: Anteil der energetisch sanierten Wohnungen und CO_2-Einsparungen, Nutzung der kostenfreien Beratung und Betriebskosteneinsparungen, Anteil barrierefreier Wohnungen, Anzahl der vermiedenen Polizeieinsätze durch die Kiez- und Diensthundestreife, Verringerung der Schulschwänzer durch den Bildungsverbund.

Die Methode basiert teilweise auf Schätzwerten und wird fortwährend, z. B. durch Mieterbefragungen, verfeinert; aber selbst bei der Nutzung von Schätzwerten ermöglicht sie ein besseres Management der CSR-Maßnahmen. Die Integration der Berechnungsmethode in das Controlling ist allerdings noch nicht vollzogen. Hierzu ist vor allem eine Anpassung der entsprechenden Software notwendig.

Umsetzung These 5: CSR ist kein Verlustgeschäft. CSR-Maßnahmen wirken sich bei jedem Unternehmen unterschiedlich aus. Der Berliner Wohnungsmarkt ist durch vergleichbare Unternehmen gekennzeichnet, die die gleichen Mieter und Käufer im Blick haben und ein vergleichbares Qualitäts- und Preisniveau anbieten. Im Produkt unterscheidet sich die degewo daher nicht signifikant von ihren Wettbewerbern. Darin liegt jedoch zugleich die Chance, sich über CSR-Maßnahmen zu differenzieren. Investitionen in das Stadtteilmanagement, in kulturelle Projekte wie die Kolonie Wedding oder „wedding dress", in soziale Projekte wie die Bildungsverbünde, in Mietvergünstigungen für Studierende und Auszubildende, in Serviceangebote speziell für ältere Menschen oder in das Corporate Volunteering sorgen dafür, dass sich die degewo von ihren Wettbewerbern abhebt. Da ein erfolgreiches Quartiersmanagement auf die Zusammenarbeit unterschiedlicher Akteure angewiesen ist, schafft sich die degewo durch ihr Engagement ein Netzwerk und eine gute Position in der Öffentlichkeit und bei den Multiplikatoren. Die jüngste repräsentative Mieterbefragung der degewo (2010) zeigte erneut, dass dieses Engagement von den Berlinern anerkannt und geschätzt wird. 82 % der befragten Mieter meinten: Die degewo ist stark mit Berlin verbunden.

4   Fazit

Nachdem zunächst der Begriff CSR präzisiert wurde, wurden fünf Thesen zur erfolgreichen strategischen Integration von CSR in das Unternehmen formuliert. Am Beispiel der degewo wurde ein möglicher Weg einer Integration aufgezeigt. Es ist deutlich geworden, dass die Grenzen zwischen CSR-Maßnahmen und „normaler" Geschäftätigkeit häufig fließend sind. Zusammenfassend sind eine erfolgreiche Einbettung von CSR und damit eine gute CSR-Strategie durch folgende Eigenschaften gekennzeichnet:

- die Adressierung von gesellschaftlichen Herausforderungen und Stakeholder-Erwartungen,
- die Minimierung negative externer Effekte und Generierung von Wettbewerbsvorteilen,

- die Einzigartigkeit durch die Nutzung von Kernkompetenzen des Unternehmens,
- die Reflexion des Leitbildes und der Werte des Unternehmens,
- die Stimmigkeit mit der Unternehmensstrategie und den Unternehmenszielen,
- ein klares Committment der Unternehmensleitung,
- Anreize und Kennzahlen zur Erhebung der Wirkung der CSR-Maßnahmen auf die Unternehmensperformance und die Gesellschaft,
- ein überschaubares Portfolio von CSR-Maßnahmen und -Projekten mit klaren überprüfbaren Zielen,
- ein intensives Stakeholdermanagement,
- Zusammenarbeit mit Partnern (Multiplikatoren),
- eine transparente Unternehmenskommunikation.

Das Beispiel der degewo hat gezeigt, wie CSR und damit Verantwortungsübernahme für gesellschaftliche Belange Schritt für Schritt in die Unternehmensstrategie integriert werden können. Um eine vollständige Integration zu erreichen, bedarf es allerdings vieler Veränderungsprozesse sowohl innerhalb des Unternehmens als auch in den Beziehungen nach außen. Der vorgestellte Prozess ist daher nur ein Leitfaden, der je nach unternehmens-, branchen- und länderspezifischen Bedingungen individuell gestaltet werden muss.

Literatur

(BBU) Verband Berlin-Brandenburgischer Wohnungsunternehmen (2010): Gesamtbericht 2009, Berlin 2010
Bertelsmann Stiftung (2010): Corporate Citizenship planen und messen mit der iooi-Methode, Gütersloh 2010
Bielka, Frank (2010): Soziale Stadt, Verantwortung für die Quartiere, in: Friedrich-Ebert-Stiftung (Hrsg.): Das Programm Soziale Stadt – Kluge Städtebauförderung für die Zujunft der Städte, Bonn 2010, S. 41-50
(BMAS) Bundesministerium für Arbeit und Soziales (2010): Nationale Strategie zur gesellschaftlichen Verantwortung von Unternehmen (Corporate Social Responsibility – CSR) – Aktionsplan CSR der Bundesregierung, Bonn 2010
Bonini, Sheila et al. (2009): Valuing Social Responsibility Programs, in: McKinsey on Finance, 2009, S. 11-18
Clark, Catherine et al. (2004): Double Bottom Line Project Report, Assessing Social Impact in Double Bottom Line Ventures, Methods Catalog, o. O. 2004.

Europäische Kommission (2001): Europäische Rahmenbedingungen für die soziale Verantwortung der Unternehmen, Grünbuch, o. O. 2001

Freeman, R. Edward (1984): Strategic Management, A Stakeholder Approach, Boston 1984

Friedag, Herwig R./Schmidt, Walter (2007): Balanced Scorecard, München 2007

International Organization for Standardization (2010): Discovering ISO 26000, Genève 2010

Kaplan, Robert S. et al. (1997): Balanced Scorecard, Strategien erfolgreich umsetzen, Stuttgart 1997

KPMG (2009): KPMG-Handbuch zur Nachhaltigkeitsberichterstattung 2008/09, Frankfurt a. M. 2009

Lakin, Nick/Scheubel, Veronica (2010): Corporate Community Involvement, Stanford 2010

Margolis, Joshua D./Walsh, James P. (2001): People and Profits?, The Search for a Link Between a Company's Social and Financial Performance, Mahwah et al. 2001

Porter, Michael E./Kramer, Mark R. (2006): The Link Between Competitive Advantage and Corporate Social Responsibility, in: Harvard Business Review, Dec. 2006, S. 1-16

Preble, John F. (2005): Toward a Comprehensive Model of Stakeholder Management, in: Business and Society Review, No. 4, 2005, S. 407-431

Schneider, Anna-Maria/Schwerk, Anja (2010): Corporate Social Responsibility in Chinese Supplier Firms, in: Zeitschrift für Betriebswirtschaft (ZfB), Special Issue, H. 1, 2010, S. 39-59

Schwalbach, Joachim et al. (2006): Stadtrendite – der Wert eines Unternehmen für die Stadt, in: Forum Wohnen und Stadtentwicklung, H. 6, 2006, S. 381-386

Schwerk, Anja (2008): Strategisches gesellschaftliches Engagement und gute Corporate Governance, in: Backhaus-Maul, Holger et al. (Hrsg.): Corporate Citizenship in Deutschland, Berlin 2008, S. 121-145

Smith, N. Craig (2003): Corporate Social Responsibility: Whether or how?, in: California Management Review, No. 4, 2003, S. 52-76

Visser, Wayne et al. (2007): The A to Z of Corporate Social Responsibility, Chichester 2007

Corporate Social Responsibility in der Daseinsvorsorge: die europäische Dimension

Ralf Resch

1 Einleitung

In den vergangenen 20 Jahren war in der Europäischen Union in Bezug auf die Daseinsvorsorge ein klarer Trend dominant: der Staat sollte nicht mehr als Produzent von Leistungen der Daseinsvorsorge auftreten, sondern sich auf seine Rolle als Garant oder „Gewährleister" beschränken. Unabhängig von der Frage, ob dies nun der richtige Weg zu mehr Wirtschaftswachstum, sozialer Gerechtigkeit, Nachhaltigkeit und Wettbewerbsfähigkeit ist, hat dieser Ansatz breite Wirkung entfaltet. Damit sind die „Services of General Interest"[1], zu denen auch die „wirtschaftlichen Dienstleistungen im allgemeinen Interesse" zählen, stark unter Legitimationsdruck geraten. Dabei sind gerade die Daseinsvorsorgeleistungen – von der Stadtreinigung, Wasserversorgung und Nahverkehr über die Energiewirtschaft und Telekommunikation bis hin zum öffentlich-rechtlichen Rundfunk – so selbstverständlich, dass nur ihr Fehlen oder ihre mangelhafte Leistung

---

[1] Der deutsche Begriff der „Daseinsvorsorge" wird in der Europäischen Union nicht benutzt. Zur Diskussion um die unterschiedlichen Konzepte der Public Services, Service Public, Daseinsvorsorge etc. vgl. CEEP (2010); Resch (2010). Die unterschiedlichen Begriffe werden hier synonym verwendet.

zur Nachricht wird.[2] Auf der anderen Seite haben es gerade die Unternehmen, die nunmehr in vielen Fällen die Daseinsvorsorge als Teil der Privatwirtschaft erbringen, verstanden, ihre Tätigkeit in einem sehr hellen Licht erscheinen zu lassen. Gleichzeitig wurden politische Argumente gegenüber behaupteten oder realen Effizienzgewinnen im Konzept des Gewährleistungsstaates geschwächt. Nicht mehr der direkte Eingriff, die direkte Kontrolle zentraler Leistungen des Gemeinwesens war ein Grund für eine öffentliche Erbringung der Daseinsvorsorge, es musste auch noch zusätzlicher Nutzen erbracht werden.

In diesem Zusammenhang bildete sich in der Produktwirtschaft ein neues Paradigma heraus: Unternehmen schaffen einen höheren gesellschaftlichen Wert, zusätzlich zum ökonomischen und monetär messbaren Nutzen. Das Konzept der Sozialen Verantwortung der Unternehmen (oder neudeutsch Corporate Social Responsibility, CSR) sollte dies nun erkennbar darstellen: zum einen eine wirtschaftliche und sozial verantwortliche Erzeugung von Gütern sichern und andererseits auch darstellen, dass dies ein wesentlicher positiver Effekt der unternehmerischen Tätigkeit für die Gesellschaft ist.

Das Herausstellen von Wertschöpfung jenseits der monetären Dimension ist also ein Faktor im Wettbewerb geworden. Dadurch, dass die öffentliche Wirtschaft in immer mehr Bereichen dem Wettbewerb ausgesetzt wird, bedeutet dies, dass sie sich auch auf diese Dimension einstellen muss. Nun gab es in den vergangenen Jahren keine Möglichkeit, CSR in den Dienstleistungen im allgemeinen Interesse darzustellen oder zu bewerten.

Im Rahmen eines EU-Projektes unter dem Titel DISCERNO konnte der CEEP in den vergangenen drei Jahren ein Label für CSR im Bereich der Daseinsvorsorge entwickeln und mit seinen Mitgliedern bereits praktizieren. Für die Zukunft ist es nun EU-weit möglich, sich um das CEEP-CSR Label zu bewerben. Im Anschluss wird der Artikel darlegen, wie dies konkret geschieht.

2 Öffentliche Dienstleistungen, Daseinsvorsorge oder Dienste im allgemeinen Interesse: worauf es ankommt

Dienstleistungen im allgemeinen Interesse, oder wie es etwas einfacher auf Deutsch heißt: Leistungen der Daseinsvorsorge, werden tagtäglich von den rund 500 Mio. Bürgern der Europäischen Union genutzt. Diese Leistungen sind ein unmittelbarer Kontakt zwischen Bürgern und Wirtschaft. Sie sind konstitutiv für die Teilhabe der Bürger an der Gesellschaft wie etwa Wasserver- und -entsor-

---

[2] Hier sei an das Desaster der Berliner S-Bahn GmbH, 100 %ige Tochter der Deutschen Bahn und damit 100 %iges öffentliches Unternehmen, erinnert.

gung, Abfallwirtschaft, öffentlicher Nahverkehr.[3] Aber unbestritten von ihrer Bedeutung für die Bürger stellen diese Leistungen auch das Rückgrat der privaten Wirtschaft dar, indem die Infrastruktur für das Wachstum der Wirtschaft bereitgestellt wird, z. B. durch die sogenannten Netzwerkindustrien wie dem Energiebereich, die Verkehrsnetze oder auch die Raum- und Stadtentwicklung.

Jede Veränderung oder Verbesserung dieser Dienstleistungen hat direkten Einfluss auf die Lebensqualität der Bürger und die Tätigkeit der Unternehmen. Aber es geht nicht nur um die unmittelbaren Wirkungen für Bürger und Unternehmen, die eine Einbeziehung der Daseinsvorsorge in das Konzept von CSR erfordert. Es geht auch um die Tatsache, dass die Daseinsvorsorge keineswegs die Konzepte der Privatwirtschaft übernehmen kann – hier sind neue Entwicklungen notwendig.

Im Abschnitt über die öffentlichen Dienstleistungen, oder Public Services, werden wir sehen, dass Unternehmen der öffentlichen Wirtschaft, die Daseinsvorsorge leisten, zwar in vielen Merkmalen den privaten Unternehmen ähnlich sind. Allerdings gibt es deutliche Unterschiede, wenn es um die wirtschaftliche Bedeutung und den Charakter der Dienstleistungen, die sie erbringen, geht. Daraus ergeben sich einige Besonderheiten, die im nächsten Abschnitt erörtert werden. Das daran anschließende Kapitel wird das Konzept der Corporate Social Responsibility in Unternehmen der Daseinsvorsorge erläutern. Die verwendeten Informationen gehen auf mehrere Projekte zurück, die der Zentralverband der öffentlichen Wirtschaft in Europa (CEEP) durchgeführt hat. Ein kurzer Überblick über CSR-Elemente wie Standards, Richtlinien und Berichterstattung erfolgt in Kapitel drei. Auf Grundlage dieser drei Kapitel wird im letzten Kapitel vorgeschlagen, welche Initiativen im Unternehmen der Daseinsvorsorge zur erfolgreichen Einführung von CSR ergriffen werden sollten.

3 Daseinsvorsorge: wesentlicher Teil der Wirtschaft mit einigen Besonderheiten

Leistungen der Daseinsvorsorge sind nicht nur im Alltag der Bürger wichtig, sie sind auch für die Wirtschaft elementar. Der erste Teil dieses Abschnitts erläutert, was genau wir unter dem Konzept der „öffentlichen Dienstleistungen" oder im deutschen Sprachraum „Daseinsvorsorge" verstehen. Ergänzend werden dazu wesentliche statistische Daten vorgestellt, die der CEEP in einem weiteren Projekt unter dem Titel „Mapping the Public Services in Europe" ermittelt und

---

[3] Hier handelt es sich natürlich nicht um eine abschließende Aufzählung. Es gibt ehrgeizige Versuche, eine Liste der Daseinsvorsorgeleistungen zu erstellen. In diesem Aufsatz wird aus pragmatischen Gründen jedoch dem funktionalen Ansatz der Mapping-Studie gefolgt; vgl. CEEP (2010).

zusammengefasst hat. In einem zweiten Teil werden einige der Besonderheiten öffentlicher Dienstleistungen herausgestellt, die wir aus unserer Arbeit und aus Projekten mit Partnern und aus den Erfahrungen unserer Mitglieder gewonnen haben.

Öffentliche Dienstleistungen, in Brüssel besser bekannt als „Dienstleistungen im allgemeinen Interesse", müssen funktional definiert werden, denn aufgrund unterschiedlicher geschichtlicher Hintergründe laufen alle anderen Definitionsversuche ins Leere.[4] Daher gilt folgende Definition: Dienste im allgemeinen Interesse sind Dienste, bei denen der Diensterbringer (provider) von einer nationalen, regionalen oder lokalen Behörde ermächtigt wurde, bestimmte Aufgaben der Daseinsvorsorge zu erbringen. Diese Dienste können wirtschaftlichen oder nicht wirtschaftlichen Charakter haben, und ihre Aufgaben können Verpflichtungen des öffentlichen Dienstes (public service obligations) oder Universaldienstverpflichtungen (universal service obligations) beinhalten. Öffentliche Dienstleistungen sind dabei unter anderem Energieleistungen, Wasserver- und -entsorgung, öffentlicher Nah- und Fernverkehr, Postdienste, Telekommunikationsdienste, Gesundheitsdienstleistungen und soziale Dienste, Bildung, öffentliche Verwaltung, Verteidigung und vieles mehr.

Öffentliche Dienstleistungen sind ein wesentliches Element der Wirtschaft. Ergebnissen jüngster Forschung zum Thema zufolge[5] erbringen mehr als 500.000 Unternehmen in Europa öffentliche Dienstleistungen für die mehr als 500 Mio. Europäer. Als Arbeitgeber beschäftigen die öffentlichen Dienstleister rund 30 % aller EU-Beschäftigten, was ca. 64 Mio. Arbeitsplätzen entspricht und tragen damit zu mehr als 26 % des Bruttoinlandsproduktes der EU bei.

Auch wenn das Ausmaß und das Verständnis von Diensten im allgemeinen Interesse aufgrund der unterschiedlichen geschichtlichen und kulturellen Hintergründe sowie Traditionen von Land zu Land in der EU variieren und auch wenn die organisatorischen und institutionellen Strukturen sich teilweise stark unterscheiden: Die strategische Notwendigkeit, diese Dienste von hoher Qualität für Bürger und Wirtschaft erbringen zu können, ist eine Überzeugung, die alle Mitgliedsstaaten der EU teilen.[6]

Diese Dienste sind nicht nur für die Wirtschaft wichtig, sie sind auch entscheidend für die Bürger: Haben wir uns nicht alle schon einmal über einen verspäteten Zug oder Bus beschwert, dass die Müllabfuhr unsere Mülltonne nicht geleert hat oder dass Unterricht an Schule oder Universität ausgefallen ist? Allein diese Beispiele reflektieren die Notwendigkeit, qualitativ hochwertige und

---

[4] Vgl. hierzu den Überblick in CEEP (2010), S. 33-75.
[5] Vgl. CEEP (2010). Valide Daten lagen erst für das Jahr 2006 vor.
[6] S. zur Abgrenzung des US-amerikanischen Staatsmodells vom Europäischen Sozialmodell Alber (2010).

universelle öffentliche Dienstleistungen zur Verfügung zu haben, und zeigen ihre zentrale Rolle im Alltag auf. Nur nehmen die meisten Bürger die öffentlichen Dienstleistungen kaum wahr, wenn sie funktionieren, wie es erwartet wird. Gibt es aber Abweichungen vom erwarteten Standard, dann werden diese Veränderungen sehr sorgfältig wahrgenommen und kritisiert, denn hier sind die Individuen in ihren Möglichkeiten der gesellschaftlichen Teilhabe eingeschränkt.

Zusätzlich gibt es seine weitere Besonderheit: die Notwendigkeit, mehr als nur die gestellte Aufgabe schlicht zu erfüllen. Es wird mehr erwartet als „Dienst nach Vorschrift", eine höhere Qualität. So sehen die Bürger die öffentlichen Unternehmen klar in der Verantwortung, wenn es um die Schaffung einer effizienten und nachhaltigen Energiewirtschaft und die Bewältigung der Probleme des Klimawandels geht. Privaten Unternehmen wird dies nicht abverlangt und zugetraut, der öffentliche Charakter eines Unternehmens aber wird regelmäßig auch mit höheren Anforderungen als gegenüber der Privatwirtschaft übersetzt.[7] Nicht zuletzt daran hängen auch wieder Wahlchancen der Politiker, die in letzter Instanz für die Erfüllung des Daseinsvorsorgeauftrags in ihrer Gemeinde oder Region verantwortlich sind.[8]

Die Bürger erwarten also mehr als eine simple Dienstleistung. Dabei richten sich diese Erwartungen an die öffentlichen Dienstleistungen nicht nur am technologischen Fortschritt und der gestiegenen Zahl von Möglichkeiten aus – hier sei die gewünschte Versorgung mit Breitbandtechnologie in allen Regionen erwähnt. Diese Erwartungen ändern sich auch in Bezug auf die Bevölkerung und ihre Zusammensetzung selbst: Schlüsselthemen sind hier der demographische Wandel und die Bereiche des Alterns und der Diversität der Bevölkerung, also der wachsenden Unterschiede, mitbedingt durch die höhere Mobilität der Menschen innerhalb der Europäischen Union und darüber hinaus.

Trotz der Bedeutung der öffentlichen Dienstleistungen für die Bürger ist es keineswegs selbstverständlich, dass öffentliche Dienstleistungen sich grundsätzlich von anderen Dienstleistungen unterscheiden. Viele Unternehmen der Daseinsvorsorge arbeiten inzwischen in einem wettbewerblich geprägten Umfeld mit offenen Märkten. Dennoch besteht ein wesentlicher Unterschied zu privat erbrachten Dienstleistungen darin, dass Daseinsvorsorge immer mit Verpflichtungen des öffentlichen Dienstes oder Universaldienstverpflichtungen durch die öffentliche Hand verbunden ist.

---

[7] Dies betrifft im Besonderen das Vertrauen, das die Bürger in die öffentlichen Unternehmen setzen. Nach Angabe des VKU wollen mehr als 75 % der Bundesbürger ihre Daseinsvorsorgeleistungen nur von öffentlichen Unternehmen erbracht wissen. Vgl. VKU (2010).
[8] Das Chaos bei der Berliner S-Bahn findet auf diesem Wege Eingang in den Wahlkampf 2011 um die Sitze im Berliner Abgeordnetenhaus.

Nach zähem Ringen ist dies nun auch auf Ebene des Primärrechts in der Europäischen Union verankert worden. Mit dem Vertrag von Lissabon sind die Dienste im allgemeinen Interesse in Artikel 14 des Vertrags über die Europäische Union besonders hervorgehoben worden. Damit ist ihre Bedeutung und die gemeinsame Verantwortung der Union und der Mitgliedsstaaten in Fragen der sozialen und territorialen Kohäsion erstmals vertraglich anerkannt worden: „sowie ihrer Bedeutung bei der Förderung des sozialen und territorialen Zusammenhalts tragen die Union und die Mitgliedstaaten im Rahmen ihrer jeweiligen Befugnisse im Anwendungsbereich der Verträge dafür Sorge, dass die Grundsätze und Bedingungen, insbesondere jene wirtschaftlicher und finanzieller Art, für das Funktionieren dieser Dienste so gestaltet sind, dass diese ihren Aufgaben nachkommen können."[9] Nun kommt es auf die Konkretisierung dieser Aussage in Form des Sekundärrechts also durch Verordnungen und Richtlinien an.

In diesem Abschnitt haben wir die Bedeutung der Öffentlichen Dienstleistungen für Wirtschaft und Gesellschaft kennengelernt. Mehr als 500.000 Unternehmen erbringen Dienste im allgemeinen Interesse für mehr als 500 Mio. europäische Bürger. Öffentliche Dienstleistungen arbeiten für den sozialen, wirtschaftlichen und territorialen Zusammenhalt in Europa. Diese Dienstleistungen werden nicht nur für alle Europäer erbracht, sie haben darüber hinaus besondere Bedeutung für die Bürger, die Behörden und demokratischen Institutionen sowie die Anteilseigner an Unternehmen und die Stakeholder. Auf dieser Basis soll der nächste Abschnitt verdeutlichen, welche Themen sich in Bezug auf CSR vor diesem Hintergrund stellen.

4   Corporate Social Responsibility (CSR): ein Teil des Alltags in öffentlichen Dienstleistungen

CSR gewinnt auf Europäischer Ebene ständig an Bedeutung. Vor 30 Jahren gab es das Konzept noch gar nicht. Die Diskussion kam aber in Fahrt, als der Klimawandel stärker diskutiert wurde und die Globalisierung der Wirtschaft ethische Fragen nach dem Respekt vor den Rechten der Arbeitnehmer außerhalb der entwickelten Welt aufwarf.

Corporate Social Responsibility (CSR) ist ein Ansatz für eine nachhaltige Entwicklung, wobei Unternehmen die ökonomischen, sozialen und ökologischen Folgen ihres Handelns in ihre Kultur, Strategie und Handlungen ebenso wie ihre Interaktion mit den Stakeholdern auf einer freiwilligen Basis über das gesetzlich geforderte Maß hinaus integrieren.

---

[9] Art. 14, Konsolidierte Fassung des Vertrages über die Europäische Union und des Vertrages über die Arbeitsweise der Europäischen Union.

Der vorherige Abschnitt konnte zeigen, welche besonderen Aspekte öffentliche Dienstleistungen gegenüber den Bürgern, den politischen Institutionen und schließlich den Stakeholdern und Anteilseignern aufweisen.

Nach einer Studie des CEEP, die von zwei Wissenschaftlern durchgeführt wurde, gibt es viele Gründe, CSR-Maßstäbe einzuhalten. In dieser Untersuchung vom Februar 2010 wurden in einer Auswahl von Unternehmen die Motive für das Bekenntnis zu CSR in Unternehmen der Daseinsvorsorge erhoben. Eine weitere Frage zielte auf den erwarteten Nutzen eines solchen Engagements für die Unternehmen. Die häufigsten Antworten auf die Frage nach den Nutzenerwartungen[10] waren dabei, sortiert nach der Anzahl der gegebenen Antworten:

- die Verbesserung des Images bei den Kunden
- positive Effekte in Bezug auf die Unternehmensleistung
- die Erhöhung der Glaubwürdigkeit gegenüber den Beschäftigten
- der Vorrang des Wertes aus Sicht der Bürger (Citizen Value) gegenüber dem Shareholder Value.

Betrachtet man die gegebenen Antworten, so lässt sich der Schluss ziehen, dass für die Unternehmen drei Faktoren wesentlich sind: Zufriedenheit der externen (politischen) Stakeholder, wirtschaftliche Leistungsfähigkeit und Effizienz sowie Glaubwürdigkeit, Image und Reputation.

Diese drei Faktoren sind damit für die Einführung von CSR in öffentlichen Dienstleistungen besonders wichtig. Diese Elemente sind zentral um verstehen zu können, dass CSR nicht nur ein Marketing-Instrument ist, obwohl das ein wichtiger Aspekt von CSR ist, besonders, wenn die Unternehmen in einem Wettbewerbsumfeld arbeiten. Diese Elemente sind genauso wichtig für die Wirtschaft, die Stakeholder und die Mitarbeiter in den Unternehmen. Wir müssen uns als Unternehmer einfach die Frage stellen: „Was gewinnt mein Unternehmen, wenn CSR bei uns eingeführt wird?" Die Antwort kann in verbesserter Reputation oder höherer Effektivität bestehen, oder in verringerten Kosten, weil die Personalfluktuation und vieles andere mehr sinken.

Der CEEP ist auf dem Gebiet CSR sehr aktiv, u. a. durch Publikationen in Form eines Handbuches über Best Practices und das CEEP-CSR Label sowie einen studentischen Wettbewerb. Dies alles war im Wesentlichen möglich, weil diese Arbeiten vom Projekt DISCERNO mit Unterstützung der Europäischen Kommission gefördert wurden. In der Broschüre „Best CSR Practices in Public Services" werden 44 Fälle aus mehr als 100 Fällen geschildert. Es ist sehr interessant zu sehen, wie unterschiedlich der beschriebene zusätzliche Nutzen durch

---

[10] Vgl. dazu den Beitrag von Sandberg, Abschnitt 3, S. 138 ff., in diesem Band.

die Einführung von CSR bewertet wird. Für viele Unternehmen lag der Schwerpunkt auf Kostensenkungen, wie z. B. durch die Entwicklung eines Sensors, der in der Wasserwirtschaft hilft Leckagen zu finden. Andere Beispiele zeigen, wie ein positives Klima im Unternehmen geschaffen wurde, weil die Kinder der Beschäftigten während der Arbeitszeit in einer Kinderkrippe des Arbeitgebers untergebracht werden konnten. Andere Beispiele waren wiederum mit dem lokalen Charakter des Unternehmens verknüpft. So stellte ein Unternehmen der Abfallwirtschaft als Teil der CSR-Strategie ehemalige Arbeitslose ein und bildete diese weiter. Durch diese Maßnahme wurde der lokale Arbeitsmarkt entlastet, gleichzeitig gewann das Unternehmen loyale Mitarbeiter.

Der exakte positive Einfluss von einzelnen CSR-Maßnahmen ist allerdings methodisch schwer abzugrenzen, da alle Maßnahmen miteinander zusammenhängen und damit auch die erzielten Ergebnisse.[11] Wenn nun also die Einführung von CSR in Unternehmen der Daseinsvorsorge Sinn macht, stellt sich die Frage nach der Einführungsstrategie. Der folgende Abschnitt soll zeigen, wie hier das CEEP-CSR Label helfen kann.

5   Das CEEP-CSR Label als Lösung für die Vielfalt von CSR-Ansätzen bei den öffentlichen Dienstleistungen

Im Bereich der CSR gibt es unzählige Anerkennungen, Richtlinien, Normen, Berichtssysteme usw. Diese Vielfalt ist eine Antwort auf spezifische Bedürfnisse. Allerdings stellt sich die Frage, ob diese Vielfalt tatsächlich die Realität in den Unternehmen widerspiegelt. Dieser Frage wird im folgenden Abschnitt mit Schwerpunkt auf der Daseinsvorsorge nachgegangen.

Allgemein können vier verschiedene Bereiche unterschieden werden: die Berichtsstandards (GRI), die Normen (ISO 26000), die CSR-Labels und Auszeichnungen sowie und nicht zuletzt Zertifizierungen, auch wenn es keine ausdrücklichen CSR-Zertifizierungen gibt. Das CEEP-CSR Label basiert auf einer Auswahl von Kriterien, die speziell auf die öffentlichen Dienstleistungen zugeschnitten sind. Es betont die wesentliche Rolle, die öffentliche Dienstleistungen für alle besitzen und die Bedeutung der Daseinsvorsorge für die Stakeholder, Anteilseigner und andere.

Das CEEP-CSR Label berücksichtigt dabei das unternehmerische Handeln im Bereich der CSR stärker als die Wirkung. Diese Unterscheidung ist bei öffentlichen Dienstleistungen von besonderer Bedeutung. Zur Erläuterung ein Beispiel: die Entsorgungsunternehmen im Bereich des Hausmülls haben schon

---

[11] So hat die Einsparung von Sickerwasser durch die Schließung von Leckagen neben dem Effekt der Kostensenkung auch positive Effekte durch geringere Belastung der natürlichen Ressourcen.

durch die Definition einen kleinere ökologischen Fußabdruck als andere Unternehmen. Dies hängt nicht von ihren Tätigkeiten ab. Daher ist es sinnvoll, in Bezug auf die Darstellung und Bewertung ihrer CSR-Aktivitäten nicht auf die fest definierten Wirkungen abzustellen, sondern auf ihre gesamte Politik in diesem Bereich.

Die Bewertung im Rahmen des CEEP-CSR Labels besteht aus sieben getrennten, aber miteinander verbundenen Elementen:

- *Unternehmenssteuerung:* hier sind die grundlegenden Prinzipien der Führung des Unternehmens gemeint. Beurteilt wird, inwieweit die Grundsätze und Praktiken der Verantwortung, Transparenz, des ethische Verhaltens, des Respekts für die Stakeholder im Prozess der Entscheidungsfindung und deren Umsetzung im Unternehmen Berücksichtigung finden.
- *Kunden:* Kundenorientierung wird hier verknüpft mit sozial verantwortlichem Verhalten. Besitzt das Unternehmen einen offenen und klaren Weg des Dialogs mit den Kunden? Finden die Initiativen von Kunden Berücksichtigung, oder handelt es sich um einen einseitigen Kommunikationskanal? Werden die Rückmeldungen der Kunden in das Alltagsgeschäft übernommen?
- *Mitarbeiter:* Die Mitarbeiter sind die ersten, die von Veränderungen im Unternehmen betroffen sind. Handelt das Unternehmen in verantwortlicher Weise gegenüber seinen Beschäftigten? Werden die Mitarbeiter in den Planungsprozess im Unternehmen einbezogen?
- *Wirtschaftliche Interessen:* Hierzu werden die Lieferanten, Anteilseigner/ Eigentümer, Partner, Auftragnehmer und mögliche Wettbewerber gerechnet. Ein Aspekt des sozial verantwortlichen Handelns ist die langfristig ausgerichtete Berücksichtigung der wirtschaftlichen Interessen an Kriterien, die nicht ausschließlich wirtschaftlicher Natur sind.
- *Kommunen und andere (Bürger-)Interessen* (regionale und lokale Verbände und Institutionen, Verbraucher- und Erzeugerinteressen etc.): Wie bereits erwähnt beeinflussen öffentliche Dienstleistungen das öffentliche und private Leben der Bürger und haben einen wesentlichen Einfluss auf die wirtschaftliche, soziale und räumliche Kohäsion. Hier stellt sich die Frage, ob das Unternehmen diese Aspekte hinreichend abbildet.
- *Die Umwelt als Ökosystem:* Direkte und indirekte Umwelteffekte sind ein wesentlicher Aspekt des sozial verantwortlichen Verhaltens.

Schließlich stellt sich noch die Frage nach *internationalen Wirkungen* des Unternehmens, wenn es über die Region und das Land hinaus aktiv ist.

Abbildung 1:   CSR in der Daseinsvorsorge – Elemente des CEEP-CSR Labels

6   Mobilisierung der öffentlichen Dienstleistungen zur Einführung von CSR: nur mit den Bedürfnissen der Unternehmen, nicht dagegen

Wie bereits gezeigt gibt es gute Gründe, warum Unternehmen der Daseinsvorsorge CSR-Prinzipien einführen sollten: die Öffentlichkeit übt Druck in dieser Richtung aus, entweder direkt durch Bürger oder durch die politischen Vertretungen in Städten und Gemeinden. Außerdem lastet ein hoher Erwartungsdruck auf den öffentlichen Unternehmen, der sich aus vielen Quellen speist. Wie aber kann es konkret gelingen, die Unternehmen für CSR zu gewinnen?

Wenn es um die wahrgenommenen Wirkungen geht, dann lagen nach der oben erwähnten Studie des CEEP[12] die höchsten Werte der untersuchten Unternehmen im Bereich der Mitarbeiter und hier speziell in Themen wie der Mitarbeiterzufriedenheit usw.

---

[12] S. oben, S. 177.

Gleichzeitig wurde in der Untersuchung erhoben, welche Probleme der Einführung von CSR entgegenstehen. Bei den Antworten auf die Frage nach möglichen Nachteilen und Gefahren, die ein Engagement für CSR bei Unternehmen der Daseinsvorsorge verhindern oder einschränken, waren drei Begründungen herausragend: die potenzielle Unwirtschaftlichkeit von CSR-Aktivitäten gefolgt von beschränkten finanziellen oder personellen Ressourcen und schließlich ein Mangel an Fähigkeiten und Fertigkeiten zur zufriedenstellenden Einführung von CSR-Prozessen im Unternehmen.

Die nächste Frage bezog sich auf die Kommunikationswege, die zur Unterstützung von CSR im Unternehmen gewählt wurden. Hier zeigte sich deutlich, dass das bevorzugte Instrument das Internet und das firmeninterne Intranet sind. An zweiter Stelle wurden Pressemitteilungen und Pressearbeit sowie an dritter Stelle besondere Events genannt. Nachhaltigkeitsberichte und eigene CSR-Berichte kamen erst an vierter Stelle. Eine mögliche Erklärung hierfür ist die Tatsache, dass bei den Berichten an sehr viele Stellen im Unternehmen zu berichten ist und dass ein einzelner Bericht über CSR neben vielen anderen internen und externen Berichten, die im Unternehmen üblich sind, dann nicht selbsterklärend und überzeugend ist.

Als Schlussfolgerung kann klar festgestellt werden, dass CSR immer dann erfolgreich eingeführt werden kann, wenn es sich an den Bedürfnissen der Unternehmen ausrichtet. Nicht die Pflicht, schon wieder einen Bericht anfertigen zu „müssen", motiviert. Es ist die Möglichkeit zu zeigen, in welchen Dimensionen tatsächlich auf breiter Ebene ein weiterer Nutzen erzielt werden kann. Dann ist es auch möglich, weitere Ressourcen zu mobilisieren, um CSR mit Hilfe geeigneter Instrumente im Unternehmen zu verankern.

Eine wichtige Diskussion auf europäischer Ebene betrifft die Frage der rechtlichen Verbindlichkeit von CSR. Die Erfahrungen der CEEP-Mitglieder im Rahmen des DISCERNO-Projektes haben dabei gezeigt, dass CSR sich nicht für Maßnahmen unter Zwang eignet. Wenn eine Unternehmensleitung nicht hinter dem Engagement für CSR steht, wird es auch kein Erfolg.[13]

Daher sollte ein wesentlicher Ansatz zur stärkeren Verbreitung von CSR in Unternehmen der Daseinsvorsorge darin bestehen, voneinander zu lernen und dabei die guten und die nicht so positiven Erfahrungen miteinander zu teilen. Die CEEP-Publikation „Best CSR Practices in Public Services" ist ein gutes Beispiel, wie konkret und vor Ort Unternehmen der Daseinsvorsorge voneinander und miteinander gelernt haben, CSR im Unternehmen zu verbreiten und zu verankern.

---

[13] Natürlich gibt es darüber hinaus auch rechtliche Probleme, wenn es zum Beispiel um CSR als Voraussetzung für die Qualifikation bei Ausschreibungen geht. Dies spielt in die Diskussion um sogenannte vergabefremde Kriterien hinein.

Abschließend noch einige Worte zur Methodik des CEEP-CSR Labels. Der Schwerpunkt liegt hier ebenfalls auf dem gegenseitigen Lernen von Unternehmen, die an dem Prozess teilnehmen. Das Vorgehen zur Erreichung des Labels ist in zwei Schritte unterteilt. Im ersten Schritt nehmen die Unternehmen an einem Selbsteinschätzungsprozess teil, der mit Hilfe eines Online-Tools im Internet durchgeführt wird und auf 55 Fragen basiert, die in die oben erwähnten sieben Themen unterteilt sind (Unternehmenssteuerung, Kunden, Mitarbeiter, wirtschaftliche Interessen, Kommunen, Umwelt als Ökosystem, internationale Wirkungen). Dieses online-Selbsteinschätzungsinstrument konfrontiert die Verantwortlichen in den Unternehmen mit Fragen zu den möglichen Schlüsselaktivitäten im Bereich des CSR. Je nach Ausgang dieser Selbstbewertung, deren Algorithmus im Rahmen des Projektes DISCERNO entwickelt wurde, erhalten die teilnehmenden Unternehmen eine automatisch generierte Antwort.

Den zweiten Schritt erreichen nur Unternehmen, die im Rahmen der Selbsteinschätzung einen bestimmten Zielwert erreicht oder überschritten haben. Diese Unternehmen werden eingeladen, ein Dossier einzureichen, das wesentliche Informationen über die CSR-Praxis im Unternehmen enthält. Dazu werden ausführliche Hinweise und Hilfestellungen gegeben. Diese Dossiers werden von einem externen Expertenteam bewertet und kommentiert. Auf Basis dieser Bewertungen und Kommentare tritt eine Jury zusammen, die abschließend die Ergebnisse diskutiert und von der Liste der Unternehmen schließlich diejenigen auswählt, die das CEEP-CSR Label für die Dauer von zwei Jahren tragen dürfen. Darüber hinaus erhalten die Teilnehmer eine detaillierte schriftliche Bewertung und Erläuterung ihres Ergebnisses. Diejenigen Unternehmen, die die Kriterien für das CEEP-CSR Label nicht vollständig erfüllen, erhalten eine Teilnahmebestätigung und die Möglichkeit, mit aktualisierten Aktivitäten an der nächsten Vergabe des CEEP-CSR Labels teilzunehmen.

Anreize, positives Feedback und maßgeschneiderte Unterstützung sind der Schlüssel zur Verbreitung von CSR im Bereich der Daseinsvorsorge. Auf Grundlage pragmatischer Motivation (verbesserte Reputation, gesteigerte Motivation der Mitarbeiter etc.) und die gleichzeitige Unterstützung durch den Austausch von Ideen, guter Praxis etc. sind dabei von zentraler Bedeutung.

7   Zusammenfassung

Öffentliche Dienstleistungen, bzw. die Daseinsvorsorge haben Besonderheiten, die bei der Einführung von Corporate Social Responsibility (CSR) berücksichtigt werden müssen. Die Tatsache, dass öffentliche Dienstleistungen sich von anderen Dienstleistungen unterschieden, ist nicht immer präsent – dieser Beitrag stellt klar, dass es aber unausweichlich ist, sich diesen Besonderheiten zu stellen, wenn CSR erfolgreich in Unternehmen der Daseinsvorsorge eingeführt werden soll. Öffentliche Dienstleistungen haben eine besondere Beziehung zu den Bürgern. Diese können oft nicht zwischen verschiedenen Anbietern wählen, weil es (kommunal-)politische Entscheidungen gibt, die über die Ausgestaltung der Dienstleistung entscheiden und gleichzeitig dafür sorgen, dass diese Dienstleistung allen Bürgern zur Verfügung steht. Diese besonderen „Verpflichtungen des öffentlichen Dienstes" oder eben die Aufgabe der Daseinsvorsorge erbringen in der Europäischen Union mehr als 500.000 Unternehmen, die diese Dienste für mehr als 500 Mio. Bürger erbringen. Sie sind die Arbeitgeber von mehr als 30 % aller Beschäftigten in der Europäischen Union und erwirtschaften mehr als 26 % des Bruttoinlandsprodukts der Europäischen Union.

Die Mitteilung der Kommission unter dem Titel „Leitinitiative Europa 2020: Industriepolitik im Zeitalter der Globalisierung" erwähnt CSR zu Recht als einen der zentralen Bausteine, um die Wettbewerbsfähigkeit und Nachhaltigkeit der europäischen Industrie im internationalen Wettbewerb zu erhalten und zu stärken. Diese Bedeutung hat der zuständige Vize-Präsident der Europäischen Kommission, Antonio Tajani, in einem persönlichen Gespräch mit dem Autor am 13. Januar 2011 nochmals unterstrichen. Dieses gilt es auch für die Dienste im allgemeinen Interesse, bzw. der Daseinsvorsorge zu sichern und auszubauen.

Literatur

Alber, Jens (2010): What – if anything – is undermining the European Social Model?, WZB Discussion Paper, May 2010, online unter URL: http://bibliothek.wzb.eu/ pdf/2010/i10-202.pdf [Stand 2011-03-11]

CEEP (2010): Public Services in the European Union & in the 27 Member States; Statistics, Organization and Regulations, May 2010, online unter URL: http://www.ceep. eu /Publications Mapping of the Public Services, Experts Report [Stand 2011-03-11]

Konsolidierte Fassung des Vertrages über die Europäische Union und des Vertrages über die Arbeitsweise der Europäischen Union, in: Amtsblatt der Europäischen Union vom 30.03.2010, 2010/C 83/01, online unter URL: http://eur-lex.europa.eu /Amtsblatt [Stand 2011-03-11]

Resch, Ralf (2010): Öffentliche Daseinsvorsorge im Europa der 27, in: Der Städtetag, H. 4, 2010, S. 29-31

VKU (2010): Vertrauen in Institutionen, Meinungsumfrage 2/7, Stand 19.07.2010, online unter URL: http://www.vku.de/grafiken-statistiken/meinungsumfragen.html [Stand 2011-03-11]

III CSR im Kerngeschäft

Von CSR zu Corporate Sustainability

Stefan Schaltegger

Sowohl der Begriff Corporate Social Responsibility (CSR) als auch unternehmerische Nachhaltigkeit (engl. Corporate Sustainability) werden sehr uneinheitlich verwendet. Dementsprechend herrscht häufig Verwirrung über die Bedeutung dieser Ansätze. Ist Corporate Social Responsibility„an essential ingrediens for the survival of any organisation"[1] oder eher eine ethisch motivierte Luxusaktivität in wirtschaftlich guten Zeiten? So reicht das Verständnis von ethisch motivierten, gar altruistischen Handlungen der Unternehmensleitung bis zu geschäftsdienlichen Maßnahmen zur Sicherung der Legitimation des Unternehmens. Im Folgenden werden die Ursprünge und zentralen Intentionen von CSR und unternehmerischer Nachhaltigkeit erläutert.

1 Entwicklung und Verständnisse von CSR und Corporate Sustainability

Die Verwendung des Begriffs „Corporate Social Responsibility" hat in den vergangenen Jahren stetig zugenommen. Dabei ist der Ansatz keineswegs neu. Seit Mitte des 20. Jahrhunderts als der Begriff in den USA aufkam,[2] wurde er immer weiter mit Leben gefüllt.[3] Bestärkt durch eine zurückhaltende Gesellschaftspolitik im angelsächsischen Raum wurden den Unternehmen von vielen Stakeholdern Aufgaben zugeschrieben, die in Kontinentaleuropa häufig von den Nationalstaaten wahrgenommen werden.[4] Dementsprechend wird auch von impliziter (eine in Teilen von Nationalstaaten übernommene) CSR in Kontinentaleuropa

---

[1] EFQM (2004), S. 6.
[2] Vgl. z. B. Caroll (1999); Davis (1960); Frederick (1960); Matten/Moon (2007); McGuire (1963); Walton (1967).
[3] Vgl. z. B. Frederick (1994).
[4] Vgl. z. B. Dubielzig/Schaltegger (2005); Loew et al. (2004); Matten/Moon (2007).

und von expliziter (einer von den Unternehmen direkt übernommenen) CSR im angelsächsischen Raum gesprochen.[5]

In den letzten zwei Jahrzehnten haben sich viele bedeutende internationale Organisationen[6] der Förderung nachhaltigen Unternehmensverhaltens und der Übernahme gesellschaftlicher Verantwortung angenommen.[7] Dies äußert sich unter anderem in einer Vielzahl an Umwelt- und Sozialstandards.[8] Auch die Europäische Union (EU) hat mit dem Thema befasst und 2001 ein Grünbuch „Europäische Rahmenbedingungen für die soziale Verantwortung von Unternehmen" veröffentlicht.[9]

Zwar war explizites CSR in Europa lange Zeit kein ausdrückliches Thema. Wie die US-amerikanische National Policy Association feststellt, hat Europa die USA in Bezug auf freiwillige CSR-Maßnahmen inzwischen jedoch überholt.[10] Wie einige Studien in Europa zeigen, gehen auch viele Unternehmen davon aus, dass das Thema CSR in Zukunft weiter an Bedeutung gewinnen wird.[11]

Trotz dieser Dynamik, die für ein junges, sich in der Entwicklung befindliches Forschungsfeld jedoch bezeichnend ist, hat sich noch keine einheitliche Definition für CSR herausgebildet hat.[12] Der Begriff wird teils missverständlich und widersprüchlich genutzt.[13] Zudem bleiben in der Literatur und Praxis auch Abgrenzungen zu anderen Begriffen wie Corporate Sustainability oder Corporate Citizenship meist unklar.[14]

Die drei Ansätze können dabei folgendermaßen beschrieben werden:

- *Corporate Citizenship* beschreibt die Rolle von Unternehmen sich wie „gute, gesellschaftlich eingebettete Bürger" zu verhalten. Corporate Citizenship wird häufig als Teilaspekt und Konkretisierung von CSR verstanden. Der Ansatz umfasst: Corporate Giving (z. B. Sponsoring, Firma stellt ihre Produkte unentgeltlich für Katastrophenhilfe zur Verfügung), Corporate Volunteering (z. B. Förderung ehrenamtlichen Engagements der Mitarbeiter), kaufmännische Betreuung von Nonprofit-Organisationen und Corporate Community Investment (z. B. regionales Engagement an Unter-

---

[5] Vgl. Matten/Moon (2007).

[6] Vgl. z. B. ILO (www.ilo.org); OECD (www.oecd.org/daf/investment/cr) und die Vereinten Nationen mit dem UN Global Compact (www.globalcompact.org).

[7] Vgl. Kell (2003); Menzel (1993).

[8] Vgl. z. B. Müller et al. (2008).

[9] EU (2001a); EU (2001b); EU (2002); EU (2006); Walker (2003).

[10] Vgl. National Policy Association (2002).

[11] Vgl. z. B. Schulz et al. (2002), S. 6.

[12] Vgl. z. B. van Herpen et al. (2003), S. 6; Joyner/Payne (2002), S. 302; Müller/Schaltegger (2008), S. 17 ff.; Quazi/O'Brien (2000), S. 34.

[13] Vgl. Loew et al. (2004), S. 17; Waddock (2004).

[14] Vgl. z. B. Dubielzig/Schaltegger (2005).

nehmensstandorten). In Deutschland in den letzten Jahren besonders an Bedeutung gewonnen hat das Corporate (oder Employee) Volunteering.

- Wird der *Corporate Social Responsibility Ansatz* umschrieben „as categories or levels of economic, legal, ethical and discretionary activities of a business entity as adapted to the values and expectations of society",[15] so bedeutet dies, dass gesellschaftliche Belange auf freiwilliger Basis in die Unternehmenstätigkeit und in die Wechselbeziehungen mit Stakeholdern zu integrieren sind.[16]

- *Corporate Sustainability oder unternehmerische Nachhaltigkeit* beschreibt das Ziel, ökologische, soziale und ökonomische Wirkungen so zu steuern, um erstens eine nachhaltige Unternehmens- und Geschäftsentwicklung und zweitens einen positiven Beitrag des Unternehmens zur nachhaltigen Entwicklung der gesamten Gesellschaft zu erreichen.[17]

Im Deutschen wird „social" häufig mit sozial gleichgesetzt und die Verantwortung gegenüber Individuen und bestimmten sozialen Gruppen in den Mittelpunkt gestellt.[18] Wenn man hingegen „social" mit gesellschaftlich übersetzt, schließt dies auch die Verantwortung zu gesellschaftlich thematisierten Umweltthemen mit ein, wodurch man einen Bezug zum Konzept der nachhaltigen Entwicklung (Sustainable Development)[19] und zu unternehmerischer Nachhaltigkeit (Corporate Sustainability)[20] aufstellen kann. Corporate Social Responsibility wird meist sehr grob als die generelle Verantwortung von Unternehmen gegenüber ihrem gesellschaftlichen Umfeld verstanden. Dann wird CSR als Ansatz verstanden, auf freiwilliger Basis gesellschaftliche Belange in die Unternehmenstätigkeit und in die Wechselbeziehungen mit Stakeholdern zu integrieren.[21]

2 Konzeptionen von CSR und Corporate Sustainability

Für ein fundiertes Verständnis von CSR und unternehmerischer Nachhaltigkeit hilft das Studium der dahinterstehenden Konzepte. Für CSR ist die in der Literatur am weitesten verbreitete Systematisierung von *Carroll* (1979), wonach die Gesellschaft von den Unternehmen über die ökonomische Verantwortung und Gesetzestreue hinaus auch eine ethische und eine philanthropische Verantwor-

---

[15] Joyner/Payne (2002), S. 300.
[16] Vgl. auch EU (2001a), S. 8.
[17] Vgl. z. B. Schaltegger et al. (2003); Schaltegger/Burritt (2005).
[18] Vgl. EU (2001a); Kreikebaum (1996), S. 145.
[19] Vgl. Crane/Matten (2004), S. 26.
[20] Vgl. Schaltegger/Burritt (2005).
[21] Vgl. EU (2001a), S. 8; Joyner/Payne (2002), S. 300.

tung erwartet. Diese in Interaktion stehenden Ebenen einer Pyramide (Abbildung 1) ergänzen sich zu einer umfassenden CSR-Konzeption.

Abbildung 1:   CSR-Pyramide

Quelle: nach Carroll (1979), S. 42.

Die Systematisierung nach *Carroll* ist zur ersten Groborientierung sicherlich hilfreich. Allerdings ist sie allgemein, sehr breit und analytisch-trennend.[22] Sie hat auch dazu beigetragen, dass viele CSR-Publikationen vorwiegend von der Debatte Moral gegen Profit gekennzeichnet sind.[23] Für eine praktisch-betriebswirtschaftliche Sicht ist das Konzept nur bedingt geeignet, da die einzelnen Ebenen ineinander übergehen.

Unternehmerische Nachhaltigkeit setzt demgegenüber beim Leitbild der nachhaltigen Entwicklung an, das auf Unternehmensebene herunter gebrochen wird. Wie beim Leitbild einer nachhaltigen Entwicklung umfasst auch unternehmerische Nachhaltigkeit die drei Dimensionen Ökonomie, Ökologie und Soziales undstrebt ihre Integration an (s. Abbildung 2).

---

[22] Vgl. Hiß (2005), S. 37.
[23] Vgl. Hiß (2005), S. 105.

Abbildung 2:   Die vier Nachhaltigkeitsherausforderungen an Unternehmen

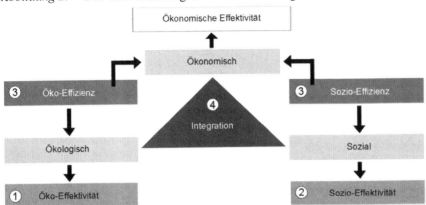

Quelle: BMU/BDI (2002), S. 6.

Unternehmerische Nachhaltigkeit und das hierauf ausgerichtete Nachhaltigkeitsmanagement begründen sich in der unternehmerischen Aufgabe, folgenden vier
aus dem Ziel der nachhaltigen Entwicklung abgeleiteten Herausforderungen
erfolgreich zu begegnen:[24]

- *Die ökologische Nachhaltigkeitsherausforderung:* Wie kann ein Unternehmen die durch seine Aktivitäten absolut verursachte Umweltbelastung
  reduzieren (Öko-Effektivität)?
- *Die soziale Nachhaltigkeitsherausforderung:* Wie können sozial uner-
  wünschte Wirkungen, die von einemUnternehmen ausgehen, minimiert
  werden (Sozio-Effektivität)?
- *Die ökonomische Nachhaltigkeitsherausforderung an das Umwelt- und
  Sozialmanagement:* Wie können Umweltschutz und Sozialengagement
  kostengünstig, rentabilitäts- und unternehmenswertsteigernd umgesetzt
  werden (Öko- und Sozio-Effektivität)?
- *Die Integrationsherausforderung:* Wie können die drei vorangegangenen
  Herausforderungen gleichzeitig erfüllt (inhaltliche Integrationsherausforderung) und wie können ökologische und soziale Aspekte ins konventionelle,
  ökonomisch ausgerichtete Management integriert werden (instrumentelle
  Integrationsherausforderung)?

---

[24] Vgl. BMU/BDI (2002).

Stefan Schaltegger

Die ökonomische Effektivität, d. h. das Erreichen eines möglichst guten ökonomischen Ergebnisses, stellt die konventionelle unternehmerische Aufgabe dar, die auch im Rahmen einer nachhaltigen Entwicklung eine Bedeutung hat. Während Gewinn vielfach als Voraussetzung für ein (aus rechtlicher Sicht) freiwilliges CSR Engagement von Unternehmen gesehen wird, begründet sich unternehmerische Nachhaltigkeit in der Realisierung von Chancen und der Bekämpfung von Risiken durch eine erfolgreiche Begegnung der vier Nachhaltigkeitsherausforderungen. In diesem Zusammenhang wird häufig eine grundsätzlich positive Korrelation zwischen CSR-Aktivitäten und Gewinn vermutet.[25] Als Gründe werden insbesondere „weiche" Faktoren wie Mitarbeitermotivation, Reduzierung gesellschaftlicher Risiken, Reputation, verbesserter Kapitalmarktzugang usw. angeführt. Meist bleiben Fragen der zeitlichen Perspektive (kurzfristig/langfristig), der Messbarkeit der Zusammenhänge oder auch der Konkurrenz zu anderen gewinnbringenden Projekten offen. Dabei ist zu bedenken, dass sich die Berücksichtigung von Nachhaltigkeitsaspekten nicht immer und schon gar nicht automatisch rechnet. Ein Business Case von Umwelt- und Sozialmanagementaktivitäten muss vielmehr aktiv geschaffen werden und entsteht nicht von selbst.[26] Vor diesem Hintergrund erscheint es fraglich, CSR lediglich als Ergebnis gewinnmaximierenden Handelns konstruieren zu wollen.

Damit stehen wir vor der Frage, wie bzw. in welchem Verhältnis CSR und unternehmerische Nachhaltigkeit zueinander stehen und wie sich die Positionen verbinden lassen.

3 CSR eingebettet in unternehmerische Nachhaltigkeit und nachhaltige Entwicklung

Auf die Frage nach dem Zusammenhang von CSR und unternehmerischer Nachhaltigkeit (Corporate Sustainability) gibt es einfache und komplexere Antworten. Vereinfachend könnte man das Verhältnis von CSR zu unternehmerischer Nachhaltigkeit (Corporate Sustainability) dadurch klären, dass beide Ansätze, CSR und unternehmerische Nachhaltigkeit, als allumfassendes oder auch gleiches Unternehmensführungsverständnis deklariert werden. In diesem Falle sollte man zur Reduktion von Verwirrung jedoch auf einer Verkleinerung der Begriffsvielfalt bestehen.

Eine häufig genannte, verkürzte vergleichende Betrachtung könnte CSR als einen Dreiklang aus Anspruch (verantwortlich in der Wirkung zu sein), Einstel-

---

[25] Vgl. Aupperle et al. (1985); Holme/Watts (2000); Paettie (2004); Waddock/Graves (1997).
[26] Vgl. z. B. Schaltegger/Hasenmüller (2006); Schaltegger/Synnestvedt (2002); Schaltegger/Wagner (2006).

lung (Verantwortung übernehmen zu wollen) und grundsätzlicher Geschäftshaltung (Verantwortung im Handeln zu zeigen) bezeichnen, der mit Nachhaltigkeitsmanagement (systematische Herangehensweise und Satz an Methoden) zur Erreichung von unternehmerischer Nachhaltigkeit (als aus der Vision der nachhaltigen Entwicklung und den Nachhaltigkeitsherausforderungen abgeleitetes Zielbündel) umgesetzt werden soll. Diese Sichtweise wird allerdings beiden Ansätzen nicht gerecht. Während CSR sehr wohl einen Umsetzungsbezug hat, legt auch unternehmerische Nachhaltigkeit dem Handeln eine verantwortungsorientierte Einstellung zu Grunde.

Wenngleich die Begriffe CSR und Corporate Sustainability bzw. Nachhaltigkeitsmanagement umgangssprachlich häufig auswechselbar verwendet und die Unterschiede nicht bei der Frage der Einstellung und der Umsetzung liegen werden, so zeigen sich bei genauerer Betrachtung im Kern dennoch klare Unterschiede, und dass CSR einen Teil der unternehmerischen Nachhaltigkeit abdeckt. Neben der historischen Herkunft (USA bzw. Europa) können einige wesentliche Unterschiede zwischen CSR und unternehmerischer Nachhaltigkeit identifiziert werden.

a. Freiwillig oder umfassend (freiwillig und unfreiwillig): Erst die über die ökonomisch motivierten Unternehmenstätigkeiten hinausgehenden Aktivitäten konstituieren CSR. CSR bezieht sich im Kern damit auf freiwillige, gesellschaftsorientierte Aktivitäten von Unternehmen, die über die Einhaltung von Gesetzen hinausgehen. Unternehmerische Nachhaltigkeit betrachtet demgegenüber sowohl freiwillige ökologisch und sozial ausgerichtete Aktivitäten als auch die unfreiwillig durchzuführenden. Während das systematische Management von Rechtssicherheit in Umwelt- und Sozialfragen[27] noch als freiwillige Aktivität zur verbesserten Bewältigung unfreiwilliger Vorgaben angesehen werden kann,[28] handelt es sich bei durch Stakeholderdruck geprägten Umwelt- und Sozialmanagement-Themen oft nur noch um scheinbar „freiwillige" Handlungen. So können Unternehmensaktivitäten infolge von Öffentlichkeitsdruck oder im Falle des Drucks von großen industriellen Kunden auf Lieferanten nicht als wirklich freiwillig bezeichnet werden, auch wenn keine gesetzliche Vorgabe besteht. Solche Aktivitäten werden dementsprechend auch fast nie als CSR-Aktivitäten bezeichnet. Die Nachhaltigkeitsliteratur behandelt Unternehmensreaktionen auf Öffentlichkeits- und Kundendruck jedoch schon seit langem sehr ausführlich.[29] Ein weiterreichender Schritt sind Managementmaßnahmen,

---

[27] Zu Management von Umweltrechtsfragen vgl. z. B. Hahn (2001).
[28] Vgl. Schaltegger/Müller (2008).
[29] Vgl. z. B. Dyllick (1987); Schaltegger/Sturm (1992); Janisch (1993); Liebl (1996).

die der effizienten Bewerkstelligung von Sozial- und Umweltrechtssicherheit dienen. Häufige, gesetzlich geprägte oder gar vordefinierte Anwendungsbereiche finden sich zum Beispiel zuhauf im Rahmen der Gestaltung von Arbeitsplatzsicherheit, Personalmanagement, Gesundheitsmanagement, Abfall-, Abwasser- oder Luftreinhaltemanagement usw. Der Managementcharakter in der Erfüllung gesetzlicher Vorgaben äußert sich dabei vor allem in der Ausgestaltung besonders effizienter Vorgehensweisen und Methoden zur Erreichung von Rechtssicherheit. Im Unterschied zum CSR-Ansatz umfasst Nachhaltigkeitsmanagement demnach explizit das gesamte Spektrum zwischen Freiwilligkeit und Unfreiwilligkeit.

b. Die Unternehmung als aktive Rezipientin oder proaktive Gestalterin: Bei CSR steht die Berücksichtigung gesellschaftlicher Anliegen und Themen im Zentrum des Interesses. Auch wenn immer wieder betont wird, dass Unternehmen sich den gesellschaftlichen Ansprüchen frühzeitig, antizipierend annehmen sollten, so ist der CSR-Ansatz dennoch deutlich von der rezeptiven Vorstellung geprägt, dass Unternehmen gesellschaftliche Themen aufnehmen, auf sie antworten sollen. Bei aller Frühzeitigkeit wird die Rolle des Unternehmens somit ähnlich dem Marktforschungsverständnis als beobachtend und rezeptiv definiert. Auch Antizipation ist Rezeption.

Demgegenüber umfasst unternehmerische Nachhaltigkeit eine proaktive, strukturpolitische Gestaltungsrolle als Kernelement,[30] wobei das Unternehmen sowohl die eigene Organisation nachhaltig entwickeln als auch einen aktiven Beitrag zu nachhaltigen Entwicklung von Wirtschaft und Gesellschaft leisten soll.[31] Auf einer generellen Ebene entspricht diese auch neueren CSR-Überlegungen, wobei CSR von der gesellschaftlichen Verantwortung auf die Eigenverantwortung für das eigene Unternehmen schließt,[32] während sich unternehmerische Nachhaltigkeit von der organisatorischen Eigenverantwortung hin zum Management der unternehmerischen Wirkung auf die Gesellschaft entwickelt hat. Der gesellschaftliche Beitrag unternehmerischer Nachhaltigkeit umfasst nicht nur die Reaktion auf gesellschaftliche Ansprüche, sondern auch das Angebot neuer nachhaltiger Zukunftsdesigns und die aktive Gestaltung der Zukunftspfade von Wirtschaft und Gesellschaft.[33] Zusätzlich zu einer bestmöglichen Bedienung gesellschaftlicher Anliegen, steht die Schaffung neuer zukunftsfähiger gesellschaftlicher, wirtschaftlicher und politischer Strukturen im Aufgabenspektrum des Nachhaltigkeitsmanagements. Aus dem Verständnis des Schumpeterschen

---

[30] Vgl. Schaltegger/Burritt (2005); Schneidewind (1998).
[31] Vgl. Schaltegger et al. (2003).
[32] Vgl. z. B. Oulton/Hancock (2005), S. 46.
[33] Vgl. z. B. Schneidewind (1998); Schaltegger (2000).

kreativen Zerstörers wird von einer Unternehmensleitung erwartet, dass sie im Sinne eines nachhaltigen Unternehmertums (Sustainable Entrepreneurship) unnachhaltige Verhältnisse in der Gesellschaft als Anlass für die Schaffung neuer nachhaltigerer Produkt- und Dienstleistungsangebote nimmt, welche die bisherigen Strukturen ersetzen und unattraktiv oder gar obsolet machen.

c. Zwischen gesellschaftlicher Verantwortung und Business Case for Sustainability: CSR betont die gesellschaftliche Eingebundenheit und Verantwortung von Unternehmen. Ausgangspunkt ist dabei ein ethischer Normativ zu den Pflichten der Unternehmensführung. Im Kern der Betrachtungen steht die (altruistische) Wahrnehmung gesellschaftlicher Erwartungen, die in ethischen und philanthropischen Handlungen gipfelt, die nicht ohnehin im Rahmen der Verfolgung ökonomischer Ziele erfüllt werden. Damit wird impliziert, dass ein Dissens oder zumindest ein klarer Unterschied zwischen den Zielen der Geschäftstätigkeit und gesellschaftlichen Zielen bestehe.

Beim Nachhaltigkeitsmanagement stehen Fragen der Interaktionen und Verknüpfungen zwischen den Dimensionen unternehmerischer Nachhaltigkeit von jeher im Zentrum.[34] Die Suche nach „Win-Win"- oder „Triple-Win"-Potenzialen[35] zur Verbesserung von Öko-Effizienz und Sozio-Effizienz werden sowohl inhaltlich als auch methodisch genauso angegangen wie Fragen der inhaltlichen Integration aller drei Perspektiven (Soziales, Ökologisches, Ökonomisches) und der methodischen Integration von Umwelt- und Sozialmanagement in die Prozesse und Strukturen des konventionellen betrieblichen Managements.[36] Dabei stehen die Integration ökologischer und sozialer Ziele und Handlungen in die Kernaktivitäten und der Business Case for Sustainability im Kern des Nachhaltigkeitsmanagements. Es geht nicht darum, einen Geschäftsfall (den es ohnehin gibt) zu identifizieren, sondern darum, mit geeigneten Maßnahmen einen solchen zu schaffen. Dies kann gegebenenfalls eine Neu- oder Weiterentwicklung des Geschäftsmodells oder auch der Marktrahmenbedingungen beinhalten.

Beim Versuch einer Verortung von CSR und Corporate Sustainability wird deutlich, dass Unterschiede bestehen, der grundsätzliche Anspruch jedoch in die gleiche Richtung zielt. CSR schafft Aufmerksamkeit für die Bedeutung außermarktlicher Themen und eines gesellschaftlichen Verantwortungsverständnisses.

---

[34] Diese Sichtweise ist in jüngerer Zeit auch für CSR adaptiert worden, vgl. z. B. EU (2001b).
[35] Vgl. z. B. Elkington (2004).
[36] Vgl. z. B. BMU/BDI(2002); BMU et al. (2007); Schaltegger/Burritt (2005); Schaltegger/Sturm (1992); Schaltegger et al. (2003).

Corporate Sustainability bricht das Leitbild der nachhaltigen Entwicklung methodisch-konzeptionell auf die Unternehmensperspektive herunter.

4 Ausblick

Will CSR keine theoretische oder philanthropische Übung sein oder sich als Argument einer Luxusthese etablieren, sondern ein anerkannter Teil der Managementwissenschaften werden, so muss der Ansatz die Entscheidungsträger in Unternehmen und im Unternehmenskontext verstärkt erreichen und im Sinne der unternehmerischen Nachhaltigkeit an die ökonomische Logik anknüpfen.[37] In diesem Anliegen hat sich CSR unternehmerischer Nachhaltigkeit seit einiger Zeit begonnen anzunähern.[38] Nur wenn es gelingt, die moralischen Werte in die unternehmerischen Steuerungslogiken integrativ einzubeziehen, haben CSR und unternehmerische Nachhaltigkeit eine Chance, vom Kommunikationsthema zur betrieblichen Selbstverständlichkeit zu werden.

Literatur

Aupperle, Kenneth E. et al. (1985): An Empirical Investigation of the Relationship between Corporate Social Responsibility and Profitability, in: Academy of Management Journal, No. 2, 1985, S. 446-463

(BDI) Bundesverband der Deutschen Industrie (2005): Corporate Social Responsibility, Nachhaltiges Wirtschaften von Unternehmen auf der Basis wirtschaftlichen Erfolges, online unter URL: http://www.bdi-online.de/de/fachabteilungen/1760.htm [Stand 2007-02-14]

(BMU/BDI) Bundesministerium für Umwelt Naturschutz und Reaktorsicherheit/Bundesverband der Deutschen Industrie (Hrsg.) (2002): Nachhaltigkeitsmanagement in Unternehmen, Konzepte und Instrumente zur nachhaltigen Unternehmensentwicklung, 2. Aufl., Berlin/Lüneburg 2002

Carroll, Archie B. (1999): Corporate Social Responsibility, Evolution of a Definitional Construct, in: Business & Society, No. 3, 1999, S. 268-295

Carroll, Archie B. (1991): The Pyramid of Corporate Social Responsibility, Toward the Moral Management of Organizational Stakeholders, in: Business Horizons, No. 4, 1991, S. 39-48

Carroll, Archie B./Buchholtz, Ann K. (2006): Ethics and Stakeholder Management, in: Business & Society, 6. Aufl., Mason 2006

---

[37] Vgl. McWilliams et al. (2006); Schaltegger/Synnestvedt (2002); Schaltegger/Wagner (2006); Weber (2007).
[38] Vgl. z. B. Weber (2007).

CSR EMS Forum (2006): EU Multi Stakeholder Forum on CSR, online unter URL: http://forum.europa.eu.int/irc/empl/csr_eu_multi_stakeholder_forum/info/data/en/csr %20ems%20forum.htm [Stand 2007-03-14]

Davis, Keith (1960): Can Business Afford to Ignore Social Responsibilities, in: California Management Review, No. 3, 1960, S. 70-7

Dubielzig, Frank/Schaltegger, Stefan (2005): Corporate Social Responsibility, in: Althaus, Marco et al. (Hrsg.), Handlexikon Public Affairs, Münster 2005, S. 240-243

Dyllick, Thomas (1987): Management der Umweltbeziehungen, Öffentliche Auseinandersetzungen als Herausforderungen, Wiesbaden 1987

EFQM (2004): The EFQM Framework for Corporate Social Responsibility, Brüssel 2004

Elkington, John (1998): Cannibals with Forks, The Triple Bottom Line of 21st Century Business, Gabriola Island 1998

Ernst & Young/FAZ-Institut (2007): Mit Verantwortung zum Erfolg, Corporate-Citizenship-Strategien im deutschen Mittelstand 2007, Stuttgart/Frankfurt a. M. 2007

(EU) Europäische Kommission (2000): Schlussfolgerungen des Vorsitzes, Europäischer Rat (Lissabon), 23. und 24. März 2000, online unter URL: http://www.bmwa.gv.at/ NR/rdonlyres/2327D88E-1ED4-4CAE-9C7C-B67053C66DBC/0/ SchlussfLissabon2000.pdf [Stand 2006-12-08]

(EU) Europäische Kommission (2001a): Europäische Rahmenbedingungen für die soziale Verantwortung der Unternehmen, Grünbuch, Luxemburg 2001

(EU) Europäische Kommission (2001b): Grünbuch, Europäische Rahmenbedingungen für die soziale Verantwortung der Unternehmen, KOM (2001) 366 endgültig, Brüssel 2001

(EU) Europäische Kommission (2002): Die soziale Verantwortung der Unternehmen, Ein Unternehmensbeitrag zur nachhaltigen Entwicklung, Luxemburg 2002, online unter URL: www.bba.de/mitteil/aktuelles/forumpfs/nachhaltentweu.pdf [Stand 2006-12-08]

(EU) Europäische Kommission (2006): Umsetzung der Partnerschaft für Wachstum und Beschäftigung, Europa soll auf dem Gebiet der sozialen Verantwortung der Unternehmen führend werden, KOM (2006) 136 endgültig, online unter URL: http://europa.eu.int/eurlex/lex/LexUriServ/LexUriServ.do?uri=COM:2006.0136:FIN :DE:PDF [Stand 2001-02-13]

Frederick, William C. (1994): From CSR_1 to CSR_2, The Maturing of Business-and Society Thought, in: Business & Society, No. 2, 1994, S. 150-164

Frederick, William C. (1960): The Growing Concern Over Business Responsibility, in: California Management Review, No. 4, 1960, S. 54-61

(GRI) Global Reporting Initiative (2002): Sustainability Guidelines 2002, Deutsche Übersetzung, Amsterdam 2002

Habisch, André/Schmidpeter, René (2003): Corporate Citizenship, Gesellschaftliches Engagement von Unternehmen in Deutschland, Berlin et al. 2003

Hahn, Tobias (2001): Umweltrechtssicherheit für Unternehmen, Management produktbezogener umweltrechtlicher Informationen für die Produktentwicklung, Frankfurt a. M. 2001 van Herpen, Erica et al. (2003): Consumers' Evaluations of Socially Responsible Activities in Retailing, Working Paper, Wageningen 2003, online unter URL: http://ageconsearch.umn.edu/handle/46730 [Stand 2011-04-07]

Hiß, Stefanie (2005): Warum übernehmen Unternehmen gesellschaftliche Verantwortung?, Ein soziologischer Erklärungsversuch, Frankfurt a. M. 2005

Holme, Richard/Watts, Phil (2000): Corporate Social Responsibility, Making Good Business Sense, Genf 2000

Janisch, Monika (1993): Das strategische Anspruchsgruppenmanagement, Bern 1993

Joyner, Brenda E./Payne, Dinah (2002): Evolution and Implementation; A Study of Values, Business Ethics and Corporate Social Responsibility, in: Journal of Business Ethics, No. 4, 2002, S. 297-311

Kell, Georg (2003): The Global Compact; Origins, Operations, Progress, Challenges, in: Journal of Corporate Citizenship, No. 3, 2003, S. 35-49

Kreikebaum, Hartmut (1996): Grundlagen der Unternehmensethik, Stuttgart 1996

Liebl, Franz (1996): Strategische Frühaufklärung; Trends, Issues, Stakeholders, München 1996

Loew, Thomas et al. (2004): Bedeutung der internationalen CSR-Diskussion für Nachhaltigkeit und die sich daraus ergebenden Anforderungen an Unternehmen mit Fokus Berichterstattung, Endbericht Berlin/Münster, online unter URL: www.ioew.de/index2.html [Stand 2011-03-22]

Martin, Roger L. (2002): The Virtue Matrix: Calculating the Return on Corporate Responsibility, in: Harvard Business Manager, No. 3, 2002, S. 68-75

Matten, Dirk/Moon, Jeremy (2007): "Implicit" and "Explicit" CSR, A Conceptual Framework for a Comparative Understanding of Corporate Social Responsibility, in: Academy of Management Review, 2007

Menzel, Ulrich (1993): 40 Jahre Entwicklungsstrategie = 40 Jahre Wachstumsstrategie, in: Nohlen, Dieter/Nuscheler, Franz (Hrsg.), Handbuch der Dritten Welt, Bonn 1993, S. 131-155

McGuire, Joseph W. (1963): Business and Society, New York 1963

McWilliams, Abagail et al. (2006): Corporate Social Responsibility, Strategic Implications, Journal of Management Studies, No. 1, 2006, S. 1-18

Müller, Martin (2001): Normierte Umweltmanagementsysteme und deren Weiterentwicklung im Rahmen einer nachhaltigen Entwicklung unter besonderer Berücksichtigung der Öko-Audit Verordnung und der ISO 14001, Berlin 2001

Müller, Martin et al. (2008): Eine vergleichende Analyse der Legitimität von drei sozialökologischen Branchenstandards, in: Müller, Martin/Schaltegger, Stefan (Hrsg.), Corporate Social Responsibility, München 2008, S. 109-124

National Policy Association (2002): National Policy Association Book Advocates Corporate Social Responsibility Reporting, online unter URL: http://www.socialfunds.com/news/article.cgi/article968.html [Stand 2011-03-22]

Oulton, Will/Hancock, John (2005): Measuring Corporate Social Responsibility, in: Hancock, John (Hrsg.), Investing in Corporate Social Responsibility; A Guide to Best Practice, Business Planning and the UK's Leading Companies, London et al. 2005, S. 39-48

Paettie, K. (2004): Corporate Social Responsibility and Competitive Advantage, Myth or Reality?, Konferenzbeitrag, Inaugural Conference of the Welsh Institute for Competitive Advantage (WICA), Corporate Social Responsibility, Thought and Practice, Glamorgan University, 23.-24.09.2004

Quazi, Ali M./O'Brien, Dennis (2000): An Empirical Test of a Cross-National Model of Corporate Social Responsibility, in: Journal of Business Ethics, No. 1, 2000, S. 33-51

Schaltegger, Stefan/Burritt, Roger (2005): Corporate Sustainability, in: Folmer, Henk/ Tietenberg, Tom (Hrsg.), The International Yearbook of Environmental and Resource Economics 2005/2006, A Survey of Current Issues, Cheltenham 2005, S. 185-22

Schaltegger, Stefan/Hasenmüller, Philipp (2006): Nachhaltiges Wirtschaften aus Sicht des 'Business Case of Sustainability', in: Tiemeyer, Ernst/Wilbers, Karl (Hrsg.), Berufliche Bildung für nachhaltiges Wirtschaften; Konzepte, Curricula, Methoden, Beispiele, Bielefeld 2006, S. 71-86

Schaltegger, Stefan et al. (2003): ,Werkzeug' des unternehmerischen Nachhaltigkeitsmanagements, Umweltwirtschaftsforum (UWF), Nr. 4, 2003, S. 60-65

Schaltegger, Stefan/Sturm, Andreas (1992): Ökologieorientierte Entscheidungen in Unternehmen, Ökologisches Rechnungswesen statt Ökobilanzierung; Notwendigkeit, Kriterien, Konzepte, Bern et al. 1992

Schaltegger, Stefan/Synnestvedt, Terje (2002): The Link between 'Green' and Economic Success, Environmental Management as the Crucial Trigger between Environmental and Economic Performance, in: Journal of Environmental Management, No. 2, 2002, S. 339-346

Schaltegger, Stefan/Wagner, Marcus (2006): Managing the Business Case for Sustainability, The Integration of Social, Environmental and Economic Performance, Sheffield 2006

Schneidewind, Uwe (1998): Die Unternehmung als strukturpolitischer Akteur, Marburg 1998

Waddock, Sandra A. (2004): Parallel Universes; Companies, Academics, and the Progress of Corporate Citizenship, in: Business and Society Review, No. 1, 2004, S. 5-42

Waddock, Sandra A./Graves, Samuel B. (1997): The Corporate Social Performance-Financial Performance Link, in: Strategic Management Journal, No. 4, 1997, S. 303-319

Walker, Penny (2003): EU Multistakeholder Forum on CSR Round Table "Diversity, Convergence and Transparency of CSR Practices and Tools", 07.044.2003, Minutes, online unter URL: http://forum.europa.eu.int/irc/empl/csr_eu_multi_stakeholder_ forum/info/data/en/CSR%20Forum%20roundtables%20meetings%20RT3%200304 07%20minutes.htm [Stand 2007-02-13]

Walton, Clarence C. (1967): Corporate Social Responsibilities, Belmont 1967

Weber, Manuela (2007): Towards sustainable entrepreneurship, A value creating perspective on corporate societal strategies, Lüneburg 2007

World Economic Forum (2002): Global Corporate Citizenship, The Leadership Challenge for CEOs and Boards, Genf 2002

Klimaschutz in kommunalen Unternehmen – Umgang mit den Erwartungen an ein öffentliches Unternehmen am Beispiel der Stadtreinigung Hamburg

Stefan Lübben

1   Rahmenbedingungen

Für die nachhaltige Entwicklung einer Stadt ist vor dem Hintergrund des heutigen Wissens eine vorausschauende Klimapolitik unerlässlich. Um der Herausforderung, dem Klimawandel aktiv zu begegnen, etwas entgegen zu setzen, hat der Hamburger Senat in 2007 ein Hamburger Klimaschutzkonzept beschlossen, welches jährlich fortgeschrieben wird. Die aktuelle dritte Fortschreibung[1] umfasst ca. 400 konkrete Einzelmaßnahmen, durch deren Umsetzung die CO_2-Emissionen der Stadt in naher Zukunft reduziert werden sollen. Durch Bemühungen in der Zeit von 1990 bis 2006 konnten die CO_2-Emissionen der Stadt von 20,73 Mio. t in 1990 auf 17,34 Mio. t in 2008 reduziert werden. Für 2012 sind 16 Mio. t, für 2020 12 Mio. t und für 2050 4 Mio. t CO_2-Emissionen als Zielwerte definiert.

Hamburg hat sich bei der Zielfestlegung an den Zielen der Bundesregierung orientiert und will seine CO_2-Emissionen bis 2020 um 40 % (bezogen auf das Basisjahr 1990) und bis 2050 um mindestens 80 % reduzieren. Aufgrund des hohen Anteils an industriellem und gewerblichem Energieverbrauch in der Stadt sind dieses sehr ambitionierte Ziele. Wegen dieser ehrgeizigen Klimaschutzziele,

---

[1] Vgl. Bürgerschaft der Freien und Hansestadt (2011), S. 2-6.

aber auch anderer umfangreicher Aktivitäten im Bereich des Umweltschutzes ist
Hamburg im Februar 2009 von der EU-Kommission in Brüssel zur Umwelt-
hauptstadt Europas 2011 ernannt worden.[2] Diese Ernennung motiviert die Stadt
und damit auch alle kommunalen Unternehmen, nicht nur Durchschnittliches
sondern weit mehr zu leisten. Im Rahmen der Hamburger Strategie zur Anpassung an den Klimawandel[3] ist ein umfangreicher Katalog mit Handlungsfeldern
entstanden, wo und wie in der Stadt mit eher langfristig angelegten Maßnahmen
auf klimawandelbedingte Veränderungen reagiert werden sollte.

Die erste Fassung des Klimaschutzkonzeptes[4] der Stadt legt fest, dass die
Emissionen im Zeitraum 2008 bis 2012 um jährlich 2 % gesenkt werden müssen,
um das Gesamtziel zu erreichen. Da diese Zielvorgabe für einen gut überschaubaren Zeitraum gilt und nicht zwingend voraussetzt, die Emissionswerte des
Unternehmens für 1990 als Vergleichsjahr zu kennen („Kyoto-Basisjahr"),
orientiert sich die Stadtreinigung Hamburg (SRH) als 100 %iges kommunales
Unternehmen an dieser Zielvorgabe.

2   Zuordnung von CO_2-Emissionen

Klimaschutz ist ein Thema, dem sich aufgrund seiner Aktualität alle Industrienationen zuwenden müssen. Spätestens seit Unterzeichnung des Kyoto-Protokolls[5]
sind alle Industrienationen bestrebt, ihre eigenen CO_2-Emissionen zu ermitteln
und Konzepte aufzustellen, wie die Emissionen gesenkt werden können. Dieses
führt automatisch dazu, dass die dann landesweit ermittelten Zielwerte auf
Regionen oder Bundesländer herunter gebrochen und als regional gültige Zielwerte vorliegen. So kann auch jedes Unternehmen, jede Gemeinde, Stadt oder
Landkreis für sich Zielwerte definieren, die in das landesweite Ziel eingepasst
sind.

Durch eine Vielzahl von Gutachten sind in den vergangenen Jahren CO_2-
Emissionswerte für die verschiedensten Energieverbräuche, aber auch für Pro-
duktions- oder Entsorgungsverfahren ermittelt worden. Je nach Auftraggeber des
Gutachtens und den beim Auftraggeber angenommenen Rahmenbedingungen
fallen die ermittelten Emissionsfaktoren sehr unterschiedlich aus und erlauben
kaum eine Vergleichbarkeit der mit diesen Faktoren aufgestellten Berechnungen.
Als ein Beispiel seien hier zwei Werte genannt, die von ein und demselben Gut-

---

[2]   Vgl.   http://umwelthauptstadt.hamburg.de/auszeichnung/2454538/auswahlverfahren.html   [Stand
      2011-03-25].
[3]   Vgl. Senatsdrucksache (2011).
[4]   Vgl. Bürgerschaft der Freien und Hansestadt (2007), Anlage 1, S. 10.
[5]   Vgl. UNFCCC (1997).

achter für das Recycling von in Deutschland getrennt gesammeltem Altpapier aufgestellt worden sind. In einem Fall wird eine CO_2-Vermeidung von 732 kg/Mg Altpapier angegeben,[6] im anderen Fall ein Wert von 1.757 kg/Mg.[7] Beide Werte gelten für das Jahr 2006. Ohne sehr tief in die Materie einzusteigen, ist hier nicht erkennbar, warum diese Werte so massiv von einander abweichen. Ähnliche Beispiele lassen sich für diverse Emissionsfaktoren finden.

Kommunen oder Unternehmen neigen nun – aus verständlichen Gründen – gelegentlich dazu, möglichst hohe Faktoren zu verwenden, wenn es um die Berechnung der Klimaschutzeffekte von eingesparter Energie oder recycelten Rohstoffen geht. Umgekehrt werden oft eher kleine Faktoren gewählt, wenn es um die verbrauchte Energie geht. Wenn es um den Klimaschutz geht, will jede Kommune, jedes Unternehmen gut dastehen und hohe Einsparungswerte aufweisen. Wenn sich viele Unternehmen einer Stadt oder viele Kommunen in einem Landkreis so verhalten, entstehen bei der Aggregation der Werte unrealistisch hohe Werte, durch die dann der Eindruck entsteht, die ehrgeizigen Klimaschutzziele seien vergleichsweise leicht zu erreichen. Es ist daher sinnvoll und notwendig, dass unabhängige Gutachter die Werte für offizielle Statistiken vorab prüfen.

Für die Zusammenstellung von CO_2-Bilanzen sollte man für die Berechnung Faktoren ansetzen, die wirklich zum eigenen Szenario passen und nicht für ganz andere Rahmenbedingungen erstellt worden sind. Des Weiteren muss man sich detailliert ansehen, aus welchen Einzelwerten der Emissionsfaktor zusammengesetzt ist. In fast allen Fällen werden vor- und nachgelagerte Ketten der Rohstoffgewinnung oder der Produktion in den Faktor einbezogen sein. Im Falle des oben genannten Altpapierrecyclings ist eine erhebliche CO_2-Einsparung auf die energetische Verwertung der nicht für die Papierherstellung verwendeten Bäume zurückzuführen. Diese Bäume werden abgesägt und verbrannt, die daraus gewonnene Energie führt zu einer Energiegutschrift, die dem Altpapierrecycling zugeschrieben wird. Wenn der Klimaschutzbeitrag eines Unternehmens wie der SRH zur Klimaschutzleistung der Stadt Hamburg ermittelt werden soll, wäre es falsch, wenn sich das Unternehmen alle Einzelschritte des Recyclings anrechnet, obwohl einige Schritte vielleicht in einer anderen Stadt oder sogar einem anderen Land erfolgen. Beim Beispiel des Altpapiers könnte z. B. angenommen werden, dass die nicht für die Papierherstellung verbrauchten Bäume aus Skandinavien stammen und dann dort in speziellen Holz-Kraftwerken für die Energieerzeugung zum Einsatz kommen. Der geografische Aspekt spielt also eine bedeutende Rolle. Korrekterweise sollte sich jede Kommune, jedes Unternehmen nur die Teile der CO_2-Einsparung anrechnen, die tatsächlich unmittelbar durch das Handeln des Unternehmens bzw. der Kommune entstehen. Auf die Problematik der

---

[6] Vgl. Dehoust et al. (2010), S. 56.
[7] Vgl. Dehoust et al. (2008), S. 88.

Festlegung von geeigneten Faktoren wird am Ende dieses Abschnitts noch eingegangen.

Ein weiteres, breites Feld zum Einsparen von CO_2-Emissionen besteht im
Einkauf bzw. der Erzeugung von Erneuerbaren Energien. Kommunale Unternehmen (insbesondere Klärwerksbetreiber, Entsorger, Wohnungsbauunternehmen) haben häufig zahlreiche Möglichkeiten der Erzeugung von „Ökostrom"
durch Photovoltaikanlagen auf den Dächern der eigenen Immobilien oder auf
stillgelegten Deponien. Ebenso kann Biogas aus Kläranlagen oder Deponien gut
in Blockheizkraftwerken zur Stromerzeugung genutzt werden. Größere Betriebe
können auch eigene Windenergieanlagen aufstellen. Alle Anlagen erzeugen
begehrten „Ökostrom", der in den meisten Fällen ins öffentliche Netz eingespeist
wird. Ebenso kann ein Unternehmen sich dafür entscheiden, den Strombezug
vollständig auf „Ökostrom" umzustellen.

Beim Thema „Ökostrom" – unabhängig ob er aus neuen oder alten Anlagen
kommt oder nur virtuell über RECS-Zertifikate zu grünem Strom gemacht wird –
stellt sich sehr schnell die Frage, wie dieser bezüglich CO_2-Emissionen zu
bewerten ist. Laut der allgemein anerkannten Methode des Greenhouse Gas
Protocols[8] ist eindeutig geregelt, dass sich der Endverbraucher von „Ökostrom"
diesen mit dem Emissionswert 0 kg CO_2/kWh anrechnen kann. Es besteht also
für ein Unternehmen die Möglichkeit, seine Emissionen durch Strombezug nur
durch Vertragsänderung und ohne irgendeine spürbare Umstellung im Unternehmen von einem hohen Wert auf Null zu reduzieren. Mit dieser direkten
Umsetzung des Greenhouse Gas Protocols gehen aber zwei Probleme einher:
Nach Umstellung auf „Ökostrom"-Bezug gibt es für ein Unternehmen keinen
Anreiz mehr, aus Klimaschutz-Gründen Strom einzusparen, da die Emissionen
rechnerisch bereits bei Null sind. Des weiteren kann sich das Unternehmen den
selbst erzeugten „Ökostrom" nicht als klimaentlastend gut schreiben, da das
Greenhouse Gas Protocol konsequenterweise sagt, dass der Endenergieverbrau-
cher den Nutzen der Nullemission haben soll und nicht der Erzeuger. Somit gibt
es für das Unternehmen keinen Anreiz mehr, Strom einzusparen oder „Ökostrom" zu produzieren.

In der unternehmensinternen Kommunikation bei der Stadtreinigung Hamburg (SRH) wird daher diese Regelung umgekehrt, um in beide Richtungen noch
Anreize zu haben: Der im Unternehmen verbrauchte Strom wird weiterhin mit
dem CO_2-Emissionsfaktor für den bundesweiten Strommix bewertet und selbst
erzeugte und in öffentliche Netze abgegebene Energie (Strom und Wärme) wird
mit einer entsprechenden Gutschrift gegengerechnet. So kann intern gut argu-
mentiert werden, warum das Energiesparen oder die Erzeugung und Vermark-

---

[8] Vgl. GHG (2010).

tung von Energie umweltpoltisch sinnvoll und notwendig ist. Die Motivation der Mitarbeiter wird dadurch gesteigert und nach außen ein Imagegewinn erzielt. Bei Bilanzen, die in das Hamburg-weite Klimaschutzkonzept einfließen, muss natürlich anders, also nach den Regeln des Greenhouse Gas Protocols verfahren werden, damit Doppelzählungen ausgeschlossen werden können.[9]

Eine dritte und sehr bedeutende Größe bei der Zuordnung von CO_2-Emissionen ist der CO_2-Anteil, der aus der Verbrennung von organischer Substanz in Müllverbrennungsanlagen (MVA) stammt. Der Hamburger Hausmüll enthält im Durchschnitt 64 Gewichtsprozent organisches Material[10] (14 % Küchenorganik, 8 % Gartenorganik, 23 % Papier, 5 % Holz, 14 % kompostierbares Material kleiner 40 mm). Es wäre daher gerechtfertigt, relevante Anteile der CO_2-Emissionen der MVA als nativ organisches CO_2 zu bezeichnen und aus der Statistik der fossilen CO_2-Belastungen heraus zu rechnen. Nach Vorgabe des Amtes für Immissionsschutz und Betriebe der Behörde für Stadtentwicklung und Umwelt wird für die Auftrennung der fossilen und nativ organischen Anteile des CO_2 in den Emissionen der MVA eine Aufteilung 40 : 60 gemäß EPER[11] vorgenommen. Obwohl es im Klimaschutzkonzept des Senats dazu keine Aussage gibt, geht die SRH bei ihren Berechnungen von Einsparungen bei CO_2-Emissionen davon aus, dass nur der fossile Anteil des CO_2 in den Berechnungen zu berücksichtigen ist. Bei der in der MVA erzeugten Energie kann der Anteil, der aus der Verbrennung von nativ organischer Substanz entsteht, als CO_2-frei erzeugte Energie angesehen werden, es würde sich also im Prinzip um „Ökostrom" bzw. „Ökowärme" handeln. Eine offizielle Anerkennung dafür gibt es jedoch bundesweit nicht, Strom aus MVAs kann somit nicht als „Ökostrom" vermarktet werden. Der von der SRH in der Müllverbrennung erzeugte Strom wird zudem in einer besonders umweltfreundlichen Kraft-Wärme-Kopplungs-Technologie (KWK) erzeugt. Dies bedeutet, dass alle bei der Stromerzeugung anfallende Wärme ebenfalls vollständig genutzt und in ein öffentliches Wärmenetz eingespeist wird.

Die vorgenannten drei Themenfelder für die Zuordnung von CO_2-Emissionen (geografische Zuordnung des Emissionsortes, Verursacherprinzip für die Emissionen, Auftrennung nach fossilen und nativ organischen Emissionen) zeigen auf, dass es ein breites Spektrum an Interpretations- und Zuordnungsmöglichkeiten beim Aufstellen von CO_2-Bilanzen gibt. Jede Kommune, jedes Unternehmen wird verständlicherweise daran interessiert sein, seine CO_2-Emissionen als möglichst gering darzustellen. Übergeordnete Behörden, welche die Daten zu regionalen oder städtischen CO_2-Bilanzen zusammenführen, müssen dann die gewissenhafte Prüfung vornehmen, ob angemessene Emissionswerte angesetzt

---

[9] Vgl. Groscurth et al. (2010), S. 23.
[10] Vgl. Hausmüllanalyse (2008).
[11] Vgl. EPER (2008).

worden sind. Dieses ist jedoch kaum leistbar, da dann ein sehr tiefes Einsteigen in die Bilanz eines jeden Datenlieferanten notwendig ist. Im Falle der Stadt Hamburg ist in der Behörde für Stadtentwicklung und Umwelt die Leitstelle Klimaschutz (LSK) eingerichtet worden, um alle klimarelevanten Daten der Stadt zusammenzustellen. Für das Monitoring der erreichten CO_2-Einsparungen bedient sich die Leitstelle des Wuppertal-Instituts als wissenschaftlicher Einrichtung zur Plausibilitätsprüfung aller Anmeldungen.[12] Die bilateralen Abstimmungsgespräche zwischen SRH, Abteilung Abfallwirtschaft der Behörde für Stadtentwicklung und Umwelt, der Leitstelle Klimaschutz, dem Wuppertal-Institut und dem ebenfalls beteiligten Öko-Institut über die Art und Weise einer korrekten Berechnung der CO_2-Emissionen aus abfallwirtschaftlichen Aktivitäten zeigen, dass diese Fragestellung für alle Beteiligten relativ neu und noch sehr im Fluss ist. Es gibt keine für die Stadt Hamburg verbindlichen Berechnungswege, es wird im Einzelfall entschieden, wie die Berechnung erfolgt. Dieses führt im Rückblick immer wieder dazu, dass CO_2-Einsparungswerte benannt werden, die untereinander nicht schlüssig sind.

Diese Unstimmigkeiten können keinem beteiligten Partner angelastet werden, sie werden bei weiter voran schreitender Abstimmung über die Berechnungsmethoden von Jahr zu Jahr weniger werden. Für die vergangenen Jahre hat es immer wieder Änderungen bei der Berechnung gegeben, die vorliegenden Werte der SRH, aber auch für die gesamte Stadt Hamburg weisen entsprechende (nachvollziehbare) Sprünge auf.

3   Unmittelbare Klimaschutzeffekte

Die direkten Klimaschutzeffekte bei der SRH setzen sich aus drei Bereichen zusammen:

- Änderung der verbrannten Abfallmenge in der eigenen MVA
- Steigerung der Energieerzeugung im Unternehmen
- Senkung des Energieverbrauches im Unternehmen

Neben diesen Klimaschutz-Aktivitäten der SRH gibt es weitere Maßnahmen, die dem Umweltschutz dienen, aber keine messbare klimatische Auswirkung haben. So setzt die SRH in erster Linie besonders geräuscharme Großfahrzeuge und Geräte ein, versieht ihre Gebäude zum Teil mit Gründächern oder baut bei Neubauten oder Sanierungen verstärkt Grauwasseraufbereitungsanlagen ein. Im

---

[12] Vgl. Bürgerschaft der Freien und Hansestadt Hamburg (2011), S. 31.

Fuhrpark wurden zum frühest möglichen Zeitpunkt die Fahrzeuge auf Euro V umgestellt und mit Rußpartikelfiltern ausgestattet. Die Gebrauchtmöbel-Kaufhäuser von STILBRUCH (100 %ige Tochter der SRH) vermarkten jährlich über 200.000 gut erhaltene Möbel, welche entweder von den Bürgern auf den Recyclinghöfen angeliefert oder aber im Rahmen der Sperrmüllabholung mit gesonderten Sammeltouren erfasst werden. So kann jeder Bürger sehr günstig gut erhaltene Möbel und Gebrauchsgegenstände erhalten. Diese weitere Nutzung von Gebrauchsgegenständen ist die optimale Abfallvermeidung und praktizierter Klimaschutz.

3.1 Steuerung über die in der MVA verbrannte Abfallmenge

Die SRH hat den gesetzlichen Auftrag, den nicht mehr verwertbaren Anteil des Siedlungsabfalls der Freien und Hansestadt umweltgerecht zu entsorgen. Aufgrund fehlender Deponiekapazitäten und der Möglichkeit, durch Abfallverbrennung umweltfreundlich Energie zu erzeugen, hat die SRH schon Anfang der 90er Jahre auf Müllverbrennung gesetzt und den Bau von zwei neuen MVAs unterstützt. Die CO_2-Emissionen aus den Müllverbrennungsanlagen hängen nur sehr bedingt vom Handeln der SRH ab, viel mehr von den Bewohnern der Stadt, den Gewerbebetrieben, der Industrie und der Konjunktur und den daraus begründeten Abfallmengen. Je nach anfallender Abfallmenge in der Stadt gehen die zu verbrennenden Abfallmengen herauf oder herunter und damit einher auch die CO_2-Emissionen. So gab es z. B. von 2005 nach 2006 einen Anstieg der CO_2-Emission aus der SRH-eigenen MVA von 12.600 Mg, welcher ausschließlich auf den Anstieg der verbrannten Abfallmenge um 13.500 Mg zurückzuführen ist. Umgekehrt ist von 2008 nach 2009 die verbrannte Abfallmenge um 15.100 Mg zurückgegangen, was einem Rückgang der Emission von 14.100 Mg CO_2 entsprach. Solche Sprünge entziehen sich der Einflussmöglichkeiten des Unternehmens. Es wäre daher falsch, bei der Bewertung der Leistungen eines Entsorgungsunternehmens bei seinen Klimaschutzbemühungen die CO_2-Emissionen aus einer MVA vollständig einzubeziehen. Hier sind geeignete Kennzahlen heranzuziehen.

Wenn die SRH die Emission von fossilem CO_2 aus der MVA senken wollte, wäre die Drosselung der verbrannten Abfallmenge der effektivste Weg dafür. Ähnlich einer Produktionsdrosselung würde sich die SRH damit aber ihre eigene Geschäftsgrundlage entziehen, dieser Ansatz scheidet somit aus. Der richtige Ansatz besteht darin, die CO_2-Emission je Mg verbranntem Müll zu senken. Da es das Ziel der Verbrennung ist, den Abfall durch Verbrennung zu inertisieren, gehört es auch zwangsläufig dazu, weite Teile des im Abfall vorhandenen Kohlenstoffs als CO_2 zu emittieren. Es ist also kaum möglich, je Mg Abfall weniger CO_2-Emissionen zu haben. Nur durch begleitende Maßnahmen, wie z. B. die Senkung des Energieverbrauches der MVA, die Senkung des Betriebsmittelverbrauches oder die Steigerung der Energieauskopplung aus dem Verbrennungsprozess können CO_2-Emissionen im Umfeld vermieden oder aber erzeugte Energie gutgeschrieben werden. Relevante Optimierungsschritte in einer MVA gehen jedoch meistens mit erheblichem Investitionsvolumen einher. Die SRH-eigene MVA Stellinger Moor ist 1973 gebaut und somit eine sehr alte Anlage, die in ihrer Auslegung der Abfallzusammensetzung von vor 40 Jahren entspricht. Der durchschnittliche Heizwert des Mülls hat sich seitdem aber von ca. 6,3 auf 10 MJ/kg erhöht, wofür andere Wärmetauscher als die in der Anlage vorhandenen erforderlich wären. Um diese Anpassung vornehmen zu können, wurde der Neubau der Kessel schon vor Jahren geplant. Eine gültige Baugenehmigung für neue Kessel für diese MVA liegt vor, die ständig rückläufigen Abfallmengen und die daraus resultierende Unterauslastung der MVA in den letzten Jahren halten die SRH aber davon ab, diese Investition zu tätigen. Je Mg verbranntem Abfall emittierte die Anlage in den Jahren 2007 bis 2009 gleichbleibend ca. 1,035 Mg CO_2. Die in der MVA erzeugte und abgegebene Energie ist bei diesem Wert nicht gegengerechnet.

3.2 Steigerung der im Unternehmen erzeugten Energiemenge

Wie unter Abschnitt 2 bereits ausgeführt, werden die bei der Energieerzeugung emittierten Treibhausgase dem Endverbraucher zugerechnet und nicht dem Energieerzeuger. Aus den genannten Gründen hat sich die SRH dafür entschieden, in der internen Kommunikation von dieser Regelung abzuweichen und sich für selbst erzeugte und in öffentliche Netze abgegebene Energie Gutschriften anzurechnen. Nur so lässt sich überzeugend vermitteln, warum die Maximierung der Energieauskopplung in einer Verbrennungsanlage oder aber der Zubau von Anlagen zur Erzeugung von Erneuerbaren Energien unter Umweltgesichtspunkten sinnvoll ist.

In der MVA wird aus Abfall Energie in Form von Fernwärme und Strom erzeugt. Die von der MVA abgegebene Energiemenge ist tendenziell seit Jahren leicht rückläufig. Aufgrund des zunehmenden Umweltbewusstseins der Bevölkerung und dem daraus resultierenden Anstieg der Wertstoffmengen, die stofflich verwertet werden (Altglas, Altpapier, Bioabfälle, Leichtverpackungen etc.), aber auch aufgrund des stetig zunehmenden bundesweiten Wettbewerbs um Abfallmengen zur Verbrennung zur Auslastung vorhandener Anlagen sind die in Hamburg für die vier über die SRH beschickten Verbrennungsanlagen verfügbaren

Abfallmengen rückläufig. Da die MVA Stellinger Moor als SRH-eigene Anlage die einzige Anlage dieser vier Anlagen ist, für die es keinen „bring or pay-Vertrag" gibt, wirken sich die stadtweit rückläufigen Abfallmengen nur in dieser MVA aus. So ist es durch wirtschaftliche Argumente zu erklären, warum ausgerechnet die SRH-eigene Anlage in den letzten Jahren sinkende Beträge zur CO_2-Einsparung der kommunalen Unternehmen liefert (s. Tabelle 1).[13]

Tabelle 1: Energieerzeugung bei der SRH durch Abfallverbrennung (MVA Stellinger Moor)

MWh Energie	2005	2006	2007	2008	2009	2010
Strom aus nativ org. Substanz	20.328	21.170	20.589	19.277	16.126	13.375
Wärme aus nat. org. Substanz	30.168	42.225	36.112	27.910	30.621	27.243
Strom aus fossiler Substanz	13.552	14.113	13.726	12.851	10.750	8.917
Wärme aus fossiler Substanz	20.112	28.150	24.075	18.607	20.414	18.162
Σ Gutschrift (Mg CO_2)	31.397	36.967	33.995	29.498	27.549	23.579

In Tabelle 1 sind 60 % der erzeugten Energie der nativ organischen Substanz zugeordnet und somit als CO_2-neutral entstanden eingestuft. Die restlichen 40 % den fossilen Energieträgern (z. B. Kunststoffen) zuzuordnen. Diese Aufteilung erfolgt in Anlehnung an EPER,[14] berücksichtigt jedoch nur unzureichend, dass die Energiegehalte der nativ organischen Substanz (Holz, Bio- und Grünabfall) aufgrund des hohen Wassergehaltes der Frischsubstanz im Durchschnitt geringer sind, als die Energiegehalte von fossilen Kohlenstoffen (häufig Kunststoffe). Bei der Berechnung der CO_2-Gutschrift für Energie aus nativ organischer Substanz sind die für Hamburg von der LSK[15] vorgegebenen Emissionsfaktoren für Strom und Wärme verwendet worden (Strom = 0,575 kg CO_2/kWh, Wärme = 0,237 kg CO_2/kWh im Hamburger Fernwärmenetz).

---

[13] Vgl. Lübben (2010).
[14] Vgl. EPER (2008).
[15] Vgl. LSK (2010).

Zusätzlich zu den Gutschriften für erzeugte Energie ist die klimabelastende Wirkung der fossilen Kohlenstoffe zu berücksichtigen. Laut *Bilitewski*[16] sind je Mg Abfall-Frischsubstanz zwischen 250 (Hausmüll) und 439 (hausmüllähnlicher Gewerbeabfall) kg CO_2 als fossile CO_2-Emission anzusetzen und mit der Gutschrift zu verrechnen. Laut *Dehoust* et al.[17] sind für die MVA Stellinger Moor als Bilanzsumme 79 kg CO_2 als klimabelastender Effekt je Mg verbrannter Abfall-Frischsubstanz anzusetzen. Daraus ergibt sich speziell für diese Anlage eine Klimabelastung von jährlich ca. 12.000 Mg CO_2. Modernere Anlagen, wie die über Entsorgungsverträge mit der SRH eingebundene Müllverbrennungsanlage Borsigstraße oder Rugenberger Damm weisen Bilanzsummen zwischen 140 und 203 kg CO_2 als klimaentlastendem Effekt auf,[18] was bedeutet, dass diese beiden Anlagen zusammen jährlich ca. 110.000 Mg CO_2 einsparen.

Wie bereits oben beschrieben, ist die MVA Stellingen eine alte Anlage, für die der geplante und genehmigte Kesselneubau aufgrund rückläufiger Abfallmengen nicht wirtschaftlich ist. So kann die SRH hier die von einem kommunalen Unternehmen gelegentlich erwartete Vorbildfunktion in Sachen Klimaschutz nicht vollständig erfüllen.

Abbildung 1 lässt die Entwicklung von 1990 bis heute gut erkennen: Anfang der 90er Jahre wurden noch ca. 50 % der Hamburger Abfälle deponiert, seit 2000 geht alles in vier Verbrennungsanlagen. Die Menge der aus den MVAs abgegebenen Wärme hat sich etwa verdreifacht seit den 90er Jahren, die abgegebene Strommenge ist jedoch um 10 % zurückgegangen. Diese ungleiche Entwicklung ist möglich, da die in den MVAs vorhandenen Turbinen gesteuert durch den tatsächlichen Energiebedarf oder aber den aktuellen Marktpreis ihre Energieproduktion in gewissen Grenzen zwischen Strom- oder Wärmeabgabe variieren können. Parallel zu den steigenden Abfallmengen in der Verbrennung und der zunehmenden Effizienz der Anlagen ist die CO_2-Einsparung durch die Abfallverbrennung in den 90er Jahren deutlich, danach nur noch langsam gestiegen. Insbesondere mit der Darstellung der je Tonne Abfallverbrennung eingesparten CO_2-Menge lässt sich anschaulich darstellen, dass die Effizienz bei der Energieerzeugung immer weiter gesteigert werden konnte. Einen deutlichen Sprung in der Energieeffizienz würde die weitgehend vollständige Erneuerung der beiden alten aus den 70er Jahren stammenden Anlagen bringen. Aufgrund der rückläufigen Abfallmengen zur Beseitigung wurde aber der Entsorgungsvertrag mit einer der alten Anlagen bereits aufgekündigt, die Zukunft der anderen alten Anlage (Stellinger Moor) ist ungewiss. Die vom ÖKO-Institut[19] für 2006 für die

[16] Vgl. Bilitewski (2007), S. 54.
[17] Vgl. Dehoust et al. (2008), S. 69.
[18] Vgl. Dehoust et al. (2008), S. 69.
[19] Vgl. Dehoust et al. (2008), S. 69.

vier Hamburger Verbrennungsanlagen ermittelten CO_2-Emissionen liegen für die beiden alten MVAs bei 10 bzw. 79 kg CO_2 je Tonne verbrannter Abfall-Frischsubstanz und für die beiden in den 90er Jahren gebauten Anlagen bei -140 bzw. -203 kg CO_2 je Tonne Abfall. Die beiden alten Anlagen wirken also trotz Berücksichtigung der erzeugten Energie klimabelastend, die beiden neuen Anlagen klimaschützend.

Abbildung 1: Entwicklung der aus Müllverbrennung erzeugten und vermarkteten Energiemengen (Hamburg)[20]

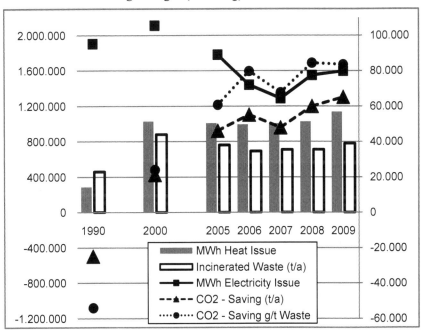

Neben der Müllverbrennung ist die SRH bei der Vergärung ganz vorne dabei, um aus Biomasse klimaneutrale Energie zu erzeugen.

Ab 2011 wird in der Trockenfermentationsanlage der SRH aus 70.000 Mg/a Bioabfall aus der Freien und Hansestadt Hamburg und dem nahen Umland der Anlage Biogas erzeugt und in aufbereiteter Form ins öffentliche Gasnetz einge-

---

[20] Daraus abgeleitet ist die damit verbundene CO_2-Be- bzw. Entlastung der Atmosphäre (linke Achse = MWh Wärme/Mg verbrannter Abfall, rechte Achse = MWh Strom/Mg CO_2-Einsparung/g CO_2-Einsparung je Mg Abfall).

speist. Der Gärrückstand wird kompostiert und anschließend als Bodenverbesserer im Garten- und Landschaftsbau sowie in der Landwirtschaft eingesetzt. Die Bezieher des Biogases können mit diesem Produkt CO_2-neutral heizen, Strom erzeugen oder Auto fahren. Biogas in Erdgasqualität ist ein gut speicherbarer, universeller und äußerst umweltfreundlicher Energieträger, der zurzeit am Markt sehr gesucht ist.

Für die eher flüssigen, nicht für eine Trockenfermentation geeigneten organischen Abfälle betreibt die SRH (als Miteigentümer) das BIOWERK am Standort Stellinger Moor, eine Nassvergärungsanlage mit 20.000 Mg Jahreskapazität. Diese Anlage verarbeitet hauptsächlich Lebensmittelabfälle aus der Gastronomie (Drank) und überlagerte Lebensmittel aus dem Handel. Das entstehende Biogas wird direkt vor Ort in einem Blockheizkraftwerk mittels der Kraft-Wärme-Kopplung in Strom und Fernwärme umgewandelt, beide Energiearten werden in die öffentlichen Netze eingespeist.

Des Weiteren betreibt die SRH diverse Anlagen zur Erzeugung erneuerbarer Energien aus Deponiegas, Wind und Sonnenenergie. So wurden von der SRH in 2009 30.621 MWh Wärme und 21.713 MWh Strom aus erneuerbaren Energieträgern erzeugt und in die öffentlichen Netze eingespeist.[21] Diese Energiemenge wird durch weiteren Ausbau der Erzeugungsanlagen von Jahr zu Jahr steigen. So wurde z. B. im Dezember 2010 eine weitere Freiflächen-Photovoltaikanlage mit einer Leistung von 550 kWp auf einer ehemaligen und rekultivierten Deponie in Betrieb genommen. Das Repowering der in 2001 in Betrieb genommenen drei Windenergieanlagen (3 x 600 kW) steht aus wirtschaftlichen Gründen noch nicht an. Als ein besonders innovatives Projekt betreibt die SRH seit Ende 2009 auf dem Dach der MVA Stellingen eine 5kW-Windenergieanlage mit vertikaler Rotorachse. Die SRH ist hiermit als Vorreiter unterwegs, um das Ziel des Hamburger Senats, die innerstädtische Windkraft zu fördern aufzugreifen.

3.3 Senkung des Energieverbrauches

Im Rahmen eines CO_2-Minderungsprogramms ist die SRH immer auf der Suche nach Möglichkeiten, den Energieverbrauch im Unternehmen zu senken. In ca. 150 Einzelprojekten, verteilt auf die Bereiche EDV, Beleuchtung, Heizung und Warmwasser, Lüftung, Isolierung, Fuhrpark wurde in den vergangenen Jahren eine Einsparung von ca. 2.500 Mg CO_2 erreicht. Diese zahlreichen Maßnahmen sind kaum öffentlichkeitswirksam, aber sehr personal- und arbeitsintensiv. Als

---

[21] Vgl. SRH (2010b), S. 16; Energieerzeugung in der MVA ist hier zu 60 % als Energie aus erneuerbaren Energieträgern berücksichtigt.

eine der Einzelmaßnahmen wurde der Einbau eines 30 m³ Warmwasserspeichers, in welchem die Abwärme aus dem Rechenzentrum über Wärmepumpen eingespeichert und innerhalb von nur zwei Stunden am Tag für die Erwärmung des Duschwassers für über 500 Duschvorgänge genutzt wird, besonders honoriert.[22]

Abbildung 2:   CO$_2$-Emissionen aus den Bereichen Fuhrpark, Verwaltung und Betrieb der SRH[23]

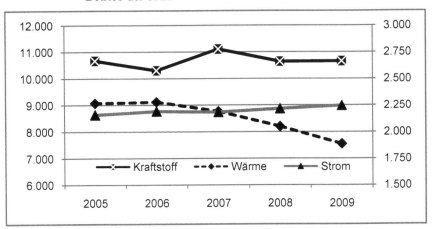

Beim Heizenergieverbrauch setzt die SRH wo immer möglich auf den Einsatz von Fernwärme. Zwei der vier großen Betriebsplätze der SRH werden vollständig mit Fernwärme versorgt, bei den anderen Plätzen steht diese nicht zur Verfügung. Zwei Recyclinghöfe werden über kleine Blockheizkraftwerke mit Erdgasmotoren beheizt. Beide Anlagen sind Bestandteil des „Schwarmstromkonzeptes" der Lichtblick AG[24] und werden stromgeführt von Lichtblick gesteuert. Die Abwärme der Motoren wird in großen Speichern gepuffert und bei Bedarf von der SRH für die Duschwassererwärmung und das Heizen abgerufen. Durch das KWK-Prinzip wird die eingesetzte Energie optimal genutzt, die SRH erhält durch die vertragliche Vereinbarung mit der Lichtblick AG als Contractor zudem Einblick in die Zusammenschaltung der vielen Einzelanlagen („Zuhausekraftwerke") zu einem sogenannten Virtuellen Kraftwerk. Auf einem weiteren Recyclinghof wird eine Brennstoffzelle zu Heizzwecken genutzt. Diese wird im

[22] Vgl. Handelskammer Hamburg (2010), S. 32 f.
[23] Außer Behandlungsanlagen. Kraftstoffverbräuche sind der linken Achse zugeordnet, Strom und Wärme der rechten Achse.
[24] Vgl. Dohmen (2009).

jetzigen Stadium als besonders innovatives Zukunftsobjekt gesehen, auch wenn momentan durch die Nutzung von Erdgas als Primärenergie – noch kein Klimaschutzeffekt gegeben ist. Bei der Reduzierung des Heizenergiebedarfs zeichnen sich die Bemühungen der SRH deutlich ab (s. Abbildung 2).

Beim Stromverbrauch hingegen führen alle Einsparmaßnahmen nicht zu einem in der Summe rückläufigen Strombezug. Trotz erfolgter Umstellung fast aller Beleuchtungskörper auf modernste Technologie, trotz Einsatz von Präsenzmeldern, der Steuerung der Beleuchtungsstärke in Anhängigkeit vom Tageslicht, der Demontage der Warmwasserbereiter an Handwaschbecken und der Umstellung auf virtuelle Server im Rechenzentrum steigt der Verbrauch leicht an. Dieses kann zum Teil mit den immer weiter steigenden Anforderungen hinsichtlich der Mindest-Beleuchtungsstärke am Arbeitsplatz erklärt werden. Es gibt Fälle, in denen sich Mitarbeiter in den Werkstätten über unerträgliche Helligkeit beschweren!

Anlass für fortgesetzte Anstrengungen gibt der Kraftstoffverbrauch des Unternehmens. Bei der SRH als nahezu reines Logistikunternehmen mit einem Fuhrpark von annähernd 700 Fahrzeugen entfallen auf den Kraftstoffverbrauch knapp 70 % der CO_2-Emissionen des Unternehmens (gerechnet ohne Abfallbehandlungsanlagen). Trotz jahrelanger Bemühungen durch Beschaffung stets modernster Fahrzeuge und dauerhafter Senkung des Kraftstoffverbrauchs um durchschnittlich 7 % pro 100 km durch regelmäßige Fahrerschulungen gelingt es nicht, den Gesamtverbrauch der Flotte zu senken. Durch immer weiter zunehmende Angebote für den Bürger werden stetig mehr Jahreskilometer gefahren, was zu steigendem Dieselverbrauch je gesammelter Tonne Abfall führt. An dieser Stelle steht die SRH in Zugzwang zwischen den Servicewünschen des Bürgers und dem Wunsch nach Klimaschutz im eigenen Unternehmen durch Energieeinsparung. Interessanterweise wird diese für die SRH durchaus sehr relevante Problematik im Basisgutachten zum Masterplan Klimaschutz[25] als ein Thema angesehen, welches auf nationaler Ebene zu klären ist. Für Hamburg wird keine Lösung vorgeschlagen.

Die SRH ist daher besonders daran interessiert, für die Großfahrzeuge alternative Antriebskonzepte zu finden. In diversen Tests – teilweise mit ganzjähriger Laufzeit – wurden Müllfahrzeuge mit reinem Erdgasantrieb oder mit verschiedenen Hybridantrieben (Elektrohybrid, Hydraulikhybrid) erprobt. So konnte z. B. ermittelt werden, dass das Erdgasfahrzeug und der Elektrohybrid eine so gravierende Reduzierung der Nutzlast aufwiesen, dass sich eine Einführung dieser Fahrzeuge weder wirtschaftlich noch aus Klimaschutzgründen rechnet. Das Hydraulikhybridfahrzeug konnte seine Vorteile (Speicherung der Bremsenergie)

---

[25] Vgl. Groscurth et al. (2010), S. 44.

nicht zur Geltung bringen, da die Fahrer aufgrund der Fahrerschulungen zum Kraftstoffsparen kaum mehr bremsen müssen. Zurzeit sind für die Großfahrzeuge keine interessanten Verbesserungen auf dem Markt. Die SRH wird aber jede sich bietende Möglichkeit aufgreifen, um neue Ansätze zu erproben.

Bedingt durch steigende Kraftstoffpreise und die Klimaschutzthematik werden elektrische Antriebe als Lösung vieler Probleme propagiert. Bei der SRH laufen seit 2009 zwei EcoCarrier – Kleintransporter mit ausschließlich elektrischem Antrieb. Aufgrund der geringen Reichweite der Fahrzeuge sind sie nur für spezielle, vergleichsweise kurze Tagestouren (max. 50 km/Tag) einsetzbar. Die inzwischen vorliegenden, umfangreichen Erfahrungen haben gezeigt, dass die Fahrzeuge in den Wintermonaten nur sehr bedingt einsetzbar sind. Bei Minusgraden und kalten Bleiakkumulatoren ist die Leistungsabgabe so gering, dass ein sinnvoller Einsatz der Fahrzeuge kaum mehr möglich ist. Aber auch bei der Elektromobilität wollte die SRH von Anfang an dabei sein und hat die ersten auf dem Markt verfügbaren Nutzfahrzeuge mit Elektroantrieb angeschafft und erprobt. Anfang April 2011 werden zwei Renault Kangoo – Kleintransporter für 9 Monate in den Routineeinsatz der SRH aufgenommen. Zwei Ladestationen des städtischen Energieversorgers HAMBURG ENERGIE werden dafür auf dem Betriebsplatz der SRH – Zentrale errichtet.

Aus SRH-Sicht bleibt zu hoffen, dass es schnellstmöglich innovative, praxistaugliche und CO_2-arme Antriebstechniken für Großfahrzeuge gibt.

4 Indirekte Klimaschutzeffekte

Die getrennte Wertstoffsammlung mit anschließender stofflicher Verwertung der Materialien hat einen enormen Klimaschutzeffekt. Für die Hamburger Abfallwirtschaft wurden die folgenden CO_2-Emissionsfaktoren ermittelt (Tabelle 2).[26]

Die hohen Werte in Tabelle 2 lassen erahnen, welch großes Klimaschutzpotential in der Wertstoffwirtschaft steckt. Die SRH hat daher ihre Bemühungen zur getrennten Erfassung dieser Stoffe deutlich ausgedehnt.

Bereits in Abschnitt 2 wurde dargestellt, dass es falsch sein kann, den positiven Klimaeffekt eines Wertstoffrecyclings vollständig dem Ort zuzurechnen, an dem diese Wertstoffe gesammelt werden. Zum Altpapier-Emissionsfaktor – als einem extremen Beispiel – wurde diese Thematik oben bereits erläutert. Hier darf sich die Stadt Hamburg nur einen (bislang nicht eindeutig festgelegten) Bruchteil der positiven Wirkung anrechnen, der wesentliche Effekt passiert woanders. Beim Bioabfall hingegen sind die Effekte weniger komplex. Samm-

---

[26] Vgl. Dehoust et al. (2008), S. 162.

lung, Vergärung, Gasaufbereitung zu Erdgasqualität, Nutzung des Biogases zur Strom- und Wärmeerzeugung und die abschließende Kompostierung der Gärrückstände erfolgen in – oder ganz dicht bei – Hamburg. Ein wesentlicher Anteil an der positiven Klimawirkung der Bioabfallsammlung und -verwertung besteht am Ende der Kette in der Substitution von humusbildenden Stoffen (Stroh) auf der Ackerfläche durch die Kompostaufbringung und anschließender Verbrennung dieses Strohs in speziellen Öfen. Diese Strohverbrennung könnte als Kunstgriff betrachtet werden, um die Effekte der Bioabfallverwertung zu maximieren. Es wäre zu prüfen, ob die Kompostverwendung in der Landwirtschaft tatsächlich zur Strohverbrennung in dafür optimierten Öfen führt.

Tabelle 2: CO_2-Emissionsfaktoren für die getrennte Erfassung und Verwertung von Wertstoffen (Hamburg)[27]

Wertstoff	*Mg CO_2-Emission/ Mg Wertstoff*	*Wertstoff*	*Mg CO_2-Emission/ Mg Wertstoff*
Bioabfall	-0,456	LVP/WST[28]	-0,808
Grünabfall	-0,367	Altglas	-0,267
Altpapier	-1,757	Altmetalle	-1,256

Abbildung 3 zeigt die Auswirkungen der Hamburger Abfallwirtschaft (nur SRH-Aktivitäten) auf die CO_2-Emissionen seit 1990. Das kaum vorhandene Recycling und die großen Methanemissionen aus offenen Deponien führten noch in 1990 zu einer Belastung des Klimas mit annähernd 500.000 Mg CO_2 durch die Abfallwirtschaft. Das Beenden der Deponierung und die vollständige Verbrennung seit 2000 sowie der kontinuierliche Ausbau der getrennten Wertstoffsammlung und -verwertung haben die negativen Effekte der Abfallwirtschaft schon im Jahr 2000 ins Positive gewandelt und bis heute zu einer jährlichen Entlastung der Umwelt in der Größenordnung von nahezu 400.000 Mg CO_2 (kumuliert über alle Einzeleffekte) geführt. In der Abbildung fehlen aus Gründen der Übersichtlichkeit diverse Wertstoff-Fraktionen, deren jährlicher Beitrag zu den genannten ca. 400.000 Mg CO_2-Einsparung jeweils weniger als 10 % beiträgt.

Im Rahmen der zur Zeit bei der SRH laufenden und mit sehr intensiver Öffentlichkeitsarbeit begleiteten Wertstoffoffensive sollen bis Ende 2012 die jährlich getrennt erfassten Altpapiermengen um 30.000 Mg, die Bioabfallmengen um 20.000 Mg, die Grünabfallmenge um 10.000 Mg und die Altglasmengen

---

[27] Die Werte gelten für die in 2012 zu erwartende Technologie. Negative Werte bedeuten eine CO_2-Einsparung.
[28] LVP = Leichtverpackungen (Grüner Punkt), WST = Wertstofftonne

um 5.000 Mg ansteigen. Durch die für 2011 geplante Einführung der Hamburger Wertstofftonne sollen jährlich 12.000 Mg stoffgleiche Nichtverpackungen zusätzlich zu den seit Jahren rel. konstanten LVP-Mengen gesammelt werden.

Abbildung 3:   Entwicklung der CO_2-Emissionen[29]

Mg CO_2-Emission/a und Fraktion

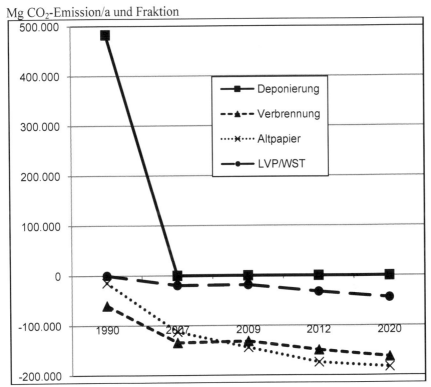

5   Zusammenfassung

An kommunale Unternehmen werden von der Öffentlichkeit und vom Gesellschafter hohe Erwartungen gestellt. So soll nach Meinung vieler Bürger der Freien und Hansestadt Hamburg auch die Stadtreinigung Hamburg in allen Din-

---

[29] CO_2-Emissionen durch die aus Klimaschutzaspekten bedeutsamsten abfallwirtschaftlichen Maßnahmen (positive Werte = Belastung, negative Werte = Entlastung)

gen ein Vorzeigeunternehmen sein, in dem alles optimal ist. So einem hohen Anspruch kann das Unternehmen jedoch nicht in allen Punkten nachkommen, da auch ein kommunales Unternehmen wirtschaftlich denken und handeln muss. Alle Entscheidungen für Klimaschutzmaßnahmen werden vorab intensiv auf ihre Wirtschaftlichkeit abgeklopft, nur Maßnahmen, die sich rechnen (wenn auch erst langfristig), werden umgesetzt. Da die Gebührenstabilität eines der obersten Ziele des Unternehmens und eine Gebührenerhöhung sehr öffentlichkeitswirksam ist, dürfen Klimaschutzmaßnahmen nicht zu Gebührenerhöhungen führen. Ggf. muss der Bürger durch Verringerung seines Restmüllbehältervolumens an dieser Stelle Gebührenbelastungen reduzieren, um die Gebührensteigerung an anderer Stelle (z. B. Grundgebühr oder erstmalige Aufstellung einer Biotonne) auszugleichen. Besonders vor großen Investitionen prüft die SRH sehr genau, ob auch langfristig sichergestellt ist, dass sich eine solche Investition rechnet (Beispiel: Neue Kessel für die MVA Stellinger Moor).

Durch eine Vielzahl an Einzelmaßnahmen ist es seit 1990 gelungen, die Abfallwirtschaft in Hamburg von einer massiv klimaschädlichen Entsorgung zu einer klimaschützenden Verwertung umzustrukturieren. Durch zahlreiche weitere Maßnahmen (vgl. Nachhaltigkeitsbericht)[30] ist die SRH in den Bereichen Ökologie, Soziales und Ökonomie dabei, alle Tätigkeiten des Unternehmens so nachhaltig wie möglich zu gestalten.

Literatur

Bilitewski, Bernd (2007): CO$_2$-Emissionsminderung durch Müllverbrennung, in: Bilitewski, Bernd et al., Abfallwirtschaft und Klimaschutz, Beiträge zur Abfallwirtschaft, Altlasten, Bd. 52, Dresden, S. 51-63

Bürgerschaft der Freien und Hansestadt Hamburg (2007): Drucksache 18/6803, Hamburger Klimaschutzkonzept 2007-2012, Einzelplan 6, Behörde für Stadtentwicklung und Umwelt, Anlage 1, S. 10

Bürgerschaft der Freien und Hansestadt Hamburg (2011): Drucksache 19/8311, Fortschreibung des Hamburger Klimaschutzkonzeptes 2007-2012

Dehoust, Günther et al. (2008): Optimierung der Abfallwirtschaft in Hamburg unter dem besonderen Aspekt des Klimaschutzes, Darmstadt 2008

Dehoust, Günther et al. (2010): Klimaschutzpotentiale der Abfallwirtschaft, Am Beispiel Siedlungsabfälle und Altholz, Darmstadt et al. 2010, S. 55-56

Dohmen, Frank (2009): Energie, Kraftwerk für den Keller, in: Der Spiegel, Nr. 37, 2009

---

[30] Vgl. SRH (2010a).

EPER (2008): Europäisches Schadstoffemissionsregister, Daten für Deutschland, online unter URL: http://home.eper.de/index.php?pos=/startseite/faq/emissionsfaktoren/ co2_biomasse/ [Stand 2011-03-25]

GHG (2010): Greenhouse Gas Protocol, online unter URL: http://www.ghgprotocol.org [Stand 2011-03-25]

Groscurth, Helmuth-Michael et al. (2010): Basisgutachten zum Masterplan Klimaschutz für Hamburg, Möglichkeiten zur Verringerung der CO_2-Emissionen im Rahmen der Verursacherbilanz, Hamburg 2010, online unter URL: http://klima.hamburg.de/ contentblob/2581032/data/basisgutachten-masterplan.pdf [Stand 2011-03-25]

Handelskammer Hamburg (2010): Umwelt- und Klimaschutz in Hamburger Unternehmen, Hamburg 2010

Hausmüllanalyse (2008): Hausmüllanalyse in der Freien und Hansestadt Hamburg, Hamburg 2008

(LSK) Leitstelle Klimaschutz der Behörde für Stadtentwicklung und Umwelt der Freien und Hansestadt Hamburg (2010): Emissionsfaktoren für CO_2, Stand Juli 2010, Hamburg 2010

Lübben, Stefan (2010): Beitrag der Stadtreinigung Hamburg zur Erreichung der Klimaschutzziele der Freien und Hansestadt Hamburg, in: Fricke, Klaus et al., Abfallwirtschaft in Städten und Ballungsräumen, Tagungsband zum 71. Symposium des ANS e. V., Gelsenkirchen 2010, S. 149-157

(UNFCCC) United Nations Framework Convention on Climate Change (1997): Protokoll von Kyoto zum Rahmenübereinkommen der Vereinten Nationen über Klimaänderungen, online unter URL: http://www.bmu.de/files/pdfs/allgemein/application/pdf/ protodt.pdf [Stand 2011-03-25]

Senatsdrucksache (2011): Hamburger Strategie zur Anpassung an den Klimawandel, in Vorbereitung

(SRH) Stadtreinigung Hamburg (2010a): Nachhaltigkeitsbericht 2009, Hamburg 2010

(SRH) Stadtreinigung Hamburg (2010b): Konzernbericht 2009, Hamburg 2010

Europarechtliche Aspekte von CSR in der öffentlichen Wirtschaft – Beihilfe- und Vergaberecht

Hinnerk Gölnitz[1]

1 Europarecht als Hindernis oder Katalysator von Corporate Social Responsibility in der öffentlichen Wirtschaft

Bereits im Jahre 2001 hat die Europäische Kommission das Grünbuch „Europäische Rahmenbedingungen für die soziale Verantwortung der Unternehmen"[2] veröffentlicht. Auch zehn Jahre später hat die Thematik nicht an Aktualität und Dringlichkeit verloren. Im Gegenteil: die Beschäftigung mit der europäischen Perspektive für Corporate Social Responsibility (CSR) in der öffentlichen Wirtschaft ist heute bedeutender als je zuvor.

Praktiker in öffentlichen Unternehmen mögen sich allerdings verwundert die Augen reiben angesichts eines solch weit gefassten Titels für diesen kurzen

---

[1] Der Verfasser ist Dezernent im Bereich Grundsatz/Strategie des Zentralen Einkaufs der Deutschen Rentenversicherung Bund in Berlin. Der Beitrag stellt ausschließlich seine persönliche Auffassung dar und steht in keinerlei dienstlichen Zusammenhang.
[2] Brüssel, 18.7.2001, KOM (2001) 366 endg.

Sammelbandbeitrag. Niemand weiß besser als diejenigen, die das Recht täglich anwenden: In den letzten Jahrzehnten ist fast kein Bereich, schon gar nicht die öffentlichen Wirtschaft, ohne weit- und tiefgreifende Prägungen infolge europäischer Einflüsse geblieben. Das EU-Recht ist zum täglichen Handwerkszeug der Praxis geworden, europarechtliche Determinanten haben nahezu unüberschaubare Ausmaße angenommen (s. Abschnitt 2). Alle europarechtlichen Aspekte von CSR in der öffentlichen Wirtschaft hier abhandeln zu wollen, wäre vermessen: Die Beschränkung auf einige wenige Kernbereiche ist deshalb unabdingbar. Im Prozess der europäischen Integration (zum Begriff und Umfang s. Abschnitt 2.1) lassen sich für die Kommunalwirtschaft einige besonders relevante und ergiebig sprießende europarechtliche Blumen erkennen: zum einen das eher etablierte Beihilferecht (s. Abschnitt 2.2), zum anderen das noch recht junge europäische Vergaberecht (s. Abschnitt 2.3), das – lange eher haushaltsrechtlicher Natur – noch bis vor kurzem einen Orchideen-Status genoss.

Geht man von der im europäischen Raum mittlerweile etablierten Definition von CSR als einem Konzept aus, „das den Unternehmen als Grundlage dient, auf freiwilliger Basis soziale Belange und Umweltbelange in ihre Unternehmenstätigkeit und in die Wechselbeziehungen mit den Stakeholdern zu integrieren",[3] liegt auf der Hand, dass das öffentliche Beschaffungswesen (s. Abschnitt 3) schon aufgrund seiner imposanten wirtschaftlichen Bedeutung[4] ein enormes Anwendungsfeld für CSR bietet (vgl. nur Stichworte wie Buying Green oder Sustainable Public Procurement). Besonders das Vergaberecht steht quasi symbolisch für einen ständig an Fahrt aufnehmenden Europäisierungsprozess, der aufgrund seiner bisherigen Binnenmarkt- und Wettbewerbsorientierung oftmals eher als Gefahr denn als Chance für Nachhaltigkeitsbestrebungen und Implementierung von CSR-Praktiken betrachtet wurde. Der Bedeutungszuwachs der sozialen und ökologischen Aspekte im europäischen Recht infolge des Inkrafttretens des Vertrages von Lissabon[5] (s. Abschnitt 3.2) bietet jedoch einigen

---

[3] Europäische Kommission, Grünbuch, Europäische Rahmenbedingungen für die soziale Verantwortung der Unternehmen; vgl. Brüssel, 18.7.2001, KOM (2001) 366 endg.

[4] Das Gesamtvolumen öffentlicher Aufträge in der EU wird auf ca. 17 % des Bruttoinlandsproduktes (BIP) der Union geschätzt; vgl. Pressemitteilung der Kommission IP/11/88 v. 27.1.2011. Je nach Mitgliedstaat variiert die Bedeutung öffentlicher Aufträge zwischen elf und 20 % des jeweiligen nationalen BIP. Staatliche Stellen sind somit in Europa sehr wichtige Verbraucher. Wenn sie ihre Kaufkraft entsprechend einsetzten, könnten sie einen erheblichen Beitrag zur nachhaltigen Entwicklung leisten; vgl. Europäische Kommission (2005), S. 5.

[5] Der Vertrag von Lissabon stellt die Hauptquelle des Rechts der Europäischen Union dar. Das europäische Primärrecht (die „Verträge") in seiner durch diesen Vertrag geschaffenen Form besteht aus dem Vertrag über die Europäische Union (EUV) und dem Vertrag über die Arbeitsweise der Europäischen Union (AEUV). Beide Verträge sind gleichrangig und werden durch zahlreiche Protokolle ergänzt. Mit ihrem Inkrafttreten am 1.12.2009 trat die EU als Rechtsnachfolgerin an die Stelle der bisherigen EG; vgl. Art. 1 Abs. 3 S. 3 EUV.

Anlass, die Chancen für CSR in der Entwicklung der EU in den Vordergrund zu stellen.

Öffentliche Wirtschaft agiert letztlich immer im Spannungsfeld zwischen der Verfolgung von CSR-kompatiblen Nachhaltigkeitszielen und der klassischen Wettbewerbsdominanz des Beihilfe- und Vergaberechts. Diese Rechtsgebiete – von manchen[6] verkürzend als EU-Wettbewerbsrecht bezeichnet – neigten bislang aufgrund ihrer durchaus wettbewerbsrechtlichen Wurzeln dazu, jede nicht rein wettbewerbsorientierte Politik oder Praxis öffentlicher Unternehmen als per se protektionistisch oder gar diskriminierend erscheinen zu lassen. Inzwischen zeichnet sich jedoch ab, dass auch diese Rechtsmaterien sich dem CSR-Gedanken öffnen und sich damit eher zu Katalysatoren als Hindernisse für dessen Potenziale in der öffentlichen Wirtschaft entwickeln werden (s. Abschnitt 4).

2 Europarechtliche Determinanten vor dem Hintergrund der europäischen Integration: insbesondere Beihilfe- und Vergaberecht

Eingangs soll ein kurzer Überblick über wichtige europäische Einflussfaktoren auf die öffentliche Wirtschaft gegeben werden. Es schließt sich eine konzentrierte Darstellung des Beihilfe- und Vergaberechts an, welches deren Rahmenbedingungen maßgeblich prägt.

2.1 Facetten der europäischen Integration

Die europäische Integration wird durch die Einwirkung europäischer Rechtssetzung auf die Rechtsordnungen der Mitgliedstaaten vorangetrieben. Die öffentliche Wirtschaft ist, im Gegensatz zu Bund und Ländern, kein Akteur innerhalb des europäischen Rechts- und Verwaltungsraums. Sie kann ihn nicht direkt mitgestalten, ist bloßes Objekt seiner Dynamik.

Die Liste der Sektoren der Europäisierung ist äußerst lang und weitet sich noch immer aus. Genannt seien hier nur die Beeinflussung der kommunalen Planungstätigkeit (Aufstellen von Bebauungsplänen, Verkehrsplanung etc.) durch die UVP-Richtlinie,[7] die FFH-Richtlinie,[8] das Vollzugswesen im Ausländer- und Asylbereich,[9] schließlich die Bereiche Energie, Nahverkehr, kommunales Sparkassen- und Versicherungswesen. Das europäische Umweltrecht entfaltet

---

[6] Vgl. nur Frenz (2007), Vorwort.
[7] 85/337/EWG, ABl. EG 1985 L 175/40.
[8] 92/43/EWG, ABl. EG 1992 L 206/7; dazu VerfGH Rh.-Pf., NVwZ 2006, S. 206.
[9] Vgl. Art. 45 ff. AEUV und die entsprechenden Verordnungen und Richtlinien.

weitreichende Wirkungen im kommunalen Bereich (vgl. nur die Wasserrahmen-richtlinie,[10] Abfallrechtsrahmenrichtlinie,[11] Luftqualitätsrahmenrichtlinie[12]).

Das Unionsrecht beeinflusst auch Verwaltungsorganisation und -verfahren in den Mitgliedstaaten, wenngleich weniger stark als andere Bereiche. Mit dem Inkrafttreten des Lissabon-Vertrages ist ausdrücklich die Achtung des kommunalen Selbstverwaltungsrechts (Art. 4 Abs. 2 EUV) und damit auch der kommunalen Wirtschaftätigkeit im EU-Recht festgeschrieben worden. Auch die Ausdehnung der Subsidiaritäts- und Verhältnismäßigkeitskontrolle für die Tätigkeit der EU (Art. 5 Abs. 3 EUV) auf die Kommunalebene wurde verankert. Wohl prominentestes Beispiel für die Europäisierung der Binnenorganisation der Mitgliedstaaten ist die Einführung des Kommunalwahlrechts für EU-Ausländer.[13]

Die Europäisierung des Verwaltungsverfahrens ist erst in jüngerer Zeit im Fluss – insbesondere durch die wirkmächtige Dienstleistungsrichtlinie.[14] Mit dem Ziel, die grenzüberschreitende Erbringung von Dienstleistungen im EU-Binnenmarkt zu erleichtern, schreibt sie die Einrichtung einer Verwaltungsstelle („einheitlicher Ansprechpartner") für die Abwicklung sämtlicher Verfahren und Formalitäten für Dienstleistungsunternehmen fest. Zur innerstaatlichen Umsetzung ins deutsche Recht wurde ein neues Verfahrensmodell in §§ 71a - 71e VwVfG eingefügt. Umfangreiche Informationspflichten, Entscheidungsfristen und Genehmigungsfiktionen (vgl. § 42a VwVfG) sowie Regelungen über eine grenzüberschreitende Verwaltungszusammenarbeit (vgl. §§ 8a - 8e VwVfG) sind geschaffen worden.[15] Für die Kommunalwirtschaft ist aber zweifelsohne das Beihilfe- und Vergaberecht von zentraler Bedeutung.

2.2 Europäisches Beihilferecht

Das europäische Beihilferecht soll Wettbewerbsverzerrungen von Seiten der Mitgliedstaaten im Binnenmarkt verhindern, die durch die Unterstützung von einzelnen Unternehmen oder ganzen Branchen aus öffentlichen Mitteln entstehen können. Die Primärrechtsbestimmungen für das EU-Beihilferegime finden sich in Art. 107 ff. AEUV (früher: Art. 87 ff. EG). Die Kontrolle der Beihilfegewährung erfolgt durch die Europäische Kommission, zunehmend aber auch durch

---

[10] 2000/60/EG vom 23.10.2000, ABl. L 237, S. 1 ff.
[11] 75/442/EWG vom 15.7.1975, ABl. 194, S. 39 ff.
[12] 96/92/EG, ABl. EG L 296.
[13] Vgl. Art. 20 Abs. 2 lit. b) i. V. m Art. 22 AEUV sowie Art. 40 EU-Grundrechtecharta bzw. die Vorgängerregelungen des EGV.
[14] Richtlinie 2006/123/EG vom 12.2.2006, ABl. EU L 376/36.
[15] Vgl. dazu Schmitz/Prell (2009), S. 1121 ff.

nationale Gerichte.[16] Ein großer Teil der Verfahren, in denen (öffentliche) Unternehmen von Entscheidungen der Europäischen Kommission unmittelbar betroffen sind, entstammt dem Beihilferecht.

Im Mittelpunkt des Art. 107 AEUV steht der Beihilfebegriff. Trotz seines zentralen Stellenwerts wird meist von dem Versuch seiner Definition Abstand genommen.[17] Nach der Rechtsprechung des EuGH handelt es sich um einen objektiven Begriff. Entscheidend sei, ob eine staatliche Maßnahme bestimmten Unternehmen einen Wettbewerbsvorteil verschafft. Beihilfen sind alle Mittel, die zur Verfolgung von Zielen eingesetzt werden, die in der Regel von den Empfängern nicht ohne fremde Hilfe erreicht werden könnten.[18] Nicht nur die *positive Gewährung von Unterstützung,* sondern auch das Vermindern von Belastungen für ein Unternehmen, welches diese Belastungen eigentlich selbst tragen müsste, gehört dazu.[19]

Eine Beihilfe liegt allerdings nur dann vor, wenn die öffentliche Hand für die von ihr erbrachte Zuwendung keine marktübliche Gegenleistung erhält. Damit wird im Beihilferecht als Vergleichsmaßstab für das staatliche Handeln das Prinzip des marktwirtschaftlich handelnden Kapitalgebers eingeflochten: Nur, wenn der Staat wie ein privatwirtschaftlicher Akteur unter normalen marktwirtschaftlichen Voraussetzungen handelt, bietet dieses Handeln die Gewähr wettbewerbsneutralen Verhaltens auf dem betreffenden Markt und ist damit akzeptabel.[20] Die Vielzahl der denkbaren Beihilfen ist nahezu unüberschaubar: Zuschüsse, insbesondere auch Zinszuschüsse, die Befreiung von Steuern, Abgaben und parafiskalischen Abgaben, die Übernahme von Bürgschaften zu besonders günstigen Bedingungen, unentgeltliche oder marktunüblich günstige Überlassung von Immobilien, die Lieferung von Gütern oder Dienstleistungen zu Vorzugsbedingungen, Verlustübernahmen oder alle anderen Maßnahmen gleicher Wirkung.[21] Auch die Befreiung von Soziallasten, Sondertarife, Steuer- und Abgabenerleichterungen, Investitionszulagen, die Gewährung von verlorenen

---

[16] Vgl. nur das Handbuch der Europäischen Kommission zur „Durchsetzung des EU-Beihilferechts durch die einzelstaatlichen Gerichte".

[17] EuGH, Rs. 234/84 „Belgien/Kommission", Slg. 1986, 2263, 2269.

[18] EuGH, Urteil vom 23.2.1961 „Bergmannsprämie", Rs. 30/59 Slg. 1961, 7, 43; Urt. v. 1.12.1998 „Ecotrade", Rs. C-200/97, Slg. I-1998, 7907, Rz. 34; Urteil vom 24.7.2003 „Altmark Trans", Rs. C-280/00, Slg. 2003, I-7747, 7838, Rz. 83 f.

[19] EuGH, Urteil vom 15.3.1994 „Banco de Crédito Industrial", Rs. C-387/92, Slg. 1994, 902, Rz. 22; Urteil vom 29.6.1999 „DMT", Rs. C-256/97, Slg. 1999, I-3913, Rz. 19.

[20] Vgl. Ehricke (2007), Art. 87 EGV, Rz. 37.

[21] Europäische Kommission, Antwort auf Anfrage Nr. 48 vom 27.6.1963, ABl. 1963, Nr. 125, S. 2235, Tz. 1.

Zuschüssen oder Darlehen unter dem marktüblichen Zinssatz stellen Beihilfen dar,[22] ferner der Verzicht auf Geltendmachung einer berechtigten Forderung.[23]

Den Mitgliedstaaten soll keine Möglichkeit eröffnet sein, durch die Art und Weise der Wirtschaftsförderung die europäischen Beihilferegelungen zu umgehen. Deshalb erachtet der EuGH die Gründe für die Gewährung und die Form der Beihilfehandlung als unerheblich.[24] Ebenso kommt es nicht auf subjektive Elemente an, so dass auch eine fehlende Begünstigungsabsicht des Staates nicht geeignet ist, einer Maßnahme den Charakter einer Beihilfe zu nehmen. Entscheidend ist nicht das Ziel einer staatlichen Maßnahme, sondern allein die erreichte Wirkung.[25]

Wie der EuGH betont, betrifft das Beihilferecht vor allem die Kontrolle von Maßnahmen, durch die die Mitgliedstaaten eigene wirtschafts- und sozialpolitische Ziele verfolgen, indem sie Unternehmen oder anderen Rechtssubjekten einseitig aus eigenem Recht Mittel zur Verfügung stellen oder Vorteile einräumen.[26] Wenn der Staat für die von ihm gewährte Leistung eine angemessene marktübliche Gegenleistung erhält, liegt hingegen keine Beihilfe vor.[27] Die Ermittlung der Angemessenheit der Gegenleistung – im Rahmen einer wirtschaftlichen Gesamtbetrachtung und unter Zugrundelegung normaler Marktbedingungen – ist jedoch oft mit Schwierigkeiten verbunden. Wird die Gegenleistung durch Angebot und Nachfrage als Marktpreis ermittelt, wird sie als angemessen betrachtet. Doch in vielen Fällen geschieht das nicht, weil für die Leistungsgewährung keine Gegenleistung im Wettbewerb gebildet werden kann. Wird die Gegenleistung in derartigen Fällen mittels Ausschreibung oder durch ein objektives Wertgutachten eines unabhängigen Sachverständigen ermittelt, so gilt sie in der Regel als angemessen.[28] Zur Bestimmung der Marktüblichkeit (Angemessenheit) der Gegenleistung wird auch auf den sogenannten market economy investor-Test (Beihilfetest)[29] zurückgegriffen. Maßstab ist hier, ob ein hypothetischer Kapitalgeber die Leistung aus marktwirtschaftlich rationalem Verhalten ebenso gewährt hätte. Wenn nicht, genießt das Unternehmen eine wirtschaftliche

---

[22] EuGH, Urteil vom 29.6.1999 „DMT", Rs. C-256/97, Slg. 1999, I-3913, Rz. 19; Urteil vom 17.6.1999 „Piaggio/Ifitalia", Rs. C-295/97, Slg. 1999, I-3735, Rz. 34 ff.

[23] EuGH, Urteil vom 29.6.1999 „DMT", Rs. C-256/97, Slg. 1999, I-3913, Rz. 19.

[24] EuGH, Urteil vom 14.11.1984 „SA Intermills/Kommission", Rs. 323/82, Slg. 1984, 3809, Rz. 32.

[25] EuGH, Urteil vom 24.2.1987 „Deufil/Kommission", Rs. 310/85, Slg. 1987, 901, 924, Rz. 8.

[26] EuGH, Urteil vom 27.3.1980 „Denkavit Italiana", Rs. 61/79, Slg. 1980, 1207, Rz. 31.

[27] Vgl. dazu m.w.N. Ehricke (2007), Art. 87 EGV, Rz. 44 f.

[28] Vgl. Europäische Kommission, Grundstücksmitteilung vom 10.7.1997, ABl. 1997 C 209/3.

[29] Vgl. dazu EuGH, Urteil vom 21.3.1991 „Alfa Romeo", Rs. C-305/89, Slg. 1991, I-1603, Rz. 19! ff.

Vergünstigung, die es unter normalen Marktbedingungen nicht erhalten hätte – mithin liegt eine Beihilfe vor.[30]

Schwierigkeiten bereitet von jeher die Einordnung von Ausgleichszahlungen, die der Staat privaten oder öffentlichen Unternehmen für die Übernahme von gemeinwirtschaftlichen Sonderlasten gewährt – bei Universaldiensten[31] oder anderen Gemeinwohlverpflichtungen, die sich auf dem Markt „nicht rechnen". Der EuGH betrachtet diesen Ausgleich, entgegen teilweiser starker Kritik,[32] zu Recht nicht als Beihilfe.[33] Unter Hinweis auf das *Ferring*-Urteil hat der EuGH in den richtungsweisenden Urteilen *Altmark Trans*[34] und *Enirisorse*[35] ausgesprochen, dass ein äquivalenter Ausgleich für Sonderbelastungen bei Diensten von allgemeinem wirtschaftlichem Interesse keine wettbewerbswidrige Begünstigung darstellt. Das ist der Fall, wenn kumulativ folgende Voraussetzungen gegeben sind:

- Das Unternehmen ist tatsächlich mit einer klar definierten Gemeinwohlverpflichtung betraut.
- Die Parameter zur Berechnung des Ausgleichs sind vorab objektiv und transparent festgelegt.
- Der Ausgleich ist auf die Höhe der erforderlichen Mehrkosten einschließlich eines angemessenen Gewinns (Nettomehrkosten-Prinzip) beschränkt.
- Das mit der gemeinwirtschaftlichen Verpflichtung betraute Unternehmen wurde durch ein öffentliches Vergabeverfahren ausgewählt, falls ein solches entbehrlich war, beruhen die Ausgleichskosten auf einer Kostenanalyse, die dem Vergleich mit einem durchschnittlich gut geführten Unternehmen standhält.

Ist eine Voraussetzung nicht erfüllt, liegt eine notifizierungspflichtige Beihilfe vor.[36]

---

[30] EuGH Rs. C-342/96, „Spanien/Kommission", Slg. 1999, I-2459, 2486 Rz. 41; EuG Rs. T-228/99 u. 233/99, „WestLB/Kommission", Slg. 2003, II-435, 507 Rz. 207; EuG Rs. T-46/97, „SIC/Kommission", Slg. 2000, II-2125, 2154 Rz. 78.

[31] Z. B. ÖPNV-Betrieb auf für sich genommen unwirtschaftlichen Linien und Routen.

[32] Vgl. nur GA Léger, Schlussantrag C-280/00 „Altmark Trans" vom 19.3.2002, Nr. 73 ff., und vom 14.1.2003, Nr. 12 ff.; GA Jacobs, SchlA Rs. C-126/01 vom 30.4.2002 „GEMO SA", Rz. 87 ff.; Gundel RIW 2002, 222.

[33] EuGH, Urteil vom 22.11.2001 „Ferring", Rs. C-53/00, Slg. I-9607, Rz. 29; Urteil vom 24.7.2003 „Altmark Trans", Rs. C-280/00, Slg. 2003, I-7747, Rz. 87 ff.; Urteil vom 27.11.2003, „Enirisorse", Rs. C-34/01 bis Rs. C-38/01, Slg. 2003, I-14 243, Rz. 31 ff.

[34] EuGH, Urteil vom 24.7.2003 „Altmark Trans", Rs. C-280/00, Slg. 2003, I-7747, Rz. 87 ff.

[35] EuGH, Urteil vom 27.11.2003, „Enirisorse", Rs. C-34/01 bis Rs. C-38/01, Slg. 2003, I-14 243, Rz. 31 ff.

[36] EuGH, Urteil vom 24.7.2003 „Altmark Trans", Rs. C-280/00, Slg. 2003, I-7747, Rz. 94.

Hinnerk Gölnitz

2.3 Vergaberecht

Das Vergaberecht umfasst die Gesamtheit der Regeln und Vorschriften für öffentliche Auftraggeber (vgl. § 98 GWB) bei der Beschaffung von Gütern, Bau-, Dienst- oder Lieferleistungen. Beschaffung ist jede Inanspruchnahme einer Leistung am Markt gegen Entgelt. Dieser weite Beschaffungsbegriff umfasst z. B. die Vorschriften über die Auswahl des Architekten für den Bau eines neuen Rathauses oder des Bauunternehmers für ein Müllkraftwerk, des Stromlieferanten zum Betrieb von Schulen und Verwaltungsgebäuden, für den Einkauf von LKW oder für die Betreiberauswahl auf ÖPNV-Netzen – letztlich für jegliche Dienstleistungen, für die eine staatliche Stelle Private einschaltet.

Das deutsche Vergaberecht entspringt haushaltsrechtlicher und damit verwaltungsbinnenrechtlicher Tradition. Es war nicht im Interesse unterlegener Bieter geschaffen worden. Es vermittelte jenen keinen wirksamen Primärrechtsschutz und war demzufolge eher ein stumpfes Schwert. Die Wende nahezu kopernikanischen Ausmaßes trat ein, als den Mitgliedstaaten durch europäische Vergaberichtlinien[37] auferlegt wurde, betroffenen Bietern oberhalb bestimmter Schwellenwerte (vgl. § 2 VgV) ein subjektives, einklagbares Recht auf Einhaltung des Vergabeverfahrens einzuräumen (vgl. § 97 Abs. 7 GWB). Die auf europäischen Vorgaben basierende Einführung von Rechtsschutzmöglichkeiten[38] hat dem Vergaberecht seinen einstigen Charakter als Innenrecht der Verwaltung genommen.

Heute ist das Vergaberecht in ein kaskadenförmig ausgestaltetes Rechtsquellensystem eingebunden. Dieses besteht aus dem zum Teil landesrechtlich ergänzten Bundesrecht des GWB (§§ 97 ff.), der Vergabeverordnung (VgV) und den drei Vergabe- und Vertragsordnungen (VOB, VOL und VOF). Es beinhaltet die Einzelregelungen, die die staatlichen Auftraggeber bei Anbahnung und Abschluss von Aufträgen zu beachten haben: Vorschriften über die Publizität und die zulässigen Vergabeverfahren, über einzuhaltende Fristen, über die Eignung von Bietern, die Zulassung und Wertung von Angeboten, über den Zuschlag und die nach dem Zuschlag herzustellende Transparenz. Das nationalstaatliche Vergaberecht muss sowohl den Vorgaben des Grundgesetzes als auch den primär- und sekundärrechtlichen Regelungen des europäischen Rechts genügen. Der AEUV konstituiert zunächst die wettbewerbsbezogenen Grundfreiheiten (Warenverkehrsfreiheit, Arbeitnehmerfreizügigkeit, Niederlassungs-

---

[37] Richtlinie 2004/18 vom 31.3.2004, ABl L 134 S. 114 ff. (im Folgenden: VKR) und Richtlinie 2004/17 vom 31.3.2004, ABl L 134 S. 1 ff. (im Folgenden: SKR).
[38] Vgl. die Richtlinie 2007/66/EG vom 11.12.2007 (ABl L 335 vom 20.12.2007, S. 31 ff.) zur Änderung der Richtlinien 89/665/EWG und 92/13/EWG im Hinblick auf die Verbesserung der Wirksamkeit der Nachprüfungsverfahren bezüglich der Vergabe öffentlicher Aufträge.

freiheit, Dienstleistungsfreiheit und Kapitalverkehrsfreiheit) sowie das allgemeine Diskriminierungsverbot des Art. 18. Die jüngeren EU-Vergaberichtlinien
gehen aber inzwischen über den reinen Binnenmarktbezug hinaus, soweit sie
ausdrücklich gemeinwohlbezogene Vergabekriterien (z. B. Umwelt- und Sozial-
schutz) zulassen, so etwa Art. 26 VKR.

2.4 Verhältnis von Vergabe- und Beihilferecht

Das Verhältnis von Vergaberecht und europäischem Beihilferecht bei der öffentlichen Auftragsvergabe war lange Zeit intensiver Diskussionsgegenstand.[39] Die
praktischen Gründe liegen auf der Hand: Auftraggeber und Auftragnehmer
haben ein Interesse an einer zügigen und rechtssicheren Auftragsvergabe. Wenn
durch eine öffentliche Auftragsvergabe eine Beihilfe im Sinne von
Art. 107 AEUV gewährt würde, wäre die Vergabe materiell-rechtlich wie verfah-
rensmäßig dem Beihilferegime der Kommission unterworfen.[40] Das würde die
Auftragsvergabe mit diversen rechtlichen Unwägbarkeiten und einiger zeitlicher
Verzögerung belasten. Schwerpunkt der Debatte um den Beihilfecharakter der
Auftragsvergabe ist die Einbeziehung von oftmals als „vergabefremd" bezeich-
neten[41] Kriterien. Das sind soziale, kulturelle, ökologische und sonstige gemein-
wohlbezogene Belange bei der Auftragserfüllung, die sich grundsätzlich auch in
CSR-Strategien widerspiegeln.

Ein zugesicherter und gegen die Konkurrenz geschützter öffentlicher Auftrag ist für Unternehmen grundsätzlich ebenso ein geldwerter Vorteil wie die
Subventionierung durch öffentliche Zuwendungen. Erfolgt die Zuschlagserteilung im diskriminierungsfreien, fairen Wettbewerbsverfahren, hat die Vergabe
keinen Beihilfecharakter. Hier erhalten grundsätzlich alle Wettbewerber gleichermaßen die Chance, in den „Genuss" des Auftrags zu kommen. Anders liegt
es, wenn sich die Vergütung oberhalb des wettbewerblichen Preises bewegt. Die
Differenz zwischen Wettbewerbspreis und Vergütung ist dann an
Art. 107 AEUV zu messen.[42] Eine Vergabeentscheidung zugunsten eines Angebots, das „vergabefremde" Aspekte einbezieht, stellt nicht bereits deshalb eine
Beihilfe dar, weil die gleiche Leistung ohne die vergabefremden Aspekte am
Markt billiger zu haben wäre. Entgelt und Leistung des Auftragnehmers stehen

---

[39] Vgl. dazu Bultmann (2004), passim; Koenig/Kühling, (2003), S. 779 ff.; Pünder (2003), S. 530 ff.;
Cremer (2003), S. 265 ff.
[40] Zur Frage, wie ein beihilfebegünstigtes Unternehmen im Vergabewettbewerb mit anderen, nicht
begünstigten Bietern zu behandeln ist, vgl. Fischer (2004), S. 1 ff.
[41] Zur Kritik s. unten Abschnitt 3.1.
[42] EuG Urteil vom 28.1.1999 Rs. T-14/96 - BAI/Kommission, Slg. 1999, II 139 ff.

nämlich auch bei der Einbeziehung anderer Zuschlagskriterien als des günstigsten Preises[43] vollumfänglich in einer synallagmatischen Beziehung zueinander. Entscheidend ist deshalb, ob die Vergütung der konkret geforderten Leistung – einschließlich der an sie gestellten gemeinwohlorientierten Anforderungen – entspricht und marktangemessen ist.[44] Eine Beihilfe liegt dann vor, wenn die Leistung unter Einschluss dieser Anforderungen am Markt zu einem Preis angeboten wird, der unter der Gegenleistung für die Auftragsvergabe liegt.

So besteht heute weitestgehend Einigkeit, dass eine vergaberechtskonforme Auftragsvergabe unter Beachtung des europäischen Primärrechts bereits tatbestandlich nicht dem Beihilferecht unterfällt.[45] Eine Direktvergabe unter völligem Wettbewerbsausschluss genügt diesen Voraussetzungen allerdings nicht. Werden die Vorschriften des Vergaberechts eingehalten, ist die Berücksichtigung von CSR-relevanten Belangen insoweit nicht durch das europäische Recht beschränkt.

3 Öffentliche Beschaffung – Von ungeahnten Möglichkeiten und Chancen für den CSR Ansatz

Mit der rasanten Entwicklung des Vergaberechts in jüngerer Zeit hat das Beschaffungswesen der öffentlichen Hand eine enorme Aufmerksamkeit in Wissenschaft und (Rechts-)Praxis auf sich gezogen.[46] Es hat sein zu lange zu Unrecht gefristetes Schattendasein[47] aufgegeben und beansprucht entschieden seinen Platz unter den wichtigen Instrumenten der Sicherstellung eines funktionierenden Gemeinwesens.

Das altgediente und überstrapazierte Beispiel des Bleistiftkaufs[48] charakterisiert längst nicht mehr in zeitgemäßer Weise die Breite der Anwendungsfelder

---

[43] Nach § 97 Abs. 4 GWB ist der Zuschlag auf das wirtschaftlichste Angebot zu erteilen. Der öffentliche Auftraggeber ist keineswegs gezwungen, einer „Geiz ist geil"-Philosophie folgend das billigste Angebot zu beschlagen. Das Vergaberecht unterstützt es, auf Qualität und Nachhaltigkeit zu setzen, z. B. durch Berücksichtigung von Lebenszykluskosten; vgl. § 4 Abs. 6 Nr. 1 VgV.

[44] Vgl. Cremer (2007), Art. 87, Rz. 15; ders., (2003), S. 265, m. w. N.!

[45] Vgl. Bungenberg (2009), Vor § 97 Rz. 61.

[46] Das wird u. a. deutlich an der rapide wachsenden Anzahl vergaberechtlicher Publikationen, die sich zur bereits vierstelligen Zahl der Vergabeentscheidungen pro Jahr gesellen.

[47] So äußerte Forsthoff bereits 1963 die (damals berechtigte) Kritik, dass dem Recht der öffentlichen Auftragsvergabe nicht das nötige rechtswissenschaftliche Interesse zuteil werde; vgl. Forsthoff (1963), S. 7. Dies kann freilich heute - mutatis mutandis - kaum noch Geltung beanspruchen.

[48] Zuletzt Braun (2007), S. 17 und S. 20.

von Beschaffungen im modernen Staat: Als Folge von Privatisierungen[49] versorgt sich der Staat mit Gütern und Dienstleistungen[50] von herausragender ökonomischer, sozialer[51] oder gar entwicklungspolitischer Bedeutung.[52] Beschaffungen haben ferner besonderes Gewicht im Transport- und Infrastruktursektor, im öffentlichen Gesundheits- und Rüstungssektor[53], im Zukunftsfeld des Schul- und Universitätswesens[54] und in der gesamten öffentlichen Daseinsvorsorge.[55]

Trotz und gerade wegen der makroökonomischen Abschwünge[56] wird die enorme volkswirtschaftliche und soziale Bedeutung des öffentlichen Vergaberechts auch in absehbarer Zeit nicht wieder abnehmen. Die Förderung von Investitionen in die öffentliche Infrastruktur war ein zentrales Element der weltweiten wirtschaftlichen Konjunkturprogramme.[57] Die Transparenz und Wirksamkeit öffentlicher Beschaffungsprozesse ist entscheidend für die Glaubwürdigkeit und den Grad des Vertrauens der Bürger in ihre Verwaltung, und damit

---

[49] Der Staat muss eine Vielzahl der Leistungen, die er vor der Privatisierung selbst erbracht hat, einkaufen (vom Make zum Buy), wodurch das Beschaffungsvolumen wächst. „Wer Privatisierung bzw. Ökonomisierung sät, wird u. U. Vergaberecht ernten." Burgi (2008), S. 929 f. Obwohl in § 7 Abs. 1 BHO sogar eine Pflicht zur Privatisierungsprüfung statuiert wurde, hat der Gesetzgeber es bis heute versäumt, ein angemessenes Privatisierungsfolgenrecht für die Wahrnehmung seiner Gewährleistungsverantwortung zu schaffen; vgl. Stober (2008), S. 2301 ff. Zu wesentlichen Inhalten eines solchen Rechtsregimes Burgi (2008), S. 72 f., 100 f.

[50] Vgl. zum strukturellen Wandel von der Leistungs- zur Ausschreibungsverwaltung durch die vermehrte Vergabe von Dienstleistungskonzessionen Burgi (2003), S. 949 ff.

[51] Vgl. nur McCrudden (2007), S. 1 ff., 114 ff.

[52] Vgl. Kaltenborn/Nobis (2008), S. 681 ff.

[53] Wettbewerbsorientierte Regeln für den Rüstungssektor wurden europarechtlich durch das sog. „Verteidigungspaket" der EU eingeführt (RL 2009/43/EG zur Vereinfachung der Bedingungen für die die innergemeinschaftliche Verbringung von Rüstungsgütern ABl. EG vom 10.6.2009 Nr. L 146, S. 1 und die RL 2009/18/EG über die Koordinierung der Verfahren zur Vergabe bestimmter öffentlicher Bau-, Liefer- und Dienstleistungsaufträge in den Bereichen Sicherheit und Verteidigung, ABl. EG vom 20.8.2009 Nr. L 219, S. 76); dazu Hertel/Schöning (2009), S. 684 ff.

[54] Etwa durch die Einführung der Ganztagsschule. Für die Anwendung des Vergaberechts sogar auf Privatschulen votieren Trautner/Schäffer (2010), S. 172 ff.

[55] Vgl. Kühling (2008), S. 239 ff.; umfassend zum Begriff Rüfner (2006), § 96 Rz. 3 ff. m. w. N.

[56] Die Verwaltung hat schon oft in Zeiten nachlassender Konjunktur öffentliche Aufträge gezielt als Instrument gegensteuernder Wirtschafts- und Konjunkturpolitik eingesetzt; vgl. Pache (2001), S. 1781 ff. Auch der 2009 beschlossene „Pakt für Beschäftigung und Stabilität in Deutschland zur Sicherung der Arbeitsplätze, Stärkung der Wachstumskräfte und Modernisierung des Landes" (sog. Konjunkturpaket II) setzte auf die Stimulierung der Märkte durch verstärkte und rechtlich vereinfachte staatliche Nachfrage; vgl. Burgi (2009), S. 609. Die antizyklische Wirtschaftspolitik, die auf zusätzliche Staatsaufgaben (Deficit Spending) in wirtschaftlichen Krisen setzt, beruht auf den von Keynes (The General Theory of Employment, Interest and Money) in den 1930er Jahren entwickelten Überlegungen zur Bewältigung der Weltwirtschaftskrise zu Beginn des 20. Jahrhunderts.

[57] Für die USA vgl. „Obama economic recovery plan includes vast public works program", International Herald Tribune vom 7.12.2008; für den europäischen Raum vgl. die Mitteilung der Europäischen Kommission an den Europäischen Rat, KOM (2008) 800 endg. vom 26.11.2008.

für die Investitionsneigung und die Bereitschaft, selbst wohlstandsvermehrend tätig zu werden.[58] Sie hat also größte Bedeutung für die Leistungsfähigkeit des Verwaltungshandelns und damit für das Wohlergehen der Bürger insgesamt, wie es einer der führenden U.S.-amerikanischen Vergaberechtler ausdrückt: „procurement of goods and services from the private sector is an increasingly important means through which vital public ends are achieved in the United States, as in so much of the world, the acquisition function must be recognized as *a core area of essential competence* for effective public management."[59]

Aber auch in der privaten Wirtschaft hat sich der Stellenwert des s in den letzten Jahren vom „hässlichen Entlein" zur strategischen Unternehmenseinheit und zum Instrument der strategischen Unternehmensplanung gemausert.[60] In jüngerer Zeit wurde zunächst von europäischer, mit einiger Verspätung auch von nationaler Seite das Potenzial des öffentlichen Einkaufs für positive volkswirtschaftliche Effekte entdeckt, die in vielfacher Hinsicht mit CSR-Belangen harmonieren. Sie reichen von der Stärkung und Sicherung der Wettbewerbs- und Zukunftsfähigkeit[61] durch gezielte Nachfrage innovativer Technologien[62] über die Förderung mittelständischer Unternehmen[63] und der Verbesserung der Umweltqualität sowie ihres Schutzes[64] bis zur Durchsetzung gewisser Sozialstandards.[65]

---

[58] Grundlegend zur Bedeutung des Vertrauens als Bedingung für wirtschaftliche Entwicklung vgl. Fukuyama (1996), passim.

[59] Schwarz (2007), S. 200.

[60] Exemplarisch Rast (2008), S. 13 und S. 15.

[61] So setzt die EU bei der Erreichung ihres ehrgeizigen Zieles, Europa zum weltweit wettbewerbsfähigsten Wirtschaftsraum auszubauen, explizit auch auf das öffentliche Auftragswesen; vgl. nur Mitteilung „Mehr Forschung und Innovation – in Wachstum und Beschäftigung investieren: Eine gemeinsame Strategie" vom 12.10.2005 KOM (2005) 488 endg., Abl. C 49 vom 28.2.2006.

[62] Vgl. etwa BMWi, Impulse für Innovationen im öffentlichen Beschaffungswesen, S. 8 ff. Die Europäische Kommission will ein „Handbuch über öffentliche Auftragsvergabe, Forschung und Innovation" veröffentlichen, um für die Vorteile des öffentlichen Auftragswesens bei Förderung von Forschung und Innovation zu sensibilisieren.

[63] Die Förderung mittelständischer Interessen hat der deutsche Gesetzgeber in § 97 Abs. 3 GWB sogar in den Rang eines allgemeinen Grundsatzes gehoben. Die Europäische Kommission hat einen „Europäischen Leitfaden für bewährte Verfahren zur Erleichterung des Zugangs von KMU zu öffentlichen Aufträgen" veröffentlicht; vgl. SEC (2008), S. 2193.

[64] Vgl. Mitteilung der Europäischen Kommission, „Umweltorientiertes Öffentliches Beschaffungswesen" vom 16. 07. 2008, KOM/2008/400 endg., sowie von der Europäischen Kommission bereits 2005 veröffentlichte „Handbuch für ein umweltorientiertes öffentliches Auftragswesen".

[65] Vgl. dazu die Mitteilung der Europäischen Kommission über die Auslegung des gemeinschaftlichen Vergaberechts und die Möglichkeiten zur Berücksichtigung sozialer Belange bei der Vergabe öffentlicher Aufträge vom 15.10.2001, KOM/2001/0566 endg., ABl. Nr. C 333 vom 28.11.2001, S. 27 ff.

3.1 Vorauseilender nationaler Gehorsam

Der Nutzung öffentlichen Einkaufs für die Förderung solcher Ziele stand man in Deutschland – unter Verweis auf das vermeintlich nachhaltigen Belangen entgegenstehende, scheinbar wettbewerbsfokussierte europäische Vergaberecht, quasi in vorauseilendem nationalen Gehorsam – lange überwiegend skeptisch gegenüber. Es wurde behauptet, es bestehe ein „Spannungsverhältnis" zur primären vergaberechtlichen Maßgabe des wirtschaftlichen Einkaufs.[66] Die Einbeziehung gemeinwohlbezogener Kriterien solle gar die Abkehr vom vergaberechtsbestimmenden Wirtschaftlichkeitsgrundsatz bedeuten und führe zwangsläufig zu Verteuerungen.[67] Sinnbildlich dafür ist, dass für umwelt-, sozial- oder nachhaltigkeitsorientierte Vergabekriterien die Bezeichnung „vergabefremd" dominiert.[68] Dieser Begriff ist jedoch aus verschiedenen Gründen irreführend,[69] unpräzise und überlebt: Der Begriff „vergabefremde Zwecke" steht im deutschen Vergaberecht bereits für das Verbot von Scheinausschreibungen, also für Ausschreibungsverfahren ohne konkrete Vergabeabsicht.[70] Es ist zudem widersprüchlich, vergaberechtskonforme Anforderungen als „vergabefremd" zu bezeichnen: Die Bezeichnung beinhaltet, entgegen ihrer Konnotation,[71] überhaupt keinerlei Aussage über die Statthaftigkeit des bezeichneten Vorgehens. Schließlich unterschlägt die Bezeichnung der Kriterien als „vergabefremd" die zahlreichen positiven Aspekte[72] einer strategisch nachhaltigen Vergabepraxis. Trotz ihrer inzwischen sehr weiten Verbreitung sollte die präzise Benennung des konkreten arbeitsmarkt-, wirtschafts-, sozial-, umwelt- oder allgemeinpolitischen Ziels oder der gemeinwohl- oder nachhaltigkeitsorientierte Kriterien an ihre Stelle treten.

---

[66] Vgl. Steiff (2009), S. 290.

[67] Vgl. zu den Nachweisen Burgi (2008), B13, Rz. 7. Insbesondere die Kommunen haben sich jedoch um rechtskonforme Praxishinweise zur Einbeziehung sozialer Belange bei der Beschaffung verdient gemacht; vgl. dazu den Leitfaden „Die Berücksichtigung sozialer Belange im Vergaberecht" des Deutschen Städtetags.

[68] Teilweise ist auch von „beschaffungs-" bzw. „auftragsfremden" Kriterien oder „politischen Zwecken" die Rede. Vereinzelt finden sich die Begriffe „wettbewerbsfremde" Aspekte oder „Sekundärzwecke"; zu den Nachweisen s. Burgi (2008), B13, Rz. 2.

[69] So Rust (2000), S. 205 ff.

[70] § 2 Abs. 4 VOB/A (vormals § 16 Nr. 2 VOB/A a.F.) statuiert ein diesbezügliches Täuschungsverbot.

[71] Vgl. Burgi (2001), S. 64, 66.

[72] Vgl. m.w. N. Burgi (2008), B13, Rz. 6.

3.2 Öffnung des Vergaberechts für Nachhaltigkeitsgesichtspunkte

Zunehmend scheint sich jedoch die Erkenntnis durchzusetzen, dass wirtschaftlicher Einkauf nicht mit billigem Einkauf gleichzusetzen ist. Es geht darum, „best value for taxpayers money",[73] wie es die EU-Kommission beschreibt, Güter und Dienstleistungen mit höherem „gesellschaftlichem Wert"[74] einzukaufen. Eine derartige Vergabepraxis wird langfristig die effizientere Nutzung öffentlicher Gelder unterstützen. In den europäischen Vergaberichtlinien sind auftragsbezogene Nachhaltigkeitskriterien eigens zugelassen (vgl. Art. 26 VKR, 38 SKR). Erwägungsgrund 33 der VKR erklärt ausdrücklich auch solche Ausführungsbedingungen eines Auftrags für zulässig, die dem Ziel dienen, die „berufliche Ausbildung sowie die Beschäftigung von Personen zu fördern, deren Eingliederung besondere Schwierigkeiten bereitet, die Arbeitslosigkeit zu bekämpfen oder die Umwelt zu schützen", bzw. die „Verpflichtung, Langzeitarbeitslose einzustellen oder Ausbildungsmaßnahmen für Arbeitnehmer oder Jugendliche durchzuführen, oder die Bestimmungen der grundlegenden Übereinkommen der Internationalen Arbeitsorganisation im Wesentlichen einzuhalten, oder ein Kontingent von behinderten Personen einzustellen, das über dem nach nationalem Recht vorgeschriebenen Kontingent liegt." Selbstverständlich dürfen diese Bedingungen nicht unmittelbar oder mittelbar zu einer Diskriminierung führen. Sie müssen die Publizitätsanforderungen erfüllen. Diese Vorschriften haben wiederum die *Concordia Bus Finland*-Entscheidung des EuGH[75] aufgegriffen, in der erstmals grundsätzlich nachhaltigkeitsorientierte Aspekte für zulässig erklärt wurden. Diese Rechtsprechung hat der EuGH seitdem fortgeführt.[76]

Auch die eher wettbewerbsorientierte EU-Kommission hat sich in jüngerer Zeit mehrfach in verschiedenen Mitteilungen und Praxisleitfäden für den verstärkten Einsatz nachhaltiger Beschaffung eingesetzt.[77] Diese wurden allerdings

---

[73] Vgl. zu dieser aus dem US-amerikanischen Vergaberecht stammenden Terminologie und ihrer Bedeutung Burgi/Gölnitz (2009), S. 829 ff.

[74] Vgl. das Grünbuch über die Modernisierung der europäischen Politik im Bereich des öffentlichen Auftragswesens - Wege zu einem effizienteren europäischen Markt für öffentliche Aufträge, KOM (2011) 15 endg. vom 27.1.2011, S. 38.

[75] Urteil vom 17.9.2002 - Rs. C-513/99, NZBau 2002, S. 618 ff.

[76] Z. B. EuGH, Urteil vom 4.12.2003 – Rs. C-448/01, NZBau 2004, S. 105 ff. – „Wienstrom".

[77] Vgl. für den Bereich Umwelt die Mitteilung zum umweltorientierten öffentlichen Beschaffungswesen KOM (2008) 0400 endg. vom 16.7.2008, sowie das Handbuch für ein umweltorientiertes öffentliches Beschaffungswesen (2004); für den Bereich Soziales vgl. Mitteilung über die Auslegung des gemeinschaftlichen Vergaberechts und die Möglichkeiten zur Berücksichtigung sozialer Belange bei der Vergabe öffentlicher Aufträge KOM (2001) 566 endg. vom 15.10.2001 sowie den in 2010 erschienenen Leitfaden für die Berücksichtigung sozialer Belange im öffentlichen Beschaffungswesen.

bisher relativ wenig beachtet.[78] Anfang 2011 hat die Kommission das Thema unter der Überschrift „Öffentliche Auftragsvergabe als strategisches Instrument" in einem Grünbuch nun ganz weit oben auf die Agenda der Modernisierung und Anpassung des Vergaberechts gesetzt.[79]

In Deutschland wurden mit dem Gesetz zur Modernisierung des Vergaberechts[80] Art. 26 bzw. Art. 38 der europäischen Vergaberichtlinien in nationales Recht umgesetzt, wodurch die Möglichkeiten der öffentlichen Auftraggeber zur Verfolgung gemeinwohlorientierter Ziele erweitert wurden. Diese Regelungen räumen öffentlichen Auftraggebern die Option ein – etwa im Rahmen von CSR-Strategien – nachhaltigkeits- und gemeinwohlorientierter einzukaufen. Damit wird den Grundsätzen der Subsidiarität und Konnexität Rechnung getragen: die Gestaltungsfreiheit korrespondiert mit der Finanzierungsverantwortung.[81] § 97 Abs. 4 GWB ist um folgenden Satz 2 ergänzt worden: „Für die Auftragsausführung können zusätzliche Anforderungen an Auftragnehmer gestellt werden, die insbesondere soziale, umweltbezogene oder innovative Aspekte betreffen, wenn sie im sachlichen Zusammenhang mit dem Auftragsgegenstand stehen und sich aus der Leistungsbeschreibung ergeben."

Erforderlich ist demnach jeweils ein Auftragsbezug. Liegt dieser vor, können alle nachhaltigkeitsorientierten Vergabekriterien gefordert werden, sofern keine Bieter diskriminiert und die – bereits oben beschriebenen – Grenzen höherrangigen Rechts eingehalten werden. Die abgefragten Kriterien müssen insoweit europaweit unter den gleichen Bedingungen erfüllbar sein. Öffentliche Auftraggeber können beispielsweise Umweltgütezeichen für ein nachgefragtes Produkt verlangen, wenn die Anforderungen an das Gütezeichen auf der Grundlage von wissenschaftlich abgesicherten Informationen im Rahmen eines Verfahrens ausgearbeitet und erlassen werden, an dem interessierte Kreise teilnehmen können, und wenn das Gütezeichen für alle interessierten Parteien zugänglich und verfügbar ist.[82] Ein öffentlicher Auftraggeber könnte z. B. Entsorgungs- oder Logistik-Dienstleistungen ausschreiben und umweltbezogene Gesichtspunkte, wie den CO_2-Ausstoß des einzusetzenden Fuhrparks definieren. Das gilt auch,

---

[78] Insbesondere im Vergleich zu der nach Ansicht des EuG keine neuen Regeln enthaltene sog. Unterschwellenmitteilung; vgl. EuG Urteil vom 20.5.2010 Rs. T-288/06, NZBau 2010, S. 510 ff.
[79] Vgl. das Grünbuch über die Modernisierung der europäischen Politik im Bereich des öffentlichen Auftragswesens – Wege zu einem effizienteren europäischen Markt für öffentliche Aufträge, KOM (2011) 15 endg. vom 27.1.2011, S. 3. ff., 38 ff.
[80] BGBl. 2009 Teil I Nr. 20, S. 790, vom 23.4.2009.
[81] Vgl. Deutscher Städtetag (2009), S. 7.
[82] Erwägungsgrund 29 VKR.

wenn sich infolge dessen nur noch wenige Unternehmen an der Ausschreibung beteiligen können.[83]
Auftrags- bzw. produktbezogene Kriterien sind folglich recht unproblematisch nachfragbar. Etwas schwieriger gestaltet es sich bei Anforderungen, die an den Auftraggeber gestellt werden, die also nicht den Leistungsgegenstand betreffen – wie die Einhaltung von Beschäftigungsquoten von Auszubildenden oder die Zahlung von Tariflöhnen. Solche Anforderungen an die Eignung der Bieter werden von § 97 Abs. 4 S. 2 GWB nicht erfasst. Es sind „weitergehende Anforderungen", die gemäß § 97 Abs. 4. S. 3 GWB nur an den Auftragnehmer gestellt werden dürfen, „wenn dies durch Bundes- oder Landesgesetz vorgesehen ist." Zahlreiche Länder haben solche Gesetze erlassen.[84] Das vergaberechtliche Feld für die Berücksichtigung nachhaltigkeitsorientierter Kriterien ist also bestellt. Nun ist es an den Vergabestellen, die durchaus anspruchsvolle Umsetzung in der Praxis zu gestalten.

3.3 Der Vertrag von Lissabon: vom (reinen) Binnenmarktmodell zur sozialen Marktwirtschaft

Bislang weitgehend unberücksichtigt bei der (europa)rechtlichen Bewertung der Berücksichtigung nachhaltigkeitsorientierter Aspekte im Rahmen des öffentlichen Wirtschaftens ist die enorme Strahlungswirkung, die künftig vom reformierten europäischen Primärrecht in Gestalt des Vertrags von Lissabon ausgehen wird. Art. 3 Abs. 1 lit. g EG a. F. enthielt den Auftrag zur Schaffung eines „Systems, das den Wettbewerb innerhalb des Binnenmarktes vor Verfälschungen schützt". Diese strikte Vorgabe wurde zur Umsetzung des in Art. 4 Abs. 1 und Art. 98 EGV a. F. festgehaltenen Grundsatzes einer „offenen Marktwirtschaft mit freiem Wettbewerb" für unentbehrlich gehalten und entsprach der lange vorherrschenden liberalen Zielsetzung unternehmerischer Freiheit und bestmöglicher Ressourcenallokation.[85]
Der Vertrag von Lissabon gibt diese reine Binnenmarkt- und Wettbewerbsorientierung der EU allerdings auf. Die Zielsetzung der Errichtung eines gemeinsamen Binnenmarkts wird wurde nunmehr ausdrücklich um das Ziel einer wettbewerbsfähigen sozialen Marktwirtschaft in Art. 3 Abs. 3 EUV ergänzt: „Die Union errichtet einen Binnenmarkt. Sie wirkt auf die nachhaltige Entwicklung Europas auf der Grundlage eines ausgewogenen Wirtschaftswachstums und von

---

[83] Anders Diemon-Wies/Graiche (2009), S. 409, 412, die hierin eine Überschreitung des Spielraums des Auftraggebers sehen.
[84] Vgl. etwa das Berliner Ausschreibungs- und Vergabegesetz vom 8.7.2010.
[85] Vgl. Burgi (2009), S. 609, 613.

Preisstabilität, eine in hohem Maße wettbewerbsfähige soziale Marktwirtschaft, die auf Vollbeschäftigung und sozialen Fortschritt abzielt, sowie ein hohes Maß an Umweltschutz und Verbesserung der Umweltqualität hin. Sie fördert den wissenschaftlichen und technischen Fortschritt. Sie bekämpft soziale Ausgrenzung und Diskriminierungen und fördert soziale Gerechtigkeit und sozialen Schutz, die Gleichstellung von Frauen und Männern, die Solidarität zwischen den Generationen und den Schutz der Rechte des Kindes. Sie fördert den wirtschaftlichen, sozialen und territorialen Zusammenhalt und die Solidarität zwischen den Mitgliedstaaten. Sie wahrt den Reichtum ihrer kulturellen und sprachlichen Vielfalt und sorgt für den Schutz und die Entwicklung des kulturellen Erbes Europas."

Art. 3 Abs. 3. 1 EUV spricht nicht mehr explizit vom „unverfälschten Wettbewerb", entsprechende Formulierungen enthält das Primärrecht nicht mehr. Lediglich im „Protokoll über den Binnenmarkt und den Wettbewerb" wird darauf noch Bezug genommen. „Vollbeschäftigung und sozialen Fortschritt", „nachhaltige Entwicklung" sowie ein „hohes Maß an Umweltschutz und Verbesserung der Umweltqualität" erhebt Art. 3 Abs. 3 EUV nun explizit in den Rang von Zielen der europäischen Union. Das ist nicht weniger als die Entwicklung von einem ordoliberalen, individualistisch-wettbewerblich geprägten Gesellschaftsmodell hin zur Orientierung an Wohlfahrts- und Nachhaltigkeitszielen. Für die vergaberechtliche Perspektive lässt sich hierin eine Aufforderung zur Verfolgung nachhaltigkeitsorientierter Vergabezwecke sehen. Die bisherige Vorstellung von einer ausschließlich freiheitssichernde Funktion des Wettbewerbs wird nun überlagert durch die Funktionalität des Wettbewerbs zur Verwirklichung bestimmter Allgemeinwohlbelange.[86]

4   Fazit

Die öffentliche Wirtschaft nimmt, äußerlich betrachtet, wie private Unternehmer am Marktgeschehen teil. Trotzdem gibt es wesentliche Unterschiede. Sie ist Ort der Gemeinwohlverpflichtung, des Politischen. Sie verfolgt nicht den reinen Shareholder Value, die Bedienung kurzfristiger Interessen der Anteilseigner an größtmöglichem Profit. Hier ist der Citizen Value, das Wohl der örtlichen Gemeinschaft,[87] bestimmend. Zudem ist die öffentliche Wirtschaft besonderen europa-, verfassungs- und einfachrechtlichen Bindungen ausgesetzt. Bei der Verfolgung gemeinwohlorientierter Zwecke haben sowohl der europäische als auch der nationale Gesetzgeber den Entscheidungsträgern in Verwaltung und öffentlicher Wirtschaft allerdings einen großen Spielraum eingeräumt. Kritisch ist dem-

---

[86] Vgl. Burgi (2009), S. 609, 613.
[87] Vgl. Witte (2010), S. 96.

gegenüber anzumerken, dass der Gesetzgeber seine aus Sozialstaatsprinzip (Art. 20 Abs. 1, Art. 28 Abs. 1 S. 1 GG) und Staatsziel Umweltschutz (Art. 20a GG) folgende Social Responsibility auf die Verwaltung delegiert. Andererseits steht insbesondere die kommunale Wirtschaft grundsätzlich für ein besonders bürgernahes, demokratisches und verantwortungsvolles Handeln. Die große Mehrheit der europäischen Bevölkerung bringt ihr ein größeres Vertrauen entgegen als übergeordneten Ebenen. Die lokalen und regionalen Gebietskörperschaften gelten als die glaubwürdigste Regierungs- und Verwaltungsebene in Europa.[88] Die Kommunalwirtschaft ist deshalb für die Etablierung von CSR-Strategien prädestiniert. Dem steht allerdings entgegen, dass der Gesetzgeber vermehrt massive Einsparvorgaben gesetzlich festlegt. Damit wird der oft falsch verstandenen Pflicht zur Orientierung am niedrigsten Preis Vorschub geleistet, was CSR abträglich ist. Die Anwendung nachhaltigkeitsorientierter Vergabekriterien wird oft schlicht als zu teuer wahrgenommen. Mangelnde Erfahrung und fehlendes Wissen im Umgang mit nachhaltigkeitsorientierten Kriterien und Lebenszykluskostenanalysen tun ihr übriges. Oft fehlen aber auch einfach Know-how und geschultes Personal, um langfristige Wirtschaftlichkeitsbetrachtungen unter Einbeziehung aller sozialen und ökologischen Kosten anzustellen.

Die Kommunalwirtschaft ist gefordert, bisher versäumte Potenziale von CSR-Strategien pro-aktiv zu nutzen, um ihrer gesellschaftlichen Verantwortung und einem langfristig ausgerichteten wirtschaftliches Handeln besser gerecht zu werden. Es ist an der Zeit, die schon im Jahr 2000 von *Lyons* in seinem wegweisenden Buch „Buying for the Future" ausgesprochene Mahnung „words have to be converted into action"[89] umzusetzen. Die im Licht des Lissaboner Vertrags auszulegenden Beschaffungsnormen wirken dabei schon jetzt eher als Katalysator denn als Hindernis für CSR-Praktiken. Abschließend sei die Prognose gewagt, dass in der Zukunft das europäisches Beihilfe- und Vergaberecht[90] gemeinwohlorientiertes Wirtschaften nicht behindern, sondern noch mehr fördern wird.

---

[88] Dies lässt sich sogar statistisch nachweisen, vgl. dazu Witte (2010), S. 97.
[89] Lyons (2000), S. 3.
[90] Nach Bultmann (2004), S. 350, sollen öffentliche Aufträge gegenüber Beihilfen im Ergebnis das vorzugswürdigere Steuerungsinstrument sein.

Literatur

Bultmann, Peter Friedrich (2004): Beihilfenrecht und Vergaberecht, Beihilfen und öffentliche Aufträge als funktional äquivalente Instrumente der Wirtschaftslenkung, Ein Leistungsvergleich, Tübingen 2004

Bundesministerium für Arbeit und Soziales (2010): Empfehlungsbericht des Nationalen CSR-Forums an die Bundesregierung, Bonn 2010

Bungenberg, Marc (2009) in: Loewenheim, Ulrich et al. (Hrsg.), Kartellrecht, 2. Aufl., München 2009

Burgi, Martin (2001): Vergabefremde Zwecke und Verfassungsrecht, in: NZBau, 2001, S. 64 ff.

Burgi, Martin (2003): Die Ausschreibungsverwaltung. Dogmatische Herausforderungen des Verwaltens mit Dienstleistungskonzessionen, in: DVBl., 2003, S. 949 ff.

Burgi, Martin (2008): BauGB-Verträge und Vergaberecht, in: NVwZ, 2008, S. 929 ff.

Burgi, Martin (2008): „Vergabefremde" Kriterien, in: Grabitz, Eberhard/Hilf, Meinhard (Hrsg.), Das Recht der EU, Band IV, Stand: Juli 2008, München 2008

Burgi, Martin (2008): Verhandlungen des 67. Deutschen Juristentages, Gutachten D: Privatisierung öffentlicher Aufgaben, München 2008

Burgi, Martin (2009): Die Zukunft des Vergaberechts, in: NZBau, 2009, S. 609 ff.

Burgi, Martin/Gölnitz, Hinnerk (2009): Die Modernisierung des Vergaberechts als Daueraufgabe, Lessons from the US, in: DÖV, 2009, S. 829 ff.

Braun, Christian (2007): Europarechtlicher Vergaberechtsschutz unterhalb der Schwellenwerte, in: VergabeR, 2007, S. 17 ff.

Cremer, Wolfram (2003): Ökologische Kriterien bei der Vergabe öffentlicher Aufträge und EG-Beihilferecht, Materiellrechtliche und verfahrensrechtliche Aspekte, in: ZUR, 2003, S. 265 ff.

Cremer, Wolfram (2007) in: Calliess, Christian/Ruffert, Matthias (Hrsg.), EUV/EGV, 3. Aufl., München 2007

Deutscher Städtetag (2009): Die Berücksichtigung sozialer Belange im Vergaberecht, Hinweise für die kommunale Praxis, Köln 2009

Diemon-Wies, Ingeborg/Graiche, Stefan (2009): Vergabefremde Aspekte, Handhabung bei der Ausschreibung gem. § 97 IV GWB, in: NZBau, 2009, S. 409 ff.

Ehricke, Ulrich (2007) in: Immenga, Ulrich/Mestmäcker, Ernst-Joachim (Hrsg.), Wettbewerbsrecht: EG, 4. Aufl., München 2007

Europäische Kommission (2005): Umweltorientierte Beschaffung, Ein Handbuch für ein umweltorientiertes öffentliches Beschaffungswesen, Brüssel 2005

Fischer, Hans Georg (2004): Öffentliche Aufträge im Spannungsfeld zwischen Vergaberecht und europäischem Beihilfenrecht, in: VergabeR, 2004, S. 1 ff.

Forsthoff, Ernst (1963): Der Staat als Auftraggeber, unter besonderer Berücksichtigung des Bauauftragswesens, Stuttgart 1963

Fukuyama, Francis (1996): Trust, The Social Virtues and the Creation of Prosperity, New York 1996

Frenz, Walter (2007): Handbuch Europarecht, Band 3, Beihilfe- und Vergaberecht, Berlin 2007

Hertel, Wolfram/Schöning, Falk (2009): Der neue Rechtsrahmen für die Auftragsvergabe im Rüstungssektor, in: NZBau, 2009, S. 684 ff.

Kaltenborn, Markus/Nobis, Christoph (2008): Der vergabe- und beihilferechtliche Regelungsrahmen für Public Private Partnerships in der Entwicklungszusammenarbeit, in: NZBau, 2008, S. 681 ff.

Koenig, Christian/Kühling, Jürgen (2003): Diskriminierungsfreiheit, Transparenz und Wettbewerbsoffenheit des Ausschreibungsverfahrens, Konvergenz von EG-Beihilfenrecht und Vergaberecht, in: NVwZ, 2003, S. 779 ff.

Kühling, Jürgen (2008): Möglichkeiten und Grenzen effizienter Daseinsvorsorge durch externe Auftragsvergabe im Gemeinschaftsrecht, in: WiVerw, 2008, S. 239 ff.

Lyons, Kevin (2000): Buying for the Future, Contract Management and the Environmental Challenge, London 2000

McCrudden, Christopher (2007): Buying Social Justice; Equality, Government Procurement, & Legal Change, Oxford 2007

Pache, Eckhard (2001): Der Staat als Kunde, System und Defizite des neuen deutschen Vergaberechts, in: DVBl., 2001, S. 1781 ff.

Pünder, Hermann (2003): Die Vergabe öffentlicher Aufträge unter den Vorgaben des europäischen Beihilferechts, in: NZBau, 2003, S. 530 ff.

Rast, Christian (2008): Chefsache Einkauf, Frankfurt a. M. 2008.

Rüfner, Wolfgang (2006): Daseinsvorsorge und soziale Sicherheit, in: Isensee, Josef/Kirchhof, Paul (Hrsg.), Handbuch des Staatsrechts, Band IV, 3. Aufl., Heidelberg 2006

Rust, Ursula, (2000): Die sozialen Kriterien im Vergaberecht, in: EuZW, 2000, S. 205 ff.

Schmidt-Eichstaedt, Gerd (2009): Kommunale Selbstverwaltung in der Europäischen Union: Wie kann die Position der Kommunen in der EU gestärkt werden?, in: KommJur, 2009, S. 249 ff.

Schmitz, Heribert/Prell, Lorenz (2009): Europäische Verwaltungszusammenarbeit, Neue Regelungen im Verwaltungsverfahrensgesetz, in: NVwZ, 2009, S. 1121 ff.

Schwarz, Joshua (2007): Regulation and Deregulation in the Public Procurement Law Reform in the United States, in: Thai, Khi/Piga, Gustavo (Hrsg.), Advancing Public Procurement, Boca Raton 2007, S. 177-201

Steiff, Jakob (2009): Vergabefremde Aspekte – eine Zwischenbilanz, in: VergabeR, 2009, S. 290 ff.

Stober, Rolf (2008): Privatisierung öffentlicher Aufgaben, Phantomdiskussion oder Gestaltungsoption in einer verantwortungsgeteilten, offenen Wirtschafts-, Sozial- und Sicherheitsverfassung?, in: NJW, 2008, S. 2301 ff.

Trautner, Wolfgang/Schäffer, Sarina (2010): Privat – und doch öffentlicher Auftraggeber?, Zur Anwendung des Vergaberechts auf private Ersatzschulen, in: VergabeR, 2010, S. 172 ff.

Witte, Sonja (2010): Die soziale Dimension Europas, Soziale Verantwortung öffentlicher Unternehmen, Frankfurt a. M. 2010

(Corporate) Social Responsibility der öffentlichen Beschaffung – Konzeptionelle Überlegungen und empirische Erkenntnisse

Michael Eßig und Thu Ha Vu Thi

1 Social Responsibility in der öffentlichen Beschaffung

1.1 Zum Problem von (C)SR in der öffentlichen Beschaffung

Corporate Social Responsibility (CSR) ist kein abschließend definierter Begriff.[1] Semantisch stellt sie die unternehmerische Gesellschaftsverantwortung dar, welche sich den meisten Definitionen (z. B. dem Grünbuch der Europäischen Kommission 2001) insbesondere auf Sozial- und Umweltbelange und dabei auf über gesetzliche Mindestanforderungen hinausgehende Elemente bezieht.[2] Sie weist insofern durchaus eine Überdeckung mit dem Nachhaltigkeitsbegriff auf, welchem in der Regel eine soziale, ökologische und wirtschaftliche Dimension zugesprochen wird.[3] Während das Nachhaltigkeitskonzept alle drei Dimensionen gleichberechtigt und gleichwertig behandelt,[4] bezieht sich CSR primär auf die Dimensionen Ökologie und Soziales.[5, 6]

Für den öffentlichen Sektor ist „corporate" ein unpassendes Präfix, da es mit dem unternehmerischen Charakter primär die Privatwirtschaft adressiert.

---

[1] Vgl. Aßländer (2009), S. 28 f; Wiesner (2005), S. 72; Kuhlen (2005), S. 7.
[2] Vgl. Europäische Kommission (2001).
[3] Vgl. Wilkens (2007), S. 6.
[4] Vgl. Deutscher Bundestag (1998), S. 17.
[5] Vgl. Hansen/Schrader (2005), S. 376.
[6] S. den Beitrag von Schaltegger, Abschnitt 1, in diesem Band.

Institutionen des öffentlichen Sektors wie Behörden stehen gleichwohl ebenfalls vor der Herausforderung, ihrer gesellschaftlichen Verantwortung gerecht zu werden – sie sind häufig sogar besonders aufgefordert, diesen Aspekten bei Ihrer Tätigkeit hohe Priorität einzuräumen. Schließlich werden öffentliche Organisationen in der Regel auf Basis politischer Entscheidungen tätig und soziale Verantwortung wie ökologische Nachhaltigkeit sind wichtige Ziele der Politik.

Die Verknüpfung sozialer, ökologischer und ökonomischer Aspekte wird im öffentlichen Sektor in wenigen Bereichen so virulent wie in der öffentlichen Beschaffung. In der Bundesrepublik Deutschland beträgt das Beschaffungsvolumen der gesamten öffentlichen Hand (Bund, Länder, Kommunen und sonstige öffentliche Einrichtungen) ca. 250 Mrd. €[7] und macht damit weit über 10 % des Bruttoinlandsproduktes aus, in der EU liegt das Volumen bei über 1,5 Billionen € und entspricht etwa 17 % des BIP in der EU.[8] Man geht in Deutschland von über 30.000,[9] europaweit von über 150.000 Vergabestellen aus.

Öffentliche Beschaffung befindet sich dabei in einem Spannungsfeld zwischen Wirtschaftlichkeit, Regelkonformität bzw. Transparenz (manifestiert im Vergaberecht) sowie politischen Zielsetzungen. Der von Schapper et al. (2006) entwickelte analytische Bezugsrahmen für die öffentliche Beschaffung hebt hervor, dass Wirtschaftlichkeit und somit eine effiziente Versorgung der öffentlichen Hand ein wesentliches Kriterium darstellt und Beschaffungsaktivitäten der öffentlichen Hand erheblich von Rechtsvorschriften und Vergaberegelungen geprägt sind.[10, 11] Einerseits gibt beispielsweise die VOL eindeutig Wirtschaftlichkeit als primäres Ziel der öffentlichen Beschaffung vor (§ 18 VOL/A),[12] andererseits lässt eine „echte" Wirtschaftlichkeitsbetrachtung natürlich auch vergabefremde Kriterien, wie ökologische und soziale Aspekte zu: Würde bspw. der höhere Anschaffungspreis eines umweltfreundlichen Automobils zu niedrigeren Betriebskosten aufgrund eines niedrigeren Verbrauchs führen, wäre durch geeignete Verfahren der Wirtschaftlichkeitsberechnung beispielsweise im Rahmen von Lebenszykluskosten-Analysen eine derartige Beschaffungsentscheidung auch wirtschaftlich zu rechtfertigen.

Die Diskussion in der öffentlichen Beschaffung wird derzeit häufig einseitig vergaberechtlich geführt; strategisch-betriebswirtschaftliche Aspekte werden kaum diskutiert. Eine Analyse einschlägiger Publikationen zeigt zwar ein zunehmendes Interesse an der öffentlichen Beschaffung innerhalb der Beschaf-

---

[7] Vgl. BMWi (2011), S. 8.
[8] Vgl. Europäische Kommission (2011).
[9] Vgl. Jungclaus (2008), S. 287.
[10] Vgl. Schapper et al. (2006).
[11] S. den Beitrag von Gölnitz, Abschnitt 2.3, in diesem Band.
[12] Vgl. Jasper/Marx (2009), S. XVII.

fungsforschung, der Aspekt der Social Responsibility wird jedoch kaum aufgegriffen.[13] Ähnliches gilt für die Social Responsibility- und die Nachhaltigkeitsdiskussion: Diese wird kaum mit der öffentlichen Beschaffung verbunden.[14]

In der Praxis haben sich in der Zwischenzeit durchaus einige Initiativen gebildet, die den Aspekt der Social Responsibility für öffentliche Institutionen thematisieren. Beispielhaft sei auf ICLEI verwiesen, einen Zusammenschluss von Kommunen, die sich dem Thema Nachhaltigkeit besonders verpflichtet fühlen.[15] Neben Programmen zur Klimaerhaltung und Wasserversorgung widmet sich ICLEI u. a. auch der nachhaltigen Beschaffung, indem Konferenzen, Broschüren und Trainings angeboten werden.

1.2 Rechtliche Rahmenbedingungen

Die wesentliche Unterscheidung zwischen öffentlicher und privatwirtschaftlicher Beschaffung ergibt sich aus dem Status des Auftraggebers. In der öffentlichen Beschaffung gehört der Käufer dem öffentlichen Sektor an bzw. es werden Waren und Dienstleistungen für den öffentlichen Bedarf eingekauft.[16] Institutionelle Auftraggeber sind u. a. Bund, Länder, Kommunen, Gebietskörperschaften, juristische Personen des öffentlichen Rechts und des privaten Rechts (also ausdrücklich auch öffentliche Unternehmen) sowie Organisationen, die kein formeller Bestandteil des Staates sind, bei der Auftragsvergabe aber mindestens 50 % der Gelder aus öffentlichen Kassen beziehen (§ 98 GWB). Öffentliche Beschaffung unterscheidet sich – wie oben bereits skizziert – von Beschaffungstätigkeiten in der Privatwirtschaft vor allem durch die zwingende Anwendung des Vergaberechts. Für die Frage nach Social Responsibility in der öffentlichen Beschaffung ist daher die Frage zu klären, ob Aspekte der sozialen wie ökologischen Nachhaltigkeit vergaberechtlich überhaupt und wenn ja in welchem Umfang Berücksichtigung finden dürfen.

Die EU und ihre Mitgliedstaaten haben spezifische Vergaberegelungen für die öffentliche Beschaffung festgelegt. Im Allgemeinen kann ein Zuschlag mittels des Kriteriums des niedrigsten gebotenen Preises, oder aber „auf das aus

---

[13] Im Journal of Puchasing and Supply Management, im Journal of Supply Chain Management und im Journal of Business Logistics wurde die Häufigkeitsverteilung der Schlagwörter „Public Procurement", „Social Responsibility" und „CSR" sowie deren Kombinationen pro Zeiteinheit (2000 bis 2011) untersucht.

[14] Im Journal of Business Ethics und in Business Ethics Quarterly wurde die Häufigkeitsverteilung der Schlagwörter „Public Procurement/Purchasing" und „CSR" sowie deren Kombinationen pro Zeiteinheit (2000 bis 2011) untersucht.

[15] Vgl. ICLEI (2010).

[16] Vgl. Eßig (2008), S. 295.

Sicht des öffentlichen Auftraggebers wirtschaftlich günstigste Angebot"[17] erfolgen. Ferner gelten weitere Richtlinien, die Einfluss auf die öffentliche Beschaffung und insbesondere von sozial verantwortungsvoller (Socially Responsible
Public Procurement/SRPP), umweltfreundlicher (Green Public Procurement/
GPP) und innovationsfördernder öffentlicher Beschaffung (Public Procurement
Promoting Innovation/PPPI) haben. Die Einhaltung des Vergaberechts in der
öffentlichen Beschaffung liegt darin begründet, dass das öffentliche Vergabewesen, bspw. aufgrund der Einzigartigkeit des nachgefragten Produktes, „oft keinen
funktionierenden Markt vorfindet"[18] und nicht wie Unternehmen inhärent
gezwungen ist, wirtschaftlich zu arbeiten. Das Vergaberecht strebt danach, den
entsprechenden Markt zu schaffen und in diesem den Wettbewerb durch öffentliche Vergabebekanntmachungen zu fördern. Ferner hat das Vergaberecht, neben
dem Hauptprinzip der wirtschaftlichen Verwendung von öffentlichen Haus-
haltsmitteln (Wirtschaftlichkeitsgebot § 97 Abs. 5 GWB), zum Ziel transparente
Vergabeverfahren (Transparenzgebot § 97 Abs. 1 GWB), Integration des Wettbewerbs (Wettbewerbsgebot § 97 Abs. 1 GWB) und Chancengleichheit aller
Bieter (Diskriminierungsverbot Art. 12 EG) zu gewährleisten.[19] Diese Richtlinien lassen sich in internationale Abkommen (z. B. WTO), primäres und sekun-
däres EU-Recht sowie nationale und ggf. regionale Vergaberegeln unterteilen.[20]

Internationale Abkommen

Das im Rahmen von der Welthandelsorganisation (WTO) geschlossene Übereinkommen über das öffentliche Beschaffungswesen, das General Procurement
Agreement (GPA), umfasst die Vorschrift, dass öffentliche Beschaffungsstellen
inländische Produkte und Dienstleistungen nicht bevorzugen bzw. nicht-inländi-
sche Anbieter und deren Produkte und Dienstleistungen nicht „ungünstiger
behandeln" dürfen (Art. III GPA).[21] Ferner ist die Transparenz der Vergabeverfahren und der Auftragsvergabe zu schaffen. Auf diese Weise soll durch
öffentliche Beschaffungsmärkte der internationale Handel gefördert und die
Grundprinzipien der Inländergleichbehandlung sowie das Diskriminierungsverbot sichergestellt werden. Das GPA erlaubt weitgehend die Einbeziehung von
ökologischen und sozialen Aspekten in die öffentliche Auftragsvergabe (Art.
XXIII GPA).[22]

---

[17] Europäisches Parlament (2004).
[18] Blome (2006), S. 34.
[19] Vgl. Blome (2006), S. 34.
[20] Vgl. Arrowsmith (2009).
[21] Vgl. WTO (1994), S. 3.
[22] Vgl. WTO (1994), S. 26 f.

Europäisches Primärrecht

Die öffentliche Beschaffung hat sich darüber hinaus nach dem europäischen Primärrecht, insbesondere dem EG-Vertrag zu richten.[23] Es lässt sich festhalten, dass der EG-Vertrag das allgemeine Diskriminierungsverbot (Art. 12 EGV) ausdrückt, ausgenommen wenn Diskriminierung zum Schutz der öffentlichen Gesundheit, Sicherheit oder Umwelt dient.[24] Artikel 5 EGV hebt hervor, dass Kriterien zum Umweltschutz und zur Förderung einer nachhaltigen Entwicklung durch öffentliche Auftraggeber einbezogen werden müssen. Gemäß Artikel 87 EGV können staatliche Mittel gewährte Subventionen für bestimmte Produkte gewährt werden, solange die Zuschlagserteilung nicht diskriminierend nach Produktherkunft erfolgt ist. Diese Beihilfen können u. a. zur Erreichung von umweltfreundlichen und sozialen Zielsetzungen dienen (Art. 87 Abs. 2 und Abs. 3 EGV).

Europäisches Sekundärrecht

Weitere Regelungen zur Nutzung von ökologischen und sozialen Kriterien in der öffentlichen Beschaffung liefert das europäische Sekundärrecht.[25] Die Richtlinie 2004/18/EG über die Koordination der Verfahren zur Vergabe öffentlicher Bauaufträge, Lieferaufträge und Dienstleistungsaufträge hat zum Ziel, dass die Bieter in öffentlichen Verfahren zur Vergabe öffentlicher Aufträge gleichbehandelt werden und das Verfahren insbesondere den Grundsatz der Nichtdiskriminierung und der Transparenz einhält (2004/18/EG Art. 2). Die wesentliche Möglichkeit, Umweltkriterien im öffentlichen Vergabewesen zu berücksichtigen, liegt in der Festlegung des Auftragsgegenstandes,[26] da in diesem Verfahrensabschnitt die Beschaffungsstelle zu entscheiden hat, wie die nachgefragten Produkte und Leistungen zu definieren sind und inwiefern Umwelteigenschaften einbezogen werden sollen. Besondere Aufmerksamkeit im Bezug auf soziale Kriterien kommt Artikel 19 zu, welcher den Beschaffungsstellen die Möglichkeit eröffnet, nur einen bestimmten Kreis von Bietern – z. B. geschützte Werkstätten oder Bieter mit einer Mehrheit an Arbeitnehmern mit Behinderung – an dem Verfahren teilnehmen zu lassen. Im Fall von strafrechtlichen Verurteilungen und bei Insolvenzverfahren kann ein Bieter von der Teilnahme an einem Vergabeverfahren ausgeschlossen werden (Art. 45). Die Zuschlagserteilung nach Artikel 53 Abs. 1 kann entweder nach dem Kriterium des „aus Sicht des öffentlichen

---

[23] Vgl. Götz (1999), S. 8.
[24] Vgl. Blome (2006), S. 37.
[25] Vgl. Barth et al. (2005), S. 198.
[26] Vgl. Barth et al. (2005), S. 229.

Auftraggebers wirtschaftlich günstigste[n] Angebot[es]" (Art. 53 Abs. 1)[27] oder rein nach dem Kriterium des niedrigsten gebotenen Preises erfolgen. Ersteres verweist auf die zulässige Einbeziehung von Kriterien, die mit dem Auftragsgegenstand zusammenhängen wie z. B. Umwelteigenschaften, Qualität, Preis und Betriebskosten (Art. 53 Abs. 1 a). Öffentliche Vergabestellen können hiernach neben der Wirtschaftlichkeitsberechnung zusätzliche Kriterien wie Umweltaspekte und soziale Ziele beim Zuschlag berücksichtigen, soweit „ein Zusammenhang mit dem Auftragsgegenstand besteht, das Kriterium keine unbeschränkte Entscheidungsfreiheit des öffentlichen Auftraggebers mit sich bringt, es in den Vergabeunterlagen oder der Bekanntmachung ausdrücklich"[28] genannt wird und im Einklang mit den wesentlichen Grundsätzen des Gemeinschaftsrechts ist.

Die Bedeutung der öffentlichen Beschaffung zur Erreichung ökologischer, ökonomischer und sozialer Ziele wird in der Resolution des Europäischen Parlaments vom 13.03.2007 hervorgehoben, indem die soziale Verantwortung von Unternehmen mit grüner, sozial verantwortungsvoller und innovativer öffentlicher Beschaffung verknüpft wird. Das Europäische Parlament fordert EU-Mitgliedsstaaten auf, auf allen Ebenen „das Thema CSR durch Einfügung von Sozial- und Umweltklauseln in die Verträge voranzubringen".[29] Des Weiteren wird in dieser Erklärung betont, dass neben dem Beitrag zu ökologischen und sozialen Zielsetzungen, wie der Verbesserung der Arbeitsbedingungen, auch innovationsfördernde Ziele, wie die Erforschung und Entwicklung von technologischer Innovation, geleistet werden. Durch die Leitfäden zur umweltfreundlichen[30] und sozialorientierten[31] Beschaffung gibt die Europäische Kommission Anregungen und zeigt Möglichkeiten zur Förderung von Nachhaltigkeit durch den öffentlichen Einkauf auf.

Urteile des Europäischen Gerichtshofs zur Einbeziehung nachhaltiger Aspekte in die öffentliche Beschaffung

Entscheidungen des Europäischen Gerichtshofes (EuGH) geben Aufschluss über die Einbeziehung ökologischer und sozialer Aspekte bei der öffentlichen Auftragsvergabe. Die bedeutendsten Fälle werden im Folgenden erläutert.

Beentjes-Fall und Nord-Pas-de-Calais-Fall: Diese beiden Fälle beschäftigten sich mit der Einbeziehung eines sozialen Kriteriums, welches der Bekäm-

---

[27] Vgl. Europäisches Parlament 2004.
[28] Barth et al. (2005), S. 221.
[29] Europäisches Parlament (2006), S. 11.
[30] Vgl. Europäische Kommission (2004).
[31] Vgl. Europäische Kommission (2010).

pfung der Arbeitslosigkeit diente.[32] Im Beentjes-Fall hat der Bieter mit dem niedrigsten Preis (Beentjes) die Vergabeentscheidung der niederländischen Regierung angefochten, da diese das Kriterium, dass mindestens 70 % der Beschäftigten Langzeitarbeitslose sein sollten, in die Ausschreibungsunterlagen aufgenommen hatte. Der EuGH erklärte, dass die Integration des zusätzlichen sozialen Kriteriums für zulässig, da dies mit dem Gemeinschaftsrecht rechtskonform sei, in der Ausschreibung explizit erwähnt wurde und den Grundsatz der Nichtdiskriminierung einhielt.[33] Eine ähnliche Entscheidung wurde im Nord-Pas-de-Calais-Fall getroffen.[34] In diesem Fall wurde ein Zuschlagskriterium in die Ausschreibungsunterlagen aufgenommen, welches die Bieter verpflichtete, Arbeitskräfte aus einem Projekt zur Bekämpfung von Langzeitarbeitslosen einzustellen. Der EuGH entschied, dass die Vergabestelle durch Auswahl des Kriteriums des wirtschaftlich günstigsten Angebotes beschäftigungspolitische Zielsetzungen einbeziehen kann, sofern diese in der Ausschreibung korrekt genannt werden und mit dem Gemeinschaftsrecht im Einklang stehen.[35] Im Gegensatz zum Beentjes-Fall konnten soziale Aspekte nun als Zuschlagskriterium aufgenommen werden.[36]

Wienstrom-Fall und Concordia-Bus-Fall: Im Fall von Concordia-Bus entschied der EuGH, dass das Umweltkriterium, die Verringerung der Stickstoff- und Lärmemission der nachgefragten Busflotte, als Zuschlagskriterium in die Gesamtauswertung der Angebote einbezogen werden kann, um das wirtschaftlich günstigste Angebot zu bestimmen.[37] Der Gerichtshof kam somit zum Ergebnis, dass sich das wirtschaftlich günstigste Angebot nicht nur auf die einzelne Vergabestelle bezieht, sondern dem Allgemeininteresse dient.[38] Zusammenfassend lässt sich festhalten, dass der öffentliche Auftraggeber in der Pflicht ist, das Interesse der ganzen Gemeinschaft zu vertreten, nicht-wirtschaftliche Nutzen als Vergabekriterium in die Wirtschaftlichkeitsbetrachtung einfließen können und Umweltkriterien als Vergabekriterium in Dienstleistungsaufträgen zulässig sind.[39] Der EuGH betont allerdings, dass ökologische Kriterien nur im Zuschlag berücksichtigt werden können, wenn sie im Zusammenhang mit dem Auftragsgegenstand stehen, explizit in den Ausschreibungsunterlagen genannt sind, keine unbeschränkte Entscheidungsfreiheit des Auftraggebers mit sich bringen und

---

[32] Vgl. Barth et al. (2005), S. 223.
[33] EuGH, Urteil vom 20.09.1988, „Beentjes", Rs. C-31/87, Slg. 1988, 4635.
[34] EuGH, Urteil vom 26.09.2000, „Nord-Pas-de-Calais", Rs. C-225/98, Slg. 2000, I-7445.
[35] Vgl. Defranceschi et al. (2007), S. 9.
[36] Vgl. Barth et al. (2005), S. 224.
[37] Vgl. Defranceschi et al. (2007), S. 8.
[38] Vgl. Barth et al. (2005), S. 217.
[39] Vgl. Arrowsmith (2009).

nicht im Widerspruch zu den grundlegenden Prinzipien des Gemeinschaftsrecht stehen.[40]

Im Wienstrom-Verfahren handelt es um die Lieferung von Elektrizität aus erneuerbarer Energie. Die Bewertung des wirtschaftlich günstigsten Angebotes wurde festgelegt auf 45 % für die Eignung zur Erzeugung elektrischer Energie aus erneuerbaren Energieträgern und 55 % für den Preis. Der EuGH entschied aufgrund der Verpflichtung der Europäischen Gemeinschaft zur Verringerung des Ausstoßes von Treibhausgasen, dass „die „Nutzung erneuerbarer Energiequellen als Zuschlagskriterium"[41] zulässig ist und dieses Kriterium mit 45 % in die Zuschlagserteilung eingehen kann. Ferner befand das Gericht, dass sich das Umweltkriterium hinsichtlich des Herstellungsverfahrens nicht sichtbar auf die Charakterisierung des Produkts auswirken müsse.[42] Auch legte der Gerichtshof in diesem Fall Grenzen solcher Kriterien fest, indem das Umweltkriterium vom öffentlichen Auftraggeber überprüfbar sein muss und sich nur auf den Anteil bezieht, welches vom öffentlichen Auftraggeber in Anspruch genommen wird. Im Ergebnis hat der EuGH in diesem Fall bestimmt, dass das Produktionsverfahren in die Zuschlagserteilung einfließen kann und die öffentlichen Auftraggeber die Zuschlagskriterien frei wählen und die Gewichtung der Kriterien frei festlegen können, solange sie deren ökonomische Bedeutung widerspiegeln.[43]

Nachdem ausführlich die rechtlichen Rahmenbedingungen für die Berücksichtigung von ökologischen und sozialen Kriterien in die öffentliche Beschaffung dargelegt wurden, soll im nächsten Schritt die Frage geklärt werden, inwiefern Social Responsibility bzw. politische Ziele tatsächlich berücksichtigt werden.

2   Empirische Erkenntnisse zu CSR in der öffentlichen Beschaffung

2.1 Methodik

Vergabeaktenanalyse

Empirische Untersuchungen zu Fragen wie Nachhaltigkeit und soziale Verantwortung laufen häufig Gefahr, das sozial erwünschte Antworten gegeben werden, wenn mittels Fragebogen Daten erhoben werden. Die Analyse von Vergabeakten der Vergangenheit (in diesem Fall der Jahre 2007 bis 2009) ergibt dage-

---

[40] EuGH, Urteil vom 17.09.2002, „Concordia Bus Finland", Rs C-513/99, Slg. 2002, I-7213.
[41] Barth et al. (2005), S. 219 f.
[42] Vgl. Defranceschi et al. (2007), S. 10.
[43] EuGH, Urteil vom 04.12.2003 „Wienstrom", Rs. C-448/01, Slg. 2003, I-14527.

gen tatsächliches Verhalten ohne Verzerrungseffekte. So wird die untersuchende Frage beantwortet, inwiefern Umweltschutz, soziale Aspekte und Innovationsförderung bei der öffentlichen Auftragsvergabe eine Rolle spielen und wie effektiv politische Zielsetzungen das Beschaffungsergebnis beeinflussen können. Die Auswahl der Vergabeakten erfolgte über folgende Kriterien:

1. Die Vergabestelle gehört zu den untersuchten Ländern Deutschland, Großbritannien, Niederlande und Österreich.
2. Der Ausschreibungszeitraum lag zwischen 2007 und 2009.
3. Die zufällig ausgewählten Vergabeakten gehören zu einer der festgelegten Produktgruppen (s. Tabelle 1).

Tabelle 1:   Produktgruppen für die Auswahl der Vergabeakten

CPV-Code	Bezeichnung
18000000	Kleidung, Fußbekleidung, Gepäckartikel und Zubehör
30000000	Maschinen, Material und Zubehör für Büro und Computer, außer Möbeln und Softwarepaketen
31000000	Elektrische Maschinen, Geräte, Ausstattung und Verbrauchsartikel
32000000	Rundfunk- und Fernsehgeräte, Kommunikations- und Fernmeldeanlagen und Zubehör
39700000	Haushaltsgeräte
45000000	Bauarbeiten
55500000	Kantinen- und Verpflegungsdienste
90900000 & 98310000	Reinigungs- und Hygienedienste & Dienstleistungen von Wäschereien und chemischen Reinigungen

Die Analyse der Vergabeakten hat den Vorteil, dass der Datensatz durch eine hohe interne Validität gekennzeichnet wird. Da – wie bereits angesprochen – Umfrageteilnehmer bei politisch relevanten Fragen oft dazu tendieren, zu positiv zu antworten, ist die Vergabeaktenanalyse der objektivste Weg der Informationsgewinnung. Nachteile dieser Methodik sind u. a. der umfangreiche Prozess zur Datenerhebung und die niedrige externe Validität. Aus diesen Gründen werden die Ergebnisse der Vergabeaktenanalyse durch Ergebnisse der internetbasierten schriftlichen Befragung und durch Experteninterviews untermauert.

Strukturgleichungsmodellierung

Zentrales Analyseinstrumentarium für die erhobenen Daten der Vergabeakten-analyse ist die Strukturgleichungsmodellierung, welche ein statistisches Verfahren zur Identifikation von Abhängigkeiten zwischen Variablen ist. Strukturgleichungsmodelle bestehen aus einem Messmodell und einem Strukturmodell.[44] Beide Modelle sind miteinander verknüpft und beruhen auf unterschiedliche Variablentypen. Manifeste Variablen sind beobachtbar, können direkt gemessen werden und sind Bestandteil des Messmodells. Im Gegensatz zum Messmodell beinhaltet das Strukturmodell latente Variablen, welche nicht direkt beobachtbar und damit nicht direkt messbar sind.[45] Das Strukturmodell dient zur Bestimmung und Messung von Abhängigkeiten zwischen latenten endogenen und latenten exogenen Variablen. Der Einfluss von politischen Zielen auf das Ergebnis der Auftragsvergabe stellt eine Korrelation zwischen zwei latenten Variablen des Strukturmodells dar, wobei „Einbeziehung politischer Ziele in der Ausschreibung" die latente exogene Variable verkörpert und „Erreichung politischer Ziele durch den Zuschlag" der latenten endogenen Variable entspricht.

Die Datenerhebung orientiert sich an den Beschaffungsprozess und lässt sich untergliedern in die Analyse der Ausschreibungsunterlagen, die Analyse der eingegangenen Angebote und die Analyse des Zuschlags hinsichtlich von Indikatoren für eine nachhaltige Entwicklung (s. Abbildung 1). Das Messmodell bildet den Zusammenhang zwischen latenten Variablen und deren Indikatoren ab.[46] Die Indikatoren lassen sich in die Bereiche umweltschonende öffentliche Beschaffung (Umwelt) und sozial verantwortungsbewusste öffentliche Beschaffung (Sozial) unterteilen. Zu den GPP-Indikatoren zählen die Gewährleistung der Vielfältigkeit, Verringerung der Emissionen in Luft und Wasser, Reduzierung der Energie-, Wasser- und Chemikalienverbrauchs sowie des Abfallaufkommens. Indikatoren für SRPP sind die Förderung von Beschäftigung, menschenwürdiger Arbeit, sozialer Eingliederung sowie Zugänglichkeit für alle Personen (besonders Personen mit Behinderung). Ferner gehören neben der Mittelstandsförderung, die Betrachtung von fairem Handel (Fair Trade) und sozialen Belangen in den SRPP- Bereich dazu. Außerdem soll die freiwillige Einhaltung von CSR-Standards eine weitere Verbreitung finden.

---

[44] Vgl. Goetz/Liehr-Gobbers (2004), S. 716.
[45] Vgl. Jöreskog/Sörbom (1982), S. 404.
[46] Vgl. Jahn (2007), S. 4.

Abbildung 1:   Strukturgleichungsmodell

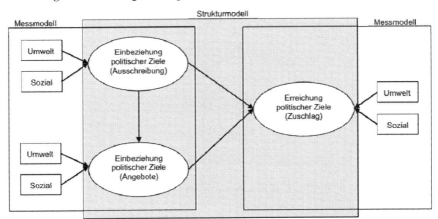

Da der Zuschlag an innovative Produkte nicht direkt gemessen werden kann, wird die Dimension Innovation durch moderierende Innovationsindikatoren abgebildet. Die Nutzung der funktionalen Leistungsbeschreibung sowie die Einbeziehung von Standards innerhalb dessen können als Indikatoren für PPPI gesehen werden. Des Weiteren sind die Zulassung von Nebenangeboten und die Betrachtung von Lebenszykluskosten sowie die Anwendung der vorkommerziellen Auftragsvergabe ebenfalls als Indikatoren für PPPI zu berücksichtigen.

Innovationsförderung wird im Modell als moderierende Variable betrachtet, da Innovation kaum im Ergebnis messbar ist und ein Effekt auf die Beziehung dem Ergebnis und umweltfreundlicher Beschaffung sowie sozialorientierter Beschaffung unterstellt wird. Weitere moderierende Variablen im Strukturmodell sind die Charakteristika des Produkts bzw. der Dienstleistung und der Bieter, die Vergabeart, die Einordnung nachhaltiger Indikatoren in der Ausschreibung sowie die Charakteristika der Vergabestelle (s. Abbildung 2). Anschließend werden die Messdaten mittels Partial-Least-Squares-Analyse, einer Varianz-basierten Methode, geschätzt.[47]

---

[47] Vgl. Chin/Newsted (1999); Ringle (2004), S. 18 ff.; Henseler (2005); Weiber/Mühlhaus (2010), S. 58 ff.

Abbildung 2:   Strukturmodell mit zentralen und moderierenden Beziehungen

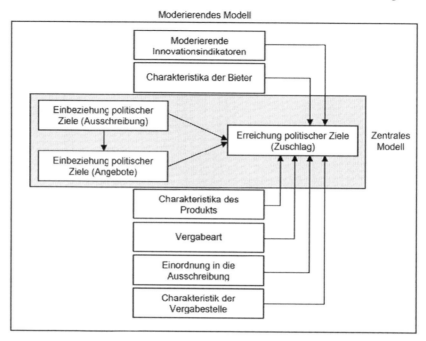

2.2 Ergebnisse

Umweltfreundliche öffentliche Beschaffung

Die Analyse der insgesamt 281 gesichteten Vergabeakten in den Ländern Deutschland, Großbritannien, Niederlande und Österreich hat ergeben, dass die Integration von umweltfreundlichen Aspekten in der Ausschreibung einen moderaten Einfluss (0,60)[48] auf das Verhalten der Bieter hat, indem diese grünere Produkte und Dienstleistungen anbieten (s. Abbildung 3). Die Einbeziehung grüner

---

[48] Der in Klammern gekennzeichnete Wert gibt den standardisierten Pfadkoeffizienten wieder, dessen Stärke von +1 bis -1 variieren kann. Werte nahe Null indizieren einen schwachen Einfluss der latenten Variable. Folglich implizieren Pfadkoeffizienten nahe +1 bzw. -1 eine starke kausale Beziehung zwischen zwei Variablen; vgl. Chin (1998); Jahn (2007), S. 10.

Aspekte in den Angeboten ist nur zu 36 %[49] auf die Forderung nach umwelt-freundlicheren Aspekten in der Ausschreibung zurückzuführen. Das heißt auch, dass andere Faktoren wie die Philosophie des Unternehmens oder produktspezifische Eigenschaften zu 64 % die umweltfreundliche Orientierung der Lieferanten beeinflussen.

Abbildung 3: Einfluss der Einbeziehung ökologischer Ziele auf das Beschaffungsergebnis

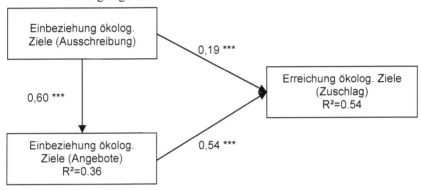

N=281   *signifikant p≤0,10   ** hoch signifikant p≤0,05   *** höchst signifikant p≤0,01

Betrachtet man die Beziehung zwischen „Einbeziehung ökologischer Ziele in der Ausschreibung" und „Erreichung ökologischer Ziele durch den Zuschlag" mit Bezug auf grüne Beschaffung, so weisen die Daten einen moderaten Einfluss (0,19) der Ausschreibung auf den Zuschlag auf. Im Gegensatz dazu stellt die Einbeziehung "grüner" Kriterien in den Angeboten eine wichtige Rolle für den Zuschlag grünerer Produkte bzw. der Dienstleistungen dar (0,54). Der Beschaffungsprozess, bestehend aus der Ausschreibungs- und Angebotsphase, hat einen tatsächlichen Einfluss von 45 % auf ein umweltfreundlicheres Beschaffungsergebnis.

Das im Gegensatz dazu nicht durch die Ausschreibungspolitik der öffentlichen Hand vorhandene Einflusspotential von 55 % kann vermutlich darauf zurückgeführt werden, dass sich Unternehmen mit Umweltpolitik beschäftigt haben und von sich aus mit der Integration umweltfreundlicher Aspekte fortge-

---

[49] Dieser Wert spiegelt das Bestimmtheitsmaß R^2 wider, dessen Werte zwischen 0 und +1 liegen. R^2 ist umso größer, je höher der Anteil der erklärten Varianz an der Gesamtvarianz ist; vgl. Backhaus et al. (2010), S. 75; Götz/Liehr-Gobbers (2004), S. 730; Henseler (2005), S. 74.

schritten sind. Im Zuge dessen haben bereits viele Unternehmen Umweltmanagementsysteme wie ISO 14001 implementiert. Darüber hinaus ist davon auszugehen, dass einige Unternehmen in den untersuchten Ländern mit der Anwendung von Umweltzertifikaten und -zeichen vertraut sind. Die Untersuchung der Vergabeakten hat übereinstimmend ergeben, dass mehr als ein Viertel der beteiligten Unternehmen bereits ein Umweltmanagementsystem führen. Darüber hinaus geben nur 1 bis 6,5 % der Befragten im Rahmen der internetbasierten Befragung (abhängig vom untersuchten Land) an, Schwierigkeiten zu haben, wenn umweltfreundliche Kriterien in der Ausschreibung integriert wurden. Die Einbeziehung umweltfreundlicher Aspekte in den Angeboten ist für die meisten Unternehmen selbstverständlich, da viele von ihnen bereits Umweltzertifikate und -zeichen in ihren technischen Datenblättern integrieren und diese von sich aus anstreben. Technologischer Fortschritt, um alternative und regenerative Ressourcen zu nutzen, erlaubt es die Biodiversität der Umwelt zu erhalten. Ferner tragen intelligente Verpackungssysteme nicht nur zur Minderung des Abfallaufkommens, sondern auch zur Reduzierung des Verpackungsmaterialverbrauchs, was Kosteneinsparungen bedeutet. Daher können Faktoren wie die intrinsische Motivation der Unternehmen einen größeren Einfluss auf den Zuschlag haben, als das Vergabeverfahren. Umweltfreundliche politische Ziele wirken somit auf einen besser vorbereiteten Markt.

Betrachtet man Faktoren, die die Effektivität der Integration grüner Kriterien in den Ausschreibungen auf das Beschaffungsergebnis, grünere Produkte zu beschaffen, steigern, so ist hervorzuheben, dass die Wahl der Vergabeart einen positiven Einfluss (0,31) hat. Folglich hat die Vergabeaktenanalyse ergeben, dass öffentliche Vergaben am geeignetsten sind, um den Einfluss der „Einbeziehung von ökologischen Zielen in der Ausschreibung" auf den Zuschlag zu erhöhen. Die damit eingehende öffentliche Bekanntgabe erreicht viele Bieter mit den in der Ausschreibung geforderten grünen Kriterien. Im Gegensatz dazu, kann durch gezielte Positionierung umweltfreundlicher Kriterien in unterschiedlichen Teilen der Ausschreibungsunterlagen ein umweltfreundlicheres Beschaffungsergebnis weniger effektiv (0,14) erlangt werden. Umweltfreundliche Aspekte werden folglich in dem Teil der Ausschreibung verankert, der einen direkten Bezug zum ausgeschriebenen Produkt bzw. Dienstleistung hat.

Die Charakteristika der Bieter haben einen stark signifikanten Effekt (0,42) auf die Beziehung zwischen der „Einbeziehung ökologischer Ziele in der Ausschreibung" und der „Erreichung ökologischer Ziele im Zuschlag". Diese Erkenntnis unterstützt die vermutete Existenz von Umweltmanagementsystemen der Unternehmen und deren intrinsische Motivation. Im Vergleich dazu ergab die Untersuchung keine signifikanten Effekte bezüglich Innovationsindikatoren und Charakteristika des Produktes. Es kann darauf zurückzuführen sein, dass es tatsächlich keinen Effekt dieser Faktoren gibt bzw. es gibt nur im verwendeten Datensatz keinen messbaren Effekt.

Nachdem die Konstrukte hinsichtlich umweltfreundlicher Kriterien untersucht worden sind, wird die Effektivität der Einbeziehung sozialer Ziele in der Ausschreibung betrachtet.

Sozialorientierte öffentliche Beschaffung

Die Analyse der Konstrukte „Einbeziehung sozialer Ziele in der Ausschreibung" und „Einbeziehung sozialer Ziele in den Angeboten" lässt den Schluss zu, dass die Ausschreibung einen erheblichen Einfluss (0,77) auf die Angebote hat (s. Abbildung 4). 59 % der Einbeziehung sozialer Ziele in den Angeboten ist auf die Ausschreibung zurückzuführen. Der Einfluss der Ausschreibung auf die Einbeziehung sozialer Ziele in den Angeboten ist weitaus größer als bei umweltfreundlichen Kriterien.

Abbildung 4:   Einfluss der Einbeziehung sozialer Ziele auf das Beschaffungsergebnis

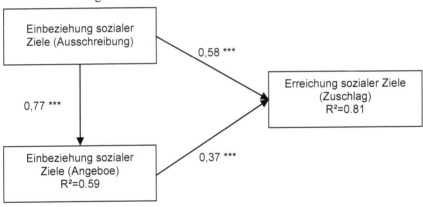

N=281   * signifikant p≤0,10   ** hoch signifikant p≤0,05   *** höchst signifikant ≤0,01

Mit Bezug auf die Einflussnahme der Ausschreibung auf die „Erreichung sozialer Ziele durch den Zuschlag" kann ebenfalls festgehalten werden, dass die „Einbeziehung sozialer Aspekte in der Ausschreibung" einen stärkeren Effekt (0,58) hat, das Beschaffungsergebnis zu ändern. Demzufolge stellt das Konstrukt „Einbeziehung sozialer Ziele in der Ausschreibung" eine wesentliche Determinante zur „Erreichung sozialer Ziele durch den Zuschlag" dar. Der Effekt der „Einbeziehung sozialer Ziele in den Angeboten" den Zuschlag zu ändern ist hingegen moderat (0,37) und geringer als der, der von der Ausschreibung ausgeht. Durch den Beschaffungsprozess insgesamt (Ausschreibung und Angebot), kann ein sozialverträglicheres Ergebnis zu 81 % erklärt werden. Konkret heißt das, dass Vergabestellen herausragende Möglichkeiten haben, sozialverträgliche Produkte und Dienstleistungen zu beschaffen, indem soziale Kriterien in die Ausschreibung aufgenommen werden. Andere Faktoren, die das Beschaffungsergebnis zu sozialverträglicheren Produkten lenken, scheinen eine untergeordnete Rolle zu spielen. Dieses lässt vermuten, dass Unternehmen hinsichtlich sozialer Kriterien per se noch nicht soweit sind wie bei Umweltkriterien. Nur 11 % der Bieter bei den untersuchten Vergabeverfahren haben bereits ein Sozialmanagementsystem.

Des Weiteren ergeben die Daten, dass die „Erreichung sozialer Ziele im Zuschlag" über die Ausschreibung gesteigert wird (0,35), wenn innovationsfördernde Maßnahmen ergriffen werden. Die Anwendung von Innovationsindikatoren, wie der Gebrauch funktionaler Leistungsbeschreibungen oder die Zulassung von Nebenangeboten, die den Innovationsfortschritt von Bietern berücksichtigen sollen, führen nicht nur zu innovativeren, sondern gleichzeitig auch zu sozialverträglicheren Beschaffungsergebnissen. Die Positionierung von sozialen Kriterien in der Ausschreibung zeigt eine ähnliche Einflussnahme (0,38). Je mehr soziale Aspekte in die Ausschreibung integriert werden, desto eher wird ein sozialverträgliches Produkt beschafft. Ferner zeigt die Einbeziehung sozialer Kriterien in den Anforderungen an technische und professionelle Fähigkeiten und Eignungen der Bieter eine hohe Korrelation mit dem Einfluss der Ausschreibung auf den Zuschlag.

Produktcharakteristika, insbesondere die Zugehörigkeit zu einer Produktgruppe, haben einen schwachen Einfluss (0,13) das Beschaffungsergebnis mittels der Ausschreibung so zu verändern, dass ein sozialverträglicheres Produkt beschafft wird. Die gemessene Einflussnahme ist bei Sachgüterbeschaffungen höher als bei Dienstleistungskäufen (z. B. Reinigungsdienstleistungen). Eine mögliche Ursache dafür könnte sein, dass Dienstleistungen größtenteils von Unternehmen ausgeführt werden, die im Inland ansässig sind. Des Weiteren können wir davon ausgehen, dass Unternehmen in den untersuchten Ländern (Deutschland, Großbritannien, Niederlande und Österreich) wesentliche soziale Kriterien wie die Einhaltung von Menschen- und Arbeitsrechten berücksichtigten. Mit Bezug auf die Vergabeart, Charakteristika der Bieter und der Vergabestelle konnten keine signifikanten Effekte nachgewiesen werden. Dies kann einerseits darauf zurückgeführt werden, dass tatsächlich keine Einflüsse existieren. Möglich wäre aber auch, dass diese Einflüsse im untersuchten Datensatz nicht messbar sind.

3 Fazit

Social Responsibility in der öffentlichen Beschaffung gewinnt zunehmend an Bedeutung. Wenn Beschaffung strategische Bedeutung erlangen soll, muss sie ihren Beitrag zu den strategischen Zielen der Organisation, in diesem Fall zu Nachhaltigkeit und sozialer Verantwortung liefern. Die Politik hat sich in der Zwischenzeit zu diesen Zielen global bekannt, z. B. durch konkrete Vorgaben zur CO_2-Reduktion. Folglich braucht der Staat zur Leistungserstellung entsprechende Güter, wie z. B. emissionsarme Fahrzeuge.

Der rechtliche Rahmen für die Berücksichtigung ökologischer und sozialer Kriterien im Beschaffungsprozess des öffentlichen Sektors existiert. Positivbeispiele stellen hierbei die Urteile des Europäischen Gerichtshofs zu den Fällen Beentjes und Nord-Pas-de-Calais hinsichtlich sozialer Kriterien sowie Wienstrom und Concordia-Bus bzgl. ökologischer Kriterien dar.

Die Analyse der Vergabeakten in Deutschland, Großbritannien, Niederlande und Österreich hat ergeben, dass die Einbeziehung ökologischer Kriterien in die Ausschreibung einen messbaren und signifikanten Einfluss auf das Beschaffungsergebnis ausübt. Die Effektivität umweltfreundlicher öffentlicher Beschaffung kann als stark eingestuft werden, da fast 50 % des Beschaffungsergebnisses durch den Beschaffungsprozess, bestehend aus Ausschreibungs- und Angebotsphase, beeinflusst wird. Die andere Hälfte des Einflusspotentials ist vermutlich darauf zurückzuführen, dass Unternehmen mit ökologischen Kriterien vertraut sind und oftmals von sich aus eine umweltschonende Orientierung anstreben. Ökologische Ziele treffen hier auf einen gut vorbereiteten Markt. Diese Erfahrung machten auch Einkäufer in öffentlichen Einrichtungen, da nur ein kleiner Anteil der Befragten (1 bis 6 %) in den analysierten Ländern angaben, nicht genügend Angebote zu erhalten, wenn umweltfreundliche Aspekte in die Ausschreibung integriert werden.

Die Untersuchung der Vergabeakten hinsichtlich sozialer Kriterien zeigt, dass die Einflussnahme der Integration sozialer Kriterien in die Ausschreibung auf den Zuschlag stärker ist als bei ökologischen Kriterien. Allein der Beschaffungsprozess kann zu 80 % das Beschaffungsergebnis so beeinflussen, dass ein sozialverträglicheres Produkt oder eine Dienstleistung beschafft wird. Durch die Einbeziehung sozialer Aspekte in die Ausschreibung kann die öffentliche Hand nicht nur das Beschaffungsergebnis beeinflussen, sondern auch den Bietermarkt strategisch stimulieren, sich auf gesellschaftspolitische Ziele einzustellen. Andere Faktoren, die Einfluss auf das Beschaffungsergebnis ausüben, wie die intrinsische Motivation der Bieter, spielen eine untergeordnete Rolle. Offensichtlich ist die "Supplier Readiness" für soziale Belange geringer als für "grüne". Das Einflusspotenzial sozialorientierter öffentlicher Beschaffung kann nur dann vollständig entfaltet werden, wenn sowohl öffentliche Beschaffer als auch Lieferanten sicherer mit sozialen Aspekten vertraut sind.[50]

Literatur

Aßländer, Michael S. (2009): Die soziale Verantwortung der Unternehmen, Versuch einer theoretischen Bestimmung, in: Aßländer, Michael S./Senge, Konstanze (Hrsg.), Corporate Social Responsibility im Einzelhandel, Marburg 2009, S. 25-54

Arrowsmith, Sue (2009): EC regime on public procurement, in: Thai, Khi V. (Hrsg.), International handbook of public procurement, Boca Raton 2009, S. 251-290

Backhaus, Klaus et al. (2010): Multivariate Analysemethoden, Eine anwendungsorientierte Einführung, Berlin et al. 2010

Barth, Regine et al. (2005): Umweltfreundliche öffentliche Beschaffung; Innovationspotentiale, Hemmnisse, Strategien, Heidelberg 2005

Blome, Constantin (2006): Öffentliches Beschaffungsmarketing, Das Kennzahlensystem für das Vergabemanagement, Wiesbaden 2006

(BMWi) Bundesministerium für Wirtschaft und Technologie (2011): Technologieoffensive des Bundesministeriums für Wirtschaft und Technologie (BMWi), Berlin 2011

Chin, Wynne W. (1998): Issues and opinion on structural equation modeling, in: Management Information Systems Quarterly, No. 1, 1998, S. 7-16

Chin, Wynne W./Newsted, Peter R. (1999): Structural equation modeling, Analysis with small samples using partial least squares, in: Hoyle, Rick H. (Hrsg.), Statistical strategies for small sample research, Thousand Oaks 1999, S. 307-341

Defranceschi, Peter et al. (2007): Der RESPIRO Leitfaden für sozial-verantwortliche Beschaffung im Baugewerbe, Freiburg 2007

Deutscher Bundestag (1998): Abschlussbericht der Enquete-Kommission "Schutz des Menschen und der Umwelt", Ziele und Rahmenbedingungen einer nachhaltig zukunftsverträglichen Entwicklung, Konzept Nachhaltigkeit – Vom Leitbild zur Umsetzung, Berlin 1998

Eßig, Michael (2008): Öffentliche Beschaffung, Bedeutung und Ansatzpunkte zur konzeptionellen Weiterentwicklung, in: Ursel, Sabine (Hrsg.), Best Practice in Einkauf und Logistik, Wiesbaden 2008, S. 295-303

Europäische Kommission (2001): Grünbuch, Europäische Rahmenbedingungen für die soziale Verantwortung der Unternehmen, 366 endgültig, Brüssel 2001

Europäische Kommission (2004): Buying Green, A handbook on environmental public procurement, Luxemburg 2004, online unter URL: http://ec.europa.eu/environment/gpp/pdf/buying_green_handbook_en.pdf [Stand 2011-01-31]

---

[50] Diese Einstellung spiegelt sich in den Interviews mit öffentlichen Beschaffern (aus den Ländern Deutschland, Großbritannien, Italien, Niederlande und Österreich) und Lieferanten wider.

Europäische Kommission (2010): Buying Social, A guide to taking account of social considerations in public procurement, Luxemburg 2010, online unter URL: http://ec.europa.eu/social/BlobServlet?docId=6457&langId=en [Stand 2011-01-31]

Europäische Kommission (2011): Europäische Kommission lanciert Konsultation zur Modernisierung des europäischen Markts für öffentliche Aufträge, Pressemitteilung vom 27.01.2011, IP/11/88, online unter URL: http://europa.eu/rapid/pressReleases Action.do?reference=IP/11/88&format=PDF&aged=0&language=DE&guiLanguage =en [Stand 2011-01-31]

Europäisches Parlament (2004): Richtlinie 2004/18/EG des Europäischen Parlaments und des Rates, Brüssel 2004

Europäisches Parlament (2006): Bericht über die soziale Verantwortung von Unternehmen, Eine neue Partnerschaft, Brüssel 2006

Götz, Oliver/Liehr-Gobbers, Kerstin (2004): Analyse von Strukturgleichungsmodellen mit Hilfe der Partial-Least-Squares(PLS)-Methode, in: Die Betriebswirtschaft, H. 6, 2004, S. 714-738

Götz, Walter (1999): Öffentliche Beschaffungsmärkte und Europarecht, Die Transparenz- und Teilnahmebestimmungen der Vergaberichtlinien im Lichte der Rechtsprechung des Europäischen Gerichtshofes, Frankfurt a. M. et al. 1999

Hansen, Ursula/Schrader, Ulf (2005): Corporate Social Responsibility als aktuelles Thema der Betriebswirtschaftslehre, in: Die Betriebswirtschaft, H. 4, 2005, S. 373-395

Henseler, Jörg (2005): Einführung in PLS-Pfadmodellierung, in: Wirtschaftswissenschaftliches Studium, H. 2, 2005, S. 70-75

ICLEI (2010): ICLEI – Local governments for sustainability, Local solutions to global challenges, Bonn 2010, online unter URL: http://www.iclei.org /About ICLEI [Stand 2011-01-31]

Jahn, Steffen (2007): Strukturgleichungsmodellierung mit LISREL, AMOS und SmartPLS, Eine Einführung, Chemnitz 2007

Jasper, Ute/Marx, Friedhelm (2009): Vergaberecht, München 2009

Jöreskog, Karl Gustav/Sörbom, Dag (1982): LISREL VI, Analysis of linear structural relationships by maximum likelihood, instrumental variables, and least square methods, Uppsala 1982

Jungclaus, Martina (2008): Öffentliche Beschaffung, Status quo und Perspektiven, in: Ursel, Sabine (Hrsg.), Best Practice in Einkauf und Logistik, Wiesbaden 2008, S. 287-294

Kuhlen, Beatrix (2005): Corporate Social Responsibility, Die ethische Verantwortung von Unternehmen für Ökologie, Ökonomie und Soziales, Baden-Baden 2005

Ringle, Christian Marc (2004): Messung von Kausalmodellen, Arbeitspapier Nr. 14 des Instituts für Industriebetriebslehre und Organisation an der Universität Hamburg, Hamburg 2004

Schapper, Paul R. et al. (2006): An analytical framework for the management and reform of public procurement, in: Journal of Public Procurement, H. 1/2, 2006, S. 1-26

Weiber, Rolf/Mühlhaus, Daniel (2010): Strukturgleichungsmodellierung, Eine anwendungsorientierte Einführung in die Kausalanalyse mit Hilfe von AMOS, SmartPLS und SPSS, Berlin 2010

Wiesner, Carmen (2005): „Corporate Social Responsibility" – Ethik, Kosmetik oder Strategie?, Über die Relevanz der sozialen Verantwortung in der Strategischen Unternehmensführung, Wien 2005

(WTO) Welthandelsorganisation (1994): Übereinkommen über das öffentliche Beschaffungswesen, Marrakesch 1994, online unter URL: http://www.admin.ch/ch/d/sr/i6/0.632.231.422.de.pdf [Stand 2011-01-11]

Die Rolle der Arbeitnehmervertretung im Nachhaltigkeitsmanagement kommunaler Unternehmen

Katrin Vitols

1 Einleitung

Kommunale Unternehmen sind in Deutschland nur zur Erfüllung eines öffentlichen Zwecks zulässig. Dieser Zweck besteht in Gemeinwohlbelangen, in der Verfolgung des sozialen Zusammenhalts und der Interessen der Gesellschaft insgesamt. Mit zunehmender Bedeutung von Nachhaltigkeit wird diese immer häufiger als Bestandteil des Gemeinwohls aufgefasst.[1] Allerdings ist die inhaltliche Ausgestaltung des Gemeinwohls nicht festgelegt, sondern muss im Pluralismus der kommunalen Politik in ständiger Auseinandersetzung mit den verschiedenen Interessen (neu) definiert werden. Auch die nachhaltige Unternehmensführung, CSR, ist nicht eindeutig definiert, sondern wird je nach Akteur und dessen Interessenlage unterschiedlich ausgefüllt. Im Allgemeinen steht CSR für eine freiwillige Unternehmensstrategie, die auf eine nachhaltige, langfristig orientierte Unternehmensentwicklung abstellt und auf dem Drei-Säulen-Modell von *John Elkington* basiert, das neben ökonomischen auch soziale und ökologi-

---

[1] Bereits im Jahr 1992 wurde im Rahmen der Agenda 21 der Konferenz für Umwelt und Entwicklung der Vereinten Nationen (UNCED) in Rio de Janeiro auf die Bedeutung der Nachhaltigkeit für die Kommunen hingewiesen. So besagt Kapitel 28 der Agenda, dass den Kommunen durch die Verwaltung und Errichtung der wirtschaftlichen, sozialen und ökologischen Infrastruktur sowie als Politik- und Verwaltungsebene, die den Bürgern am nächsten ist, eine entscheidende Rolle bei nachhaltigen Lösungsfindungen zukommt; vgl. Vereinte Nationen (1992).

sche Ziele aufeinander abgestimmt verfolgt.[2] Die integrative Betrachtung aller drei Zieldimensionen, die die Inhalte und Ziele von CSR ergeben, fällt bei verschiedenen Akteuren jedoch unterschiedlich aus.

In kommunalen Unternehmen kommt in erster Linie der öffentlichen Hand die Steuerungskompetenz zu. Sie übt aufgrund Eigentums, finanzieller Beteiligung, Satzung oder sonstiger Bestimmungen, die die Tätigkeit des Unternehmens regeln, unmittelbar oder mittelbar einen beherrschenden Einfluss aus.[3] Dem Demokratiegebot folgend müssen die politisch Verantwortlichen in der Kommune die Unternehmen zum Beispiel durch Besetzung der Aufsichtsgremien in kommunalen Unternehmen oder auch durch direkte politische Entscheidungen, etwa in Eigenbetrieben und öffentlichen Anstalten, steuern. Die Tätigkeit kommunaler Unternehmen ist Ausübung von Staatsgewalt und unternehmerisches Handeln zugleich.

Allerdings lassen sich viele unternehmerische Entscheidungen nicht über politische Einflussnahme „feinjustieren". Vielfach ist es gar nicht möglich, den kommunalen Unternehmen direkte Anweisungen zu erteilen, weil der detaillierte Einblick in die Unternehmen fehlt. Für das gemeinwohlorientierte Handeln kommunaler Unternehmen ist es daher ausschlaggebend, einen breiten Kreis von Stakeholdern in die Prozesse mit einzubeziehen. Das Drei-Säulen-Modell von CSR wird so manchmal auch um eine vierte, politisch-institutionelle Dimension ergänzt, die auf die Bedeutung von Partizipation[4] und Integration abhebt.[5]

Insbesondere den Beschäftigten der kommunalen Unternehmen und ihren Vertretern in Betriebs- und Personalräten kommt hierbei eine herausragende Bedeutung zu.[6] So stellen z. B. *Schedler* und *Siegel* fest, dass „es praktisch aussichtslos unvernünftig [wäre], die institutionalisierte Beschäftigtenvertretung

---

[2] Vgl. Elkington (1994).

[3] Vgl. Europäische Kommission (2010).

[4] S. dazu den Beitrag von Kluge und Schramm in diesem Band.

[5] Durch diese vierte Säule soll der Blick vor allem auf Umsetzungsaspekte und gesellschaftliche Voraussetzungen für CSR gelenkt werden. Allerdings steckt die Entwicklung der vierten Dimension noch in den Kinderschuhen; vgl. Konrad et al. (2006), S. 90.

[6] Die Kommunen nehmen ihre Aufgaben in vielfältigen öffentlich-rechtlichen und privatrechtlichen Rechts- und Organisationsformen wahr, wobei der Trend zu privatrechtlichen Rechts- und Organisationsformen geht. Arbeitnehmer in kommunalen Unternehmen, die in Privatrechtsform – meist als Aktiengesellschaft oder GmbH – geführt werden, werden nach dem Betriebsverfassungsgesetz durch Betriebsräte vertreten. In Kapitalgesellschaften können auch Mitbestimmungsregelungen des Drittelbeteiligungsgesetzes (DrittelbG) bzw. Mitbestimmungsgesetzes (MitBestG) für die Vertretung von Arbeitnehmern in Aufsichtsräten greifen. In kommunalen Unternehmen mit öffentlicher Rechtsform, wie Regiebetrieben oder Eigenbetrieben, werden die Arbeitnehmer von Personalräten repräsentiert. Personalräte stützen sich dabei auf die Personalrätevertretungsgesetze der Bundesländer. Insgesamt sind ihre Mitbestimmungs-, Mitwirkungs- und Anhörungsrechte nicht so stark wie die des Betriebsrates, da das Bundesverfassungsgericht für öffentlich-rechtliche Organisationen aus dem Demokratieprinzip ein Letztentscheidungsrecht abgeleitet hat.

ignorieren oder gar bekämpfen zu wollen,"[7] u. a. da nur durch die Mitarbeiter die vorgegebenen unternehmerischen Strategien verwirklicht werden können und „ein unnötiger Verzicht auf wertvolles Wissen und vor allem auf die Möglichkeit die Beschäftigtenvertretung im Sinne eines (strategischen) Ko-Managements in die Mitverantwortung für die mittel- und langfristige Entwicklung der Organisation zu nehmen"[8] unternehmerisch kontraproduktiv wäre. Als Stakeholder, welche kraft Gesetzes über ein Mitbestimmungsrecht verfügen, können Betriebs- und Personalräte die Beachtung von Arbeitnehmerinteressen auch im Rahmen freiwilliger CSR-Maßnahmen einfordern und im entscheidenden Maße dazu beitragen, dass diese auch umgesetzt werden.

In diesem Artikel wird aufgezeigt, welche Rolle die Arbeitnehmervertretung im Nachhaltigkeitsmanagement kommunaler Unternehmen spielen kann. Es werden Anknüpfungspunkte zu CSR, die sich aus der Personal- und Betriebsratsarbeit ergeben, benannt und eine Einschätzung zum Engagement von Betriebs- und Personalräten im Bereich CSR getroffen. Maßgeblich bestimmende Einflussfaktoren werden herausgearbeitet. Schließlich werden Handlungsempfehlungen gegeben, wie das Engagement der Arbeitnehmervertretung in kommunalen Unternehmen gefördert werden kann, sodass es einerseits die Einbindung der Beschäftigten in betriebliche Entscheidungsprozesse ausweitet und andererseits zur Steuerung des CSR-Managements in Richtung einer tragfähigen und zukunftsorientierten Nachhaltigkeitspolitik beiträgt.

2   Anknüpfungspunkte für die betriebliche Arbeitnehmervertretung im Bereich CSR

Für Betriebs- und Personalräte ergeben sich in erster Linie Anknüpfungspunkte zu CSR, wenn das unternehmerische Nachhaltigkeitsmanagement in Bereiche der Mitbestimmung oder in die enge Nähe hierzu fällt und damit in das normale Tagesgeschäft der Räte integriert werden kann. Hier kann der Betriebs- oder Personalrat die Instrumente des Betriebsverfassungsgesetzes bzw. der Personalvertretungsgesetze ausschöpfen und sich von der Nachhaltigkeitsdiskussion „inspirieren lassen, eventuell vernachlässigte Felder zu bearbeiten."[9] Im Betriebsverfassungsgesetz befinden sich sowohl soziale als auch ökologische CSR-Anknüpfungspunkte, und die Personalvertretungsgesetze beinhalten Punkte, die zumindest eine soziale Nachhaltigkeit nahelegen. So gehören z. B. verschiedene Anti-Diskriminierungsmaßnahmen zum allgemeinen Aufgabenbe-

---

[7] Schedler/Siegel (2004), S. 142.
[8] Schedler/Siegel (2004), S. 142.
[9] Zimmer (2006), S. 1.

reich der Betriebs- und Personalräte. Gleichzeitig gelten Maßnahmen zur Durchsetzung der Gleichstellung von Frauen und Männern, Vereinbarkeit von Familie und Beruf, Eingliederung Schwerbehinderter, Beschäftigung älterer Arbeitnehmer, Chancengleichheit aller Mitarbeiter auch zu den klassischen Feldern für soziale CSR-Aktivitäten im Unternehmen.

Mit Inkrafttreten des überarbeiteten Betriebsverfassungsgesetzes im Jahr 2001 sind auch Umweltschutzfragen in den allgemeinen Aufgabenkatalog des Betriebsrats aufgenommen worden. Relevante umweltschutzbezogene Regelungen im Betriebsverfassungsgesetz sind z. B. die Pflicht des Arbeitgebers, den Betriebsrat bei allen im Zusammenhang mit dem betrieblichen Umweltschutz stehenden Fragen hinzuzuziehen und ihm unverzüglich die den betrieblichen Umweltschutz betreffenden Auflagenanordnungen mitzuteilen (§ 106 BetrVG). Außerdem ist es Aufgabe des Betriebsrates, Maßnahmen des Arbeitsschutzes und des betrieblichen Umweltschutzes zu fördern und für deren Umsetzung einzutreten (§§ 80 und 89 BetrVG).

Ein zweites Standbein des betrieblichen Umweltschutzes mit Arbeitnehmereinbindung in Bezug auf CSR ist das Umweltmanagement. Teil des Umweltmanagements sind die durch die wachsenden Umweltanforderungen mit Beginn der 1990er Jahre oder auch im Zusammenhang mit der Implementierung der EMAS-Verordnung (Eco Management and Audit Scheme, auch EG-Öko-Audit Verordnung)[10] in vielen Unternehmen zentral eingerichteten Umweltausschüsse. Die Ausschüsse setzen sich im Allgemeinen aus Betriebsrat und Umweltbeauftragten des Managements zusammen. Zu den Themen, die in den Ausschüssen behandelt werden, zählen beispielsweise die Umweltpolitik des Unternehmens, Umweltziele, Reduktion der Schadstoffe, gefährliche Arbeitsstoffe und Abfallaufkommen, Durchführung betrieblicher Umwelt-Audits und Informationen über behördliche Auflagen und deren Einhaltung. In der Regel hat der Umweltausschuss Informations-, Beratungs- und Koordinierungsfunktionen und dient auch der Vorbereitung von Entscheidungen. Dazu kommen Beteiligungs- und Mitwirkungsrechte, die sich aus vielen umweltrelevanten Gesetzen wie dem Chemikaliengesetz, dem Kreislaufwirtschaftsgesetz und dem Bundesemissionsschutzgesetz ergeben. Nach *Arlt* et al. haben sich die betrieblichen Umweltausschüsse vielfach als zentrale Clearingstelle für alle Fragen des betrieblichen Umweltschutzes bewährt.[11]

---

[10] Die EMAS-Verordnung enthält auch ein Leitbild der Beteiligung, welches fordert, dass das Personal in Bezug auf ökologische Fragestellungen informiert und ausgebildet wird. Außerdem soll das Verantwortungsbewusstsein der Beschäftigten für die Umwelt gefördert werden, sodass sie sich der möglichen Auswirkungen ihrer Arbeit auf die Umwelt und dem ökologischen Nutzen eines verbesserten betrieblichen Umweltschutzes bewusst werden; vgl. Hildebrandt/Schmidt (2001), S. 249-252.

[11] Vgl. Arlt et al. (2007), S. 29-30.

Freiwillige Betriebsvereinbarungen und Dienstvereinbarungen stellen einen weiteren wichtigen Anknüpfungspunkt der Betriebsrats- und Personalratsarbeit im Bereich CSR dar. Durch Betriebs- und Dienstvereinbarung können z. B. Maßnahmen zur Verhütung von Arbeitsunfällen und Gesundheitsschädigungen, der betriebliche Umweltschutz, die Errichtung von Sozialeinrichtungen sowie die Bekämpfung von Rassismus und Fremdenfeindlichkeit im Betrieb geregelt werden.

In kommunalen Unternehmen, die über einen mit Arbeitnehmervertretern besetzten Aufsichtsrat verfügen, besteht außerdem die Möglichkeit der direkten Einwirkung auf CSR-Strategien über die Unternehmensleitung. So weisen z. B. *Reuter* und *Sahr* auf die steigende Bedeutung der Aufsichtsräte im Themenfeld CSR hin, was insbesondere durch die Diskussion um gute Unternehmensführung (Good Corporate Governance) befördert wurde.[12] Angesichts der Möglichkeit unternehmerischer Fehlentscheidungen und einer intensivierten Überwachungspflicht kann der Aufsichtsrat zum Beispiel darauf hinwirken, dass Unternehmensentscheidungen transparenter gestaltet und auf die sozialen, ökologischen und ökonomischen Kontexte in angemessener Weise ausgerichtet werden.[13]

3   Einschätzungen zum Ausmaß des CSR-Engagements von Betriebs- und Personalräten in kommunalen Unternehmen

Im Hinblick auf die Beteiligung von Arbeitnehmervertretern im Aufsichtsrat bei CSR-Themen liegen bisher keine Studien vor. Es scheint jedoch noch wenig der Fall zu sein, dass sich Arbeitnehmervertreter in Aufsichtsräten mit dem Thema CSR auseinandersetzen.[14]

Zum Themenkreis Arbeitnehmervertretung, CSR und kommunale Unternehmen liegen bisher ebenfalls keine Publikationen vor, die eine Einschätzung über die Rolle der Arbeitnehmervertretung zulassen. Es sind allerdings einige Studien vorhanden, die das Verhältnis von Mitbestimmung und CSR in der privaten Wirtschaft untersuchen.[15] Sie kommen zu dem Ergebnis, dass sich Betriebsräte bisher wenig im Bereich CSR engagiert haben.

---

[12] Vgl. Reuter/Sahr (2007).
[13] Auch der DGB vertritt die Meinung, dass Arbeitnehmervertreter verstärkt die Chance nutzen sollten, CSR-Themen als Teil der Unternehmensstrategie im Aufsichtsrat zu diskutieren. Sie könnten z. B. auf eine möglicherweise bestehende Diskrepanz zwischen dem öffentlich bekundeten Anspruch eines Unternehmens und der praktischen Umsetzung im Bereich Nachhaltigkeit hinweisen und auf Veränderungen hinwirken. Unterstützt werden sie hierbei durch § 90 des Aktiengesetzes, der ihnen diese Möglichkeit einräumt; vgl. Thannisch (2009), S. 336.
[14] Vgl. Beile et al. (2010), S. 136.
[15] Vgl. Beile et al. (2010); Hauser-Ditz/Wilke (2005); Mutz/Egbringhoff (2006).

Zwar nutzen Betriebsräte in den Bereichen, wo die soziale CSR-Dimension klassische Mitbestimmungsthemen berührt – wie Gesundheitsschutz der Beschäftigten oder soziale Einrichtungen für die Mitarbeiter – Handlungsmöglichkeiten, aber die ökologische und unternehmensexterne soziale CSR-Dimension findet kaum Beachtung. *Feuchte* bemerkt hierzu ferner, dass wenn Betriebsräte bislang in CSR einbezogen wurden, ihre Beiträge nicht grundsätzlicher bzw. entscheidender Natur waren.[16] Es handelt sich vielmehr um ihre Zustimmung zu bereits vom Management entwickelten Konzepten oder Berichten. Darüber hinaus sind einige wenige Betriebsräte auch in mitbestimmungsfernen Bereichen des Themenfeldes Nachhaltigkeit aktiv, insbesondere, wenn die unternehmerische Mitbestimmungskultur generell von einer hohen Einbindung der Arbeitnehmervertretung gekennzeichnet ist oder wenn einzelne Personen im Betriebsrat ein besonderes persönliches Engagement in diesem Feld aufweisen.[17]

Vieles weist daraufhin, dass diese Ergebnisse auch für die Arbeitnehmervertretung in kommunalen Unternehmen gelten. So weisen die für diesen Beitrag geführten nicht-repräsentativen Interviews[18] und die Literaturanalyse darauf hin, dass die Arbeitnehmervertretung kaum im Themenfeld eingebunden ist. CSR-Maßnahmen, die von Betriebs- oder Personalräten in kommunalen Unternehmen verfolgt werden, ergeben sich – wie auch in der privaten Wirtschaft – häufig direkt aus der Mitbestimmung und zielen so auch auf die interne soziale CSR-Dimension ab. Ausdrucksformen, die das CSR-Engagement der Arbeitnehmervertretung in kommunalen Unternehmen annehmen, sind z. B. häufig der Abschluss von Betriebs- und Dienstvereinbarungen (z. B. zum Betriebssport, zur Suchtprävention und Suchtbekämpfung, zur Ausbildung oder Beschäftigungssicherung). Vereinzelt kommen auch kurzfristige Aktionen, die in den Bereich Coporate Citizenship fallen, vor und das Engagement des einzelnen Beschäftigten ansprechen (z. B. materielle oder finanzielle Spendenaufrufe).

Stark im CSR-Bereich engagierte Betriebs- und Personalräte, die Anschlussmöglichkeiten für CSR an den eigenen Handlungsspielraum suchen und diese auch gegenüber dem Management einfordern, stellen aber auch in kommunalen Unternehmen eine Ausnahme dar. In einigen Fällen kennen Betriebs- und Personalräte die CSR-Initiativen ihres Unternehmens nicht einmal.

Hält man sich die in vielen Punkten an den Bereich Nachhaltigkeit grenzenden vielfältigen sozialen, wirtschaftspolitischen und ökologischen Aufgaben der

---

[16] Feuchte (2008).

[17] In einem Forschungsprojekt von Mutz und Egbringhoff (2006), das methodisch auf einer Interviewreihe mit 26 Konzern- und Gesamtbetriebsräten und CSR-Verantwortlichen aus zwanzig Großunternehmen basiert, entspricht dieser Typus 5 % des Samples.

[18] Für diesen Beitrag wurden im November 2010 vier Interviews mit Betriebs- und Personalräten sowie gewerkschaftlichen Vertretern geführt.

Kommunen vor Augen, so scheint es zunächst überraschend, dass die Arbeitnehmervertretung sich bisher noch wenig an der Ausgestaltung der Nachhaltigkeit beteiligt hat. Im nächsten Kapitel sollen Einflussfaktoren beschrieben werden, die den Umfang des Engagements der Betriebs- und Personalräte in kommunalen Unternehmen erklären.

4   Einflussfaktoren auf das CSR-Engagement von Betriebs- und Personalräten

Es gibt verschiedene Faktoren, die sich auf das CSR-Engagement der Arbeitnehmervertreter in kommunalen Unternehmen auswirken. Ein wichtiger Einflussfaktor ist das Wissen um CSR. So kann es sein, dass Arbeitnehmervertreter im Allgemeinen nicht die notwendigen Informationen und Fähigkeiten besitzen, um Nachhaltigkeitsinitiativen einzufordern. Die Neuheit des Themas, die Häufung englischer Bezeichnungen und der in der Regel hohe Abstraktionsgrad der CSR-Diskussion[19] wirken sich nachteilig auf eine Beteiligung aus. Vielfach werden die Arbeitnehmervertretungen außerdem vom Management gar nicht als relevanter Akteur wahrgenommen und so in die CSR-Strategie nicht eingebunden. Als problematisch erweist sich zuweilen auch die Belastung der Betriebsräte mit alltäglichen Aufgaben, die keine Möglichkeit bietet, sich neuer Themen anzunehmen.

Ein weiterer Einflussfaktor sind die Ansatzpunkte aus der unternehmerischen Tätigkeit des Unternehmens, die sich für die Arbeitnehmervertretung in Bezug auf CSR ergeben. In kommunalen Unternehmen, die sich in ihrer Geschäftstätigkeit mit Umweltfragen auseinandersetzen müssen, wie z. B. viele Ver- und Entsorgungsbetriebe, spielt die ökologische CSR-Dimension auch bei den Betriebs- und Personalräten eine große Rolle. In Unternehmen, deren Unternehmenszweck dagegen nicht so stark von solchen Fragen betroffen wird, ordnen die Betriebs- und Personalräte die Aufgabe des ökologischen nachhaltigen Handelns eher bestimmten Unternehmensbereichen zu. So wird erwartet, dass sich z. B. der Bereich Haustechnik um die Einführung Energie und Ressourcen sparender Maßnahmen kümmert. Gleiches trifft auch in Hinblick auf die unternehmensexterne soziale CSR-Dimension zu, wo nach Meinung von Betriebs- und Personalräten z. B. die Einkaufsabteilung sich um die Einhaltung von CSR-Standards (wie ILO-Kernarbeitsnormen bei Lieferanten) bemühen soll.

Darüber hinaus folgen Betriebs- und Personalräte häufig einer von der Mitbestimmung geprägten Handlungslogik. So setzen sie sich in dem eigentlich von

---

[19] S. auch Thannisch (2009), S. 336.

Freiwilligkeit gekennzeichnetem Feld der CSR für verpflichtende Steuerungs- und Regulierungsformen ein, indem sie verlangen, z. B. zu den bedeutenderen CSR-Initiativen Betriebs- und Dienstvereinbarungen abzuschließen. Gleichzeitig nehmen sie auch Gesetzesregelungen, wie die Vergaberichtlinien in Berlin und Bremen, zum Anlass, um auf mehr CSR hinzudrängen. Den im Bereich CSR häufig vom Management favorisierten und angewandten freiwilligen Verhaltenskodizes messen sie dagegen kaum Bedeutung bei.

5 Handlungsempfehlungen für mehr Engagement

Kommunale Unternehmen sollten durch ihren öffentlichen Zweck und ihre Verpflichtung auf das Gemeinwohl einer sozial und ökologisch orientierten Nachhaltigkeit dienen. Sie sind dabei einem breiten Spektrum an Erwartungen ausgesetzt, die sich aus den kommunalen struktur-, sozial-, haushalts- und umweltpolitischen Zielsetzungen ergeben und nur unter Einbindung von Stakeholdern erfüllt werden können. Betriebs- und Personalräte stellen eine der wichtigsten Stakeholdergruppen dar. Der Beitrag hat aufgezeigt, dass es eine Reihe von Anknüpfungspunkte für Betriebs- und Personalräte in kommunalen Unternehmen gibt, sich im Bereich CSR zu engagieren. Jedoch hat sich die Arbeitnehmervertretung in der Vergangenheit außerhalb von eng an die Mitbestimmung anliegenden sozialen CSR-Maßnahmen, die auf die eigenen Beschäftigten abzielen, bisher kaum mit dem Themenfeld auseinandergesetzt. Einflussfaktoren, die hierbei eine Rolle spielen, sind vor allem fehlende Kompetenzen der Betriebsrats- und Personalratsvertreter im Bereich CSR, fehlende Ansatzpunkte im Unternehmen und eine an der Mitbestimmung orientierte Handlungslogik.

Es ist allerdings wichtig für Betriebs- und Personalräte, sich im Themenbereich CSR zu engagieren. In einem Unternehmen, das sich zur Übernahme gesellschaftlicher Verantwortung bekennt, besteht z. B. eher eine Chance für die Arbeitnehmervertreter, Investitionen in das Humankapital gegenüber dem Management gezielt zu thematisieren und soziale Fragen stärker in den Blickpunkt zu rücken. Betriebs- und Personalräte sollten deshalb auch im eigenen Interesse Mitwirkungsmöglichkeiten im CSR-Bereich stärker nutzen. *Hauser-Ditz* und *Wilke* gehen sogar davon aus, dass die Arbeitnehmervertreter vor der Wahl stehen: Entweder sie verhalten sich weitgehend passiv und überlassen Unternehmen, Beratern und NGOs das Feld, verlieren somit auch an Definitionsmacht, oder sie bringen sich in das Feld ein und nutzen die Chance, Arbeitnehmervertreter als einen der Hauptakteure für die Wahrnehmung sozialer und ökologischer Verantwortung zu etablieren.[20] So müssten die Arbeitnehmervertreter im eigenen Interesse zwangsläufig fordern, dass sie in die Entscheidungsfindungsprozesse im Bereich Nachhaltigkeit eingebunden werden.

Sie können hier einerseits von den politisch Verantwortlichen, die auf das kommunale Unternehmen einwirken, unterstützt werden, indem diese als Promotoren wirken und ein CSR-Engagement unter Einbindung der Beschäftigten anregen. Andererseits ist es auch wichtig, dass Betriebs- und Personalräte ihr Wissen im Bereich CSR ausweiten. Hier spielen Gewerkschaften, die im Bereich Mitbestimmung vielfach beratend und unterstützend tätig sind, eine entscheidende Rolle. Betriebs- und Personalräte werden im Allgemeinen durch die Vereinte Dienstleistungsgewerkschaft, Ver.di, repräsentiert, die sich in der Vergangenheit mehrfach für mehr Nachhaltigkeit ausgesprochen hat. Ver.di hat sich z. B. für einen ökologisch orientierten Wandel eingesetzt und auch in der jüngsten Grundsatzerklärung die ökologische Nachhaltigkeit als eine zentrale gesellschaftspolitische Leitvorstellung definiert.[21] In Bezug auf unternehmensexterne soziale Belange unterstützt Ver.di die Kampagne für saubere Kleidung[22] und den Runden Tisch Verhaltenskodizes.[23] Vertreter von Ver.di engagieren sich außerdem im CorA-Netzwerk.[24]

Allerdings fehlen bisher klare gewerkschaftliche Stellungahmen und praxisnahe Handlungsempfehlungen zum Umgang der betrieblichen Arbeitnehmervertretung mit CSR. Die Aufforderung der Gewerkschaft zum Handeln richtet sich häufig an andere Akteure, wie Arbeitgeber oder Politik, nicht aber an den eigenen Mitgliederkreis. So mangelt es an Informationen, wie CSR-Themen unter Mitwirkung der Arbeitnehmervertretung in ein Unternehmen hereingetragen werden können, welche Punkte es zu beachten gilt, um CSR-Maßnahmen im

---

[20] Vgl. Hauser-Ditz/Wilke (2005).

[21] Vgl. BMU/Ver.di (2007); Ver.di (2010).

[22] Die 1990 gegründete niederländische Kampagne für saubere Kleidung (Clean Clothes Campaign, CCC) will die Öffentlichkeit über die menschenunwürdigen Arbeitsbedingungen in Teilen der Bekleidungs- und Sportschuhindustrie aufklären. Das Netzwerk hat 1998 den Verhaltenskodex „Code of Labour Practices for the Apparel Industry Including Sportwear" aufgestellt, der auf ILO-Standards aufbaut und neben den Kernarbeitsnormen auch Arbeitsplatzsicherheit, Arbeitszeiten und Löhne umfasst. Ziel der Kampagne ist es, die Einzelhandelsunternehmen zur Einhaltung von sozialen Mindeststandards bei der Herstellung aller Kleidungsprodukte durch die Unterzeichnung des Verhaltenskodexes zu verpflichten.

[23] Der „Runde Tisch Verhaltenskodizes" arbeitet auf eine verbesserte Umsetzung von Arbeits- und Sozialstandards bei Zulieferern in Entwicklungsländern hin. Er geht auf eine europäische Initiative, die „Initiative Européene pour une production et une consommation ethiques" (IEPCE), zurück, die am 17. Dezember 1999 in Brüssel gegründet wurde.

[24] Das CorA-Netzwer – CorA steht für Corporate Accountability – tritt für eine überprüfbare gesellschaftliche Rechenschaftspflicht der Unternehmen ein. Das Netzwerk fordert politische Instrumente, mit denen Unternehmen verpflichtet werden sollen, die Menschenrechte sowie international anerkannte soziale und ökologische Normen zu respektieren.

Sinne der Beschäftigten zu gestalten und um aufzuklären, welche konkreten CSR-Maßnahmen von der Arbeitnehmervertretung selbst veranlasst werden können. Das Potenzial der kommunalen Unternehmen, sich gesellschaftlich zu engagieren, ist bei Weitem noch nicht ausgeschöpft. so dass es für Ver.di durchaus sinnvoll wäre, die Betriebs- und Personalräte hier stärker zu unterstützen und zu politisieren, um ihren Einfluss auch über die Vertretung von Arbeitnehmerinteressen im engeren Sinne hinaus auszubauen.

Als positives Beispiel zur Förderung der ökologischen CSR-Dimension kann das Engagement britischer Gewerkschaften herangezogen werden: Unison, die britische Gewerkschaft des öffentlichen Dienstes, hat im Rahmen eines breit angelegten Projektes vom TUC (Trade Union Congress)[25] z. B. mehrere Initiativen zur „Grünung des Arbeitsplatzes" gestartet.[26] Unison stellt ihren Mitgliedern u. a. konkrete praxisnahe Handlungsanweisungen zu einem umweltfreundlicheren Handeln am Arbeitsplatz zur Verfügung. Diese betreffen etwa die Themen nachhaltige Mobilität, effizienter Umgang mit Strom, Wasser und Ressourcen, Recycling und Müllvermeidung. Die Gewerkschaft übernimmt außerdem die Weiterbildung von Mitgliedern, die sich stärker mit weiteren Möglichkeiten der „Grünung von Arbeitsplätzen" im Unternehmen auseinandersetzen möchten.

Zur Förderung der externen sozialen CSR-Dimension könnten Internationale Rahmenvereinbarungen (International Framework Agreements, IFAs) Anknüpfungsmöglichkeiten liefern. Die Rahmenvereinbarungen werden eigentlich zwischen transnationalen Unternehmen, internationalen Gewerkschaften und der Arbeitnehmervertretung des Unternehmens vereinbart und sichern fundamentale soziale Rechte an allen Standorten ab, wobei sie sich auf Formulierungen internationaler Arbeitsrichtlinien stützen und auch einen formalen Monitoring- und Verifizierungsprozess vorgeben. Da sie aber häufig auch die Zuliefererkette erfassen, könnten sie auch für kommunale Unternehmen interessante Anknüpfungspunkte bieten, z. B. wie bei der unternehmensexternen Leistungserbringung (Outsourcing) die soziale Nachhaltigkeitsdimension gewahrt werden kann.

Betriebs- und Personalräte haben eine Reihe von Möglichkeiten, ihre Rolle im Bereich von CSR wirkungsvoll wahrzunehmen und zu stärken, wie die Beispiele gezeigt haben. CSR ist für viele Arbeitnehmervertreter allerdings nach wie vor ein undefiniertes und unbestelltes Feld, das in ihrem eigenen Interesse als Herausforderung angenommen werden muss.

---

[25] TUC ist der größte britische Gewerkschaftsdachverband mit 65 Mitgliedsgewerkschaften und ca. 6,5 Millionen Gewerkschaftsmitgliedern.
[26] Vgl. Unison (2008).

Literatur

Arlt, Hans-Jürgen et al. (2007): Beiträge der Gewerkschaften zu einer innovationsorientierten Umweltpolitik, Ein Policy-Paper, Umweltbundesamt, Texte, Nr. 33, Berlin 2007

Beile, Judith et al. (2010): Corporate Social Responsibility (CSR) und Mitbestimmung, Düsseldorf 2010

(BMU) Bundesministerium für Umwelt, Naturschutz und Reaktorsicherheit/Ver.di (2007): Umweltdienstleistungen, Gute Arbeit für die Zukunft, Gemeinsames Papier von Bundesumweltministerium und Verdi, Berlin, 4. Dezember 2007

Elkington, John (1994): Towards the sustainable corporation, Win-win-win business strategies for sustainable development, in: California Management Review, No. 2, 1994, S. 90-100

(EU) Europäische Kommission (2010): Gesetz zur Umsetzung der Richtlinie 2000/52/EG der Kommission vom 26. Juli 2000 zur Änderung der Richtlinie 80/723/EWG über die Transparenz der finanziellen Beziehungen zwischen den Mitgliedstaaten und den öffentlichen Unternehmen (Transparenzrichtlinie-Gesetz – TranspRLG), Brüssel 2010

Hauser-Ditz, Axel/Wilke, Peter (2005): Corporate Social Responsibility, Soziale und ökologische Verantwortung von Unternehmen, Eine Betriebsrätebefragung zu den Handlungsfeldern für Arbeitnehmervertretungen, Arbeitspapier, Hans-Böckler-Stiftung, Düsseldorf 2005

Hildebrandt, Eckhart/Schmidt, Eberhard (2001): Nachhaltigkeit als Herausforderung für Gewerkschaftspolitik, Handlungsanforderungen und Handlungskapazitäten von en für Nachhaltigkeit, in: Abel, Jörg/Sperling, Hans Joachim (Hrsg.), Umbrüche und Kontinuitäten, Perspektiven nationaler und internationaler Arbeitsbeziehungen, München/Mering 2001, S. 239-254

Konrad, A. et al. (2006): Empirical Findings on Business-Society Relations in Europe, in: Journal of Business Ethics, No. 65, 2006, S. 89-105

Mutz, Gerd/Egbringhoff, Julia (2006): Corporate Social Responsibility und Corporate Citizenship, Die Rolle der Arbeitnehmervertretung und Auswirkung auf die Beschäftigten, in: Backhaus-Maul, Holger et al. (Hrsg.), Corporate Citizenship in Deutschland, Bilanz und Perspektiven, Wiesbaden 2006, S. 219-236

Reuter, Rudolf/Sahr, Karin (2007): Soziale Verantwortung, Ein Thema für den Aufsichtsrat?, in: Der Aufsichtsrat, Nr. 04, 2007

Schedler, Kuno/Siegel, John Phillip (2004): Strategisches Management in Kommunen, Ein integrativer Ansatz mit Bezug auf Governance und Personalmanagement, Düsseldorf 2004

Thannisch, Rainald (2009): Corporate Social Responsibility, in: Arbeitsrecht im Betrieb (AiB), H. 6, 2009, S. 334-338

Unison (2008): Greening the workplace, UNISON's policy on climate change, the environment and the workplace, London 2008

Ver.di (2010): Grundsatzerklärung der ver.di, beschlossen vom Gewerkschaftsrat am 18. März 2010, online unter URL: http://kiel-ploen.verdi.de/chronik/2010/20100416 [Stand 2010-12-01]

Vereinte Nationen (1992): Agenda 21 in deutscher Übersetzung, Dokumente, Konferenz der Vereinten Nationen für Umwelt und Entwicklung, Rio de Janeiro/Brasilien, 03.-14.06.1992

Zimmer, Reingard (2006): Corporate Social Responsibility, Ausübung sozialer Verantwortung aus Sicht des Unternehmens, in: Blanke, Thomas/Breisig, Thomas (Hrsg.), Wirtschaftswissen für den Betriebsrat, Kompetent handeln - aktiv mitgestalten, Loseblattwerk, Lieferung April 2006

Verantwortung Compliance – Integrität als Bestandteil gesellschaftlicher Verantwortung

Annette Kleinfeld und Anke Kettler

1 Einleitung

In der klassischen Betriebswirtschaftsliteratur wird man den Begriff Compliance vergeblich suchen. Dennoch ist Compliance, unabhängig von der jeweiligen Begriffsauffassung und entsprechenden Umsetzung, nicht Trend, sondern im vergangenen Jahrzehnt zu einer zentralen Aufgabe der Unternehmenssteuerung, -führung und -überwachung geworden (Corporate Governance).[1]

Seit Mitte der 70er Jahre berichten die Medien mit zunehmender Aufmerksamkeit über Fehlverhalten, bevorzugt von (prominenten) Repräsentanten öffentlicher und privater Unternehmen wie auch der Politik.[2] Das Augenmerk richtet sich stark auf Korruptionsfälle[3] und andere wirtschaftskriminelle Delikte,

---

[1] Vgl. Wecker/van Laak (2008) S. 29
[2] Vgl. u. a. Stierle (2008), S. 13.
[3] Vgl. zur Korruption in kommunalen Unternehmen z. B. Bekemann (2007), S. 4 ff.

zunehmend aber auch auf ethisch relevante Verfehlungen von Trägern bedeutender öffentlicher Ämter oder des Top-Managements in Großkonzernen. Die Privatwirtschaft, allen voran die großen international tätigen Unternehmen, hat auf die damit verbundenen materiellen und Image-Risiken reagiert und in den vergangenen Jahren in den Aufbau umfassender präventiv wirksamer Compliance-Managementsysteme (nachfolgend auch Compliance-Systeme genannt) investiert.

Unternehmen sind mitunter gesetzlich oder vertraglich dazu verpflichtet, entsprechende Systeme oder Elemente eines Compliance-Managements umzusetzen, da sie beispielsweise dem Deutschen Corporate Governance Kodex unterliegen oder als an internationalen Börsen gelistete Unternehmen spezielle Regeln oder Richtlinien zur Sicherstellung integrer Geschäftspraktiken erfüllen müssen. Eine verschärfte Gesetzgebung mit dem Ziel der Verbesserung der Corporate Governance beinhaltet beispielsweise das 2009 in Kraft getretene Bilanzrechtsmodernisierungsgesetz (BilMoG),[4] das sich vorwiegend an Unternehmen mit Kapitalmarktausrichtung richtet, aber auch Auswirkungen für kommunale Unternehmen hat. Für die öffentliche Verwaltung wurde erstmals 1998 die 2004 überarbeitete Richtlinie der Bundesregierung zur Korruptionsprävention in der Bundesverwaltung[5] veröffentlicht, 2009 trat der Public Corporate Governance Kodex des Bundes[6] in Kraft. Nicht zuletzt sind es die veränderten Erwartungen und Forderungen nach einem fairen und ethisch vertretbaren Wirtschaftsverhalten, die von Lieferanten, in- und ausländischen Kunden sowie der Gesellschaft im Allgemeinen an Organisationen herangetragen werden, die dem Thema Compliance zu dem bedeutenden Stellenwert verholfen haben, den es heute für private und öffentliche Unternehmen hat.

Während die Privatwirtschaft bereits einschlägige Erfahrungen mit der Umsetzung von Compliance gesammelt hat, stehen heute auch die kommunalen Unternehmen zunehmend in der Verantwortung, sich dieses Themas systematisch anzunehmen: „Fast jede dritte Behörde (29 %) wurde in den letzten zwei Jahren Opfer mindestens einer strafbaren Handlung."[7] Gerade kommunale Unternehmen haben also offensichtlich einen großen Handlungsbedarf, sich mit der Prävention von Fehlverhalten auseinanderzusetzen. Dabei geht es darum, auch in der Kommunalwirtschaft mit Hilfe geeigneter Managementsysteme und Maßnahmen wirksame Ansätze zur kontinuierlichen Aufdeckung, Aufklärung und vor allem Prävention von Korruption und anderen Formen von Fehlverhalten zu entwickeln.

---

[4] Vgl. z. B. Klüwer/Marsch-Barner (2009).
[5] Die Bundesregierung (2004).
[6] Vgl. BMF (2009).
[7] Salvenmoser et al. (2010), S. 11.

Die Anfang 2011 in deutscher Sprache veröffentlichte Leitfadennorm ISO 26000 (Leitfaden zur Wahrnehmung gesellschaftlicher Verantwortung) empfiehlt, dass Organisationen aller Art, unabhängig von ihrer Inhaberstruktur, Rechtsform, Größe oder Standort, „faire Betriebs- und Geschäftspraktiken" [8] systematisch in ihrer Organisationspraxis verankern sollten. Die in dieser ersten Fassung nicht für eine Zertifizierung vorgesehen internationale Norm erklärt das Thema Compliance zu einem von sieben Kernthemen der Wahrnehmung gesellschaftlicher Verantwortung von Organisationen. Kommunale Unternehmen, die im Dienst der Öffentlichkeit stehen und sich folglich gegenüber der Gesellschaft in besonderem Maße verantwortlich fühlen sollten, sind gut beraten, sich an den Empfehlungen der ISO 26000 zu orientieren. Denn als weltweit anerkannter internationaler Referenzstandard zur Wahrnehmung gesellschaftlicher Verantwortung enthält er zugleich Empfehlungen, die „State of the Art" sind.

Für kommunale Unternehmen stellt sich die Frage, wie ein Compliance-System zu gestalten und zu verankern ist, um ihren spezifischen Gegebenheiten zu genügen. Der vorliegende Beitrag wird dieser Fragestellung nachgehen und dafür zunächst ein Verständnis von Compliance entwickeln, das auf dem Prinzip der Integrität aufbaut und moralisch-ethische sowie sozialwissenschaftliche Aspekte von Compliance einbezieht. Es wird ein Überblick gegeben über die heute in der Praxis als zentral geltenden Handlungsfelder eines Compliance- bzw. Integritätsmanagements. Ein Anliegen dieses Beitrags besteht darin, die in der Praxis etablierten Compliance-Systeme auf Basis wissenschaftlicher Erkenntnisse kritisch zu würdigen und – mit Blick auf die speziellen Anforderungen kommunaler Unternehmen – zu hinterfragen, inwieweit beispielsweise eine Zunahme von Richtlinien, Anweisungen und Kontrollen und eine damit einhergehende weitere Formalisierung und Bürokratisierung zielführend sind. Dabei wird herausgearbeitet, ob und wenn ja, durch welche Erkenntnisse kommunale Unternehmen von den Erfahrungen der Privatwirtschaft lernen können.

2   Compliance und Integrität: von der reinen Überwachung zur Förderung moralischer Werteorientierungen

Um entscheiden zu können, worin die Verantwortung kommunaler Unternehmen im Handlungsfeld Compliance besteht, ist es notwendig, eine Begriffsabgrenzung vorzunehmen, und zwar sowohl hinsichtlich dessen, was Compliance definitionsgemäß ist, als auch im Hinblick auf die Zielsetzungen, die damit verfolgt werden. Die Tatsache, dass sich Compliance letztlich an das Verhalten der Orga-

---

[8] Vgl. ISO 26000 (2011), S. 72 ff.

nisationsmitglieder und damit an Personen richtet, erfordert darüber hinaus die Berücksichtigung normativ-ethischer und sozialwissenschaftlicher Erkenntnisse. Auf der einen Seite von Compliance steht die Sicherstellung der Erfüllung betriebswirtschaftlicher Anforderungen nach Maßstäben der Legalität, Effizienz und Effektivität, auf der anderen Seite der Mensch mit seinen eigenen Zielset-zungen, Moral- und Wertvorstellungen, der seine Leistung zur Erreichung der organisationalen Zielsetzungen einbringt. Die Erfahrung aus der Unternehmens-praxis zeigt, dass angewandte Compliance-Systeme die Bedeutung ethischer Aspekte und solcher, die das kollektive menschliche Verhalten innerhalb von Organisationen betrachten, nicht ausreichend berücksichtigen. Emergente Phäno-mene bzw. Prozesse,[9] also jede Form von Verhalten, das sich außerhalb des unmittelbar Plan- und Steuerbaren in Organisationen abspielt (z. B. informelle Sozialkontrolle),[10] nehmen informell Einfluss auf menschliches Verhalten und können so zum Teil stärkere Wirkungen entfalten als formelle Regelungen und Richtlinien.

Compliance-Systeme, die zu einseitig auf formale Vorgaben und Kontrolle abheben, fördern das Menschenbild eines „fehlerbereiten" und kontrollbedürfti-gen Beschäftigten. Unter Umständen erfüllen sie damit zwar ihren Zweck, kön-nen sich aber gleichzeitig negativ auf andere erfolgsrelevante Faktoren auswir-ken, wie etwa auf die Zufriedenheit, Motivation, Identifikation und Produktivität der Beschäftigten.

2.1 Compliance

Der englische Begriff Compliance bedeutet wörtlich übersetzt Einhaltung, Über-einstimmung, Erfüllung, Beachtung oder Befolgung. Weit verbreitet ist der Begriff in der Medizin, wo er die Bereitschaft und Mitwirkung von Patienten beschreibt, die verordneten therapeutischen Maßnahmen einzuhalten.

Für die Bedeutung des Begriffs im Unternehmenskontext existieren in der Literatur unterschiedlich weite bzw. enge Definitionen.[11] Während enge Defini-tionen vorwiegend auf Rechtskonformität und deren Überwachung abstellen (Legal Compliance), beschreiben weiter gefasste Definitionen Compliance als Management-Modelle oder -Systeme, mit deren Hilfe Fehlverhalten innerhalb der Organisation und innerhalb ihres Einflussbereiches vermieden, entdeckt und nachverfolgt wird. Bei allen Definitionen steht Fehlverhalten im Sinne von vor-sätzlichem und rechtswidrigem Verhalten (z. B. Untreue, Unterschlagung, Mani-

---

[9] Zu emergenten Prozessen vgl. z. B. Schreyögg (2008), S. 339-400.
[10] Vgl. z. B. Peters (2000).
[11] Vgl. Wieland (2010), S. 18 ff.

pulation, Bestechung) im Vordergrund. Weite Definitionen beziehen größtenteils auch die Überwachung der Einhaltung von Normen, Leitlinien und Verhaltensstandards mit ein, die Organisationen sich selbst geben, die aber häufig wiederum an rechtlich relevanten und durch den Geschäftszweck gebotenen Aspekten (z. B. internationale Normen und Abkommen) festgemacht sind.

Im Public Corporate Governance Kodex des Bundes von 2009 wird Compliance wie folgt definiert: „Die Geschäftsleitung hat für die Einhaltung der gesetzlichen Bestimmungen und der unternehmensinternen Richtlinien zu sorgen und wirkt auch auf deren Beachtung durch die Konzernunternehmen hin."[12] An anderer Stelle ergänzt der Kodex „Compliance umfasst alle Maßnahmen, die gewährleisten sollen, dass das Unternehmen, die Geschäftsleitung und auch die Mitarbeiter im Einklang mit Recht und Gesetz handeln."[13] Diese Begriffsfassung stellt sehr auf den legalen Charakter von Compliance ab.

Ohne an dieser Stelle eine zusätzliche Definition von Compliance in den Raum stellen zu wollen, ist festzuhalten, dass Compliance verstanden als reine Legal Compliance zu kurz greift. Sowohl privatwirtschaftlichen als auch kommunalen Unternehmen wird daher empfohlen, mit einer umfassenderen Begriffsfassung zu arbeiten. Vor dem Hintergrund der negativen Erfahrungen aus der Unternehmenspraxis mit kontrolllastigen Compliance-Systemen wird vielmehr vorgeschlagen, bei deren Gestaltung verstärkt ethische Aspekte einzubeziehen. Der Gegenstand von Compliance wird dabei um Maßnahmen zur Herstellung und Stärkung organisationaler Integrität erweitert.

2.2 Integrität

Compliance in einer weniger engen Definition als der oben aufgezeigten zu verstehen und um eine normativ-ethische und sozialwissenschaftliche Sichtweise zu erweitern, erlaubt es, auch den Anforderungen an das menschliche Verhalten, die die Grundlage gelebter Compliance bilden, gerecht zu werden. Eine wesentliche Aufgabe der Prävention von Fehlverhalten besteht darin, eine entsprechende *Haltung* bei den Organisationsmitgliedern zu fördern und über kollektive Moralvorstellungen und Werteorientierungen „anständiges Verhalten" im jeweiligen sozialen System zur Norm werden zu lassen.

Der Kriminologe *Kai Bussmann* beschreibt die Wirkung von Moral und Werten als Filter, der im Falle einer Gelegenheit, eine Straftat zu begehen, im Entscheidungskalkül noch vor rationalen Überlegungen über das subjektiv ein-

---

[12] BMF (2009), S. 13.
[13] BMF (2009), S. 10.

geschätzte Entdeckungsrisiko zum Tragen kommt.[14] Eine Person wägt also im
Normalfall zunächst ab, ob sie eine mögliche Straftat mit ihren Moralvorstellungen vereinbaren kann, bevor sie darüber nachdenkt, wie groß die Gefahr ist, als
Täter ertappt zu werden. Moral und Werte haben für die Prävention von Korruption und anderen Formen von Fehlverhalten in Unternehmen demnach eine sig-
nifikante Bedeutung. Das Betrachtungsfeld „klassischer" Compliance-Ansätze
ist daher in Richtung eines ethisch fundierten Integritätsbegriffs zu öffnen.

In seiner ursprünglichen Bedeutung steht der Begriff Integrität für Makello-
sigkeit, Unbescholtenheit oder Unbestechlichkeit. In der Philosophie bezeichnet
Integrität in der humanistischen Auseinandersetzung die Übereinstimmung von
persönlichem Anspruch mit gelebter Wirklichkeit.[15]

Während Compliance eher als Aufgabe verstanden werden kann, auf rechts-
und richtlinienkonformes Verhalten von Organisationsmitgliedern einzuwirken
und die Folgen von Entscheidungen und Aktivitäten der Organisation zu über-
wachen, zielt der Integritätsgedanke auf die moralische und damit qualitativ-
bewertende Dimension von Verhalten ab. Integres Verhalten von Organisationsmitgliedern kann dann beschrieben werden als in der Praxis gezeigtes Verhalten,
das übereinstimmt mit den Werten und mit dem ethischen Anspruch, für den die
Organisation selbst stehen will. Bei einem reinen Compliance-Ansatz wird also
eine Entscheidung durch Rekurs auf die formalisierten Gesetze, Richtlinien oder
Grundsätze begründet werden. Bei einem um den Integritätsgedanken erweiter-
ten Compliance-Ansatz, hier als Integritäts-Ansatz (Integrity-Ansatz)[16] bezeichnet, hingegen kann eine Entscheidung oder Handlung auch über die Rechtskonformität hinaus damit legitimiert werden, dass sie mit den ethischen Maßstäben
im Einklang steht, zu denen sich die Organisation bekennt. Beispielsweise durch
Rekurs auf den Grundsatz, stets offen und fair mit ihren Kunden und Geschäftspartnern umzugehen.

Für die Gestaltung eines geeigneten, sowohl sach- als auch personenge-
rechten Compliance-Systems sollten kommunale Unternehmen folglich im Vorfeld überlegen, wie viel formale Anweisungen und Überwachung ihre Organisation überhaupt (noch) verträgt und wie hoch die Erfolgswahrscheinlichkeit ist,
wenn sich ihre Mitglieder stattdessen auf organisationseigene, ethisch rückge-
bundene Grundsätze und Orientierungen einigen. Voraussetzung ist im einen wie
im anderen Fall, dass die Führungskräfte in der Lage und willens sind, ihre Führungsaufgabe in entsprechend vorbildlicher Weise wahrzunehmen und sich
selbst konsequent und konsistent integer zu verhalten.

---

[14] Vgl. Bussmann (2004), S. 38 f.
[15] Vgl. z. B. Pollmann (2005).
[16] Vgl. Kleinfeld (2003), S. 68 ff.

Entscheidungsgrundlage sollte dabei auch das vorherrschende Menschenbild in der eigenen Organisation sein, auf dessen Basis bestehende Strukturen und Prozesse stets gestaltet werden.

2.3 Compliance unter dem Gesichtspunkt des vorherrschenden Menschenbildes in einer Organisation

In jeder Organisation herrscht implizit ein bestimmtes Menschenbild vor, welches alle Ebenen der Organisation prägt: von der Ausgestaltung der Strukturen und Prozesse über die Art und Weise von Kontrollsystemen, der Architektur und Anordnung von Firmengebäuden und Arbeitsplätzen bis hin zum gewohnten Umgang der Mitglieder untereinander. Die Basis sind entsprechende Riten, Normen und Wertvorstellungen, die von den meisten Organisationsmitgliedern im Kontext der organisationalen Aufgabenerfüllung geteilt und gelebt werden, wenn auch häufig unbewusst.

Edgar Schein sieht im Menschenbild eine jener grundlegenden Annahmen, die ursächlich sind für die Ausprägung und Entwicklung einer spezifischen Unternehmenskultur.[17] Die Unternehmenskultur entsteht beginnend mit der Unternehmensgründung in einem komplexen Prozess durch soziale Interaktion der Unternehmensmitglieder. Unternehmenskulturen sind aus diesem Grund einzigartig.

Die Ausgestaltung eines Compliance-Systems sollte zum Menschenbild und der davon geprägten Unternehmenskultur einer Organisation passen, um dort keine störenden Gegenreaktionen oder Abwehrhaltungen hervorzurufen.[18] In der Praxis entstehen gerade hier viele Reibungsverluste, da strenge Compliance-Programme auf Organisationskulturen treffen, die in ihren Beschäftigten mündige Personen sehen und ihnen seit jeher Vertrauen und Freiräume einräumen. In diesem Kontext werden Compliance-Maßnahmen oft als „Entmündigung" oder „Misstrauensvotum" empfunden, das Compliance-Programm von vornherein negativ besetzt.

Ein typisches Beispiel sind Geschenke-Richtlinien, die es Angestellten in kommunalen Unternehmen von heute auf morgen ausnahmslos untersagen, Geschenke jedweder Art anzunehmen und ihnen damit die Fähigkeit absprechen, selbst zu bewerten und zu entscheiden, ob das Geschenk sie gegenüber Dritten in irgendeiner Form bestechlich oder „geneigt" machen würde. In der Praxis erlebbar sind in der Folge Reaktionen wie Irritation, Frustration und teilweise sogar Angst, letzteres nicht nur bei den kommunalen Beschäftigten selbst, sondern

---

[17] Zur Unternehmenskultur vgl. Schein (1985); Schreyögg (2008), S. 363 ff.
[18] Vgl. Kleinfeld/Kettler (2006).

auch bei den Mitarbeitern anderer Unternehmen, von denen plötzlich nicht einmal mehr ein Werbekalender angenommen werden darf.

Hinzu kommt, dass die neuen Vorgaben und Compliance-Maßnahmen häufig auf ein fehlendes Verständnis für deren Sinn und Zweck treffen. Die Beschäftigten können sich damit nicht identifizieren bzw. fühlen sich als potentielle Gefahrenquelle für die Organisation unter Generalverdacht gestellt. Fehlende Akzeptanz von Compliance mit der Gefahr der Missachtung von Regeln und Richtlinien oder gar dem Anreiz, nach den berühmten Lücken im Regelwerk zu suchen, können die Folge sein.

In der Managementliteratur wird die Bedeutung des Menschenbildes für Organisationen häufig mit der Theorie X und Theorie Y von *McGregor* eingeführt als idealisierte Extreme über die Grundauffassung menschlicher Motive bei der Arbeit.[19] Theorie X sieht in dem Menschen eine von Natur aus arbeitsunwillige Person, die vor allem auf Sicherheit aus ist, keine Verantwortung übernehmen möchte und darum bemüht ist, mit wenig Einsatz möglichst viel aus ihrer Arbeit für sich herauszuziehen. Die organisationale Antwort auf ein derartiges Menschenbild sind bürokratische Strukturen und Prozesse, die auf Befehl, Kontrolle und Bestrafung aufbauen. Beschäftigte, denen auf diese Weise begegnet wird, werden sich in der Regel tatsächlich nur noch an ihre Pflichten halten und weniger Einsatz bei der Arbeit zeigen. Dem gegenüber stellt *McGregor* mit der Theorie Y das andere Extrem: ein Menschenbild, wonach die Person von Natur aus zielorientiert, eigeninitiativ und kreativ arbeitet und von sich aus nach der Übernahme von Verantwortung sucht. Dieses Menschenbild führt zu einer komplett anderen Organisationsgestaltung, die darauf ausgerichtet ist, die menschlichen Bedürfnisse nach Entwicklung und Selbstentfaltung in der Arbeit zu erfüllen und auf diese Weise intrinsisch zu motivieren. Es findet eine positive Verstärkung statt und Beschäftigte werden produktiv und motiviert an die Arbeit gehen, sofern sie damit höhere persönliche Bedürfnisse befriedigen möchten, wie sie beispielsweise die *Maslow*sche Bedürfnishierarchie[20] vorschlägt.

Wird Compliance also zu sehr als Überwachungs- und Reglementierungsaufgabe wahrgenommen, wird unweigerlich ein Menschenbild im Sinne der Theorie X befördert. Für viele Unternehmen bedeutet dies jedoch die Rückkehr zu Managementansichten, die längst überholt sind. Die gesamte Geschichte der Organisations- und Managementtheorie[21] vom Taylorismus über den Bürokratieansatz *Max Webers*, die Human Relations- und Human Resources-Bewegung bis hin zu heutigen Ansätzen, beschreibt im Grunde eine stetige Entwicklung von der Theorie X hin in Richtung Theorie Y. Die Bedürfnisse des Menschen und

---

[19] Vgl. McGregor (1960), im Überblick und weiterführend auch Schreyögg (2008), S. 192 ff.
[20] Zur Bedürfnishierarchie s. Maslow (1981).
[21] Vgl. z. B. Kieser (2006).

deren Befriedigung sind ein essentieller Faktor, den es bei der Organisationspla-
nung, -steuerung und -überwachung zu berücksichtigen gilt. Ein Managementsystem zur Verhaltenssteuerung in einer Organisation, das dem nicht in ausrei-
chendem Maße Rechnung trägt, widerspricht demnach allen Erkenntnissen und
Erfahrungen einer zeitgemäßen Organisations- und Managementlehre und
bedeutet einen Rückschritt für die Organisation zu Lasten des Menschen und
seines erfolgsrelevanten Potentials.

Die Rahmenbedingungen für die Wirtschaftstätigkeit kommunaler Unter-
nehmen haben sich in den letzten Jahren drastisch gewandelt und damit auch die
Anforderungen an die Gestaltung der Unternehmenssteuerung.[22] Kommunale
Wirtschaftsunternehmen verfügen heute über breit qualifiziertes Personal, wenden gezielt Steuerungsinstrumente und Managementmodelle beispielsweise zur
Qualitätssicherung an und verstehen sich zunehmend als Dienstleister. Es ist
davon auszugehen, dass sich das vorherrschende Menschenbild in kommunalen
Unternehmen mit ihrer historisch gewachsenen bürokratischen Prägung zuneh-
mend in Richtung Theorie Y bewegt bzw. bereits bewegt hat.

Ein Compliance-System sollte auch den Bedürfnissen und Motiven der
Beschäftigten Rechnung tragen und nicht primär durch zusätzliche Betriebsvereinbarungen, Richtlinien und Vorschriften zu einer nicht mehr handhabbaren
Informationsfülle führen. Ein nachgewiesener Grund für Korruption in Unternehmen ist das Informationsdefizit von Beschäftigten, weil sie mit der Menge
der Regelungen schlicht überfordert sind, sowie die Tatsache, dass Beschäftigte
in korruptionsgefährdeten Bereichen nicht ausreichend geschult und für Fehlverhalten und Korruption sensibilisiert werden.[23] Gemeinsame Werte und ethische
Orientierungen können demgegenüber zur Reduktion von Komplexität beitragen
und im Sinne eines wertschätzenden Menschenbildes analog zur Theorie Y
integre Entscheidungen und Bürokratieabbau fördern.

2.4 Kritische Würdigung des Compliance-Begriffs

In kommunalen Unternehmen sind Anglizismen wie der Begriff Compliance
nicht immer angebracht; einige kommunale Unternehmen lehnen diese sogar
kategorisch ab. Dem lässt sich hinzufügen, dass ca. 60 % der deutschen Bevölkerung kein Englisch spricht.[24] Aus diesem Grund sollte gründlich abgewogen werden, wie die Compliance-Aufgabe in der eigenen Organisation bezeichnet wird

---

[22] Vgl. Tegtmeier (2008).
[23] Vgl. Stierle (2008), S. 65 f.
[24] Vgl. Krüger (2008).

und die Verwendung des Compliance-Begriffs für die interne Kommunikation hinterfragt werden.

Compliance stößt nicht selten auf Nichtverständnis oder Missverständnis. Im schlimmsten Fall wird damit der Aufbau eines „internen Polizeistaats" assoziiert, der den Beschäftigten auf die Finger schaut, gezielt nach Fehlverhalten sucht und viel Angriffsfläche für Unkollegialität und Denunziantentum bietet. Die Einführung eines Compliance-Systems und spezifischer Maßnahmen, wie etwa einer Hinweisgeber-Hotline oder eines externen Ombudsmanns, kann zu Unruhe unter der Belegschaft führen mit der Folge sinkender Produktivität, weil durch das Ausdiskutieren von Gerüchten im sogenannten „Flurfunk" wertvolle Ressourcen und Zeit verloren gehen.

Ein weiteres Argument, dem Compliance-Begriff kritisch zu begegnen, ergibt sich für kommunale Unternehmen des Gesundheitswesens, weil dieser dort bereits anderweitig fest belegt ist.[25]

In der Unternehmenspraxis lassen sich unterschiedliche Bezeichnungen finden: so ergab eine eigene stichpunktartige Internetrecherche auf Homepages und in Geschäftsberichten die folgenden Ergebnisse: Werte- und Compliance-Management (z. B. Deutsche Telekom), Integritätsmanagement (z. B. Deutsche Gesellschaft für Internationale Zusammenarbeit) Ethik-Management (z. B. HiPP), Compliance (z. B. Siemens).

Kommunale Unternehmen, die ihre Compliance-Verantwortung personen- und sachgerecht erfüllen möchten, sollten sich zunächst überlegen, worin genau sie ihre diesbezüglichen Aufgaben sehen und wie sie die damit verbundenen Zielsetzungen an ihre Beschäftigten herantragen können. Dabei ist es durchaus möglich, Compliance einen ganz anderen, organisationsspezifischen bzw. -adäquaten Namen zu geben. Wesentlich für die Akzeptanz und Wirkung ist, dass die damit verfolgten Zielsetzungen von den Beschäftigten verstanden und aktiv von Führungskräften und Belegschaft unterstützt werden.

Für diesen Beitrag werden im Folgenden die Begriffe Integritätsmanagement und Integritätssystem gewählt, um der oben erläuterten Bedeutung von Ethik und Werten bei der Vermeidung von Korruption im Speziellen und Fehlverhalten im Allgemeinen Rechnung zu tragen.

---

[25] S. Abschnitt 2.1.

3 Verantwortung für Compliance ganzheitlich wahrnehmen: die Handlungsfelder des Integritätsmanagements

Compliance als Förderung und Sicherung von Integrität ist als ganzheitliche organisationale Aufgabe zu verstehen, die sich prozessual sowie im Sinne eines kontinuierlichen Verbesserungsprozesses durch alle Funktionen und Bereiche der Organisation zieht. Bei der Entwicklung und sukzessiven Umsetzung eines entsprechenden Managementsystems bzw. bei der Integration in ein bestehendes Managementsystem gibt es zentrale Handlungsfelder, die einer unternehmensgerechten Ausgestaltung bedürfen.

Abbildung 1 zeigt einen Überblick der zentralen Handlungsfelder eines ganzheitlich ausgerichteten Integritätsmanagements in kommunalen und privatwirtschaftlichen Unternehmen, der auf der Grundlage internationaler Anforderungen und Bewertungsstandards, wie etwa dem ComplianceProgramMonitor (CPM) [26] des Zentrums für Wirtschaftsethik (ZfW) gGmbH, entwickelt und im Zuge eigener Beratungs- und Auditierungsprojekte zu diesen Themen empirisch unterfüttert wurde.

Abbildung 1:   Handlungsfelder eines ganzheitlichen Integritätsmanagements

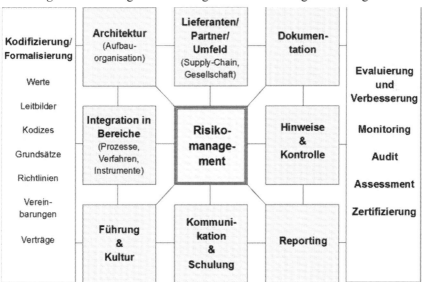

---

[26] Vgl. Zentrum für Wirtschaftsethik (2011).

Abschließend werden diese Handlungsfelder in ihrem Zusammenhang und in ihrer Bedeutung für kommunale Unternehmen kurz skizziert.

3.1 Risikomanagement als Herzstück

Herzstück des Integritätsmanagements ist die Kenntnis der Compliance- und Integritätsrisiken des eigenen Unternehmens. Dem Aufbau eines entsprechenden Managementsystems sollte aus diesem Grund eine gründliche Analyse vergangener, aktueller und künftig wahrscheinlicher Risiken vorausgehen. Ziel und Reichweite einer entsprechenden Risikoanalyse werden auch hier von dem zugrundeliegenden Verständnis von Compliance bzw. Integrität abhängen.

In kommunalen Unternehmen ist in der Regel bereits eine Form von Risikomanagement vorhanden, wobei der Schwerpunkt auf der Betrachtung von Finanzrisiken liegt und der gesetzlich vorgeschriebenen Einhaltung bestimmter Governance-Pflichten durch Aufsichtsgremien und der Unternehmensleitung folgt, wie sie beispielsweise durch das Gesetz zur Kontrolle und Transparenz im Unternehmensbereich (KonTraG) aus dem Jahr 1998 und durch BilMoG geregelt sind.[27]

Für ein Integritätsmanagement in dem hier erörterten Sinn greift diese Form von Risikomanagement zu kurz. Ausgehend von den mit Compliance im Sinne des Integritäts-Ansatzes verfolgten Zielen sollte ein Risikomanagement alle Bereiche und Themen abbilden sowie in regelmäßigen Abständen aktualisieren, die zu materiellen und Imageschäden für das Unternehmen führen können.

Stierle nennt verschiedene unternehmensinterne und unternehmensexterne Ursachen für Korruption in öffentlichen und privaten Unternehmen (s. Tabelle 1).[28]

Wird Compliance bzw. die Sicherung organisationaler Integrität als Kernthema gesellschaftlicher Verantwortung aufgefasst, empfiehlt die ISO 26000 zur Bestimmung der Reichweite der Verantwortung die Einbindung der Anspruchsgruppen (Stakeholder).[29] Unter Anspruchsgruppen werden dabei interne und externe Personen sowie Organisationen und die ökologische Umwelt verstanden, die aufgrund von nicht integren Entscheidungen und Aktivitäten der Organisation Schaden nehmen. Die Berücksichtigung von integritätsrelevanten Stakeholder-Risiken entspricht einer sehr weiten Fassung von Compliance, die jedoch nach ISO 26000 für die Wahrnehmung gesellschaftlicher Verantwortung zentral ist.

---

[27] Vgl. Wieland (2010), S. 54.
[28] Vgl. Stierle (2008), S. 60 ff.
[29] Vgl. zur Identifizierung und Einbindung der Anspruchsgruppen ISO 26000 (2010), S. 33 ff.

Die Verantwortung von Unternehmen besteht demnach einerseits darin, nicht integres Verhalten im eigenen Unternehmen zu vermeiden, andererseits aber auch darin, auf integres Verhalten von externen Personen oder Institutionen, wie beispielsweise Lieferanten oder Geschäftspartnern, aktiv einzuwirken, sofern auf diese Einfluss oder Kontrolle (auch im Sinne von de facto Kontrolle) ausgeübt werden kann.[30]

Tabelle 1: Ursachen für Korruption

Unternehmensinterne Ursachen für Korruption		
Schwachstellen in der Personalpolitik	Schwachstellen im Bereich der Organisation	Schwachstellen in der betrieblichen Beschaffungspolitik
• Falsches Vorbildverhalten von Führungskräften • Vernachlässigung der Dienstaufsicht • Mangelnde Mobilitätsbereitschaft der Mitarbeiter • Informationsdefizite • Finanzielle Probleme bei Mitarbeitern • Mangelnde Loyalität • Unzureichende Anreiz- und Sanktionssysteme • Mängel in der Unternehmenskultur	• Dezentralisierung von Beschaffungsentscheidungen • Unzureichende Transparenz betrieblicher Handlungen • Unzureichende Bestimmung von Handlungsspielräumen	• Hohe Bedeutung des Beschaffungswesens in öffentlichen Unternehmen • Vergaberecht (VOB, VOL) in der öffentlichen Auftragsvergabe
Unternehmensexterne Ursachen für Korruption		
Wertewandel Wettbewerbsdruck Wachstum von öffentlichen Unternehmen		

Quelle: eigene Darstellung in Anlehnung an Stierle (2008), S. 60 ff.

---

[30] Vgl. zur Bestimmung des Einflussbereiches gesellschaftlicher Verantwortung ISO 26000 (2010), S. 102 f.

3.2 Verhaltensmaßstäbe in Unternehmen setzen

Eine Bewertung der identifizierten Integritätsrisiken bzw. Stakeholder-Risiken sollte Aufschluss darüber geben, wie wahrscheinlich es ist, dass entsprechendes Fehlverhalten auftritt, wie schwer die möglichen negativen Auswirkungen für betroffene Stakeholder und das Unternehmen sind und ob es bereits Regeln, Richtlinien oder andere Dokumente gibt, in denen der Umgang mit entsprechenden Situationen geklärt ist.

Alle formalen Dokumente zur Prävention von Fehlverhalten in Form von Anweisungen, Belehrungen, Richtlinien, Regeln oder Verfahrensbeschreibungen sollten diesen identifizierten Risiken Rechnung tragen. Sie sind meist sehr konkret und auf spezifische Sachverhalte und Situationen bezogen. Aufgrund der Informationsvielfalt in Unternehmen sollten entsprechenden Dokumente dahingehend geprüft werden, wie wirksam sie nicht integrem Verhalten vorbeugen und ob dahinter eventuell auch allgemeine Anforderungen an integres Verhalten stehen, wie beispielsweise die Ausrichtung an den Grundsätzen der Transparenz, Fairness oder Ehrlichkeit.

Da sich nicht alle Situationen und Eventualitäten in eine formale Regelung überführen lassen, spielen integritätsförderliche Leitbilder, Grundsätze (z. B. Code of Conduct, Code of Ethics) und Grundwerterklärungen, die ein unternehmensspezifisches Wertefundament kodifizieren und einen eher allgemeingültigen Charakter haben, als komplementäre Orientierung eine besonders wichtige Rolle.[31]

Letztlich verfügt jedes Unternehmen über ein Set an allgemeinen Verhaltensorientierungen und anlass- und situationsbezogenen Regeln, Richtlinien, Vorschriften und Anweisungen. Die Dokumentenvielfalt ist in der Praxis und hier besonders in kommunalen Unternehmen zum Teil sehr groß, so dass es für die verantwortlichen Führungskräfte und die Beschäftigten nicht einfach ist, alle Dokumente, deren Inhalte, Bedeutungen und Zusammenhänge zu kennen bzw. zu verstehen. Hinzu kommt, dass allgemein gehaltene Werteorientierungen einer Klärung und Einübung im täglichen aufgabenbezogenen Kontext bedürfen. Der internen Kommunikation ebenso wie der Schulung von Führungskräften und Beschäftigten in integritätskritischen Bereichen kommt daher im Rahmen des Integritätsmanagements eine bedeutende Aufgabe zu.[32]

Bei der Gestaltung von Beziehungen zu Lieferanten und Geschäftspartnern wird in der Praxis zunehmend auch von Externen erwartet, bestimmte Integritätsanforderungen einzuhalten und dies gegenüber ihren Auftraggebern entsprechend nachzuweisen.

---

[31] Vgl. z. B. Wieland (2007), S. 98 ff.
[32] Vgl. z. B. Kleinfeld/Müller-Störr (2010).

3.3 Wie integres Verhalten in das Unternehmen gelangt

Kommunale Unternehmen werden mit der Definition des Gegenstandes ihres Integritäts- bzw. Compliance-Managements, der Beschreibung von Risiken und der Klärung von Zielsetzungen zunächst eine Entscheidung darüber treffen, wo das Thema organisatorisch verankert wird, d. h. welche Personen bzw. Abteilungen für den Aufbau und die Umsetzung des Integritätsmanagements verantwortlich sind. Während große Unternehmen eigene Abteilungen oder Verantwortlichkeiten für diese Funktion geschaffen haben, ist die Aufgabe des Integritäts- oder Compliance-Verantwortlichen in kleineren Unternehmen häufig an bereits bestehende Funktionen gekoppelt.

In kommunalen Unternehmen lässt sich generell eine stärkere Verortung von Compliance in den Bereichen Recht und Revision, im internen Kontrollsystem sowie im Qualitätsmanagement und/oder dem Personalmanagement feststellen.[33] Je nachdem, wie weit Compliance bzw. Integritätssicherung gefasst werden, haben mehrere unterschiedliche Unternehmensbereiche einen Bezug dazu, namentlich sind das neben den oben genannten beispielsweise die Abteilungen Datenschutz, interne Kommunikation, Beschaffung und das Rechnungswesen. Zudem sollten Organisationen bei der Schaffung einer entsprechenden Aufbauorganisation die Rolle des Betriebsrats für dieses Thema bestimmen.

Zur Aufbauorganisation eines Integritätsmanagements gehören je nach Unternehmensgröße ein oder mehrere Hauptverantwortliche, die für die Gestaltung und Implementierung zuständig sind und an die Geschäftsführung oder den Vorstand berichten.[34] Ferner richten die meisten Unternehmen ein Komitee ein, in dem bereichsübergreifend über die Ausgestaltung des Integritätsmanagements und über konkrete Fälle beraten und entschieden wird. Für große oder dezentral organisierte Unternehmen empfiehlt es sich, Verantwortliche für das Thema Integrität bzw. Compliance in den verschiedenen Unternehmensbereichen zu benennen. Eine wichtige Entscheidung ist die bezüglich eines vertraulichen Ansprechpartners in Integritätsfragen. In der Praxis nicht nur kommunaler Unternehmen hat sich die Einbindung einer externen Ombudsperson bewährt,[35] die im Unterschied zu internen Ansprechpartnern auch anonyme Hinweise über Fehlverhalten annehmen und nachverfolgen kann.

Letztlich sollte die Verantwortung für die Verankerung integren Handelns in der Organisation zentraler Bestandteil der Führungsverantwortung sein. Organisations- und Personalführung ist aus diesem Grund ein wichtiges Handlungsfeld eines wirksamen Compliance- oder Integritätsmanagements. Dabei geht es

---

[33] Vgl. z. B. Brüner/Raddatz (2010), S. 139.
[34] Vgl. z. B. Wecker/van Laak (2008), S. 60 f.
[35] Vgl. z. B. Jäger et al. (2009), S. 89.

einerseits darum, dass die Führungskräfte in der Lage sind bzw. dazu befähigt werden, die Inhalte des Integritätsmanagements personengerecht an ihre Mitarbeiter zu vermitteln, in ihrem jeweiligen Bereich umzusetzen und in die Prozesse und Steuerungsinstrumente zu integrieren (formale Führungsaufgabe). Einigen Bereichen, wie dem Personalwesen und dem Einkauf, kommt dabei eine besondere Bedeutung zu. Andererseits muss von Führungskräften erwartet werden können, dass sie sich vorbildlich verhalten, indem sie selbst die Regeln und Richtlinien konsequent einhalten und werteorientiertes Entscheiden und Verhalten täglich vorleben. Darin liegt eine wesentliche Voraussetzung, damit integritätsförderliche Werte und Orientierungen mit der Zeit zum festen Bestandteil der Unternehmenskultur werden können, die dann wiederum implizit, also unbewusst, integres Verhalten im Unternehmen steuert (informelle Führung). Generell sollte Ziel von Führung in diesem Kontext sein, die Entwicklung einer Integritätskultur im eigenen Unternehmen zu fördern.[36]

Der spektakuläre „Fall Siemens" belegt eben diese Bedeutung der Wirkung von Kultur für das Integritätsmanagement. Denn hier handelte es sich mitnichten um die berühmten „Einzelfälle". Nicht integres Handeln, so die Analyse von *Grieger*, war bei Siemens im Laufe der Jahre zum Bestandteil der Unternehmenskultur geworden.[37] Die Schaffung eines riesigen „Compliance-Überwachungsapparates" war daher auch nicht die letzte Antwort des Konzerns auf die medienwirksame und teure Korruptionsaffäre. Heute setzt er zusätzlich auf eine stärkere Orientierung an Werten und verpflichtet sich zu ethischem und verantwortungsvollem Handeln als eine seiner drei zentralen Werteorientierungen.[38]

3.4 Wahrnehmung von Verantwortung glaubwürdig umsetzen und kontinuierlich verbessern

Aufgrund der möglichen Schwere der Folgen von Fehlverhalten für Unternehmen ist eine konsequente und prozesshafte Umsetzung eines Integritätsmanagements unerlässlich. Unternehmen, die aufgrund von Fehlverhalten in die Medien gelangen, haftet der Imageverlust teilweise über Jahrzehnte an, auch wenn sie längst umfassende Systeme zur Prävention von Fehlverhalten erfolgreich etabliert haben. Ein wirksames und glaubwürdiges Integritätsmanagement zeichnet sich durch Konsequenz und Konsistenz aus. Es verfügt sowohl über angemessene Instanzen und Wege, um Kenntnis über Fehlverhalten zu erlangen, als auch über die notwendigen Sanktionsmechanismen.

---

[36] Vgl. Maak/Ulrich (2007), S. 337 ff.
[37] Vgl. Grieger (2009), S. 103 ff.
[38] Vgl. Siemens AG (2009), S. 48.

Neben den erwähnten internen Ansprechpartnern und externen Ombudspersonen nutzen große Unternehmen häufig Telefon-Hotlines oder anonym nutzbare, internetbasierte Hinweisgebersysteme.[39] In diesem Zusammenhang wird in der Praxis von Whistleblowing gesprochen, einem Begriff der meist völlig falsch verstanden und mit „Verpfeifen" übersetzt wird, obwohl er eigentlich dem Sport entlehnt ist und als Ermahnung zum Fair Play bzw. als Alarmsignal zu interpretieren ist. Das so verstandene Whistleblowing dient dazu, außerhalb des Dienstweges oder jenseits der Hierarchie einen vertraulichen Informationsprozess anzustoßen, um sich gegen Verhalten oder Praktiken zu wenden, die als illegal oder illegitim für das Gemeinwohl empfunden werden, ohne damit eigene materielle Interessen zu verfolgen.[40]

Große kommunale Unternehmen sollten eine Nutzung derartiger Instrumente für sich in Erwägung ziehen. Für ihre Einführung und Implementierung ist jedoch eine gut geplante, kultursensible Kommunikation notwendig, die das vorherrschende Menschenbild im Unternehmen berücksichtigt und Akzeptanz für das Thema schafft.

Im Umgang mit Vorfällen von Fehlverhalten sind klare Kommunikations- und Berichtswege festzulegen und auch eine an interne und externe Adressaten gerichtete Krisenkommunikation vorauszuplanen. Zur Herstellung von Glaubwürdigkeit und auch für die Berichterstattung an Überwachungsorgane, den Vorstand und die Geschäftsführung ist zudem eine sorgfältige Dokumentation des Integritätsmanagements und aller damit verbundenen Maßnahmen sinnvoll. Darüber hinaus ist bereits aus rechtlichen Gründen die Dokumentation konkreter Vorfälle notwendig, wobei auch dabei relevante gesetzliche Auflagen, wie insbesondere die des Datenschutzes, einzuhalten sind.[41]

Neben der Berichterstattung an interne Organe wird zunehmend in Geschäftsberichten über Compliance berichtet. In den kommenden Jahren wird sich zeigen, inwieweit mögliche Erwartungen der Gesellschaft zu einer Berücksichtigung des Themas in der Nachhaltigkeits- oder CSR-Berichterstattung[42] führen werden. Die ISO 26000 spricht klare Empfehlungen für eine angemessene, externe Kommunikation über die Wahrnehmung gesellschaftlicher Verantwortung aus mit dem Ziel der Schaffung von Transparenz und Glaubwürdigkeit. Informationen in dem gesamten Kontext gesellschaftlicher Verantwortung sollten demnach vollständig, verständlich, interessensbezogen, ausgewogen, zeitgerecht und leicht zugänglich sein.[43]

---

[39] Vgl. z. B. Tur (2010).
[40] Vgl. Leisinger (2003), S. 57.
[41] Vgl. z. B. Wybitul (2009).
[42] S. dazu die Beiträge von Brandl und Gebauer in diesem Band.
[43] Vgl. ISO 26000 (2011), S. 107 f.

Eine regelmäßige Überprüfung der Umsetzung und Qualität des Integritätsmanagements ist Voraussetzung für die zeitnahe Berücksichtigung möglicher veränderter Rahmenbedingungen und für die kontinuierliche Verbesserung. Kommunale Unternehmen können hier zwischen Selbstbewertungen oder externen Bewertungen und Zertifizierungen zu verschiedenen, bereits bestehenden Leitlinien oder Standards, wie dem bereits erwähnten CPM oder dem Prüfungsstandard zu den Grundsätzen ordnungsmäßiger Prüfung von Compliance Management Systemen (IDW EPS 980),[44] wählen. Dass in Zukunft auch zertifizierbare Standards basierend auf ISO 26000 bzw. einer entsprechenden internationalen Folgenorm zur Verfügung stehen werden, gilt derzeit ebenfalls als wahrscheinlich.

4 Fazit und Ausblick

Mit diesem Beitrag wurde die Compliance-Verantwortung, die kommunale Unternehmen zum Schutz ihres Unternehmens vor materiellen und Imageschäden haben, im Kontext eines ganzheitlichen Integritäts-Ansatzes betrachtet und dabei auf die Bedeutung von Menschenbild, Unternehmenskultur und ethischen Wertvorstellungen abgehoben. Es wurde aufgezeigt, dass und wie diese Faktoren im Rahmen eines entsprechenden Integritätsmanagement-Ansatzes zum Tragen kommen und in der Praxis heute umgesetzt werden. Bei der Gestaltung eines Integritätsmanagements können sich kommunale Unternehmen grundsätzlich an den Erfahrungen der Privatwirtschaft orientieren. Darüber hinaus wurde Compliance in Verbindung mit Integrität als eines der sieben Kernthemen der ISO 26000 beschrieben und dafür sensibilisiert, dieses Thema künftig unter dem großen Dach der Wahrnehmung gesellschaftlicher Verantwortung zu begreifen. Compliance wird so zur notwendigen Aufgabe einer nachhaltigen Unternehmensführung, wodurch Organisationen ihren letztlich wichtigsten Beitrag zur nachhaltigen Entwicklung der Gesellschaft leisten können und sollen.

Literatur

Bekemann, Uwe (2007): Kommunale Korruptionsbekämpfung, Stuttgart 2007
Brüner, Franz-Hermann/Raddatz, Ilka (2010): Herausforderung an Compliance hinsichtlich der Korruptionsbekämpfung in der Öffentlichen Verwaltung, in: Wieland, Josef et al. (Hrsg.), Handbuch Compliance-Management, Berlin 2010, S. 137-145

---

[44] Vgl. IDW (2010).

(BMF) Bundesministerium der Finanzen (2009): Grundsätze guter Unternehmensführung im Bereich des Bundes, online unter URL: http://www.bundesfinanzministerium.de /Wirtschaft und Verwaltung/Bundesbeteiligung und Bundesanstalt für Immobilien-aufgaben/Public Corporate Governance Kodex [Stand 2011-03-03]

Bussmann, Kai-D. (2004): Kriminalprävention durch Business Ethics, Ursachen von Wirtschaftskriminalität und die besondere Bedeutung von Werten, in: Zeitschrift für Wirtschafts- und Unternehmensethik (zfwu), H. 1, 2004, S. 35-50

Die Bundesregierung (2004): Richtlinie der Bundesregierung zur Korruptionsprävention in der Bundesverwaltung vom 30.07.2004, online unter URL: http:// www.verwaltungsvorschriften-im-internet.de/bsvwvbund_30072004_ 04634140151.htm [Stand 2011-03-03]

Grieger, Jürgen (2009): Korruption und Kultur bei der Siemens AG, Eine Handlungs-Struktur-Analyse, in: Graeff, Peter et al. (Hrsg.), Der Korruptionsfall Siemens, Analysen und praxisnahe Folgerungen des wissenschaftlichen Arbeitskreises von Transparency International Deutschland, Baden-Baden 2009, S. 103-130

(IDW) Institut der Wirtschaftsprüfer (2010): IDW EPS 980 Grundsätze ordnungsmäßiger Prüfung von Compliance Management Systemen, in: FN-IDW, H. 1, 2011, S. 25 ff., online unter URL: http://www.idw.de/idw/portal/n281334/n281114/ n281116/ index.jsp [Stand 2011-03-03]

ISO 26000 (2011): DIN ISO 26000:2011-01, Leitfaden zur gesellschaftlichen Verantwortung (ISO 26000:2010)

Jäger, Axel et al. (2009): Praxishandbuch Corporate Compliance; Grundlagen, Checklisten, Implementierung, Weinheim 2009

Kieser, Alfred (2006): Organisationstheorien, Stuttgart 2006

Kleinfeld, Annette/Müller-Störr, Clemens (2010): Die Rolle von interner Kommunikation unter interaktiver Schulung für ein effektives Compliance-Management, in: Wieland, Josef et al. (Hrsg.), Handbuch Compliance-Management, Berlin 2010, S. 395-414

Kleinfeld, Annette/Kettler, Anke (2006): Ethisch fundiertes Wertemanagement als kultur-relevanter Veränderungsprozess in Organisationen, in: Forum Wirtschaftsethik, H. 2, 2006, S. 7-17

Kleinfeld, Annette (2003): Werte und Wertemanagement, Schlüssel zur integren Organi-sation, in: Schlegel, Alexander (Hrsg.), Wirtschaftskriminalität und Werte; Theoreti-sche Konzepte, Empirische Befunde, Praktische Lösungen, Nordhausen 2003, S. 46-78

Klüwer, Bettina/Marsch-Barner, Reinhard (2009): BilMoG, Änderungen im Gesell-schaftsrecht, Berlin 2009

Krüger, Sönke (2008): Warum Leser keine Anglizismen mögen, in: Welt Online vom 18.11.2008, online unter URL: http://www.welt.de/debatte/kolumnen/wortgefecht/ article2678288/ Warum-Leser-keine-Anglizismen-moegen.html [Stand 2011-03-03]

Leisinger, Klaus M. (2003): Whistleblowing und Corporate Reputation Management, München 2003

Maak, Thomas/Ulrich, Peter (2007): Integre Unternehmensführung, Ethisches Orientie-rungswissen für die Wirtschaftspraxis, Stuttgart 2007

Maslow, Abraham H. (1981): Motivation und Persönlichkeit, Hamburg 1981

McGregor, Douglas (1960): The Human Side of Enterprise, New York 1960

Peters, Helge (2000): Soziale Kontrolle, Zum Problem der Normkonformität in der Gesellschaft, Opladen 2000

Pollmann, Arnd (2005): Integrität, Aufnahme einer sozialphilosophischen Personalie, Bielefeld 2005

Salvenmoser, Steffen et al. (2010): Kriminalität im öffentlichen Sektor 2010, Auf den Spuren von Korruption & Co., Frankfurt a. M./Halle a. d. S. 2010

Schein, Edgar H. (1985): Organizational Culture and Leadership, A Dynamic View, San Francisco 1985

Schreyögg, Georg (2008): Organisation, Grundlagen moderner Organisationsgestaltung, 5. Aufl., Wiesbaden 2008

Siemens AG (2009): Das Unternehmen, Siemens 2010, Stand Mai 2010, online unter URL: https://www.siemens.de/ueberuns/Documents/das_unternehmen_2010.pdf [Stand 2011-03-03]

Stierle, Jürgen (2008): Korruptionscontrolling in öffentlichen und privaten Unternehmen, 2. Aufl., München 2008

Tegtmeier, André (2008): Report, Kommunale Wirtschaft – wie steuern? In: DEMO, Die Monatszeitschrift für Kommunalpolitik vom 30.04.2008, online unter URL: http://www.demo-online.de/content/kommunale-wirtschaft-%E2%80%93-wie-steuern [Stand 2011-03-03]

Tur, Kenan (2010): Hinweisgebersysteme und Transparenz; Strukturen, Problemerkennung, Management, in: Wieland, Josef et al. (Hrsg.), Handbuch Compliance-Management, Berlin 2010, S. 437-456

Wecker, Gregor/van Laak, Hendrik (2008): Compliance in der Unternehmerpraxis; Grundlagen, Organisation und Umsetzung, Wiesbaden 2008

Wieland, Josef (2010): Compliance Management als Corporate Governance, Konzeptionelle Grundlagen und Erfolgsfaktoren, in: Wieland, Josef et al. (Hrsg.), Handbuch Compliance-Management, Berlin 2010, S. 15-38

Wieland, Josef (2007): Die Ethik der Governance, 5. Aufl., Marburg 2007

Wybitul, Tim (2009): Das neue Bundesdatenschutzgesetz, Verschärfte Regeln für Compliance und interne Ermittlungen, in: Betriebs-Berater, H. 30, 2009, S. 1582-1584

Zentrum für Wirtschaftethik (2011): ComplianceProgramMonitor[ZfW], Neuer Leitfaden für das Compliance Monitoring in Unternehmen, online unter URL: http://www.dnwe.de/complianceprogrammonitor.html [Stand 2011-03-03]

IV Corporate Citizenship

Rechtliche Möglichkeiten und Grenzen von Corporate Citizenship in kommunalen Unternehmen

Kay Krüger

1   Allgemeine Rahmenbedingungen für gesellschaftliches Engagement

Kommunale Unternehmen werden gegründet, um einen öffentlichen Zweck zu erfüllen. Daher engagieren sie sich für Soziales schon aus der historischen Entwicklung heraus, erst in neuerer Zeit auch aus strategischen Gründen.

Der öffentliche Zweck der wirtschaftlichen Tätigkeit im Sinne z. B. des § 107 GO NRW a. F. ist jede gemeinwohlorientierte, im öffentlichen Interesse der Einwohner einer Kommune liegende Zielsetzung, also die Wahrnehmung einer sozial-, gemeinwohl- und damit einwohnernützigen Aufgabe.[1] Kommunale Unternehmen orientieren sich nicht am größtmöglichen Profit, sondern am öffentlichen Wohl und haben ökonomische, ökologische und soziale Ziele im Blick.[2]

Wichtig ist dabei für die Unternehmen, das Engagement und die Initiativen mit dem Unternehmensziel zu verbinden, sie zu bündeln, um damit Nachhaltigkeit in der Wirkung zu erzielen und dabei eine langfristig orientierte Strategie zu entwickeln.[3]

---

[1]   Vgl. Cronauge/Westermann (2003), Rn. 393.
[2]   Vgl. VKU (2010).
[3]   Vgl. Hermanns/Marwitz (2008), S. 106.

Gemeinnützige Organisationen oder Veranstaltungen werden unterstützt, um damit also auch Ziele der eigenen Unternehmenskommunikation und Markenführung zu erreichen.[4]

Für kommunale Unternehmen ergeben sich u. a. rechtliche Rahmenbedingungen aufgrund des Gemeindewirtschaftsrechts, Gesellschaftsrechts und des Vergaberechts.

Kommunen betätigen sich wirtschaftlich durch Unternehmen. Kommunale Unternehmen unterliegen dem Wirtschaftlichkeitsprinzip (§ 109 GO NRW), aber Gewinnerzielung darf nicht alleiniger Zweck der Betätigung sein. Der jeweilige Gesellschaftszweck ist auf den öffentlichen Zweck ausgerichtet und im Gesellschaftsvertrag genannt. Der öffentliche Zweck ist Leitlinie für das kommunale Unternehmen. Des Weiteren können seitens der Kommune Mitglieder in den Aufsichtsrat der Unternehmen entsendet werden, die das Unternehmen mit lenken. Sofern die finanzielle Unterstützung gemeinnütziger Projekte durch das kommunale Unternehmen mit dem Gesellschaftszweck vereinbar ist, entscheidet es eigenständig über die Hilfestellung.

Das Gemeindewirtschaftsrecht gibt auch die Grenzen vor, innerhalb derer eine wirtschaftliche Betätigung der kommunalen Unternehmen erfolgen darf. Die Betätigung kann auf das Gemeindegebiet beschränkt sein (z. B. § 107 a. F. GO NRW) und auch auf privatrechtliche Gesellschaftsformen, die die Haftung des Unternehmens einschränken (§ 108 Abs. 1 Nr. 3 GO NRW).

Kommunale Unternehmen in privater Rechtsform unterliegen dem Gesellschaftsrecht sowie dem Insolvenzrecht. Kommunale Unternehmen haben des Weiteren als Teil der öffentlichen Hand Transparenzpflichten gegenüber den Bürgern (z. B. aus dem Umweltinformationsgesetz, kurz: UIG oder Informationsfreiheitsgesetz, kurz: IFG). Das Beihilfenrecht sichert die finanzielle Unabhängigkeit von Unternehmen und Kommune, welches Kommunen bei der Vergütung ihrer Unternehmen grundsätzlich beachten müssen. Das Gemeindehaushaltsrecht und die Grundsätze der sparsamen und wirtschaftlichen Unternehmensführung setzten weitere Grenzen.

Kommunale Unternehmen, die unmittelbar oder mittelbar unter dem beherrschenden Einfluss der öffentlichen Hand stehen aufgrund von Eigentum, finanzieller Beteiligung, Satzung oder sonstiger Bestimmung, gelten als öffentliche Unternehmen und müssen bei Beschaffungen das Vergaberecht anwenden.[5] Je nach Landesrecht fallen auch deren Stiftungen als Sondervermögen der Kommune unter § 98 Nr. 1 GWB oder unter § 98 Nr. 2 GWB und müssen die Regeln des Vergaberechts anwenden.

---

[4] Vgl. Hohn (2008), S. 258 f.; Hermanns/Marwitz (2008), S. 291.
[5] Richtlinie 2000/52 EG vom 26.07.2000, ABl. Nr. L, S. 75.

2 Rahmenbedingungen für Formen von Corporate Citizenship

2.1 Social Sponsoring

Laut *Bruhn* umfasst Sponsoring die „Planung, Organisation, Durchführung und Kontrolle sämtlicher Aktivitäten, die mit der Bereitstellung von Geld, Sachmitteln oder Dienstleistungen oder Know-how durch Unternehmen und Institutionen zur Förderung von Personen und/oder Organisationen in den Bereichen Sport, Kultur, Soziales, Umwelt und/oder den Medien unter vertraglicher Regelung der Leistung des Sponsors und Gegenleistung des Gesponserten verbunden sind, um damit gleichzeitig Ziele der Marketing- und Unternehmenskommunikation zu erreichen."[6]

Die Sponsorenleistung kann in finanziellen Mitteln durch einen einmaligen Geldbetrag oder auch durch monatliche Zahlungen, in Sachmitteln durch Ausstattung mit eigenen Produkten oder Verpflegung bei Veranstaltungen erfolgen. Des Weiteren kann die Sponsorenleistung auch durch Dienstleistungen bzw. Know-how erbracht werden z. B. durch die Übernahme von administrativen Aufgaben wie Einladungen oder Logistik, das Bereitstellen von Mitarbeitenden für einen begrenzten Zeitraum (Secondments) oder die Unterstützung bei der Einrichtung eines multimedialen Kommunikationssystems.[7]

Neben Einzelpersonen können Verbände, Vereine, Stiftungen oder öffentliche und gemeinnützige Institutionen seitens der kommunalen Unternehmen gesponsert werden, hier ergeben sich zahlreiche Möglichkeiten ideeller Unterstützung etwa in Form der Teilnahme in Gremien und Arbeitskreisen.

Kommunale Unternehmen betreiben schon seit längerem Sport- und Kultursponsoring,[8] neuerlich kommt es vermehrt zu Mediensponsoring unter Nutzung des Internet.[9] Das Social Sponsoring (z. T. auch Public Sponsoring genannt) umfasst das Sozio-, Bildungs- und Umweltsponsoring und nimmt an Bedeutung zu.[10] Die Bevölkerung schenkt Umweltthemen und sozialen Fragen mehr Aufmerksamkeit.

Aufgrund der in letzter Zeit zunehmend schlechteren finanziellen Situation des Staates werden andere Lösungen gesucht, Projekte, die von öffentlichem Interesse sind, zu fördern. Kommunale Unternehmen, die ihre soziale und ökologische Verantwortung erkennen, können durch Sponsoring ihre Öffentlichkeitsarbeit individueller und kreativer gestalten. Gerade bei dieser Sponsoring-Art

---

[6] Bruhn (2010), S. 6 f.
[7] Vgl. Strachwitz (1993), S. 260; Bruhn (2010), S. 22, 294.
[8] Vgl. Hermanns/Marwitz (2008), S. 88; Bruhn (2010), S. 195.
[9] Vgl. Hermanns/Marwitz (2008), S. 129-132; Bruhn (2010), S. 34.
[10] Vgl. Hermanns/Marwitz (2008), S. 69.

kann die Initiative für das Thema auch von dem Unternehmen selber ausgehen und es dadurch aktiver mitwirken.[11]

Social Sponsoring zeigt zudem wünschenswerte Effekte im Hinblick auf die Personalpolitik des kommunalen Unternehmens, etwa in Form der Personalakquise oder der Mitarbeiterbindung und -motivation.[12] Es ist besonders effektiv im Vergleich zu anderen Sponsoring-Arten.[13] Im Social Sponsoring ist die Glaubwürdigkeit des Engagements des Sponsors Voraussetzung für eine positive Wahrnehmung. Die Glaubwürdigkeit kann durch nicht nur rein finanzielle Leistung des Unternehmens erhöht werden. Allerdings erfordert es eine langfristige Orientierung, konsequentes Unternehmerverhalten und eine innerbetriebliche Verankerung.

Im Gesundheitsbereich werden beim Social Sponsoring z. B. karitative Organisationen, Organisationen für Jugend, Altenhilfe, zur Behandlung von Krankheiten, Rettungs- und Unfallhilfe sowie Katastrophenhilfe oder aber auch Institutionen der Verbraucherbildung unterstützt.[14]

Im Umweltbereich geht es um Natur- und Landschaftsschutz, Tier- und Artenschutz, Umweltforschung, Umwelterziehung und Informationsdienste. Viele Unternehmen haben diesen Bereich schon mit in ihr Wertesystem und in die Marketingkommunikation aufgenommen.[15] Ihre ökologische Verantwortung sollte konsequent nach außen und nach innen kommunizieren, um Glaubwürdigkeit herzustellen.[16] Eigene Umweltinitiativen, die die Region bei der Förderung besonders berücksichtigen oder das Ausschreiben von Naturschutzwettbewerben/Umweltpreisen können ein nachhaltig positives Image erzeugen. Wenn das kommunale Unternehmen bereits im Firmensignet Naturverbundenheit zeigt (Pflanzen oder Tiere im Signet), kann dies auch Engagement der Rezipienten für eine bestimmte Tier- oder Pflanzenart oder Projekte begründen.[17]

Das Bildungssponsoring umfasst das Sponsern von allen Einrichtungen des Bildungswesens, angefangen mit dem Kindergarten (der zwischen Sozio- und Bildungssponsoring steht), über Schulen bis zu den Hochschulen und Weiterbildungseinrichtungen.[18] Auch dabei können die Unternehmen selbst aktiv werden und eigene Bildungsinitiativen gründen, für die Sponsoren gewonnen werden.[19] Bisher engagieren sich Unternehmen verstärkt an weiterführenden Schulen und

---

[11] Vgl. Hermanns/Marwitz (2008), S. 104; Bruhn (2010), S. 291 f.
[12] Vgl. Bruhn (2010), S. 275 f., 316-318.
[13] Vgl. Hermanns/Marwitz (2008), S. 105; Bruhn (2010), S. 326 f. m. w. N.
[14] Vgl. Hermanns/Marwitz (2008), S. 104.
[15] Vgl. Hermanns/Marwitz (2008), S. 112 m. w. N.
[16] Vgl. Hermanns/Marwitz (2008), S. 112 f.
[17] Vgl. Bruhn (2010), S. 308-314 m. w. N.
[18] Vgl. Hermanns/Marwitz (2008), S. 117.
[19] Vgl. Hermanns/Marwitz (2008), S. 118.

Hochschulen, auch der Grundschulbereich findet zunehmend Berücksichtigung.[20] Neben der Namensgebung von Gebäuden oder Lehrstühlen, kann als Gegenleistung das Anbringen von Werbetafeln oder Turnhallenbanden erfolgen, Produktpräsentationen bei eigenen Veranstaltungen des Gesponserten, gemeinsam veranstaltete Vortragsreihen, Entsenden von Professoren zur Weiterbildung von Mitarbeitern des Sponsors usw.[21]

Durch Kindergartensponsoring kann ein Unternehmen bewusst das Image am Standort stärken und die Mitarbeitermotivation fördern, wenn Mitarbeiter Kinder im Kindergarten haben.[22]

Das Sponsoring an Schulen wird gesellschaftlich immer mehr akzeptiert. Für Unternehmen ist der Bereich interessant, weil die guten Kommunikationsstrukturen genutzt werden können und Schulen Identität stiften. Dort werden Schlüsselqualifikationen vermittelt, die sich auf Unternehmen übertragen lassen, und das Unternehmen kann durch gemeinsame Projekte Kontakt zu potenziellen Mitarbeitern aufbauen.[23]

Ähnliche Gründe sprechen für das Hochschulsponsoring. Nachwuchsförderung kann mit fachlicher Innovation und Recruiting verbunden und dadurch das Image des Unternehmens aufgebaut werden. Die Hochschule insgesamt, ein einzelner Fachbereich, ein Institut oder Lehrstuhl, eine Studentenorganisation oder aber ein einzelner Professor kann seitens des Unternehmens gefördert werden. Die Förderung durch das Unternehmen kann dabei z. B. über Finanz- und Sachmittel (Einrichtungsgegenstände, Material usw.), Secondments („Ausleihen" von Spezialisten), Sonderkonditionen für Studenten, Einrichtung von Wissenschaftszentren und Ausschreibung von Wettbewerben gehen.[24]

Beim Sponsoring ergeben sich weitere Regeln für kommunale Unternehmen. Bezüglich des Sponsorings von Kindertagesstätten gibt es keine übergreifenden staatlichen Vorschriften, verantwortlich sind allein die Träger der Einrichtungen. Aber das Unternehmen sollte gewisse ethische Grundregeln einhalten, die die Unabhängigkeit der inhaltlichen und pädagogischen Handlungen gewährleistet, sowie die Unverletzlichkeit der Menschenwürde und die Glaubwürdigkeit der Inhalte. Sponsoring sollte in dem Bereich nur als Drittmittelfinanzierung gesehen werden und nicht die öffentliche Hand aus ihrer Verantwortung entlassen.[25]

---

[20] Vgl. Bruhn (2010), S. 299.
[21] Vgl. Hermanns/Marwitz (2008), S. 119; Bruhn (2010), S. 302 m. w. N.
[22] Vgl. Bruhn (2010), S. 296 f.
[23] Vgl. Bruhn (2010), S. 298 f.
[24] Vgl. Bruhn (2010), S. 301-305 m. w. N.
[25] Vgl. Hermanns/Marwitz (2008), S. 121.

Der rechtliche Rahmen beim Bildungssponsoring unterscheidet sich nach Art der Bildungsinstitution. Reine Werbemaßnahmen sind in fast allen Bundesländern verboten, Schulsponsoring dagegen grundsätzlich erlaubt. Bildungsinteressen müssen in jedem Falle Vorrang vor monetären Überlegungen haben. Das Sponsoring darf keinen Einfluss auf die prinzipielle Lehr- und Methodenfreiheit der Bildungsinstitution haben und die Institution darf sich nicht in finanzielle Abhängigkeit begeben, die Auswirkung auf die Lehre, die Inhalte und den pädagogischen Unterricht hat.[26]

Die Sponsoring-Maßnahme muss mit dem Bildungs- und Erziehungsauftrag der Institution vereinbar sein. Neben dem Schulleiter müssen noch Schulkonferenz und Schulträger, sowie ggf. noch die Kommune zustimmen. Der Sponsoring-Vertrag wird durch den Schulträger abgeschlossen, nicht durch die Schule.[27] Die Interessen und Zielsetzungen des Sponsors müssen vereinbar sein mit dem Recht des Schülers auf freie Entfaltung seiner Persönlichkeit, dem elterlichen Erziehungsauftrag sowie dem staatlichen Bildungsauftrag der gesponserten Institution.[28] Aus dem elterlichen Erziehungsrecht gemäß Art. 6 GG ergibt sich die Pflicht der Schule zur politischen, weltanschaulichen und religiösen Neutralität.[29] Es verstößt somit gegen die Verfassung, wenn eine gezielte ideologische Beeinflussung der Schüler erfolgt.[30] Dies wird durch kommunale Unternehmen aufgrund ihres Zweckes schon gewährleistet, weshalb sich Betätigungen seitens der kommunalen Unternehmen in dem Bereich auch idealiter anbieten. Inzwischen haben sich Spezialagenturen für Schulmarketing gegründet, die zwischen Schulen und privaten Unternehmen vermitteln, Sponsoring-Konzepte entwickeln und bei deren Umsetzung unterstützen.[31] Zudem wurden Leitlinien für das Schulsponsoring veröffentlicht.[32]

Beim Hochschulsponsoring gibt es weder auf Bundesebene im Hochschulrahmengesetz (HRG) noch auf Landesebene einschränkende rechtlichen Regelungen. Sozial-ethische Rahmenbedingungen ergeben sich aber gegebenenfalls aus der Freiheit von Forschung und Lehre.[33] In den Hochschulen dominieren als typische Einnahmearten die öffentliche-rechtliche Finanzierung, die Einrichtung von Stiftungslehrstühlen, das Einwerben von Forschungsgeldern und Spenden. Hauptsächlich private Hochschulen entwickeln und realisieren Sponsoring-

---

[26] Vgl. Hermanns/Marwitz (2008), S. 122; Bruhn (2010), S. 299 m. w. N.
[27] Vgl. Hermanns/Marwitz (2008), S. 121; Bruhn (2010), S. 299 f.
[28] Vgl. Hermanns/Marwitz (2008), S. 121.
[29] Vgl. Hermanns/Marwitz (2008), S. 121.
[30] Vgl. Hermanns/Marwitz (2008), S. 121 f.
[31] Vgl. Bruhn (2010), S. 300 m. w. N.
[32] Vgl. FASPO (o. J.).
[33] Vgl. Hermanns/Marwitz (2008), S. 120 f.; Bruhn (2010), S. 305 f.

Konzepte. Bei einem Sponsoring-Konzept sollte sich dieses aus dem Hochschulzweck ableiten, um die gesellschaftliche Akzeptanz zu vergrößern.[34]

Bei der Gestaltung des Sponsoring müssen, da es sich um zivilrechtlich verbindliche Vereinbarungen handelt, privatrechtliche Vorschriften beachtet werden (Vertragsrecht des Bürgerlichen Gesetzbuche, BGB, Gesetz gegen den unlauteren Wettbewerb, UWG, Steuerrecht, ggf. Lizenzrecht, Arbeitsrecht).[35]

2.2 Corporate Giving

Unternehmen engagieren sich im sozialen Bereich bisher mehrheitlich durch Spenden oder gemeinnützige Stiftungen als über Sponsoring. Unter Corporate Giving versteht man Geld- und Sachspenden seitens des Unternehmens.[36] Wenn es erfolgreich sein soll, dann muss es mit der Unternehmensphilosophie harmonieren und wenn möglich auch mittelbaren Bezug auf das Kerngeschäft des Unternehmens haben. Unternehmen wollen nicht mehr nur kurzfristige Einzelspenden leisten, sondern sich lieber langfristig und zukunftsorientiert mit einem zu ihnen passenden Partner engagieren. Während früher der Vorstand oder die Geschäftsführung über Spenden entschied, gibt es in Unternehmen immer häufiger Abteilungen, die sich ausschließlich um die Planung und Durchführung dieses Bereiches kümmern.[37]

Unternehmen in öffentlich-rechtlicher Rechtsform, wie Eigenbetriebe und rechtsfähige Anstalten, müssen § 44 BHO/LHO beachten, wonach Zuwendungen nur geleistet werden dürfen, wenn ein erhebliches öffentliches Interesse an der Förderung der betreffenden Einrichtungen besteht.

Öffentliche Unternehmen in privatrechtlicher Rechtsform haben hier erheblich mehr Spielraum. Allerdings kann die Satzung Restriktionen enthalten. Die Vergabe von Spenden unterliegt ab einer bestimmten Größenordnung regelmäßig einem Genehmigungsvorbehalt seitens des Aufsichtsrates.

2.3 Corporate Foundation

Eine Stiftung ist eine Einrichtung, die mit gewidmeten Vermögen ausgestattet ist, die auf Dauer errichtet wird und die dazu bestimmt ist, den vom Stifter beabsichtigten Zweck zu verfolgen. Die Gemeinnützigkeit muss im Stiftungszweck

---

[34] Vgl. Hermanns/Marwitz (2008), S. 126; Bruhn (2010), S. 300; Krüger (2010), S. 43 ff.
[35] Vgl. Bruhn/Mehlinger (1999).
[36] Vgl. Studentenforum im Tönissteiner Kreis (2005), S. 7; Hohn (2008), S. 257.
[37] Vgl. Studentenforum im Tönissteiner Kreis (2005), S. 7.

Kay Krüger

der Stiftungssatzung manifestiert sein.[38] Auch Unternehmen können Stiftungen gründen und soziale Projekte dadurch fördern.[39, 40] Dies kann auch gemeinsam mit anderen Unternehmen oder Institutionen erfolgen.[41] Gemeinnütziges Engagement kann an Glaubwürdigkeit gewinnen, wenn es außerhalb der Strukturen eines Unternehmens angesiedelt ist. Stiftungen eignen sich bei besonders langfristigen sozialen Projekten.

Die Nachhaltigkeit wird bei Stiftungen insbesondere durch den substanziellen Erhalt eines Stiftungsvermögens gewährleistet, welches nach Einbringung bei Errichtung im Idealfall sukzessive aufzubauen ist.

Zu unterscheiden sind die rechtsfähigen Stiftungen und die nicht rechtsfähigen Stiftungen (auch Treuhandstiftungen). Die rechtsfähige Stiftung des bürgerlichen Rechts hat eigene Organe (Vorstand, Kuratorium), unterliegt aber einer behördlichen Stiftungsaufsicht. Diese Stiftungen müssen von der zuständigen Stiftungsbehörde anerkannt werden (s. z. B. § 2 StiftG NRW) und können weniger flexibel als die Treuhandstiftungen Satzungsänderungen vornehmen. Die treuhänderische (nichtrechtsfähige) Stiftung benötigt keine staatliche Anerkennung; der Treuhandvertrag mit dem Treuhänder sowie das Stiftungsgeschäft sind zur Errichtung ausreichend. Sie benötigt einen vertrauensvollen und kompetenten Treuhänder, der die Geschäfte im Sinne des Stifters führt.

Je nach Landesrecht dürfen kommunale Unternehmen Stiftungen gründen oder nicht. In Nordrhein-Westfalen kann ein kommunales Unternehmen eine Stiftung des privaten Rechts nur unter sehr engen Voraussetzungen gründen (§ 100 GO NRW):

a. Örtliche Stiftungen sind die Stiftungen des privaten Rechts, die nach dem Willen des Stifters von einer Gemeinde verwaltet werden und die überwiegend örtlichen Zwecken dienen. Die Gemeinde hat die örtlichen Stiftungen nach den Vorschriften dieses Gesetzes zu verwalten, soweit nicht durch Gesetz oder Stifter anderes bestimmt ist. Das Stiftungsvermögen ist von dem übrigen Gemeindevermögen getrennt zu halten und so anzulegen, dass es für seinen Verwendungszweck greifbar ist.

b. Die Umwandlung des Stiftungszwecks, die Zusammenlegung und die Aufhebung von rechtlich unselbständigen Stiftungen stehen der Gemeinde zu; sie bedürfen der Genehmigung der Aufsichtsbehörde.

c. Gemeindevermögen darf nur im Rahmen der Aufgabenerfüllung der Gemeinde und nur dann in Stiftungsvermögen eingebracht werden, wenn

---

[38] Vgl. Hermanns/Marwitz (2008), S. 45.
[39] Vgl. Bruhn (2010), S. 21.
[40] S. dazu den Beitrag von Blunck in diesem Band.
[41] Vgl. Bruhn (2010), S. 293.

der mit der Stiftung verfolgte Zweck auf andere Weise nicht erreicht werden kann.

Nicht nur die Stiftungsaufsicht muss die Stiftung anerkennen, sondern auch die Kommunalaufsicht muss der Gründung zustimmen. Da es sich bei kommunalen Unternehmen um Gemeindevermögen handelt, darf die Stiftung nur im Rahmen der Aufgabenerfüllung der Gemeinde und das Gemeindevermögen nur dann in Stiftungsvermögen eingebracht werden, wenn der mit der Stiftung verfolgte Zweck auf andere Weise nicht erreicht werden kann (§ 100 Abs. 3 GO NRW).

2.4 Corporate Volunteering

Da öffentliche Unternehmen zunehmend längerfristige Beziehungen zu Partnern im Nonprofit-Sektor anstreben, rückt auch das Corporate Volunteering stärker in den Fokus.[42] Dieses Zeitspenden der Mitarbeiter wird dabei vor allem unter dem Aspekt der Mitarbeiterentwicklung und des Recruiting gesehen.[43]

Corporate Volunteering, in der Literatur überwiegend mit „betriebliche Freiwilligenprogramme" oder „Förderung des Mitarbeiterengagements" übersetzt, bezeichnet im Allgemeinen den Einsatz von Humanressourcen eines Unternehmens für gemeinnützige Zwecke, welcher über das originäre Kerngeschäft hinausgeht.

Das relativ neue Instrument des Corporate Volunteering umfasst einerseits den Einsatz von Mitarbeitern eines Unternehmens in diversen Projekten gemeinnütziger Art und andererseits die Förderung des bereits bestehenden freiwilligen Engagements von Mitarbeitern. Dabei werden Mitarbeiter für eine bestimmte Zeit an die gemeinnützige Institution „ausgeliehen", um bestimmte Aufgaben zu übernehmen oder bei der Erfüllung von Aufgaben zu helfen oder zu beraten.

Das bürgerschaftliche Engagement in Nonprofit-Organisationen wird dadurch professionalisiert und dessen Effektivität erhöht.[44] Das kann z. B. durch eine Vereinsgeschäftsführung durch einen Unternehmensmitarbeiter erfolgen, der dies neben seiner Arbeit von seinem Arbeitsplatz aus erledigt.

Mitarbeiter können von ihrer Unternehmensleitung darin bestärkt werden, ehrenamtlich – in oder außerhalb der Arbeitszeit – gemeinnützig tätig zu sein. Gleichzeitig wird das ehrenamtliche Engagement im Rahmen der betrieblichen Personalentwicklung berücksichtigt und anerkannt, dass die Mitarbeiter dadurch

---

[42] S. den Beitrag von Schönberg und Jost in diesem Band.
[43] Vgl. Hohn (2008), S. 258 f.; Hermanns/Marwitz (2008), S. 291.
[44] Vgl. Janes/Stuchtey (2008), S. 23.

zusätzliche Kompetenzen gewinnen, die ihre Produktivität am herkömmlichen Arbeitsplatz steigert.[45]

Die Beteiligung von Geschäftsführern oder Vorstandsmitgliedern kommunaler Unternehmen in beratenden Gremien von gemeinnützigen Einrichtungen ist ebenfalls denkbar, sofern dies nicht dem Gesellschaftszweck zuwider läuft. Oftmals gilt intern die Voraussetzung, dass die Beteiligung in den Gremien ohne zusätzliche Vergütung, also ehrenamtlich zu erfolgen hat, zudem gilt die Prämisse, dass die anerkannte Gemeinnützigkeit der Organisation, für die diese Verantwortung übernommen wird, vorzuliegen hat.

2.5 Community Joint Venture

Bei einem Gemeinwesen Joint Venture stellen öffentliche und private Partner Nonprofit-Organisationen oder Initiativen Ressourcen und Know-how zur Verfügung. Dadurch können Aufgaben und Probleme angegangen werden, die die Beteiligten allein nicht oder weniger erfolgreich bewältigen könnten.

Kommunale Unternehmen können auch mit Verwaltungsstellen zusammen gemeinnützige Projekte fördern. Zum Beispiel kann das Ehrenamt durch die Kommune unterstützt werden, indem sie Unternehmen und soziale Einrichtungen zusammenbringt und das kommunale Unternehmen dafür Räumlichkeiten zur Verfügung stellt und evtl. noch die Verpflegung oder Organisation der Veranstaltung übernimmt.[46] So eine Zusammenarbeit erfordert regelmäßigen Kontakt und Austausch zwischen den Beteiligten.

Neben dem Projekt „Düsseldorf gewinnt"[47] sei hier auf das Projekt „Augsburger Sozialpaten"[48] hingewiesen: Wohnungsgesellschaft, Stadtverwaltung und Sozialpaten arbeiten gemeinsam daran, Obdachlosigkeit in der Stadt zu vermeiden. Sobald Probleme bei der Vermietung auffallen, kontaktiert das Unternehmen die Stadt, diese garantiert dem Unternehmen die Miete und sendet einen Sozialpaten zum betroffenen Mieter. Der Sozialpate versucht dann mit dem Betroffenen die Situation vor Ort zu verbessern und gegebenenfalls mit dem Unternehmen gemeinsam eine Lösung wegen der Mietrückstände/Renovierung zu finden.

Das Unternehmen kann intern und extern über die Tätigkeit einer gemeinnützigen Institution oder deren Veranstaltungen kommunizieren zum Beispiel

---

[45] Vgl. Janes/Stuchtey (2008), S. 23.

[46] Vgl. http://www.unternehmerschaft.de/aktivitaten/article/dusseldorf-gewinnt [Stand 2011-01-12].

[47] Vgl. http://www.unternehmerschaft.de/aktivitaten/article/dusseldorf-gewinnt [Stand 2011-01-12].

[48] Vgl. http://www.buendnis.augsburg.de Bündnis für Augsburg/ Aktionen/Projekte/ Aktuelle Projekte Übersicht/ Soziales: Projekt Sozialpaten [Stand 2011-01-14].

über die Webseite des Unternehmens. Es kann seine Kontakte und seinen Einfluss einsetzen für die Ziele der Organisationen und weitere Unterstützer suchen. Kommunale Unternehmen können Nonprofit-Organisationen auch Räumlichkeiten (im eigenen Gebäude) zur Verfügung stellen. Daraus kann sich eine weitere Zusammenarbeit ergeben.

Das Unternehmen kann gemeinsame Foren gründen (mit anderen Unternehmen/mit einem oder mehreren ähnlichen Nonprofit Organisationen) zum Erfahrungsaustausch und für die Zusammenarbeit bei gemeinsamen Projektentwicklungen. Kommunale Unternehmen können selbst institutionelle Mitglieder in Vereinen oder Verbänden werden. Je nach Gesellschaftvertrag muss dafür die Genehmigung durch den Rat der Gemeinde erteilt werden. Hierbei ist die Betätigung durch politische, weltanschauliche und religiöse Neutralität bestimmt.

Auch in diesem Bereich sind die rechtlichen Rahmenbedingungen die gleichen wie sie bereits oben ausgeführt wurden.

2.6 Corporate Commissioning

Corporate Commissioning bezeichnet die Auftragsvergabe an soziale Organisationen. Soziale Kriterien in dieser Form im Rahmen der Beschaffung zu berücksichtigen, ist nicht selbstverständlich, denn es handelt sich um sogenannte vergabefremde Aspekte.[49]

Die Vergabe öffentlicher Aufträge durch kommunale Unternehmen unterliegt verschiedenen gesetzlichen Regelungen und dem Grundsatz von Wirtschaftlichkeit und Sparsamkeit (z. B. § 7 LHO NRW).[50] Unterhalb der Schwellenwerte nach § 2 der Verordnung über die Vergabe öffentlicher Aufträge (VgV) findet das jeweilige Haushaltsrecht Anwendung (§ 30 HGrG, § 55 BHO/LHO sowie die Verdingungsordnungen VOB, VOL und VOF), oberhalb ist das speziellere Gesetz gegen Wettbewerbsbeschränkungen (GWB) zu beachten.

Gemäß § 97 Abs. 4 GWB sind Aufträge an „fachkundige, leistungsfähige sowie gesetzestreue und zuverlässige Unternehmen" zu vergeben. Des Weiteren können hinsichtlich der Auftragsausführung „zusätzliche Anforderungen an Auftragnehmer gestellt werden, die insbesondere soziale, umweltbezogene oder innovative Aspekte betreffen". Eingeschränkt wird diese Möglichkeit dadurch, dass diese Aspekte „im sachlichen Zusammenhang mit dem Auftragsgegenstand stehen" müssen.

Auch wenn öffentliche Unternehmen bei der Auswahl von Bietern soziale Aspekte berücksichtigen wollen, sind die Eignung der Unternehmen (Fachkunde,

---

[49] Kritisch zu diesem Terminus Gölnitz, Abschnitt 3.1, in diesem Band.
[50] S. dazu den Beitrag von Gölnitz in diesem Band.

Leistungsfähigkeit, Zuverlässigkeit) und die Wirtschaftlichkeit des Angebotes die entscheidenden Zuschlagskriterien. Durch den gebotenen Bezug zum Auftragsgegenstand ist es öffentlichen Unternehmen beispielsweise nicht möglich, Lieferanten zu bevorzugen, die sich durch Corporate Citizenship-Aktivitäten auszeichnen.

Öffentliche Unternehmen können Nonprofit-Organisationen als Lieferanten wählen, haben aufgrund der vergaberechtlichen Bestimmungen jedoch wenig Handlungsspielraum. § 141 SGB IX eröffnet ausnahmsweise die Möglichkeit, Werkstätten behinderter Menschen und Blindenwerkstätten bei der öffentlichen Auftragsvergabe besonders zu berücksichtigen: „Aufträge der öffentlichen Hand, die von anerkannten Werkstätten für behinderte Menschen ausgeführt werden können, werden bevorzugt diesen Werkstätten angeboten." In der Vergabepraxis der öffentlichen Hand spielt diese Regelung zumindest bei großen Bestellmengen keine Rolle, da solche Werkstätten aufgrund ihres beschränkten Produktangebotes, mangelnder Lieferbereitschaft und hohen Preisen regelmäßig nicht konkurrenzfähig sind.[51]

3   Fazit

In kommunalen Unternehmen sind aufgrund der historischen Entwicklung schon die Grundlagen für eine gemeinnützige Förderung gegeben. Diese können durch eine strategische Planung erweitert werden. Vor allem das Social Sponsoring sollte durch eine strukturierte Gestaltung gemeinsamer Projekte mit der Verwaltung und gemeinnützigen Organisationen ausgebaut werden.

Dazu kann auch ein eigener Verhaltenskodex, der sich vom Leitbild der Kommune natürlich ableiten sollte, gehören und eine entsprechende interne und externe Kommunikation. Manche Gemeinden haben sich bereits einen eigenen Public Corporate Governance Code gegeben, der unmittelbar Relevanz für das kommunale Unternehmen hat (z. B. die Stadt Essen).[52]

Wie aufgezeigt wurde, kann gesellschaftliches Engagement, wenn es entsprechend kommuniziert wird, Vorteile bringen wie Imagesteigerung und Mitarbeitermotivation. Durch Teilnahme am Wettbewerb für das europäische Gütesiegel für gesellschaftliche Verantwortung speziell für öffentliche Unternehmen kann ein kommunales Unternehmen seine gemeinnützige Förderung auch auszeichnen lassen.[53]

---

[51] Vgl. Sandberg (2011), S. 62.
[52] Vgl. http://www.publicgovernance.de/pdf/PCGK_Essen.pdf [Stand 2011-01-21].
[53] S. den Beitrag von Resch in diesem Band.

Literatur

Bruhn, Manfred (2010): Sponsoring, Systematische Planung und integrativer Einsatz, 5. Aufl., Wiesbaden 2010

Bruhn, Manfred/Mehlinger, Rudolf (1999): Rechtliche Gestaltung des Sponsoring, Bd. 2, München 1999

Cronauge, Ulrich/Westermann, Georg (2003): Kommunale Unternehmen; Eigenbetriebe, Kapitalgesellschaften, Zweckverbände, 4. Aufl., Berlin 2003

(FASPO) Fachverband für Sponsoring (Hrsg.) (o. J.): Leitlinie für vorbildliches Schulsponsoring, online unter URL: http://www.faspo.de/public.html [Stand 2011-04-01]

Hermanns, Arnold/Marwitz, Christian (2008): Sponsoring; Grundlagen, Wirkungen, Management, Markenführung, 3. Aufl., München 2008

Hohn, Stefanie: Public Marketing, Marketing-Management für den öffentlichen Sektor, 2. Aufl., Wiesbaden 2008

Janes, Jackson/Stuchtey, Tim (2008): Making Money by Doing Good, in: Aus Politik und Zeitgeschichte (APuZ), H. 31, 2008, S. 19-25, online unter URL: http://www.bpb.de/publikationen/GKUATX,0,Making_Money_by_Doing_Good.html [Stand 2011-03-29]

Krüger, Kay (2010): Rechtliche Grundlagen des Fundraising, Praxisleitfaden für Non-Profit-Organisationen, Berlin 2010

Sandberg, Berit (2011): Vergabefremde Ziele in der öffentlichen Beschaffung, Nachhaltigkeit zwischen politischem Wunsch und administrativer Wirklichkeit, in: Verwaltung&Management, H. 2, 2011, S. 59-66

Stober, Rolf (2006): Allgemeines Wirtschaftsverwaltungsrecht, Grundlagen und Prinzipien, Wirtschaftsverfassungsrecht, 15. Aufl., Stuttgart 2006

Strachwitz, Rupert Graf (1993): Unternehmen als Sponsoren, Förderer, Spender und Stifter, in: Strachwitz, Rupert Graf/Toepler, Stefan (Hrsg.), Kulturförderung, mehr als Sponsoring, Wiesbaden 1993, S. 251-263

Studentenforum im Tönissteiner Kreis (2005): Corporate Giving, Projektbericht der Arbeitsgruppe „Corporate Responsibility/Corporate Giving", online unter URL: http://www.toenissteiner-kreis.de/pdf/SF_CG1.pdf [Stand 2011-01-12]

(VKU) Verband kommunaler Unternehmen (2010): Kommunale Unternehmen, „Gute Bürger" vor Ort; VKU-Mitgliederumfrage zu gesellschaftlichem Engagement, Pressemitteilung Nr. 39/2010 vom 05.08.2010, online unter URL: http://www.vku.de/service-navigation/presse/pressemitteilungen/liste-pressemit teilung/pressemitteilung-3910.html [Stand 2011-04-01]

Stadtwerke als „gute Bürger"

Thomas Schönberg und Tom Jost

1 Stadtwerke Bochum: der alteingesessene Bürger

„Corporate Social Responsibility" (CSR) – die gesellschaftliche Unternehmens-verantwortung – schien über längere Zeit eher mit Blick auf die Privatwirtschaft diskutiert zu werden. Dem Verband kommunaler Unternehmen (VKU) oblag es, erstmals in einer Veröffentlichung die Verbindung von CSR beziehungsweise „Corporate Citizenship" zu öffentlichen Unternehmen herzustellen. Insbesondere Stadtwerke seien ein „good corporate citizen" par excellence.[1]

Bochums Stadtwerke reichen zurück in das Jahr 1855, als die „Städtische Gas-Anstalt Bochum" als Versorgungsbetrieb gegründet wurde. Das heutige Oberzentrum des Ruhrgebietes zählte seinerzeit 6.600 Einwohner, die auf diese Weise mit der ersten Straßenbeleuchtung ausgerüstet wurden. 1871 folgte die Gas-Anstalt der Notwendigkeit, den inzwischen 15.000 Bochumer Bürgern eine gesicherte Trinkwasserversorgung bieten zu müssen. Zwei Jahrzehnte später geht das erste Elektrizitätswerk in Betrieb: es ist ursprünglich für das Rathaus gedacht, versorgt aber wenig später über eine Freileitung auch schon die Nach-barschaft. Ob die Stadtwerke tatsächlich die Kriterien eines „guten Bürgers" erfüllen, soll in diesem Beitrag ausführlich beleuchtet werden. Auf jeden Fall ist das Unternehmen, das sich auch 155 Jahre später noch vollständig in kommuna-

---

[1] Vgl. VKU (2006), S. 4.

ler Hand befindet, einer der ältesten Bürger der Stadt. Solch Alteingesessene nennt man in Westfalen „Paohlbürger" – und man unterstellt ihnen, dass sie über die vielen Generationen eine ganz besondere Verbindung zu ihrem heimatlichen Umfeld entwickelt haben.

Man kann davon ausgehen, dass Stadtwerke die einfachen „Pflichten" des „good corporate citizen" verlässlich erfüllen: Sie versorgen die Stadt mit Strom, Gas, Wasser und Wärme. Sie geben Arbeit und beschäftigen – im Falle Bochums – aktuell 698 Mitarbeiter und 47 Auszubildende (Stand Ende 2010). Sie sind Auftraggeber für das örtliche und regionale Gewerbe. Und sie steuern auch in Zeiten schwankender Steuereinnahmen über Gewinnabführung und Konzessionsabgaben beträchtliche Mittel zum Stadtetat und der Sicherstellung des öffentlichen Nahverkehrs bei. Diese Tätigkeiten auf der operativen Ebene sollen in ethischer, ökologischer und sozialer Hinsicht verantwortlich oder nachhaltig erfolgen. „Nachhaltigkeit oder CSR in diesem Sinne bedeutet, mehr zu tun als der Gesetzgeber in Form von Umwelt-, Arbeitsschutz- oder Mitbestimmungsgesetzen vorschreibt. Dieses besondere Engagement dient der Erhaltung der Zukunfts- und Innovationsfähigkeit des Unternehmens."[2]

Die freiwillige Ebene geht noch einmal über diese Leistungsprofile hinaus. Sie umfasst das Engagement eines Unternehmens für gesellschaftliche, soziale, ökologische, kulturelle und wissenschaftliche Belange vor Ort. „Dieses Engagement ist getrieben von der Einsicht, dass der Erfolg und die Existenzberechtigung[3] von Unternehmen eng verzahnt sind mit einer funktionierenden sozialen Gemeinschaft. Von außen betrachtet, erscheint dieses Engagement vielfach als Sponsoring – die Motivation ist jedoch der entscheidende Unterschied Sponsoring ist eine Marketing-Maßnahme, die primär wirtschaftlichen Zwecken dient." Die Förderung sinnvoller gesellschaftlicher Projekte durch finanzielle Hilfen, Sachmittel oder Know-how, verbunden mit einem kommunalen Verantwortungsgefühl, geht über das marktorientierte Sponsoring hinaus. Der VKU kommt zu dem Fazit: „Corporate Social Responsibility versucht den Brückenschlag zu den Menschen."[4]

2   Stadtwerke als Spender und Sponsor

An kommunale Unternehmen, insbesondere jene, die nicht defizitär arbeiten, richten sich seit jeher Bitten um Unterstützung. Sie betreffen vorwiegend soziale, kulturelle, sportliche oder bildungspolitische Projekte. Nicht selten werden sol-

---

[2] VKU (2006), S. 5.
[3] S. dazu den Beitrag von Kramm, Abschnitt 4, in diesem Band.
[4] VKU (2006), S. 5.

che Spenden oder Sponsorleistungen als Ergänzung zu anderen öffentlichen Förderungen erhofft – immer häufiger aber auch als deren Ersatz, wenn kommunale Finanzetats unter Sanierungsdruck geraten und freiwillige Leistungen reduziert werden müssen.

Im Gegensatz zu kommunalen Sparkassen[5] (hier: aus Erträgen der Sparkassen-Lotterie) sind Stadtwerke nicht zu Spenderleistungen verpflichtet. Was sie geben, geben sie freiwillig und mit Blick auf Notwendigkeiten, aber auch vorhandene Qualitäten. Derzeit gibt es in Bochum etwa 30 Nutznießer „aus Sport, Kultur, Sozio und Sonstiges,"[6] meist Vereine. „Auch die Theater- und Musikszene vom Schauspielhaus über Thürmer bis zu Theater Total, Bochumer Symphonikern, Comödie und Steiger-Award-Verleihung geht nicht leer aus."[7] Unterschieden wird zwischen Spenden ohne erwartete Gegenleistung und Sponsoring, bei dem die Partner einen Wert/eine Leistung für die Stadtwerke einbringen. Den Gesamtaufwand geben die Stadtwerke Bochum mit „siebenstellig" an.[8]

Im folgenden Bereich des „Corporate Giving" richtet sich der Blick insbesondere auf Projekte, die inmitten der üblichen Spenden- oder Sponsoringpraxis als außergewöhnlich herausragen.

2.1 Projekt: Zeitung und Schule (ZeuS)

Als eines der ersten Zeitungshäuser in NRW rief die Essener WAZ-Gruppe 1999 das Projekt „Zeitung und Schule" ins Leben. Schülerinnen und Schülern von der achten Klasse an aufwärts wird damit die Gelegenheit gegeben, sich neben der im Lehrplan vorgesehenen Medienkunde umfassend mit Struktur und Arbeitsweise von Tageszeitungen auseinanderzusetzen. Die „Zeuslinge" können innerhalb des siebenwöchigen Projektes aber auch selbst als Reporter tätig werden. Ihre Berichte über selbstgefundene und -recherchierte Themen werden in dieser Zeit auf Sonderseiten in den WAZ-Zeitungen veröffentlicht.

Im Bereich Bochum gewann das Projekt sehr schnell an Popularität: die Beteiligung stieg von 52 Klassen zu Beginn kontinuierlich bis auf mehr als das Doppelte an. Vom Jahr 2000 an gehörten die Stadtwerke aus eigenem Antrieb zu den Sponsoren und Projektpartnern. Das Unternehmen gewährte regelmäßig eine finanzielle Unterstützung. Fast noch wichtiger war allerdings das Angebot spezieller Recherchemöglichkeiten im Bereich der Energie- und Wasserversorgung.

---

[5] S. dazu den Beitrag von Blunck in diesem Band.
[6] Westdeutsche Allgemeine Zeitung, Lokalausgabe Bochum vom 16.3.2010.
[7] Westdeutsche Allgemeine Zeitung, Lokalausgabe Bochum vom 16.3.2010.
[8] Vgl. Westdeutsche Allgemeine Zeitung, Lokalausgabe Bochum vom 16.3.2010.

Dazu zählten Jeep-Safaris auf eine Hausmüll-Deponie, deren Methanausgasung über spezielle Brunnen aufgefangen und in einem Blockheizkraftwerk genutzt wird. Andere Schülergruppen paddelten per Kanu über die Ruhr zum Stadt-werke-Trinkwasserwerk, wo per Turbine auch Wasserkraft-Strom erzeugt wird. Noch spektakulärer war eine Expedition in das Innere des Bochumer Trinkwas-ser-Großbehälters, die nur alle fünf Jahre möglich ist.

Mit diesen „Exkursionsthemen" verfolgen die Stadtwerke das Ziel, junge Menschen für ihre breit gefächerten Arbeitsfelder zu interessieren und sensibili-sieren. Die Aktionen sind explizit als Kontrapunkt zu den üblichen Betriebsbe-sichtigungen gestaltet. Ob sie nachhaltige Wirkung[9] erzielen konnten, ist schwer zu beurteilen. Allerdings gehörten die „Stadtwerke-Touren" in jedem Projektjahr zu den Recherche-Angeboten, die am schnellsten ausgebucht waren.

Zur Unterstützung von „ZeuS" haben die Stadtwerke einen Sponsoringver-trag mit der Journalistenschule Ruhr (JSR) als dem Projektträger abgeschlossen. Die werbliche Gegenleistung besteht in direkten Hinweisen auf den Sponsor Stadtwerke über eine gestaltete Vignette oder Textleiste.

2.2   Projekt „rewirpower"- Basketnight

Mittlerweile seit zehn Jahren existiert die Initiative, regelmäßig am letzten Frei-tag im Monat einen nächtlichen Sporttreff für Jugendliche ab 14 Jahren anzu-bieten. Sie können zwischen 22.30 und 2.00 Uhr Basketball in einer Gruppe Gleichgesinnter spielen und sich am Ende als „Shooter des Monats/des Jahres" profilieren. Auf den Jahressieger des Wettbewerbs wartet eine Reise zu einem Basketball-Europacup-Spiel eigener Wahl. Betreut wird der Abend stets von zwei Spielern des klassenhöchsten Bochumer Teams, den „Astro Stars" der BG Südpark. Außerdem legt ein DJ passende Musik auf.

Solche Events – aus den USA kommend – hatten ursprünglich einen krimi-nalpräventiven Ansatz: Jugendliche sollten zu „kritischer Stunde" besser vom Straßengeschehen ferngehalten werden. In Deutschland sind solche Aktionen mindestens seit 1995 („Niehler Wache") bekannt und haben diverse Nachahmer gefunden. In Bochum gehörten neben Jugendamt und Arbeiterwohlfahrt auch das Kommissariat Vorbeugung der Polizei zum Trägerkreis. Seit längerer Zeit wird die Initiative aber nur noch vom Sportverein (personell) und den Stadtwer-ken (finanziell) getragen. Ihr Ziel: den Jugendlichen – durchaus auch Problem-fällen – eine integrative Sportmöglichkeit zu bieten, die sie mangels Vereinszu-

---

[9] S. dazu den Beitrag von Warthun und Jammes in diesem Band.

gehörigkeit sonst nicht besitzen. Außerdem wird die „Basketnight" als Alternativangebot zum Konsum von Alkohol und anderen Drogen begriffen.

Die „Basketnight" existiert – wie zu Beginn erwähnt – inzwischen seit zehn Jahren. Zu Spitzenzeiten tummeln sich bis zu 40 Jugendliche und junge Erwachsene unter den Körben. Etliche werden anschließend von ihren Eltern abgeholt.

Auch hier wurde ein Sponsorenvertrag mit dem kooperierenden Verein geschlossen. Er folgt dem gängigen Muster, nach dem der Verein als Gegenleistung für die finanzielle Zuwendung die Organisation und Durchführung der regelmäßigen „Basketnights" übernimmt.

2.3 Projekt: Freizeittreff „Milchhäuschen"

Eine Mischform zwischen dem „Corporate Giving" (Spende, Sponsoring) und dem im nächsten Abschnitt beschriebenen „Corporate Volunteering" ist die Stadtwerke-Aktion zur Wiedereröffnung des bekannten Bochumer „Milchhäuschens" im Stadtpark. Diese generationenweit beliebte Begegnungsstätte am Rande eines Spielplatzes und einer Minigolf-Anlage war nach einem Brand jahrelang nur noch Ruine.

An der Initiative zur Instandsetzung waren neben bezahlten Auftragsfirmen vor allem Stadtwerke-Mitarbeiter beteiligt: Letztere erledigten in normaler Arbeitszeit, freiwilligen Überstunden und persönlicher Freizeit beispielsweise Klempner- und Fliesenarbeiten. Auch die Sanierung der Minigolf-Bahnen erfolgte durch Stadtwerker.

Schließlich konnte die traditionsreiche Einrichtung im Frühjahr 2002 mit einem Familienfest Wiedereröffnung feiern. Seitdem registriert der Bochumer Minigolf-Club als Betreiber wieder eine Frequentierung des Milchhäuschens, die an die der 70er Jahre des alten Jahrhunderts heranreicht. Es hat sich zudem in den Jahren zu einem kleinen Wirtschaftsbetrieb gemausert. Der BMC beschäftigt dort in der Sommersaison zwei Festangestellte und sieben Teilzeitkräfte.

Für diese Aktion wurden Stadtwerke und Stadtwerker 2005 mit dem NRW-Preis für „Corporate Social Responsibility" ausgezeichnet.

Die Sponsorvereinbarung sieht vor, dass der BMC den Stadtwerken ein kleines Kontingent von Jahres- und Familienkarten überlässt, die in Gewinnspielen und Preisausschreiben eingesetzt werden können. Das Logo des Sponsors steht zudem auf den Eintritts- und Bahnkarten.

3 Corporate Volunteering

Betriebliche Freiwilligen-Programme, in der Fachliteratur „Corporate Volunteering" geheißen, existieren in institutionalisierter Form in manchen Groß-Unternehmen, bei den Stadtwerken Bochum jedoch nicht. Allerdings gibt es eine Reihe von (durchaus auch regelmäßigen) Einzelmaßnahmen, in denen Mitarbeiter eine ehrenamtliche Funktion zu Gunsten der Gesellschaft ausüben und für welche sie vom Unternehmen freigestellt werden. Innerhalb dieser Projekte führen Stadtwerker entweder konkrete Hilfsleistungen mit ihrem speziellen Knowhow durch oder erzielen durch selbstloses Engagement Einnahmen, die wiederum caritativen oder anderen gemeinnützigen Zwecken zugute kommen.

Einzelne Corporate-Volunteering-Konzepte wie das des Verbandes kommunaler Unternehmen (VKU) gehen davon aus, dass der ehrenamtliche Einsatz für beide Seiten von Nutzen ist: So kehrten beteiligte Mitarbeiter mit Befriedigung, neuen Erfahrungen und hoch motiviert ins Unternehmen zurück. Manche Firmen nutzten das Volunteering inzwischen als Maßnahme im Führungskräfte-Training oder auch zur Mitarbeiterbindung.[10] Das dürfte insbesondere dort der Fall sein, wo Mitarbeiter das konkrete Hilfsprojekt selbst zur Unterstützung vorgeschlagen haben.

3.1 Stadtwerke-Projekte in Ghana und Togo

Seit dem Jahr 2010 engagieren sich Unternehmen und einzelne Mitarbeiter mit mehreren Projekten in beiden afrikanischen Staaten.

Sie gehen zurück auf eine Kooperation mit dem Bochumer Hilfswerk „Aktion Canchanabury e. V.", das der Schwerbehinderte Hans Reinhardt in den Sechziger Jahren des 20. Jahrhunderts ins Leben rief. Er wollte damit Leprakranken helfen. Der Name verweist auf einen Ort in Thailand, an dem ein Krankenhaus für Aussätzige gebaut werden sollte. Der Plan scheiterte nach Vereinsangaben, weil der thailändischen Regierung Leprakranke in der Nähe des Touristenzentrums am River Kwai nicht ins Bild gepasst hätten. Durch Kontakt mit Afrika-Missionaren entstand stattdessen 1965 im Kongo eine erste Leprastation. Heute betreut der Verein rund 30 Projekte, die sich über zehn Staaten auf dem Kontinent verteilen.

Mehrere Jahre hatten die Stadtwerke Bochum die Arbeit der „Aktion Canchanabury" mit einer Pauschalzuwendung finanziell unterstützt. In Gesprächen mit der Vereinsleitung ergab sich die Chance, als Unternehmen selbst

---

[10] Vgl. VKU (2006), S. 24.

Hilfsprojekte zu entwickeln. Im Vordergrund sollte die „Hilfe zur Selbsthilfe" stehen, man konzentrierte sich darauf, die eigenen Stärken als Energie- und Wasserversorger einzubringen. Zwei Mitarbeiter aus den Bereichen Rohrnetz und Energieanlagen flogen schließlich Anfang 2010 für 17 Tage nach Ghana und Togo. Sie erkundeten die schwierigen Verhältnisse vor Ort, dokumentierten sie mit Fotos und Video und überlegten mögliche Hilfen. Beide Mitarbeiter wurden sowohl für die Reise als auch die nachfolgenden Arbeiten von ihren eigentlichen Einsatzbereichen freigestellt.

Ihre Recherchen bündelten die beiden Fachleute in einem Aktionsvorschlag an die Unternehmensleitung, der bis 2013 sechs konkrete Projekte beinhaltet. Realisiert wurde inzwischen die Wieder-Inbetriebnahme einer Krankenstation in Bawena/Ghana, die wegen Ärztemangel und nicht funktionsfähiger Medikamentenkühlung brachlag: Ein neuer Kühlschrank, dessen Versorgung via Solarpanel und Pufferbatterie sichergestellt wurde, löste das technische Problem, so dass der Betrieb wieder aufgenommen werden konnte. Nach dem Bohren eines Wasserbrunnens in Kara/Togo konzentriert man sich inzwischen auf die Versorgung eines Schulneubaus in Bole/Ghana, wo heimische Elektriker, Maurer und Schreiner ausgebildet werden sollen. Hier war neben dem Brunnenbau auch die Errichtung einer 1.000 Meter langen Stromversorgungs-Leitung notwendig.

Die beiden Stadtwerke-Fachleute konnten so ihr Wissen in konkrete Projekte auf dem afrikanischen Kontinent umsetzen, gewannen aber selbst neue Erkenntnisse: So stellte es sich als wenig sinnvoll heraus, Arbeiten vor Ort durch Stadtwerke-Kräfte vornehmen zu lassen – es hätte auch das Ziel konterkariert, möglichst nachhaltige Hilfe zur Selbsthilfe zu leisten. Umgekehrt waren die an aufwändige Lösungen gewohnten Mitarbeiter verblüfft, mit welch kleinen Einsätzen sich durchaus große Effekte erzielen ließen. Nicht zuletzt bewirkte der Auslandseinsatz persönliche Einsichten. Der Unterschied zwischen Überflussgesellschaft daheim und Mangelwirtschaft in den afrikanischen Dörfern und die Art, wie man trotzdem über kleine Verbesserungen glücklich sei, habe sein Denken schon merklich verändert, sagte einer der beiden Stadtwerke-Mitarbeiter im Interview.

3.2 Projekt: Stadtparkfest

Seit mehreren Jahren sind Stadtwerke-Angehörige maßgeblich an der Planung und Ausrichtung des traditionellen Stadtparkfestes beteiligt, das regelmäßig am letzten Wochenende vor den Sommerferien gemeinsam mit Sparkasse-Mitarbeitern und dem Bochumer Tierpark veranstaltet wird. Dabei kommen regelmäßig etwa 200 – einheitlich gekleidete – Stadtwerker zum Einsatz. Dieser wird lediglich mit Freizeitgewährung ausgeglichen.

Meist im Januar beginnen die Vorbereitungen, für die sich in den drei Betriebsabteilungen „Strom" beziehungsweise „Fernwärme" sowie „Gas und Wasser" feste Arbeitsgruppen gebildet haben. Sie entwickeln eigenständig Spielprojekte, die große und kleine Besucher an den Veranstaltungstagen einbeziehen. Die fraglichen Stände werden zur „Power-Piraten-Insel" zusammengefasst (Power-Piraten: Stadtwerke-Kinderclub für 5- bis 12-Jährige). Im vergangenen Jahr waren dies etwa eine Wasserbahn, auf der Kinder selbst gebaute Bötchen fahren lassen konnten. Noch größeren Bezug zum Arbeitsfeld vermittelte eine Installation der „Stromer": Hier wurde durch Tretantrieb elektrische Energie erzeugt, mit der die Besucher eine Carrera-Bahn speisten und die Modellautos in kleinen Rennen gegeneinander antreten ließen. Stadtwerke-Kräfte betreuen zudem eine kleine Bühne, auf der Partner des Sponsoring (Kinderzirkus, Sportvereine oder Theatergruppen) ein Unterhaltungsprogramm bieten.

Sämtliche Einnahmen, die an diesem Wochenende – auch durch den Verkauf von Merchandising-Artikeln – erzielt werden, gehen anschließend als Spende an wechselnde Kinderprojekte.

3.3 Weitere Aktionen

Als eigenständige Gruppe sind die Stadtwerke-Auszubildenden Teil der Volunteering-Aktionen. Zur Tradition ist inzwischen eine Initiative geworden, bei der der Berufsnachwuchs in der Adventszeit selbst Plätzchen backt und diese den Kollegen an den verschiedenen Standorten zum Kauf anbietet. Bei der jüngsten Aktion wurden mehr als 200 Gebäcktüten abgesetzt. Den Erlös verdoppelte die Geschäftsführung auf 1.000 Euro, die die Jugend- und Auszubildendenvertretung noch vor Weihnachten an ein Bochumer Kinderheim spendete. In der Vergangenheit organisierten die jüngeren Stadtwerker zudem einen Autowaschtag für einen caritativen Zweck.

4 Motive für die CSR-Betätigung

In einer Studie versuchte das Bonner Institut für Mittelstandsforschung im Jahr 2002 unter anderem zu klären, welche Gründe und Anlässe die befragten Unternehmen zur Entfaltung ihrer Corporate Citizenship-Aktivitäten verleitet hätten. Es ergab sich, dass die Mehrheit der wohltätig engagierten Unternehmen, nämlich rund 60 %, von außen um Unterstützung gebeten worden waren. Lediglich

37 % nannten betriebliche Gründe, darunter eine positive Gewinnentwicklung oder Probleme bei der Personalrekrutierung. Allerdings räumten auch 13 % der Befragten ein, ihre Zielgruppen seien entweder „werbemüde" oder man habe andere Schwierigkeiten, sie zu erreichen.[11]

In Anbetracht der 155-jährigen Unternehmensgeschichte ist bei den Bochumer Stadtwerken nicht mehr präzise zu klären, wann, auf wessen Initiative und mit welchen Motiven das außerhäusige karitative und gesellschaftliche Engagement seinen Anfang nahm. Es steht zu vermuten, dass es ebenfalls Hilfsbitten gewesen sind, die von außerhalb an die kommunale Institution gerichtet wurden (als formale Kapitalgesellschaft in GmbH-Form bestehen die Stadtwerke Bochum erst seit Jahresbeginn 1972). Ältere Stadtwerker berichten aber, die Aktivitäten im Bereich „Corporate Giving" hätten parallel zum Aufkommen der Trikotwerbung im deutschen Leistungssport (zweite Hälfte der 70er Jahre) einen merklichen Aufschwung erfahren.

Die Beweggründe für das Geben und Fördern sind später grundsätzlich im Diskussionsprozess zum Unternehmensleitbild der Stadtwerke Bochum formuliert worden. Hier findet sich – gleichberechtigt neben anderen „Pfeilern" – der verdichtete Absatz „Das Ruhrgebiet ist unser Zuhause", in dessen Verlauf es heißt:

„Nicht nur das Ruhrgebiet ist der Wirtschaftsraum, in dem wir uns in Zukunft bewegen. Dennoch ist uns dabei der Bezug zu Bochum sehr wichtig. Durch unser Engagement im wirtschaftlichen, sozialen, kulturellen und sportlichen Bereich steigern wir nicht nur unsere Wettbewerbsfähigkeit, sondern auch unser gutes Image. Wir stärken den Standort Bochum und tragen zur Lebensqualität der Bürger bei."[12]

Derzeit müssen sich die Bochumer Stadtwerke als Energieversorger im heimischen Absatzgebiet mit 52 konkurrierenden Anbietern auseinandersetzen. Im Zeitalter der – im Prinzip verbraucherfreundlich – vergleichenden Web-Portale kommt es beim Wettbewerb um Kunden allerdings nicht nur auf den reinen Leistungspreis für die Energielieferung an. Es zählen auch Antworten auf die Fragestellung, was die Stadtwerke zum Vorteil der Kunden von den zahlreichen Mitbewerbern unterscheidet: die unmittelbare Nähe, eine 24-stündige Einsatzbereitschaft, der hohe Anteil an Erneuerbarer Energie im Strom-Mix oder auch geldwerte Zusatzleistungen, etwa über Kundenkarten.

Weitere Positiv-Merkmale sind im Kundenbewusstsein dagegen weniger präsent und müssen regelmäßig erinnert werden. Etwa, dass diese Stadtwerke –

---

[11] Vgl. Maaß/Reichard (2002), S. 79.
[12] Stadtwerke Bochum (o. J.).

frei von fremden Konzernbeteiligungen – ausschließlich den Bochumern gehören. Dass nicht nur die Stadtkasse, sondern auch etliche Unternehmen von
Finanztransfers und Aufträgen der Stadtwerke abhängig sind. Dass Bochum der
Ort ist, an dem (Gewerbe-)Steuern gezahlt und Hunderte kompetenter Mitarbeiter beschäftigt werden. Oder dass der öffentliche Personen-Nahverkehr ohne die
wirtschaftliche Tätigkeit der Stadtwerke nicht finanzierbar wäre.

Für Bochumer Bürger und Kunden ist die Vermittlung der Stadtwerke-
Anstrengungen, ein „besonders guter Citizen" zu sein, vermutlich von noch größerer Bedeutung. Die Wahrnehmung, an strategisch bedeutsamer Stelle unter-
stütze ein Unternehmen in der Nachbarschaft jedes Bemühen, die Stadt attraktiv,
lebenswert und kulturell bedeutsam zu erhalten, ist möglicherweise die wichtigste von allen. (Wie es sich anfühlt, wenn ein Groß-Unternehmen über Jahrzehnte am Ort immense Gewinne erwirtschaftete und sich trotz gut gelebter
Nachbarschaft zu Gunsten eines osteuropäischen Produktionsstandortes sang-
und klanglos aus der Stadt verabschiedet, haben die Bochumer am Beispiel
Nokia[13] im Jahre 2008 schmerzlich erfahren – und nicht vergessen.)

Hinzu kommt: Der Großteil der Stadtwerker kommt aus und lebt in
Bochum. Folglich muss der Wunsch, auf verschiedenen Ebenen zum Wohle der
Stadt und ihrer sozialen Gemeinschaft beizutragen, nicht von der Unternehmensleitung eingepflanzt werden. Geschäftsführer Bernd Wilmert antwortet auf
die Frage nach den Motiven für das CSR-Engagement:

> „Weil wir es können und wollen. Vieles wäre nicht zu leisten, wenn die Kolleginnen
> und Kollegen nicht voller Motivation entscheiden ‚Die Stadtwerke haben in Bochum
> ihre Wurzeln und sind für Bochum da, auch über den Versorgungsauftrag hinaus.'
> Das Know-how und die Fähigkeiten der Stadtwerker machen es erst möglich, so
> viele unterschiedliche Belange in dieser Stadt zu unterstützen. Interessant ist im
> Übrigen, dass bei freiwilligem Engagement niemand kommt und sagt: ‚Das darfst
> Du nicht, das gehört nicht zu Deinen Kernaufgaben.'"[14]

In diesem Zusammenhang ist die Frage interessant, wie das Unternehmen und
seine Mitarbeiter auf den Gedanken kamen, nun auch Hilfsprojekte in Afrika zu
initiieren. Es wäre ja denkbar, dass ein Energieversorger aus dem mit dem Kerngeschäft verbundenen CO_2-Problem und dessen globaler Wirkung das Motiv
ableitet, in Zukunft auch international helfen zu wollen. Im Übrigen sind die
Bochumer Stadtwerke als Teil des Konsortiums, das aktuell die Mehrheit am
Kraftwerksbetreiber Steag übernahm, nun auch mittelbar an Kraftwerken in der
Türkei, in Kolumbien und auf den Philippinen beteiligt. Die Auflösung ist frei-

---

[13] S. dazu den Beitrag von Kramm, Abschnitt 1, in diesem Band.
[14] wir Stadtwerker, Magazin für Aktive und Ehemalige der Stadtwerke Bochum, H. 2, 2009, S. 9.

lich viel einfacher: Die „Aktion Canchanabury", über die das Afrika-Engagement vermittelt wurde, ist ebenfalls eine Bochumer Einrichtung und gehört schon seit Jahren zum Kreis jener karitativ tätigen Träger, die von den Stadtwerken unterstützt worden sind.

Es sei nicht verschwiegen, dass Sponsor-Aktionen der Stadtwerke Bochum von den Bürgern gelegentlich auch kritisch diskutiert werden. Zwar sind die Bochumer mehrheitlich stolz auf ihr sportliches Aushängeschild, die Profi-Fußballer des VfL Bochum. Als die Stadtwerke jedoch die Namensrechte an dem Stadion erwarben (und es „rewirpowerSTADION" tauften), wobei die Einnahme der Lizenzkicker-Abteilung zugute kam, wurde wochenlang kontrovers debattiert, ob die eingesetzten Mittel nicht anderweitig und bedürfnisorientierter hätten verwendet werden können. Auch um das neue Musikzentrum als Projektnachfolge des Konzerthaus-Planes in der Stadtmitte, in dessen Trägerkreis sich die Stadtwerke engagieren, gibt es seit Jahren heftige Diskussionen. Allerdings betreffen diese nicht oder kaum den Stadtwerke-Beitrag. Es geht eher grundsätzlich um die Frage, ob sich die Stadt Bochum eine solche neue Einrichtung leisten soll oder kann.

5 Fazit

In ihrem Bemühen, den Corporate Social Responsibility-Gedanken mit Leben zu erfüllen und sich als „guter Bürger" Bochums zu erweisen, haben die Stadtwerke mit ihren Mitarbeitern eine breite Palette von Unterstützungsaktionen und Hilfsinitiativen entwickelt. Diese werden von dem Bemühen getragen, wichtige Pfeiler und Einrichtungen der sozialen und kulturellen Stadtgesellschaft[15] zu sichern und fortzuentwickeln, damit die Stadt als Lebensraum funktionsfähig und attraktiv bleibt. Geschäftsführer *Bernd Wilmert* fasst es so zusammen:

> „Die Menschen in Bochum sind nicht ausschließlich Kunden, sondern gleichzeitig Partner und Mitbürger in dieser Stadt. Das heißt, wenn es den Menschen in Bochum gut geht, bleiben sie, ziehen nicht weg. Und agieren – bei allem globalen Denken – lokal, sprich: sie beziehen unter anderem ihre Energie von den Stadtwerken. Somit schließt sich dann wieder der Kreis. Wir geben etwas, wir bekommen etwas und geben wieder. So kann das noch viele Jahre ganz fruchtbar funktionieren."[16]

Mehrere Fakten könnten für den Erfolg dieser Strategie sprechen. Zum einen gelten Stadtwerke – zuletzt von Emnid in 2009 erhoben – in den Augen von

---

[15] S. dazu den Beitrag von Kramm, Abschnitt 4, in diesem Band.
[16] wir Stadtwerker, Magazin für Aktive und Ehemalige der Stadtwerke Bochum, H. 2, 2009, S. 9.

92 % ihrer Haushaltskunden als zuverlässig, 91 % sind mit der Gesamtleistung der kommunalen Unternehmen zufrieden. Im Privatkundenbereich haben die Stadtwerke Bochum lediglich etwa 8 % an fremde Anbieter verloren. Deutschlandweit liegt die Wechselquote inzwischen über 20 %. Und Bochum hat sich dem demografischen Trend bisher entziehen können: Im Vergleich mit anderen Revier-Kommunen blieb die Einwohnerzahl während der letzten zehn Jahre halbwegs stabil (Vergleich 1.1.2000 – 31.12.2009: - 4,2 %).[17]

Der Verband kommunaler Unternehmen (VKU) empfiehlt seinen Mitgliedern, das gesellschaftliche Unternehmensengagement reichhaltig und regelmäßig zu kommunizieren. Befürchtungen, man könnte mit allzu deutlicher Kommunikation nur eine Lawine von Förderanfragen oder Kritik lostreten, würden sich in der Regel nicht bewahrheiten. Der Verband denkt neben der Veröffentlichung auf den Stadtwerke-Webseiten an gezielte Medienarbeit und durchaus auch an einen regelmäßigen Jahresbericht.[18]

Die Praxis zeigt, dass die Bochumer Stadtwerke einige dieser Möglichkeiten nutzen. Ausgewählte Beispiele für Unterstützung und Sponsoring finden sich auf den Internetseiten unter www.stadtwerke-bochum.de oder werden von lokalen und regionalen Medien aufgegriffen. Einen jährlichen oder zweijährlichen Bericht, in dem neben den CSR-Projekten auch andere operative Leistungen kommuniziert werden könnten, geben die Stadtwerke Bochum bislang nicht heraus. In der Optimierung dieser Kommunikationsarbeit liegt aber eine Chance: Immerhin ziehen im Jahresmittel beständig rund 15.000 Menschen neu nach Bochum und kommen womöglich erstmals mit dem heimischen Energieversorger in Berührung – darunter viele Studenten. Sie zu Kunden, Projektbeteiligten und womöglich zu „leidenschaftlichen Bochumern" zu machen: es wäre ein schönes Ziel.

Literatur

Maaß, Frank/Clemens, Reinhard (2002): Corporate Citizenship, Das Unternehmen als „guter Bürger", Wiesbaden 2002
Stadtwerke Bochum (o. J.): Unternehmensleitbild, Das Ruhrgebiet ist unser Zuhause, online unter URL: http://www.stadtwerke-bochum.de/index/unternehmen/ unternehmenskultur/unternehmensleitbild/das_ruhrgebiet_ist_unser_zuhause.html [Stand 2011-03-23]

---

[17] S. Landesamt für Datenverarbeitung und Statistik.
[18] Vgl. VKU (2006), S. 39.

(VKU) Verband kommunaler Unternehmen (2006): Stadtwerke als „gute Bürger", Köln 2006

Corporate Foundations – Die Stiftungen der Sparkassen-Finanzgruppe

Ines Blunck

1   CSR: Unternehmen entdecken Verantwortung

Umweltskandale und platzende Finanzmarktblasen stellen die Fixierung von Unternehmen auf Profitmaximierung in Frage. Der gesellschaftliche Druck auf Unternehmen wächst; Aktionäre, Gesellschafter, Mitarbeiter und Verbraucher fordern Nachhaltigkeit und die Übernahme von Verantwortung in sozialen, ökologischen und ökonomischen Belangen bezogen auf Gesellschaft und Umwelt.

Vor diesem Hintergrund stellt sich die Frage, ob die derzeitige Antwort der Unternehmen, der Aufbau einer Corporate Social Responsibility (CSR), eine kurzfristige Modeerscheinung ist oder eine auf Dauer und auf die Belange aller Beteiligten ausgerichtete Basis für die Unternehmen darstellt.

Der folgende Beitrag beleuchtet das historische Fundament der gesellschaftlichen Aktivitäten der Sparkassen-Finanzgruppe sowie deren aktuellen Umfang und zieht einen Vergleich mit den Grundsätzen einer CSR. Vier Beispiele geben einen Einblick in die Fördertätigkeit der Sparkassen-Finanzgruppe im Stiftungsbereich.

2 Der Gründungsauftrag: Verantwortung übernehmen für sich und andere

Sparkassen verstehen sich als Unternehmen in der sozialen Marktwirtschaft, die in besonderer Weise gesellschaftliche Verantwortung übernehmen. Die historischen Wurzeln der „Sparkassen-Idee" reichen mehr als 200 Jahre zurück, als überall in Deutschland Kommunen Sparkassen gründeten, mit dem Ziel der Ersparnisbildung und finanziellen Vorsorge breiter Bevölkerungsschichten zur Bekämpfung des Armutsproblems und zur Förderung der wirtschaftlichen Entwicklung vor Ort. Als Anstalten öffentlichen Rechts müssen sie sich nicht an kurzfristigen Renditeerwartungen internationaler Investoren ausrichten. Eine Geschäftspolitik, die sich sowohl am Gemeinwohl orientiert, als auch Erfolg im Wettbewerb anstrebt, ist für Sparkassen kein Widerspruch, sondern fester Bestandteil ihres nachhaltigen Geschäftsmodells, denn sie arbeiten gewinnorientiert, aber nicht gewinnmaximierend und agieren per Gründungsauftrag gemeinwohlorientiert.

Die von Sparkassen im Wettbewerb erwirtschafteten Überschüsse bilden die Voraussetzung dafür, dass diese sich für die Menschen und Unternehmen in ihrem jeweiligen Geschäftsgebiet einsetzen können. Gesellschaftliches Engagement ist für die Unternehmen und Stiftungen der Sparkassen-Finanzgruppe ein wesentlicher Teil ihrer unternehmerischen Identität – das gesellschaftliche Engagement ist damit unabhängig von wirtschaftlichen Interessen.

3 Spenden, Sponsoring und Stiftungen

Im Jahr 2009 hat die Sparkassen-Finanzgruppe 519 Mio. Euro für gemeinnützige Zwecke eingesetzt. Dies ist deutlich mehr als alle deutschen Finanzdienstleister zusammen aufgebracht haben. Unterstützt werden alle Bereiche des öffentlichen Lebens – von Kunst und Kultur über Soziales, Sport, Bildung, Wissenschaft und Forschung bis hin zu Umweltschutz und Denkmalpflege.

In der gesamten Bundesrepublik profitieren die Menschen von Angeboten, die von den Sparkassen vor Ort unterstützt und vielfach erst möglich gemacht werden. Sie kommen den Menschen unmittelbar zugute: als Mitglied im Verein, Besucher von Museen oder als Eltern, deren Kinder durch von der Sparkasse unterstützte Bildungseinrichtungen gefördert werden.

Die Sparkassen-Finanzgruppe ist mit einer Förderung von 149,9 Mio. Euro der größte nicht-staatliche Kulturförderer in Deutschland. Das umfangreichste Projekt in den Jahren 2009 bis 2010 ist das Engagement für die Kulturhauptstadt Europas RUHR.2010. Den renommierten Nachwuchswettbewerb im Bereich der klassischen Musik in Deutschland, „Jugend musiziert", fördert die Sparkassen-Finanzgruppe seit mehr als 40 Jahren.

Vom Breitensport bis zum Spitzensport: Als größter nichtstaatlicher Sportförderer unterstützt die Sparkassen-Finanzgruppe in der gesamten Bundesrepublik mit einer Summe von 84,4 Mio. Euro den Sport. Acht von zehn Vereinen profitierten – damit über 22 Mio. Vereinsmitglieder. Die Sparkassen fördern den Gesundheits- und Bewegungstrend als offizieller Partner des Deutschen Sportabzeichens. Die Nachwuchsförderung in den Eliteschulen des Sports und die Partnerschaft zur deutschen Olympiamannschaft runden das Engagement ab.

Die von den Unternehmen der Sparkassen-Finanzgruppe gegründeten Stiftungen sind ein besonderer Ausdruck des nachhaltigen Handelns. Ihre Stiftungen sind auf Dauer angelegt, werden bereits bei Gründung mit einem hohen eigenen Kapital ausgestattet, weisen einen regionalen Bezug auf, sind unabhängig und unterliegen der Kontrolle von öffentlichen Aufsichtsbehörden.

Die Sparkassen-Finanzgruppe ist die stifterisch aktivste Unternehmensgruppe in Deutschland; etwa jede 25. Stiftung wurde von einem ihrer Unternehmen gegründet.

Die insgesamt 688 Stiftungen der Unternehmen der Sparkassen-Finanzgruppe verfügten zum Jahresende 2009 über ein Gesamtkapital von etwa 1,8 Mrd. Euro und jährlichen Stiftungserträgen von 73,6 Mio. Euro. Damit sind die Stiftungen der Sparkassen-Finanzgruppe ein wichtiger Baustein des gesellschaftlichen Engagements und setzen das Förder- und Spendenengagement nachhaltig fort. Wie wichtig der Sparkassen-Finanzgruppe ihre Stiftungen sind, zeigt sich auch in der stetig wachsenden Zahl: In den Jahren 2002 bis 2010 wurden mehr als 150 neue Stiftungen von den Instituten der Sparkassenorganisation errichtet. Durch die hohe Zahl der Stiftungen wird eine flächendeckende und dezentrale Förderung durch regional aktive Stiftungen möglich.

Für die Sicherung der Qualität in der Stiftungsarbeit setzt sich der Arbeitskreis Stiftungen der Sparkassen-Finanzgruppe ein. Sein Ziel ist auch die gute Vernetzung der Sparkassenstiftungen und damit die Sicherstellung des aktiven Informationsaustausches innerhalb der Sparkassenstiftungslandschaft. Neben dieser Vernetzung auf Gremienebene werden aber auch konkrete Gemeinschaftsprojekte gefördert und umgesetzt. Auf dem Internetportal www.sparkassenstiftungen.de präsentieren sich die Sparkassenstiftungen gemeinsam nach außen. Stiftungsmitarbeitern stehen Informationen im Expertenbereich zur Verfügung. Unterstützung für die tägliche Arbeit erhalten die Stiftungen auf der Stiftungsfachtagung in Berlin, durch den auf sie zugeschnittenen Ratgeber zum Thema Stiftungsmanagement und durch die Ausbildung zum Stiftungsmanager oder Stiftungsspezialisten an der Akademie der Sparkassen-Finanzgruppe.

Von dem Wissen und der Erfahrung aus der eigenen Stiftungstätigkeit profitieren auch die Sparkassenkunden, denn ihnen stehen kompetente Ansprechpartner für die Kapitalanlage, Stiftungserrichtung und Stiftungsverwaltung vor
Ort zur Verfügung.

4   Engagement für die Region – Beispiele aus der Fördertätigkeit von
Sparkassenstiftungen

4.1 Sparkassenstiftung Starkenburg

Mit 1,38 Mio. Euro errichtete die Sparkasse Starkenburg in Heppenheim im Jahr
2000 eine Stiftung. In nur zehn Jahren wuchs das Stiftungskapital durch Zustiftungen und Grundstücksverkäufe um das 30-fache: Die Erträge aus 38 Mio. Euro
stehen heute für die operative Arbeit und die Förderungen der Sparkassenstiftung
Starkenburg zur Verfügung. Die Stiftung beschränkt sich dabei auf den Wir-
kungsradius ihrer Stifterin: die südliche Bergstraße rund um Heppenheim. Drei
ehrenamtlich tätige Vorstände und zwei Mitarbeiterinnen entwickeln innovative
Lösungen für die Region und unterstützen Projekte Dritter.

Dabei steht die Hilfe zur Selbsthilfe im Mittelpunkt; die Stiftung konnte ein
eigenes Fördermodell entwickeln, bei dem sie den ehrenamtliche Einsatz vergü-
tet – auf den ersten Blick ein Widerspruch. Doch das Arbeitshonorar geht nicht
an die freiwilligen Helferinnen und Helfer, sondern als Spende zusätzlich in das
Projekt. Durch die Vergütung von über 2.000 ehrenamtlich geleisteten Arbeits-
stunden konnte die Stiftung den Bau eines Sozialzentrums mit Tafel, Suppen-
und Lernküche sowie zwei Kleiderkammern ermöglichen; hier übernahm die
Stiftung für die ersten drei Jahre auch die Betriebskosten.

Die Engagierten empfinden eine Würdigung ihrer Arbeit und fühlen sich
angespornt, sich weiter für das Projekt einzusetzen. Denn die eigene Schaffens-
kraft wirkt gleich doppelt: unmittelbar während der eigenen Arbeit und mittelbar
durch die finanzielle Unterstützung der Stiftung. Innerhalb von sieben Monaten
entstand so ein katholisches Sozialzentrum durch das Engagement vieler
Gemeindemitglieder. Die Förderstrategie der Stiftung sprach alle Generationen
an: Rentnerinnen und Rentner arbeiteten oft unter der Woche mit, junge Menschen der Katholischen Jungen Gemeinde (KJG), Mitglieder anderer Service-
clubs und Kunden der Tafel. Wie integrativ die Hilfe zur Selbsthilfe durch die
Stiftung wirkte, zeigte sich bei der Eröffnung des Sozialzentrums: Nicht nur die
Helferinnen und Helfer kamen zu Konzert, Gottesdienst und bischöflicher
Segnung; auch die Menschen, die soziale Dienste des Zentrums in Anspruch

nehmen, waren mit dabei. Jährliche Benefizkonzerte zu Gunsten der Einrichtung wie zur Eröffnung soll es auch in Zukunft geben.

An drei Nachmittagen in der Woche hat das Sozialzentrum geöffnet. Schon frühmorgens beginnen die Ehrenamtlichen mit der Sichtung der angelieferten Lebensmittel. Sie geben nur Ware weiter, die sie auch selbst essen würden – ein wichtiger Grundsatz der Tafelbewegung. Doch die Tafelkunden wissen mit einzelnen saisonalen Nahrungsmitteln nichts anzufangen. So entstand die Idee zu einer Vesperstube mit Lernküche. Auch hier konnte die Stiftung durch die Finanzierung einer professionellen Küche helfen. Mitglieder des Frauenbundes bieten Kochkurse an, die bei Menschen aus allen Kulturkreisen Anklang finden.

Doch das Sozialzentrum ist mehr als nur Tafel, Lernküche und Vesperstube. Die Sparkassenstiftung Starkenburg hat sechs Fitnessgeräte für alle Generationen in der näheren Umgebung des Sozialzentrums aufgestellt. Sportler und Tafelkunden nutzen das Open-Air-Fitnessstudio in gleichem Maße. So bringt die Stiftung die Menschen der Region zusammen.

Auch die Kunst kommt nicht zu kurz: Vor dem Zentrum steht die acht Tonnen schwere Sandsteinskulptur „Der barmherzige Samariter". Die kubische Komposition zweier Figuren – eine Knieende stützt und versorgt eine vor ihr Liegende – drückt das Leitmotiv aus, das die Sparkassenstiftung Starkenburg mit dem Sozialzentrum verfolgt. Sie will dort helfen, wo Hilfe am nötigsten ist.

Der Erfolg des Sozialzentrums ermutigt zu weiteren Aktivitäten: In Zukunft soll das Angebot um eine Schuldnerberatung ergänzt werden. Fachkräfte im Ruhestand werden dort ehrenamtlich Menschen in finanzieller Not beraten.

In ihrem Förderschwerpunkt „Jugend- und Altenhilfe" arbeitet die Stiftung überwiegend operativ, also mit eigenen Projekten. Sie organisiert Förderprogramme, an denen Schulen und Kindergärten kostenfrei teilnehmen können. Die Themen reichen von Klimaschutz über bilingualen Unterricht in Kindergärten bis hin Sprach- und Rechenförderung. Sogar ein neues Schulfach konnte die Stiftung durch gute, verlässliche Zusammenarbeit mit dem Schulamt einführen. An sechs Schulen steht nun „Glück!" auf dem Stundenplan, eine Förderung emotionaler, kognitiver und physiologischer Fähigkeiten. Die Stiftung sorgte auch für eine entsprechende Fortbildung der Lehrkräfte. Und sie ließ das Projekt von Wissenschaftlern evaluieren. Gymnasiasten drehten in Kooperation mit der Filmakademie Ludwigsburg einen Film über das neue Fach.

Das Sozialzentrum Viernheim, das Schulfach „Glück!" und andere operative Projekte prägen die Marke Sparkassenstiftung Starkenburg. Die Erfolge der Sparkassenstiftung strahlen auch auf die Stifterin ab. Doch die Stiftung hat sich gleich bei der Gründung ein eigenes Profil gegeben. Eine klare Förderstrategie und ein eigenes Logo mit der Starkenburg in Heppenheim helfen dabei, die Stiftung als selbstständige Marke in der Region wahrzunehmen.

4.2   Vielseitig wie das Leben: das Engagement der Sparkassenstiftungen Mecklenburg-Schwerin

Stark verankert in der Region sind auch die Sparkassenstiftungen Mecklenburg-Schwerin. Vor zehn Jahren errichtete die Sparkasse, die ihren Sitz in Schwerin har, ihre beiden Stiftungen, die inzwischen über ein Kapital von 7,56 Mio. Euro verfügen. 3,78 Mio. Euro beträgt das Stiftungsvermögen der Sparkassenstiftung in der Landeshauptstadt Schwerin. Ob Kultur, Freizeit, Sport, Integration oder Jugend: Die Stiftung hat sich mit zentralen Förderungen in diesen gemeinnützigen Bereichen einen Namen gemacht.

Der Kauf eines Nashorns zählt nicht gerade zu den Aktionen, für die Stiftungen bekannt sind. In Schwerin ist das anders. Der Schweriner Zoo ist mit jährlich 220.000 Gästen ein Besuchermagnet und spielt eine entscheidende Rolle für Bildung, Freizeit und Kultur in der Region. In besonderer Weise in Erhaltungszuchtprogrammen engagiert, stieß der Zoo bei den Nashörnern an seine Grenzen. Zur Zucht der vom Aussterben bedrohten Breitmaulnashörner fehlte ein weibliches Tier, und so machte sich der Förderverein des Schweriner Zoos auf die Suche nach Förderern, die den Ankauf und den Transport der Nashorndame Clara von Südafrika nach Schwerin ermöglichten. Die Stiftungen der Sparkasse Mecklenburg-Schwerin stellten 27.500 Euro bereit. Nicht nur Kauf und Transport sind teuer, auch der Unterhalt verschlingt viele tausend Euro. Daher kam noch eine wichtige Zusage von Stiftungsseite: Eine dreijährige Patenschaft für Clara bedeutet auch die Übernahme der Futterkosten für das gefräßige Tier. Die Sicherheit für die ersten Jahre hat System: So war es auch mit der Übernahme der Betriebskosten des Sozialzentrums durch die Sparkassenstiftung Starkenburg für die ersten drei Jahre. Anfang 2009 präsentierte ein stolzer Schweriner Zoo seinen Besuchern den Neuzugang und baute zur Begrüßung eine 4.000 qm große Nashornanlage, die alle modernen Haltungs- und Zuchtbedingungen erfüllt.

Schon zuvor hatte sich die Stiftung für den Zoo engagiert: Die Bemalung des Straußenhauses mit afrikanischen Motiven 2001, die neue Waldschule 2005, die vielen Schulklassen Naturkundeunterricht zum Anfassen bietet, verdankt der Zoo ebenfalls dem stifterischen Engagement der Sparkasse Mecklenburg-Schwerin. *Horst Biele*, Vorstandsvorsitzender des Fördervereins, ist froh, „dass der Zoo mit der Stiftung einen zuverlässigen Partner an seiner Seite hat."

Zuverlässiger Begleiter ist die Stiftung auch für die Filmszene in Mecklenburg. Oft wollen Stiftungen nur einen Anstoß geben und ein Projekt möglichst bald in die Unabhängigkeit entlassen. Wenn die Zusammenarbeit jedoch ausnehmend gut oder das Projekt besonders wichtig für die Region ist, kann aus der Förderung auch eine langjährige Partnerschaft werden. Für die Stiftung der

Sparkasse Mecklenburg-Schwerin ist das filmkunstfest M-V ein solch erfolgreiches Projekt. Hier fördert sie 2011 bereits zum siebten Mal. Als Hauptförderer unterstützt die Stiftung seit 2004 das Filmfestival, das zu den zehn größten deutschen Spielfilmfestivals zählt und das publikumsstärkste in den neuen Bundesländern ist.

Gewalt ist ein häufig unterschätztes gesellschaftliches Problem. Stiftungen engagieren sich hier in besonderer Art und Weise. Die Stiftung der Sparkasse Mecklenburg-Schwerin hat ihr Engagement im Sport mit der Förderung des Projektes „Sport gegen Gewalt" im Jahr 2003 begonnen. Bei den „Schweriner Sportnächten" ein Jahr später konnte die Stiftung durch ihre Förderung Kindern und Jugendlichen, die nicht in Sportvereinen tätig sind, eine sinnvolle sportliche Freizeitbeschäftigung aufzeigen. Die Halle am Fernsehturm wurde zu einer riesigen Sporthalle. Hunderte Teilnehmer spielten Hallenfußball, Tischtennis oder Street-Basketball, belegten Breakdance- und Selbstverteidigungskurse oder waren beim Inline-Skaten dabei. Darüber hinaus unterstützte die Stiftung den Nachwuchsleistungssport in den Jahren 2006 bis 2010 mit jeweils 15.000 Euro. Damit sicherte der Stadtsportbund, der mehr als 100 Sportvereine mit fast 18.000 Mitgliedern unter seinem Dach versammelt, die Nachwuchsarbeit anerkannter Landesleistungszentren in Schwerin, in denen junge Sporttalente auf den nationalen und internationalen Spitzensport vorbereitet werden.

Nicht nur Sport fördert die Integration; auch Musik bringt Menschen unterschiedlicher sozialer oder kultureller Herkunft zusammen. Die Stiftung der Sparkasse Mecklenburg-Schwerin fördert daher auch Vereine, die sich mit sozialer Integration und Jugendarbeit in den Schweriner Stadtteilen beschäftigen. So unterstützte sie 2005 das Projekt „Rock in da Block". Eine gemeinsame Veranstaltung versammelte die vielfältigen Schweriner Initiativen für Toleranz und Respekt gegenüber verschiedenen Kulturen, gegen Ausländerfeindlichkeit und Gewalt in der Schule unter einem Dach bei einem Konzertabend mit regionalen Musikbands für Schweriner Jugendliche. „Das Projekt setzt ein nachhaltiges Zeichen für Demokratie und Toleranz in Schwerin", bestätigte *Dimitri Avramenko*, Integrationsbeauftragter der Stadt.

4.3 Die Dresdner Stiftung Kunst & Kultur der Ostsächsischen Sparkasse Dresden

Von Schwerin im Norden nach Dresden im Osten. Mit der Frauenkirche steht hier das Symbol für stifterisches Engagement überhaupt. Auch die in der sächsischen Landeshauptstadt beheimatete Dresdner Stiftung Kunst & Kultur der Ostsächsischen Sparkasse Dresden steht für beispielhaftes Engagement von Stiftungen. Die Dresdner Stiftung will eine Brücke zwischen Historie und Moderne schlagen und dabei beiden Richtungen Raum geben. Die Kunst- und Kulturmetropole Dresden birgt vielfältige Schätze aus der Vergangenheit, die es zu erhalten und zu fördern gilt. Doch die Vergangenheit ist nur ein Teil der Stadt. Eine lebendige Kunst- und Kulturszene hat sich in den vergangenen zwanzig Jahren in der Stadt angesiedelt. Dank gezielter Stiftungsförderung kann sie sich entfalten. Seit ihrer Errichtung 1992 engagiert sich die Stiftung für Projekte in der Stadt Dresden, die das herausragende kulturelle Erbe bewahren und zeitgenössische Kunst fördern möchten. Damit bieten sich über die Stiftungsarbeit und die Projektförderungen der insgesamt fünf Stiftungen hinaus vielfältige Möglichkeiten, Anstöße zu geben, Impulse zu setzen und so das Gemeinwohl in all seinen Facetten zu fördern.

Mit der Vergabe von Stipendien an Studierende der drei Kunsthochschulen in Dresden eröffnet die Stiftung Kunst & Kultur der Ostsächsischen Sparkasse Dresden vor allem Nachwuchskünstlern die Möglichkeit, Talente zu entwickeln und die regionale Kulturlandschaft mit neuen Akzenten zu beleben.

Das Hegenbarth Stipendium ist eines von vielen operativen Projekten der Stiftung, aber gleichzeitig doch das bedeutendste. Namensgeber ist der Dresdner Grafiker, Maler und Illustrator *Josef Hegenbarth* (1884-1962), der selbst Schüler, Meisterschüler und Professor an der Dresdner Akademie war. Das nach ihm benannte Stipendium wird seit 1996 jährlich an zwei Meisterschüler der Hochschule für Bildende Künste Dresden verliehen. Es hat bald überregionale Bedeutung erlangt, vor allem auch durch die treffsichere Wahl der ausgezeichneten Künstler.

Bei der Vergabe des Stipendiums, das mit je 3.000 Euro dotiert ist, arbeitet die Sparkasse eng mit der Hochschule für Bildende Künste in Dresden und der Städtischen Galerie Dresden zusammen. Durch die Kooperation der drei Partner, die zudem auch die Jury stellen, hat sich das Projekt stetig weiterentwickelt. Seit Beginn ist die Stiftung in den Auswahlprozess der neuen Hegenbarth Stipendiaten eingebunden, wodurch sie ihre Stellung als aktiv gestaltende Institution unterstreicht. Dabei übernimmt sie neben der Finanzierung auch inhaltliche Aufgaben wie die operative und konzeptionelle Leitung, die Koordination der Veranstaltung und die strategische Öffentlichkeitsarbeit.

Beginn und Abschluss des Stipendiums bilden einen festen Punkt. So erfolgt die Preisübergabe an die neuen Stipendiaten in der Städtischen Galerie Dresden im Rahmen der öffentlichen Ausstellung der Stipendiaten des Vorjahres. So kann die Stiftung das Hegenbarth Stipendium als ein kontinuierliches Projekt präsentieren, das nur für die Künstler, nicht aber für die Kunstszene nach einem Jahr endet.

Die Partner des Projektes haben für das Stipendium einen einheitlichen Markenauftritt entwickelt. Die Marke „Das Hegenbarth Stipendium" ermöglicht eine konstante Wahrnehmung in der Öffentlichkeit und lässt es zu einer festen Größe im Dresdner Kunstleben werden. Doch Kooperation gelingt nur dann, wenn alle Partner ihr eigenes Netzwerk integrieren und so die öffentliche Wirksamkeit verstärken. Für die Dresdner Stiftung Kunst & Kultur der Ostsächsischen Sparkasse Dresden bietet sich dadurch eine Plattform, die auch für andere Stiftungsprojekte genutzt wird. So liest der „Dresdner Stadtschreiber" – ein weiteres Stipendium der Stiftung – während der laufenden Ausstellung in der Städtischen Galerie.

4.4 Stadtsparkasse Düsseldorf mit eigenem Kompetenz-Center für Stiftungen

Einen besonderen Ansatz bei der Förderung des stifterischen Engagements der Bürgerinnen und Bürger in der Region verfolgt die Stadtsparkasse Düsseldorf. Sie leistete bereits vor 35 Jahren mit der Errichtung einer ersten Stiftung einen Beitrag zum Stiftungswesen und hat diesen Einsatz bis zur Errichtung der BürgerStiftung Düsseldorf im Jahr 2006 deutlich erweitert. Vor allem zwei Überlegungen führten zu dem Entschluss, sich stärker im Stiftungswesen zu engagieren und die Betreuung von Stiftungen als ein wichtiges strategisches Geschäftsfeld zu definieren. Zum einen vertrauten immer mehr Kunden der Sparkasse das Vermögen einer Stiftung an. Zum anderen hat die Stadtsparkasse Düsseldorf durch ihre eigenen drei Stiftungen gezeigt, wie man Sport, Kunst und Kultur sowie bürgerschaftliches Engagement sinnvoll und nachhaltig fördern kann.

Neben den eigenen Stiftungen setzt die Stadtsparkasse daher vor allem auf die Verwaltung von Stiftungen – 120 Stiftungen sind es derzeit. Ein Kompetenz-Center bündelt die große Stiftungserfahrung der Sparkasse. So wird jede hier betreute Stiftung zu einem Werbeträger für die Sparkasse und den Stiftungsgedanken. Der Gedanke des gesellschaftlichen Engagements von Unternehmen gelangt direkt zu den Kundinnen und Kunden, das Stiftungsthema hat so im vergangenen Jahrzehnt in Düsseldorf und Umgebung eine besondere Eigendynamik entfaltet.

Die Verwaltung und Anlage des Stiftungskapitals ist in der Stadtsparkasse Düsseldorf das Kerngeschäft auch des Kompetenz-Centers Stiftungen. In enger Zusammenarbeit mit den Anlage- und Kapitalmarktexperten der Sparkasse treffen die Stiftungsbetreuer in Absprache mit den einzelnen Stiftungsgremien die Entscheidungen zur Verwirklichung der Anlageziele. Wie bei allen Stiftungen achtet auch das Kompetenz-Center bei der Betreuung der Stiftungen darauf, das Gleichgewicht zwischen Vermögenserhaltung und Zweckgestaltung zu halten.

Denn das Stiftungsvermögen ist ungeschmälert zu erhalten; gleichzeitig will die Stiftung aber auch ihrem Stiftungszweck entsprechend und gemeinnützig effektiv tätig sein.

Gleichwohl geht das Center mit seinem Einsatz für die Stiftungen weit über die bloße Vermögensverwaltung hinaus. Kompetenzen, die die Stiftungsexperten der Stadtsparkasse durch die Verwaltung der drei eigenen Stiftungen erworben haben, kommen so allen betreuten Stiftungen zugute. Dies betrifft die Organisation der Düsseldorfer Stiftungstage, Aufbau und Pflege von Kontakten und Netzwerken, die Pflege von Kooperationspartnerschaften, Fundraising und Öffentlichkeitsarbeit.

Laut einer Umfrage des Deutschen Sparkassen- und Giroverbandes wünschen sich 84 % aller Stiftungen von ihrer Hausbank Unterstützung beim Fundraising. Gemeinsam mit den Gremienmitgliedern der Stiftungen entwickeln die Experten des Kompetenz-Centers individuelle Konzepte zum Einwerben von Spenden und Zustiftungen. Bei der Umsetzung des Konzeptes bleibt das Kompetenz-Center an der Seite der Stiftungen. Besonders groß und ansteigend ist die Nachfrage bei der Bildung von Fundraising-Kooperationen. Hier geht es um die konkrete Vermittlung von Zustiftungen, Stiftungen und Spenden.

Fundraising ist ein Grund für Öffentlichkeitsarbeit, aber bei weitem nicht der einzige. Imagepflege, Transparenz, die Suche nach Kooperationspartnern und geeigneten Projekten, die Werbung für den Stiftungsgedanken im Allgemeinen und den konkreten Stiftungszweck im Besonderen: All diese Ziele erfordern ein professionelles Stiftungsmarketing. Daher nimmt sich die hauseigene Beratung des Kompetenz-Centers auch dieser Frage an. Hilfe erfahren die betreuten Stiftungen von der Sparkasse bei der Erstellung von Internet-Auftritten, beim Entwurf eines Corporate Designs und einer umfassenden Medien- und Öffentlichkeitsarbeit.

Immer weniger Stiftungen führen ihre Projekte vollständig allein durch. Kooperationspartner bringen entweder zusätzliches Geld, besonderes Fachwissen oder engagierte Mitarbeiter mit in ein Projekt, so dass das Projekt von gemeinsamer Anstrengung nur profitieren kann, wie das Dresdner Beispiel des Hegenbarth Stipendiums gezeigt hat. Das Kompetenz-Center Stiftungen sieht sich als Netzwerker und vermittelt passende Kooperationspartner. Es bleibt aber auch im Anschluss an der Koordination der Stiftungsprojekte beteiligt. Zum Service gehört auch die Information über relevante Neuerungen. Durch die enge Kooperation mit regionalen und nationalen Stiftungen, Behörden und anderen Nonprofit-Organisationen befinden sich die Kunden stets im Mittelpunkt des deutschen Stiftungsgeschehens. Eine gezielte Lobbyarbeit bei Verbänden auf Bundesebene verstärkt die Positionierung zusätzlich.

Von der engen Vernetzung der Stadtsparkasse Düsseldorf mit anderen Stiftungsexperten, mit Anwälten, Verbänden und der Politik profitieren die betreuten Stiftungen direkt und indirekt. Das Kompetenz-Center kann auf Grund seiner langjährigen Erfahrung Prozesse initiieren und moderieren und in konkreten Fragen Hilfestellung leisten: von der speziellen Rechnungslegung bis zur Organisation von Kuratoriumssitzungen.

Die Düsseldorfer Stiftungstage, die seit dem Jahr 2004 alle zwei Jahre stattfinden, gehören zu den erfolgreichsten Veranstaltungen der Stiftungsszene. Wie schon beim ersten Mal ist es noch heute die Stadtsparkasse Düsseldorf, die diese Veranstaltung konzipiert und durchführt. Die Stiftungen haben die Möglichkeit, sich an Ständen zu präsentieren, Fachvorträge zu besuchen und aktuelle Informationen zu allen Stiftungsthemen zu erhalten. Die zusätzlichen „Vernetzungstreffen für Stiftungen in der Region" sind ein neues, für den Bankensektor ungewöhnliches Veranstaltungsformat, das bei den Stiftungen sehr beliebt ist, da regelmäßig Gleichgesinnte eingeladen werden. Durch entsprechende Moderation werden unterschiedlichste Stiftungen, potenzielle Stifter und Zustifter zu Projekt- und Fundraising-Kooperationen zusammengeführt. Die Sparkasse nimmt so mit ihrem breiten Angebot für Stiftungen und Stifter eine führende Rolle ein, wenn es um gesellschaftliches Engagement in der Region geht.

5   Mehr als CSR: Verantwortung übernehmen für sich und andere

CSR ist ein Konzept, welches Unternehmen als Grundlage dient, auf freiwilliger Basis soziale Belange und Umweltbelange in ihre Unternehmenstätigkeit einzubinden und in die Wechselbeziehungen mit den Stakeholdern zu integrieren (Grünbuch der Europäischen Kommission).

Eine CSR kann nur dann einen positiven Beitrag zum Unternehmenserfolg leisten, wenn einzelne Aktivitäten eine konkrete Verbindung zum Unternehmenszweck aufweisen. Für profitmaximierende Unternehmen bedeutet dies, dass auch hinter der CSR konkrete Eigeninteressen stehen. Eine Verpflichtung zum Steigern des Gemeinwohls lässt sich aus der CSR nicht ableiten.

Das gesellschaftliche Engagement der Unternehmen der Sparkassen-Finanzgruppe ist nicht mit einer CSR gleichzusetzen oder zu vergleichen, denn eine CSR kann flexibel an die jeweiligen aktuellen Bedürfnisse der Unternehmen angepasst werden. Unternehmen selbst bestimmen den Grad ihrer CSR. Anspruchs- oder Interessengruppen, die eine CSR integrieren soll, finden nur dann Berücksichtigung, wenn sie wirtschaftliche Relevanz aufweisen.

Wirtschaftliches und gesellschaftliches Engagement sind seit über 200 Jahren Ausdruck der Geschäftsphilosophie der Sparkassen-Finanzgruppe, die auf

Langfristigkeit ausgelegt ist und von der möglichst viele Mitglieder unserer Gesellschaft profitieren sollen.

Wirkungen von Sponsoring kommunaler Energiedienstleister

Nicole Warthun und Birgit Jammes

1   Sponsoring als Teil der CSR bei kommunalen Energiedienstleistern

1.1   Die Begriffe CSR und Sponsoring

Corporate Social Responsibility (CSR) ist ein relativ junger und zuletzt stark in Mode gekommener Begriff. Sofern bestimmte Voraussetzungen gelten, kann Sponsoring Teil des CSR-Konzeptes eines Unternehmens oder einer Organisation sein.

Die meisten Definitionen bezeichnen CSR als „Konzept, das Unternehmen als Grundlage dient, auf freiwilliger Basis soziale und Umweltbelange in ihre Unternehmenstätigkeit und in die Wechselbeziehungen mit Stakeholdern zu integrieren."[1]

Dabei können Unternehmen auf vielfältige Weise positiv Einfluss auf Gemeinschaftsbelange nehmen. Zunächst gilt dies im Kerngeschäft,[2] in dem wirtschaftliche Ziele im Einklang mit gesamtgesellschaftlichen Zielen stehen bzw. diese nicht konterkarieren sollten. Jenseits der Kerngeschäftstätigkeit kann

---

[1]   Europäische Kommission (2001), S. 7.
[2]   Vgl. Zell (2007).

sich gesellschaftliches Engagement auf vielfältige Weise zeigen: sei es durch die Bereitstellung zusätzlicher Berufsausbildungsplätze, Umweltengagement, Einstellung gesellschaftlicher Randgruppen, Partnerschaften mit Initiativen oder Kommunen, Spenden für wohltätige Zwecke oder aber auch finanzielles Engagement in den Bereichen Sport, Kunst und Kultur oder Soziales.[3]

Sponsoring umfasst die Analyse, Planung, Organisation, Durchführung und Kontrolle sämtlicher Aktivitäten durch Unternehmen, die mit der Bereitstellung von Geld, Sachmitteln, Dienstleistungen oder Know-how zur Förderung von Personen und/oder Organisationen verbunden sind, um damit gleichzeitig Ziele der unternehmensbezogenen Kommunikation zu erreichen.[4] Das Motiv der Übernahme gesellschaftlicher Verantwortung *kann* dabei, *muss* aber keine Rolle spielen: Primär geht es um die Erreichung von Kommunikationszielen, etwa der Steigerung des Bekanntheitsgrades oder einer Verbesserung des Images. Im Gegensatz zu anderen Kommunikationsdisziplinen (etwa Werbung oder Public Relations/PR) kommt Sponsoring aber immer auch anderen Partnern oder Zielgruppen direkt oder indirekt zugute. Die wichtigsten Sponsoring-Bereiche:

- Sport: Unterstützung von Sportlern, Vereinen, Sportarten, Veranstaltungen etc.
- Kunst/Kultur: Unterstützung von Künstlern, Kulturinstitutionen, Events etc.
- Wissenschaft: Förderung von Bibliotheken, Forschungsstellen, wissenschaftlichen Veranstaltungen, Kooperationsprojekten etc.
- Umwelt: Unterstützung von Schutzprojekten (Tier-, Arten-, Natur- und Landschaftsschutz), Umweltinitiativen und -projekten etc.
- Soziales: Unterstützung gemeinnütziger Institutionen und Projekte, Benefizveranstaltungen, Hilfsaktionen, Bildungseinrichtungen etc.

Sponsoring kann dann als Teil eines CSR-Konzepts betrachtet werden, wenn das Engagement explizit und nachvollziehbar aus gesellschaftsorientierten Gründen geschieht und nicht allein der Marketingnutzen im Vordergrund steht. Im Falle des Sozialsponsorings liegt es nahe, dass dies vorrangig aus dem Motiv der Übernahme von Verantwortung im Sinne des Gemeinwohls geschieht. Dies kann aber genauso der Fall auch in anderen Sponsoring-Bereichen sein.

Dies verdeutlicht folgendes Beispiel aus dem Sport: Erschöpft sich etwa das Sponsoring einer Profi-Fußballmannschaft in der Platzierung von Logos auf Trikots, Banden oder Plakaten, steht deutlich, wenn nicht gar allein, der Marketingnutzen im Vordergrund. Ist Teil des Sponsoring-Konzepts jedoch auch, die Nachwuchsarbeit des Vereins zu fördern, die Profi-Kicker als Paten in gemein-

---

[3] Vgl. EU (2001), S. 13.
[4] Vgl. Bruhn (2003), S. 6.

nützige Aktionen einzubinden, benachteiligten Jugendlichen gratis den Stadionbesuch zu ermöglichen oder das Stadion energetisch zu sanieren (um nur einige Beispiele zu nennen), so kann dies als gesellschaftliches und somit Teil eines CSR-Engagements betrachtet werden – welches zugleich auch einen Kommunikations- und Marketingnutzen für das Unternehmen haben kann und sollte.

1.2 Bedeutung von Sponsoring für kommunale Energiedienstleister

Kommunale Unternehmen sind Unternehmen, in denen eine oder mehrere Kommunen in maßgeblichem Umfang beteiligt sind. Sie verfolgen primär keine privatwirtschaftlichen Zwecke, sondern sind dem Gemeinwohl verpflichtet und erbringen überwiegend Leistungen der öffentlichen Daseinsvorsorge, etwa der Energieversorgung, Wasser- und Abwasserwirtschaft, Abfallwirtschaft oder Stadtreinigung.[5]

Der Fokus soll im Folgenden auf kommunalen Energiedienstleistern[6] – auch Stadtwerken – liegen. Diese befinden sich nach jahrzehntelangem Monopol seit der Liberalisierung des Strommarkts 1998 im Wettbewerb. Die meisten Stadtwerke begegnen dieser Herausforderung mit einer Differenzierungsstrategie, indem sie ihr Dienstleistungsportfolio ausbauen und die Profilierung als starker und verlässlicher Partner vor Ort setzen.[7]

Schon durch die prinzipielle Ortsgebundenheit ihrer Leistungserstellung kommt Stadtwerken eine besondere Bedeutung für die Kommune bzw. eine ganze Region zu. Darüber hinaus spielen aber auch CSR und Sponsoring eine wichtige Rolle: Die weitaus meisten Stadtwerke engagieren sich an ihrem Standort und dies auch als Sponsor.

93 % der kommunalen Energie- und Wasserversorgungsunternehmen übernehmen gesellschaftliche Verantwortung auf lokaler und regionaler Ebene – zu diesem Ergebnis kommt eine repräsentative Mitgliederbefragung des VKU, Verband kommunaler Unternehmen.[8] Dabei ist die Bandbreite des Engagements vor Ort in Kultur, Sport oder Bildung groß und reicht von marketingnahen Sponsoring-Maßnahmen über reine Geldspenden bis hin zu langfristigen Engagements und der Etablierung eigener Projekte und Initiativen, um die Stadt oder Region, in der das Unternehmen wirtschaftet, lebenswerter und attraktiver zu machen.[9]

---

[5] Zu gesetzlichen Voraussetzungen kommunaler Unternehmenstätigkeit s. Knemeyer (2009), S. 28.
[6] Nicht zuletzt infolge der tiefen Wurzeln im Sektor öffentlicher Wirtschaft haben Energieunternehmen einen traditionell sehr engen Bezug zu einem gesellschaftlichen Engagement; s. Wiedmann (2006), S. 1.
[7] Vgl. Lenk/Rottmann (2009), S. 25.
[8] Vgl. Bardt et al., (2010), S. 2.
[9] Vgl. Smith (2010).

Auch wenn Stadtwerke mit freiwilligem Engagement ihrer gesellschaftlichen Verantwortung in der Region nachkommen, kann dieses zugleich auch zu
einem Wettbewerbsvorteil führen – nämlich dann, wenn Kunden ihren Energie-
anbieter nicht allein nach dem Preiskriterium aussuchen, sondern lokale Verbundenheit und dementsprechendes Engagement des Anbieters in die Entscheidung
einbeziehen.

Es führt sicher zu weit, zu sagen, dass Sponsoring kommunaler Unternehmen *immer* auch Ausdruck eines gesellschaftlichen Engagements ist – durch die
Ortsgebundenheit der Unternehmen kommt jedoch jede Form von Sponsoring zu
guter Letzt immer der Kommune bzw. einzelnen daraus zugute (und nicht einer
anderen), selbst dann, wenn das Sponsoring aus reinen Marketingzwecken
erfolgt.

Anders als bei rein privatwirtschaftlichen Unternehmen, die in der Ausgestaltung ihres CSR-Engagements und der Wahl von Sponsoring-Aktivitäten und
-partnern weitgehend frei sind, sehen sich Stadtwerke als dem Gemeinwohl verpflichtete Unternehmen einem höheren Erwartungsdruck und kommunalen
„Notwendigkeiten" ausgesetzt. So kann die Unterstützung bestimmter Aktivitäten bisweilen kaum abgelehnt werden – auch wenn die nicht ideal in ein entwickeltes Konzept passen. Hinzu kommt vielfach, dass das Portfolio der Engagements oft eher historisch gewachsen, als strategisch geplant ist.

1.3 Erkenntnisse zur Sponsoring-Wirkung bei kommunalen Energiedienstleistern

Angesichts des skizzierten Potenzials von Sponsoring als Wettbewerbsvorteil ist
es nachvollziehbar, dass immer mehr lokale und regionale Energiedienstleister
sich beim Sponsoring nicht mehr nur auf ihr „Bauchgefühl" verlassen. Um ihre
Aktivitäten innerhalb der gegebenen Rahmenbedingungen zielgerichtet zu planen, lassen sie die Wirksamkeit ihrer Aktivitäten überprüfen.[10]

Eine umfassende Evaluation des Sponsoring-Engagements bezieht alle
jeweils relevanten Zielgruppen ein. Dies können je nach Ausgestaltung und
Schwerpunktsetzungen des konkreten Engagements Teilnehmende gesponserter
Veranstaltungen sein, die allgemeine Öffentlichkeit am Standort, Geschäftskunden oder Multiplikatoren. Darüber hinaus kann es – durchaus auch aus Marke-
tingperspektive – sinnvoll sein, spezielle Segmente innerhalb der Bevölkerung
zu betrachten – etwa wechselgefährdete Privatkunden oder auch Kunden, die

---

[10] Vgl. Warthun (2007).

bereits zu anderen Anbietern gewechselt sind: Hier gilt es zu analysieren, ob Sponsoring womöglich Entscheidungen mit beeinflussen kann.

Obwohl die Bedingungen im tatsächlichen Umfeld und damit das jeweils Erfolg versprechende Sponsoring-Konzept bei einzelnen lokalen und regionalen Energiedienstleistern sehr unterschiedlich sein können, lassen sich aus zahlreichen Studien grundlegende Erkenntnisse ableiten:[11]

Sponsoring wird wahrgenommen und akzeptiert.

In der Regel wird Sponsoring von Stadtwerken, aber auch nicht-kommunalen lokalen Energiedienstleistern in der lokalen bzw. regionalen Öffentlichkeit nicht nur wahrgenommen und positiv bemerkt, sondern ein entsprechendes Engagement sogar erwartet. Sponsoring ist ein akzeptiertes Instrument, wobei die Grenzen zwischen Marketing und „echtem regionalen Engagement" fließend sind. Dabei bietet Sponsoring aus Kundensicht gegenüber reiner Werbung in jedem Fall einen Mehrwert, weil es so oder so die Stadt oder Region aufwertet, auch wenn zunächst nur einzelne Akteure, darunter womöglich sogar Spitzensportvereine profitieren.

Akzeptanz findet das Sponsoring auch und gerade in Zeiten steigender Energiepreise. Denn für viele Kunden macht das Wissen um diesen Mehrwert steigende Preise überhaupt erst akzeptabel. Voraussetzung ist allerdings, dass das Sponsoring tatsächlich als echtes und ernsthaftes Engagement betrachtet wird.

Sponsoring kann eine Verbesserung des Images bewirken.

Während der Partner eines Engagements Geld oder sonstige Ressourcen erhält, hofft der Sponsor in der Regel, vom positiven Image des Partners oder seines Anliegens zu profitieren. Und in der Tat zeigen die Studien, dass ein positiver Imagetransfer gelingen kann – und zwar nicht nur bei unmittelbaren „Nutznießern", also Besucherinnen und Besuchern unterstützter Veranstaltungen, sondern auch darüber hinaus in der breiten Öffentlichkeit. Auch bei Bürgerinnen und Bürgern, die selbst gar nicht in der genannten Form vom Sponsoring ihres Energieversorgers profitiert haben, sondern lediglich über das Sponsoring Bescheid wissen (also z. B. durch Medien darüber erfahren haben), lässt sich häufig ein positiver Effekt nachweisen: Sie beurteilen ihren lokalen Energiedienstleister in

---

[11] Die Ausführungen in diesem Kapitel basieren auf zahlreichen Sponsoring-Evaluationen des Instituts com.X für lokale und regional, aber auch überregional agierende Energiedienstleister aller Größenordnungen, darunter kommunale, aber auch privatwirtschaftliche Unternehmen. Beispielhaft genannt seien enwor – energie und wasser vor ort, E.ON Ruhrgas, GASAG, Mainova, swb, Stadtwerke Bochum und die Wuppertaler Stadtwerke.

der Regel deutlich positiver als Personen, die das Engagement nicht wahrgenommen haben. Dabei wirkt sich Sponsoring – je nach Schwerpunktsetzung –
vor allem auf die Wahrnehmung eines Unternehmens als „sympathisch", „inno-
vativ" oder „dynamisch" aus. Dies sind zwar eher „weiche" Faktoren, aber nicht
weniger wichtig und sogar ungleich schwerer positiv zu beeinflussen als „harte"
Fakten wie „Kundenfreundlichkeit", die der Kunde im direkten Kontakt erleben
kann oder auch nicht.

Indirekter Zusammenhang: Sponsoring und Kundenbindung

Während sich ein direkter Zusammenhang zwischen Sponsoring-Wahrnehmung
und Image oder auch Sponsoring-Wahrnehmung und Kundenzufriedenheit häufig nachweisen lässt, gilt dies nicht im gleichen Maße für die Kundenbindung.
Hier ist vielmehr von einem indirekten Zusammenhang auszugehen, indem die
der Bindung vorgelagerten Faktoren Image und Zufriedenheit positiv beeinflusst
werden. Wer Sponsoring allerdings als „hartes" Instrument der Kundenbindung
oder gar -rückgewinnung einsetzen will, würde das Instrument mit Erwartungen
überfrachten, die es kaum leisten kann. So zeigt sich gerade bei bereits gewech-
selten Kunden, dass diese häufig „immun" gegen das Argument „lokales Engagement" sind. Dies erstaunt wenig – einmal getroffene Entscheidungen (hier
zugunsten eines preislich günstigeren Anbieters) müssen vor sich selbst und
anderen als folgerichtig dargestellt werden.

Schlüsselfaktor: Kommunikation

Voraussetzung für eine erweiterte Wirkung von Sponsoring über den Kreis der
im engen Sinne Nutznießenden (Sponsoring-Partner und Veranstaltungsbesu-
chende) hinaus ist eine konsequente Kommunikation und Vernetzung des
Instruments mit Pressearbeit, Werbung, Kunden- und Mitarbeiterkommunika-
tion: Hier greift der gern zitierte und banal klingende Spruch „Tu Gutes und rede
darüber."[12] So haben insbesondere Stadtwerke hier in den letzten Jahren verstärkt versucht, ihr Engagement selbstbewusst darzustellen und proaktiv als
Argument im Wettbewerb zu nutzen.[13]

---

[12] Georg-Volkmar Graf Zedtwitz-Arnim (1961).
[13] So. z. B. die Kampagne „Meine Stadtwerke. Gemeinsam stark" des VKU, die Engagement in der
Region als zentrales Argument nutzt; s. Voshage (2008).

2 Fallbeispiel: Wirkung des Sponsoring-Engagements der GASAG

Im Folgenden soll am Fallbeispiel der GASAG als lokaler Energiedienstleister dargestellt werden, wie sich die Wirkung von Sponsoring nachvollziehen lässt. Die GASAG Berliner Gaswerke AG ist der Berliner Erdgasgrundversorger und war seit ihrer Gründung 1847 über 150 Jahre lang in kommunaler Hand. Nach einer ersten Privatisierungsphase beginnend 1996 blieb das Land Berlin zunächst Mehrheitsaktionär, bis die GASAG schließlich 1998 vollständig in private Hände überging.[14] Heutige Eigentümer sind die GDF SUEZ Beteiligungs GmbH, Vattenfall Europe und E.ON Ruhrgas.

Somit ist die GASAG zwar seit mehr als 10 Jahren *kein* kommunales Unternehmen mehr, erbringt aber als Erdgasgrundversorger in Berlin eine Leistung der öffentlichen Daseinsvorsorge – die andernorts in Deutschland zumeist in der Hand von Stadtwerken als kommunalen Unternehmen liegt. Insofern lassen sich am Beispiel der GASAG Prinzipien und Wirkmechanismen darstellen, die sich auch auf kommunale Energiedienstleister übertragen lassen.

2.1 Sponsoring-Konzept der GASAG

Als Traditionsunternehmen blickt die GASAG auf eine lange Geschichte zurück und steht als Energiedienstleister im Blickfeld der Öffentlichkeit. Hieraus resultiert auch eine gesellschaftliche Verantwortung für die Stadt Berlin und ihre Bürger, die die GASAG durch die Förderung von Kultur, Sport, Sozialem, Wissenschaft und Natur verdeutlicht. Aus dieser Verbundenheit heraus entwickelte die GASAG ihr Sponsoring-Konzept.

Einer der Gründe, sich als Sponsor zu engagieren, ist dabei auch das Image des Unternehmens. Zwar hat die GASAG in Berlin einen hohen Bekanntheitsgrad, gilt aber in der Wahrnehmung der Berliner Bevölkerung teils immer noch als wenig service- und kundenorientiert und auch nach dreizehn Jahren in privater Hand sogar als behäbiger „Beamtenapparat". Bei der Kommunikation der „neuen" GASAG ist das Sponsoring ein wichtiger Pfeiler. Um den unternehmerischen Imagewechsel zu verdeutlichen, sucht sich die GASAG junge, innovative und dynamische Sponsoring-Partner, die einen positiven Imagetransfer von den Partnern auf das Unternehmen ermöglichen. Eine wesentliche Grundlage des GASAG-Sponsoring ist somit das Prinzip von Leistung und Gegenleistung, wodurch sich Sponsoring klar vom Mäzenatentum abgrenzt.

---

[14] Vgl. Schuster (2006), S. 78.

Durch das Sponsoring will die GASAG Zielgruppen ansprechen, die mit klassischer Werbung nicht oder nur sehr schwer zu erreichen sind und zugleich Kunden und Geschäftspartner des Unternehmens durch eine emotionale Ansprache langfristig positiv an das Unternehmen zu binden.

Ein zentrales Merkmal des GASAG-Sponsorings ist die Konstanz der Aktivitäten, d. h. die Ausrichtung auf einen längeren Zeitraum. Sponsoring bringt erst mittel- und langfristig den größtmöglichen Nutzen. Konstanz und Zuverlässigkeit einer etablierten Sponsoring-Strategie und gleichbleibende Partner sind gegenüber der sporadischen Präsenz bei verschiedenen Veranstaltungen und in unterschiedlichen Bereichen aus GASAG-Sicht deutlich im Vorteil und zugleich Bedingung für die Glaubwürdigkeit des Engagements. Allerdings unter einer weiteren Voraussetzung: Die Partner sollten zum Unternehmen passen und somit das Engagement des Unternehmens glaubwürdig machen. Auch sollten die Gegenleistungen die Kommunikations- und Marketingziele der GASAG fördern sowie interessante Angebote für Kunden, Mitarbeiter und Geschäftspartner bieten. Dabei ist der partnerschaftliche Dialog Grundvoraussetzung, ebenso wie die Grundsätze von Zuverlässigkeit und Offenheit zwischen GASAG und Sponsoring-Partnern. Sponsoring bedeutet für die GASAG im Übrigen nicht nur Geld zu geben. Gleichermaßen bringt sie ihr Know-how und ihre Erfahrungen in der Arbeit mit den Partnern ein.

Das Sponsoring der GASAG beschränkt sich auf Berlin als Firmenstandort. Eine weitere Einschränkung bei der Auswahl von Partnern ist die Branchenexklusivität. Weiterhin ist es wichtig, dass bei allen Sponsoring-Kooperationen die Existenz des Sponsoring-Partners auch ohne das Engagement der GASAG gesichert sein muss – das GASAG-Engagement soll den Partnern vielmehr Möglichkeiten eröffnen, Dinge zu tun, die er ohne die Förderung nicht tun könnte.

Ein Schwerpunkt liegt auf der Förderung des Nachwuchses und damit der Übernahme von Verantwortung für nachkommende Generationen.

2.2 Ausgewählte Sponsoring-Engagements der GASAG

- Kunst- und Kultursponsoring
Kooperation GASAG und GRIPS Theater; Berliner Kindertheaterpreis (seit 2005): Diese Kooperation hat zum Ziel, vor allem Kinder und Jugendliche zu begeistern und somit den Nachwuchs im Blickpunkt. Zum einen fördert die GASAG jährlich eine ausgewählte Eigenproduktion des GRIPS. Zum anderen wird ein gemeinsamer Wettbewerb, der nach jungen Autoren fürs Kindertheater sucht, ausgeschrieben.

Kooperation mit der Neuköllner Oper; Berliner Opernpreis (seit 1997): Seit 1997 lädt die Neuköllner Oper dazu ein, im Rahmen eines von der GASAG gestifteten, im gesamten deutschsprachigen Raum ausgeschriebenen Opernwettbewerbes mutige und zeitgemäße Beiträge zu einem heutigen Musiktheater zu entwickeln. Der Berliner Opernpreis wendet sich an junge Künstlerinnen und Künstler mit Bühnenerfahrung, die an undogmatischen Formen des Musiktheaters interessiert sind und fördert gezielt den künstlerischen Umgang mit Musik für die Bühne

GASAG-Kunstpreis (seit 1997): Dieser Preis wurde mit der Hochschule der Künste (Berlin) entwickelt und war zunächst ein Preis zur Meisterschülerförderung. Mit der Kunstfabrik am Flutgraben e. V. wurde er zu einem Gesamtberliner Nachwuchsförderpreis im Bereich Bildende Kunst weiterentwickelt und hat sich in der Berliner Kunst- und Kulturlandschaft einen festen Platz erobert. Nach der siebenmaligen Vergabe des GASAG-Kunstpreis mit der Kunstfabrik am Flutgraben wurde der Kunstpreis schließlich mit der Berlinischen Galerie, dem Landesmuseum für Moderne Kunst, Fotografie und Architektur weiter entwickelt. In der Kooperation mit der Berlinischen Galerie wird der GASAG-Kunstpreis in Zukunft bei der Auswahl thematischen Kriterien unterworfen und wird sich auf der Schnittstelle von Kunst und Wissenschaft bewegen.

- Sozialsponsoring: ACADEMY
Auf Initiative der GASAG hat die Alte Feuerwache e. V. ab 2003 das Projekt ACADEMY entwickelt. ACADEMY ist eine Bühnen-Kunstschule für Jugendliche zwischen 13 und 19 Jahren. Hier erhalten diese Unterricht in den Richtungen Tanz, Theater und Gesang und erlernen die erforderlichen Techniken, die sie in ihrer persönlichen Fachentwicklung und Kreativität fördern.
Ziel ist es, das Miteinander von Jugendlichen verschiedener kultureller oder sozialer Herkunft zu fördern. Lernen und Arbeiten unter Zeitdruck und der Umgang mit Erfolg und Misserfolg sind wichtige Grundvoraussetzungen für jede berufliche Zukunft. Durch die Begegnung in der Gruppe findet eine Auseinandersetzung mit der Vielseitigkeit der Teilnehmerinnen und Teilnehmer statt. Es besteht die Chance, Vorurteile abzubauen, Interesse an den Unterschieden zu entwickeln und diese als Bereicherung zu erleben.

- Sportsponsoring: EHC Eisbären Berlin
Seit der Saison 1995/96 ist die GASAG Hauptsponsor des EHC Eisbären Berlin, einer der erfolgreichsten Spitzensportmannschaften in Berlin. Er spielt ein attraktives Eishockey und hat sich besonders um die Förderung des einheimischen Nachwuchses verdient gemacht. Insbesondere aus diesem Grund ist die

GASAG seit 2004 auch Hauptsponsor für den gesamten Kinder- und Jugendbereich des EHC.

Neben der Förderung von Nachwuchstalenten steht das Ziel der intensiven Jugendarbeit des EHC im Vordergrund. Kindern und Jugendlichen wird durch diese Art der Freizeitgestaltung eine sinnvolle Beschäftigung geboten, etwa in Schnuppertrainings oder auch Angeboten wie Laufschule und Kleinschüler, wo sie bis zu dreimal wöchentlich auf dem Eis trainiert werden. Diese Aktivitäten führen nicht nur zu sportlichen Höchstleistungen, sie fördern zudem auch das Selbstvertrauen der Kinder und Jugendlichen.

- Wissenschaftssponsoring
  Relativ neu im Spektrum der GASAG-Sponsoring-Aktivitäten ist das Wissenschaftssponsoring:

  Die Junior Zoo-Universität (seit 2009) bringt Berliner und Brandenburger Schülerinnen und Schülern der 5. und 6. Klassen auf intensive und spielerische Art und Weise naturwissenschaftliches Forschen und Denken nahe. Dazu wird den Studenten ein anspruchsvolles Programm geboten, das der natürlichen Neugierde und dem kindlichen Forschungsgeist entspricht, diesen fördert und wissenschaftlich untermauert. Im Mittelpunkt stehen naturwissenschaftliche Fragestellungen, insbesondere der Zoologie auf den fünf Kontinenten der Erde und in den Polargebieten.

  Die GASAG Summer-School (seit 2010) ist eine Weiterbildungsveranstaltung zum Thema effizienter Energieeinsatz und Zukunftstechnologien für dreißig ausgewählte deutschsprachige Studierende verschiedenster Fachrichtungen. Die Teilnehmenden sollen in die Lage versetzt werden, die vielfältigen Facetten der Energietechnik und -forschung in ihre jeweils eigene Fachdisziplin zu integrieren.

  Abenteuer Umwelt (seit 2010) Durch die Unterstützung der GASAG und in Zusammenarbeit mit Futurum e. V. bietet die Bürgerstiftung Berlin ein umweltpädagogisches Angebot für die frühe Kindheit an. Durch die sinnliche Erfahrung der Grundelemente Feuer, Wasser, Erde, Luft soll es zu einem spielerischen Erforschen technischer und naturwissenschaftlicher Alltagsphänomene kommen.

2.3 Evaluation des GASAG-Sponsoring-Engagements

Die GASAG lässt ihr Sponsoring-Engagement in regelmäßigen Abständen extern empirisch evaluieren, um zentrale Erfolgsparameter in ihrer Entwicklung nachvollziehen zu können.

Im Fokus steht dabei die Frage, ob das GASAG-Sponsoring wahrgenommen wird und wenn ja, welche Akzeptanz es hat. Darüber hinaus soll analysiert werden, ob ein Zusammenhang zwischen Sponsoring-Wahrnehmung und zentralen Faktoren wie Image, Zufriedenheit und Kundenbindung besteht. Abbildung 1 skizziert das Vorgehen der letzten Sponsoring-Evaluations-Studie aus dem Jahr 2010.

Abbildung 1:   Methodisches Design: GASAG-Sponsoring-Evaluation

2.4 Reichweite und Akzeptanz des GASAG-Sponsorings

Eines der markantesten Ergebnisse der Langzeituntersuchung ist die steigende Akzeptanz des Instruments Sponsoring in allen Zielgruppen: Die Akzeptanz des GASAG-Sponsorings ist sehr hoch, steigt über die Jahre hinweg kontinuierlich an und wird als sinnvolles Engagement bewertet. Kunden, GASAG-Mitarbeitenden und Multiplikatoren ist das gesellschaftliche Engagement der GASAG in ihrer Stadt über die Jahre hinweg immer wichtiger geworden. Sie erleben die einzelnen Sponsoring-Partnerschaften – bis auf sehr wenige Ausnahmen – als stimmig und glaubwürdig.

Die Akzeptanz des GASAG-Sponsorings ist bei allen Zielgruppen hoch, insbesondere bei Meinungsführern und Geschäftskunden. Geschäftskunden, Mitarbeiter und Meinungsführer stimmen stark darin überein, dass die GASAG den sportlichen und künstlerischen Nachwuchs fördert und dass dies zum gesellschaftlichen Verantwortungsbereich von großen Berliner Unternehmen wie der

GASAG gehört. Dass das Geld, welches in Sponsoring investiert wird, woanders sinnvoller eingesetzt werden kann, wird nur von einem geringen Teil der Befragten geäußert.

Abbildung 2:   Einstellungen zum GASAG-Sponsoring – Zielgruppenvergleich

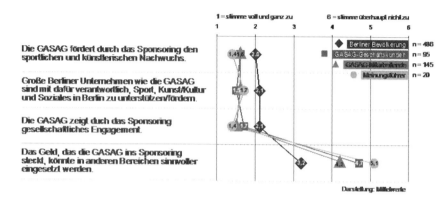

Abbildung 3:   Bedeutung des gesellschaftlichen Engagements in Berlin – Zielgruppenvergleich

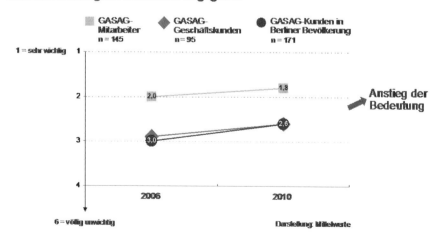

Mit dem Sportsponsoring (Eisbären Berlin) erzielt die GASAG die mit Abstand höchste Reichweite – sowohl vor Ort im Stadion, als auch in Berlin insgesamt. Während im Stadion vor Ort quasi *alle* Besucherinnen und Besucher die GASAG als Sponsor wahrnehmen, wissen auch 28 % aller Bürgerinnen und Bürger Berlins, dass die GASAG Sponsor der Eisbären ist.

Die einzelnen Engagements in den Bereichen Kunst, Kultur und Soziales (der Bereich Wissenschaft war – da noch neu – 2010 noch nicht Gegenstand der Studie) haben für sich betrachtet eine deutlich geringere Reichweite als das Sportsponsoring. Die Gesamtwahrnehmung des Sponsorings in diesem Bereich addiert sich jedoch mit 27 % insgesamt zu einem guten Gesamtwert auf. Insgesamt kennen 36 % aller Bürgerinnen und Bürger Berlins mindestens eine Sponsoring-Aktivität der GASAG.

2.5 Wirkungen des GASAG-Sponsorings

Die Analyse der Images der GASAG-Sponsoring-Partner zeigt zunächst, dass die Bewertung aller Partner sehr gut ist – ein hohes Imagetransferpotenzial in Bezug auf die GASAG ist somit gegeben. Doch gelingt es auch, dieses Potenzial umzusetzen?

Besuchende gesponserter Veranstaltungen, welche die GASAG als Sponsor wahrnehmen, beurteilen das Unternehmen in der Regel deutlich positiver als Personen ohne Sponsor-Kontakt. Je nach Engagement ist der Effekt allerdings deutlich unterschiedlich ausgeprägt – teils sehr stark, teils auf mittlerem Niveau, in Einzelfällen aber auch kaum gegeben.

Sehr gut gelingt z. B. ein positiver Imagetransfer bei den im Eishockey-Stadion (O_2 World) erreichten Personen: Das GASAG-Sportsponsoring hat hier einen starken Effekt auf das Image – den es in der Breite der Berliner Bevölkerung für sich allein genommen nicht hat. In der allgemeinen Öffentlichkeit zeigt sich ein positiver Effekt vor allem dann, wenn Engagements aus allen Bereichen – Sport und Kunst/Kultur/Soziales – bekannt sind.

Damit bestätigt sich ein Ergebnis aus den früheren Studien auch 2010: Je differenzierter und umfassender die Kenntnis des Sponsoring-Engagements in den Zielgruppen ist, desto höher ist der positive Image-Effekt. Wer also Sponsoring-Maßnahmen aus beiden Bereichen kennt oder gar Veranstaltungen aus beiden Bereichen besucht hat, bewertet die GASAG positiver. Insgesamt haben also Einzelengagements in den Bereichen Kunst/Kultur und Soziales damit eine deutlich geringere Reichweite als Sport, dafür aber eine wichtige Imagefunktion. Gemessen an den Kosten pro erreichten Kontakt erweist sich das Sponsoring in diesem Bereichen zudem auch als ein Instrument mit sehr gutem Preis-Leistungs-Verhältnis.

Abbildung 4:   Sponsoring-Wahrnehmung und GASAG-Image in der Bevölkerung Berlins – nach Sponsoring-Bereichen

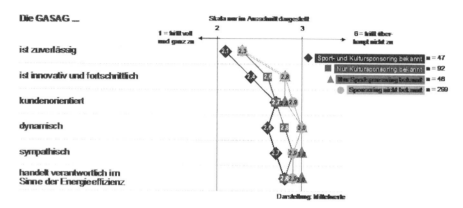

Die GASAG erreicht mit unterschiedlichen Engagements jeweils ganz unterschiedliche Zielgruppen und deckt so insgesamt ein breites Gesamtspektrum ab.

Die Zielgruppe der Eisbären ist ein junges, männliches Publikum aus dem Ostteil der Stadt mit mittlerer Schulbildung.

Im Bereich des Kunst-/Kultur-/Sozialsponsoring werden mehr Frauen aus dem Westteil der Stadt, gebildetes Publikum im „mittleren" Alter und auch ein sehr junges Publikum, insgesamt kritische und aktive Personen, angesprochen.

Im Hinblick auf die Kundenzufriedenheit zeigen sich sowohl bei Privatkunden als auch bei Geschäftskunden geringe Effekte. Allerdings zeigt die Studie, dass die Privatkunden in der Bevölkerung, die die Sponsoring-Maßnahmen aus beiden Bereichen kennen, tendenziell zufriedener sind.

Auf die Zufriedenheit und Bindung der GASAG-Mitarbeiter hat das Sponsoring kaum Einfluss – diese sind bereits per se recht hoch. Allerdings würden Mitarbeiter, die gesponserte Veranstaltungen besucht haben, die GASAG eher als Arbeitgeber weiterempfehlen als andere.

3 Fazit

Diese positiven Ergebnisse der regelmäßigen GASAG-Sponsoring-Evaluation sind eine Bestätigung des Engagements des Unternehmens und zeigen zugleich Möglichkeiten der fortlaufenden Optimierung auf.

Aufgrund der prinzipiell vergleichbaren Ausgangssituation der GASAG als einem privaten Unternehmen und kommunalen Energiedienstleistern lassen sich viele Ergebnisse auf diese übertragen. Oder anders herum ausgedrückt: Die skizzierten Ergebnisse bei der GASAG weisen viele Ähnlichkeiten mit den Ergebnissen aus Sponsoring-Evaluationen für Stadtwerke auf.[15]

So ist auch im Falle der GASAG eine zentrale Erkenntnis, wie wichtig eine kontinuierliche und transparente Kommunikation über das Engagement ist. Denn das nachweislich positive Potenzial des Sponsorings kann sich vor allem dann entfalten, wenn das Engagement in seiner Breite bekannt ist und in seiner Gesamtheit als stimmiges Engagement für die Stadt erlebt wird.

Literatur

Bardt, Hubertus et al. (2010): Kommunale Unternehmen auf Expansionskurs, in: IW-Trends, H. 3, 2010

Bruhn, Manfred (2003): Sponsoring, Systematische Planung und integrativer Einsatz, 4. Aufl., Frankfurt a. M. 2003

(EU) Europäische Kommission (2001): Grünbuch, Europäische Rahmenbedingungen für die soziale Verantwortung der Unternehmen, Brüssel 2001

Knemeyer, Franz-Ludwig (2009): Privatisierung und modernes kommunales Unternehmensrecht, in: Juridica International, Vol. XVI, 2009, S. 22-32

Lenk, Thomas/Rottmann, Oliver (2009): Perspektiven von Stadtwerken. Studie vor dem Hintergrund der Interdependenz von Wettbewerb und Daseinsvorsorge im Fokus eines regulierten Marktumfeldes, Frankfurt a. M. 2009

Schuster, Ulrike (2006): Chronik der Berliner Gaswerke Aktiengesellschaft 1994-2005, Berlin 2006

Smith, Tong-Jin (2010): Ohne Hilfe wäre das nicht mehr möglich, in: Die Welt vom 18.06.2010, S. WR6

Voshage, Jens (2008): Dachmarkenkampagne, Gemeinsam seid Ihr stark, in: Zeitung für Kommunale Wirtschaf (KfW), H. 7, 2008, S. 9

Warthun, Nicole (2008): Lokales Sponsoring, Die Wirkung lässt sich messen, in: Zeitung für kommunale Wirtschaft (KfW), H. 10, 2008, S. 31

---

[15] S. dazu Abschnitt 1.3.

Wiedmann, Klaus-Peter (2006): Corporate Social Responsibility (CSR) von Energieunternehmen, Zwischen wirtschaftlichem Handeln und gesellschaftlicher Verantwortung, Hannover 2006
Zell, Michael (2007): Corporate Social Responsibility, Mit gutem Gewissen Gewinne
machen?, in: PRoFILE, H. 10, 2007, online unter URL: http://www.ffpr.de/2007/
05/fokus.php [Stand 2011-03-01]

V CSR als Aufgabe für die Unternehmenssteuerung und -kommunikation

CSR-Controlling

Dorothea Greiling und Daniela Ther

1   Problemstellung

Während der erwerbswirtschaftliche Bereich teilweise den Eindruck vermittelt als sei gesellschaftliche Verantwortung im Allgemeinen und CSR im Besonderen ein wieder- oder neu entdecktes Thema,[1] gelten kommunale Unternehmen traditionell als sachzieldominierte Unternehmen, die im Sinne der Instrumental-these von *Theo Thiemeyer*, Instrumente ihrer Träger zur Verwirklichung öffent-licher Aufgaben sind. Etwas moderner ausgedrückt: Sie erbringen Dienstleistun-gen von allgemeinem (wirtschaftlichem) Interesse. Der Gemeinwohlbeitrag ist dabei nicht nur auf die Gewinnverwendungsseite beschränkt, sondern kann sich auch auf die Gewinnentstehungsseite beziehen. Die umweltpolitische Instru-mentalfunktion fordert von öffentlichen Unternehmen nicht nur, dass sie erstens eine Vorreiterrolle bei der Reduktion ihrer eigenen Ungüterproduktion einneh-men, sondern zweitens auch, dass sie einen Beitrag zur Verringerung der Ungüterproduktion anderer Wirtschaftssubjekte leisten.[2] Während erstere Verpflichtung sich in einer entsprechenden Angebots-, Beschaffungs- und Inves-titionspolitik sowie einer entsprechenden Gestaltung des Produktionsprozesses

---

[1] Vgl. stellvertretend Feldbauer-Durstmüller (2010).
[2] Vgl. Greiling (1996), S. 262 f.

niederschlägt, erfordert die zweite Verpflichtung den Aufbau von umweltschutz-
bezogenen Beratungsstellen oder eine umweltpolitische Tarifgestaltung in Form
von verbrauchsabhängigen Tarifmodellen, die Anreize zum Energie- oder
Wassersparen setzen.

Auch soziale Belange spiegeln sich in einer breiten Palette von Verpflichtungen öffentlicher Unternehmen wider,[3] angefangen bei der Forderung nach
öffentlichen Unternehmen als soziale „Musterbetriebe", die als Vorreiter der
betrieblichen Sozialpolitik einen Beitrag zur Humanisierung der Arbeit und aus-
gewogeneren Arbeitgeber-Arbeitnehmer-Beziehungen leisten sollen. Die Funk-
tionalisierung der Personalrekrutierung zur Förderung von am Arbeitsmarkt
benachteiligten Gruppen im Rahmen einer sozialpolitischen Instrumentalisierung
zählt ebenso dazu wie über den gesetzlichen Rahmen weit hinausgehende
Arbeitnehmerpartizipationsrechte oder eine sozialpolitische Kundenselektion.
Eine weitere Facette der sozialpolitischen Instrumentalisierung bildet eine
sozialpolitische ausgerichtete Gebühren-, Preis- und Tarifpolitik. Als Beispiele
mögen vergünstigte Tarife im ÖPNV für einkommensschwache Gruppen oder
nach der finanziellen Leistungsfähigkeit der Eltern gestaffelte Kindergartenbei-
träge dienen.

Anders als bei erwerbswirtschaftlichen Unternehmen gehört die umwelt-
und sozialpolitische Instrumentalisierung zum Kerngeschäft öffentlicher Unternehmen. Auch die Frage der freiwilligen Übernahme gesellschaftlicher Verantwortung ist bei öffentlichen Unternehmen differenziert zu beantworten. Öffentliche Unternehmen erhalten ihre Daseinsberechtigung dadurch, dass sie einen
gesellschaftlichen, von ihren öffentlichen Trägern zu präzisierenden, in den
Unternehmensverfassungen und Errichtungsgesetzen verankerten öffentlichen
Auftrag erfüllen.

Angesichts des (realen oder proklamierten) Stellenwertes von CSR für
kommunale und erwerbswirtschaftliche Unternehmen geht der Beitrag der Frage
nach, wie sich dieser in der Ausgestaltung des Controllings in zielbezogener,
funktionaler, instrumenteller sowie institutioneller Sicht widerspiegeln kann.
Während es zahlreiche theoretische und praxisorientierte Vorschläge für die
Ausgestaltung des CSR-Reporting[4] gibt,[5] steht die theoretische und empirische
Auseinandersetzung hinsichtlich der Verbindung des CSR-Gedankens mit dem
operativen und strategischen Controlling noch relativ am Anfang und firmiert in

---

[3] Vgl. hierzu Greiling (1996), S. 254 ff.; Thiemeyer (1975), S. 101 ff.
[4] S. dazu den Beitrag von Brandl in diesem Band.
[5] Zu nennen ist beispielsweise die Global Reporting Initiative. Für eine Systematisierung der
theoretischen Ansätze des Social und Environmental Accounting s. z. B. Brown/Fraser (2006);
Owen (2008); Wall/Greiling (2011).

aller Regel eher unter dem Etikett Sustainability Controlling.[6] Aus den zuvor gewählten Fragestellungen lässt sich folgender Gang der Untersuchung ableiten: Zunächst werden im Abschnitt 2 Dimensionen und Entwicklungsstränge eines CSR-Controllings dargestellt. Zur theoretischen Fundierung erfolgt dann eine kurze Charakterisierung zweier zentraler Bezugstheorien. Daran schließen sich überblicksartig exemplarische Ausführungen zu den Zielen, Funktionen, Instrumenten und institutionellen Aspekten des CSR-Controllings an. Zentrale Herausforderungen für ein CSR-Controlling in Bezug auf kommunale Unternehmen werden anschließend diskutiert.

2   Dimensionen und Entwicklungsstränge eines CSR-Controllings

Wird CSR als Gleichklang aus Ökonomie, Ökologie und Sozialem (Triple Bottom Line) verstanden, ergibt sich daraus ein dreidimensionales Erfolgskonzept, welches auf einer breiten Konzeption von Kapital beruht. Der zugrundeliegende Kapitalbegriff umfasst neben dem ökonomischen Kapital (z. B. Finanz- und Realkapital sowie immaterielles Vermögen) auch das ökologische Kapital (z. B. natürliche Ressourcen sowie Ökosysteme und Kreisläufe) und das soziale Kapital (z. B. Human- und Sozialkapital). Unternehmerisches Handeln im Sinne einer dreidimensionalen Wertschöpfung bezweckt neben einer Werterhaltung auch eine Wertschaffung im ökonomischen, ökologischen und sozialen Sinne,[7] welches durch ein an der Triple Bottom Line-ausgerichtetes Controlling zu unterstützen ist. Die sich ergebenden CSR-bezogenen Controlling-Dimensionen werden in Abbildung 1 verdeutlicht. Aus der Triple Bottom Line resultiert, dass ein rein formalzielorientiertes Controlling-Verständnis um ökologische und soziale Ziele erweitert werden muss. Die Triple Bottom Line erfordert zudem, dass unternehmensintern durch die Entscheidungsgremien Aussagen zur Gewichtung der ökonomischen, ökologischen und sozialen Dimension gefunden werden. Mit dem Postulat der Sachzieldominanz in kommunalen Unternehmen sollte einhergehen, dass die ökonomische Bottom Line eine notwendige, aber nicht hinreichende Voraussetzung für das unternehmerische Handeln bildet und je nach Instrumentalisierung durch die Träger ökologischen oder sozialen Zielsetzungen Priorität eingeräumt wird.

---

[6] Vgl. Fischer et al. (2010), S. 222 ff.; Herzig et al. (2010).
[7] Vgl. Gminder et al. (2002), S. 97.

Abbildung 1:   CSR-bezogene Controlling-Dimensionen[8]

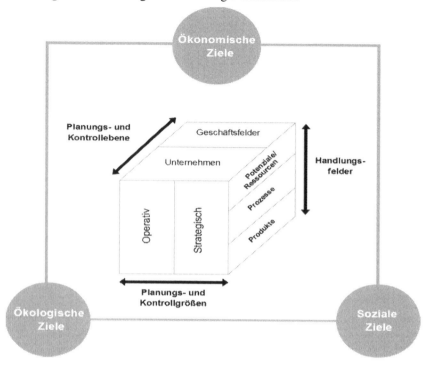

Quelle: Fischer et al. (2010), S. 224.

Das Vorhandensein einer CSR-Strategie im jeweiligen Unternehmen zählt zu den zwingenden Voraussetzungen für ein CSR-Controlling, da dieses sonst in einem unternehmenspolitischen Vakuum operieren würde. Bisher befindet sich der Operationalisierungsprozess im Sinne einer konzeptionellen funktionalen, instrumentellen und institutionellen Ausgestaltung eines CSR-Controllings noch am Anfang. In den vergangenen Jahren hat sich bezogen auf erwerbswirtschaftliche Unternehmen eine intensive und kontroverse Diskussion darüber entfaltet, ob die spärliche Implementierung eines CSR-Controllings nicht ein typisches Beispiel für ein entkoppeltes System sei und ob nennenswerte Aktivitäten auch nicht erwartet werden können, da die Legitimitäts- und damit Ressourcenzu-

---

[8]   Gleichzusetzen mit den nachhaltigkeitsbezogenen Controlling-Dimensionen.

gangssicherung bereits durch eine Triple Bottom Line-Berichterstattung ausreichend gewährleistet wird.[9, 10]

Jenseits dieser Kontroverse ist festzustellen, dass bisher die verschiedenen Entwicklungsstränge eines CSR-Controllings in aller Regel noch unverbunden sind.[11] Aus der Ausrichtung auf die Triple Bottom Line ergibt sich daher die Forderung der Integration eines formalzielorientierten Controllings mit dem Umweltcontrolling (= Öko-Controlling) und dem Sozio-Controlling. Ein ausschließlich formalzielorientiertes Controlling fokussiert nämlich lediglich die *ökonomische Dimension* der Triple Bottom Line.[12] Als Beispiel mögen Controlling-Ansätze, die den Shareholder Value in den Mittelpunkt stellen, dienen.[13] Die Notwendigkeit zur Erweiterung des formalzielorientierten Controllings um ökologische Aspekte wurde im Zusammenhang mit der Entwicklung erster Ansätze des Umweltmanagements in den 1980er Jahren angestoßen.[14] Das Umweltcontrolling[15] wird häufig als ein Teilsystem des betrieblichen Umweltmanagements beschrieben, welches „die Festlegung von Umweltzielen sowie die Analyse, Planung, und Kontrolle der betrieblichen Ressourcenverbräuche und Umweltbelastungen"[16] umfasst. Im Laufe der Zeit hat das Umweltcontrolling zudem eine Ausdifferenzierung erfahren. Als drei zentrale Entwicklungslinien von Konzepten des Umweltcontrollings lassen sich (rein) ökonomisch orientierte Ansätze, (rein) ökologisch orientierte Ansätze und ökonomisch-ökologisch orientierte Ansätze identifizieren, bei denen eine Verknüpfung von finanziellen und ökologischen Aspekten vorgenommen wird.[17]

---

[9] Vgl. stellvertretend Belal (2002); Cooper/Owen (2007). Zur derzeitig geringen instrumentellen Relevanz Schaltegger (2009); Schaltegger (2010) und bezogen auf Management Control Systems Herzig et al. (2010). Zum synonymen Gebrauch von Corporate Social Responsibility (CSR) und Corporate Sustainability (CS) s. stellvertretend Loew et al. (2004).

[10] S. dazu auch den Beitrag von Brandl in diesem Band.

[11] So auch Herzig et al. (2010). Den Autoren ist zuzustimmen, wenn sie die mangelnde Integrativität sozialer, ökologischer und ökonomischer Management-Kontrollsysteme als theoretisch noch wenig durchdrungene Forschungsfrage identifizieren. Ausnahmen bilden die Sustainable Balanced Scorecard und der Sustainable Value-Ansatz. Zu diesen Instrumenten s. Barkemeyer et al. (2009); Dyllick/Schaltegger (2001); Figge et al. (2006); Gminder et al. (2002); Hahn et al. (2009); Hahn/Wagner (2001); Schäfer/Langer (2005); Schaltegger (2010). Die nachfolgende Darstellung der drei Entwicklungsstränge lehnt sich an Greiling/Ther (2010) an.

[12] Teilweise lässt sich hier eine Erweiterung in deutschsprachigen Controlling-Konzeptionen feststellen. So fordert beispielsweise Küpper eine Zielausrichtungsfunktion des Controllings. S. Küpper (2008), S. 33.

[13] Ausführlicher dazu Wall/Greiling (2011).

[14] Vgl. zur umweltorientierten Ausrichtung des Unternehmens und den damit verbundenen Herausforderungen für das Rechnungswesen etwa Malinsky (1996), S. 41 ff.

[15] Vgl. Burschel et al. (2004); Hallay/Pfriem (1992); Kirchgeorg (2004); Seuring/Beske (2009).

[16] Schulz et al. (2001), S. 432.

[17] Vgl. Kirchgeorg (2004), S. 379 ff.

Eine Berücksichtigung der sozialen Dimension der Triple Bottom Line im
Zentrum des Sozio-Controllings welches nach *Dubielzig* „im Zusammenspiel
von Controller und Manager der sozioökonomisch rationalen Berücksichtigung
sozialer Themen"[18] dient. Im Vergleich zum Umweltcontrolling ist der instrumentelle Entwicklungsstand des Sozio-Controllings wesentlich weniger weit
fortgeschritten, obwohl die Erfassung sozialer Aspekte in betrieblichen Rechen-
werken bereits in die 1960er zurückreicht und mit den Vorschlägen des Arbeitskreises „Sozialbilanz-Praxis" 1977 für einen Sozialbericht, eine Wertschöp-
fungsrechnung und eine Sozialrechnung einen ersten Höhepunkt im deutschsprachigen Raum gefunden hat.[19] Von der Euphorie in den 1970er Jahren ist auch auf
Grund von Bewertungsproblemen und einem relativ hohen Erfassungsaufwand
wenig geblieben. Erst seit Mitte/Ende der 1990er Jahre verzeichnet das Social
Accounting einen erneuten Popularitätsschub,[20] beispielsweise in Form eines
ethischen Benchmarkings oder einer menschenrechtsbezogenen Berichterstattung. Statt methodisch schwierige Probleme bei der Bewertung negativer und
positiver externer Effekte zu lösen, gewinnen mit (zentralen bzw. strategisch
relevanten) Stakeholdern ausgehandelte Berichtsinhalte – ganz im Sinne des
Stakeholder-Bezuges von CSR – an Bedeutung.

3   Stakeholder- und Ressourcenorientierung als Bezugspunkte für ein CSR-Controlling

3.1 Stakeholder-Theorie

Als theoretische Bezugsbasen für ein CSR-Controlling kommen grundsätzlich
eine Reihe von Theorien in Frage. Das Spektrum reicht von der Systemtheorie
über die neue Institutionenökonomik bis hin zu sozialpsychologischen Aus-
tauschtheorien und dem Neoinstitutionalismus. Die Ausführungen konzentrieren
sich im Folgenden jedoch auf die Stakeholder-Theorie und den Resource-Based
View. Erstere bietet sich deswegen an, da die Stakeholder-Orientierung zu den
Kernforderungen vieler CSR-Definitionen zählt. Die Verantwortung gegenüber
den (unmittelbaren) Stakeholdern nimmt einen zentralen Stellenwert ein. Bei der
Stakeholder-Theorie handelt es sich um kein geschlossenes theoretisches Konzept, vielmehr existieren differierende Forschungsansätze.[21] Bei den instrumentellen Ansätzen stehen ökonomische Überlegungen im Vordergrund. Als Klassi-

---

[18] Dubielzig (2009), S. 127.
[19] Vgl. Steven (2001), S. 30 f.; Wolff/Lucas (2002), Sp. 1798 ff.
[20] Vgl. Gray (2001); Owen/Swift (2001).
[21] S. hierzu mit Bezug auf das Management Accounting Wall/Greiling (2011).

ker gilt der instrumentell-strategische Ansatz von *Freeman*.[22] Organisationen mit einer hohen Stakeholder-Orientierung und einem guten Stakeholder-Management sind nach *Freeman* erfolgreicher, nicht zuletzt weil das Stakeholder-Management systematisch die strategische Kompetenzfähigkeit (dynamic capabilities) erhöht. Das Management der Stakeholder-Beziehungen ist laut *Freeman* der Schlüsselfaktor für den Erfolg einer Organisation. In bewusster Abgrenzung zu den auf den ökonomischen Vorteilsausgleich abgestimmten Stakeholder-Beziehungen stellen Vertreter der normativen Stakeholder-Theorie[23] auf die Legitimität der einzubeziehenden Interessen ab wobei moralische Pflichten im öffentlichen Interesse im Zentrum stehen.

Je nach gewählter Variante ergeben sich unterschiedliche Anforderungen an das CSR-Controlling und das zugrunde liegende Stakeholder Value-Verständnis.[24] Im Rahmen einer instrumentell-strategischen Sicht sollte ein CSR-Controlling im Rahmen einer Informationsversorgungs- und Sekundärkoordinationsfunktion dazu dienen, eine Win-Win-Situation mit zentralen Stakeholdern zu fördern. Die Informationsversorgung durch das Controlling als entscheidungsunterstützendes Instrument ist umfangreich, da sich diese auch auf die relevanten Stakeholder und die damit verbundenen Anreiz-Beitragsverhältnisse bezieht. Außerdem sind Informationen zu divergierenden Stakeholder-Erwartungen notwendig, um Priorisierungsentscheidungen zu ermöglichen. Die Triple Bottom Line gilt es dabei es in einer Netzwerkperspektive zu bewerten. Die Aufgaben eines entscheidungsbeeinflussenden Controllings gehen über die Organisationsgrenzen hinaus, da ergänzend Netzwerkkoordinationsleitungen zu erbringen sind. In der normativen Stakeholder-Theorie steht ein kommunikativer Verständigungsprozess im Zentrum. Im Sinne einer Entscheidungsunterstützung hätte ein CSR-Controlling stärker Legitimitätsanforderungen und gesellschaftliche Auswirkungen der einzelnen Stakeholder-Anliegen mit einzubeziehen, um dadurch den kommunikativen Verständigungsprozess zu fördern. Strategisch steuernde Tätigkeiten spielen dagegen keine Rolle.[25]

3.2 Resource-Based View

Der Resource-Based View als zweite Bezugstheorie für ein CSR-Controlling ist vor dem Hintergrund der inhaltlichen Annäherung von CSR und Corporate

[22] Vgl. Freeman (1984); Freeman (1994); Freeman et al. (2004).
[23] Vgl. beispielsweise Goodpaster (1991); Ulrich (1999).
[24] Dieser Abschnitt lehnt sich eng an Greiling/Ther (2010) an.
[25] Ausführlicher zu den Anforderungen an das Controlling durch die verschiedenen Stakeholder-Theorien Wall/Greiling (2011).

Sustainability (CS)[26] deshalb gut geeignet, weil er den Blickwinkel auf ein weites Kapital- bzw. Ressourcenverständnis lenkt.[27] Unternehmen als ressourcenabhängige Systeme können sich nur dann nachhaltig entwickeln, wenn das Verhältnis von Ressourcenverbrauch und Ressourcennachschub ausgeglichen ist.[28] Folglich besitzt die Wiederherstellung bzw. Sicherung der Zufuhr an Ressourcen eine hohe Relevanz.[29] Speziell der Aspekt der Sicherung der Ressourcenbasis durch entsprechende Austauschbeziehungen findet sich auch in der Stakeholder-Theorie. Durch ein gutes Management der Stakeholder-Beziehungen erhöht sich der zur Verfügung stehende Ressourcenpool.

Die Bedeutung der Ressourcen für den Unternehmenserfolg wurde bereits 1959 von *Penrose*[30] erkannt, welche in ihrem Buch „The Theory of the Growth of the Firm" den Grundstein des Resource-Based View[31] legte. Dem Gedanken, dass die Einzigartigkeit eines Unternehmens in der Qualität dessen Ressourcen begründet liegt, wurde jedoch einige Zeit kaum Aufmerksamkeit geschenkt. Erst 1984 wurde der ressourcenorientierte Ansatz von *Wernerfelt*[32] wieder aufgegriffen. Ressourcen können allgemein „als abgrenzbare Elemente mit Wertschöpfungspotenzial"[33] bezeichnet werden. Der im CSR-Controlling gewählte Ressourcenbegriff ist ebenfalls breit angelegt, da er sämtliche ökonomische, ökologische und soziale unternehmensrelevante Ressourcen umfasst. Die Ressourcensteuerung kann durch das CSR-Controlling unterstützt werden, indem zunächst eine Aufbereitung der im Zusammenhang mit der Sicherung der unternehmerischen Ressourcenbasis stehenden Entscheidungsprobleme erfolgt und anschließend eine Abstimmung der Triple Bottom Line-relevanten Entscheidungskriterien erfolgt.

---

[26] Ursprünglich bezieht sich CSR sehr stark auf den Stakeholder-Ansatz, während CS u. a. auf den Resource-Based View rekurriert; vgl. dazu Melé (2008); Montiel (2008).

[27] Vgl. Dyllick/Hockerts (2002), S. 131 f.; Montiel (2008), S. 259.

[28] Vgl. Müller-Christ (2001), S. 92.

[29] Vgl. Müller-Christ (2001), S. 93; Müller-Christ (2010).

[30] Vgl. Penrose (1959).

[31] Das Pendant zum Resource-Based View stellt im strategischen Management der Market-Based View dar, welcher anstelle einer ressourcenorientierte (unternehmensinterne) Sichtweise den Fokus auf eine marktorientierte (unternehmensexterne) Betrachtung legt.

[32] Vgl. Wernerfelt (1984).

[33] Tewes (2008), S. 28.

4   Konzeptionelle Elemente für ein CSR-Controlling

4.1   Ziele und Funktionen

Soll-Angaben zu den Zielen, den funktionalen Aufgaben, möglichen Instrumenten und zur institutionellen Verankerung zählen zu den Kernkomponenten von Controlling-Konzeptionen.[34] Ziel eines CSR-Controllings in kommunalen Unternehmen sollte es sein, ergänzend zu einer Unterstützungsfunktion für das Management, die neben einer Entlastungs- und Servicefunktion im Sinne *Küppers* auch einen Anpassungs- und Innovationsbeitrag mit einschließt,[35] Leistungen im Rahmen der Sekundärkoordination in ökonomisch, ökologisch und sozial relevanten Entscheidungsfeldern zu erbringen. Hier ist das CSR-Controlling gefordert, eine auf die Triple Bottom Line bezogene Koordinationsleistung zu erbringen. Folglich ist ein traditionelles Finanzcontrolling um Abstimmungsleistungen in Bezug auf die ökologischen und sozialen Ziele der Triple Bottom Line[36] sowie einer aller drei Ziele integrierenden Koordination zu ergänzen. Letzteres setzt einen Abstimmungsprozess voraus, in welchem die Zielkonflikte zwischen den drei Dimensionen im Interesse einer effektiven Erfüllung des öffentlichen Auftrags minimiert werden. Zudem hat ein CSR-Controlling zur Erhaltung der ökonomischen, ökologischen und sozialen Ressourcenbasis des Unternehmens beizutragen.

Als zentrale Funktionen eines CSR-Controllings sind im klassischen Sinne neben der Koordinationsfunktion, die Informations-, Planungs- und Kontrollfunktion zu berücksichtigen. Aufgabenbezogen hat ein CSR-Controlling der Formulierung, Operationalisierung und Implementierung der unternehmensspezifischen CSR-Strategie zu dienen. Im Rahmen der Informationsfunktion eines CSR-Controllings muss das Informationsversorgungssystem auf eine operative und strategische Informationsversorgung in Bezug auf die Zielrealisierung der Triple Bottom Line ausgerichtet sein. Im erwerbswirtschaftlichen Bereich zeigt sich hier ein Nachholbedarf im Bereich der ökologischen und sozialen Ziele. Sofern kommunale Unternehmen bisher nur ein Finanzcontrolling hatten, ergeben sich analoge Herausforderungen. Ferner sind Prozeduren zu entwickeln, die den Informationsaustausch mit externen Stakeholdern auf eine abgesicherte Basis stellen. Im Rahmen der Entscheidungsunterstützung gilt es problemadäquate Informationen für das Management in Bezug auf zentrale Stakeholder und

---

[34] Vgl. Schweitzer/Friedl (1992), S. 141 ff. Aspekte wie potentielle Dysfunktionalitäten oder ob ein CSR-Controlling, zumindest im erwerbswirtschaftlichen Bereich, nur eine symbolische Funktion hat, werden in diesem Beitrag nicht thematisiert.

[35] Vgl. Küpper (2008), S. 32 ff.

[36] Ähnlich bezogen auf das Sustainability Controlling Fischer et al. (2010), S. 223.

die Ressourcenbasis aufzubereiten, was eine Ausweitung des internen Berichtswesens erfordert. Die Informationsaufgabe ist durch die Stakeholder-Orientierung, im Vergleich zu einer auf die Träger kommunaler Unternehmen ausgerichteten Informationsversorgung, eine wesentlich breitere. Je nach Ausgestaltung des Stakeholder-Dialogs[37] und der Einbindung zentraler externer Stakeholder in die Entscheidungsstrukturen erhöhen sich die Informationsverpflichtungen
kommunaler Unternehmen. Auch in Bezug auf die Informationsversorgung für
ein CSR-Reporting[38] kann ein CSR-Controlling einen wertvollen Beitrag auf
Grund seiner spezifischen Methodenkompetenzen leisten.

    Da Informationen zugleich als prozessuale Basis sämtlicher Planungs- und
Kontrollprozesse fungieren, ist in weiterer Folge auch die Erfüllung der Pla-
nungs- als auch Kontrollfunktion im Rahmen des CSR-Controllings mit neuen
Herausforderungen verbunden. Grundsätzlich kann je nach Zeitbezug zwischen
strategischen und operativen Planungsaufgaben unterschieden werden. Während
erste einen mittel- bis langfristigen Planungshorizont haben, steht bei letzteren
die (unter-)jährige Feinabstimmung im Vordergrund. Die strategischen
Planungstätigkeiten erfassen alle Phasen des strategischen Planungsprozesses,
von der strategischen Analyse über die Strategieableitung, die Strategieauswahl
und die Strategieumsetzung bis hin zur strategischen Kontrolle. Hierbei geht es
erstens um die Identifikation künftiger Erfolgspotentiale in Bezug auf die Triple
Bottom Line, zweitens um die Übersetzung der drei Dimensionen der Triple
Bottom Line in ökonomische, ökologische und soziale Indikatoren, die als Sollvorgaben das Handeln der Akteure steuern sollen, und drittens um Aufgaben der
strategischen Kontrolle, die nicht nur die Durchführungskontrolle sondern auch
eine Prämissenkontrolle einschließt. Da eine Kontrolle nur auf Basis von plan-
mäßigen Sollvorgaben erfolgen bzw. ein neuer Planungszyklus nur aufgrund entsprechender Kontrollinformationen hinsichtlich der Zielerreichung eingeleitet
werden kann, ist auch im CSR-Controlling die Integration von Planungs- und
Kontrollaufgaben zu forcieren. Die im CSR verankerte Stakeholder- und Triple
Bottom Line-Orientierung führt zu einer erhöhten Komplexitätsherausforderung.
Im Sinne des Resource-Based View sind Entwicklungspfade für Ressourcen-
potentiale in Bezug auf die drei Kapitaldimensionen zu bestimmen.[39] Bei den
operativen Planungs- und Kontrollaufgaben steht schließlich die Optimierung
der Leistungserstellung innerhalb der bestehenden Kapazitäten im Vordergrund.
Auch hier gilt es neben ökonomischen entsprechend ökologische und soziale
Zielsetzungen adäquat zu berücksichtigen.

---

[37] S. dazu den Beitrag von Kluge und Schramm in diesem Band.
[38] S. dazu die Beiträge von Brandl und Gebauer in diesem Band.
[39] Ähnlich Fischer et al. (2010), S. 225.

4.2 Beispiele zur instrumentellen Ausgestaltung

Die Diskussion zu Instrumenten für ein CSR-Controlling firmiert bisher eher unter dem Aspekt des Sustainability Controllings. Als integrierte Ansätze über die verschiedenen Dimensionen der Triple Bottom Line sind exemplarisch die Sustainability Balanced Scorecard und der Sustainable Value-Ansatz zu nennen, welche im Folgenden kurz vorgestellt werden. Während die SBSC stärker dem Anspruch einer Stakeholder-Orientierung gerecht wird, weist der Sustainable Value-Ansatz einen höheren Ressourcenbezug auf.

Die Sustainability Balanced Scorecard stellt eine Weiterentwicklung der herkömmlichen Balanced Scorecard dar, welche Anfang der 1990er Jahre von *Kaplan* und *Norton*[40] entwickelt wurde und sich in ihrer ursprünglichen Form aus der Finanz-, der Kunden-, der internen Prozess- und der Lern- bzw. Entwicklungsperspektive zusammensetzt. Dadurch finden bereits in der traditionellen Balanced Scorecard die Ansichten der verschiedenen Stakeholder – wie etwa der Kapitalgeber, Mitarbeiter oder Kunden – Berücksichtigung. Die Sustainability Balanced Scorecard geht jedoch einen Schritt weiter, indem sie explizit auf die Integration der drei unternehmerischen Verantwortungsbereiche – Ökonomie, Ökologie und Soziales – abzielt. Für die Integration von Umwelt- und Sozialaspekten bestehen unterschiedliche Möglichkeiten, beispielsweise deren vollständige Eingliederung in die vier konventionellen Perspektiven, ihre eigenständige Berücksichtigung in einer zusätzlichen fünften Perspektive oder die Ableitung einer eigenen, spezifischen Umwelt- und/oder Sozial-Scorecard.[41] Als strategisches Instrument des CSR-Controllings nimmt die SBSC im Hinblick auf die Umsetzung bzw. Überwachung von CSR-Strategien eine zentrale Stellung ein, indem sie ein Bindeglied zur operativen Ebene darstellt und eine integrierte Messung und Steuerung der CSR-Performance des Unternehmens ermöglicht.[42] Zudem nimmt die Sustainability Balanced Scorecard als multidimensionales Kennzahlensystem auch im Informationsversorgungssystem des Unternehmens einen zentralen Stellenwert ein, indem sie einen Soll-Ist-Vergleich zwischen dem geplanten und dem tatsächlich erreichten Implementierungsgrad von CSR-Zielen erlaubt.

Der Sustainable Value-Ansatz[43] stellt eine praxisbezogene Methode dar, welche eine systematische und integrierte Messung, Steuerung und Bewertung

---

[40] Vgl. Kaplan/Norton (1996), S. 7 ff.

[41] Vgl. Mahammadzadeh (2009), S. 182 f.; Schäfer/Langer (2005), S. 5 ff.

[42] Vgl. Fischer et al. (2009), S. 274 f.; Mahammadzadeh (2009), S. 181 ff.; Schaltegger/Dyllick (2002), S. 37 f.; Schaltegger/Wagner (2006), S. 6 ff.

[43] Der „Sustainable Value Added" resultiert aus der Erweiterung des „Environmental Value Added" um die soziale Dimension.

der Triple Bottom Line-bezogenen Unternehmensleistung auf Basis einer Ressourcen- und Wertorientierung ermöglicht.[44] Ihre Entwicklung erfolgte durch *Figge* und *Hahn* im Rahmen des ADVANCE-Projekts 2001 zur Bewertung der Umweltleistung von 65 europäischen Industrieunternehmen.[45] Vor dem Hintergrund der Knappheit von finanziellen, ökologischen und sozialen Ressourcen zielt der Sustainable Value-Ansatz auf deren möglichst effizienten Einsatz ab. Zur Bestimmung der Kosten des Ressourceneinsatzes wird ähnlich zu bewährten ökonomischen Bewertungskonzepten wie dem Shareholder Value-Ansatz oder dem Economic Value Added (EVA) auf die Opportunitätskosten-Logik zurückgegriffen. Die Kosten des Ressourceneinsatzes stellen somit die entgangenen Erträge dar, welche bei einem alternativen Ressourceneinsatz erzielt worden wären. Der Sustainable Value zeigt somit als Maß für die nachhaltige Überschussrendite, inwiefern es dem Unternehmen gelungen ist, sein Ressourcenbündel effizienter einzusetzen als der Markt.[46] Kritisch ist bei diesem, für erwerbswirtschaftliche Unternehmen entwickelten Ansatz, dass letztendlich die Renditeorientierung als Erfolgsgröße dominiert. Damit trägt dieser Ansatz der Pluralität des Erfolgsbegriffs in kommunalen Unternehmen nicht adäquat Rechnung.

Wie die Ausführungen zu den verschiedenen Entwicklungssträngen eines CSR-Controllings gezeigt haben, kann dieses für die Bewertung der ökologischen Kapitalerhaltung zudem auf Instrumente des Öko-Controllings zurückgreifen, welche in den vergangenen 15 Jahren entwickelt wurden. Auf strategischer Ebene seien beispielsweise die ökologieorientierte Chancen- und Gefahrenanalyse, die ökologische Frühaufklärung, die ökologieorientierte Portfolio-Analyse oder ökologische Performance Measurement- und Performance Management-Systeme genannt, als operative Instrumente kommen z. B. die ABC-Bewertung, Öko-Effizienzindikatoren, Stoff- und Energieflussrechnungen, schadstofforientierte Lebenszyklusrechnungen sowie eine ökologische Budgetierung zum Einsatz.[47] Aus dem Sozio-Controlling können Instrumente wie etwa ein Social oder Gender Budgeting, eine soziale Kostenrechnung, Sozio-Effizienzindikatoren sowie soziale Performance Measurement- und Performance Management-Systeme angeführt werden.[48]

Zur Entscheidungsunterstützung in Bezug auf einzelne Stakeholder-Gruppen gibt es im Controlling außerdem einige Instrumente wie die Customer Life Cycle-Analyse, Ansätze des Human Resource Accounting oder aber

---

[44] Vgl. Balik/Frühwald (2006), S. 85 f.
[45] Vgl. Figge et al. (2006).
[46] Vgl. Barkemeyer et al. (2009), S. 290 ff.
[47] Vgl. Burschel et al. (2004), S. 358 ff. und S. 373 ff.; Herzig et al. (2010); Prammer (2009), S. 142 ff., S. 233 ff.
[48] Vgl. beispielsweise Dubielzig (2009), S. 133 ff.; Steven (2001), S. 29 ff.

Methoden zur Bewertung der Lieferantenbeziehungen. Im Hinblick auf den Einsatz in kommunalen Unternehmen ist es jedoch nachteilig zu bewerten, dass diese Instrumente im Grunde auf formalzieldominierte Unternehmen zugeschnitten sind und außerdem nur Teilaspekte der Triple Bottom Line berücksichtigen. Das CSR-Controlling hat zudem die Möglichkeit, auf allgemein anerkannte Kennzahlensysteme wie die GRI-Indikatoren sowie spezifische Leistungsindikatoren (KPIs) zurückzugreifen[49] oder aber eigene, unternehmensspezifische Kenngrößen zu entwickeln. Die mit den beiden Vorgehensweisen verbundenen Vor- und Nachteile gilt es entsprechend abzuwägen.[50]

4.3 Institutionelle Verankerung

Der integrative Triple Bottom Line-Gedanke muss auch entsprechend in der unternehmerischen Organisationsstruktur und folglich in der institutionellen Ausgestaltung des Controllings zum Ausdruck kommen. Wie bereits deutlich wurde, sind die Aufgaben des CSR-Controllings äußerst komplex und dürften die Schwelle des Selbstcontrolling in aller Regel überschreiten. Auch ist nicht davon auszugehen, dass juristisch, pädagogisch oder technisch vorgebildete Führungskräfte in kommunalen Unternehmen über die entsprechende Methodenkompetenz verfügen. Eine Auslagerung auf temporär agierende Teams oder Ausschüsse dürfte der systematischen Wahrnehmung der Aufgaben des CSR-Controllings ab einer bestimmten Unternehmensgröße nicht förderlich sein. Insofern sollten größere kommunale Unternehmen über eine Institutionalisierung im Rahmen einer Stabsstelle nachdenken. In kleineren kommunalen Unternehmen ist zu überlegen, ob die Aufgaben nicht durch das kommunale Beteiligungscontrolling übernommen werden können. Sofern beispielsweise in kommunalen Stadtwerken bereits ein CSR-Bericht erstellt wird, sind die Kompetenzen des CSR-Controllings zu thematisieren. Ebenso gilt es in diesem Zusammenhang die Übertragung von Entscheidungs- und Weisungsrechten oder die Erteilung von Stabs- oder Linienkompetenzen festzulegen. Bei gegebener Institutionalisierung eines CSR-Controllings ist dessen Anknüpfung an andere CSR-bezogene Abteilungen und Bereiche wie etwa die Unternehmenskommunikation oder – falls vorhanden – die CSR- bzw. Nachhaltigkeitsabteilung jedenfalls klar zu befürworten.[51]

---

[49] S. dazu den Beitrag von Brandl, Abschnitt 2, in diesem Band.
[50] Ähnlich Bassen/Kovács (2009), S. 316 ff.
[51] Vgl. eine ähnliche Argumentation in Bezug auf Ethik-Kommissionen von Wittmann (1995), S. 254 f.

5   Herausforderungen für ein CSR-Controlling in kommunalen Unternehmen

Beim Versuch, den Beitrag eines CSR-Controllings zur effizienten und effektiven Unternehmensführung in kommunalen Unternehmen zu bewerten, beginnen die Herausforderungen schon bei der geforderten Voraussetzung einer CSR-Strategie. Kritisch ist hier anzumerken, dass eine Fokussierung auf die Dimensionen der Triple Bottom Line unter Umständen eine Verkürzung der Instrumentalfunktion auf diese drei Zielkategorien mit sich bringen kann. Auch die Grundbedingung, dass es sich bei CSR um die freiwillige und damit in Teilen selbstbestimmte Übernahme gesellschaftlicher Verantwortung handelt, trägt der Verpflichtung öffentlicher Unternehmen zur Erfüllung öffentlicher Aufgaben nicht adäquat Rechnung.[52] Ferner lässt sich mit *Jensen* argumentieren, dass CSR in diesen Unternehmen der Emanzipation des Managements von den Bindungen durch einen satzungs- oder unternehmensverfassungsmäßig spezifizierten öffentlichen Auftrag Vorschub leisten kann,[53] wobei die Verpflichtungen, die sich durch eine Fokussierung auf die Triple Bottom Line ergeben, vorgeschoben werden könnten.

In Bezug auf die funktionale, instrumentelle und institutionelle Ausgestaltung eines CSR-Controllings ist anzumerken, dass es bisher keine empirischen Studien gibt, die dessen Ausgestaltung im öffentlichen Sektor untersuchen. Deswegen beschränken sich die nachfolgenden Ausführungen auf einige zentrale methodische Herausforderungen. Die größten Probleme sind sicherlich im Zusammenhang mit der Bedeutung der Ziele im Zusammenhang mit der Triple Bottom Line und der Koordination unter Mehrfachzielsetzung als typisches Charakteristikum eines stakeholder-orientierten Controllings zu sehen. So bleibt die Frage der Gewichtung der einzelnen Dimensionen in Dilemma-Situationen bislang ungeklärt.[54]

Die Integrationsherausforderung zeigt sich aber auch deutlich auf instrumenteller Ebene, indem sowohl in quantitativer als auch qualitativer Hinsicht erheblicher Entwicklungsbedarf an geeigneten Methoden zur integrativen Betrachtung der Triple Bottom Line besteht. Dabei gilt es auch Probleme im Zusammenhang mit der Messbarkeit und Qualität von CSR-relevanten Daten zu überwinden. So ist gerade beim Sustainable Value-Ansatz das Vorhandensein einer soliden, belastbaren quantitativen Informationsgrundlage zentrale Voraussetzung für dessen effektiven und effizienten Einsatz im Unternehmen. Die relevanten Informationen sind jedoch speziell im Hinblick auf die soziale und

---

[52] S. dazu den Beitrag von Anthes, Abschnitt 2, in diesem Band.
[53] Vgl. Jensen (2001) S. 305.
[54] Vgl. beispielsweise allgemein Jörissen et al. (2001), S. 39.

ökologische Unternehmensperformance vielfach noch nicht oder nur ansatzweise unternehmensindividuell vorhanden.

Mit erhöhtem Informationsbedarf des CSR-Controllings ist ferner die Gefahr einer Informationsüberflutung (information overload) des Managements verbunden, welche sich negativ auf die Entscheidungsqualität auswirkt. Darüber hinaus gestaltet sich die Identifikation von geeigneten Werttreibern in einer stakeholder-pluralen Sichtweise als diffizil, weil es hier schwierig ist, Ursache-Wirkungszusammenhänge eindeutig festzustellen. Dies verstärkt sich zudem aufgrund fehlender Lösungsmechanismen zum Umgang mit divergierenden Stakeholder-Ansprüchen. Ebenso wirkt sich die Subjektivität der Wahrnehmung bzw. das mehrdeutige Verständnis des Stakeholder Value erschwerend auf die Bestimmung von geeigneten Werttreibern aus.[55]

6 Resümee und Ausblick

Losgelöst von der Frage der grundsätzlichen Eignung von CSR für kommunale Unternehmen bedarf eine am Konzept der CSR ausgerichtete Unternehmensführung zur Bewältigung der damit verbundenen zahlreichen Herausforderungen der Unterstützung durch ein entsprechendes CSR-Controlling, welches die Entwicklungsstränge des traditionellen Controllings, des Öko- sowie des Sozio-Controllings in sich vereint und dabei auf CSR-bezogene Elemente aus diesen Controlling-Ansätzen zurückgreift. Im Rahmen der skizzierten Informations- und Koordinationsaufgaben zielt das CSR-Controlling darauf ab, nicht nur konsequent die Stakeholder-Orientierung zu erhöhen, sondern auch zum Erhalt der ökonomischen, ökologischen und sozialen Unternehmensressourcen beizutragen.

Zu den aus konzeptioneller wie instrumenteller Sicht offenen Forschungsfragen gehört die Identifikation von geeigneten Lösungsmechanismen zur Bewältigung der Triple Bottom Line-bezogenen Integrationsherausforderung, welche sich als Entscheidungsproblem unter Mehrfachzielsetzung darstellt. Bezogen auf kommunale Unternehmen stellt ein CSR-Controlling durch die Triple Bottom Line einen ersten Schritt in Richtung eines Controllings der öffentlichen Aufgabenerfüllung dar. Die Konzentration auf die dreifache Zielfigur deckt allerdings nur ein Teilspektrum der öffentlichen Aufgabenerfüllung ab. Außerdem sollte ein öffentliches Aufgabencontrolling – stärker als dies ein CSR-Controlling vermag – den gesellschaftlichen Outcome und Impact erfassen.

---

[55] Vgl. Wall/Greiling (2011).

Hierbei sieht sich die Public Sector-Forschung allerdings noch mit zahlreichen offenen Fragen konfrontiert.[56]

Literatur

Balik, Michael/Frühwald, Christian (2006): Nachhaltigkeitsmanagement, Mit Sustainability Management durch Innovation und Verantwortung langfristig Werte schaffen, Saarbrücken 2006

Barkemeyer, Ralf et al. (2009): Zielorientiertes Nachhaltigkeitsmanagement mit dem Sustainable-Value-Ansatz am Beispiel der Automobilindustrie und der BMW Group, in: Wall, Friederike/Schröder, Regina W. (Hrsg.), Controlling zwischen Shareholder Value und Stakeholder Value, München 2009, S. 289-307

Bassen, Alexander/Kovács, Ana Maria (2009): Corporate Responsibility als Kennzahlensystem, in: Wall, Friederike/Schröder, Regina W. (Hrsg.), Controlling zwischen Shareholder Value und Stakeholder Value, Neue Anforderungen, Konzepte und Instrumente, München 2009, S. 309-321

Belal, Ataur R. (2002): Stakeholder accountability or stakeholder management: a review of UK firms?, Social and ethical accounting, auditing and reporting (SEAAR) practices, in: Corporate Social Responsibility and Environmental Management, No. 1, 2002, S. 8-25

Brown, Judy/Fraser, Michael (2006): Approaches and Perspectives in Social and Environmental Accounting, An Overview of the Conceptual Landscape, in: Business Strategy and the Environment, No. 2, 2006, S. 103-117

Burschel, Carlo et al. (2004): Betriebswirtschaftslehre der Nachhaltigen Unternehmung, Lehr- und Handbücher zur Ökologischen Unternehmensführung und Umweltökonomie, München 2004

Cooper, Stuart M./Owen, David. L. (2007): Corporate social reporting and stakeholder accountability, The missing link, in: Accounting, Organizations and Society, No. 7-8, 2007, S. 649-667

Dubielzig, Frank (2009): Sozio-Controlling im Unternehmen, Das Management erfolgsrelevanter sozial-gesellschaftlicher Themen in der Praxis, Wiesbaden 2009

Dyllick, Thomas/Hockerts, Kai (2002): Beyond the Business Case for Corporate Sustainability, in: Business Strategy and the Environment, No. 2, 2002, S. 130-141

Dyllick, Thomas/Schaltegger, Stefan (2001): Nachhaltigkeitsmanagement mit einer Sustainability Balanced Scorecard, in: UmweltWirtschaftsForum, H. 4, 2001, S. 68-73

Eichhorn, Peter (2011): On the Purpose of Performance-Controlling, in: Greiling, Dorothea et al. (Hrsg.), Accounting, Accountability and Governance in the Public Sector, Linz 2011, S. 145-148

---

[56] Vgl. hierzu Eichhorn (2011), S. 145; Kaltenbrunner/Kattnig (2010), S. 286 ff.; Schedler (1995). Bezogen auf Nonprofit-Organisationen s. stellvertretend Halfar/Hegenauer (2010), S. 87 ff.

Feldbauer-Durstmüller, Birgit (2010): Corporate Social Responsibility (CSR); Theoretische Grundlagen, Hintergründe, Kritik, in: Feldbauer-Durstmüller, Brigitte/ Koller, Edeltraud (Hrsg.), Wirtschaft und Ethik, Wien 2010, S. 29-53

Figge, Frank et al. (2006): Sustainable Value of European Industry, A Value-Based Analysis of the Environmental Performance of European Manufacturing Companies, online unter URL: http://www.advance-project.org/downloads/advancesurveyfullver sion.pdf [Stand 2010-01-29]

Fischer, Thomas M. et al. (2010): Nachhaltige Unternehmensführung als Herausforderung für das Controlling, in: Controlling, H. 4/5, 2010, S. 222-230

Fischer, Thomas M. et al. (2009): Nachhaltigkeit und SustainabilityAccounting, in: Wall, Friederike/Schröder, Regina W. (Hrsg.), Controlling zwischen Shareholder Value und Stakeholder Value; Neue Anforderungen, Konzepte und Instrumente, München 2009, S. 261-307

Freeman, R. Edwards (1984): Strategic Management, A Stakeholder Approach, Boston 1984

Freeman, R. Edwards (1994): The Politics of Stakeholder Theory, Some further Directions, in: Business Ethics Quarterly, No. 2, 1994, S. 409-421

Freeman, R. Edwards et al. (2004): Stakeholder theory and „The corporate objective revisited", in: Organization Science, No. 2, 2004, S. 364-369

Gminder, Carl Ulrich et al. (2002): Nachhaltigkeitsstrategien umsetzen mit einer Sustainability Balanced Scorecard, in: Schaltegger, Stefan/Dyllick, Thomas (Hrsg.), Nachhaltig managen mit der Balanced Scorecard, Wiesbaden 2002, S. 95-147

Goodpaster, Kenneth (1991): Business ethics and stakeholder analysis, in: Business Ethics Quarterly, No. 1, 1991, S. 53-73

Gray, Robert (2001): Thirty years of social accounting, reporting and auditing: what (if anything) have we learnt, in: Business Ethics, No. 1, 2001, S. 9-15

Greiling, Dorothea (1996): Öffentliche Trägerschaft oder öffentliche Bindung von Unternehmen?, Baden-Baden 1996

Greiling, Dorothea/Ther, Daniela (2010): Leistungsfähigkeit des Sustainable Value-Ansatzes als Instrument des Sustainability-Controlling, in: Prammer, Heinz Karl (Hrsg.), Corporate Sustainability, Wiesbaden 2010, S. 37-67

Hahn, Tobias et al. (2009): Sustainable Value in der Automobilproduktion, Eine Analyse der nachhaltigen Performance der Automobilhersteller weltweit, Belfast 2009, online unter URL: http://www.sustainablevalue.com/downloads/sustainablevalue inderautomobilproduktion.pdf [Stand 2010-01-29]

Hahn, Tobias/Wagner, Marcus (2001): Sustainability Balanced Scorecard, Lüneburg 2001

Halfar, Bernd/Hegenauer, Thomas (2009): Wirkungsorientiertes Non Profit Organisation-Controlling, in: Controller Magazin, H. 2, 2009, S. 87-92

Hallay, Hendric/Pfriem, Reinhard (1992): Öko-Controlling, Umweltschutz in mittelständischen Unternehmen, Frankfurt a. M. 1992

Herzig, Christian et al. (2010): Integrating Sustainability in organizational strategy: The role and use of management control systems, Paper presented at the EURAM 2010, Rom 2010

Jensen, Michael C. (2001): Value Maximisation, Stakeholder Theory, and the Corporate Objective Function, in: European Financial Management, No. 3, 2001, S. 297-317

Jörissen, Juliane et al. (2001): Wissenschaftliche Konzeptionen zur Nachhaltigkeit, in: Grunwald, Armin et al. (Hrsg.), Forschungswerkstatt Nachhaltigkeit, Wege zur Diagnose und Therapie von Nachhaltigkeitsdefiziten, Berlin 2001, S. 33-57

Kaltenbrunner, Gerold/Kattnik, Andreas (2010): Erfolgskriterien für ein wirkungsorientiertes Controlling, Eine Reflexion am Beispiel einer öffentlichen Verwaltung, in: Schauer, Reinbert et al. (Hrsg.), Steuerung und Kontrolle in Nonprofit-Organisationen, Linz 2010, S. 285-308

Kaplan, Robert S./Norton, David. P. (1996): The Balanced Scorecard, Translating strategy into action, Boston 1996

Kirchgeorg, Manfred (2004): Vom Ökocontrolling zum Nachhaltigkeitscontrolling mithilfe der Balanced Scorecard, in: Bensberg, Frank et al. (Hrsg.), Trendberichte zum Controlling, Festschrift für Heinz Lothar Grob, Heidelberg 2004, S. 371-389

Küpper, Hans-Urich (2008): Controlling; Konzeption, Aufgaben, Instrumente, 5. Aufl., Stuttgart 2008

Loew, Thomas et al. (2004): Bedeutung der internationalen CSR-Diskussion für Nachhaltigkeit und die sich daraus ergebenden Anforderungen an Unternehmen mit Fokus Berichterstattung, Endbericht an das Bundesministerium für Umwelt, Naturschutz und Reaktorsicherheit, Berlin/Münster 2004, online unter URL: http://www.ioew.de/uploads/tx_ukioewdb/bedeutung_der_csr_diskussion.pdf [Stand 2010-01-29]

Mahammadzadeh, Mahammad (2009): Sustainability Balanced Scorecard, in: Baumast, Annett/Pape, Jens (Hrsg.), Betriebliches Umweltmanagement, Nachhaltiges Wirtschaften im Unternehmen, 4. Aufl., Stuttgart 2009, S. 177-190

Malinsky, Adolf Heinz (1996): Grundzüge der Betrieblichen Umweltwirtschaft, in: Malinsky, Adolf Heinz (Hrsg.), Betriebliche Umweltwirtschaft, Grundzüge und Schwerpunkte, Wiesbaden 1996, S. 1-59

Melé, Domènec (2008): Corporate Social Responsibility Theories, in: Crane, Andrew et al. (Hrsg.), The Oxford Handbook of Corporate Social Responsibility, Oxford 2008, S. 47-82

Montiel, Ivan (2008): Corporate Social Responsibility and Corporate Sustainability; Separate Pasts, Common Futures, in: Organization & Environment, No. 3, 2008, S. 245-269

Müller-Christ, Georg (2001): Nachhaltiges Ressourcenmanagement, Eine wirtschaftsökologische Fundierung, Theorie der Unternehmung, Bd. 10, Marburg 2001

Müller-Christ, Georg (2010): Nachhaltiges Management, Einführung in Ressourcenorientierung und widersprüchliche Managementrationalitäten, Baden-Baden 2010

Owen, David (2008): Chronicals of wasted time?, A personal reflection of the current state of, and future prospects for social and environmental accounting research, in: Accounting, Auditing & Accountability Journal, No. 2, 2008, S. 240-267

Owen, David/Swift, Tracey (2001): Social accounting, reporting and auditing: beyond the rhetoric, in: Business Ethics, No. 1, 2001, S. 4-8

Penrose, Edith T. (1959): The theory of the growth of the firm, Oxford 1959

Prammer, Heinz Karl (2009): Integriertes Umweltkostenmanagement, Bezugsrahmen und Konzeption für eine ökologisch nachhaltige Unternehmensführung, Wiesbaden 2009

Schäfer, Henry/Langer, Gunner (2005): Sustainability Balanced Scorecard, Managementsystem im Kontext des Nachhaltigkeits-Ansatzes, in: Controlling, H. 1, 2005, S. 5-14

Schaltegger, Stefan (2009): Corporate Social Responsibility (CSR) nachhaltig im Unternehmen verankern, Eine Herausforderung für die Managementausbildung, in: Journal of Social Science Education, No. 3, 2009, S. 67-69

Schaltgegger, Stefan (2010): Nachhaltigkeit als Treiber für den Unternehmenserfolg, in: Controlling, H. 4/5, 2010, S. 238-242

Schaltegger, Stefan/Dyllick, Thomas (2002): Einführung, in: Schaltegger, Stefan/Dyllick, Thomas (Hrsg.), Nachhaltig managen mit der Balanced Scorecard, Wiesbaden 2002, S. 19-39

Schaltegger, Stefan/Wagner, Marcus (2006): Integrative management of sustainability performance, measurement and reporting, in: International Journal of Accounting, Auditing and Performance Evaluation, No. 1, 2006, S. 1-19

Schedler, Kuno (1995): Ansätze einer wirkungsorientierten Verwaltungsführung, Bern et al. 1995

Schulz, Werner F. et al. (2001): Corporate Responsibility Reporting, Zum Stand der unternehmerischen Nachhaltigkeitsberichterstattung, in: Umweltwirtschaftsforum, H. 4, 2001, S. 34-39

Schweitzer, Marcell/Friedl, Birgit (1992): Beitrag zu einer umfassenden Controlling-Konzeption, in: Spreeman, Klaus/Zur, Eberhard (Hrsg.), Controlling; Grundlagen, Informationssysteme, Anwendungen, Wiesbaden 1992, S. 141-167

Seuring, Stefan/Beske, Philip (2009): Vom Öko-Controlling zum Controlling nachhaltiger Wertschöpfungsketten, in: Antoni-Komar, Irene et al. (Hrsg.), Neue Konzepte der Ökonomik, Unternehmen zwischen Nachhaltigkeit, Kultur und Ethik, Festschrift für Reinhard Pfriem zum 60. Geburtstag, Marburg 2009, S. 215-234

Steven, Marion (2001): Integration der sozialen Dimension des Sustainable Development in Rechenwerke, in: Umweltwirtschaftsforum, H. 4, 2001, S. 29-33

Tewes, Gunar (2008): Signalingstrategien im Stakeholdermanagement, Kommunikation und Wertschöpfung, Wiesbaden 2008

Thiemeyer, Theo (1975): Wirtschaftslehre öffentlicher Betriebe, Reinbek bei Hamburg 1975

Ulrich, Peter (1999): Was ist „gute Unternehmensführung"?, Zur normativen Dimension der Shareholder-Stakeholder-Debatte, in: Kumar, Brij N. et al. (Hrsg.), Unternehmensethik und die Transformation des Wettbewerbs, Stuttgart 1999, S. 27-52

Wall, Friederike/Greiling, Dorothea (2011), Accounting information for managerial decision-making in shareholder management versus stakeholder management, in: Review of Managerial Science, H. 2/3 (in Vorbereitung)

Wernerfelt, Birger (1984): A Resource-based View on the Firm, in: Strategic Management Journal, No. 2, 1984, S. 171-184

Wittmann, Stephan (1995): Controlling und Ethik, Grundlagen und Konzepte aus unternehmensethischer Perspektive, in: Zeitschrift für Planung, H. 3, 1995, S. 241-262

Wolff, Britta/Lucas, Sven (2002): Sozialbilanz, in: Küpper, Hans-Ulrich/Wagenhofer, Alfred (Hrsg.), Handwörterbuch Unternehmensrechnung und Controlling, Stuttgart 2002, Sp. 1796-1803

Lokale Expertise als ungenutzte Ressource im CSR-Prozess öffentlicher Unternehmen

Thomas Kluge und Engelbert Schramm

1   Ausgangslage

Geht es bei Corporate Social Responsibility (CSR) um ein Unternehmenskonzept, in welchem auf freiwilliger Basis Umwelt- und soziale Belange integriert werden, wird in diesem Beitrag nicht in erster Linie auf Nachhaltigkeit (Umwelt und Soziales) abgestellt, sondern im Wesentlichen auf die Wechselbeziehung von (kommunalen) Unternehmen mit deren Stakeholdern.

Nach herkömmlicher Sicht müssen sich kommunale Unternehmen nicht eigens um eine Beteiligung der Bürgerinnen und Bürger an ihren Entscheidungen bemühen; schließlich handelt es sich ja um Unternehmen, die der Bürgerschaft gehören und in ihrer strategischen Ausrichtung direkt oder indirekt durch deren demokratischen Repräsentanten im Kommunalparlament oder direkt gewählte Bürgermeister geleitet werden. In den letzten Jahren ist jedoch an vielen Einzelbeispielen deutlich geworden, dass eine parlamentarische Kontrolle kommunaler Unternehmen nicht immer schon bedeutet, dass tatsächlich der Wille der Bürgerinnen und Bürger durchgesetzt wird. Dies zeigen Konflikte um die Teilprivatisierung kommunaler Unternehmen ebenso wie auch die öffentlichen Proteste gegen Cross Border Leasing kommunaler Infrastrukturen an US-amerikanische Fonds. In einigen Fällen kam es im letzten Jahrzehnt sogar zu

Bürgerbegehren bzw. Bürgerentscheiden, um beispielsweise Privatisierungen eines Kommunalunternehmens abzuwehren oder rückgängig zu machen. Diese Formen direkter Demokratie können darauf hinweisen, dass im Einzelfall Unternehmensführungen bzw. die sie über die Aufsichtsgremien kontrollierenden Kommunalpolitiker weit entfernt sind von dem, was sich plötzlich als Bürgerwillen äußert.

Grundsätzlich kommt noch eine Schwierigkeit hinzu: Anders als für Eigenbetriebe kann eine wirkliche parlamentarische Kontrolle für die Körperschaftsinstitutionen nicht umfassend gewährleistet werden. Denn die vom Parlament dorthin entsandten Repräsentanten müssen in einem Aufsichtsgremium einer GmbH oder Aktiengesellschaft grundsätzlich zunächst die Interessen dieses Unternehmens wahren, was im Übrigen nach dem GmbH- oder dem Aktienrecht Vorrang hat vor z. B. einer öffentlichen Information des Parlaments und damit auch der Bürgerschaft über das Geschäftsgebahren des Unternehmens.[1]

Privatwirtschaftliche Unternehmen haben in den letzten 15 bis 20 Jahren erkannt, dass in vielen Fällen die Einbeziehung von Kundinnen und Kunden ebenso wie die des Unternehmensumfeldes in Entscheidungsprozesse zu einer Verbesserung der Unternehmensergebnisse führt. Dadurch, dass Alltagswissen der Kundinnen und Kunden in wichtige Entscheidungen des Unternehmens eingeht und auch Positionen des Umfeldes besser reflektiert werden, verbessert sich die Qualität der Entscheidungen.

Von diesen Erkenntnissen können auch kommunale Unternehmen trotz ihrer in der Regel anderen gemeinwirtschaftlichen – Ausrichtung lernen. Kooperation durch Beteiligungsverfahren führt dazu, dass sich Positionen und Wissensbestände der Bürgerinnen und Bürger und anderer Akteure auch von Kommunalunternehmen in vielfältiger Weise nutzen lassen.

Der Beitrag stellt unterschiedliche Partizipationsmethoden vor, die insbesondere im CSR-Prozess kommunaler (und ebenso anderer gemeinwirtschaftlicher) Unternehmen angewendet werden können. Potenziale und Hemmnisse der direkten Einbeziehung von Bürgern – als Betroffene ebenso wie als Kundschaft – und dem Unternehmensumfeld werden anhand von langjährigen Beobachtungen unterschiedlicher Kommunalunternehmen (Verkehrsbetriebe, Wasser- und Energieversorger, Wohnungs- und Forstunternehmen) erörtert.

---

[1] Vgl. auch Bakan (2005).

2 Formale Bürgerbeteiligung

Für bestimmte Planungsaufgaben (z. B. Bauleitplanung, Planfeststellung, Umweltverträglichkeitsprüfung, aber auch Raumordnung, Regionalplanung, Landesplanung) haben die Gesetzgeber bereits vor Jahrzehnten eine formelle „Öffentlichkeitsbeteiligung" zwingend vorgeschrieben. Damit sind in der Regel die zu Beteiligenden ebenso wie die Vorgehensweise weitgehend vorbestimmt. Insbesondere müssen die Vorhaben, bei denen diese Art der Beteiligung angewandt wird, bereits detailliert ausgearbeitet sein. In zunehmendem Maße werden bei diesen formellen Verfahren der Öffentlichkeitsbeteiligung internetgestützte Verfahren eingesetzt. Neben Kosteneinsparung und Verfahrensbeschleunigung wird durch diese Form der Beteiligung vor allem den in den letzten Jahren durch das Internet erheblich veränderten Kommunikations- und Interaktionsgewohnheiten der Bevölkerung und der Behörden untereinander Rechnung getragen.

Oft beschränkt sich die Beteiligung entweder auf Grund der Teilnahmebedingungen oder wegen der Abwesenheit anderer Teilnehmer tatsächlich darauf, dass die Betroffenen gerade einmal „angehört" werden. Getrennt von der Öffentlichkeitsbeteiligung findet die häufig wichtiger genommene Behördenbeteiligung statt; Synergien zwischen den beiden Beteiligungsformen werden nicht genutzt. Regelmäßig steht zwar eine bestimmte, von den Auftraggebern oder beauftragten Dritten (z. B. Architekten oder Landschaftsplanern) erarbeitete Form einer Planung zur Diskussion (das „Wie?"), nicht aber die generelle Durchführbarkeit des Vorhabens (das „Ob"). Die formelle Beteiligung kann zwar genutzt werden, um Einwände geltend zu machen. Über den Umgang mit dem Ergebnis der Öffentlichkeitsbeteiligung entscheiden die für das Projekt verantwortlichen Stellen und ggf. die Verwaltungsgerichte. Auch wenn das „Wie" thematisiert wird, ist es aber nur in Einzelfällen möglich, diese Einwände zu einer Optimierung des Vorhabens zu nutzen. Dazu ist nicht nur unabdingbar, dass die Beteiligung möglichst frühzeitig durchgeführt wird. Weiterhin ist es vielmehr wünschenswert, dass schon mehrere Alternativen ausgearbeitet sind (und wenigstens eine davon in der Debatte nicht mehr hinterfragt wird).

Häufig wird jedoch die Öffentlichkeitsbeteiligung suboptimal durchgeführt; sie wird daher vor allem seitens der involvierten Fachplaner aus den Kommunalunternehmen und Ämtern oft eher als ein Stör- und Verzögerungsfaktor gewertet und nicht als eine unbedingt zu nutzende Möglichkeit zu einer Verbesserung der Ergebnisse wahrgenommen. Die formelle Öffentlichkeitsbeteiligung richtet sich aus einer solchen Perspektive nur an die von den Auswirkungen einer Entscheidung Betroffenen; es wird zugleich versäumt, auch von anderen Akteuren Expertise einzuholen. Professionelle Experten werden vielmehr bestenfalls eingeladen, um das Vorhaben im Sinne des Betreibers vorzustellen. Unter diesen

Bedingungen kommt es insofern zu keinem echten Dialog. Die Möglichkeit, Beiträge zu einer gestaltenden Weiterentwicklung des Vorhabens zu erzeugen, wird so verpasst. Auch die Betroffenen empfinden im Konfliktfall häufig die formale Bürgerbeteiligung als Farce oder bestenfalls noch als Ventil zum Dampfablassen.[2] Bestenfalls erfolgen so kleinere ex post-Korrekturen an bereits dem Grunde nach gefällten Entscheidungen.

3 Verfahren der Bürger- und Kundenbeteiligung

Anders ist das bei nicht gesetzlich vorgeschriebenen, „informellen" Formen einer Einbeziehung von Kundschaft oder Unternehmensumfeld. Anders als bei einer falsch verstandenen Pflicht-"Anhörung" wird bei einer solchen freiwilligen Partizipation die im Umfeld des Unternehmens versammelte Expertise anerkannt. Verfahren einer informellen Beteiligung in diesem Sinne zielen auf eine Nutzung der Expertise durch das Unternehmen, wie sie die Anwohner, die Kundinnen und Kunden eines Kommunalunternehmens und auch die Bürgerinnen und Bürger vor Ort besitzen.

Bei einer solchen Bürger- bzw. Kundenbeteiligung lassen sich unterschiedliche Verfahren anwenden, die in der Regel einen strukturierten, großteils methodisch gesicherten Ablauf aufweisen. Erschwert wird das Durchführen solcher informeller Verfahren allerdings dadurch, dass es an sich weder formell (in Planungsrecht, Satzungen, Verträgen o. ä.) vorgeschrieben ist noch dass es allgemeingültige Empfehlungen oder gar Normen hinsichtlich der Ablaufstruktur gibt.

Zu den gesicherten Verfahren der Bürgerbeteiligung, auf die im kommunalen Bereich zurückgegriffen werden kann, gehören Bürgerforen. Dies sind Kommissionen von 20 bis 25 Mitgliedern, die nach dem Zufallsprinzip ausgewählt werden und gegen Vergütung einige Tage ihrer Zeit opfern, um Entscheidungshilfen zu bestimmten Sachfragen zu erarbeiten.[3] Teilweise haben sich Bürgerforen einen eigenen institutionellen Rahmen gegeben und die kommunalpolitische Arbeit kritisch begleitet. Kommunalunternehmen können in Analogie dazu Kundenforen einrichten; vielfach wurden bereits Erfahrungen mit Fahrgastforen gesammelt. Zwar wird die Nahverkehrsplanung selbst aufgrund der bei der sogenannten Bahnreform festgelegten Aufgabenverteilung auf der Ebene der das Nahverkehrsangebot „bestellenden" Kreise bzw. der Verkehrsverbünde durchgeführt (wobei sich die Beteiligung der unterschiedlichen Nutzergruppen empfiehlt, um Synergien zwischen erwerbs- und versorgungswirtschaftlicher

---

[2] Vgl. Sträter (2010).
[3] Vgl. Hill (2010).

Mobilität berücksichtigen zu können),[4] aber auch auf der Ebene der leistungser-bringenden (häufig kommunalen) Nahverkehrsunternehmen kann es sinnvoll sein, Fahrgastbeiräte zu gründen.[5] In Analogie zu Fahrgastforen lassen sich von kommunalen Wohnungsunternehmen auch Mieterforen etablieren. In der Regel bestehen derartige Foren über einen längeren Zeitraum und stellen eine konti-nuierliche Plattform dar, mittels derer Kommunalunternehmen und deren Kun-dinnen und Kunden miteinander kommunizieren.

Eine ähnliche, jedoch auf eine spezifische Entscheidungssituation gerichtete Unterstützung durch Beteiligung erlauben Zukunftswerkstätten, in denen interes-sierte Bürgerinnen und Bürger wünschbare Zukünfte beschreiben. *Robert Jungk* hielt es für problematisch, wenn Politik und Experten ohne Bürgerbeteiligung Entscheidungen für die Zukunft treffen. Daher entwickelte er mit *Rüdiger Lutz* und *Norbert R. Müllert* die Methode der Zukunftswerkstatt; sie sollte die Phanta-sie der Beteiligten anregen, um mit neuen Ideen Lösungen für gesellschaftliche Probleme zu entwickeln. Nach den gemachten Erfahrungen eignet sich die Zukunftswerkstatt auch für Teilnehmer, die mit Prozessen der kreativen Ent-scheidungsfindung wenig Erfahrung haben. So können in Zukunftswerkstätten beispielsweise Vorstellungen eines nachhaltigen kommunalen Verkehrskonzepts partizipativ entwickelt und auch teilweise konkretisiert werden.[6] Im Unterschied zu Bürger- und Kundenforen werden Zukunftswerkstätten meist nur für einen besonderen Anlass mit einer überschaubaren Gruppengröße eingerichtet. Bei-spielsweise kann eine eintägige Sitzung mit 15 Personen ausreichend sein. Hier kann nicht darauf vertraut werden, dass eine repräsentative Mobilisierung von Kundinnen und Kunden stattfindet. Daher werden häufig mehrere Zukunftswerk-stätten zum gleichen Thema parallel durchgeführt.

Bei sehr komplexen Planungsvorhaben kann auch die als „Planungszelle" beschriebene, sehr aufwändige Vorgehensweise in Frage kommen. Planungszel-len sind Gruppen von ca. 25 im Zufallsverfahren ausgewählten Bürgerinnen und Bürgern, die für etwa eine Woche von ihren arbeitsalltäglichen Verpflichtungen freigestellt werden, um gemeinsam Lösungsvorschläge für ein vorgegebenes Planungsproblem zu erarbeiten. In der Regel beschäftigen sich mehrere Planungszellen simultan mit dem gleichen Thema. Die Ergebnisse ihrer Bera-tungen werden in einem Bürgergutachten zusammengefasst.[7]

In den letzten 15 Jahren sind vielerorts Agenda-21-Prozesse ins Leben gerufen worden, in denen die nachhaltige Ausrichtung der Kommune insgesamt, häufig aber auch die Ausrichtung von kommunalen Unternehmen oder deren

---

[4] Vgl. Spitzner (2008).
[5] Vgl. Schiefelbusch (2010).
[6] Vgl. Bergmann/Jahn (1999).
[7] Vgl. Dienel (2009).

Produkten (z. B. Wasser- und Energieversorgung, Nahverkehr) erörtert wurden. Dabei sind vielfältige Beteiligungsformen entwickelt worden, die die zuvor geschilderten Verfahren aufnehmen; insbesondere ist zwischen den Bürgerforen und den Agenda-21-Gruppen eine Ähnlichkeit auszumachen. Allerdings lassen sich Agenda-21-Prozesse in sehr unterschiedlicher Weise durchführen: Teilweise sind Lenkungsgruppen partizipativ besetzt worden, teilweise wurden die Sitzungen ausschließlich durch die Kommunalverwaltung vorbereitet, bei der dann auch die Themensetzung und die Verantwortung für die Moderation lag. Insofern haben sie dann eher Ähnlichkeit mit einem Stakeholder-Involvement.

4 Das Stakeholder-Involvement

Grundsätzlich ist es problematisch, sich hinsichtlich von Partizipationen alleine auf das Verhältnis von kommunalen Unternehmen und ihren Kundinnen und Kunden zu konzentrieren; damit gehen zivilgesellschaftliche Perspektiven verloren, wie sie (wenigstens über Partialinteressen) durch Umwelt-, Naturschützer sowie Globalisierungskritiker eingetragen werden.[8] Der Blick in das europäische Ausland zeigt zudem, dass Intermediäre wie Regulierungsbehörden, aber auch Berater wie die französische Service Public 2000 oder Interessenverbände wie der niederländische Consumentenbond zunehmend ebenfalls in dem Feld agieren, die als Stakeholder einbezogen werden können.[9]

Unter dem Aspekt der Corporate Social Responsibility erhält das Stakeholder-Involvement ein besonderes Gewicht. Der Begriff des „Stakeholders" oder „Anspruchsträgers" entstammt ursprünglich dem betrieblichen Management.[10] Zunächst ist der Begriff „Stakeholder" als Gegenpart zu „Stockholder" gefasst, also zum Anteilseigner und Investor eines Unternehmens. Neben den Kapitalgebern sind Unternehmen nach dem Stakeholder-Konzept auch weiteren Anspruchsgruppen verpflichtet. Dadurch steigt die Anzahl der Einflussnehmer an, was zwar in der Regel zu einer breiteren und verbesserten Grundlage für Managemententscheidungen führt, wobei diesen aber ein längerer und aufgrund des Stakeholder-Involvements komplexerer Entscheidungsprozess vorausgeht. Ein Stakeholder ist dabei „jedes Individuum, oder jede Gruppe, die auf die Organisation und ihre Aktivitäten einwirken oder selbst von ihr beeinflusst werden kann."[11] Je nach Funktion des Stakeholder-Involvements kann weiterhin zwischen primären (Aktionäre, Kunden etc.) und sekundären Stakeholdern

---

[8] Vgl. Ebinger (2005).
[9] Vgl. Lux et al. (2006); Schramm et al. (2000).
[10] Vgl. Freeman/McVea (2001).
[11] De Colle (2004), S. 527.

(Interessengruppen, Verbände, Medien etc.) unterschieden werden. Weiterhin werden in der Literatur von den externen Stakeholdern gelegentlich auch interne Stakeholder unterschieden. Dazu ist aber festzulegen, was als intern und was als extern gilt (z. B. entlang der Grenze eines Unternehmens).[12] Das Stakeholder-Involvement ist seit einigen Jahren auch in der Nachhaltigkeitsdebatte und der entsprechenden Nachhaltigkeitsforschung gebräuchlich;[13] das macht es für CSR-Prozesse doppelt interessant.

Stakeholder-Involvement ist für kommunale Unternehmen der Wohnungswirtschaft genauso möglich wie für eine Stadtwerke-Holding oder kommunale Energieversorger und Wasserunternehmen. Im Extremfall können Stakeholder-Betrachtungen auch für Verkehrsbetriebe und für Forstbetriebe durchgeführt werden.

Oesten und *Roeder*[14] sehen beispielsweise Forstbetriebe als quasi gesellschaftliche Institutionen, die einen „konfliktreichen ‚Ort' widerstreitender Interessen von internen und externen Anspruchsgruppen"[15] darstellen. Somit sind Forstbetriebe in ihrem Handeln nur bedingt autonom. *Oesten* und *Roeder* haben auch die Stakeholder von Forstbetrieben identifiziert. Dabei weisen sie darauf hin, dass es in der Praxis zwischen den einzelnen Stakeholder-Gruppen personelle Überschneidungen geben kann (Zugehörigkeit einer Person zu mehreren Anspruchsgruppen). Letztlich stelle sich für den Forstbetrieb die Aufgabe, Glaubwürdigkeits- und Verständigungspotenziale gegenüber den Stakeholdern aufzubauen und zu erhalten. Im Dialog mit den Stakeholdern sollen ihre Ansprüche in den betrieblichen Entscheidungen Berücksichtigung finden. Daher müssen diese angehört und ernst genommen und möglichst ein Konsens mit ihnen gefunden werden.

4.1 Unterschiedliche Ansatzpunkte

Barth[16] nennt drei Ansatzpunkte, denen das Stakeholder-Involvement folgen kann:

- Beim deskriptiven Ansatz soll die Perspektive der Anspruchsgruppen eines Unternehmens verfolgt werden, um im Unternehmen die Wichtigkeit der Stakeholder und deren Sichtweise zu verdeutlichen.

---

[12] Vgl. Zell (2008), S. 38.
[13] Vgl. Walk (2008), S. 58 ff.
[14] Vgl. Oesten/Roeder (2008), S. 125.
[15] Oesten/Roeder (2008), S. 126.
[16] Vgl. Barth (2007).

- Der instrumentelle Ansatz der Stakeholder-Theorie beschreibt hingegen den ökonomischen Zweck. Ein Unternehmen sollte sich demnach mit den Interessen und Ansprüchen der Stakeholder auseinandersetzen, um seine Primärziele wie Gewinnmaximierung und Wachstum optimal erreichen zu können. Stakeholder nutzen dem Unternehmen, die Beziehung zu ihnen ist bedeutend für die Erfolgssicherung.
- Der normative Ansatz behandelt die moralische Verpflichtung, die ein Unternehmen gegenüber seinen Stakeholdern hat. Ethisches und moralisches Handeln fördert für das Unternehmen nicht nur den Markenwert sondern auch das Image.

4.2 Funktionen der Stakeholder-Analyse

Unter einer Stakeholder-Analyse versteht man die (systematische) Identifikation und Beobachtung der für ein Projekt relevanten Anspruchsgruppen und Akteure. Stakeholder-Analysen lassen sich sehr unterschiedlich durchführen.[17] Jede Stakeholder-Analyse gibt jedoch im Kern Antworten auf die folgenden drei Fragen:

- Welche Personen bzw. Personengruppen und Institutionen müssen als potenzielle Stakeholder des Projektes betrachtet werden?
- Welchen Einfluss haben die potenziellen Stakeholder, d. h. insbesondere welchen Einfluss haben sie auf die Verbreitung der Ergebnisse des Projektes und die Umsetzung seiner Erkenntnisse?
- Wie werden sich die potenziellen Stakeholder in Bezug auf das Projekt verhalten?

In der Stakeholder-Analyse wird insbesondere geklärt, welche Anspruchsgruppen vor welchem Hintergrund welches Interesse haben. Die Analyse soll die Vorbereitung und Durchführung des Dialoges erleichtern; daher wird dort antizipiert, wie der Dialog mit den Stakeholdern vermutlich verläuft und was dort mit welchen Mitteln angesprochen und weiterverfolgt werden kann. Die Ergebnisse dieser Stakeholder-Analyse werden nach einem jeden Zusammentreffen mit den Anspruchsgruppen wieder aufgenommen. Vor dem Hintergrund der Unternehmensziele geht es in der Stakeholder-Analyse dann darum, den weiteren Stakeholder-Dialog zu optimieren.

Ausgehend von der Stakeholder-Map des Unternehmens kann beispielsweise genauer untersucht werden, welche Stakeholder den Unternehmenszielen

---

[17] Vgl. Moser (2009); Zell (2008), S. 39.

positiv gegenüberstehen und welche andere Ziele verfolgen (bzw. die eigenen Ziele mutmaßlich negativ bewerten). Häufig werden für diese strategischen Überlegungen auch die Stakeholder hinsichtlich ihrer Aktivität charakterisiert. In der Literatur wird beispielsweise zwischen den starken „Spielmachern", unabhängigeren „Jokern", „Randfiguren" oder von einem selbst abhängigen „Gesetzten" unterschieden,[18] um zu überlegen, auf welche Stakeholder in einem „Stakeholder-Management" mit welchem Aufwand eingewirkt werden kann.

4.3 Der Stakeholder-Dialog

Der Dialog mit den Stakeholdern ist der zentrale Punkt im Stakeholder-Prozess; er erlaubt eine strukturierte Form der Auseinandersetzung mit den beteiligten Anspruchsgruppen. In ihm können Stakeholder Probleme thematisieren und diese verständigungsorientiert diskutieren.[19] Die Orientierung am Dialog bietet grundsätzlich die Möglichkeit, „Zwecke und Handlungen hinsichtlich ihrer Moralität" zu kritisieren, zu bewerten und zu beurteilen.[20] Dies kann möglicherweise einfacher gelingen, wenn kein Anspruch auf zweckrationales und strategisches Handeln im Dialog durchgesetzt wird. Im weitesten Sinne können so durchgeführte Dialoge mit Mediationsverfahren verglichen werden.[21]

Bei einem Stakeholder-Dialog kann als Spielregel vorgesehen sein, dass das Engagement des Unternehmens „nicht im Vorhinein definiert ist, sondern durch den Diskurs mit Stakeholdern erst konkretisiert wird."[22] Art und Qualität des Engagements sowie die Auswirkung des Austauschs zwischen Unternehmen und Anspruchsgruppen stehen in diesem Fall nicht vor dem Dialog fest, sondern werden erst während des Dialogprozesses entwickelt.

Nach *Zöller*[23] setzt ein erfolgreicher Dialog insbesondere Folgendes voraus:

- Alle Teilnehmer, insbesondere aber das Unternehmen, müssen bereit sein, voneinander zu lernen und sich flexibel auf Veränderungen, die sich während des Dialoges ergeben, einzulassen.
- Der Erfolg eines Dialoges ist nur dann gewährleistet, wenn er frühzeitig erfolgt, also so lange, wie noch durch den Dialog beeinflussbarer Handlungsspielraum besteht.

---

[18] Vgl. Moser (2009), S. 33 ff.
[19] Vgl. Zöller (2005), S. 62.
[20] Vgl. Lueken (1996), S. 77, zitiert nach Zöller (2005), S. 63.
[21] Vgl. Zöller (2005), S. 62 f.
[22] Barth (2007), S. 54.
[23] Vgl. Zöller (2005), S. 58.

- Für den Dialog müssen finanzielle Ressourcen bereitstehen, um beispielsweise Moderation und Beratung sichern zu können. Nur so kann der Dialog ausgeglichen und auf gesicherter Basis stattfinden.

Für den Erfolg des Dialoges ist weiterhin von großer Bedeutung, dass eine Bereitschaft zur Kommunikation beim Unternehmen ebenso wie bei den Stakeholdern vorhanden ist und sich der dialogische Austausch nicht auf eine persuasive Übermittlung von bereits feststehenden Entscheidungen beschränkt. Dabei ist der Dialog mit den Stakeholdern nicht zwingend auf Konsens ausgelegt. Oftmals ist es bereits ein erstrebenswertes Ziel, Sachfragen zu klären, eine Einschätzung der Dialogpartner vorzunehmen und sich ein Bild über die Beweggründe und Ziele der Dialogpartner zu machen; insofern dient der Dialog der Stakeholder-Analyse. Die verbesserte Kenntnis der Anspruchsgruppen ermöglicht es dem Unternehmen, sein Umfeld umfassender einzuschätzen und sich so strategisch umsichtiger verhalten zu können.

Zudem lässt sich der Stakeholder-Dialog (ähnlich wie eine Gruppendiskussion auch) als Experiment betrachten: Im Dialog kann (innerhalb bestimmter Grenzen, die das Setting des Stakeholder-Involvements setzt) überprüft werden, wie eine diskursive Auseinandersetzung zwischen den Anspruchsgruppen verlaufen kann. (Dabei ist es selbstverständlich, dass sie jeweils einen singulären Verlauf hat und unter anderen Randbedingungen auch ganz anders verlaufen kann.)

Mit der Beteiligungsform Stakeholder-Involvement werden in der einschlägigen Literatur[24] die folgenden Potenziale und Probleme verbunden: Bei einer adäquaten Gestaltung der Stakeholder-Dialoge ist es möglich, einen Überblick über die (unvoreingenommenen) Ansichten und Meinungen der einzelnen Stakeholder(gruppen) zu erhalten; Feedbacks zu geplanten Unternehmensentscheidungen können so frühzeitig in die unternehmensinterne Planung eingehen und zu einer Optimierung der Entscheidung beitragen. Der Stakeholder-Dialog erlaubt einen besseren Umgang mit Konflikten und erhöht gegenseitig die Transparenz sowohl für das Unternehmen als auch für sein Umfeld. Eine Verbesserung des Images des Kommunalunternehmens wird ebenso erreicht wie ein größeres Verständnis der Unternehmensziele und der Unternehmensvorgänge im Umfeld. Ein Stakeholder-Verfahren kann auch der Krisenprävention dienen, da das Unternehmen, wenn es sich im Dialog entsprechend präsentieren kann, als glaubwürdig wahrgenommen wird. Damit wird Kritikern ein Stück weit „der Wind aus den Segeln genommen". Bei einer ordnungsgemäßen Durchführung des Dialoges

---

[24] Vgl. Zöller (2005), S. 64 ff.

wird zudem häufig durch den Prozess die Sozialkompetenz der Teilnehmenden verstärkt.

Allerdings ist ein Stakeholder-Involvement für ein Unternehmen, wenn es nicht nur punktuell betrieben wird, recht aufwändig. Als Nachteil gilt, dass nur eine geringe Zahl von Personen im konkreten Stakeholder-Dialog beteiligt werden kann, so dass es wie auch bei anderen Beteiligungsverfahren darauf ankommt, möglichst Akteure mit Multiplikator-Wirkung einzubeziehen. Grundsätzlich werden hier nur Akteure erreicht, die ihre Meinung bereits öffentlich gemacht haben und so seitens der Vorbereitenden als Stakeholder identifizierbar sind. Interessierte, die keine Kritik geäußert haben, können nicht einbezogen werden.

5 Der netWORKS-Ansatz

Hinsichtlich der Frage einer Beteiligung Dritter an einem kommunalen Unternehmen oder der Transformation einer stadttechnischen Infrastruktur[25] empfiehlt es sich zunächst, einen sektorübergreifenden Planungsprozess mit einer Folgenabschätzung durchzuführen. Dieses netWORKS-Verfahren zur Strategieentwicklung besteht aus vier Verfahrensschritten: An eine Analyse der Ausgangssituation schließt sich eine vorläufige Formulierung von Handlungsstrategien und Umsetzungsschritte an, bei der es bereits zu einer Beteiligung von Politik, Verwaltung, Verbänden und Verbraucherorganisationen, Gender-Akteuren und weiterer Vertreter der Öffentlichkeit kommen soll. Strategie und Umsetzungsschritte werden dann in einer ressortübergreifenden Wirkungsabschätzung überprüft, wobei auch nicht beabsichtigte Wirkungen identifiziert werden sollen. Auch die sich anschließende Bewertung soll partizipationsoffen konzipiert werden. Unter Umständen folgt aus der Bewertung die Revision der Strategie oder der Umsetzungsschritte; es schließt sich eine weitere Abschätzung der Wirkungen und eine neuerliche Bewertung an, um die Entscheidung vorzubereiten.[26] Dieser Ansatz ist im Wasserbereich in mehreren Kommunen erprobt worden, um zu überprüfen, ob anstehende Eingriffe in die öffentliche Wasser-Infrastruktur in einer Weise gestaltet werden sollten, die eine Transformation der Wasser-Infrastruktur mit einem langfristigen Umbau in ein auf Unterscheidung verschiedener Abwasserarten beruhendes (semi-)zentrales Ver- und Entsorgungssystem erfolgen sollte.

---

[25] Hiermit kann sich auch das Problem einer strategischen Neuausrichtung des Dienstleistungsportfolios des Kommunalunternehmens verbinden.

[26] Vgl. Kluge/Libbe et al. (2006).

Der netWORKS-Ansatz kombiniert letztlich eine Stakeholder- mit einer
Behördenbeteiligung. Er lässt sich immer dann verwenden, wenn es um Themen
geht, die sowohl vom Kommunalunternehmen als auch vom kommunalen Eigner
zu entscheiden sind. Unter Umständen hat sich an das netWORKS-Verfahren
eine weitere (formelle) Beteiligung anzuschließen; auch kann es günstig sein,
wenn ein breites Beteiligungsverfahren nachgeschaltet wird.[27]

6 Niedrigschwellige Partizipationsmöglichkeiten

Weitere Partizipationsverfahren sind möglich, deren Aufwand teilweise durch
Einsatz des Internets reduziert werden kann. Angebote der sogenannten e-Partizipation können neben formellen Verfahren oder Diskussionen über den Haushalt einer Kommune (Bürgerhaushalt) beispielsweise umfassen:

- Mitsprachemöglichkeit bei der Planung von Verkehrsangeboten auf der
  Website des Verkehrsträgers,
- Konsultationsangebote,
- Internetgestützte Befragungen zu anderen Planungsvorhaben,
- Internetgestützte Beschwerdemöglichkeiten zur Angebotsverbesserung.[28]

Die Instrumente der e-Partizipation lassen sich von Kommunalunternehmen nut-
zen und auch mit einer gezielten Ansprache verbinden. Wenn ein entsprechender
Verteiler einmal erstellt ist, ist es beispielsweise möglich, die Stakeholder des
Unternehmens zu derartigen Befragungen einzuladen, um so die Qualität der
Dienstleistungen eines Kommunalunternehmens zu verbessern.

Zusätzlich ist es manchmal auch sinnvoll, nicht alleine durch Schulungen
des Servicepersonals, sondern auch durch öffentliche Wettbewerbe eine Dienstleistungsmentalität zu entwickeln. Aufgrund der Erkenntnis „Fahrgäste kennen
ihre besten Fahrer" prämierte etwa das Kommunalunternehmen trafficIQ, das als
städtische GmbH in Frankfurt am Main den örtlichen Nahverkehr organisiert,
mit den ausführenden (teilweise kommunalen) Verkehrsunternehmen und einer
Lokalzeitung monatlich die besten Fahrer und andere Mitglieder des Servicepersonals; diese wurden aufgrund von Hinweisen aus der Kundschaft via Internet
und Briefpost ermittelt.[29] Diese Aktion, die von Juni bis Dezember 2009 lief,
könnte mit einfachen Mitteln auch in andere Kommunen transferiert werden.
Alternativ könnte auch ein regelrechter Kunden-Poll zum Servicepersonal einge-

---

[27] Vgl. auch Sträter (2010).
[28] Vgl. Kuhn (2006).
[29] Vgl. trafficIQ (2009).

richtet werden, um die Beteiligung zu verstärken; parallel könnten eventuell auch Fahrgast-Beschwerden über schlechte Serviceleistungen und damit der Verbesserungsbedarf ermittelt werden.

Stieß[30] konnte beispielsweise zeigen, dass schon vergleichsweise niedrigschwellige Beteiligungsverfahren gemeinwirtschaftliche Wohnungsunternehmen in die Lage versetzten, die Sanierung von älteren Siedlungen zu verbessern, was weit über das Management des vorübergehenden Umzugs hinausging, so dass auch mit der Anwohnerschaft Sanierungsangebote (auch inhaltlich) abgestimmt werden konnten. Dadurch hat sich im Einzelfall im Übrigen auch der soziale Zusammenhalt in den Siedlungen selbst entscheidend verbessert.[31]

Seitens des Kommunalunternehmens kann eine zielgruppenspezifische Öffentlichkeitsarbeit auch unter Partizipationsgesichtspunkten durchgeführt werden. So ist es möglich, spezielle Seminare anzubieten, die sich etwa an die Vertreter des Umwelt- und Naturschutzes vor Ort richten. Auf diesen Seminaren könnte eine u. a. auf CSR-Kennzahlen beruhende Nachhaltigkeitsbilanz angeboten werden. Gleichermaßen ist es denkbar, dass das Kommunalunternehmen ein Dialogforum Nachhaltigkeit gründet, wo sich Unternehmensvertreter jährlich mit Vertretern ausgewählter NGOs (z. B. neben lokalen Repräsentanten von Umwelt- und Naturschutzverbänden auch Globalisierungskritikern) und anderen Stakeholdern trifft, um kritische Themen zu diskutieren, eventuell auch Gemeinsamkeiten zu identifizieren und gemeinsam neue Themenfelder, die alle betreffen, zu bewerten. Ähnlich könnte ein Unternehmen auch einen aus Repräsentanten der Stakeholder bestehenden Nachhaltigkeitsbeirat einberufen, der die Aktivitäten in Kenntnis der Nachhaltigkeitsbilanz[32] des Unternehmens kontinuierlich und kritisch begleitet.[33] In Zeiten von Web 2.0 werden für solche Funktionen teilweise auch moderierte Blogs im Internet diskutiert. Grundsätzlich ist hier jedoch das Problem der Digital Divide in der Internetnutzung zu berücksichtigen; bestimmte Nutzergruppen werden sowohl mit einer auf der Internet alleine fokussierten Öffentlichkeitsarbeit nicht erreicht als auch mit Möglichkeiten der e-Partizipation.[34]

---

[30] Vgl. Stieß (2005).
[31] Die in einem regionalen Unternehmen der Wohnungswirtschaft gemachten Erfahrungen lassen sich in sehr ähnlicher Weise auch in kommunalen Wohnungsunternehmen machen.
[32] Ein solcher Prozess kann auch begonnen werden, wenn das Unternehmen bisher nur eine Umweltbilanz oder eine Sozialbilanz regelmäßig vorlegt. Er kann unter Umständen auch zum Aufbau einer Nachhaltigkeitsbilanz verwendet werden.
[33] Vgl. zu Einzelheiten auch Schramm (2008).
[34] Vgl. Becker et al. (2009).

7   Schlussfolgerungen

Zur dauerhaften Sicherung eines jeden Unternehmens gehört, dass das Kapital, mit dem das Unternehmen arbeitet, langfristig und auf Dauer gesichert werden muss: Neben dem Finanz- und Anlagenkapital, dem Humankapital (Arbeitskräfte) und dem Naturkapital ist das Sozialkapital nicht zu vernachlässigen. Die Expertise vor Ort ist Wissenskapital, das Kommunalunternehmen nach Möglichkeit nutzen sollten, um die Qualität ihrer Leistungen deutlich zu verbessern. Je nach Partizipationsverfahren kann dieses Wissen entweder einfach abgeschöpft werden oder aber es wird ein Prozess gegenseitigen Lernens initiiert. Diese zweite Möglichkeit, der lernende Austausch mit den Experten des Alltags, ist unter fast allen Umständen nachhaltiger. Es passt besser zur Philosophie der Corporate Social Responsibility.

Ein erster Schritt bei diesen Prozessen gegenseitigen Lernens ist regelmäßig eine Verständigung mit den Beteiligten über (potenzielle) Konflikte. Das kann in den nächsten Schritten auch zu einem gemeinsamen Erarbeiten, Bewerten oder Fortentwickeln von möglichen Lösungsvorschlägen führen. Im optimalen Fall wird es bei einem guten Beteiligungsverfahren sogar zu einem Beilegen von Meinungsverschiedenheiten kommen können.

Einzelne Verfahren eignen sich unterschiedlich gut für bestimmte Fragen oder Ziele. Insgesamt sind Verfahren einer informellen Beteiligung jedoch vielfältig einsetzbar und können themen- und ergebnisoffen gestaltet werden. Da sie außerhalb des geregelten Planungsablaufs stattfinden, ist allerdings nicht automatisch gewährleistet, dass ihre Ergebnisse in den Entscheidungsprozess eingehen und dort angemessene Berücksichtigung finden. Vielmehr können die fachlich oder politisch zuständigen Stellen die durchgeführten partizipativen Verfahren bei ihrer Entscheidung auch teilweise oder vollständig ignorieren. Es ist daher günstig, wenn Kommunalunternehmen zu Beginn eines Beteiligungsverfahrens eine verbindliche Erklärung dazu abgeben, dass die Ergebnisse der Partizipation in die Entscheidung einfließen werden und auch schon den Weg dabei skizzieren.

Insbesondere im „Stadtwerke-Bereich" ist die Effizienz der Dienstleistungen kommunaler Unternehmen seit langem umstritten. Unter Effizienzgesichtspunkten ist zum Beispiel kritisch zu hinterfragen, wieso mancherorts kommunale Wasserversorger in den letzten 25 Jahren trotz sinkender Wassernachfrage die Lieferkapazität erhöht haben. Solche Phänomene lassen sich ausschließlich mit technischen Argumenten und mit einer Ausrichtung des Unternehmens an einem Primat der Versorgungssicherheit und einer Orientierung an einer Redundanzphilosophie „nicht erklären. Offensichtlich spielen die nicht-

technischen Aspekte eine wesentliche Rolle",[35] etwa die Unternehmensphilosophie, möglicherweise aber auch eine unflexible Orientierung an einem zu starren
technischen Regelwerk. Zwar ist im Bereich der Versorgung mit Elektrizität das
Gebietsmonopol aufgehoben, das mit dazu beitrug, dass ein Stadtwerk sich
gegen neue Entwicklungen abschotten und unbeirrt eine bestimmte, auf Dauer
ineffiziente Richtung weiterverfolgen konnte. Teilweise, etwa im Verkehrsbe-
reich, konnte trotz monopolartiger Konzessionen und Netzmonopolen ein Wettbewerb geschaffen werden. In anderen Bereichen besteht das Gebietsmonopol
aber praktisch weiter fort. Anders als Anhänger eines Neoliberalismus häufig
meinen, führt jedoch der Wettbewerb mit anderen Anbietern nicht unbedingt zu
mehr Effizienz innerhalb eines Unternehmens – schon nach klassischen ökonomischen Theorien des Marktgeschehens gibt es nur bedingt Gründe dafür.[36] Ähnlich wie Formen des Benchmarkings zum Erfahrungsaustausch führen, können
auch partizipative Verfahren über den Einbezug weiterer Meinungen zu Verbesserungen und unternehmensinternen Innovationen anstoßen, die letztlich zu Stei-
gerungen der Effizienz im Kommunalunternehmen bzw. seiner Nachhaltigkeits-
performance führen.

Die Beteiligung der verschiedenen Anspruchsgruppen und die Konsultation
von Kunden als zivilgesellschaftliche Eigentümer, Betroffene und Nutzer werden
damit zunehmend für die nachhaltige Entwicklung der Kommunen als Quer-
schnittsaufgabe unverzichtbar. Damit sich die Kommunalunternehmen nicht von
der Administration abkoppeln, ist es erforderlich, Verfahren einer solchen Bürgerbeteiligung aufzunehmen.

Eine eigene Befragung von 140 Verantwortlichen in kommunalen Wasserversorgungsunternehmen Deutschlands zur CSR- und Nachhaltigkeitskommunikation im Jahr 2007 macht deutlich, dass die Vorteile, die mit einer verbesserten
Einbeziehung des Umfeldes gegeben sind, leider in vielen Fällen in den Kommunalunternehmen noch nicht gesehen werden. Die Gründe für eine mangelnde
Akzeptanz bei einem Teil der Unternehmen waren dabei, soweit sie von den
Unternehmen in den Telefoninterviews geäußert wurden, vielfältiger Art. Eine
große Gruppe der befragten Unternehmen war der Auffassung, dass das eigene
Unternehmen bereits nachhaltig ist. Weitere Unternehmen waren der Ansicht,
dass kein unmittelbarer Handlungsbedarf besteht, gegenüber den Kunden und
den Stakeholdern über die Nachhaltigkeitsleistungen des Unternehmens zu
kommunizieren. Teilweise liegen Gründe aber auch in den Strukturen der
befragten Unternehmen: Hier ist einerseits die Unternehmensgröße relevant,
andererseits führten aber wohl auch eventuelle Beteiligungen dazu, dass (bei

---

[35] Tillmann (2001), S. IX.
[36] Dagegen ist vorstellbar, dass sich unter Idealbedingungen innerhalb eines bestimmten Zeitraums
effizientere Lösungen auf dem Markt durchsetzen.

kleinen und mittleren Unternehmen) keine Bereitschaft zum Aufbau einer eigenständigen CSR- und Nachhaltigkeitskommunikation besteht.

Letztlich ist festzustellen, dass die Einbeziehung von Anspruchsgruppen für ein Unternehmen zwar zeitaufwändig ist, aber zugleich Ergebnisse erwarten lässt, die sich durch sowohl eine erhöhte Komplexität als auch durch eine besondere Robustheit auszeichnen. Weiterhin ist es möglich, mit Hilfe einer Stakeholder-Analyse relativ unaufwändig neue Einsichten für das Umfeld des Unternehmens zu gewinnen, die auch für die Nachhaltigkeitskommunikation und die weitere Öffentlichkeitsarbeit des Unternehmens verwendbar sind.

Ausgehend von der Rolle der Kommune als Gesellschafter des Kommunalunternehmens und den Problemen, die bei der kommunalen Beteiligungssteuerung auftreten, können Formen bürgergesellschaftlicher Partizipation schon jenseits eines CSR-Prozesses hilfreich sein und eine Kundenorientierung bei den Serviceleistungen befördern. Möglicherweise lässt sich auch die teilweise als unzulänglich empfundene Kontrollen der Kommunalunternehmen durch die repräsentative Demokratie durch Rückgriff auf kooperative Demokratie, wie sie die Partizipation der Öffentlichkeit vorsieht, verbessern.

8   Ausblick

Auch kommunale Unternehmen müssen ihr Handeln daran ausrichten, dass sie Beiträge zur Nachhaltigkeit erbringen und zugleich selbst auf Dauer bestehen. Für eine derartige nachhaltige Unternehmensentwicklung ist es erforderlich, mit den eigenen Anspruchsgruppen ins Gespräch zu kommen und hierfür auch systematisch auf Verfahren mit partizipativen Elementen zurückzugreifen. Die Partizipation zielt dabei auf die Sicherung und Erhöhung kommunaler Dienstleistungsqualität. Sie dient insbesondere dazu

- die Wissensgrundlagen zu erweitern (z. B. durch Einbeziehung von Alltagswissen),
- ein gemeinsam getragenes Problemverständnis zu entwickeln,
- Handlungsalternativen aufzudecken und zur Diskussion zu stellen,
- Interessenkonflikte zu thematisieren und Aushandlungen zu ermöglichen,
- sowohl die Akzeptabilität als auch die Akzeptanz von Entscheidungen und Umsetzungsprozessen bei möglichst vielen Akteuren zu erhöhen und
- diejenigen einzubeziehen, deren Belange von den Entscheidungen betroffen sind.

Hierbei wird es angemessen sein, sich nicht alleine auf eine, vielleicht dem Unternehmen schon besonders vertraute Partizipationsform zu versteifen, sondern sich dem Gedanken der Vielfalt nicht zu widersetzen. Je nach Einsatzzweck sollten auch Beteiligungsverfahren verwendet werden, die im Unternehmen noch neu sind. Zur Unterstützung der Entscheidungen muss dabei darauf geachtet werden, dass das Laien- und das Expertenwissen nicht unverbunden nebeneinander stehen, sondern integriert werden können.

Insbesondere vor der Entscheidung über größere Planungsvorhaben und Strategieentscheidungen ist es sinnvoll, auf den netWORKS-Ansatz mit seinen Partizipationselementen zurückzugreifen. Privatisierungsentscheidungen stehen auch künftig noch für einige Geschäftsfelder der Kommunalwirtschaft an, beispielsweise für die kommunalen Wälder. Unter Umständen kann sich im Fall der Planung von Einzelmaßnahmen auch an den in der Freiraumplanung teilweise üblichen Kombinationen von formellen und informellen Beteiligungsverfahren orientiert werden.[37] Niedrigschwellige Beteiligungsformen, wie sie vor allem auch durch das Internet möglich werden, erlauben recht einfach die Verbesserung der Dienstleistungen und die Ausbildung einer Dienstleistungsmentalität beim Personal (z. B. durch die öffentliche Bewertung guten Servicepersonals).

Literatur

Bakan, Joel (2005): Das Ende der Konzerne, Die selbstzerstörerische Kraft der Unternehmen, Wien 2005

Barth, Ann-Kristin (2007): CSR-Kommunikation anhand von Stakeholderdialogen, Untersucht und dargestellt am Beispiel der Löwenbrauerei Passau AG, Berlin 2007

Barthel, Stephan (2005): Sustaining urban ecosystem services with local stewards participation in Stockholm (Sweden), in: Tress, Bärbel et al. (Hrsg.), From landscape research to landscape planning, Aspects of integration, education and application, Berlin 2005, S. 305-320

Becker, Jörg et al. (2009): e-Inklusion, Digitale Inklusion durch e-Government, Studie im Auftrag der Bundesregierung, online unter URL: http://www.cio.bund.de/ SharedDocs/Publikationen/DE/E-Government/studie_ e_inclusion_download.pdf?__ blob=publicationFile [Stand 2011-01-12]

Bergmann, Matthias/Jahn, Thomas (Hrsg.) (1999): Stadtverträgliche Mobilität, Handlungsstrategien für eine nachhaltige Verkehrsentwicklung in Stadtregionen, in: Stadtökologie, Bd. 3, Berlin 1999

---

[37] Vgl. etwa Barthel (2005).

Bischoff, Ariane et al. (2001): Informieren, Beteiligen, Kooperieren; Kommunikation in Planungsprozessen, Eine Übersicht zu Formen, Verfahren, Methoden und Prozessen, Dortmund 2001

Colle, Simone de (2004): Die Systematik des Stakeholder-Managements, in: Wieland, Joseph (Hrsg.), Handbuch des Wertemanagements, Hamburg 2004

Dienel, Peter C. (2009): Demokratisch, praktisch, gut; Merkmale, Wirkungen und Perspektiven von Planungszellen und Bürgergutachten, Bonn 2009

Ebinger, Frank (2005): NGOs im Kontext von Unternehmensverantwortung, Der Dialog von Unternehmen mit Stakeholdern, in: Ökologisches Wirtschaften, H. 3, 2005, S. 34-35

Färber, Christine (2005): Partizipation und Genderkompetenz in der Städtebaupolitik, in: Behning, U./Sauer, B. (Hrsg.), Was bewirkt Gender Mainstreaming?, Evaluierung durch Policy Analysen, Frankfurt a. M. 2005, S. 203-218

Freeman, R.Edward/McVea, John (2001): A Stakeholder Approach to Strategic Management, in: Hitt, M. et al. (Hrsg.), Handbook of Strategic Management, Oxford 2001, S. 189-207

Hill, Hermann (2010): Bürgerbeteiligung, Analysen und Praxisbeispiele, Stuttgart 2010

Kluge, Thomas et al. (2006): Der netWORKS-Ansatz zur integrierten Strategiebildung, in: Kluge, Thomas/Libbe, Jens (Hrsg.), Transformation netzgebundener Infrastruktur, Strategien für Kommunen am Beispiel Wasser, Berlin 2006, S. 33-56

Kuhn, Frank (2006): Elektronische Partizipation; Digitale Möglichkeiten, Erklärungsfaktoren, Instrumente, Wiesbaden 2006

Lux, Alexandra et al. (2006): Partizipation im Entscheidungsprozess, in: Kluge, Thomas/Libbe, Jens (Hrsg.), Transformation netzgebundener Infrastruktur, Strategien für Kommunen am Beispiel Wasser, Berlin 2006, S. 312-335

Moser, Patrick (2009): Stakeholdermanagement zur optimalen Gestaltung strategischen Wandels, Hamburg 2009

Oesten, Gerhard/Roeder, Axel (2008): Management von Forstbetrieben, Bd. I, Freiburg 2008

Schophaus, Malte (2001): Bürgerbeteiligung in der Lokalen Agenda 21 in Berlin, WZB Discussion Paper FS II 01-306, Berlin 2001

Schramm, Engelbert et al. (2000): Konsumbezogene Innovationssondierung, Neue Produktgestaltung durch Berücksichtigung von ökologischen und Nutzungsansprüchen, ISOE-Studientexte, H. 7, Frankfurt a. M. 2000

Schramm, Engelbert (2008): Erfolgreiche Kommunikation von Nachhaltigkeitsleistungen, in: IWW Rheinisch-Westfälisches Institut für Wasserforschung gemeinnützige GmbH (Hrsg.), Prozesskennzahlen und Benchmarking, Perspektiven einer nachhaltigen Wasserwirtschaft, Berichte aus dem IWW, Bd. 47, 2008, S. 151-168

Schiefelbusch, Martin (2010): Fahrgastpolitik, Herausforderungen der Mitgestaltung des öffentlichen Verkehrs durch seine Nutzer, in: Internationales Verkehrswesen, H. 7-8, 2010, S. 18-21

Stieß, Immanuel (2005): Mit den Bewohnern rechnen, Nachhaltige Modernisierung von Wohnsiedlungen im Dialog mit den Mietern, Universität Kassel, Fachbereich Architektur, Stadtplanung, Landschaftsplanung, Arbeitsberichte H. 159, 2005

Spitzner, Meike (2008): The need for gendered approaches in transport policy, Results from case studies in industrialised and developing countries, online unter URL: http://regserver.unfccc.int/seors/attachments/get_attachment?id=2037 [Stand 2011-01-12]

Sträter, Detlev (2010): Frühzeitige Bürgerbeteiligung macht Großprojekte besser, online unter URL: http://muenchner-forum.squarespace.com/aktuelle-artikel/2010/11/9/ fruhzeitige-burgerbeteiligung-macht-groprojekte-besser.html [Stand 2011-01-12]

Tillmann, Donald E. (2001): Stakeholder analysis in water supply systems, Dissertation ETH Zürich, Zürich 2001

trafficIQ (2009): Gesucht ... Frankfurts freundlichster Fahrer, online unter URL: http://www.traffiq.de/1483.de.presse_informationen.html?_pi=32147 [Stand 2011-01-12]

Walk, Heike (2008): Partizipative Governance, Beteiligungsformen und Beteiligungsrechte im Mehrebenensystem der Klimapolitik, Wiesbaden 2008

Zöller, Katharina (2005): Akzeptanz durch Dialog?, Eine wirtschaftsgeographische Untersuchung deutscher und amerikanischer Chemiedialoge, Stuttgart 2005

CSR-Reporting für kommunale Unternehmen – Instrumente, Chancen und Anknüpfungspunkte

Sebastian Brandl

1   Reporting – auch für kommunale Unternehmen?

Viele Unternehmen der Privatwirtschaft veröffentlichen CSR-Berichte.[1] CSR-Reporting stellt jedoch auch für kommunale Unternehmen eine Chance dar. Seine Bedeutung nimmt im öffentlichen Sektor zu und trifft hier auf spezifische Entwicklungen und Anforderungen. Hierzu gehört die allgemeine Zuschreibung der öffentlichen Daseinsvorsorge als die besondere Aufgabe kommunaler Unternehmen. Dieser Aufgabe kommen sie immer häufiger in privatwirtschaftlicher Rechtsform nach. Damit lockern sich die Eingriffsmöglichkeiten der lokalen Politik gegenüber den Unternehmen und ihren Leitungen. Reporting kann hier als Instrument fungieren, den Erfüllungsgrad öffentlicher Anliegen zu dokumentieren. Die kommunalen Unternehmen können dabei von der Privatwirtschaft lernen, da sie ihnen mit der Übernahme der GmbH- oder AG-Rechtsform ähnlicher werden. Doch auch für kommunale Unternehmen in klassischer öffentlicher Rechtsform stellt das in der Privatwirtschaft mittlerweile weitgehend

---

[1] Corporate Social Responsibility wird hier in der allgemeinen, übergreifenden Form gesellschaftlicher Verantwortung von Unternehmen verstanden. Diese Verantwortung schließt freiwillige Aktivitäten und gesetzlich fixierte Pflichten ein; s. die Unterscheidung von im- und expliziter CSR von Matten/Moon (2008). CSR wird hier auch als Synonym für Nachhaltigkeit oder Sustainability – s. hierzu Loew et al. (2004) – im Sinne des Dreiklangs von Ökonomie, Ökologie und Sozialem verstanden; vgl. DIW/WI/WZB (2000).

funktionierende CSR-Reporting eine Möglichkeit dar, gegenüber der allgemeinen Öffentlichkeit ihr Verhalten und ihre Leistungen zu dokumentieren.

CSR-Reporting wird in der Privatwirtschaft wesentlich durch zwei Gründe vorangetrieben. Zum ersten geht es um die Darstellung der *unternehmerischen gesellschaftlichen Verantwortung* gegenüber der Gesellschaft. Diese Verantwortungsübernahme hat eine wesentliche Wurzel in der wirtschaftlichen Globalisierung. Diese führte zu globalen Wertschöpfungsketten unter Einschluss von Menschenrechtsverletzungen und problematischen Umweltauswirkungen in internationalen Konzernen und deren Zulieferern. Menschenrechts- und Umwelt-NGOs[2] fingen früh an, Kinderarbeit und andere problematische Arbeitsbedingungen ebenso wie Umweltschädigungen zu thematisieren und die multinationalen Unternehmen öffentlichkeitswirksam für ihr Verhalten zu kritisieren. Die Unternehmen reagierten mit einer Vielzahl an zumeist einseitigen freiwilligen Maßnahmen, an erster Stelle steht dabei die Proklamation von freiwilligen Verhaltenskodizes (Codes of Conduct). Diese wurden wegen inhaltlicher Schwächen und mangelnder externer Kontrolle kritisiert. Die Problematik wurde von den Vereinten Nationen und der Europäischen Union aufgegriffen. Sie brachten mehrere CSR-Initiativen auf den Weg.[3] In der EU-Nachhaltigkeitsstrategie im Jahr 2002 wurden beispielsweise börsennotierte Unternehmen ab 500 Beschäftigte aufgefordert, freiwillig eine „dreifache Bilanz" in ihren Jahresberichten für die Aktionäre vorzulegen. Es sollte im Sinne ökonomischer, ökologischer und sozialer unternehmerischer Performanz berichtet werden.[4]

Zum zweiten geht es den Unternehmen um *Risikovorsorge*, oftmals auch als *Gute Unternehmensführung* bezeichnet. Berichterstattung und das dahinter stehende Management- bzw. Informationssystem sollen Risiken erkennen helfen. Deren Vermeidung soll zu Kosteneinsparung – beispielsweise lassen sich durch die Reduktion von Umweltrisiken Versicherungsprämien sparen – und letztlich zu einer höheren Attraktivität des Unternehmens auf den Finanzmärkten führen. Ratingagenturen bewerten die Unternehmensinformationen und stufen die Firmen in Risikoklassen für Investoren ein. Neben Umweltrisiken und den vorgenannten Problemen in der Zulieferkette spielt bei Guter Unternehmensführung auch das Thema Korruption eine Rolle. Ein Grund, warum ausgehend von OECD-Aktivitäten ein Corporate Governance Kodex in Deutschland etabliert wurde. Dieser auf Aktiengesellschaften und GmbHs zugeschnittene, freiwillige

---

[2] NGOs (Non Governmental Organizations) oder politische Nichtregierungsorganisationen vertreten in diesem Kontext zumeist stellvertretend Interessen von direkt und indirekt von der Unternehmenstätigkeit (negativ) betroffenen Menschen oder der Natur. Zu den von der Unternehmenstätigkeit betroffenen Gruppen oder Stakeholdern werden ferner die Anwohner, Zulieferer und Kunden sowie die Beschäftigten gezählt.

[3] Vgl. Brandl (2006), S. 135 ff.

[4] Vgl. KOM (2002).

Kodex findet nunmehr seine Adaption im öffentlichen Bereich. So hat die Bundesregierung 2009 in Anlehnung an den privaten Kodex Grundsätze guter Unternehmensführung für nicht börsennotierte Bundesbeteiligungen verabschiedet (Grundsätze guter Unternehmens- und Beteiligungsführung im Bereich des Bundes).[5] Einige Kommunen haben diesen Kodex mittlerweile für sich angepasst und verabschiedet. Der Kodex soll helfen, Leitung und Überwachung öffentlicher Unternehmen und die Zusammenarbeit von Aufsichtsrat, Vorstand und ggf. Geschäftsführung zu verbessern. Durch eine jährliche Berichterstattung über die Umsetzung und Einhaltung des Kodex soll Transparenz gegenüber den Stakeholdern hergestellt werden.

Beispiele für entwickeltes Reporting öffentlicher Unternehmen liefern die großen Unternehmen und Aktiengesellschaften in (Teil-)Besitz der öffentlichen Hand. So veröffentlichen die KfW-Bankengruppe, der Frankfurter Flughafenbetreiber Fraport oder die Deutsche Bahn regelmäßig Nachhaltigkeits- oder CSR-Berichte. Der Weg zu einer CSR-Berichterstattung ist jedoch auch für kleinere Betriebe gangbar. So listet das erstmals 2009 durchgeführte KMU-Ranking eine Vielzahl von Nachhaltigkeitsberichten kommunaler Stadtwerke auf. Zwei davon wurden als beste Nachhaltigkeitsberichte in der Kategorie über 250 Beschäftigte bewertet.[6, 7] Die CSR- oder Nachhaltigkeitsberichte haben sich aus vorhandenen Berichtspflichten entwickelt. Diese wurden um Sozial-, Engagement- und Umweltdaten nach und nach erweitert. Oder aber es wurden Umweltmanagementsysteme und darauf basierende Umweltberichte eingeführt. Auch diese fanden im letzten Jahrzehnt ihre Weiterentwicklung zu Nachhaltigkeitsberichten. Am mittlerweile über mehrere Jahre von IÖW/future durchgeführten Ranking der Nachhaltigkeitsberichte kann diese Entwicklung nachvollzogen werden.[8]

2 Beispielhafte Reporting-Instrumente

Reporting ist grundsätzlich kein neues Instrument, so sind Jahresberichte für Kapitalgesellschaften lange schon vorgeschrieben. Hinzugekommen sind im Laufe der letzten zwanzig Jahre Umweltberichte. Durch die Debatte um Nachhaltigkeit und internationale Sozialstandards haben diese Umweltberichte in der jüngeren Zeit eine Erweiterung um ökonomische und soziale Belange erfahren. Im Mittelpunkt der öffentlichen Aufmerksamkeit steht der Nachhaltigkeitsbericht. Doch weder wird dieser einheitlich verwendet, noch stellt der Nachhaltig-

---

[5] Vgl. BMF (2009).
[6] Vgl. http://kmu.ranking-nachhaltigkeitsberichte.de.
[7] S. dazu auch den Beitrag von Gebauer in diesem Band.
[8] Vgl. www.ranking-nachhaltigkeitsberichte.de

keitsbericht das einzige CSR-Reporting-Instrument dar. International betrachtet gibt es für CSR-Themen eine Fülle an Berichtssystemen und Initiativen, auf die hier nicht eingegangen werden kann. Exemplarisch sollen die Anforderungen und Chancen anhand von Nachhaltigkeitsberichten und der neuen Instrumente des Public Corporate Governance Kodex-Berichts diskutiert werden.

Übergreifend für alle Berichtssysteme gilt jedoch, dass ein ernsthaftes Reporting nicht losgelöst sein kann von unternehmensinternen Maßnahmen, Informations- oder Managementsystemen. Es bleibt nicht dabei, einmalig Daten zu sammeln und auf Hochglanz zu präsentieren – ein zentraler Vorwurf in der CSR-Debatte gegenüber Unternehmensbroschüren. Vielmehr muss das Reporting auf einem glaubhaften und kontinuierlichen unternehmerischen CSR-Engagement beruhen. Hierzu am sinnvollsten ist es für das eigene Unternehmen, Ziele und Strategien zu definieren und hierfür geeignete Verfahren und Berichtssysteme zu implementieren. Dabei kann auf die Erfahrungen vieler anderer Unternehmen und Initiativen zurückgegriffen werden. Zugleich aber sollte der Prozess schrittweise angegangen werden. Die Implementierung eines Nachhaltigkeitsmanagementsystems und Berichtswesens nach beispielsweise den Vorgaben der Global Reporting Initiative (GRI) ist auch großen Konzernen nur schrittweise geglückt. Es gilt also zunächst, sich auf einige machbare, zugleich aber relevante Themen und Berichtspunkte zu fokussieren und diese sukzessive zu erweitern. Auch geht es darum, die Mitarbeiter mit neuen Zielen, Systemen und Berichtspflichten nicht zu überlasten und vor allem, was grundlegend wichtig für den weiteren Prozess ist, deren Akzeptanz für CSR-Maßnahmen zu gewinnen und damit das System im Unternehmen zu verankern.

Nachhaltigkeitsberichte tragen unterschiedlichste Bezeichnungen (schlicht Nachhaltigkeitsbericht, Corporate Responsibility Report oder Sustainable Value Report). Unterschiedlich wie ihre Bezeichnung ist auch ihr Inhalt und Detailgrad. Je nach Betrieb, Branche, verwandter Systematik und Zielgruppen variieren die Schwerpunkte und Darstellungsweisen. Lange Zeit überwog der Umweltabschnitt, ergänzt durch ökonomische Fakten, eine grobe Ist-Beschreibung der Mitarbeiteraspekte und da soziale Engagement des Unternehmens.[9] Das IÖW/future-Ranking der Nachhaltigkeitsberichte stellte zwar 2010 erhebliche Verbesserungen im ökologischen und sozialen Bereich fest, doch wurde zugleich moniert, dass wenig Transparenz im Umgang mit Mitarbeiterinteressen in Nachhaltigkeitsberichten deutscher Großunternehmen bestehe. So falle die Bericht-

---

[9] In der Regel fehlten fundierte Prozessangaben sowie neue Ziele und Maßnahmen. Berichte über faire Liefer- und Geschäftsbedingungen blieben die Ausnahme, ebenso selten werden ungelöste Probleme angesprochen; vgl. Brandl (2003).

erstattung etwa zu befristeter Beschäftigung, Leiharbeit und Entgeltgerechtigkeit mangelhaft aus.[10]

Das wohl am häufigsten angewendete Konzept bei der Erstellung von Nachhaltigkeitsberichten stammt von der Global Reporting Initiative.[11] Dabei handelt es sich um eine internationale Multi-Stakeholder Initiative (MSI) mit starkem Bezug zu den Vereinten Nationen. Die GRI hat im Jahr 1997 begonnen, verschiedene internationale Stakeholder an einen Tisch zu holen und Leitfäden (Guidelines) für die Berichterstattung zu erarbeiten. Der erste Entwurf wurde 1999 vorgelegt, nach Pilotversuchen und wiederkehrenden Konsultationen entstehen fortwährend überarbeitete Fassungen, die aktuelle G3 stammt aus dem Jahr 2006, die nächste ist angekündigt. Der GRI geht es um die Etablierung einheitlicher, weltweit und allgemein anerkannter Regeln für eine freiwillige Nachhaltigkeitsberichterstattung. Der Leitfaden enthält Berichterstattungsprinzipien (u. a. Transparenz, Stakeholder-Einbeziehung, Überprüfbarkeit) und -inhalte für die Erstellung unternehmerischer Nachhaltigkeitsberichte und für den Dialog mit den Stakeholdern. Der Leitfaden enthält Kern- und Zusatzindikatoren, branchenspezifische Ergänzungen, technische Handlungsanleitungen u. a. m. Mit diesen Optionen soll eine hohe Flexibilität in der Anwendung des Leitfadens ermöglicht werden; je nach Branche, Betriebsgröße, Land, Stakeholder-Interessen etc. Die Berichtsinhalte des GRI-Leitfadens sind untergliedert nach ökologischen, ökonomischen und gesellschaftlichen Leistungsindikatoren. Die gesellschaftlichen Indikatoren sind wiederum unterteilt in: Arbeitspraktiken und menschenwürdige Beschäftigung, Menschenrechte,[12] Gesellschaft sowie Produktverantwortung. Die Guidelines stehen allen Unternehmen offen, es wird die Möglichkeit offeriert, den Leitfaden schrittweise anzuwenden. Hierfür wurden mit der Version G3 sogenannte Application Levels eingeführt. Demnach können die Unternehmen drei verschiedene Stufen der Übereinstimmung ihres Berichts mit den Guidelines wählen, die durch eine externe Bestätigung jeweils einen Plus-Level erhalten können.

Auch wenn die GRI-Guidelines hohe Verbreitung fanden, existiert eine Vielzahl weiterer Regelwerke und Initiativen zum CSR-Reporting. So legte beispielsweise die Deutsche Vereinigung für Finanzanalyse und Asset Management (DVFA) 2008 einen ersten Entwurf von Leistungsindikatoren für Nachhaltigkeit vor. Mittlerweile wurde die dritte Version veröffentlicht.[13] Diese Leistungsindi-

---

[10] Vgl. IÖW/future (2010).

[11] S. www.globalreporting.org.

[12] Dahinter werden wesentlich die für Zulieferländer relevanten Kernarbeitsnormen der ILO verstanden: Nichtdiskriminierung, keine Kinderarbeit, keine Pflicht- und Zwangsarbeit, Gewährung der Koalitionsfreiheit; vgl. Brandl/Stelzl (2005).

[13] Vgl. DVFA/EFFAS (2010).

katoren bzw. Key Perfomance Indicators (KPIs) for Environmental, Social and Governance Issues sollen primär börsennotierten Unternehmen helfen, den gesellschaftlichen Berichtsanforderungen zu entsprechen. Nachhaltigkeit wird in diesem Leitfaden beschrieben als unternehmerische Aufgabe, aktive Ziele zu verfolgen wie ein verantwortungsvoller Umgang mit Ressourcen als auch die Respektierung sozialer Rechte und die Verantwortung gegenüber den Kapitalgebern. Nachhaltigkeit soll sich auf zwei Bereiche fokussieren: ökologische, soziale und unternehmerische Risiken minimieren sowie Vorteile sichern durch eine aktive Übersetzung von Environmental, Social and Governance Issues in das Produktportfolio. Die KPIs sind mehr als die GRI-Guidelines nach Branchen ausdifferenziert. Die KPIs entsprechen mit ihrem Risikominimierungsansatz und ihrer primären Ausrichtung gegenüber Investoren und Analysten dem zweiten unter Abschnitt 1 genannten Motiv für Reporting. Sie unterscheiden sich damit und in ihrer Herkunft deutlich von den GRI-Guidelines. Deren Herkunft liegt vor allem in der gesellschaftlichen Kritik am unternehmerischen Verhalten gegenüber Anwohnern, Beschäftigten und der Gemeinschaft, und sie sind aus einem Stakeholder-Dialog hervorgegangen.

Ein eben erst vorgestellter Leitfaden für die gesellschaftliche Verantwortung von Organisationen ist die Norm ISO 26000. Nach mehrjähriger Entwicklungsarbeit in nationalen und internationalen Gremien und mit Stakeholdern wurde die Norm im Herbst 2010 verabschiedet.[14] Der Leitfaden soll es Unternehmen, NGOs und öffentlichen Einrichtungen ermöglichen, die für sie relevanten Bereiche gesellschaftlicher Verantwortung systematisch zu bestimmen. Der Leitfaden ist nicht prioritär ein Reporting-Instrument. Vielmehr soll er den Organisationen helfen, gesellschaftlich verantwortliches Verhalten in bestehende Strukturen zu integrieren und diese Verantwortungsübernahme gegenüber den Stakeholdern zu verdeutlichen. Letzteres mündet in einer Berichterstattung. Der Leitfaden soll allerdings anders als bei der Umwelt- (DIN ISO 14001) oder Qualitätsmanagementnorm (DIN ISO 9001) nicht zu einem zertifizierten Managementsystem oder CSR-Reporting führen. Insofern darf man gespannt sein, welche Rolle die ISO Norm 26000 im Kontext der zertifizierten Managementsysteme und der etablierten CSR-Reporting-Instrumente wird spielen können.

Ein für kommunale Unternehmen näher liegender und möglicherweise deutlich an Dynamik gewinnender Reporting-Ansatz geht auf die Verabschiedung von Public Corporate Governance Kodizes (PCGK) zurück, wie im vorangegangenen Abschnitt eingeführt wurde. Die PCGK stellen Handlungsempfehlungen für eine gute Unternehmensführung und Kontrolle von Geschäftsführungen und Aufsichtsräten dar. Die Anwendung der PCGK wird jedoch auch den

---

[14] Vgl. DIN (2010).

anderen kommunalen Unternehmen unter jeweiliger Anpassung an ihre Verhältnisse empfohlen. Die PCGK schreiben für die öffentlichen Unternehmen zwei Ziele fest: zum einen die Erzielung wirtschaftlichen Erfolgs unter den auch für private Unternehmen geltenden Grundsätzen, zum anderen die Erfüllung der Gemeinwohlorientierung. Die PCGK dienten neben der Transparenz auch der Steuerung und Verpflichtung der kommunalen Unternehmen auf die Ziele von Stadtrat und Bürgermeister. Auch wenn primär das Miteinander und der Informationsfluss von Stadtrat, Stadtverwaltung, Geschäftsführungen und Aufsichtsräten und die Kontrolle der letzten beiden geregelt ist, resultieren daraus Berichtspflichten. Die jährliche Berichterstattung über Umsetzung, Einhaltung und ggf. Abweichung ist Bestandteil der Kodizes. So soll u. a. über die Vergütung von Geschäftsführungen und Aufsichtsräten berichtet werden, so wie schon lange das Gehalt von Bürgermeistern und Amtsleitern transparent ist. Darüber hinaus findet sich beispielsweise im PCGK der Stadt Essen die Anforderung, dass das unternehmerische Verhalten „auch mit allen gesellschaftlichen Richtlinien und Wertvorstellungen, mit Moral und Ethik"[15] übereinstimmen soll. Wird diese Vorgabe aufgegriffen, ist damit das CSR-Verhalten eines kommunalen Unternehmens darstellbar. Dabei soll jedoch nicht verkannt werden, dass der primäre Ansatz der PCGK der Kontrolle von kommunalen Unternehmen und Beteiligungen durch die Eigentümer dient. Hiervon und den sich stellenden rechtlichen Problemen bei einer GmbH oder AG in öffentlicher Hand abgesehen,[16] eröffnen diese Kodizes der Kommunal- und Kreisverwaltung die Chance die Unternehmensleitungen zu öffentlicher Verantwortung zu motivieren. Den Unternehmensleitungen bieten sie die Gelegenheit, den Bürgern der Kommune gegenüber ihr verantwortliches Handeln dazustellen. Bürgern und Stakeholdern schließlich erlaubt es die Auseinandersetzung mit öffentlichen Aufgaben und deren Einlösung durch kommunale Unternehmen. Insofern können sich hier für die lokale Mitwirkung und Demokratie[17] dringend notwendige Impulse ergeben.

Allen CSR-Reporting-Ansätzen gemein ist, dass Freiwilligkeit und Flexibilität die Anpassung an das ermöglichen, was ein Unternehmen darstellen will und kann. Dadurch stellen solche Berichte ein niedrigschwelliges Angebot dar. Aufwand und Kosten sind trotzdem nicht zu unterschätzen. Bisher fehlen den Nachhaltigkeitsberichten Validierungs- bzw. Zertifizierungspflichten, wie sie etwa Umweltberichte und Umweltmanagementsysteme nach EMAS bzw.

---

[15] Stadt Essen (2008), Ziff. 4.1.

[16] So gelten PCGK u. a. als kommunalrechtliche Verwaltungsrichtlinien, die für GmbHs und AG nicht unmittelbar rechtsverbindlich sind. Hier muss die Unternehmenssatzung entsprechend angepasst werden; vgl. Raiser (2010). Ein frühzeitiger Hinweis auf Grenzen und Probleme der kommunalen Steuerungsmöglichkeiten eines PCGK insbesondere bei privatrechtlichen kommunalen Unternehmen findet sich bei Bremeier et al. (2005).

[17] S. dazu die Beiträge von Kluge und Schramm sowie Lederer in diesem Band.

ISO 14001 enthalten. Ob sich die Unternehmen tatsächlich nachhaltig engagieren, kann aus den Berichten weiterhin nicht abgelesen werden. Hierzu mangelt es an hinreichenden Maßstäben und Kontrollen. Auch resultiert aus der Fülle an CSR-Initiativen ein Mangel an Transparenz und Vergleichbarkeit. Die Vielfalt der Initiativen und Instrumente ist z. T. nur noch schwer zu überschauen, deren jeweilige Relevanz nur begrenzt einzuschätzen. Insofern bleibt ein Flickenteppich an Regelungen. Schon im Jahr 2002 hat daher die Europäische Kommission einen „Bedarf an einer gewissen Konvergenz der Konzepte, Instrumente und Praktiken, ohne die Innovation [notwendiger Differenzierungen] zu ersticken, die für alle Beteiligten von Nutzen wäre"[18] erkannt. Doch auch wenn die GRI-Guidelines etabliert sind und mit der ISO Norm 26000 ein breiter internationaler Konsens gefunden wurde, existieren weiterhin viele Regelwerke nebeneinander – und werden permanent weiterentwickelt. Für die kommunalen Unternehmen gilt es also zu prüfen, welche Instrumente jeweils am besten zu ihnen und zu ihrem Umfeld passen. Überdies besteht ein grundsätzliches Problem: Nach wie vor legen nur drei Viertel der 150 größten Unternehmen in Deutschland einen Nachhaltigkeitsbericht vor.[19] Kleinere Unternehmen scheuen noch mehr den Aufwand. Bei kommunalen Unternehmen dürfte sich diese Problematik noch lange auswirken, schon allein, weil eine besondere, zusätzliche Probleme aufwerfende Struktur von Eigentümern und Verantwortlichkeiten zwischen Stadt, Landkreis und kommunalen Unternehmen besteht.[20]

3 Exemplarische Themenfelder einer CSR-Berichterstattung für kommunale Unternehmen

Berichterstattung über unternehmerische Aktivitäten ist nicht neu, auch nicht gegenüber der Öffentlichkeit. Beim CSR-Reporting geht es also weniger darum, dass über etwas berichtet wird, sondern dass spezifische und z. T. neue Sachverhalte gegenüber der allgemeinen Öffentlichkeit kommuniziert werden. Doch darf es nicht allein bei Berichterstattung bleiben. Neben dem Was und Wie des Reporting geht es auch darum, wie sich das Unternehmensverhalten, die Unternehmensprozesse und ggf. Produkte und Dienstleistungen verändern. Die vorliegenden CSR-Berichte verdeutlichen, dass sich Nachhaltigkeit in vielen Unternehmen nicht mehr nur auf Umweltschutz beschränkt. Zunehmend wird die ökonomische und die soziale/gesellschaftliche Dimension einbezogen. Das kommt der von gesellschaftlichen Gruppen und den eigenen Beschäftigten geäußerten

---

[18] Vgl. KOM (2002b), S. 17.
[19] Vgl. IÖW/future (2010).
[20] Vgl. Bremeier et al. (2005).

Anspruchsvielfalt gegenüber den Unternehmen entgegen. Diese messen die Firmen nicht nur an der Entwicklung von Aktienwert und Gewinn oder an den ökologischen Folgen der Produktion, sondern auch daran, wie vorteilhaft die Arbeitsbedingungen sind und welchen Beitrag die Unternehmen zum Funktionieren der Gemeinschaft leisten. Deren Funktionieren, die öffentliche Daseinsvorsorge oder auch nur die Gemeinschaftsaufgaben liegen in der Obliegenheit der kommunalen Unternehmen. Daraus ergibt sich ein Dilemma und zugleich eine Chance für diese Unternehmen, wenn sie CSR-Reporting strategisch aufgreifen.

3.1 Öffentliche Verantwortung versus Effizienzdruck

Viele Kommunen, nicht nur die großen, haben ihre Aufgaben zunehmend an privatrechtlich verfasste Unternehmen in ihrem Besitz verlagert. Davon verspricht man sich eine höhere ökonomische Effizienz. Doch nicht nur diese Unternehmen sind steigendem Kostendruck ausgeliefert. Mehr oder weniger alle Kommunalverwaltungen und Betriebe sind dem ausgesetzt.[21] Kommunalen Unternehmen ermöglicht ein CSR-Reporting, dieses Dilemma den örtlichen Bürgern zu verdeutlichen und Argumente in der politischen Debatte um die Finanzierung der Kommunen und ihrer Dienstleistungen zu liefern.[22] Überdies ermöglicht CSR-Reporting die Reflektion über mögliche Verbesserungen und Neujustierungen im Unternehmen, ihre klassische Funktion in der Wirtschaft. Beide Bereiche sind nicht unproblematisch. Der erste greift in das Metier der (lokalen) Politik ein, der zweite berührt die Mitarbeiter im Unternehmen. Auf Letzteres geht der nächste Abschnitt exemplarisch ein. Ersteres greift in das Verhältnis kommunaler Amtsträger zur lokalen Öffentlichkeit ein. In diesem Verhältnis dient die politische Kommunikation als Ressource der Amtsträger. Die Komplexität dieses Verhältnisses wird durch ein eigenständiges CSR-Reporting kommunaler Unternehmen gesteigert. Nicht zuletzt sind PCGK nicht nur ein Instrument der Kontrolle und Steuerung öffentlicher Unternehmen, sondern dienen auch dazu, Vorgaben der gewählten Gemeindevertreter zu erfüllen und darüber zu berichten. So soll in den Beteiligungsberichten der Kommunen über kommunale PCGK berichtet werden. Hieraus erwächst Abstimmungsbedarf wie auch Konfliktpotenzial.[23]

---

[21] Das Jahr 2010 war finanziell das bisher schlechteste Jahr der Nachkriegsgeschichte der deutschen Kommunen; vgl. Deutscher Städtetag (2010).
[22] S. dazu den Beitrag von Gebauer, Abschnitt 4, in diesem Band.
[23] Vgl. unter rechtlichen Gesichtspunkten Raiser (2010).

3.2 Kommunale Unternehmen als Arbeitgeber

CSR-Reporting erfordert die frühzeitige Kommunikation, Akzeptanzsicherung und Motivation der Beschäftigten. Neben strategischen Debatten ist es dabei notwendig, konkrete Handlungsfelder aufzugreifen, die die Beschäftigten betreffen. In öffentlichen Einrichtungen, insbesondere der Verwaltung, stellt die Altersstruktur der Beschäftigten ein solches Handlungsfeld dar. Diese Struktur dürfte bei den kommunalen Unternehmen, wie generell bei vielen privaten Unternehmen,[24] nicht viel anders sein. In der Regel haben die Finanzknappheit öffentlicher Haushalte und Reorganisationsmaßnahmen zu Stellenabbau und geringen Neueinstellungen in den letzten Jahren geführt. Die Folgen sich überdurchschnittlich hohe und weiter steigende Altersdurchschnitte der Beschäftigten, eine unzureichende Weiterbildung und eine steigende Konkurrenz um Fachkräfte mit der privaten Wirtschaft. Viele Verwaltungen und kommunale Unternehmen können darauf reagieren, indem sie Maßnahmen demografiesensiblen Personalmanagements einführen. Diese sollen sie möglichst in ein regions-, aufgaben- und unternehmensspezifisches Gesamtkonzept einbetten.[25] CSR-Reporting kann auf dem Weg zu einem solchen Gesamtkonzept seine Funktion als zukunftssicherndes Instrument der Informationsgewinnung und Schaffung von Problembewusstsein im Unternehmen entfalten. Zunächst ist es notwendig überhaupt eine Informationsbasis zu schaffen. Viele Forschungs- und Beratungsprojekte verdeutlichten den hohen Grad an Unwissenheit über latente demografische Probleme in den Unternehmen. Eine einfache Bestandsaufnahme, meist anhand einer Altersstrukturanalyse[26] macht diese Probleme offensichtlich. Auf dieser Basis kann unter Beteiligung der Beschäftigung und ihrer Vertretungen nach Lösungen gesucht und ein Gesamtkonzept entwickelt werden. Das CSR-Reporting kann jährlich die Fortschritte nach außen (unter Stichwörtern wie gesellschaftliches Problembewusstsein und Attraktivität als Arbeitgeber) und nach innen dokumentieren und den betriebsinternen Informationsfluss ergänzen. CSR-Reporting auf Grundlage solcher Maßnahmen fällt dann relativ unaufwändig aus und kann fortgeschrieben werden.

---

[24] Der demografische Wandel führt zunächst weniger zu einer schrumpfenden als vielmehr zu einer stark alternden Erwerbsbevölkerung (Babyboomer). Hierzu und zum Stand alternsgerechter Erwerbsarbeit in privaten Unternehmen s. Kistler (2008).

[25] Vgl. Clemens (2010). Clemens gibt einen Überblick über die Situation in den Verwaltungen und Hinweise auf adäquate Maßnahmen.

[26] Instrumente hierfür und weiterführende Maßnahmen finden sich beispielsweise unter www.demobib.de.

3.3 Öffentliche Beschaffung

Die Verantwortung für die Arbeits- und Produktionsbedingungen bei Zulieferern (Kinderarbeit, Umweltschutz) stellt einen der Haupttreiber für die internationale CSR-Debatte dar. Für die meisten kommunalen Unternehmen stellt sich dieses Verantwortungsfeld in besonderer Form der Debatte um öffentliche Beschaffung.[27] Während es den NGOs vor allem um ökologische und soziale Aspekte geht, liegt der Schwerpunkt der gewerkschaftlichen Argumentation auf der Einhaltung von Tarifverträgen bzw. der Vorgabe eines Mindestlohns.[28] Öffentliche Beschaffung kann Vorbild sein für einen unternehmerischen Einkauf, der den Anforderungen ökonomischer, ökologischer und sozialer Nachhaltigkeit entspricht. Neben Informationsproblemen (welchen Kriterien entspricht welches Produkt/welche Dienstleistung?) stehen dem ökonomische Argumente (ggf. höhere Kosten) und immer wieder Details europäischer Regelungen[29] entgegen.[30] Doch auch hier gilt es, sich der Thematik schrittweise anzunähern und mittels CSR-Reporting dieses Problemfeld als Handlungsfeld im Unternehmen zu erkennen und den Sachstand zu erheben. Damit ließen sich die Anforderungen der PCGK-Debatte vertiefen. Dies, indem die kommunalen Unternehmen nicht nur allgemein den Wertvorstellungen der Gesellschaft folgten, sondern konkret Verantwortung für Arbeitsplätze und Umweltstandards bei Zulieferern und in der Auftragsvergabe übernähmen.

4 Abschließende Betrachtung

CSR-Reporting öffentlicher Unternehmen kann nicht isoliert als zusätzliche Aufgabenlast oder Marketing-Instrument privat verfasster kommunaler Unternehmen verstanden werden. Reporting ist nur ein Baustein in einer an öffentlichen Belangen orientierten Erstellung von Dienstleistungen und Produkten. Reporting kann jedoch so etwas wie eine Treiberfunktion erfüllen. Ist der Beschluss gefällt, muss die Frage beantwortet werden worüber berichtet werden soll. Damit wird ein Prozess in Gang gesetzt, Daten und damit Problemfelder überhaupt erst einmal systematisch zu erfassen und exemplarisch darüber zu

---

[27] S. dazu den Beitrag von Eßig und Vu Thi in diesem Band.
[28] Vertiefend hierzu s. www.tariftreue.de
[29] S. dazu den Beitrag von Gölnitz in diesem Band.
[30] Nach dem sogenannten Rüffert-Urteil des Europäischen Gerichtshofs im Jahr 2008 wurden die zehn bestehenden Tariftreueregelungen in Bundesländern ausgesetzt. Mittlerweile haben vier Bundesländer ihre Regelungen den Vorgaben des EuGH angepasst; vgl. o. V. (2010). Weitere Bundesländer dürften demnächst folgen oder erstmals ein Vergabegesetz mit sozialen Anforderungen verabschieden; vgl. Schulten (2010).

berichten. Ein ernst genommener CSR-Bericht setzt die Selbstverpflichtung voraus, Ziele zu definieren und über deren (Nicht-)Erfüllung und ggf. Gründe hierfür wieder zu berichten. Insofern wird ein kontinuierlicher Lern- und Verbesserungsprozess angestoßen. Welche Vorlage auch immer genutzt wird, das CSR-Reporting stellt ein flexibles Instrument dar. Es kann an betriebliche, örtliche und Branchenbelange angepasst und permanent weiterentwickelt werden. Zusätzlichen Schub kann das CSR-Reporting durch die Verabschiedung kommunaler PCGK erhalten. Zugleich liefert die CSR-Debatte die Gelegenheit, die Berichtspflichten der PCGK inhaltlich zu vertiefen und zu erweitern. In diesen wechselseitigen Anstößen liegt der Mehrwert der gemeinsamen Debatte von CSR-Reporting und Unternehmenssteuerung in Form Guter Unternehmensführung.

Literatur

BMF (2009): Grundsätze guter Unternehmens- und Beteiligungsführung im Bereich des Bundes, online unter URL: www.bundesfinanzministerium.de [Stand 2011-03-25]

Brandl, Sebastian (2003): Die dritte Dimension, Nachhaltig Berichten, in: Wirtschaft und Umwelt, H. 2, 2003, S. 26-28

Brandl, Sebastian (2006): „Deutsches Modell" oder globalisiertes Arrangement?, Transformation industrieller Beziehungen und soziale Nachhaltigkeit, Berlin 2006

Brandl, Sebastian/Stelzl, Bernhard (2005): Internationale Arbeitsbeziehungen, Globalisierung als Chance für die deutschen Gewerkschaften?, in: WSI Mitteilungen, H. 2, 2005, S. 82-89

Bremeier, Wolfgang et al. (2005): Die Bedeutung des Corporate Governance Kodex für kommunale Unternehmen, in: Zeitschrift für öffentliche und gemeinwirtschaftliche Unternehmen, H. 3, 2005, S. 267-282

Clemens, Wolfgang (2010): Auswirkungen des demografischen Wandels auf die Beschäftigungssituation und Beschäftigte in öffentlichen Verwaltungen, Düsseldorf 2010, online unter URL: http://www.boeckler.de/pdf_fof/S-2009-289-3-1.pdf [Stand 2011-04-06]

Deutscher Städtetag (2010): Deutschlands Städte in Not; Höchstes Defizit der Nachkriegsgeschichte, Sozialausgaben explodieren, Keine Mitsprache bei Gesetzen mit Folgekosten, Pressemitteilung vom 26.10.2010, online unter URL: www.staedtetag.de [Stand 2011-03-25]

(DIN) Deutsches Institut für Normung (2010): ISO 26000 geht an den Start, Erster internationaler Leitfaden zur gesellschaftlichen Verantwortung von Organisationen, Pressemitteilung, online unter URL: www.din.de /Presse/ Pressemitteilungen [Stand 2011-03-25]

(DIW/WI/WZB) Deutsches Institut für Wirtschaftsforschung/Wuppertal Institut für Klima, Umwelt, Energie/Wissenschaftszentrum Berlin für Sozialforschung (2000): Verbundprojekt Arbeit und Ökologie, Projektabschlussbericht, Düsseldorf 2000

(DVFA) Deutsche Vereinigung für Finanzanalyse und Asset Management/(EFFAS) The European Federation of Financial Analysts Societies (2010): KPIs for ESG, A Guideline for the Integration of ESG into Financial Analysis and Corporate Valuation, Frankfurt a. M. 2010, online unter URL: http://www.dvfa.de /Die DVFA/ Kommissionen/ FK Non-Financials [Stand 2011-04-06]

IÖW/future (2010): IÖW/future-Ranking, Wenig Transparenz zum Umgang mit Mitarbeiterinteressen in Nachhaltigkeitsberichten deutscher Großunternehmen, Pressemitteilung des IÖW vom 21.04.2010, online unter URL: http://presse.ranking-nachhaltigkeitsberichte.de [Stand 2011-03-25]

Kistler, Ernst (2008): Alternsgerechte Erwerbsarbeit. Ein Überblick über den Stand von Wissenschaft und Praxis, Hans-Böckler-Stiftung, Forschungsmonitoring Nr. 7, Düsseldorf 2008

(KOM) Europäische Kommission (2002): Die soziale Verantwortungder Unternehmen, Ein Unternehmensbeitrag zur nachhaltigen Entwicklung, Luxemburg 2002

Loew, Thomas et al. (2004): Bedeutung der CSR-Diskussion für Nachhaltigkeit und die Anforderungen an Unternehmen, Kurzfassung, Münster/Berlin 2004

Matten, Dirk/Moon, Jeremy (2008): „Implicit" and „Explicit" CSR, A Conceptual Framework for a Contemporary Understanding of Corporate Social Responsibility, in: Academy of Management Review, No. 2, 2008, S. 404-424

o. V. (2010): Comeback der Tariftreue, in: Böcklerimpuls, H. 12, Düsseldorf 2010, S. 3

Raiser, Thomas (2010): Kommunale Corporate Governance Kodizes, Zum Verhältnis von Aktienrecht und Kommunalrecht, Arbeitspapier Nr. 226., Hans-Böckler-Stiftung, Düsseldorf 2010

Schulten, Thorsten (2010): Stellungnahme zum Entwurf der Landesregierung für ein Gesetz über die Vergabe öffentlicher Aufträge und zur Förderung des Mittelstandes, vom 16.12.2010, online unter URL: www.boeckler.de/pdf/wsi_ta_tariftreue_ stellungnahme_schulten_thueringen.pdf [Stand 2011-03-25]

Stadt Essen (2008): Public Corporate Governance Kodex für die Beteiligungen der Stadt Essen, online unter URL: http://www.essen.de/Deutsch/Rathaus/Aemter/Ordner_ 0202/Public_Corporate_Governance_Kodex.asp [Stand 2011-03-25]

Die Nachhaltigkeitsberichterstattung kommunaler Unternehmen – Anforderungen und empirische Befunde

Jana Gebauer

Im vorangegangenen Beitrag plädiert *Sebastian Brandl* für eine Nachhaltigkeitsberichterstattung kommunaler Unternehmen.[1] Er stellt hierfür relevante Normen und Standards vor und hebt drei Themenfelder als besonders wesentlich für kommunale Unternehmen heraus. Dieser Beitrag kann als praxisorientierte Fortführung dieser Arbeit gesehen werden. Er stellt die faktische Berichterstattung einer Stichprobe kommunaler Unternehmen auf Basis langjähriger Erfahrungen mit der systematischen Bewertung von Nachhaltigkeitsberichten auf den Prüfstand.

1   Einleitung

Seit 1994 bewertet und vergleicht das IÖW/future-Ranking die gesellschaftsbezogene Berichterstattung deutscher Unternehmen.[2] Das Ranking der Nachhaltigkeitsberichte ist ein gemeinsames Projekt des Instituts für ökologische Wirtschaftsforschung (IÖW) und der Unternehmerinitiative future e. V. – verantwortung unternehmen. Wir wollen erreichen, dass Unternehmen die Transparenz und Offenlegung von gesellschaftlich relevanten Auswirkungen ihres Handelns als legitime Erwartung der Öffentlichkeit erkennen und selbstverständlich praktizieren.

---

[1] Brandl verwendet die in der Regel synonyme Bezeichnung CSR-Reporting.
[2] Alle Informationen zum Projekt auf der Projekt-Website www.ranking/nachhaltigkeitsberichte.de.

Dazu übersetzen wir die Informationsbedürfnisse relevanter gesellschaftlicher, politischer und wirtschaftlicher Anspruchsgruppen in konkrete Anforderungen an die Nachhaltigkeitsberichterstattung. Das daraus entstandene umfassende Kriterienset können die Unternehmen zunächst als Leitfaden verwenden,
um ihre Berichtsthemen zu identifizieren und zu strukturieren. Im Ranking legen
wir die Kriterien zudem als Bewertungsmaßstab an die Berichte der Unternehmen an, um sie miteinander zu vergleichen und die Ergebnisse wiederum der
interessierten Öffentlichkeit zur Verfügung zu stellen.

Das IÖW/future-Kriterienset wurde im Dialog mit den relevanten Akteuren
aus Politik und Gesellschaft, Wissenschaft und Wirtschaft entwickelt und wird
regelmäßig dialogbasiert überarbeitet. Es bezieht jeweils aktualisiert die wesentlichen Normen, Leitlinien und Kriteriensets zur Unternehmensverantwortung
und Nachhaltigkeitsberichterstattung ein. Die von *Brandl* genannten GRI-
Leitfäden, DVFA-Schlüsselindikatoren oder EMAS-Kennzahlen für Umwelterklärungen[3] gehören zentral dazu. Die Anforderungen können somit als breit
anerkannt und legitimiert betrachtet werden.

Die ersten IÖW/future-Rankings der 1990er Jahre wurden von Umweltberichten kleiner und mittelständischer Unternehmen (KMU) dominiert. Die KMU
setzten damals aus einer starken Umweltmanagementorientierung heraus den
Standard für eine Berichterstattung zur ökologischen Unternehmensverantwortung. Mit der steigenden Zahl an Umweltberichten von Großunternehmen und
vor allem auch mit der Weiterentwicklung zur Nachhaltigkeitsberichterstattung
konzentrierte sich das Ranking ab 2000 auf die 150 umsatzstärksten deutschen
Unternehmen. Doch auch die KMU verlegen mittlerweile zunehmend ihre
Berichterstattung auf das gesamte Themenspektrum der Nachhaltigkeit.

Das Ranking für Großunternehmen wurde daher im Jahr 2009 von einer
eigenständigen Bewertung der Berichte des deutschen Mittelstands begleitet.[4]
Unter den 46 teilnehmenden KMU befanden sich neun kommunale Unternehmen: vier Stadtwerke, drei Unternehmen des Öffentlichen Personennahverkehrs
(ÖPNV) sowie je ein Unternehmen der Wasserver- und Abfallentsorgung reich-
ten ihre Nachhaltigkeitsberichte zur Bewertung ein. Im Gesamtfeld des KMU-
Rankings belegten sie, von den Ausnahmen Bremer Straßenbahn AG und Rheinbahn AG abgesehen, eher mittlere bis untere Plätze.[5]

Die Teilnahme am KMU-Ranking war freiwillig und hing somit vom
Wissen und Wollen der Verantwortlichen in den Unternehmen ab. Um einen
davon unabhängigen, größeren Überblick über die gesellschaftsbezogene

---

[3] S. dazu den Beitrag von Brandl, Abschnitt 2, in diesem Band.
[4] Dies wird 2011 mit der erneuten Unterstützung des Bundesministeriums für Arbeit und Soziales
(BMAS) sowie des Rates für Nachhaltige Entwicklung (RNE) fortgesetzt.
[5] S. www.kmu-nachhaltigkeitsberichte.de.

Berichterstattung kommunaler Unternehmen zu erlangen, nahmen wir kürzlich eine zusätzliche Analyse vor.[6] Ihre verallgemeinerten Ergebnisse werden im Folgenden vorgestellt, nachdem kursorisch auf Beweggründe für Nachhaltigkeitsberichterstattung eingegangen wurde.

2 Beweggründe für Nachhaltigkeitsberichterstattung

Nachhaltigkeitsberichterstattung ist das zentrale Instrument, um Transparenz über die sozialen, ökologischen und ökonomischen Bedingungen und Auswirkungen organisationalen Handelns herzustellen. Sie ist integraler Bestandteil vor allem freiwilliger Ansätze zur Übernahme gesellschaftlicher Verantwortung. Die aktive Kommunikation ihrer Nachhaltigkeitsleistungen ermöglicht es Unternehmen, Legitimation zu erwerben und darüber Wettbewerbsvorteile zu generieren: Die systematische Offenlegung zeugt von „guter Unternehmensführung", die Chancen und Risiken der eigenen Aktivitäten frühzeitig erfasst und bewertet sowie gesellschaftliche Transparenz- und Informationserwartungen selbstverständlich bedient.

Ihr öffentlicher Auftrag legt kommunalen Unternehmen in besonderer Weise nahe, die Informationsbedürfnisse der Beschäftigten, der (öffentlichen) Eigner sowie der Bürger der Region „aus Prinzip" zu bedienen. Sie können zudem ihre Positionierung als legitime Ausführende dieses Auftrags stärken, indem sie den gesellschaftlichen Zusatznutzen ihrer Leistungen vermitteln und nachweisen, dass sie ihn bei optimalem Ressourceneinsatz erreichen. Hierzu gehört auch, die soziale, ökonomische und ökologische Einbettung des Unternehmens in der Region abzubilden und die daraus entstehende indirekte regionale Wertschöpfung[7] nachzuweisen. Und sie können den Bericht zur Information und Aufklärung nutzen, um auf ein nachhaltiges Verhalten der Bürger, der Geschäftspartner und der politischen Entscheidungsträger hinzuwirken. Die öffentliche Versorgung präsentiert sich so als gemeinsame Anstrengung zu mehr Nachhaltigkeit, um die Zukunftsfähigkeit der Region zu erhöhen.

Wenn Unternehmen Nachhaltigkeitsberichte erstellen, geben sie zumeist auch interne Beweggründe dafür an: Um die Leistungen im Rahmen des Nachhaltigkeitsmanagements zu verbessern, ist es unabdingbar, die Verbindlichkeit, Transparenz und Nachvollziehbarkeit des eigenen Unternehmenshandelns kontinuierlich zu gewährleisten. Der Bericht schreibt hierfür intern wie extern nachprüfbare Richtungs- und Zielvereinbarungen des Unternehmens fest. Er stärkt

[6] Für ihre Unterstützung durch die Zusammenstellung der Stichprobe dankt die Verfasserin Caterina Jahnel von der Hochschule für Technik und Wirtschaft Berlin.
[7] S. dazu den Beitrag von Bielka und Schwerk in diesem Band.

damit die Verbindlichkeit der Unternehmensbeschlüsse sowie den Stellenwert der Thematik und der Themenverantwortlichen. Dies ist ein wichtiges Signal an alle Unternehmensbereiche und erzeugt Wahrnehmung und Beteiligung bei allen relevanten Akteuren im Unternehmen. Überdies verbessern die Erfassung, Systematisierung und Operationalisierung der qualitativen und quantitativen Informationen im Berichterstellungsprozess die Entscheidungs- und Handlungsgrundlagen für eine gute Unternehmensführung.

3 Der Stand der Nachhaltigkeitsberichterstattung kommunaler Unternehmen

Die Mehrheit der 35 Berliner Landesunternehmen, die an einer aktuellen Online-Befragung von *Sandberg* (2010)[8] teilnahmen, sieht prinzipiell bei öffentlichen Unternehmen eine größere Verantwortung gegenüber der Gesellschaft als bei Unternehmen der Privatwirtschaft. Ausschlaggebend hierfür sei der Auftrag der öffentlichen Daseinsvorsorge, dessen Erfüllung die Basis für die Legitimation kommunaler Unternehmen darstelle. Die Mehrheit der Befragten sieht einen wichtigen Legitimationsbeitrag auch darin, explizit Verantwortung für die Region jenseits des eigentlichen Auftrags zu übernehmen. In diesem Kontext ist die Praxis der Nachhaltigkeitsberichterstattung zu sehen, die die Möglichkeit bietet, die Leistungen für die Gesellschaft öffentlich darzustellen und darüber einen Legitimationsvorsprung gegenüber Mitbewerbern zu erarbeiten.

Stichprobe

In die vorliegende Untersuchung der Nachhaltigkeitsberichte wurden kommunale Versorgungsunternehmen aus 36 Großstädten Deutschlands einbezogen. Der Städte-Mix enthält zu je rund einem Drittel Städte mit bis zu 200.000, 500.000 und mehr als 500.000 Einwohner.[9] Unter den 142 überwiegend mittelständischen Unternehmen befinden sich 31 Unternehmen und Verbünde des öffentlichen Personennahverkehrs, 33 Unternehmen der Abfallwirtschaft und Straßenreinigung, 22 Unternehmen der Wasserver- und -entsorgung, elf Energieversorger sowie 45 Stadtwerke bzw. Unternehmen, die in mindestens zwei der genannten Bereiche tätig sind.

---

[8] S. dazu den Beitrag von Sandberg, S. 131 ff., in diesem Band.
[9] Laut Statistisches Bundesamt, Stand 31.12.2008; vgl. http://de.statista.com/statistik/daten/studie/1353/umfrage/einwohnerzahlen-der-grossstaedte-deutschlands/ [Stand 2011-04-06].

Grad der Etablierung der Nachhaltigkeitsberichterstattung

Nur wenige der 142 Unternehmen veröffentlichen tatsächlich gesellschaftsbezogene Berichte. So bieten 111 der Unternehmen lediglich Kurzinformationen im Internet zu Themen wie Erneuerbare Energien oder umweltorientiertes Verbraucherverhalten; 17 dieser Unternehmen bieten auch themenspezifische Broschüren oder ältere Umwelterklärungen[10] und -berichte (2005 und älter) zum Download an. Sieben weitere Unternehmen veröffentlichen aktuelle Umwelterklärungen, und elf Unternehmen können neuere Umweltberichte vorweisen. Zwölf Veröffentlichungen schließlich beziehen sich auf die gesamte Breite der Themen unternehmerischer Verantwortung.[11] Sie werden im Folgenden näher betrachtet.

Berichterstattungszyklen und -verantwortlichkeiten

Die Nachhaltigkeitsberichterstattung ist für kommunale Unternehmen ein noch junges Thema. Zumeist veröffentlichten die betrachteten Unternehmen gerade ihren ersten oder zweiten Bericht.[12] Langjährige Berichterstatter wie die Bremer Straßenbahn AG (BSAG) oder die Stadtwerke Hannover AG (SWH) veröffentlichen ihre Berichte bereits jährlich. Bei den meisten anderen Unternehmen lässt sich noch kein Zyklus ablesen. In den betrachteten Unternehmen sind vor allem die Abteilung Unternehmenskommunikation, das Vorstandsbüro oder die Bereiche Umweltschutz, Arbeitssicherheit oder Finanz- und Rechnungswesen für die Berichterstellung zuständig. In Einzelfällen lag die Verantwortung bei einer internen Arbeitsgruppe, die sich aus Vertretern mehrerer Abteilungen zusammensetzte, oder auch bei einem Team aus wissenschaftlichen Projektbearbeitern und Vertretern mehrerer beteiligter Unternehmen. Externe Agenturen wurden ebenfalls nur vereinzelt beauftragt.

Umfang und Format

Von den zwölf Berichten weisen drei Besonderheiten auf: Einer ist ein Unternehmensbericht, der Geschäfts- und Nachhaltigkeitsberichterstattung integriert (SWH), einer stellt zugleich die EMAS-Umwelterklärung des Unternehmens dar (BSAG) und ein weiterer ist eine Gemeinschaftsveröffentlichung von insgesamt

---

[10] Umwelterklärungen bedienen die Berichtspflicht der Unternehmen, die ein Umweltmanagementsystem gemäß EMAS (Eco-Management and Audit Scheme) implementieren.

[11] Neun der 13 Unternehmen, die hinter diesen 12 Veröffentlichungen stehen, hatten ihren jeweils aktuellen Bericht zur Bewertung im IÖW/future-Ranking 2009 eingereicht.

[12] Allein sechs der Berichte sind Erstberichte.

sieben Unternehmen,[13] darunter zwei aus der Stichprobe (Abfallwirtschaftsbetriebe Köln GmbH & Co. KG – AWK, Wirtschaftsbetriebe Duisburg AöR – WBD). Die Umfänge der Berichte reichen von sehr schmalen Broschüren bis hin zum über 100 Seiten umfassenden integrierten Unternehmensbericht. Alle Berichte stehen leicht zugänglich als PDF-Versionen auf den Unternehmens-Websites zur Verfügung. Häufig werden Zusatzinformationen wie Umwelterklärungen, Kennzahlendokumente, Unternehmenspolitik und -leitlinien, Verhaltenskodizes, Entsprechenserklärungen zum Deutschen Corporate Governance Kodex (DCGK) oder Informationen zum umweltbewussten Verhalten der Kunden online angeboten.

Motive und Zielgruppen

Die betrachteten kommunalen Unternehmen benennen keine grundlegend anderen Motive oder Zielsetzungen für die Berichterstattung als Unternehmen der Privatwirtschaft. Es geht ihnen vorrangig darum, ihre Aktivitäten und die damit verbundenen sozialen, ökologischen und ökonomischen Herausforderungen darzustellen, über Erreichtes und Nicht-Erreichtes zu berichten und mit interessierten Lesern in den Dialog zu treten. Als solche sehen die Unternehmen in erster Linie die Gesellschafter bzw. Eigentümer sowie die Beschäftigten an. Weitere Zielgruppen sind Behörden und politische Entscheidungsträger, Kunden (im Allgemeinen die Bürger, aber auch gewerbliche Kunden) sowie Verbände und Vereine. Vereinzelt werden Geschäftspartner, Gutachter, Journalisten oder allgemein Multiplikatoren genannt.

Spezifische Beweggründe kommen dann zum Ausdruck, wenn beispielsweise gezielt Aufklärung über den Charakter des öffentlichen Auftrags und seine Verbindung mit der Übernahme gesellschaftlicher Verantwortung angestrebt wird. Der Bericht soll dann zeigen, dass gerade zukunftsgerichtete Aufträge bei den kommunalen Unternehmen „in guten Händen" liegen (z. B. Stadtwerke Bonn GmbH – SWB). Im Fall des erwähnten Gemeinschaftsberichts soll grundsätzlich der Nutzen der Leistungen kommunaler Abfallunternehmen für die Bürger – der „Bürgerwert" – dargestellt werden. Umfassende Transparenz und Berichtslegung „aus Prinzip" vor dem Hintergrund des öffentlichen Auftrags und Interesses wird nicht primär als Beweggrund genannt.

---

[13] Der „Citizen Value Report" ist ein Gemeinschaftsbericht von sieben Unternehmen der kommunalen Abfallwirtschaft. S. auch den Beitrag von Anthes in diesem Band, Fn. 80.

Berichtsstandards

Dies spiegelt sich im Umgang mit Berichtsstandards. Die kommunalen Unternehmen liefern in der untersuchten Breite weniger eine systematische, standardisierte Berichterstattung als vielmehr einen broschürenartigen Überblick. Im Vordergrund steht häufig, das Unternehmen allgemein vorzustellen und zu zeigen, dass es in Erfüllung seines Auftrags der öffentlichen Daseinsvorsorge das Thema Nachhaltigkeit als relevant erkannt hat. Dazu werden Einzelbeispiele angeführt, die die Umsetzung thematischer Schwerpunkte illustrieren. Quantifizierungen und Kennzahlen werden in wenigen Fällen systematisch ausgewiesen.

Nur vereinzelt beziehen sich die Berichte auf Standards wie beispielsweise den der GRI: Die Berichte der Stadtreinigung Hamburg AöR (SRH) und der Kommunalen Wasserwerke Leipzig GmbH (KWL), die mit Unterstützung von Kommunikationsagenturen entstanden sind, entsprechen dem mittleren GRI Anwendungsniveau B; beide erhielten hierfür eine Bestätigung von der GRI. Der Bericht der Rheinbahn erhielt von unabhängiger Seite die Bestätigung des unteren GRI-Anwendungsniveaus C und bezieht sich zudem auf die Nachhaltigkeitscharta des Internationalen Verbands für öffentliches Verkehrswesen (UITP). Auch die weiteren ÖPNV-Unternehmen BSAG und Leipziger Verkehrsbetriebe GmbH (LVB) verweisen auf die Anforderungen der UITP-Charta. Wenngleich die Berliner Stadtreinigungsbetriebe (BSR) nicht explizit auf einen Standard verweisen, unterzogen sie sich zumindest einer unabhängigen Prüfung entlang der GRI-Leitfäden und des AA1000 Assurance Standards. Andere Bezüge auf konkrete Anforderungen an die Nachhaltigkeitsleistung oder -berichterstattung, die Themensetzungen, Aussagegehalt und Kennzahlen betreffen, werden nicht deutlich.

4   Die Güte der Nachhaltigkeitsberichterstattung kommunaler Unternehmen

Um einen besseren Einblick in die Güte der Nachhaltigkeitsberichterstattung kommunaler Unternehmen zu erhalten, werden im Folgenden die Anforderungen des IÖW/future-Rankings an die zwölf vorliegenden Veröffentlichungen angelegt.[14] Um den Charakter kommunaler Unternehmen besser abzubilden, werden die bei *Brandl* in diesem Band genannten Schwerpunkt-Themenfelder „Öffent-

---

[14] Da hier lediglich ein allgemeiner Überblick über die Anforderungen gegeben werden kann, wird zur detaillierten Auseinandersetzung auf die Projektwebsite www.kmu.ranking-nachhaltigkeitsberichte.de verwiesen, auf der das Kriterienset zum freien Download zur Verfügung steht.

liche Verantwortung versus Effizienzdruck", „Kommunale Unternehmen als Arbeitgeber" sowie „Öffentliche Beschaffung" besonders hervorgehoben.[15]

Unternehmensprofil

Die Darstellung des „Unternehmensprofils" stellt den logischen Ausgangspunkt der Berichterstattung dar. Angaben zu Unternehmensgröße, Eigentumsverhältnissen und Rechtsform, regionaler Verortung, Geschäftszweck und -bereichen liefern den Lesern die notwendigen Hintergrundinformationen, um die Nachhaltigkeitsinformationen des Berichts einordnen und bewerten zu können. Kommunale Unternehmen kommen diesen Informationsanforderungen in sehr knapper Form nach. Allerdings werden die Informationen eher im Bericht verteilt „mitgeliefert" statt einen komprimierten Startpunkt für die Befassung zu geben.

Vision, Strategie und Management

Einen Schwerpunkt der Berichterstattung bilden Darstellungen, inwieweit das Unternehmen die sozialen und ökologischen Auswirkungen seiner Geschäftsaktivitäten, die gesellschaftlichen Erwartungen sowie die Chancen und Risiken für die Unternehmenstätigkeit und die Wettbewerbsfähigkeit erfasst und bewertet. Relevant ist dabei vor allem, wie das Unternehmen diese Erkenntnisse in nachhaltigkeitsbezogene Ziele, Strategien, Strukturen und Handlungsvorgaben übersetzt. Weiterhin gilt es, die Integration von Nachhaltigkeitsthemen in die Unternehmensführung und die Entscheidungsprozesse abzubilden, die relevanten Managementsysteme darzustellen sowie zu erläutern, wie das Unternehmen seine Beziehungen zu den relevanten internen und externen Anspruchsgruppen gestaltet.

Brandl erwartet hier, dass kommunale Unternehmen in ihren Berichten insbesondere darlegen, wie sie dem Dilemma aus öffentlicher Verantwortung und gleichzeitig zunehmendem Effizienzdruck begegnen. Die untersuchten Unternehmen sehen dies in der Tat als ihre zentrale Herausforderung und Verpflichtung. Sie beschreiben ihren Auftrag als untrennbar mit der Verantwortung für die Region verbunden und stellen den Mehrwert öffentlicher Dienstleister heraus. Diesen sehen sie in fairen, stabilen Preisen und Gebühren, der Stärkung der Region als Arbeitgeber und Ausbilder, als Auftraggeber und Sponsor sowie im Umwelt- und Klimaschutz. Die Unternehmen verweisen häufig auf zunehmende ökonomische Zwänge, unter denen nicht allein dieser Mehrwert geschaffen, sondern weiterhin bzw. gerade effizient gewirtschaftet werden muss. Gleichzeitig

---

[15] Zu den CSR-Ansprüchen an öffentliche Unternehmen in der Breite s. auch den Beitrag von Naumann in diesem Band.

betonen sie, dass sie die Erfüllung ihres Auftrags nicht von kurzfristigen Markt(preis)entwicklungen abhängig machen. Die Langfrist- und Sachzielorientierung aufgrund übergeordneter gesellschaftlicher Ziele wie des Ressourcenschutzes ziehen sie heran, um den kommunalen Status und den öffentlichen Leistungsauftrag (und ggf. öffentliche Zuschüsse) zu legitimieren.

Die Unternehmen stellen damit Nachhaltigkeit als integralen Bestandteil der Unternehmensstrategie heraus und begründen so ihre zentralen Handlungsfelder. Der erforderliche nächste Schritt, konkrete Strukturen und Regeln zu beschreiben, die eine Umsetzung gewährleisten, wird jedoch häufig nicht mehr gegangen. Es gibt lediglich allgemeine Verweise auf (integrierte) Managementsysteme für Qualitäts-, Umwelt- oder Arbeitsschutz. Konkreter wird es beim Thema Gute Unternehmensführung und Antikorruption.[16] Die BSAG und die KWL verweisen auf ihre Entsprechenserklärung zum Deutschen Corporate Governance Kodex, die Berliner und die Hamburger Stadtreinigungen jeweils auf die Berliner bzw. Hamburger „Übersetzungen" für öffentliche Unternehmen. Die SRH kann zudem, wie auch die KWL, das Europäische Gütesiegel CEEP-CSR[17] des Europäischen Zentralverbands der öffentlichen Wirtschaft vorweisen. Antikorruption steht bei den SWB, der Rheinbahn und den KWL im Fokus. Beispielsweise berichte die SWB umfassend über ihre Korruptionsvermeidungsstrategie, die Mitgliedschaft bei Transparency International, Schulungsprogramme, interne Kontrollsysteme, die Beschaffungsrichtlinie und das Compliance-Programm.

Die internen und externen Anspruchsgruppen werden zwar immer wieder als Zielgruppe für die Nachhaltigkeitskommunikation genannt. Die Gestaltung der Beziehungen zu den relevanten Akteursgruppen spielt in den Berichten jedoch kaum eine Rolle. Die Rheinbahn, die KWL und die SRH erwähnen zumindest regelmäßige Dialoge mit Anspruchsgruppen. Die Rheinbahn will diese dabei angemessen in Planungen und Entscheidungen einbinden und leitete auch Berichtskonzeption und Themenwahl aus einer Stakeholder-Befragung ab. Auf Letzteres verzichtete die SRH trotz Dialogorientierung. Sie verließ sich für ihre Materialitätsmatrix, also die Bestimmung der wesentlichen Themenfelder, allein auf „Erfahrungswerte".

Ziele und Programm

Die Darstellung von „Zielen und Programmen" inklusive der Berichterstattung über die im Berichtszeitraum (nicht) erfüllten Ziele soll den Lesern verdeutlichen, welche Prioritäten und konkreten Maßnahmen das Unternehmen aus seiner Nachhaltigkeitsstrategie ableitet und inwiefern es an einem kontinuierli-

---

[16] S. dazu den Beitrag von Kleinfeld in diesem Band.
[17] S. dazu den Beitrag von Resch in diesem Band.

chen Verbesserungsprozess in Richtung Nachhaltigkeit arbeitet. Wichtig ist dabei zum einen eine systematische, übersichtliche und vollständige Berichterstattung über ehemals gesetzte Ziele und die Zielerreichung. Zum anderen sollen alle aktualisierten nachhaltigkeitsbezogenen Ziele des Unternehmens gebündelt und überprüfbar dargestellt werden.

Die Darstellung oder gar vollständige Dokumentation von Zielen und Zielerreichung ist für die betrachteten Unternehmen bislang kaum ein Thema. In der Breite fehlt es den Berichten an klaren Formulierungen für Ziele und Umsetzungsmaßnahmen sowie an präzisen zeitlichen Vorgaben. Ob die Unternehmen ihre vagen Ziele erreicht haben oder demnächst erreichen werden, ist nicht ablesbar. Ohne eine klare Zielberichterstattung können Ambition und Ernsthaftigkeit des unternehmerischen Nachhaltigkeitsengagements jedoch nicht eingeschätzt werden. Ansätze liefern die KWL, die SRH oder die Stadtwerke Erfurt GmbH (SWE). Sie gehen auf Handlungsfelder und abgeleitete Ziele ein, terminieren die Erreichung der Ziele an und liefern teilweise einen Soll-Ist-Abgleich. Mangelnde Operationalisierung lässt jedoch auch hier keine Überprüfung zu; die vorgeschlagenen Maßnahmen bleiben sehr allgemein. Sehr konkret wird dagegen die BSAG; sie bezieht sich allerdings allein auf den Umweltbereich und weist den Zielerreichungsgrad ebenfalls nicht aus.

Interessen der Mitarbeiter

Ein wesentlicher Themenbereich sind die Interessen der Mitarbeiter. Die Unternehmen sollten darlegen, inwieweit sie Verantwortung für ihre aktuellen und zukünftigen Beschäftigten übernehmen. Bezugspunkte sind die Interessenlagen und die Schutzbedürftigkeit verschiedener Beschäftigtengruppen sowie national und international anerkannte Normen und Standards. Konkret geht es um die Gewährleistung der Arbeitnehmerrechte, die Ausgestaltung der Entgeltpraxis und der Arbeitszeitregelungen, die Umsetzung von Aus- und Weiterbildung, die Gewährleistung von Arbeitssicherheit und Gesundheitsschutz, die Förderung von Vielfalt und Chancengleichheit sowie von Arbeitszufriedenheit und Mitarbeiterbindung. Dabei sollten die Unternehmen zeigen, wie sie mit der Ausgestaltung dieser Aspekte zentralen Herausforderungen demografischer Entwicklungen begegnen.

Brandl sieht hier einen besonderen Schwerpunkt für kommunale Unternehmen; tatsächlich legen alle Berichte hierauf einen starken Fokus. Aus den demografischen Entwicklungen, die besonders die öffentlichen Unternehmen betreffen, und der zum Teil hohen körperlichen Belastung für die Beschäftigten leiten die Unternehmen klare Zielvorgaben für betriebliche Maßnahmen ab: Präventiver Gesundheitsschutz, Arbeitssicherheit und Wiedereingliederung sowie lebenslanges Lernen sollen die Beschäftigungsfähigkeit der Mitarbeiter erhalten; die Förderung von Integration und Chancengleichheit, Ausbildungs- und Entwicklungsmöglichkeiten sowie der Work-Life-Balance sollen die Unternehmen auch für künftige Beschäftigte attraktiv machen, damit sie ihren Fachkräftebedarf im Wettbewerb mit der Privatwirtschaft decken können. Wie in der Privatwirtschaft nimmt auch für die kommunalen Unternehmen die Vereinbarkeit von Beruf und Familie eine zentrale Rolle bei der Arbeitgeberverantwortung ein. Auf das einschlägige Audit berufundfamilie verweisen immerhin fünf der Unternehmen (BSR, BSAG, KWL, SWH, Stadtwerke Münster GmbH – SWM).

Zwar beziehen lediglich die Abfallwirtschaftsunternehmen des Gemeinschaftsberichts explizit Stellung zu Fragen der Scheinselbstständigkeit, Arbeitnehmerüberlassung oder Mindestentlohnung. Insgesamt gehen die Unternehmen jedoch auf viele der wesentlichen Aspekte der Arbeitgeberverantwortung ein und zeigen dabei häufig ein über das übliche Maß hinausgehendes Engagement – beispielsweise für die Integration von Beschäftigten mit Migrationshintergrund, Langzeitarbeitslosen oder jungen Menschen aus sozial schwierigen Verhältnissen. Oftmals wird eine deutlich über der gesetzlichen Verpflichtung liegende Schwerbehindertenquote ausgewiesen. Allerdings ist dies auch eine der wenigen Kennzahlen in diesem Bereich. Meistens handelt es sich um exemplarische Beschreibungen von Handlungsfeldern, deren Maßnahmenumfang und -inanspruchnahme im Dunkeln bleibt.

Ökologische Aspekte der Produktion

Mit Blick auf den betrieblichen Umweltschutz sollte ein Unternehmen zeigen, inwieweit es seine Ressourcenverbräuche und Schadstoffeinträge erfasst, bewertet und optimiert. Hier werden Angaben zum Energiemanagement und Klimaschutz, zu Schadstoff- und Lärmemissionen, zum Verbrauch stofflicher Ressourcen, zum Abfallmanagement sowie zur Logistik erwartet.

Energieversorger gehen insbesondere auf ihren Beitrag zum Klimaschutz ein. Hierfür erläutern sie den Stand der Technik in ihren Kraftwerkparks, Maßnahmen zur Steigerung der Energieeffizienz und des Einsatzes erneuerbarer Energieträger sowie zur Reduzierung des Eigenenergieverbrauchs. Besondere Herausforderungen für öffentliche Nahverkehrsunternehmen liegen im Bereich der Fahrzeugflotte, mit der sie ihre Dienstleistungen erbringen. Den Berichten sind Angaben zum Verkehrsmittel-Mix sowie zu CO_2-, Partikel- und Lärmemissionen der Fahrzeuge zu entnehmen. In der Regel werden die Aussagen auf EU-Richtlinien und -Normen bezogen. Technisches Sicherheitsmanagement, die Vermeidung von Wasserverlusten und die umweltgerechte Abwasserentsorgung bewegen die Wasserver- und -entsorger. Umfassende Aussagen hierzu finden sich bei der KWL. Die Unternehmen der Abfallwirtschaft legen einen besonderen Fokus auf Ressourcenschutz und Kreislaufwirtschaft. Sie erläutern ihr Verwertungskonzept, die wesentlichen Abfallarten und Verwertungswege, insbesondere die energetische Verwertung, sowie ihre Verwertungsquote (z. B. SWB, Erlanger Stadtwerke AG – ESTW). Einen zweiten Schwerpunkt bildet die Gestaltung der Logistik: Beschrieben werden die ökologischen Leistungsdaten der Fahrzeugflotte, Pilotprojekte mit alternativen Antriebsarten, umweltorientierte Tourenplanungen und Fahrerschulungen, aber auch die innerstädtische Nutzung der Bahn als Mülltransporter (vgl. den Gemeinschaftsbericht). Die Datenlage ist in diesem Themenbereich am besten, da zumindest besonders relevante Kennzahlen angegeben werden. Dennoch sind es auch hier vornehmlich Selbstverpflichtungen und exemplarische Darstellungen, die eine umwelttechnologische Vorreiterrolle belegen sollen.

Produktverantwortung

Sowohl sozial als auch ökologisch motivierte Erwartungen bestehen an die „Produktverantwortung". Der Bericht sollte nachvollziehbar abbilden, inwieweit das Unternehmen seine Produkte bzw. Dienstleistungen und seine Entwicklungsaktivitäten an Nachhaltigkeitsanforderungen ausrichtet und dabei Wirkungen über den gesamten Produktlebenszyklus berücksichtigt. Es sollten die Kriterien und Instrumente benannt werden, die in der Produktentwicklung zum Einsatz kommen, um die Nachhaltigkeitswirkungen stetig zu verbessern. Zudem ist bedeutsam, in welchem Umfang das aktuelle Portfolio des Unternehmens sowohl umweltverträglich ausgerichtet ist als auch Verbraucherinteressen berücksichtigt. Nicht zuletzt stehen hier Fragen der Kundeninformation und des Verbraucherschutzes im Fokus.

Auch dieser Themenbereich lässt weitgehend Quantifizierungen und Belege vermissen. Welchen Anteil sozial und ökologisch verträgliche Leistungen am gesamten Angebot einnehmen, wird ebenso wenig deutlich, ob und mit welchen Instrumenten und Kriterien dessen Bewertung und Ausbau erfolgt. Die SWB stellen allgemein heraus, dass ihre Produktpalette an den Kriterien Effizienz, Umweltschutz und Preis ausgerichtet wird. Die Unternehmen der Wasserver- und -entsorgung werfen einen besonderen Blick auf den Lebenszyklus ihres Produktes und beschreiben ihre Maßnahmen zur Gewährleistung einer nachhaltigen Trinkwasserversorgung. Um in Wassereinzugsgebieten die Belastungen durch Düngemitteleinsatz zu reduzieren, beraten sie landwirtschaftliche Betriebe und bieten ihnen Ausgleichszahlungen an (z. B. ESTW, SWE).

Kommunale Unternehmen beschreiben umfassend die Nähe zu ihren Kunden sowie deren Beteiligung und Mobilisierung für eine eigene Umwelt- und

Sozialverantwortung. Mit Angeboten, die Zugangsfreiheit zu den Leistungen, Sicherheit sowie faire und stabile Preise bzw. Gebühren gewährleisten sollen, gehen sie auf die Gesamtheit der Bürger, aber auch speziell bedürftige Gruppen zu. Mit Energiesparbroschüren, Umweltbildung oder Konfliktschulungen wollen sie andererseits die Kunden selbst für Fragen des Umweltschutzes und des sozialen Miteinanders sensibilisieren.

Verantwortung für die Lieferkette

Unternehmen sollten weiterhin aufzeigen, inwieweit sie Verantwortung für die Umsetzung und Gewährleistung von Umwelt- sowie Arbeits- und Sozialstandards in der „Lieferkette" wahrnehmen. Es sollte dargelegt werden, welche Standards zugrunde gelegt, wie ihre Einhaltung für wesentliche Beschaffungen sichergestellt und wie der Anspruch der Lieferanten auf ein faires, praktikables Vorgehen berücksichtigt werden.

Brandl beschreibt die nachhaltige Orientierung der öffentlichen Beschaffung als ein besonderes Aufgabenfeld. Im Gegensatz zu den beiden vorgenannten folgen die Unternehmen dieser Einschätzung deutlich zögerlicher. Die BSR erwähnt eine Verpflichtung, mit den Lieferanten Umweltstandards zu entwickeln. Die Rheinbahn beschreibt die Entwicklung von Nachhaltigkeitskriterien für das Online-Lieferanteninformationssystem in Kooperation mit zwei weiteren Verkehrsunternehmen. Die BSAG geht auf die bereits erforderlichen Umwelteigenschaften für Fahrzeuge und IT ein und verpflichtet sich, Umwelt- und Sozialstandards künftig verstärkt auch in die Lieferantenauswahl von Lebensmitteln und Büromaterialien zu integrieren. Neben knappen Aussagen zu Green IT (SWB) oder qualitätsbezogenen Lieferantenbeurteilungen (KWL) finden sich kaum weitere und vor allem aussagekräftige Informationen in den Berichten.

Gesellschaftliches Umfeld

Nicht zuletzt erwarten Leser einen Überblick darüber, inwiefern das Unternehmen als „guter Bürger" agiert und sich in seinem „gesellschaftlichen Umfeld" für eine nachhaltige Entwicklung engagiert. Hierzu gehören Informationen über das verantwortliche Auftreten in der Region als Arbeit- und Auftraggeber sowie der Ansatz und die Maßnahmen zur Förderung gemeinnütziger Zwecke (Corporate Citizenship-Konzepte).

Ihre regionale Einbettung ist für die kommunalen Unternehmen ein zentrales Thema. Verantwortung für die Region sehen sie für sich als Arbeitgeber und Ausbilder, als Auftraggeber und Kooperationspartner. Querverbund, interkommunale Kooperation oder regionale Kooperation im Stoffstrommanagement sind nur einige der Stichwörter, die hier fallen. Corporate Citizenship-Projekte spielen in den Berichten durchaus eine Rolle, werden jedoch als dem eigentlichen Auftrag nachgeordnet nur beispielhaft erläutert.

Allgemeine Berichtsqualität

Unternehmen stärken die Glaubwürdigkeit ihres Berichts, indem sie offen auf die wesentlichen Nachhaltigkeitsherausforderungen eingehen und diese in Zusammenhang zur Geschäftsstrategie stellen. Sie fördern Transparenz und Dialog, indem sie externe Stellungnahmen im Bericht ermöglichen. Struktur, Text und Gestaltung des Berichts sollten hohen textlichen und gestalterischen Qualitätsstandards genügen, um den Lesern ein klares Bild der unternehmerischen Nachhaltigkeitsherausforderungen und -leistungen zu vermitteln und ihnen einen schnellen Zugang zu den für sie relevanten Informationen zu ermöglichen.

Die betrachteten Unternehmen verfolgen sehr unterschiedliche Berichtsansätze – im Folgenden sei auf einige ihrer Besonderheiten hingewiesen. So arbeitet sich der langjährige Berichterstatter BSAG in einer sehr komprimierten, mit Daten belegten Form durch die Breite der relevanten Themen. Dabei wird durchgehend gendersensibel formuliert, ohne dass die Lesefreundlichkeit leidet. Eine weitere Besonderheit ist die integrierte EMAS-Gültigkeitserklärung. Die BSR liefert zur Einordnung der eigenen Leistungen viele Vergleiche mit anderen und weist in der Regel Investitionssummen, Förderanteile usw. aus. Statements Dritter werden durchgehend aufgenommen; insbesondere die kritische Stellungnahme der Deutschen Umwelthilfe, die den Bericht prüfte, ist ein Ausweis der Offenheit des Unternehmens. Die KWL beschreibt umfassend den Prozess der Berichterstellung, der in enger Abstimmung einer Projektgruppe mit allen Bereichen des Unternehmens erfolgte und die Anforderungen aus Stakeholder-Dialogen und von Berichtsstandards berücksichtigte. Umfassende Informationen bietet das Unternehmen in einem Online-Portal zur Verantwortung. Auch die Rheinbahn basierte ihre Berichtskonzeption und Themenwahl auf eine Stakeholder-Befragung, bezieht sich auf Berichtsstandards und Branchenindikatoren und bietet viele Webverweise an. Die Rheinbahn bietet, wie auch die SRH, die LVB und die SWH, einen Extra-Teil mit Daten und Fakten. Die SWH legen den einzigen integrierten Geschäfts- und Nachhaltigkeitsbericht vor, präsentieren Expertenpositionen zu konfliktären Themen wie der Rekommunalisierung und bieten durchgängig gezielte Kontaktangaben. Während die SWM ihre Broschüre komplett im Interviewformat konstruieren, bauen die ESTW ihre rund um Ergebnisse aus einer Haushaltskundenbefragung auf. Neben Einzelbeispielen aus den Unternehmenstöchtern und vielen externen Statements von Partnern werden aber kaum Zahlen oder andere Belege geliefert. Vergleichbar wenig systematisch ist die Broschüre der SWB. Interessant ist aber ihre Struktur: Einer allgemeinen Einführung zur Unternehmensgruppe folgen jeweils spezifische Einzel-"Berichte" für die Töchter, die die relevanten Themenfelder spezifisch für ihre Geschäftsbereiche beleuchten. Ein Geschäftsbereich, aber sieben verschiedene Unternehmen finden sich in dem Gemeinschaftsbericht aus der kommunalen Abfallwirtschaft. Die Debatte über den Mehrwert kommunaler Unternehmen erhält hierdurch einen gewichtigen Beitrag, allerdings wäre ein Nachweis, ob alle beteiligten Unternehmen auf vergleichbarem Niveau agieren, hilfreich.

5   Fazit

Das Feld gesellschaftsbezogener Berichterstattung kommunaler Unternehmen ist in der Breite erst zu entwickeln. Einerseits gibt es bislang kaum Nachhaltigkeitsberichte und wenn, dann oft erst als Erst- oder Zweitberichte. Andererseits kann nicht auf einer starken Basis aus der Umweltberichterstattung aufgesetzt werden, da auch hier ein begrenztes Engagement der Unternehmen zu erkennen ist. In Zahlen heißt dies: Von 142 kommunalen Unternehmen aus 36 Städten verweisen gerade 31 auf aktuelle Umwelterklärungen, Umwelt- oder Nachhaltigkeitsberichte bzw. -broschüren.

Die wesentlichen Schwerpunktthemen für kommunale Unternehmen werden hierin unterschiedlich gut aufgegriffen. Während insbesondere die Verantwortung gegenüber den Beschäftigten breit dargestellt wird, fehlen zur Frage der öffentlichen Beschaffung oft selbst elementare Aussagen. In der Regel kann auf Basis dieser Veröffentlichungen auch keine Bewertung der tatsächlichen Leistungen oder gar ein Vergleich mit anderen Unternehmen vorgenommen werden, da nur die besseren Berichte Quantifizierungen aufweisen und den Bezug zu branchenspezifischen Berechnungs- und Leistungsstandards herstellen.

Auch wenn es gute und nachahmenswerte Beispiele gibt: Insgesamt ist die Nachhaltigkeitsberichterstattung kommunaler Unternehmen zu wenig verbreitet und noch zu unsystematisch. Die Herausforderung besteht somit darin, das Thema in die Breite der kommunalen Unternehmen zu tragen sowie das Wissen um die gesellschaftlichen Erwartungen an die Berichterstattung und Beispiele guter Praxis gezielt zu vermitteln. Anspruch muss sein, ein anderes Verständnis von Nachhaltigkeitsberichten zu etablieren: Wie für die Unternehmen der Privatwirtschaft geht es auch für die kommunalen Unternehmen nicht um einen unverbindlichen Akt der Öffentlichkeitsarbeit und Imagepflege, sondern grundlegend um ein Instrument der verbindlichen und regelmäßigen Berichtslegung, das Transparenz über die tatsächlichen Nachhaltigkeitsbeiträge herstellt und damit zugleich Verbesserungsprozesse im Management initiiert.

Tabelle 1: Liste der vorliegenden Nachhaltigkeitsberichte

Unternehmen		Ort	Bericht
AWB	Abfallwirtschaftsbetriebe Köln GmbH& Co. KG	Köln	Hier geblieben! Abfall: Wertvoll für uns alle. Der Citizen ValueReport
BSAG	Bremer Straßenbahn AG	Bremen	Nachhaltigkeitsbericht 2009 – Mobilität ist Lebensqualität. Mit vereinfachter Umwelterklärung
BSR	Berliner Stadtreinigungsbetriebe AÖR	Berlin	Verantwortung für die Zukunft. 1. Bericht zu Nachhaltigkeit und Verantwortung
ESTW	Erlanger Stadtwerke AG	Erlangen	Nachhaltigkeitsbericht 2008
KWL	Kommunale Wasserwerke Leipzig GmbH	Leipzig	Gesellschaftliche Verantwortung. Bericht 2008/2009
LVG	Leipziger Verkehrsbetriebe GmbH	Leipzig	Nachhaltigkeit aus Prinzip. Nachhaltigkeitsbericht 2008. Zahlen und Fakten der LVB 2010
Rheinbahn	Rheinbahn AG	Düsseldorf	Nachhaltigkeitsbericht 2008 – Unsere Verantwortung. Nachhaltigkeit – Kennzahlen 2009 – kurz und knapp
SRH	Stadtreinigung Hamburg AÖR	Hamburg	Nachhaltigkeitsbericht 2009

SWB	Stadtwerke Bonn GmbH	Bonn	Vertrauen! Nachhaltigkeitsbericht 2008
SWE	Stadtwerke Erfurt GmbH	Erfurt	Verbunden mit Erfurt – Nachhaltigkeitsbericht 2009
SWH	Stadtwerke Hannover AG	Hannover	enercity Report 2009 (Geschäfts und Nachhaltigkeitsbericht)
SWM	Stadtwerke Münster GmbH	Münster	LebensWerte – Verantwortungsbericht 2007
WBD	Wirtschaftsbetriebe Duisburg AÖR	Duisburg	Hier geblieben! Abfall: Wertvoll für uns alle. Der Citizen ValueReport

Erfolgsfaktoren für die CSR-Kommunikation von kommunalen Unternehmen

Norbert Taubken und Benjamin Dietrich

1 Besonderheiten kommunaler Unternehmen für die CSR-Kommunikation
2 Strategie und Ziele: dem eigenen Engagement einen Rahmen geben
3 Das interne Potenzial nutzen: Mitarbeiter werden Botschafter
4 Wirkungsorientierung bei CSR-Maßnahmen: Engagement bewertbar machen
5 Über CSR reden – und reden lassen: sechs Tipps zur Kommunikation

Gesellschaftliches Engagement von Unternehmen (Corporate Social Responsibility, kurz CSR) wird von Verbrauchern häufig nicht in dem Maße wahrgenommen und von Medien gewürdigt, wie es sich engagierte Unternehmen wünschen. Mit CSR ist in diesem Beitrag das direkt in die Gesellschaft gerichtete Engagement eines Unternehmens gemeint. Für dieses wird in der Fachdiskussion synonym der Begriff Corporate Citizenship verwendet. Das übergreifende, durch gesellschaftliche Erwartungen und Normen begründete Verantwortungsverständnis eines Unternehmens wird von den Autoren im Folgenden mit dem Begriff Corporate Responsibility umschrieben.[1]

Das Interesse an einer Kapitalisierung auch von CSR-Aktivitäten ist aus Unternehmenssicht durchaus berechtigt. Schließlich stellt CSR ein geeignetes Instrument dar, um sich im Wettbewerb als verantwortungsvolles Unternehmen zu profilieren und um bei Anspruchsgruppen Vertrauen und Reputation aufzubauen. Die Komplexität des Themenfeldes CSR stellt jedoch besondere Anforderungen an die Kommunikation, um bestehende Potenziale auszuschöpfen.

1 Besonderheiten kommunaler Unternehmen für die CSR-Kommunikation

Im Vergleich zu privatwirtschaftlichen Unternehmen sind kommunale Unternehmen besonderen Rahmenbedingungen ausgesetzt. Zwar unterliegen sie grundsätzlich betriebswirtschaftlichen Gesetzmäßigkeiten, sind jedoch zusätzlich

---

[1] Zur definitorischen Abgrenzung dieser Begriffe s. auch Abbildung 1 in Abschnitt 2 dieses Beitrages; anders Sandberg, Einführung, Abschnitt 2, in diesem Band.

an einen öffentlichen Zweck gebunden. Daraus ergeben sich zwei Aspekte, die für die strategische Positionierung im CSR-Bereich relevant sind. Diese sind das begrenzte Tätigkeitsfeld und die kommunale Trägerschaft.

1. Die Aufgabe kommunaler Unternehmen besteht in erster Linie darin, wichtige Infrastrukturleistungen wie die Trinkwasserversorgung oder die Abfallentsorgung in Städten und Gemeinden effizient und reibungslos zu gewährleisten. Das Kerngeschäft, die öffentliche Daseinsvorsorge und die damit verbundene Orientierung am Wohl der kommunalen Bevölkerung, ist somit als Kern der gesellschaftlichen Verantwortung kommunaler Unternehmen zu verstehen.

2. Die kommunale Trägerschaft beeinflusst die öffentliche Wahrnehmung von CSR. Sie bewirkt, dass Ausgaben, die nicht unmittelbar mit der Bereitstellung von Produkten und Dienstleistungen zu tun haben, in der Öffentlichkeit auch kritisch gesehen werden. Ob umfangreiche Werbekampagnen oder größere Engagement-Projekte – Kunden sehen sich als Leistungsempfänger des Unternehmens, aber gleichzeitig als Steuerzahler. Da kommunale Unternehmen auch mit öffentlichen und damit mit Steuergeldern operieren, ist ein sensibler und effizienter Umgang mit Budgets[2] oberstes Gebot. Es muss klar begründet werden können, zu welchem Zweck CSR-Mittel eingesetzt werden.

Betriebswirtschaftliche Zielsetzungen ergänzt um einen effizienten Umgang mit öffentlichen Geldern sind daher wichtige Erfolgsfaktoren, wenn Kommunalunternehmen sich über das Kerngeschäft hinaus für das Gemeinwohl im Rahmen ihrer Corporate Social Responsibility einsetzen.

Einige Schlussfolgerungen ergeben sich aus diesen einführenden Überlegungen. Zunächst ist von einem rein philanthropischen Engagement für das Gemeinwohl abzuraten. Dieser Ansatz bietet keine betriebswirtschaftliche Legitimation für Ausgaben. Stattdessen ist CSR als stakeholderorientiertes und unternehmensstrategisches Modell für Engagement gefragt. Im nächsten Abschnitt wird die Notwendigkeit eines strategischen Rahmens für CSR näher ausgeführt.

Die kommunikative Wirkung von CSR wird besonders effizient, wenn Mitarbeiterinnen und Mitarbeiter des Unternehmens als Zeugen und Botschafter des gesellschaftlichen Engagements eingebunden werden können. Zudem verleihen sie den CSR-Aktivitäten eine hohe Glaubwürdigkeit (Abschnitt 3).

---

[2] Kritisch dazu Harms, Abschnitt 4.2, in diesem Band.

Die hohe Sensibilität der Kunden für Kosten, die nicht unmittelbar mit den Leistungen des Unternehmens verbunden sind, führt dazu, dass die Wirkung von CSR-Projekten nach betriebswirtschaftlichen und sozialen Standards aufgezeigt werden muss (Abschnitt 4).

Beim Reden über das eigene Engagement müssen Engagement und Aufwendungen für Kommunikationsmaßnahmen in einem gerechtfertigten Verhältnis stehen. Welche Möglichkeiten sich kommunalen Unternehmen bieten, um ihr gesellschaftliches Engagement zu kommunizieren, wird in Abschnitt 5 aufgezeigt.

2 Strategie und Ziele: dem eigenen Engagement einen Rahmen geben

Ein Blick auf die Praxis zeigt, dass viele Engagement-Projekte in Unternehmen immer noch eher zufällig und personenabhängig entstehen. Ihnen fehlt dann die Einbettung in ein übergreifendes Verständnis von Verantwortung im Unternehmen.

Ein strategischer Überbau ist jedoch die Grundvoraussetzung und ein wichtiger Erfolgsfaktor für CSR-Aktivitäten.[3] Ein Unternehmen sollte selbst den Deutungsrahmen für seine CSR-Aktivitäten setzen und deren Bewertung nicht zufälligen Zuschreibungen von außen überlassen. Fehlt ein solcher Rahmen, wird für die Mitarbeiter und auch nach außen hin nicht erkennbar, aus welcher Motivation heraus und mit welcher Zielsetzung sich ein Unternehmen engagiert. Engagement wirkt dann beliebig und zufällig, im ungünstigsten Fall als Versuch, ein negatives Ereignis zu überdecken.

Dass sich das Engagement kommunaler Unternehmen in vielen Fällen nicht aus einem solchen strategischen Rahmen ableiten lässt, zeigen die Ergebnisse einer repräsentativen Mitgliederbefragung des Verbandes kommunaler Unternehmen e. V. (VKU) aus dem Jahr 2010: Lediglich ein Drittel der befragten Energie- und Wasserunternehmen gibt an, ihr gesellschaftliches Engagement aus einer Strategie herzuleiten. Die große Mehrheit der Unternehmen begründet ihr Engagement dagegen damit, dass es historisch gewachsen ist (81,3 %), eine Reaktion auf spontane Anfragen (49,6 %) oder auf die Erwartungshaltung der Kommune (43,9 %) darstellt.[4] Die Ergebnisse verdeutlichen, dass die strategische Ausrichtung von Engagement für viele Kommunalunternehmen einen ersten wichtigen Schritt zur Wertschöpfung durch CSR darstellt.

Vor der CSR-Kommunikation liegt nicht nur die konkrete Aktivität, sondern eine übergreifende strategische Einbettung des Unternehmenshandelns. Zu

---

[3] Vgl. Taubken (2010a), S. 4 f.
[4] Vgl. VKU (2010).

dieser gehört zunächst eine klare Grundhaltung, die in einem Profil für Corporate Responsibility (CR) wiedergegeben wird. Dieses gibt Antwort auf die Frage, wie ein spezifisches Unternehmen in seinem wirtschaftlichen und gesellschaftlichen Umfeld für sich Verantwortung definiert. Dazu gehört die Benennung wichtiger Handlungsfelder, der Grenzen von Verantwortungsübernahme und der zentralen Ziele, die durch CR-Aktivitäten erreicht werden sollen. Ein Fahrplan zeigt auf, wie die zentralen Maßnahmen in den nächsten Jahren umgesetzt werden sollen. Erst über die Verbindung von klarer Positionierung, Zielsetzung und Umsetzungsplanung wird transparent, wie ein Unternehmen sein Verantwortungsverständnis deutet und gestaltet. Einzelne Entscheidungen und Maßnahmen können dann in einen größeren Kontext gesetzt werden. Auch in der CSR-Kommunikation zu einzelnen Maßnahmen sollte daher immer wieder auf die CR-Strategie und die übergeordneten Ziele aus Sicht des Unternehmens verwiesen werden.

Wenn ein Unternehmen sein CR-Profil entwickelt, analysiert es, welche Anforderungen das Kerngeschäft stellt und auf welche Fragen die wichtigsten Stakeholder des Unternehmens (z. B. Mitarbeiter, Kunden, Geschäftspartner) Antworten erwarten. Der proaktive, vom Unternehmen initiierte und gestaltete Dialog[5] mit verschiedenen Anspruchsgruppen ist geeignet, um frühzeitig eine gute Übersicht über die relevanten Themen zu gewinnen. Mögliche Dialogformate sind zahlreich und reichen von monologischen Instrumenten wie Umfragen bis hin zu kontinuierlichen Konsultationen.

Zudem muss das Unternehmen Kriterien und Indikatoren entwickeln, anhand derer bestehende Aktivitäten überprüft und bewertet werden sollten. So kann entschieden werden, welche Projekte das Potenzial haben, zu Leuchttürmen mit Signalwirkung für das Thema CR weiterentwickelt zu werden. Meist führt diese Bewertung auch zur Identifikation von „Blinden Flecken" und zu einer stärkeren inhaltlichen Akzentuierung.

Bei der Umsetzung einer CR-Strategie müssen Unternehmen beachten, dass sie zunächst ihrer Verantwortung im originären Kerngeschäft gerecht werden müssen. Dieser Teil von CR ist das „Pflichtprogramm". Er liefert die Handlungsfelder für die Nachhaltigkeit des eigenen Wirtschaftens und umfasst ökonomische, ökologische und mitarbeiterbezogene Aktivitäten. Abbildung 1 zeigt CR als Pyramide, in der das Kerngeschäft die Basis der Verantwortung eines Unternehmens darstellt.

Auch Kunden kommunaler Unternehmen erwarten in erster Linie kerngeschäftsbezogene CR-Aktivitäten: hochwertige und verlässliche Dienstleistungen zu einem akzeptablen Preis, ohne Schädigung der Umwelt und Ausbeutung von Angestellten. Hinzu kommt die Erwartung, dass transparent kommuniziert wird.

---

[5]　S. dazu den Beitrag von Kluge und Schramm in diesem Band.

Gesellschaftliches Engagement (CSR) ist eher als „Kür" von CR zu sehen. Hier liegen große Chancen zur Profilschärfung gegenüber Politik und Bürgern sowie zur Differenzierung im Wettbewerb. Ohne eine Fundierung im Kerngeschäft bleibt in die Gesellschaft gerichtetes Engagement wirkungslos. Im Gegenteil: CSR-Maßnahmen geraten unter den Verdacht des Greenwashings, durch das eigene Defizite überlagert werden sollen.

Abbildung 1: Ebenen von Corporate Responsibility

3 Das interne Potenzial nutzen: Mitarbeiter werden Botschafter

Bevor ein Unternehmen seine CSR-Aktivitäten nach außen kommuniziert, sollten die Mitarbeiterinnen und Mitarbeiter eingebunden werden. Diese sind die wichtigste Anspruchs- und zugleich Multiplikatoren-Gruppe, wenn es um Verantwortungsübernahme geht. Gelingt es einem Unternehmen, seine Mitarbeiter frühzeitig einzubinden und für CSR-Maßnahmen und -Aktivitäten zu begeistern, verleiht dies dem Engagement in hohem Maße Glaubwürdigkeit und Authentizität. Mitarbeiter werden dann zu CSR-Botschaftern des Unternehmens.

Erst die Mitarbeiter machen aus unternehmerischem Engagement gelebte Unternehmenswerte und erlebbare Unternehmenskultur. Voraussetzung hierfür ist jedoch, dass CSR-Aktivitäten tatsächlich an die Unternehmensziele und strategische Vorgaben angebunden sind. Sie dürfen nicht als „nettes Beiwerk" losgelöst von ebendiesen initiiert werden. Daher gilt für Unternehmen im CSR-Bereich: „Walk what you talk!"

Nur wenn Unternehmensengagement von Mitarbeitern als ernst gemeint und langfristig gedacht erlebt wird, werden sie die CR-Strategie ihres Unternehmens zur eigenen Haltung machen und letztendlich mit Leben füllen. Dass

Geschäftsführung und Vorstand dabei eine Vorbildfunktion zukommt, sollte selbstverständlich sein. Die Einbindung der Mitarbeiter bietet Unternehmen das größte Potenzial, mit seinem Engagement als glaubwürdig eingeschätzt zu werden. Allerdings ist dies eine hohe Hürde, die zu nehmen ist. Denn in vielen Unternehmen treffen auch Engagementprojekte zunächst auf eine gute Portion Skepsis.

Eine große Chance, intern die Ernsthaftigkeit eigenen Engagements zu dokumentieren, liegt darin, Mitarbeiter aktiv in Engagementprojekte einzubinden und diese damit erlebbar zu machen. Dies erfordert eine frühzeitige und umfassende interne Kommunikation[6] sowie niedrigschwellige Partizipationsansätze wie Vorschlagswesen und Voting-Möglichkeiten. Das sogenannte Corporate Volunteering[7] bietet das größte Potenzial und sollte daher ein fester Baustein in größeren Engagement-Projekten sein.

Für die aktive Beteiligung von Mitarbeitern durch Corporate Volunteering haben sich verschiedene Formate etabliert. Die wesentlichen sind in Abbildung 2 im Überblick dargestellt. Eher punktuell wirksam, aber mit hoher Symbolkraft versehen ist der „Engagementtag" oder „Day of Caring". An diesem übernehmen Abteilungen oder ganze Unternehmen ein konkretes Projekt im Gemeinwesen. Sie säubern z. B. einen Park, bauen einen Kinderspielplatz oder lesen Senioren im Pflegeheim vor.

Über das sogenannte Secondment stellen Mitarbeiter ihre Erfahrungen und Kompetenzen über einen längeren Zeitraum meist vollständig gemeinnützigen Projekten zur Verfügung. Ebenfalls längerfristig, aber neben der eigentlichen beruflichen Tätigkeit erfolgt dieses über sogenannte Mentoring-Programme. Die Spannweite reicht damit von der Mitwirkung in Entwicklungshilfeprojekten bis zu Bewerbungstrainings bei den Abschlussklassen der benachbarten Schule. Mitarbeiter werden Mentoren für Existenzgründer oder bauen die Buchhaltung für die Partnerstiftung auf.

Um Mitarbeiter auch in ihrem privaten Umfeld bei ehrenamtlichen Tätigkeiten zu unterstützen, nutzen Unternehmen zwei Hebel: Freistellungen und Ko-Spenden. Bezahlte Freistellungen sind in Deutschland gut etabliert, wenn es um Einsätze bei Katastrophenhilfe oder freiwilliger Feuerwehr geht. Mit Rahmenvorgaben für den zeitlichen Umfang wird dieses inzwischen auch auf andere Engagement-Felder ausgeweitet. Diese unternehmensferneren Ansätze haben den Vorteil, dass ein Unternehmen damit deutlich unterstreicht, welche Bedeutung das Thema Engagement und auch der Beitrag der Mitarbeiter für die

---

[6] Zur internen Kommunikation von CR s. auch Taubken (2010b), S. 12 f.

[7] Unter dem Begriff Corporate Volunteering werden hier sowohl betriebliche Freiwilligenprogramme als auch die Förderung von privatem Mitarbeiterengagement durch das Unternehmen verstanden.

Gestaltung unserer Gesellschaft haben. Ähnlich ist das für Europa noch neue Konzept der Ko-Spenden (Matched Funding oder auch Matching Funds) einzuschätzen: Mitarbeiter können für eigenes Engagement Unternehmensunterstützung abrufen. In der Praxis werden Ko-Spenden zum einen auf die originäre Spendentätigkeit von Mitarbeitern bezogen („Das Unternehmen verdoppelt Mitarbeiterspenden, die für die Erdbebenhilfe in Haiti gegeben werden."). Zum anderen können mit Geld- oder Sachspenden des Unternehmens Anreize für privat erbrachte Zeit für ehrenamtliches Engagement geschaffen werden

Dass Corporate Volunteering einen deutlichen Beitrag leistet, die eigene Arbeitgebermarke aufzubauen, zeigen diverse Fachbeiträge, die sich in den letzten Jahren mit dieser Fragestellung befasst haben. Auch die Erwartungshaltung von Studienabgängern an künftige Arbeitgeber, das private Engagementfeld mit zu fördern, ist in Umfragen belegt.[8] Allerdings wird das Potenzial von Volunteering durch die Personalabteilungen noch nicht systematisch ausgeschöpft.[9]

Abbildung 2: Formen des Corporate Volunteering

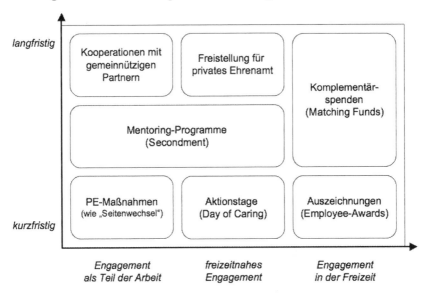

---

[8] Die Studie von Blumberg und Scheubel (2007) zeigt den Zusammenhang von Corporate Volunteering und dem Aufbau einer attraktiven Arbeitgebermarke.
[9] Vgl. Schwalbach et al. (2008).

4 Wirkungsorientierung bei CSR-Maßnahmen: Engagement bewertbar machen

Die Evaluation und Erfolgsbewertung[10] von CSR-Aktivitäten ist in der Praxis nur wenig verbreitet. Eine Auseinandersetzung mit diesem Thema wird aber aus einer einfachen Logik heraus immer wichtiger für Unternehmen: Alle Budgets in Unternehmen unterliegen immer schärferer Beobachtung. Es wird gefragt, welchen Beitrag eine Abteilung oder eine Maßnahme zum Erreichen der Geschäftsziele leistet. Daher sollten auch CSR-Projekte – wie im Abschnitt 2 dargelegt – mit klarem Bezug zu den Geschäftsinteressen entwickelt werden.

Folgerichtig muss die Investition in eine CSR-Maßnahme legitimiert werden können und belegbare Argumente für seine Wirkung für das Unternehmen liefern. Dieser Punkt darf dabei nicht auf rein kommunikative Erfolge reduziert werden, die Wirkung kann auch auf ganz anderen Ebenen liegen.[11] Neben unternehmensinternen Effekten (dem sogenannten Business Case) sollten auch für gesellschaftliche Anliegen Erfolge erzielt werden (Social Case). Die nachweisbare externe Wirkung einer CSR-Maßnahme ist die Voraussetzung für ein erfolgreiches Unternehmensengagement.

Bei einer derartigen wirkungsorientierten Ausrichtung von CSR müssen geeignete Indikatoren identifiziert werden, anhand derer der Erfolg eines Projektes nachvollzogen und bewertet werden kann. Auf einfachster Ebene bietet sich eine Input-Output-Messung der „harten Fakten" an: Was stecke ich hinein, was kommt heraus – für die Gesellschaft, für das Unternehmen? Dieses Modell hat aber klare Grenzen, da viele Wirkungen sich nicht kurzfristig quantifizieren lassen.

Erwartet ein Unternehmen einen Aufbau der eigenen Reputation durch sein Engagement, wird dieses über eine Input-Output-Messung nicht erfasst. Auch die Anzahl an Presseartikeln oder die Klickraten einer Website verraten wenig darüber, ob sich die Einstellung von Menschen zum Unternehmen geändert hat. Abbildung 3 zeigt, dass die Wirkung einer Maßnahme auch auf anderen Ebenen erfasst werden muss. Effekte können bei Personen in der Veränderung von Meinungen und Einstellungen erzielt werden. Diese sogenannte Outcome-Ebene betrifft sowohl intern die Einstellung von Mitarbeitern, als auch extern die Einstellung von Stakeholdern gegenüber dem Unternehmen.

Als dritte Ebene sind Veränderungen in den Strukturen und Prozessen zu berücksichtigen, der sogenannte Impact einer Maßnahme. Hier können Netzwerke oder Partnerschaften entstehen, intern abteilungsübergreifende Arbeits-

---

[10] S. dazu den Beitrag von Warthun und Jammes in diesem Band.
[11] Vgl. hierzu insbesondere die grundlegenden Arbeiten zum Logischen Modell von Ellen Taylor-Powell, University of Wisconsin-Extension.

gruppen zu einer höheren Effizienz in der Zusammenarbeit führen oder neue Impulse für Innovationsprozesse generiert werden. Alle drei Ebenen – Output, Outcome, Impact – beschreiben die Gesamtwirkung eines Projektes, wobei sowohl die unternehmensinternen als auch die gesellschaftlichen Wirkungen erfasst werden sollten.[12]

Abbildung 3: Modell Wirkungsorientierung

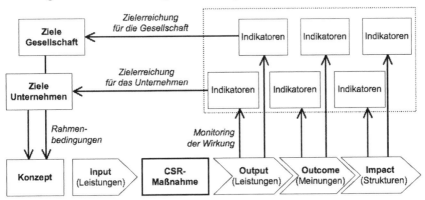

Die Herausforderung bei der wirkungsorientierten Ausrichtung von CSR liegt in der Identifikation valider Indikatoren. Häufig lassen sich die Wirkungen auf der Outcome- und Impact-Ebene nicht eindeutig auf das Projekt zurückführen, da sie multikausal begründet sind. Methoden und Erfahrungen aus der wirkungsorientierten Steuerung im sozialen Sektor halten derzeit Einzug in die Evaluation von CSR-Maßnahmen. Voraussetzung ist in jedem Fall eine klare Zieldefinition. Angenehmer Nebeneffekt einer wirkungsorientierten Ausrichtung von CSR: Die Kommunikation von Maßnahmen wird glaubwürdig, weil sich die Erfolge des Unternehmensengagements belegen lassen.

5 Über CSR reden – und reden lassen: sechs Tipps zur Kommunikation

Für die Kommunikation von CSR müssen zwei grundsätzliche Aspekte berücksichtigt werden: der Greenwashing-Verdacht durch unverhältnismäßige Außendarstellung von Engagement und – insbesondere bei kommunalen Unterneh-

---

[12] Vgl. auch den aus dem Logischen Modell abgeleiteten Ansatz der London Benchmarking Group (www.lbg-online.net) sowie die Studie der Bertelsmann Stiftung (2010), S. 21 f.

men – die Höhe der Kommunikationskosten. Beide sollen hier kurz beschrieben werden.

Um mögliche Vorwürfe des Greenwashings klar entkräften zu können, muss ein Unternehmen zunächst das Verhältnis von Reden und Handeln in den Blick nehmen. Aufwändige Kommunikation gepaart mit kleinen, wenig wirksamen CSR-Projekten – diese Mischung bringt ein Unternehmen schnell in den Verdacht, CSR als Etikett zu missbrauchen. Ähnlich verhält es sich, wenn zentrale Verantwortungsbereiche im Kerngeschäft in der Kritik stehen, die externe Kommunikation zugleich das gesellschaftliche Engagement in den Vordergrund stellt. Auf dieses Risiko wurde bereits in Abschnitt 2 eingegangen.

Wenn ein kommunales Unternehmen über eine Werbekampagne sein gesellschaftliches Engagement kommuniziert, werden kritische Gruppen eher über dessen vermeintliche Verschwendung von Steuergeldern sprechen, als die Leistung für das Gemeinwesen zu würdigen. Daher sollte das Unternehmen Wege finden und nutzen, die ohne größere Mediabudgets für die werbliche Darstellung des eigenen Engagements auskommen. Um ein Kommunikationskonzept für CSR-Themen zu erstellen, muss sich auch ein kommunales Unternehmen zunächst fragen, welche Botschaften es platzieren will und welche Zielgruppe erreicht werden soll. Auf diese Fragen soll hier nicht näher eingegangen werden. Stattdessen folgen sechs Tipps, die für die Umsetzung eines Kommunikationsplans hilfreich sind.

1. Vorhandene Werbeflächen nutzen. Für die Platzierung von CSR-bezogener Werbung eignen sich insbesondere Vermarktungsflächen, die das kommunale Unternehmen selbst anbietet. Die Spannweite reicht von der Fuhrparklackierung beim kommunalen Entsorgungsunternehmen über die Fassadengestaltung von Mietshäusern bei öffentlichen Wohnungsbaugesellschaften bis zum Fahrgast-TV oder Swing Cards in U- und S-Bahnen.

2. Fokus auf regionale Presse und Fachmedien. Die Platzierung von Presseartikeln zu CSR-Themen ist allgemein schwierig, da der Nachrichtenwert von Engagement-Themen im Vergleich zu anderen Nachrichten in der Regel eher gering ist. Dieser Nachrichtenwert kann erhöht werden: hohe Geldsummen oder prominente Projektpaten eignen sich hierfür. Diese führen allerdings auch eher zu einer Platzierung in der Yellow Press oder im Feuilleton als im Wirtschaftsteil der Tageszeitung. Bei anderen Voraussetzungen sollten Unternehmen eher auf CSR-bezogene Printprodukte und Webplattformen oder auf Zeitungen mit sehr regionalem Bezug setzen.

3. Medien einbinden. Wenn in eine CSR-Maßnahme ein Medienpartner eingebunden wird, hat auch dieser ein Interesse daran, im Rahmen seiner Möglichkeiten von dem Projekt zu berichten. Umfassende Partnerschaften sind

dabei häufig schwer zu etablieren. Oft lohnt es sich aber schon, frühzeitig interessierte Redakteure zu involvieren.

4. Problem und Lösungsansätze nach vorne. Statt Pressearbeit für das Unternehmen zu machen, sollte zunächst über den gesellschaftlichen Bedarf, die Problemlage gesprochen werden. Wenn dieses über klassisches Agenda Setting gelingt, stellt sich in der Öffentlichkeit automatisch die Frage, welche Lösungsansätze erfolgreich sind. Die eigene CSR-Maßnahme sollte dann allerdings auch ein erfolgreiches Modellprojekt darstellen. Und die Wirksamkeit des Ansatzes muss – wie bereits ausgeführt – auch dargelegt werden können.

5. Projektpartner reden lassen. Wenn ein sozialer Träger einem Unternehmenspartner öffentlich bescheinigt, sich gemeinsam mit ihm erfolgreich zu engagieren, ist dieses eine Aussage von hoher Glaubwürdigkeit, die durch die eigene Pressearbeit nicht erreicht werden kann. Doch gerade Akteure des sozialen Sektors schöpfen Kommunikationsmöglichkeiten mangels fehlender Professionalisierung häufig nicht aus. Unternehmen können jedoch auch in diesem Feld Unterstützung anbieten und die notwendigen Werkzeuge an die Hand geben.

6. Web 2.0 als Multiplikator. Das Internet bietet umfassende Möglichkeiten der Interaktion und Vernetzung. Diese können für die Darstellung des CSR-Projekts aber vor allem für das Agenda-Setting genutzt werden. Dabei müssen sich Unternehmen jedoch den Besonderheiten der Kommunikation im Social Web anpassen.

Diese sechs Tipps zeigen, dass CSR-Kommunikation ein komplexer Prozess werden kann. Anders als beim Versand einer Pressemeldung ist der Bedarf an Ressourcen relativ hoch. Durch die Einbindung von Partnern und über das Web entsteht ein offener Diskurs, in dem Botschaften nicht mehr klar gesteuert werden können. Auch Kritik muss ein Unternehmen gegebenenfalls aushalten. Dieses Vorgehen lohnt sich in jedem Fall, wenn das Unternehmen Interesse an einer langfristigen Schärfung des Unternehmensprofils und an der Steigerung der eigenen Reputation hat.

Vor dem Hintergrund einer fortschreitenden Privatisierung öffentlicher Aufgaben ergibt sich ein weiteres Argument, warum CSR für die Kommunikation genutzt werden sollte: Gesellschaftliches Engagement wird bei wertebewussten Verbrauchern ein zusätzliches Argument für Kaufentscheidungen. Es ermöglicht damit die Chance zur Differenzierung im Wettbewerb, im besten Fall den Zugang zu neuen Zielgruppen.[13] Allein diese Perspektiven rechtfertigen die

---

[13] Vgl. Taubken/Leibold (2010), S. 139 f.

Investition, die kommunale Unternehmen in CSR und die CSR-Kommunikation tätigen müssen.

Damit CSR-Kommunikation gelingt, darf ein kommunales Unternehmen seine Tätigkeiten gerade nicht auf die reine Kommunikation reduzieren. Der strategische Rahmen für CSR und eine frühzeitige Einbindung von Mitarbeitern müssen ebenso bedacht werden wie der Wirkungsnachweis von Projekten. Erst damit gelingt eine CSR-Kommunikation, die von innen und außen glaubwürdig wirken kann.

Literatur

Bertelsmann Stiftung (2010): Corporate Citizenship planen und messen mit der iooi-Methode, Gütersloh 2010

Blumberg, Martin/Scheubel, Veronica (2007): Hand in Hand, Corporate Volunteering als Instrument der Organisationsentwicklung in Deutschland, Bremen 2007

Schwalbach, Joachim et al. (Hrsg.) (2008): Corporate Volunteering als Recruiting-Maßnahme für Spitzenkräfte in Deutschland, online unter URL: http://www.s-f.com/Portals/9/studien/080107_CV-Studie_sf-hu-ftd.pdf [Stand 2011-01-17] sowie http://www2.wiwi.hu-berlin.de/institute/im/_docs/080107_CV-Studie.pdf [Stand 2011-04-06]

Taubken, Norbert (2010a): Corporate Responsibility, Ein Überblick für Personalmanager, Berlin 2010

Taubken, Norbert (2010b): Die Königsdisziplin, Interne Kommunikation von CR; in: CR Report, H. 1, 2010

Taubken, Norbert/Leibold, Irina (2010): Ten Rules for Successful CSR Communication, in: Pohl, Manfred/Tolhurst, Nick (Hrsg.), Responsible Business, Chichester 2010

(VKU) Verband kommunaler Unternehmen (2010), Ergebnisse der VKU-Umfrage „Gesellschaftliches Engagement von Stadtwerken", internes Dokument, Berlin2010

Corporate Social Responsibility (CSR) in kommunalen Unternehmen – Ein Fazit

Klaus Lederer und Berit Sandberg

1 (Zwischen-)Stand der Debatte
2 Offene Fragestellungen

Wenn die Zusammenschau der in diesem Band versammelten Beiträge eines zeigt, dann ist es wohl die Vielzahl der Gesichtspunkte, unter denen sich die Corporate Social Responsibility (CSR) kommunaler Unternehmen diskutieren und betrachten lässt, und der verschiedenen Begrenzungen und Potenziale, die in ihr gesehen werden. Ein solcher Sammelband lässt keine abgeschlossene Behandlung des Gegenstands erwarten, sondern eher eine fragmentarische Annäherung. Dieses Fazit ist also eigentlich ein vorläufiges, ein Zwischenfazit. Obwohl es (zusammenfassend) vereinfachen und unter den vielen in den Beiträgen beleuchteten Aspekten eine Auswahl treffen muss, können Bezüge zwischen den einzelnen Beiträgen hergestellt, Parallelen und Differenzen markiert, Teilergebnisse festgehalten, offene Fragen konkreter identifiziert werden.

1 (Zwischen-)Stand der Debatte

Der vorliegende Band ist das Ergebnis eines interdisziplinären Crossover. Ob öffentlicher Sektor oder Zivilgesellschaft, ob unternehmerischer „Innenblick" oder externe „Steuerungsperspektive", ob Wissenschaft oder Praxis, ob eher grundsätzliche Annäherung oder eher Auseinandersetzung mit spezifischen Dimensionen des CSR-Themas – jenseits ihrer Einordnung in einen politischen, strategischen oder operativen Zusammenhang markieren die Beiträge unterschiedliche Positionen und argumentative Ausgangspunkte. Kernthesen, die von den Autorinnen und Autoren aufgegriffen werden, beziehen sich auf die Legitimationsfunktion von CSR-Strategien für öffentliche Unternehmen, auf CSR im „Kerngeschäft" sowie das Selbstverständnis von Wirtschaften mit einer breiteren gesellschaftlichen Perspektive von unternehmerischer Verantwortung.

    Dominieren formalzielorientierte Strategien oder bildet die Sachzielverwirklichung den strategischen Horizont für das unternehmerische Selbstverständnis? Wie kommt es zur Konkretisierung eines solchen Sachziels – durch Vorgabe des Eigentümers oder durch widersprüchliche Prozesse innerhalb des Gemeinwesens, die eine geteilte, aber verhandelte und klare Funktionszuweisung im kommunalen „Netzwerk" erfordern? Gibt es das spezifisch „Öffentliche" an kommunalen Unternehmen – sei es aufgrund normativer Vorgabe (Steuerung) oder konkretisierender Verwirklichung im Unternehmen selbst (unternehmerische Strategie) – und wodurch lässt es sich charakterisieren? Sind kommunale Unternehmen bloße „Objekte" der Steuerung durch ihre Träger oder nicht vielmehr politische Subjekte, Akteure, verfasste Träger eines „politischen Bürgerstatus" mit eigenen Rechten und konkreten Pflichten innerhalb des Gemeinwesens, die in Bezug auf ihre Binnenstruktur und ihre Tätigkeit besonderen demokratischen Anforderungen zu genügen haben?

Die Frage ist, inwieweit sich der bedarfswirtschaftliche Auftrag und Anspruch mit dem Erfordernis moderner Nachhaltigkeitskonzeptionen deckt. Welche hemmenden und fördernden Faktoren für eine nachhaltige Wirtschaftsweise kommunaler Unternehmen resultieren aus den gegenwärtigen gesellschaftlichen Rahmenbedingungen und vorhandenen politischen Regulativen, welche „Suchbewegungen" laufen hier ab? Sind die rechtlichen Rahmenbedingungen eher förderlich oder eher hemmend für CSR-Strategien? Welche konkreten Befunde liefert die jüngere Vergangenheit hinsichtlich der Relevanz und der Implementation von CSR-Strategien, und welche etablierten oder noch ungenutzten Instrumente stehen hierfür bereit? Wo liegen die hauptsächlichen Tätigkeitsfelder für gängige CSR-Praktiken kommunaler Unternehmen? Wie werden diese Praktiken in den Unternehmen selbst und in der Öffentlichkeit als Bestandteil öffentlichen Wirtschaftens bewertet? Liegt hier eher „Stückwerk" vor, werden lang geübte Verfahrensweisen einfach neu „gelabelt" oder erfolgt ihre Einbindung in Nachhaltigkeitsstrategien auf einem qualitativ neuen Niveau?

Schließlich wird die grundsätzliche Frage aufgeworfen, ob die Wahrnehmung gesellschaftlicher Verantwortung durch kommunale Unternehmen angesichts des CSR-Definitionsmerkmals „Freiwilligkeit" überhaupt unter dem Begriff von Corporate Social Responsibility gefasst werden darf, wenn doch für öffentliche Unternehmen der Gemeinwohlbezug normativ konstituierend ist.

Im Allgemeinen wird bei öffentlichen Unternehmen eine Interdependenz zwischen CSR und öffentlichem Auftrag konstatiert. CSR soll nicht nur unternehmerisches Handeln, sondern die Existenz öffentlicher Unternehmen per se legitimieren (*Anthes*), die aufgrund ihres „gemeinwirtschaftlichen" Status mit höheren Erwartungen der Öffentlichkeit konfrontiert sind als private Unternehmen (*Resch*) und in ihrer Geschäftstätigkeit eine funktionale Rolle im Gemeinwesen jenseits der privatwirtschaftlichen Ausrichtung auf Wettbewerb, Produkt, Kosten und Rendite ausfüllen (*Kramm*). Gesellschaftlich verantwortliches Handeln liegt öffentlichen Unternehmen gewissermaßen in den Genen und sichert ihren Bestand (*Anthes; Kramm*). Die Antithese lautet: Öffentliche Unternehmen sind durch ihren konkreten öffentlichen Auftrag hinreichend legitimiert und bedürfen keiner Legitimationsversuche in Form von CSR. Das gilt vor allem dann, wenn CSR keinen Beitrag zur Verbesserung der Ertragslage leistet und Gebühren- bzw. Steuerzahler zur Finanzierung von Aktivitäten herangezogen werden, aus denen sie selbst keinen unmittelbaren Nutzen ziehen und die nicht durch ausdrückliches politisches Mandat zum Unternehmensauftrag erklärt worden sind (*Harms*).

Die konträren Positionen treffen sich allerdings auf einem kleinsten gemeinsamen Nenner, insoweit sie politisch explizit legitimierte Aktivitäten (auch jenseits des „Kerngeschäfts" öffentlicher Unternehmen) sämtlich für zulässig halten. Mit der ausdrücklichen Vorgabe durch den öffentlichen Eigentümer sind derartige CSR-Aktivitäten in den öffentlichen Auftrag einbezogen. Sie werden zur „ergänzenden" (Sach-)Zielsetzung des Unternehmens. Schließlich ist die wirtschaftliche Führung eines öffentlichen Unternehmens so oder so eine notwendige Bedingung, die bei der Formulierung von CSR-Strategien im Blick bleiben muss.

Öffentliche Unternehmen, so wird in verschiedenen Beiträgen betont, nähern sich in ihrem wirtschaftlichen Verhalten in den vergangenen Jahren privaten Unternehmen tendenziell stärker an. Das untergräbt ihre Legitimation eher als sie zu stärken. Dieser Prozess ist Ergebnis der veränderten Rahmenbedingungen von öffentlichen Unternehmen aber auch politischer Strategien der „Ökonomisierung" des öffentlichen Unternehmenssektors. Die Forderung nach einer Re-Politisierung öffentlicher Unternehmen weist CSR eine Rolle als Gegengewicht zur schleichenden Ökonomisierung und Entdemokratisierung zu. CSR wird als eine Chance verstanden, die Instrumentalfunktion öffentlicher Unternehmen zu revitalisieren und (nicht nur in der Daseinsvorsorge) politische Ziele in Bezug auf eine gesellschaftlich verantwortliche, nachhaltige Wirtschaftsweise in die unternehmerische Strategie einzubetten.

Werden öffentliche Unternehmen als Instrumente, d. h. als Objekte von Politik gesehen, wird CSR erst durch politische Legitimation im Sinne einer Weisung des Trägers gerechtfertigt (*Harms*). Andere Aktivitäten hätten zu unterbleiben. Allerdings werden insbesondere Aktivitäten im Bereich Corporate Citizenship von den Kunden bzw. – nicht unbedingt deckungsgleich – von den Bürgern regelmäßig erwartet (*Warthun/Jammes*), was das Management nicht selten erst zu solchen Maßnahmen veranlasst. Insofern fragt es sich, inwieweit im Zusammenhang mit politischen Prozessen nicht bereits informelle Akzeptanz innerhalb der Gesellschaft als Legitimationskriterium trägt. Andererseits scheint es durchaus verbreitete Praxis in öffentlichen Unternehmen zu sein, jegliche

CSR-Aktivität auf ihre Kostenneutralität bzw. Ertragsrelevanz abzuklopfen. In solchen Fällen geschieht nur, was „sich rechnet" (*Lübben*).

Die mit der öffentlichen Eigentümerschaft verbundenen Verfügungsrechte über das öffentliche Unternehmen ermöglichen die Verwirklichung von CSR-Strategien in besonderer Weise. Das Formalziel steht aufgrund der Bindung der Unternehmenstätigkeit an eine konkrete öffentliche Aufgabe nicht als über-geordnetes Ziel des unternehmerischen Handelns fest. Es wird allerdings konsta-tiert, dass strategische Untersteuerung durch den Eigentümer einer Manageriali-sierung und Verhaltensangleichung an private Unternehmen Vorschub leistet. Im Verhältnis zum Eigentümer verengt sich das Sachziel des öffentlichen Unter-nehmens dann praktisch auf das Formalziel, dessen Erfüllung an Haushaltskenn-ziffern gemessen wird (*Naumann*). Dem steht der Befund einer zunehmend selbstbewussteren Öffentlichkeit gegenüber, die Erwartungen gegenüber dem Agieren öffentlicher Unternehmen nicht einfach nur stumm hegt, sondern for-muliert und artikuliert. In solchen Fällen klafft eine Lücke zwischen dem Han-deln des und dem Anspruch an das öffentliche Unternehmen.

Formen kooperativer und direkter Demokratie, die eine Einbeziehung der Öffentlichkeit und anderer Stakeholder in die strategische Steuerung des öffent-lichen Unternehmens erlauben, eignen sich potenziell zur Minderung und Kom-pensation bestehender Kontroll- und Steuerungsdefizite seitens der repräsentati-ven politisch-administrativen Institutionen. Hier steht die Kompetenz, aber auch der Anspruch der Bürgerschaft (*Kluge/Schramm*) und der Beschäftigten *(Vitols)* auf Mitsprache im Fokus. Angesetzt wird nicht bei der kunden- und wettbe-werbsorientierten Dimension von Dienstleistungsstandards, sondern bei den demokratischen Anforderungen an Steuerungs- und Reformkonzepte für den öffentlichen Sektor *(Röber)*, bei der Verwirklichung des verfassungsrechtlich gebotenen „Auftrags zur Demokratisierung" (*Lederer*).

Eine Berichterstattung auf der Basis von Public Corporate Governance Kodizes, in der sich auch CSR-Aktivitäten abbilden, ist zunächst ein Baustein des kommunalen Beteiligungsmanagements. Sie kann aber einen weiter gehen-den Beitrag zur Demokratisierung und Legitimation öffentlicher Unternehmen leisten. Das setzt voraus, sie so transparent und nachvollziehbar zu gestalten, dass sie den Bürgern und Stakeholdern eine Auseinandersetzung über die Quali-tät öffentlicher Aufgabenwahrnehmung ermöglicht (*Brandl; Gebauer*). Partizi-patorische Instrumente für die öffentliche Verwaltung lassen sich auf die Steue-rung öffentlicher Unternehmen allerdings nicht ohne Weiteres übertragen, zu unterschiedlich sind Natur und Verlaufsformen von politischen Entscheidungen im Gemeinwesen und von (unternehmens-)politischen Entscheidungen in ver-selbständigten öffentlichen Unternehmen. Und selbstverständlich setzt Partizipation voraus, dass Interessen im politischen Raum organisiert werden und sich Bürgerschaft und Stakeholder ihrer Subjektrolle bewusst sind.

Noch weiter reicht das Verständnis von CSR als Ausdruck einer (pro-)aktiven politischen Rolle öffentlicher Unternehmen. Wirtschaftsunternehmen der Gemeinwesen sind nicht nur Adressaten von Politik, denen die Rolle ausführender, „politisch neutraler" und passiver Instrumente zugewiesen ist, sondern selbst politische Akteure im Gemeinwesen (*Kramm*). Öffentliche Unternehmen als politische Subjekte zu begreifen, verleiht der Rolle des öffentlichen Unternehmens als „guter Bürger", die regelmäßig im engen Zusammenhang von Corporate Citizenship thematisiert wird (*Schönberg/Jost*), eine im eigentlichen Wortsinn politische Dimension.

Transparenz und Verhandlungsfähigkeit der strategischen Unternehmensziele durch das Management, eine sensible permanente Kommunikation mit der Gesellschaft, die Formulierung und Abrechnung konkreten „Mehrwerts" durch gesellschaftlich verantwortliches Handeln im „Stakeholderkreis" des Unternehmens (*Bielka/Schwerk*) – all das macht „das Öffentliche" des Unternehmens eigentlich aus (*Kramm*). Derartige Eigenaktivitäten eines öffentlichen Unternehmens, die Ausdruck einer CSR-Strategie im Rahmen der niemals allumfassenden Vorgaben durch „den Eigentümer" Gemeinwesen sind, bieten die Chance einer Re-Politisierung der Wirtschaftsweise öffentlicher Unternehmen (*Lederer*). Die Ausfüllung dieser Rolle muss durch den öffentlichen Unternehmensträger allerdings gewollt sein und gefördert werden. Bei kommunalen Unternehmen ist im Wirkungskreis des „Raumes Stadt" der funktionale Rahmen solcher Eigenaktivitäten fassbar, definierbar, abrechenbar. Und er ist der politischen Auseinandersetzung in einem überschaubaren gesellschaftlichen Kontext ausgesetzt, in dem sich die kommunalen Unternehmen bewähren müssen (*Naumann*).

Bei der Frage, inwieweit Corporate Citizenship im schlichten Sinne einer Förderung gemeinwohlorientierter Projekte im lokalen Umfeld angesichts des Leistungsauftrags kommunaler Unternehmen ein legitimes Betätigungsfeld ist, gehen die Meinungen auseinander (*Harms; Sandberg; Taubken/Dietrich*), und zwar unabhängig von rechtlichen Handlungsspielräumen (*Krüger*) und einem nachweisbaren Beitrag zur Imagepflege (*Warthun/Jammes*). Bei einigen kommunalen Unternehmen wird Corporate Citizenship trotz erkennbarer Synergieeffekte zum Kerngeschäft als rein altruistisches Engagement kommuniziert (*Blunck*).

Bei anderen wiederum werden Aktivitäten, die in der Privatwirtschaft als Corporate Citizenship eingestuft würden, ausdrücklich nicht mit diesem Begriff belegt, sondern als CSR im Kerngeschäft verstanden (*Bielka/Schwerk*). Dieses unternehmerische Selbstverständnis unterscheidet die CSR-Politik öffentlicher Unternehmen von der privater. Das Kerngeschäft öffentlicher Unternehmen hat aufgrund des gesetzlich vorgeschriebenen öffentlichen Auftrags per definitionem einen Gemeinwohlbezug, der in kommunalen Unternehmen oft nach wie vor das Selbstverständnis von Management und Belegschaft im alltäglichen Handeln mit prägt – und zwar unabhängig von der tatsächlichen Betätigungsbreite und dem Gesamtumfang der damit legitimierten operativen Aktivitäten. Dass sich dieser bedarfswirtschaftliche Auftrag und Anspruch mit konkretem Aufgabenbezug nicht zwingend als Nachhaltigkeitspostulat verstehen lässt, ändert nichts daran, dass dieser Business Case im Grunde ein Non-Business Case, ein „Public Case" ist (*Sandberg*). Corporate Social Responsibility als Voraussetzung und Ergebnis von Gewinnerzielung zu sehen, greift schon mit Blick auf die Privatwirtschaft zu kurz (*Schaltegger*). Dies gilt umso mehr für die öffentliche Wirtschaft, auch wenn das Spannungsfeld zwischen Nachhaltigkeitsanforderungen und Wirtschaftlichkeit (*Lübben; Eßig/Vu Thi*) nicht zu leugnen ist.

Die Prägung der CSR-Politik öffentlicher Unternehmen durch den öffentlichen Auftrag und der Stellenwert von Compliance als Ausdruck gesellschaftlicher Verantwortung (*Kleinfeld/Kettler*) stellen im Hinblick auf die öffentliche Wirtschaft ein Definitionsmerkmal von Corporate Social Responsibility in Frage: die Freiwilligkeit (*Antes; Greiling/Ther*). CSR hat in der privaten Wirtschaft definitionsgemäß den Charakter einer „Kür" gegenüber der „Pflicht" der Verwirklichung des Formalziels. Der CSR-Ansatz wurde ohne Blick auf die Differenzen zwischen Privatunternehmen und öffentlicher Wirtschaft entwickelt. Bei öffentlichen Unternehmen ist aber das Sachziel bereits „Pflicht", gesellschaftlich verantwortliches Handeln steht hier umgekehrt definitionsgemäß überhaupt nicht zur Disposition, kann nicht „Kür" sein. Das Rechtsregime, in dem sich die Verwirklichung des öffentlichen Auftrags durch Management und Unternehmen vollzieht, ist dennoch nicht abschließend und bis ins Letzte konditional, sondern bildet einen Rahmen unternehmerischen Handelns. Es begünstigt mitunter, wie das jüngere europäische Vergaberecht (*Gölnitz*), nachhaltiges Wirtschaften durch öffentliche Unternehmen (*Eßig/Vu Thi*), ordnet es aber weder für private noch für öffentliche Unternehmen explizit an. Auch die Vorgaben des „Eigentümers", des öffentlichen Trägers, sind in der Praxis nicht selten abstrakt, unterkomplex und lückenhaft – mitunter sogar sträflich vage. In diese „freien Räume" stoßen Eigenaktivitäten des Unternehmens, sei es aus Not oder aus produktivem Selbstverständnis.

Das zeigt, dass die Grenzen zwischen freiwilligem und pflichtigem Handeln im öffentlichen Unternehmen fließend und schon deshalb schwer zu ziehen sind. Compliance wird zu einem umfassenden Integritäts-Management (*Kleinfeld/ Kettler*). Aktivitäten, die im privaten Sektor klar unter dem Label CSR ablaufen würden, gehen im öffentlichen Unternehmenssektor – auch aus der Perspektive der Akteure selbst – in einem Handeln „zwischen Pflicht und Kür" auf

(*Sandberg*). Deshalb scheint das Konzept des Nachhaltigkeitsmanagements, das sowohl selbstbestimmtes als auch unfreiwilliges Handeln umfasst (*Schaltegger*), für die öffentliche Wirtschaft zumindest terminologisch passender zu sein als der CSR-Ansatz, auch wenn eine Verkürzung der Instrumentalfunktion öffentlicher Unternehmen auf die Zielkategorien Ökonomie, Soziales und Ökologie problematisch ist (*Greiling/Ther*).

2 Offene Fragestellungen

Während das Thema Corporate Social Responsibility in Bezug auf private Unternehmen bereits Gegenstand intensiver Forschungstätigkeit ist, ist der Forschungsstand in Bezug auf die öffentliche Wirtschaft lückenhaft. Solche Lücken lassen sich im Ergebnis der Entstehung dieses Buches – auch hier ohne Anspruch auf Vollständigkeit – ebenfalls benennen.

Defizite bestehen vor allem hinsichtlich empirischer Belege für (sektorspezifische) Hypothesen, denn vorliegende Studien beschränken sich sowohl auf die kommunale Ebene als auch auf bestimmte Branchen oder einen begrenzten geografischen Raum. Hier eröffnet sich für die Zukunft ein sehr ergiebiges Forschungsfeld. Nicht zuletzt muss hier die Grundlage für weitergehende belastbare und konkrete Aussagen zur Relevanz von CSR bei den öffentlichen Unternehmen in Deutschland und darüber hinaus geschaffen werden. Haben erfolgreiche Strategien des CSR- und Nachhaltigkeitsmanagements wirklich stabilisierende Wirkungen für den öffentlichen Unternehmenssektor? Welche Relevanz besitzt CSR tatsächlich für Privatisierungs- bzw. Rekommunalisierungsentscheidungen? Sind aktuelle Rekommunalisierungstrends nur ein „Pendelrückschlag", eine Reaktion aus abstrakter „Verheißung", oder tatsächlich verbunden mit der gelungenen Implementation einer neuen Praxis öffentlichen Wirtschaftens?

Die Möglichkeiten und Grenzen von CSR- bzw. Nachhaltigkeitsstrategien in der öffentlichen Wirtschaft sind abhängig vom konkreten urbanen Zusammenhang, vom jeweiligen Unternehmen, vom jeweiligen Sektor, der spezifischen vorgegebenen Aufgabe und anderen Bestimmungsfaktoren. Öffentliche Unternehmen sind in monopolistischen Sektoren genauso tätig wie auf Wettbewerbsmärkten. CSR-Konzeptionen sind daher nicht im Sinne eines „one-size-fits-all" zu entwickeln (*Röber*). Das schließt ein strategisches Lernen aus Erfahrungen in unterschiedlichen Sektoren und anhand sehr unterschiedlicher Fallstudien und einschlägiger Konzepte nicht aus. Auch hier besteht mannigfaltiger weiterer Analyse- und Forschungsbedarf. Dieser bezieht sich auch auf die Frage, inwieweit CSR in spezifischen Branchen des öffentlichen Wirtschaftens nur im Rahmen wirtschaftlicher Nutzenerwägungen eine praktische Rolle spielt (*Lübben*) oder aus dem unternehmerischen Selbstverständnis auch darüber hinaus zielt, selbst wenn das mit legitimationsbedürftigen Zusatzaufwendungen verbunden sein kann (*Kramm*).

Gesucht werden institutionelle Modi der Verankerung und Wirkungskontrolle von CSR-Konzepten. In Bezug auf das „demokratisierende" Potenzial von CSR-Strategien im öffentlichen Unternehmenssektor (*Kluge/Schramm*) erfordert das die weitere Entwicklung, Sichtung und Analyse von Formen, Instrumenten, Konzepten, Erfahrungen bei der demokratischen Mitwirkung an unternehmerischen Strategien in öffentlichen Unternehmen. Dabei ist das Verhältnis zwischen organisierten Interessen in der Bürgergesellschaft, Organen „des Eigentümers" (Verwaltung einerseits und repräsentativ-demokratischen Organen andererseits) und dem Management des öffentlichen Unternehmens durchaus nicht spannungsfrei und von weitergehendem Forschungsinteresse. Besondere Berücksichtigung muss hier das Problem der Artikulation der Interessen derjenigen finden, die diese – aus welchen Gründen auch immer – im Prozess der strategischen Zielbestimmung des Unternehmens nicht selbst wirksam artikulieren, anmelden und vertreten können. Es wird deshalb nach wie vor wichtig sein, den Defiziten der strategischen Steuerung öffentlicher Unternehmen durch die demokratisch legitimierten Gremien des Gemeinwesens, und ihrer Rolle im Kräfteparallelogramm von öffentlicher Wirtschaft, Verwaltung, institutionalisierter Politik und Bürgergesellschaft hohe Aufmerksamkeit zu widmen.

Im Zusammenhang mit der Instrumentalfunktion und Steuerung öffentlicher Unternehmen ist auch deren engagementpolitische Rolle von Interesse. Politische Forderungen, Unternehmen sollten gesellschaftlich verantwortlicher handeln, richten sich zugleich an öffentliche Unternehmen. Der öffentlichen Wirtschaft scheint von der Politik jedoch keine Vorreiterrolle zugewiesen zu werden. Die Engagementpolitik erscheint als ein Feld, das bislang noch nicht mit der Instrumentalthese in Verbindung gebracht wird. Insofern ist erst wenig darüber bekannt, inwieweit Vertretungskörperschaften und exekutive, administrative Akteure explizite Erwartungen an öffentliche Unternehmen in Bezug auf Nachhaltigkeit formulieren und diese mit einschlägigen Instrumenten wie Zielvereinbarungen durchzusetzen versuchen. Öffentliche Unternehmen scheinen bei diesem Thema kaum politischen Erwartungsdruck wahrzunehmen. Auch der Wunsch nach politischer Unterstützung von CSR-Aktivitäten scheint in der öffentlichen Unternehmenslandschaft noch wenig ausgeprägt zu sein.

Das Verhältnis zwischen öffentlichem Auftrag und CSR wird in Bezug auf die kommunalen Wirtschaftsunternehmen und ihre Aktivitäten sehr konkret und fassbar. Es lässt sich in den kommunalen Funktionszusammenhang einordnen, Transparenz und Demokratie sind auf der Ebene des „Lebensraums Stadt" in einem konkreten Alltagskontext vergleichsweise unmittelbar erfahrbar und gestaltbar. Auch eine selbstbewusste Bürgerschaft organisiert sich im lokalen Level eher als auf übergeordneten politisch-administrativen und geografischen Ebenen. Die meisten Betrachtungen in diesem Sammelband, insbesondere Praxisberichte und Fallstudien, konzentrieren sich auf die kommunale Ebene. Das ist in der Wahl des Gegenstands so angelegt. Theoretisch wie empirisch wäre es aber auch eine Herausforderung zu untersuchen, inwieweit sich die gewonnenen Überlegungen und Erkenntnisse auf Landes- und Bundesunternehmen übertragen lassen.

Die Tatsache, dass nicht „Institutionen" Entscheidungen treffen, sondern (Gruppen von) Individuen (im sozialen Raum und in konkreten sozialen Verhältnissen zueinander), wirft u. a. organisationstheoretische und institutionenökonomische Fragen auf, die über die Frage nach der organisatorischen Verankerung von CSR in Unternehmen noch hinausgehen. Wie wirken sich individuelle Motive und Präferenzen von Entscheidern auf die CSR-Strategie eines Unternehmens und das operative Management, wie z. B. die Auswahl gemeinnütziger Projektpartnerschaften, aus? Ist CSR eine „Management-Spielwiese", die für bestimmte Akteure von Nutzen ist, aber angesichts eines (tolerierten oder beabsichtigten) Mangels an Kostentransparenz die Gewinnverwendung verschleiert, oder kann sie – im Gegenteil – unter zu benennenden Bedingungen zu einem breiteren gesellschaftlichen Nutzen bei größerer Transparenz und Nachvollziehbarkeit unternehmerischer Entscheidungen beitragen?

In Bezug auf spezifische gesellschaftliche Sektoren und Felder können weitere empirische, qualitative wie quantitative Fragestellungen zur Relevanz, Implementation und Wirksamkeit von CSR-Strategien aufgeworfen werden. So etwa zur feministischen Perspektive auf (und der Gender-Komponente von) Nachhaltigkeitspolitik, zur Dimension sozialer Umverteilungsstrategien im unternehmerischen Prozess (gegenüber Beschäftigten, zwischen Unternehmensertrag und dem kommunalen Haushalt oder aber auch zwischen Anspruchsgruppen). Es stellt sich die Frage nach dem Gewicht der ökologischen Komponente kommunalen Wirtschaftens vor allem dort, wo die branchenspezifischen Leistungen keinen unmittelbaren Bezug zum Ökosystem haben.

Weitere Fragestellungen ergeben sich in Bezug auf Kommunikation und Wirkungen von CSR. Dass diejenigen Wirkungen, die öffentliche Unternehmen zu CSR-Maßnahmen motivieren, tatsächlich eintreten, ist bisher nur in Bezug auf Einzelfälle und ausgewählte Stakeholder belegt. Welche (politischen und ökonomischen) Prozesse, Synergien und Wirkungen erzeugt eine aktive Rolle der kommunalen Wirtschaftsunternehmen im „lokalen Politiknetzwerk", im kommunalen gesellschaftlichen Raum und in der lokalen Ökonomie? Hypothesen zu einer (positiven) Wirkung von Corporate Social Responsibility auf

Kunden und auf die allgemeine Öffentlichkeit wurden zumindest ansatzweise bestätigt.

Welche Bedeutung hat der öffentliche Status für die Wahrnehmung und Beurteilung von CSR? Wie weit reicht die subjektiv empfundene Erwartungshaltung (*Schönberg/Jost*)? Offen ist u. a. die Frage, ob ein öffentliches Unternehmen mit einer monopolistischen oder monopolähnlichen Marktposition mit CSR sein Image verbessern kann, wenn die Kunden mit seinen Produkten und Dienstleistungen unzufrieden sind. Für das kommerzielle Marketing wird diese Frage verneint. Gilt Gleiches auch für das Marketing öffentlicher Unternehmen – vorausgesetzt, es handelt sich um glaubwürdiges Handeln (*Gebauer; Taubken/ Dietrich*) und nicht um „window dressing" (*Röber*)? Welche Rolle spielen die Medien für die Wahrnehmung von CSR? Wie intensiv und mit welchen Wertungen und Konnotationen wird über die CSR-Aktivitäten in der öffentlichen Wirtschaft berichtet?

CSR in öffentlichen Unternehmen zu untersuchen, bedeutet nicht, einen fixen Zustand zu betrachten. Untersucht wird ein komplexer Entwicklungsprozess im öffentlichen Sektor, bei dem die Rahmendaten keine Konstante bilden, sondern alles im permanenten Fluss ist. Das gilt für die regulativen Bedingungen des Wirkens öffentlicher Unternehmen – vom globalen bis zum lokalen Level – und für den fiskalischen Rahmen kommunalen Handelns überhaupt. Es gilt aber explizit auch für die ökonomische Wirklichkeit und für die Tendenzverschiebungen des „Zeitgeists" – der herrschenden gesellschaftlichen Vorstellungen von „Ordnungspolitik", von der Rolle des Staates im Wirtschaftsgeschehen und den Vorstellungen davon, wie „gutes" Wirtschaften auszusehen hat. Die fördernden und hemmenden Faktoren einer Corporate Social Responsibility öffentlicher Unternehmen in ihrem jeweiligen konkreten gesellschaftlichen Kontext dürfen bei der Untersuchung ihrer Relevanz und ihrer Potenziale und Grenzen nicht außer Acht bleiben.

Autorinnen und Autoren

Florian Anthes, M. A., Studium der Volks- und Betriebswirtschaftslehre sowie des Public und Nonprofit-Managements in Kiel und Berlin (bis September 2011). Von 2008 bis 2011 Stipendiat der Friedrich-Naumann-Stiftung für die Freiheit. Arbeit in verschiedenen politischen Institutionen (u. a. Deutscher Bundestag, Bundesministerium der Justiz) und Verbänden. *Florian Anthes* ist Gründungsmitglied und Vorsitzender von ROCK YOUR LIFE! Berlin e. V.

Frank Bielka, Diplom-Kaufmann. Vorstandsmitglied der degewo, des größten kommunalen Wohnungsunternehmens Berlins. Von 1991 bis 2003 Staatssekretär in den Berliner Senatsverwaltungen für Bau- und Wohnungswesen, für Finanzen sowie für Stadtentwicklung. Von 1969 bis 1974 Studium der Betriebswirtschaftslehre an der TU Berlin. Arbeit als wissenschaftlicher Assistent der SPD-Fraktion im Berliner Abgeordnetenhaus (1974 bis 1979) und Referent der Berliner Senatoren für Inneres (1979 bis 1981) und für Bau- und Wohnungswesen. Von 1989 bis 1991 Bezirksbürgermeister von Berlin-Neukölln.

Ines Blunck, seit 2009 verantwortlich für das Referat Stiftungen beim Deutschen Sparkassen- und Giroverband, Berlin. Von 2006 bis 2009 Tätigkeiten als Geschäftsführerin in verschiedenen Stiftungen. *Ines Blunck* studierte Betriebswirtschaftslehre. Das Thema ihrer Diplomarbeit: „Fundraising bei deutschen Gütesiegel tragenden Bürgerstiftungen - Eine empirische Ermittlung der eingesetzten Fundraising-Strategien und -Instrumente"

Prof. Dr. *Sebastian Brandl* studierte Volkswirtschaftlehre, Soziologie, Recht und Betriebswirtschaftslehre an der Hochschule für Wirtschaft und Politik in Hamburg. Promotion in Soziologie an der Freien Universität Berlin. 1998 bis 2006 wissenschaftlicher Mitarbeiter am Wissenschaftszentrum Berlin für Sozialforschung (WZB), 2006 bis 2010 Leiter des Forschungsförderreferats „Erwerbsarbeit im Wandel" der Hans-Böckler-Stiftung. Seit 2011 Professor für Arbeits- und Berufssoziologie sowie Sozialpolitik an der Hochschule der Bundesagentur für Arbeit, Campus Schwerin.

Benjamin Dietrich studierte Wirtschafts- und Sozialwissenschaften an der Universität Lüneburg. Bereits während seines Studiums sammelte er durch Lehrveranstaltungen am Center for Sustainability Management umfangreiche Kenntnisse im Bereich Nachhaltigkeitsmanagement und Corporate Responsibility. Seit 2008 arbeitet er als Berater bei Scholz & Friends Reputation. Schwerpunkte seiner Arbeit sind Nachhaltigkeitskommunikation sowie die Entwicklung und Umsetzung von Nachhaltigkeitsstrategien und Corporate-Citizenship-Maßnahmen.

Prof. Dr. *Michael Eßig*, Wirtschaftswissenschaftler. Studium der Betriebswirtschaft an der Universität Passau. 1994 bis 1998 wissenschaftlicher Mitarbeiter am Lehrstuhl Investitionsgütermarketing und Beschaffungsmanagement der Universität Stuttgart, 2002 Habilitation. 2002 bis 2003 Vertreter und seit 2003 Inhaber der Professur für Allgemeine Betriebswirtschaftslehre, insbesondere Materialwirtschaft & Distribution an der Universität der Bundeswehr München. Seit 2010 Vizepräsident für Forschung. Leiter des Forschungszentrums für Recht und Management öffentlicher Beschaffung. Aktuelle Forschungsschwerpunkte: Beschaffungsmanagement, Public Procurement, Supply Chain Management.

Jana Gebauer studierte Betriebswirtschaftslehre an der Humboldt-Universität zu Berlin und arbeitete als wissenschaftliche Mitarbeiterin am Lehrstuhl für Umweltmanagement an der Freien Universität Berlin. Seit 2005 ist sie wissenschaftliche Mitarbeiterin am Institut für ökologische Wirtschaftsforschung (IÖW) im Forschungsfeld Ökologische Unternehmenspolitik. Aktuelle Arbeits- und Forschungsschwerpunkte: Corporate Social Responsibility, Social Entrepreneurship, Stakeholder-Beteiligung und Nachhaltigkeitsberichterstattung. *Jana Gebauer* ist seit 2007 Projektleiterin des IÖW/future-Rankings der Nachhaltigkeitsberichte. Sie ist weiterhin als Dozentin für Nachhaltigkeitsmanagement und CSR tätig.

Hinnerk Gölnitz, LL.M., absolvierte nach dem Studium der Rechts- und Wirtschaftswissenschaften an der Ruhr-Universität Bochum ein Masterstudium mit dem Schwerpunkt International Law an der University of Cape Town (UCT) in Südafrika. Nach seinem daran anschließenden Referendariat (u. a. in Düsseldorf, Speyer und Kapstadt) kehrte er zurück an die Ruhr-Universität Bochum als Geschäftsführender Leiter der von Prof. Dr. Martin Burgi geleiteten Forschungsstelle für Verwaltungsrechtsmodernisierung und Vergaberecht. Seit November 2010 arbeitet er als Dezernent im Bereich Grundsatz/Strategie des Zentralen Einkaufs der Deutschen Rentenversicherung Bund in Berlin.

Prof. Dr. *Dorothea Greiling*, Wirtschaftswissenschaftlerin, Studium der Betriebswirtschaftslehre in Bamberg und Mannheim. 1990 bis 1995 Wissenschaftliche Mitarbeiterin am Lehrstuhl für Öffentliche Betriebswirtschaftslehre der Universität Mannheim, 1995 Promotion. 1997 bis 2003 Wissenschaftliche Assistentin am Lehrstuhl für Public und Nonprofit-Management der Universität

Mannheim, 2007 Habilitation. 2004 bis 2008 Professorin für Allgemeine Betriebswirtschaftslehre an der Evangelischen Fachhochschule Darmstadt. Seit 2008 Vorstand des Instituts für Management Accounting an der Johannes Kepler Universität Linz. Aktuelle Forschungsschwerpunkte: Performance Measurement, Performance Management, strategisches Controlling, Stakeholder-Controlling, Accountability- und Governance-Fragestellungen.

Prof. Dr. *Jens Harms*, Studium der Volkswirtschaftslehre, 1970 bis 1974 wissenschaftlicher Assistent am Institut für quantitative Wirtschaftsforschung der Johannes Kepler Universität Linz, 1975 bis 1985 Studienleiter für Wirtschaft an der Evangelischen Akademie Arnoldshain, 1986 bis 1989 Akademiedirektor, 1985 bis 1993 Abgeordneter zum Kreistag des Hochtaunuskreises, 1989 bis 2001 Vizepräsident des Hessischen Rechnungshofs, 2001 bis 2009 Präsident des Rechnungshofs von Berlin, seit 1975 Lehraufträge für Volkswirtschaftslehre/ Politische Ökonomie an der Universität Salzburg, der Evangelischen Fachhochschule Darmstadt, der Fachhochschule des Landes Rheinland-Pfalz und der Technischen Universität Darmstadt.

Birgit Jammes ist Sponsoring-Referentin bei der GASAG Berliner Gaswerke Aktiengesellschaft und seit 2001 im Unternehmen tätig. Sie entwickelte für die GASAG das Engagement im Sozialsponsoring und hat 2009 das Wissenschaftssponsoring mit aufgebaut. Seit 2010 ist sie Vorstandsmitglied im Arbeitskreis Kultursponsoring. Zuvor war *Birgit Jammes* als Projektleiterin für Veranstaltungen in einer Berliner Werbeagentur und in einer Berliner Beratungsfirma mit den Schwerpunkten Arbeitsmarkt-, Bildungs-, Jugend- und Sozialpolitik tätig.

Tom Jost, Journalist mit ökonomischer Grundausbildung (Kaufmann, Studium der Wirtschaftswissenschaften), 1989 bis 2009 Redakteur der Westdeutschen Allgemeinen Zeitung (WAZ), Schwerpunkte: Wirtschaft, Kommunalpolitik, Stadtentwicklung, Energiefragen, seit 2010 freier Journalist, Moderator und Inhaber eines Projektbüros, seit 1992 Vorstand eines gemeinnützigen Bürgermedien-Fördervereines.

Anke Kettler studierte Betriebswirtschaftslehre an der Freien Universität Berlin und arbeitete im Personalwesen und in der Kommunikation, bevor sie 2004 in die Unternehmensberatung wechselte. Als Geschäftsführerin, Beraterin und Auditorin hat sie sich auf Management- und Führungsthemen in den Bereichen Unternehmenskultur, Compliance und Integrität sowie Corporate Social Responsibility spezialisiert. Darüber hinaus schult und trainiert die Beraterin Führungskräfte in ihren Fachgebieten.

Dr. *Annette Kleinfeld* studierte Philosophie, Germanistik und Theaterwissenschaften und promovierte über die Grundlagen einer ethisch orientierten Unternehmens- und Personalführung. Sie gehört zu den ersten Wissenschaftlerinnen und selbstständigen Beraterinnen Deutschlands auf den Gebieten Unternehmensethik, Werte- und Integritätsmanagemen sowie Corporate Social Responsibility (CSR) und gründete 2004 die heutige Dr. Kleinfeld CEC – Corporate Excellence Consultancy. Seit Oktober 2008 ist sie geschäftsführende Gesellschafterin der ZfW Compliance Monitor GmbH. Die Autorin und Verfasserin zahlreicher Fachartikel und -aufsätze war als Expertin an der nationalen und internationalen Entwicklungsarbeit zur ISO 26000 beteiligt.

PD Dr. *Thomas Kluge* ist Mitglied der Institutsleitung und Mitbegründer des ISOE. Er arbeitet unter anderem im Forschungsschwerpunkt Wasserressourcen und Landnutzung. *Thomas Kluge* hat Rechts- und Sozialwissenschaften an der Universität Frankfurt am Main studiert und 1984 promoviert zum Thema „Gesellschaft, Technik, Natur – zur lebensphilosophischen Technik- und Gesellschaftskritik". 1999 hat er an der Universität Kassel habilitiert über „Wasser und Gesellschaft. Von der hydraulischen Maschinerie zur nachhaltigen Entwicklung". Seitdem hat er eine Lehrtätigkeit an der Universität Kassel. Schwerpunkte: Wasserforschung, Umweltplanung und Regionale Nachhaltigkeit.

Dr. *Lothar Kramm*, Studium der Wirtschaftswissenschaften und Politikwissenschaft in Saarbrücken und München; Dr. rer. soc. in Bochum; Habilitation Politikwissenschaft in Augsburg; mehrjährige Tätigkeiten in Universität, Politik und Wirtschaft; seit 2006 Vorstand der Berliner Stadtreinigung.

Dr. *Kay Krüger*, Studium der Rechtswissenschaft. Zweites Staatsexamen und Zulassung zum Rechtsanwalt 1992, Promotion im Wirtschafts- und Gesellschaftsrecht. Arbeit in einer Sozietät für Wirtschaftsrecht, anschließend als Justitiar namhafter Deutscher Organisationen, Stiftungen und Verbände in leitender Position. 2003 Kanzleigründung in Düsseldorf Oberkassel mit Schwerpunkt Wirtschafts- und Gesellschaftsrecht, Erbrecht, Nachfolgeplanung, Gemeinnützigkeit. Umfangreiche Seminar- und Gutachtertätigkeit sowie Aufbau mehrerer Netzwerke im Bereich Gemeinnützigkeit. Beratungsschwerpunkte: Vermögensanlage, Corporate Social Responsibility-Projekte, Fundraising-Konzepte.

Dr. *Klaus Lederer*, Rechtsanwalt und Rechtswissenschaftler, Studium der Rechtswissenschaft in Berlin, Promotion 2004 in Berlin zu „Strukturwandel in der Wasserwirtschaft" (Goerdeler-Preis des DIFU 2004), seit 2007 Lehrbeauftragter für Recht der Öffentlichen Wirtschaft bzw. Öffentliche Regulierung, u. a.

an der HTW und HWR Berlin, Mitglied des Abgeordnetenhauses von Berlin seit 2003. Aktuelle Forschungsschwerpunkte: Recht der öffentlichen Wirtschaft, Privatisierung, Liberalisierung, Rekommunalisierung im öffentlichen Sektor, Praxis und Strategien öffentlicher Unternehmungen und der öffentlichen Eigentümer.

Dr. *Stefan Lübben*, Agraringenieur, Studium der Agrarwissenschaften in Göttingen, 1986 bis 1991 wissenschaftlicher Mitarbeiter an der Bundesforschungsanstalt für Landwirtschaft, 1993 Promotion an der Universität Göttingen. Von 1988 bis 1991 Lehrtätigkeit am Fortbildungsinstitut für Umweltplanung GmbH in Braunschweig, Leipzig und Wernigerode. Seit 1991 Mitarbeiter der Stadtreinigung Hamburg, seit 2006 Energie- und Klimaschutzbeauftragter der Stadtreinigung Hamburg, seit 2009 Betreuung verschiedener Forschungsvorhaben zum Thema "Energie aus Biomasse". Gründungsmitglied und Mitglied des Aufsichtsrates der Bürger-Solarkraftwerke Rosengarten e. G. seit 2007, stellvertretender Vorstandsvorsitzender seit 2009.

Dr. *Matthias Naumann*, Geograph. Studium der Geographie, Soziologie und Europäischer Ethnologie in Berlin und Urbana-Champaign (USA). 2008 Promotion an der Universität Potsdam zu den Auswirkungen des demographischen Wandels auf die Wasserwirtschaft in ländlichen Räumen Ostdeutschlands. Wissenschaftlicher Mitarbeiter an der Universität Hamburg und der Berlin-Brandenburgischen Akademie der Wissenschaften. Seit 2011 wissenschaftlicher Mitarbeiter in der Forschungsabteilung „Institutionenwandel und regionale Gemeinschaftsgüter" des Leibniz-Instituts für Regionalentwicklung und Strukturplanung (IRS) in Erkner und Lehrbeauftragter an der Brandenburgischen Technischen Universität Cottbus. Aktuelle Forschungsschwerpunkte: Stadt- und Regionalentwicklung, technische Infrastruktur und kritische Geographie.

Dr. *Ralf Resch*, Studium der Verwaltungswissenschaft an der Universität Konstanz, Promotion am Kölner Max-Planck-Institut für Gesellschaftsforschung. 1996 bis 1999 Tätigkeit bei den Leipziger Verkehrsbetrieben, 1999 bis 2009 bei den Berliner Verkehrsbetrieben (BVG AöR), u. a. Leitung der Personalentwicklung; seit April 2009 Generalsekretär des CEEP (Europäischer Zentralverband der öffentlichen Wirtschaft, European Centre of Employers and Enterprises providing Public Services). *Ralf Resch* hat unter anderem zur Liberalisierung im Nahverkehr, zu Transaktionskosten und zur Kartographie der Daseinsvorsorge („Mapping the Public Services") veröffentlicht.

Prof. Dr. *Manfred Röber*, Studium der Soziologie und der Betriebswirtschafts-lehre an der Freien Universität Berlin. 1974 bis 1979 wissenschaftlicher Mitar-beiter an der FU Berlin und der Universität Mannheim, 1979 Promotion. 1979 bis 1981 stellvertretender Referatsleiter in der Senatsverwaltung für Finanzen Berlin. 1981 bis 1999 Professor für Verwaltungswissenschaft an der FHVR Ber-lin, 1999 bis 2007 Professor für Public Management an der FHTW Berlin, seit 2007 Professor für Verwaltungsmanagement/New Public Management an der Universität Leipzig. Gastprofessuren am Institut für Verwaltungsmanagement der Universität Innsbruck, an der University of Central Lancashire und an der University of California, Berkeley. Aktuelle Forschungsschwerpunkte: Public Management, Verwaltungsreform und öffentliche Wirtschaft.

Prof. Dr. *Berit Sandberg*, Diplom-Kauffrau. Studium der Betriebswirtschafts-lehre an der Universität Göttingen, bis 2001 wissenschaftliche Mitarbeiterin bzw. Assistentin am Lehrstuhl für Rechnungs- und Prüfungswesen privater und öffentlicher Betriebe ebd., 1995 Promotion, 2000 Habilitation. 2001 bis 2003 Regierungsdirektorin im Niedersächsischen Ministerium für Wissenschaft und Kultur; seit 2003 Professorin für Öffentliche Betriebswirtschaftslehre/Public Management an der Hochschule für Technik und Wirtschaft Berlin; seit 2011 Mitglied des Vorstandes der Stiftung Bürgermut. Aktuelle Forschungsschwer-punkte: Dritter Sektor, Stiftungsmanagement, Corporate Social Responsibility.

Prof. Dr. *Stefan Schaltegger* ist Ordinarius für Betriebswirtschaftslehre, insbe-sondere für Nachhaltigkeitsmanagement, Leiter des Centre for Sustainability Management der Leuphana Universität Lüneburg (CSM) und des weltweit ersten MBA Studiengangs zu Nachhaltigkeitsmanagement (MBA SustainabilityMana-gement). *Stefan Schaltegger* ist Mitglied der Herausgeber-Beiräte von acht wis-senschaftlichen Fachzeitschriften. Seine Forschungsschwerpunkte umfassen ver-schiedene Gebiete des Nachhaltigkeitsmanagements, insbesondere Umweltin-formationsmanagement, Environmental and Sustainability Accounting and Reporting, operatives und strategisches Nachhaltigkeitsmanagement, Sustainable Entrepreneurship und Management von Stakeholder-Beziehungen sowie integra-tives Nachhaltigkeitsmanagement.

Thomas Schönberg, Diplom-Betriebswirt, nach dem Studium der Betriebswirt-schaft mit der Fachrichtung Marketing von 1991 bis 1998 in diversen Stabsab-teilungen der Stadtwerke Bochum (Organisation/Unternehmensentwicklung). Seit September 1998 ist er Leiter Unternehmenskommunikation der Stadtwerke Bochum.

Dr. *Engelbert Schramm* ist Mitbegründer des ISOE und leitet den Forschungs-schwerpunkt Wasserinfrastruktur und Risikoanalysen. Er hat ein Studium der Biologie, Chemie und Erziehungswissenschaften an der Universität Frankfurt am Main absolviert. 1995 hat er zur Ideengeschichte des Kreislaufs an der TU Darmstadt promoviert. Schwerpunkte: Nachhaltigkeitsorientierte Ressourcenbe-wirtschaftung, Begleitforschung und Regionale Nachhaltigkeit.

Dr. *Anja Schwerk*, Diplom-Kauffrau. Studium der Betriebswirtschaftslehre an der Freien Universität Berlin. 1992 bis 1993 wissenschaftliche Mitarbeiterin am Institut für kleine und mittelständische Unternehmen an der Freien Universität Berlin. Seit 1993 wissenschaftliche Mitarbeiterin am Institut für Management der Humboldt-Universität zu Berlin; 1998 Promotion. *Anja Schwerk* war auf Projektbasis am Centrum für Corporate Citizenship Deutschland (CCCD) tätig und ist Dozentin für Corporate Responsibility an der Hamburg School of Management (HSBA). Aktuelle Forschungsschwerpunkte: Strategisches Mana-gement von CSR/Nachhaltigkeit, Integration von CSR in das Unternehmen, Messung und Wirkung von CSR, Zulieferkettenmanagement.

Dr. *Norbert Taubken* ist promovierter Chemiker und studierter Gymnasiallehrer. Nach einigen Jahren der Lehrtätigkeit begann er für AOL Deutschland mit dem Aufbau und der Gestaltung des CSR-Bereiches, bevor er als Inhaber von CSR consult auch andere Unternehmen und Institutionen in diesem Themenfeld unterstützte. Bei Scholz & Friends ist Taubken seit vier Jahren für den Aufbau der ersten strategischen CSR-Beratung innerhalb einer großen deutschen Kom-munikationsagentur verantwortlich. Der Geschäftsleiter von Scholz & Friends Reputation lehrt seit 2006 an der Hamburg School of Business Administration CSR und Wirtschaftsethik, seit 2008 auch an der Deutschen Presseakademie.

Daniela Ther, Sozial- und Wirtschaftswissenschaftlerin (MMag). Studium der Sozialwirtschaft und der Wirtschaftswissenschaften an der Johannes Kepler Uni-versität Linz, seit 2009: Universitätsassistentin mit Diplom am Institut für Management Accounting sowie Doktoratsstudium der Sozial- und Wirtschafts-wissenschaften.

Dr. *Katrin Vitols*, Politik- und Sozialwissenschaftlerin. Studium der Politikwis-senschaften an der Freien Universität in Berlin. Promotion in Sozialwissen-schaften an der Universität Duisburg-Essen. Wissenschaftliche Mitarbeiterin im Fachbereich Soziologie der Universität Duisburg-Essen, Wissenschaftszentrum Berlin für Sozialforschung (WZB), Harvard Business School (HBS), Institut für ökologische Wirtschaftsforschung (IÖW) und Unternehmensberatung Wilke,

Maack und Partner. Aktuelle Forschungsschwerpunkte: Arbeitsmarktpolitik,
Systeme der industriellen Beziehungen, Nachhaltigkeit/CSR und institutionelle
Theorie.

Thu Ha Vu Thi, Diplom-Wirtschaftsingenieurin. Studium des Wirtschaftsinge-
nieurwesens am Karlsruher Institut für Technologie und an der University of
Newcastle, Australien. Seit 2010 wissenschaftliche Mitarbeiterin an der Professur für Allgemeine Betriebswirtschaftslehre, insbesondere Materialwirtschaft &
Distribution an der Universität der Bundeswehr München. Aktuelle Forschungsschwerpunkte: Öffentliche Beschaffung, Beschaffungsmanagement.

Nicole Warthun ist Geschäftsführerin des Evaluations- und Forschungsinstituts
com.X mit Sitz in Bochum. Sie hat das Institut 1999 gemeinsam mit zwei Partnern gegründet und seitdem zahlreiche Studien und Evaluationen für Kunden aus
Wirtschaft und öffentlicher Hand durchgeführt. Als Expertin für die Evaluation
von Kommunikationskampagnen und -instrumenten hat sie u. a. umfangreiche
Erfahrung in der Erfolgskontrolle von Sponsoring-Maßnahmen. Zum Kunden-
kreis des Instituts gehören zahlreiche kommunale und öffentliche, aber auch privatwirtschaftliche Unternehmen aus der Energiebranche.

Register

Printed in Poland
by Amazon Fulfillment
Poland Sp. z o.o., Wrocław